2019 年度國家古籍整理出版專項經費資助項目

玉函山房藏書簿錄

〔清〕 馬國翰 撰

沙嘉孫 點校

齊魯書社

· 濟南 ·

圖書在版編目（CIP）數據

玉函山房藏書簿録 /（清）馬國翰撰；沙嘉孫點校
. -- 濟南：齊魯書社, 2023.6
ISBN 978-7-5333-4381-1

Ⅰ. ①玉… Ⅱ. ①馬… ②沙… Ⅲ. ①私人藏書－藏
書目録－中國－清代 Ⅳ. ①Z842.49

中國版本圖書館CIP數據核字(2020)第127427號

責任編輯：張　超　王其寶
裝幀設計：趙萌萌　亓旭欣

玉函山房藏書簿録
YUHAN SHANFANG CANGSHU BULU

〔清〕馬國翰 撰　沙嘉孫 點校

主管單位	山東出版傳媒股份有限公司
出版發行	齊魯書社
社　　址	濟南市市中區舜耕路517號
郵　　編	250003
網　　址	www.qlss.com.cn
電子郵箱	qilupress@126.com
營銷中心	（0531）82098521　82098519　82098517
印　　刷	山東臨沂新華印刷物流集團有限責任公司
開　　本	880mm × 1230mm　1/32
印　　張	23.75
插　　頁	2
字　　數	595千
版　　次	2023年6月第1版
印　　次	2023年6月第1次印刷
標準書號	ISBN 978-7-5333-4381-1
定　　價	138.00圓

前　言

　　馬國翰(1793—1857)，清代著名藏書家、輯佚家，字詞溪，號竹吾。原籍山東章邱，曾祖時遷居歷城縣南權府莊，遂家焉。父名錦，官山西汾州府經歷，歷署寧鄉、武鄉、天鎮等縣知縣。國翰隨之任所，從賈璇受業。道光十一年(1831)鄉試中式，十二年(1832)成進士，歷署陝西洛川、石泉、涇陽知縣。道光十九年(1839)秋請假歸里養疴，二十四年(1844)擢陝西隴州知州。咸豐三年(1853)引疾歸。咸豐七年(1857)以疾卒於家，年六十有四。馬國翰於道光十九年家居，吟詩課子之餘，與周二南(樂)、何蘋野(鄰泉)、謝問山(焜)、王秋橋(體涵)、范伯野(坰)諸名士結鷗社於大明湖上。馬國翰家貧，好學嗜書，自爲諸生時，每見奇編秘籍，輒手自抄録。及成進士，爲縣令，廉俸所入，悉以購書，時積書五萬七千餘卷。出與友朋相樂，入與詩書爲朋。周二南《題馬竹吾竹園課子圖小像》云："日嘯林泉裏，忘形並忘言。高風偕鳳侶，清蔭及龍孫。書屋不知暑，秋聲先到門。此君客我訪，問字擬携樽。"(見《二南詩續抄》)又何蘋野《馬詞溪竹林課子圖》云："循聲治績著長安，故國山莊竹萬竿。壯歲歸來間課子，舉家歡喜勝遷官。能知止足持身易(亭名止竹)，不讀詩書繼世難。林下自尋真樂事，任他人當渭川看。"(見《天我相齋詩集》)老成風範，於此可見。

　　馬國翰藏書大抵重實用而輕宋元。書目中著録宋本數種，今不見傳本，暫且存疑待考。其他善本見於諸家著録者有：元刻本《杜氏通典詳節》四十二卷，書後有“至元丙戌（二十三年）重新繡梓”二行，桓、貞等字有缺筆，諸儒議論語涉宋帝皆空格，蓋宋版而元人修補者，鈐有“玉函山房藏書”印（見《木犀軒藏書題記及書録》）。明萬曆三十六年（1608）刻清順治十四年（1657）增刻本《翼乘》十二卷，今藏美國國會圖書館，王重民先生親見之（見王重民《中國善本書提要》）。明萬曆間刻清康熙間續刻彙印本《呂新吾集》四函三十二册，存二十四種五十五卷，書中鈐有“觀古堂”“葉德輝煥彬甫藏閲書”“玉函山房藏書”諸印（見《中國人民大學圖書館古籍善本書目》）。明萬曆刻本《玉臺新詠》十卷，六册，書中鈐“玉函山房藏書”印（見《中國書店 2000 年秋季書刊資料拍賣會圖録》）。明嘉靖三十三年（1554）歙黄榜刻《二張詩集》本《張燕公詩集》二卷，卷端鐫“歙雲嵩黄榜校”，鈐有“墨農”白文長方印、“玉函山房藏書”朱文方印、“長樂鄭振鐸西諦藏書”朱文方印，今藏國家圖書館。清康熙刻本《西堂餘集》存十二種五十九卷（《年譜圖詩》一卷、《小影圖贊》一卷、《年譜》二卷、《性理吟》二卷、《續論語詩》一卷、《艮齋倦稿詩集》八卷、《文集》十二卷、《艮齋雜説》十卷、《看鑑偶評》五卷、《明史擬稿》六卷、《外國志》六卷、《宫闈小名録》五卷），鈐有“玉函山房藏書”印（見《山東師範大學圖書館館藏古籍書目》）。復有舊寫本《春秋五禮例宗》、明弘治十四年（1501）涂禎仿宋刻本《鹽鐵論》、明天順刻本《静居集》等數十種而已。馬國翰於類書則收藏較豐，共有三十九部四千零七十五卷，此蓋輯佚時所依據者。

　　玉函山房所藏古書版本，大體可分爲叢書本與單行本。叢書本在《玉函山房藏書簿録》中占有較大比重，反映了清代叢書編纂出版繁榮的景象。單行本中多爲明清著作，却不乏稀見之品，是

《玉函山房藏書簿録》著録之精華,亦是其價值之所在,值得進一步深入探討。

馬國翰注重山左先賢藏書的收集,所得同邑名家周永年藏品尤多。《玉函山房藏書簿録》中著録"林汲山房藏本"有《周易筮述》八卷、《周易觀象》十二卷、《東坡書傳》二十卷、《書經衷論》四卷、《潁濱詩集傳》二十卷、《古樂經傳》五卷、《春秋古文左氏傳》十二卷、《孔子集語》三卷、《逸語》二卷、《字林考逸》八卷、《元和郡縣志》四十卷、《困知記》二卷《續記》二卷《附録》一卷、《經世石畫》三卷、《讀書日記》六卷《補編》二卷、《緯略》十卷、《韋齋集》十二卷、《玉瀾集》一卷、《歸田類藁》二十卷、《眉庵集》十二卷、《静居集》四卷、《北郭集》十卷、《讀書後》八卷等,復得新城(今山東桓臺)名士王士禎池北書庫藏本《仁恕堂筆記》一卷、《皇甫少玄集》二十六卷、《託素齋集》七卷、《湛園未定稿》十卷等,都是研究山東私家藏書史的珍貴資料。

馬國翰無子,以族子嗣。殁後,其藏書爲管鑰者巧偷賤售,流散海内外。善化張某宦山東,所得甚多,載歸長沙,後爲汪鳴鑾(號郋亭)購得。餘者多歸章邱李戟門,累年散佚。求馬書者,或於戟門後裔踪跡之。文安邢藍田仲采六次往訪,菁英略盡,綜其所獲,著爲《鵝莊訪書記》一卷(見《山東省立圖書館季刊》第一集第二期)。

據馬國翰自序云,《玉函山房藏書簿録》計二十六卷,而今存刻本均爲二十五卷。所存刻本可目驗者有山東大學圖書館一部,山東博物館殘帙兩部,温州市圖書館殘帙一部,臺灣大學圖書館一部。山東大學圖書館藏本缺卷三之十五、十六兩葉。山東博物館一部僅存卷四、卷五、卷十至卷十三、卷十六、卷十七,計八卷四册,紙幅較小,與山東大學圖書館藏本同;另一部僅存卷一、卷二,計兩卷一册,紙幅較大,封面葉前半葉刻"玉函山房"四字,後半葉刻“光緒十五年己丑仲春重校刊,繡江李氏藏板”牌記三行,與山東大學圖書館藏本係同版,缺自序。温州市圖書館殘帙僅存卷十至卷十六、卷十八至卷二十三,計七册十三卷。臺灣大學圖書館藏本缺馬國翰自序,與山東大學圖書館藏本亦係同版,且有馬國翰手批文字多處,凡三十條。本次整理即以山東大學圖書館藏本爲底本,缺葉以臺灣大學圖書館藏本補之。

《玉函山房藏書簿録》原書不乏訛、脱、衍、倒等情况,本次整理除添加新式標點符號外,於訛、脱、衍、倒等字均作訂正,於形近字徑改,避諱字“元”統改爲“玄”,於古今字、異體字多保留原貌,於墨釘酌情補足。衍字、訛字標以 ( ),脱字補者、校改字標以〔 〕,原书文内留白處標以□,整理者補注説明文字以楷體列於條文之後。此外,書中所載書名與卷數和今本不相符者,不强作修改統一;所引序跋文字與原書多有出入,兩可者一般不作修改。又,多有墨釘或墨板,有的當爲著者的姓名、字號或籍貫等,凡能搞清楚的,予以補足,并在補字外加方框。書後附有原書未收的馬國翰藏書一部、《臺灣大學圖書館藏本馬國翰批語輯録》、《書名索引》。

由於整理者水平有限,一定還存在很多錯誤和不足,誠望讀者批評指正。

原　序

　　余性嗜書，聞友人家有奇編秘籍，每以一瓻乞假，手自抄録，遇諸市肆，不惜重直購之。爲諸生日，硯田所獲，半供書價，或有時典質衣裘。室人以書癡譙余，弗顧也。比筮仕西秦，前後十四年，中間家居者五年，廣搜博訪，細大不捐，乃積書五萬七千五百餘卷。夫古人之著作，不一其體，秉經立訓者，淵懿卓爍，懸日月以不刊，粹儒之言，布帛菽粟，淡而彌永。其他百家，撰述未能盡醇，而持之有故，言之成理，亦自獨有千古。至於脞説小品，羅羅清疎，各饒風致。李邯鄲謂書有三味，取喻良切矣。余每得一書，必深求一書之用意。暇日排比，依晁公武《郡齋讀書志》、陳振孫《直齋書録解題》之式，分列部居，撮記要旨，爲《藏書簿録》二十六卷。就架上現有之書編次，其有所遺漏及後更新得者，再爲《續編》，以補之焉。

　　道光二十九年三月歷城馬國翰竹吾甫。

目　録

玉函山房藏書簿録卷一

首編

經部

御纂周易折中二十二卷

康熙五十四年大學士李光地等奉敕撰。

御纂周易述義十卷

乾隆二十年大學士傅恒等奉敕撰。

欽定書經傳説彙纂二十四卷

康熙六十年大學士王頊齡等奉敕撰。

欽定詩經傳説彙纂二十卷序一卷

康熙六十年户部尚書王鴻緒等奉敕撰。

御纂詩義折中二十卷

乾隆二十年大學士傅恒等奉敕撰。

欽定周官義疏四十八卷

欽定儀禮義疏四十八卷

欽定禮記義疏八十二卷

並乾隆十三年奉敕撰。

欽定春秋傳説彙纂三十八卷

康熙三十八年奉敕撰。

御纂春秋直解十六卷

乾隆二十三年大學士傅恒等奉敕撰。

御纂孝經集注一卷

雍正五年世宗憲皇帝御撰。

日講四書解義二十六卷

康熙十六年大學士庫勒納等奉敕編。

御纂律吕正義五卷

康熙五十二年聖祖仁皇帝御撰。

御纂律吕正義後編一百二十卷

乾隆十一年高宗純皇帝御撰。

御定康熙字典四十二卷

康熙五十五年大學士張玉書等奉敕撰。

欽修康熙字典四十二卷

道光十二年户部尚書王引之等奉敕撰。

欽定音韻述微一百六卷

乾隆三十八年奉敕撰。

史 部

御批通鑑輯覽一百十六卷附明唐桂二王本末三卷

乾隆(二)〔三〕十(三)〔二〕年奉敕撰。

御批通鑑綱目三編四十卷

乾隆四十年奉敕撰。

欽定蘭州紀略二十卷

乾隆四十六年奉敕撰。

欽定大清一統志五百卷

乾隆二十九年奉敕撰。

欽定盛京通志一百卷

乾隆四十四年奉敕撰。

欽定大清會典一百卷

乾隆二十(六)〔九〕年奉敕撰。

欽定大清則例一百八十卷

乾隆二十(六)〔九〕年奉敕編。

欽定大清通禮四十卷

乾隆元年奉敕撰。

欽定大清律例四十七卷

乾隆五年大學士三泰等奉敕撰。

欽定武英殿聚珍版程式一卷

乾隆三十八年奉敕撰。

欽定四庫全書簡明書目二十卷

乾隆三十九年大學士于敏中等奉敕撰。

御批通鑑綱目五十九卷通鑑綱目前編十八卷外紀一卷通鑑綱目續編二十七卷

康熙四十六年聖祖仁皇帝御撰。

子部

聖諭廣訓一卷

聖祖仁皇帝親撰聖諭十六條,雍正二年世宗憲皇帝廣爲聖訓刊行。

御製日知薈説四卷

乾隆(五)〔元〕年高宗純皇帝御撰。

御定孝經衍義一百卷

康熙二十一年侍郎張英等奉敕撰。

御定内則衍義十六卷

順治十三年世祖章皇帝御定。

御纂性理精義十二卷

康熙五十六年大學士李光地等奉敕撰。

御纂朱子全書六十六卷

康熙五十二年大學士李光地等奉敕撰。

欽定授時通考七十八卷

乾隆二年奉敕撰。

御定醫宗金鑑九十卷

乾隆四年大學士鄂爾泰等奉敕撰。

御定曆象考成四十二卷

康熙〔五〕十(三)〔二〕年聖祖仁皇帝御撰。

御定曆象考成後編十卷

乾隆二年奉敕撰。

御定儀象考成三十二卷

乾隆九年奉敕撰。

御製數理精蘊五十三卷

康熙十三年聖祖仁皇帝御撰。

欽定協紀辨方書三十六卷

乾隆四年莊親王等奉敕撰。

欽定西清古鑑四十卷

乾隆十四年奉敕撰。

欽定西清硯譜二十四卷

乾隆四十三年奉敕撰。

欽定錢録十六卷

乾隆十六年奉敕撰。

欽定廣羣芳譜一百卷

康熙四十七年翰林院編修汪灝等奉敕撰。

欽定淵鑑類函四百五十卷

康熙四十九年奉敕撰。

欽定子史精華一百六十卷

　　康熙六十年奉敕撰。

欽定佩文韻府四百四十三卷

　　康熙四十三年奉敕撰。

御定韻府拾遺一百一十二卷

　　康熙五十(九)〔五〕年奉敕撰。

御選歷代禪師語録十九卷

　　雍正癸卯四月世宗憲皇帝御製序。

集　部

聖祖仁皇帝初集四十卷二集五十卷三集五十卷四集三十六卷

　　謹案：聖祖仁皇帝御製詩，癸亥以前爲《初集》，丁丑以前爲
《二集》，辛卯以前爲《三集》，皆大學士張玉書等編；壬辰至壬寅
爲《四集》，莊親王等編。

世宗憲皇帝文集三十卷

　　謹案：世宗憲皇帝御集，凡文二十卷、詩十卷。前(三)〔七〕
卷爲《雍邸集》，康熙(辛丑)〔壬寅〕以前作；後(七)〔三〕卷爲《四
宜〔堂〕集》，雍正癸卯以後作也。

御製樂善堂全集定本三十卷

　　乾隆二十三年尚書協辦大學士蔣溥等奉敕編。

**高宗純皇帝御製文初集三十卷御製詩初集四十四卷目録四卷二
集九十四卷目録六卷三集一百卷目録十二卷**

　　謹案：高宗純皇帝御製文，凡五百七十餘篇；《詩初集》自丙辰
至丁卯，凡四千一百五十餘首；《二集》自戊辰至己卯，凡八千四百
七十餘首；《三集》自庚辰至辛卯，凡一萬一千六百二十餘首。

御選古文淵鑑六十卷

　　康熙二十四年聖祖仁皇帝御選。

御定歷代賦彙一百四十卷外集二十卷（遺）〔逸〕句二卷補遺二七

康熙四十五年詹事陳元龍奉敕編。

御定全唐詩九百卷

康熙四十（六）〔二〕年奉敕編。

御選四朝詩二百九十二卷

康熙四十八年右庶子張豫章等奉敕編。凡宋詩七十八卷，金詩二十五卷，元詩八十一卷，明詩一百二十八卷。

御選唐宋文醇五十卷

乾隆三年高宗純皇帝御定。因茅坤《八家文鈔》，益以李翱、孫樵，定爲十家。

御選唐宋詩醇四十七卷

乾隆十五年高宗純皇帝御定。於唐取李白、杜甫、白居易、韓愈四家，於宋取蘇軾、陸游二家。

欽定四書文四十一卷

乾隆元年内閣學士方苞奉敕編。於前明以化、治爲一集，正、嘉爲一集，隆、萬爲一集，啓、禎爲一集，而國朝之文則自爲一集。

右首編類六十二部，共五千九百五十一卷。

玉函山房藏書簿録卷二

經編一

易類

古周易一卷 通志堂本

案:《漢書·藝文志》:"《易經》十二篇,施、孟、梁丘三家。"顔師古曰:"上下經、十翼,故十二篇。"此古初本也。自費直以《彖》《象》雜入卦中,鄭玄、王弼因復更變,古經遂紊。宋侍講學士宋城王洙原叔家有古本:上經、下經只載爻辭,外分《卦辭》第一、《彖辭》第二、《大象》第三、《小象》第四、《文言》第五、《繫辭上》第六、《繫辭下》第七、《説卦》第八、《序卦》第九、《雜卦》第十。門下侍郎汲郡吕大防微仲《周易古經》:上、下經并列,卦爻分《上彖》《下彖》《上象》《下象》《繫辭上》《繫辭下》《文言》《説卦》《序卦》《雜卦》各一篇,總一十有二篇。徽猷閣待制嵩山晁説之以道《古周易》:卦爻一,《彖》二,《象》三,《文言》四,《繫辭》五,《説卦》六,《序卦》七,《雜卦》八,有自序。禮部侍郎眉山李燾仁父合吕、晁二本,序而刊之,世遂有三書矣。國子録平江吴仁傑斗南《古周易》:畫全卦繫以彖辭,再畫六爻繫以爻辭。上、下經後,《彖傳》一;《象傳》二;《繫辭上傳》三;《繫辭下傳》四;《文言》五;《説卦上》第六,天尊地卑,至存乎德行;《説卦中》第七,八卦成列,至其辭屈;《説卦下》第八,昔者聖人之作易也,至爲羊;《序卦》第九;

《雜卦》第十。又有九江周燔《易》，上經《乾傳》第一，《泰傳》第二，《噬嗑傳》第三；下經《咸傳》第四，《夬傳》第五，《豐傳》第六，《繫辭上》第七，《繫辭下》第八，《説卦》第九，《序卦》，《雜卦》，有自序，與諸家爲無用。著作郎東萊吕祖謙伯恭因晁氏本定著十二篇，與吕微仲《古易》合，惟上、下經外，《彖上》《彖下》《象上》《象下》《繫辭上》《繫辭下》《文言》《説卦》《序卦》《雜卦》並加"傳"字，其下爲小異，有自序及朱子序，朱子作《本義》用其本。此編備載吴、吕、晁、李、王、周、吕凡七家《古易》，題宋吕祖謙者，以爲主故也，雖不全載《易》文，而各篇標其起止，七家古經成書具在矣。

子夏易傳殘本二卷　二酉堂本

周魏文侯師衛國卜商子夏撰。《漢志》不著録。劉歆云："漢興，韓嬰傳。"荀勗云："丁寬所作。"張璠云："或馯臂子弓所作，薛虞記。"孫坦《周易析蘊》以爲漢之杜子夏，趙汝楳《周易輯聞》以爲鄧彭祖字子夏傳《梁丘易》者，唯洪邁《容齋隨筆》引羣經著作，斷爲孔子弟子卜子夏。晉《中經簿》：四卷。梁《七録》：六卷。《隋書·經籍志》《唐書·藝文志》並二卷，殘闕。陸德明《經典釋文·序録》：三卷。原書佚，知玉屏縣前翰林院庶吉士武威張澍介侯輯録，武進張惠言亦有輯本，載《易義别録》之首。

子夏易傳十一卷　通志堂本

舊題卜子夏撰。案：隋、唐《志》止二卷，《釋文》止三卷，宋國史志、《中興書目》益至十卷，今本復十一卷，後出之卷帙反多於前，且以《釋文》及李鼎祚《集解》所引較之，又復不同。晁説之謂是唐張弧之《易》也。弧，唐大理評事，著有《周易王道小疏》。《宋志》：五卷。《紹興書目》作十卷，此或即其書而託名子夏與？

周易鄭康成注一卷　附刊《玉海》，又胡孝轅校刊本

漢徵大司農北海鄭玄康成撰。康成傳費氏學，始以《彖》《象》連經文，參綜諸家，故多改字，極詳互體，又每用《乾鑿度》遺法,以爻辰取象,與天道實見發明。梁、陳之代,與王弼並列國學,齊代惟傳鄭義,至隋,王注盛而鄭浸微矣。《七録》:十二卷。《舊唐志》同《隋志》:九卷。《新唐志》《釋文·序録》並十卷。《崇文總目》載止《説卦》一卷。原書散佚,宋禮部尚書浚儀王應麟伯厚輯,此卷附刊《玉海》,後明胡氏復校刊附李氏《集解》。

新本鄭氏周易三卷　　雅雨堂本

國朝徵士元和惠棟定宇編。因王應麟本採摭未備,重爲補正,先有明姚士粦叔祥增補二十五條,復續輯合九十二條,又據鄭注《周禮》《禮記》作《十二月爻辰》及《爻辰直二十八宿圖》以補之。

周易鄭氏注三卷　　箋易注玄室本

國朝翰林院編修武進張惠言皋文編。謂因歸安丁教授小疋後定三卷本,校正體例,復據胡、惠兩家,參以盧學士抱經、孫侍御頤谷、臧秀才在東所校爲定本,加姚補、惠補、丁補、臧補及今補以别之,末爲《正誤》一篇。康成佚説殆靡有遺,而攷訂更爲詳審矣。

周易鄭氏義二卷　　學海堂本

張惠言撰。既輯鄭注,復推闡注中之義蘊。

周易荀氏九家三卷　　箋易注玄室本

《隋志》:"《周易荀爽九家注》十卷。"《唐志》作《集解》,卷同。陸德明云:"不知何人所集。稱荀爽者,以爲主故也。其序有荀爽、京房、馬融、鄭玄、宋衷、虞翻、陸績、姚信、翟子玄,又有張氏、朱氏,並不詳何人。"其《説卦傳》本又得八卦逸象三十有一。或説九家即淮南九師,或云荀爽集古《易》家凡九,皆非也。惠氏棟以六朝人説荀氏《易》者,爲得其實。原書散佚,張氏惠言輯並注,凡諸書引荀爽者,併採入。

周易荀氏九家義一卷　　學海堂本

張惠言撰。既輯《周易荀氏九家》,復引伸其義旨,發明荀説之蘊。

周易注十卷　武英殿仿宋相臺本

魏尚書郎山陽王弼輔嗣撰。注止上、下經，《繫辭》已下則弼門人晉太常潁川韓康伯所撰也。《隋志》於“王弼注”云“《六十四卦》六卷”，“韓康伯注”云：“《繫辭》已下三卷，王弼又撰《易略例》一卷。”《七錄》：十卷。當與《隋志》同。《唐志》：“王弼注七卷。”又：“王弼、韓康伯注十卷。”所云“七卷”者，亦合《略例》而言也。漢人《易》，主象數，輔嗣擴清之，專言義理而語涉沖虛。張子謂以老氏論《易》自王弼始，程子斥其“元不見道”，朱子譏其“巧而不明”，然自隋、唐以來列於學，由後人樂其説之簡且便也。

周易略例一卷　汲古閣本，又《漢魏叢書》本

魏王弼撰，唐四門助教邢璹疏。弼以先儒注二十餘家，迭相雜述，推比所見，以辨其惑，舊合弼注，今注疏本亦然。明虞山毛晉子晉別梓以行。璹疏，《紹興書目》作《正義》二卷，《宋志》：三卷，今本止一卷，陳振孫《直齋書錄解題》云“此本淺近無義理”。

周易虞氏義九卷　學海堂本

吳侍御史會稽虞翻仲翔撰。案：翻別傳載，其初立《易》注，奏言高祖父光、曾祖父成、祖父鳳、考歆，至翻凡五世，治孟氏《易》。其用互體旁通，皆孟氏遺法也，注又取納甲之説，京氏《易傳》、魏伯陽《參同契》皆用納甲。考京氏亦師孟學，故漢有孟氏、京房十一篇及孟氏、京房六十六篇，伯陽以十二辟卦以分納甲，六卦而兩之，内以詳理月節，外以兼統歲功，確爲孟、京遺旨。故翻注《易》，又注《參同契》，以其異派而同源也。孔融稱其《易》注曰：“《易》自商瞿以來，舛錯多矣，去聖彌遠，衆説騁辭。襄聞延陵之禮樂，近觀吾子之治《易》，乃知東南之美，非徒會稽之竹箭也。”文舉於人不爲空譽，惜漢學歇絶，知之者少耳。《隋志》：九卷。《唐志》《釋文·序錄》並十卷，今佚。張惠言輯並注，卷合《隋志》，以李

氏《集解》亟稱虞氏義,故據題焉。張注研覃精深,能抉仲翔不傳之秘。

周易虞氏消息二卷　學海堂本

國朝張惠言撰。取虞氏注中諸説陰陽消息者,標注于前,附説于後。始《易》有太極,爲乾元終占,凡十六篇。

周易虞氏易禮二卷　學海堂本

張惠言撰。案:許慎《五經異義》引孟氏説《易》三事。其一云,《易》有周人五號,帝天稱一也,王美稱二也,天子爵號三也,大君者興盛行異四也,大人者聖人德備五也;二云,天子駕六《易》,曰時乘六龍以馭天下也;三云,年二十行役,三十受兵,六十還兵。張採入孟氏章句,以爲觀此三事,則以禮説《易》,非康成所創,又以虞氏世治孟《易》,遂取虞注,凡有涉於禮者,輯而論之,意在因虞以通孟也。

虞氏易候一卷　箋易注玄室本

張惠言撰。自序云:"易氣應卦必以其象,今據《消息》以推時訓焉。"大指從《唐志》一行《大衍曆議》所引孟氏會出。《隋志》五行家有《虞氏易律曆》一卷,《七録》有《虞氏周易日月變例》六卷,今俱佚。此及《消息》二書,可補其缺。

虞氏易言二卷　箋易注玄室本

張惠言撰。引伸虞義,始屯終鼎,卦次亦從《消息》推出。

易義別録十四卷　學海堂本

張惠言輯。既於鄭、虞、荀、九家輯有成書,乃取子夏、孟喜、京房、馬融、劉表、宋衷、董遇、王肅、姚信、陸績、翟玄、干寶、王廙、蜀才、劉瓛等十五家佚説,以己説附之。題"別録"者,取劉向《七略》《別録》之義也。

通易論一卷　載《阮步兵集》

晉步兵校尉陳留阮籍嗣宗撰。隋、唐《志》不著録,《宋志》始

有一卷之目。胡一桂云，凡五篇，今此論不分篇第。史稱籍才藻
豔逸，而倜儻放蕩，其説出入老、莊，然雖涉玄宗，而時多入理
之語。

周易正義九卷　　汲古閣本

唐國子祭酒冀州孔穎達沖遠與顏師古、司馬才章、王恭、太學
博士馬嘉運、太學助教趙乾葉、王談、于志寧等貞觀中奉詔撰，四
門博士蘇德融、趙弘智覆審，太尉長孫無忌與諸儒刊定。初，五經
並名義訓，凡百餘篇，號義贊，詔改爲正義。案：《後漢·桓譚傳》
上疏云"陛下宜垂明聰，發（思義）〔聖意〕，屏羣小之曲説，述五經
之正義"，唐"五經正義"之名本此。《易》本用王弼、韓康伯之注，
解釋敷衍，亦當代宗尚然也。《舊唐志》：十四卷。《中興書目》同
《新唐志》：十六卷。《直齋書録解題》：十三卷。今本九卷，不知
誰所合也。

周易釋文一卷　　汲古閣本，又雅雨堂本，又通志堂本

唐國子博士吳郡陸德明撰。陸名元朗，以字行。合《尚書》、
《毛詩》、三《禮》、《春秋》三傳、《孝經》、《論語》、《爾雅》、《老子》、
《莊子》釋文音義，共三十卷。《直齋書録解題》各部分著，今惟
《周易釋文》有毛氏、盧氏單行本，其書多援漢魏諸家，頗稱博贍，
卦首注某宮用某世，則京君明之遺法也。

周易集解十七卷　　雅雨堂本

唐著作郎（梓）〔資〕州李鼎祚撰。集子夏、孟喜、焦贛、京房、
九家、《乾鑿度》、馬融、荀爽、鄭康成、劉表、何晏、王弼、宋衷、虞
翻、陸績、王肅、干寶、姚信、王廙、張璠、向秀、王凱沖、侯果、蜀才、
翟玄、韓康伯、劉瓛、何妥、崔憬、沈麟士、盧氏、崔覲、伏曼容、姚
規、朱仰之、蔡景君、孔穎達，凡三十餘家。自序謂："刊輔嗣之野
文，補康成之逸象。"書中取荀、虞爲多，蓋李氏宗鄭之學，荀、虞究
象數多與鄭合，故取其説及衆家有與鄭相發者。採録之諸書多佚

不傳,猶賴以存其概。其以《序卦》分冠各卦之首,程子用王弼本正如此。考費氏以《彖》《象》《繫辭》《文言》解説上、下經,《序卦》分置各卦,意王弼承用費氏本亦然,晁、吕諸家古經始正之,宋人刊注疏者去之耳。《唐志》作《集注》十七卷,晁公武《郡齋讀書志》謂今止十卷,《中興書目》《文獻通考》亦並十卷,今本完足,與《唐志》合。

周易舉正三卷 汲古閣本

唐蘇州司户參軍郭京撰。京得王弼、韓康伯手寫定本,比較今世所行,或頗差駁,故舉正其訛凡一百三十五處。《唐志》不著録,《崇文總目》始載之,晁公武、趙汝楳皆疑其依託,洪邁取二十則載入《容齋隨筆》,朱子《本義》亦採其説,即不必盡出於王、韓之手札,而義較今本爲長者,固不少也。

易數鉤隱圖三卷 通志堂校刊《道藏》本

宋太常博士劉牧長民撰。其説出于陳摶與邵子先天之學,異派而同源,惟以九數爲河圖,以十數爲洛書,與邵子異圖,爲乾者四,爲坤者四,天左旋,地右轉,乾坤相交,而成六子,仁宗時言數者宗之。《宋史·藝文志》:一卷。今本與《郡齋讀書志》《紹興書目》卷數合。

周易先儒遺論九事一卷 通志堂本

宋劉牧撰。九事者,太皞受龍馬負圖第一,重六十四卦推盪訣第二,大衍之數第三,八卦變六十四卦第四,辨陰陽卦第五,復見天地之心第六,卦終未濟第七,著數揲法第八,陰陽律吕圖第九,皆先儒未言之秘。

范氏易義一卷 載《范文正公集》

宋樞密副使參知政事蘇州范仲淹希文撰。存乾、咸、恒、遯、大壯、晉、明夷、家人、睽、蹇、解、損、益、夬、萃、升、困、井、革、鼎、震、艮、漸、豐、旅、巽、兌二十七卦。

易童子問三卷 載《歐陽文忠公集》

宋觀文殿學士廬陵歐陽修永叔撰。設爲問答,其上、下卷專言《繫辭》,而下正王弼之失數十事。至以河圖、洛書爲怪妄,以《繫辭》《文言》非夫子作,輕於立論,宜南豐、東坡皆不敢附同師説,而朱子以無見譏之也。

横渠易説三卷 通志堂本,又載《張子全書》

宋崇文閣校書長安張載子厚撰。簡易精實,於發經開物、修身教人甚切。程泌謂周濂溪得其體,張横渠得其用。董真卿謂:"發明二程所未到處。"《宋志》:十卷。今三卷者,後人合之。

東坡易傳九卷 汲古閣本,又青照堂本

宋端明殿侍讀學士眉山蘇軾子瞻撰。自言學出父洵,論卦必先求其所齊之端,六爻之義未有不貫者。其説多切人事,與伊川專於治亂同旨。自蜀、洛黨分,其徒互相排擊,朱子作《(異)〔雜〕學辨》,摘駁十九條,而精切處自不可掩。坡嘗語晁以道曰"尚恨其不知數學",可謂矙然不自欺者矣。

潁濱易説一卷 載《欒城三集》

宋端明殿學士眉山蘇轍子由撰。説凡三篇:一説一陰一陽之謂道,一説大衍之數,一説乾健坤順,皆隨筆劄記之文。考蘇籀記其祖轍遺書曰:"初,二公少年,皆讀《易》,爲之解説。各仕他邦,既而東坡獨得文王、伏羲超然之(志)〔旨〕,公乃送所解於坡,今蒙卦猶是公解。"然則潁濱之説已雜入坡傳中,不可區别。此蓋讀《易》會心,偶有所記,後人收入集中耳。

程子易傳四卷 宋董楷本

宋直秘閣判西京國子監河南程頤正叔撰。其門人楊時校正。經文只據王弼本,而以《序卦》分置諸卦之首,與唐李鼎祚《集解》同,有自序及尹焞序、呂祖謙跋。《東都事略》云有《易傳》六卷,《郡齋讀書志》《文獻通考》並十卷。《宋志》:《傳》九卷,《繫辭

解》一卷。仍十卷也。今本四卷,後人所併。魏鶴山稱其《易》"明白正大,切於治身,切於用世",大旨黜數而崇理,與邵子各明一義。

易學一卷 通志堂本

宋王湜撰。自序謂傳邵康節之學。

紫巖易傳十卷 通志堂校刊明書帕本

宋樞密使魏國公廣漢張浚德遠撰。自號紫巖居士。主劉牧説,其論《易》數曰:"太極一也,兩儀三之也,分爲二而七八九六之數。五十有五,此天地之中數也。"論剛柔之義曰:"君道主剛,而其義也用柔,故乾動則爲坤矣。臣道主柔,而其動也用剛,故坤動則爲乾矣。"王應麟取其説。

易小傳六卷 通志堂本

宋左僕射吴興沈該守約撰。字一作元約。釋六爻,兼論變卦,多本《春秋左氏傳》占法,南宋《易》家中獨存古法之遺。宋高宗御筆獎諭曰:"研究陰陽之奥,發明變動之理。"非過許也。

漢上易集傳十一卷 通志堂校刊宋本

宋翰林學士荆門朱震子發撰。學宗伊川,會邵子、横渠之論,合鄭玄、王弼爲一,其書多採先儒之説,故稱集傳。於象數頗加詳。毛伯玉力詆其卦變、互體、伏卦、反卦之失。胡一桂謂:"變、互、伏、反、納甲之屬,皆不可廢,豈可盡以爲失而詆之。"朱子曰:"王弼破互體,朱子發用互體。互體自左氏已言,亦有道理,只是今推不合處多。"可爲此書之定論已。

周易卦圖三卷

宋朱震撰。自序曰:"卦圖所以解剥象,推廣《説卦》,斷古今之疑,發不盡之意。"

周易叢説一卷 並通志堂校刊西亭王孫鈔本

宋朱震撰。多載先儒佚説,足資參攷。

易璇璣三卷　通志堂本

宋處士撫州吳沆德遠撰。自號環溪先生。每卷各三篇,雜論《易》義。自序謂:“上明天理之自然,中以講人事之修,下以備傳疏之失。”稱“璇璣”者,取《易略例》“處璇璣以觀大運”語也。

周易古占法一卷　鈔本

宋德興丞睢陽程迥可久撰。其説占法多得古人遺意,雜記古來占事尤詳,每用邵子加倍法。

周易本義十二卷　貴池吳氏定本

宋焕章閣待制侍講新安朱熹晦庵撰。集《易》學之大成,理象至是無餘藴。本用吕氏《古易》,坊刊多誤,從董楷改,合程傳之本。康熙中,貴池吳世尚定爲上下經、十翼,凡十二卷,以復《本義》之舊。

易學啓蒙四卷　貴池吳氏定本,又菁華樓本

宋朱熹撰。《本圖書》《原卦畫》《明蓍筮》《考變占》,凡四篇,篇爲一卷。自序稱“雲臺真逸”。《宋志》作三卷。

郭氏傳家易説十一卷　武英殿聚珍版本

宋賜沖晦處士頤正先生河南郭雍子和撰。述父忠孝《兼山易解》之旨,故曰傳家。大要主於觀象,而能守程門義理之遺,蓋兼山學于程子者也。楊士奇稱其於《易》發明精到。

周易義海撮要十二卷　通志堂校刊宋本

宋蜀郡房審權撰。其書集鄭康成至王安石凡百家,摘取其專明人事者爲一編,或諸説有異同,輒加評議於篇末。原書百卷,江東李衡彥平删削,而益以東坡、漢上、伊川之書,爲《撮要》十二卷。《直齋書録解題》謂書止十卷,以爲所稱百卷者未之見,又以《撮要》十卷,“十”下疑脱“二”字,否則本有分合也。

復齋易説六卷　通志堂校刊天一閣鈔本

宋寧海軍節度推官宗室趙彥肅子欽撰。其説推尋卦畫,即象數以求理。許興裔跋云："其體察也精,其推研也審,其措辭不苟,其析理不浮。"雖朱子病其取義太密,然又何嘗不推其説之精哉。

周易玩辭十六卷 通志堂校刊李中麓家殘本

宋太府卿松陽項安世平甫撰。學以程子爲宗,而能有所發明,《館閣續録》稱其精而博。馬端臨序謂:"義理淵源伊洛,而於變象之際,紬繹尤精,明暢正大,無牽合附會之弊。"

易圖説三卷 通志堂本

宋國子録平江吴仁傑斗南撰。其説以六十四正卦伏羲所作,卦外六爻及六十四覆卦文王所作,又謂《序卦》爲伏羲作,《雜卦》爲文王作,今之爻辭當爲《繫辭傳》,《繫辭》當爲《説卦傳》。立論頗異。

易傳燈四卷 《函海》本

宋徐總幹撰。《宋志》及諸家皆不著録。乾隆中,四庫館從《永樂大典》録出,據原序,知爲吕祖謙門人。以釋氏"傳燈"命名,頗爲乖異。説亦多參五行家言,然《八卦總論》十六篇能得《易》之類例。

周易裨傳二卷 通志堂本

宋秘書省正字檇李林至德久撰。至,朱子門人。上卷三篇:一曰《法象》,本之太極;二曰《極數》,本之天地之數;三曰《觀變》,本之揲蓍十八變。下卷外篇,《反對》《相生》《世應》《互體》《納甲》《變爻》《動爻》《卦氣》,凡八條。大抵謂象數皆自然,非私智之能及也。

童溪易傳三十卷 通志堂校刊汲古宋本

宋淳熙進士韶州教授寧德王宗傳景孟撰。董真卿以爲臨安人,以《閩書》證之,董誤也。力排象數,不免涉於虛無。自序謂:"天下同知《本草》誤人命,而不知《易》誤人心。"其殆究治心學者與?

丙子學易編一卷　通志堂本

宋權工部侍郎兼秘書監隆州李心傳微之撰。取王弼、横渠、伊川、郭子和朱子五家，以其父舜臣《隆山易説》證之。丙子者，嘉定九年也。原書十五卷，俞石澗節存十一，末有俞跋，此即節本也。

易象意言一卷　武英殿聚珍版本

宋建安蔡淵伯静撰。西山文節公長子，學于朱子之門。此編闡發名理多從師説，兼言數學，則本其家傳。原書散佚，乾隆中四庫館從《永樂大典》録出版行。

東谷易翼傳二卷　通志堂本

宋吏部侍郎處州鄭汝諧舜舉撰。書名"翼傳"者，蓋謂孔子翼文王之經，此則翼伊川之傳也。以程傳爲主，而附以己見之異。自序引睽象曰："君子以同而異。"異之相形也，猶水火之相滅而成也；同而不異，則喪其所以爲同矣。持論名通，得毋有鑒於洛蜀之植黨耶。

朱文公易説二十三卷　通志堂校刊汲古元本

宋吏部侍郎湖廣總領新安朱鑑子明撰。集朱子《語録》《文集》論《易》之説，以發明本義之旨。鑑，文公長孫也。

易學啓蒙小傳一卷　通志堂本

宋税與權巽甫撰。魏鶴山門人。此書發明邵學，以補朱子之遺。

周易輯聞六卷　通志堂本

宋户部侍郎宗室趙汝楳撰。自序謂："先君子自始至末，於《易》凡六蘽，日進日益，末蘽題曰'補過'。汝楳得於口授者居多。"此"輯聞"之所由名也。攷汝楳父喜湘，字清臣，〔濮〕安懿王五世孫，官至觀文殿學士，所著有《周易説約》八卷、《周易或問》四卷、《周易續問》八卷、《周易指要》四卷、《學易補過》六卷，見《宋史》，汝楳所云六蘽是已。此編但解上、下經，頗有發揮，而往往竄改經文,亦其一失也。

易雅一卷　通志堂本

趙汝楳撰。總釋名義,凡十八章。自序曰:"《爾雅》,訓詁之書也。目張而彙聚,讀之事義物理秩然在前。""易雅"之名取諸此。

筮宗一卷　通志堂本

趙汝楳撰。凡三篇,推闡大衍之數,頗爲明晢。

周易傳義附録十四卷　通志堂本

宋吏部郎中臨海董楷正翁撰。字一作正叔。從潛室陳器之遊,得朱子再傳之學。此書以程子傳、朱子《本義》合爲一書,又博採程、朱之説,附録其下。案:倪正甫曰:"《易》以理寓象數,因象數以明理。漢儒多明象數,而於理或泥而不通。自王弼以玄理注《易》,儒者於談理實勝,乃復盡略象數,二者皆得《易》之偏。至本朝,言理則程伊川爲最,兼象數則朱子爲詳。集二書爲一,庶幾理與象數兼得之。"倪在董先,已有此論。至董合爲此編,有功於《易》者甚鉅,第割裂《本義》,以附程傳,使朱子古本失次,則董氏之過也。

易學啓蒙通釋二卷　通志堂本

宋處士婺源胡方平玉齋撰。通釋朱子《易學啓蒙》四篇之義,採蔡淵等六家,皆朱子門人。蔡模即淵之子,徐幾、翁泳又皆淵之門人,所謂一家之學也。熊禾跋云:"其窮象數也精深,其析義理也明白。"朱氏《經義考》:"此書外載有《外易》四卷、《易餘問記》一卷,惜未見也。"

三易備遺十卷　通志堂本

宋政和縣巡檢水簷朱元昇撰。首爲《河圖洛書》一卷,祖劉牧之説;次《連山》三卷,以卦位配夏時之節氣;次《歸藏》三卷,以干支納音配卦爻;次《周易》三卷,皆發反對、互體之旨。有家鉉翁

《進狀》,稱其"以自然之數納自然之音符、自然之象,縱施横設,無一不合,皆元昇所自悟者也"。

水村易鏡一卷　通志堂本

宋司農少卿兼史館莆田林光世逢聖撰。自序謂:"忽一夕觀天有所感,縱觀天、澤、火、雷、風、水、山、地八宫之星,皆自然六十四卦也。"又謂:"先以《繫辭》自離至夬十三卦,凡十三象,筆之書願與通天地人之君子,演而伸之。"編中所謂圖象四十有六,皆以星説《易》,以明古聖人仰觀之義。

周易集説十卷　通志堂校刊錢遵王藏本

宋處士蘇州俞琰玉吾撰。自題林屋山人,又自號石澗道人,又稱林屋洞天真逸。初衰諸家《易》説爲《大易會要》一百三十卷,後乃掇其精華以成是書。其説河圖、洛書,據《顧命》"天球、河圖在東序"云,河圖與天球並列,則河圖亦玉也,玉之有文者爾。崑崙産玉,河源出崑崙,故河亦有玉。洛水至今有白石,洛書,蓋石而白有文者。頗涉新異。然宗主朱子,參以程、邵,合義理象數而貫之,實有功於《易》也。自序謂:"集諸説之善而爲之説。"凡四十卷,此本十卷,然上下經、十翼皆不缺,疑後人併之。

易圖通變五卷　通志堂本

宋空山道士臨川雷思齊齊賢撰。以八卦配河圖,天一至地八,而以五十爲虛數。袁桷志墓稱其援據切至,不蹈世儒繩墨。

易筮通變三卷　《道藏》鈔本

雷思齊撰。《卜筮》《之卦》《九六》《衍(義)〔數〕》《命著》,凡五篇。其中述河圖洛書、參兩倚數、錯綜會變等圖,皆多出新意。此編與《易圖通變》互相發明。通志堂刻彼而遺此,同里李氏家有《道藏》殘帙數十種,中有此書,借鈔之。

讀易私言一卷　通志堂本

元集賢大學士河內許衡平仲撰。論六爻之德位大旨,發明

《繫辭》同功異位、柔危剛勝之義。蘇天爵謂"以孔孟之書、程朱之訓,倡明斯道"。觀其論當位、行中,洵得濂洛之嫡傳矣。

周易本義附録纂注十五卷　通志堂本

元景定舉人婺源胡一桂庭芳撰。學者稱雙湖先生。書以朱子《本義》爲宗,取朱子《文集》《語録》之説《易》者,編次其下,故曰"附録"。又採集衆儒之説有合《本義》者,次於後,故曰"纂注",仿董楷之例也。

易學啓蒙翼傳四卷　通志堂校刊汲古元本

元胡一桂撰。推闡其父方平《易學啓蒙通釋》之義,故曰"翼傳"。内三篇,發朱子占筮圖書之説;外篇一,論《易》學之支流。

易纂言十三卷　通志堂本

元翰林學士崇仁吳澄幼清撰。學者稱草廬先生。其《易》本分上、下經二卷,十翼十卷,因東萊呂氏《古易》而修整之,而多所竄亂。如以《繫辭傳》引《易》曰一十八節,並移入《文言傳》内,未免勇於改經。然釋詞簡明,卷首圖説亦約而該。觀生跋述其言曰:"吾於《易》書用功至久,下語尤精,其象例皆自得於心,亦庶乎文王、周公《繫辭》之意。"言雖大而非誇也。

大易(輯)〔緝〕説十卷　通志堂本

元武昌路南陽書院山長邛州王申子巽卿撰。祖述程傳,而以己意更《易》,最爲平當。其論數學於陳、邵,皆有駮斥,而惟以義、文、周、孔及濂溪太極爲歸。李琳稱其知象數之源,畢具性命之理。蓋嘗隱居天門山,不求仕進,垂三十年始成此書,宜其得之深也。

周易本義通釋十二卷　通志堂本

元處士婺源胡炳文仲虎撰。學者稱雲峯先生。以朱子《本義》爲宗,參附衆説。原本殘缺,惟存上、下經,其十翼乃炳文九世孫琇暨弟玠採諸所引炳文説以補之。潘旦序稱:"晦者以明,塞者以通。若禹決川距海,濬畎澮距川,沛如也。"

周易本義集成十二卷　通志堂本

　　元延祐丁巳舉人南昌熊良輔任重撰。書以朱子爲主,而雜采程傳及衆家説,以發明之。有不與《本義》盡合者,以元制科舉程式,程、朱古注兼用也。

學易記五卷　惜陰軒本

　　元江西提學副使臨海金賁亨汝白撰。自號其居曰一所,學者稱一所先生。其書不録經文,不輯注語,直抒己見,發前人所未發,不偏不駮,深得《易》理。

大易象數鉤深圖三卷　通志堂校刊《道藏》本

　　元福建儒學提舉清江張理仲純撰。其書即陳摶、邵子之説,推廣成圖,條理頗爲精密,胡氏《函書》多取之。

易象圖説内篇三卷外篇三卷　通志堂校刊《道藏》本

　　張理撰。《閩書》謂:"理嘗從杜本於武夷,盡得其學,以其所得於《易》者,演爲十有五圖,以發明天地自然之象。"今觀其内、外圖説,雜論天氣人事,與前書源皆出于邵子者也。

學易記九卷　通志堂校刊李中麓家藏鈔本

　　元東平李簡撰。書仿唐李鼎祚《集解》例,采子夏以下六十四家之説,間附己意,而諸家佚説賴以存其略。觀自序,知所取材者,楊彬夫《五十家解》、單渢《三十家解》爲多,惜二書不可得見耳。

周易會通十四卷　通志堂本

　　元鄱陽董真卿季真撰。一題作《周易經傳集程朱解附録纂注》。真卿受業於胡一桂,此書因一桂《纂疏》而廣之,象數、義理兼採并收,可稱淹貫已。

周易因革一卷　通志堂刊,附《會通》

　　董真卿撰。記叙古今經傳、解注因革甚詳。原附刊《周易會通》之首,朱氏《經義考》别出此編一卷,今從之。

周易參義十二卷　通志堂本

元辟集慶路儒學訓導新喻梁寅孟敬撰。隱居教授,結屋石門山,學者稱梁五經。此編自述曰:"讀程、朱《易》,以其釋經意殊,乃融會二家,合而爲一,謂之《易參義》。"立説平易,有道之言也。

周易大全二十四卷　郁郁堂本,又三畏堂本

明永樂中翰林學士胡廣等奉敕撰。取董楷、董真卿、胡一桂、胡炳文四家書編成,以爲一代取士之制。

易經蒙引十二卷　武林鄭氏刊揭嶺宋爾孚校本

明南京國子監祭酒晉江蔡清介夫撰。以理學名世,稱虛齋先生。是書體例以朱子《本義》與經文並書,惟於每條首加圈以別之。其篤信朱子,尊之亦至矣。然立説時有與《本義》小異者,而實有所發明,視《大全》爲善。

玩易意見二卷　石渠家藏本

明太子太保吏部尚書三原王恕宗貫撰。弘治中,養疴家居,構一軒,名玩易,於此著述。取程、朱二子《易》説,心有未愜者,輒以己意明之,故曰《玩易意見》。大致主理,似宋人語録。

周易集注十六卷補圖説二卷　四宜軒本

明翰林院待詔麻城來知德矣鮮撰。世稱瞿塘先生。郭子章序謂:"晚入求溪萬山中,研心圖象,積三十年而《易注》始成。"其《易》專以錯綜論象,先釋象義、字義、錯綜義,而後訓本卦、本爻之義,引伸變化,頗得旁通之旨。書自上、下經至《説卦》,凡十五卷,首有《雜説》《啓蒙》一卷。康熙丁巳四川布政使廬陵高喬映雪君重刊,首爲來瞿塘本傳,以象圖錯綜及補圖列前,又採圖附末卷。朱氏《經義考》別出《讀易寤言》一卷者,散見于兹矣。

易象正十六卷凡例一卷

明右諭德、掌司經局鎮海黄道周幼玄撰。每卦六爻皆即之卦,以觀其變。蓋用《左傳》所載之占法,前列《目次》一卷,用漢

人分爻直日之法,按文王卦序以推世運,後二卷以河洛乘除推爲三十五圖。大抵宗邵子之學。

三易洞璣十六卷　並晉安鄭肇修校刊本

黃道周撰。其書三乘《易》卦以授時,配之《詩》《春秋》,遞爲爻象,雖流衍出《易》外,而能使二千一百二十五年之始亂,燎若觀火,亦深洞乎《易》道之運行矣。

古周易訂詁十六卷　海澄郭晴嵐校刊文林堂藏本

明禮部尚書漳州何楷元子撰。前六卷以傳附經,用王弼本;七卷以下仍以十翼原文,存田、何之舊,故曰《古周易》。多採漢晉以來古義,取材宏富,援據詳明。自序謂:“網羅廣聞,要求麾盭於天子。”不愧斯言已。

易憲四卷　嘉善許氏刊本

明(戶)〔刑〕部主事華亭沈泓臨秋撰。黃淳耀序稱其“斟酌羣言,探躡根窟,該注疏經解之説而去其疵,宗程傳、《本義》之旨而達其意”。書藏于家,閲五世,玄孫恪始謀授梓,乾隆中御史嘉善許王猷竹君刊本。

易經備旨一見能解六卷　慎遠堂藏本

明崇禎(舉人)〔進士〕嘉定黃淳耀蘊生撰,肆水嚴而寬止性增補。以朱子《本義》爲主,於經下題注字,有講有旨以發明之。

周易本義補四卷　揚州同文堂刊劉氏傳經樓本

蘇了心撰。了心,不詳何人。書有自序,略云:“得其義而曲暢通之,以我會意,不以意泥,謂將天地鬼神盈虛消息之理,直精神會之矣。”觀其言,蓋實有所得,而近於所謂心易者。康熙中,洮村劉祈穀俶載乃取其與制舉不合者增訂之,書中渾無區分,原文不復可辨矣。

讀易大旨五卷

國朝容城孫奇逢鍾元撰。書作於蘇門,撮體要以示門人,故曰大旨。以《象傳》通一卦之旨,以一卦通六十四卦之義。切近人事,不及圖書。門人耿極較訂。末卷附《兼山堂問答》及與李對論《易》之語。對亦孫氏弟子也。

身易一卷　《昭代叢書》本

國朝澂水唐彪翼修撰。歙縣張漸進也校。大旨言道,不必向身外求逃,書發明此義。

逸亭易論一卷　《檀几叢書》本

國朝錢唐徐繼恩世臣撰。繆泳曰:"錢唐諸生,甲申後,晦迹爲浮屠。"其《易說》八篇,《河圖說》一,《洛書說》一,《先後天八卦圖說》二,《序卦說》三,《策數說》一,論皆明晰。《河圖》篇據《易》有太極以疑無極之説,《策數》篇謂京氏之學至邵子而愈顯,尤有卓識。

易學象數論六卷

國朝處士餘姚黄宗羲太沖撰。一號黎洲。論辨漢以來焦、京、《太玄》、《洞極》、河洛、《潛虚》、《洪範》内篇及夫太乙、壬、遁之失。其倚附於《易》,似是而非者,析其離合,爲内編三卷;其顯背於《易》而自擬於《易》者,決其底蘊,爲外編三卷。剖判最爲明晰。

周易説略四卷　徐氏真合齋定本

國朝處士濟陽張爾岐稷若撰。一號蒿庵。宗朱子《本義》爲説,因象析義,銷融偏滯。自序謂:"質言則專,專則滯,故愈詳而愈〔多〕失。"數語括盡古今説《易》之弊。

周易筮述八卷　周太史林汲山房鈔本

國朝徵士華州王弘撰無異撰。以朱子謂《易》本卜筮之書,世以爲淺之乎。言《易》乃推《易》中卜筮,以明其義,凡十五篇。書中闢焦贛、京房、管輅、郭璞輩之小術,並邵子前知其不以著得者,亦無取焉。所見亦卓矣。

仲氏易三十卷　書留草堂本,又學海堂本

國朝翰林院檢討蕭山毛奇齡大可撰。一號西河。述其兄錫齡(與三)〔天與〕之遺説,故名《仲氏易》。大旨謂《易》兼五義:一變易,二交易,三反易,四對易,五移易。辨論俱有根據。

推易始末四卷　書留草堂本,又《龍威秘書》本

毛奇齡撰。採漢以來諸儒言卦變者,綜覈成編,其名"推易",取《繫辭傳》"剛柔相推"之文,即《仲氏易》所謂"移易"也。後載《推易》及《推易衷》二圖,亦極有理致。

春秋占筮書三卷　《龍威秘書》本

毛奇齡撰。摭《春秋》所載占筮,以明古人之易學。宋程迥《古易占法》發其凡,不及此書之詳賅。

易小帖五卷　書留草堂本

毛奇齡撰。雜記《易》説之可議者,凡一百四十三條,與《仲氏易》互相發明。中有毛氏門人所紀録者,不盡出西河手筆也。

易韻四卷　書留草堂本

毛奇齡撰。龐塏曰:"古人多用韻。《易》上下《象傳》并《雜卦傳》,無一不用韻者,蓋其辭類贊,贊必有韻。昔人所謂贊《易》也。大可於韻學精晰,故著此書。"

河圖洛書原舛編一卷　書留草堂本

毛奇齡撰。據古經傳以辨陳摶之徒所爲河圖洛書之依託,又悉舉大衍諸圖以辨依託之所自有。宋濂、王禕、郝敬、歸有光爭論所不及者,駁斥蓋無餘力矣。

太極圖説遺議一卷　書留草堂本

毛奇齡撰。其卷首揭明大旨,曰:"太極無所爲圖也。況其所爲圖者,雖出自周子濂溪,爲趙宋儒門之首,而實本之二氏之所傳。"下則博稽廣證,逐條辨論,雖攻詰先儒,未免太過,而意在爲學《易》者正其趨向,其説未可廢也。

周易觀象十二卷　林汲山房藏本

國朝大學士安溪李光地厚庵撰。取《繫辭傳》"觀其象,則思過半矣"之語,推闡此義,以注全經。説皆自抒心得,故不盡附合程、朱而能抉經之奧。

易經衷(編)〔論〕二卷　存(城)〔誠〕堂本

國朝文淵閣大學士桐城張英敦復撰。止六十四卦,各爲一論,不尚艱深高遠之談,力能包掃。

易圖明辨八卷　舊鈔本

國朝貢生德清胡渭胐明撰。原名渭生,一字東樵。辨河圖洛書、五行、九宮、參同契、先天圖、太極圖、龍圖、易數鉤隱圖、啓蒙圖書、先天古易、後天之學、卦變、象數流弊等,援據往籍,剖别明晰,大有功於易學。

合訂删補大易集義粹言八十卷　通志堂本

國朝康熙進士侍衛納蘭成德容若撰。書删合《大易集義》《大易粹言》二書爲一編。自序曰:"宋陳友文《大易集義》六十四卷、曾穜《大易粹言》七十卷,二書摭拾宋儒論説凡八十家,而《粹言》所采二程、橫渠、龜山、定夫、兼山、白雲父子七家,其康節、濂溪、上蔡、和靖、南軒、藍田、五峯、屏山、漢上、紫陽、東萊十一家之説,皆《集義》上、下經所引,《粹言》則未之及也。《粹言》有《繫辭》《説卦》《序卦》《雜卦》,《集義》止上、下經。余竊病其未備,因於十一家書中將講論《繫辭》以下相發明者,采集與《粹言》合而訂之。"按:張嗣古跋《大易粹言》云"前太守曾君穜命郡博士方聞一所裒輯",後人緣有曾穜序,遂以爲穜撰,成德沿其誤,非也。兩書合編,頗失其舊,然宋人遺説賴以存焉。

惠氏易説六卷　璜川書屋藏本,又學海堂本

國朝翰林院學士元和惠(世)〔士〕奇半農撰。雜釋卦爻,引他經傳及先儒説,專明漢學,大抵以象爲主,詁訓尤精核。

易漢學七卷　　經訓堂本

國朝徵士元和惠棟定宇撰。本父半農之學,集孟長卿、虞仲翔、京君明、鄭康成、荀慈明《易》諸家源流,論説略備。

周易述二十一卷　　學海堂本

惠棟撰。其《易》掇取漢儒遺義,以荀爽、虞翻爲主,參以鄭玄、宋衷、干寶諸家説,自爲注以通之。然頗殘缺失次,未成之書也。

易音三卷　　學海堂本

國朝徵士崑山顧炎武寧人撰。號亭林。《易》繇本有韻,而或有韻,有不韻,或參方言以爲韻,不能如《詩》之盡叶,顧氏於不知者則缺之,故博贍不及西河,而不失謹嚴之意。書本爲《音學五書》之三,阮相國與《音論》《詩本音》刊入《經解》別行。

周易函書約注十八卷約存二十四卷　　葆璞堂本

國朝禮部侍郎光山胡煦滄曉撰。原書一百十八卷,多有散佚,其子季堂就已刻之本編次,以依義説經者爲約注。其雜論《易》之語,分原圖、原卦、原爻、原古爲《約存》,亦名《續集》,大抵參漢宋之學,與朱子多異同。

孔朱辨異三卷

胡煦撰。合下數種並爲《函書別集》。此編多摘朱子之説與孔子不同者,辨而論之。一名《易解辨異》。

易學須知三卷

胡煦撰。多究辨後儒附益聖經之失。

籌燈約旨十卷續二卷　　並葆璞堂本

胡煦撰。兼論述他經而要以大《易》爲指歸。如言天云:“天也者,太極之運體,健用之初形,性命之根蒂,人物之大原,靜正而各足,日出而不窮者也。”言性云:“性也者,始亨之乾元,保合之太和,未發之達道,含仁蓄義之大本也。”言道云:“道也者,性中之大用,天命之充周,廣大精微,内外如一,顯微無間,而不役于形色者也。"理足以見其極。

易經體注圖考大全四卷　文發堂本

國朝圭海李兆賢德夫撰。取雲峯胡氏、建安丘氏最多,餘皆節取,總期與《本義》符合。

周易孔義集説二十卷　學易堂本

國朝光禄寺卿太倉沈起元敬亭撰。以孔子"十翼"爲主,定眾説之是非。謂陳、邵之《易》非孔子之《易》,因芟先天諸圖,據《繫辭》《説卦》列三圖于前,一曰八卦方位,一曰乾坤生六子,一曰因重。訓解多從舊詁引伸新義。又從王輔嗣《易》本析出《大象》《文言》,自爲一傳,亦極有識。惜《彖傳》《小象傳》不及全釐定之,尚非"十翼"之全也。

易翼述信十二卷　詩禮堂本

國朝廬州府同知署徽州府事天津王又樸介山撰。説不甚墨守《本義》。自序謂:"篤信孔子之言,實所以發明三聖人之意。"此《易翼述信》之所由名也。首有《讀法》一篇,極見發揮。

周易補注六卷　京師刊本

國朝兵部侍郎宗室德沛濟齋撰。止上、下經。

易圖解一卷　京師刊本

德沛撰。取先天、後天圖及河圖、洛書,一以《繫辭》解之。

周易述補四卷　學海堂本

國朝諸生甘泉江藩子屏撰。補惠氏《周易述》之缺。

周易爻徵二卷　惜陰軒本

國朝歙縣吳曰慎徽仲撰。每爻下各以史事證之。

九畹易説一卷　《九畹續集》《關中文鈔》並載

國朝什邡縣知縣三原劉紹攽繼貢撰。説謂自漢以來,皆從大傳,第二章設卦、觀象、繫辭焉。説起大旨,以象圖不可廢。劉著

《周易詳説》十八卷,余在陝購之未得也。當續訪之,姑以此備一家云。

易古文三卷 《函海》本

國朝直隸(通州運河道)〔通永道〕綿州李調元羹堂撰。蒐輯漢、唐以來《易》文異字,多有陸氏《釋文》所未載者。

易經貫一二十二卷 知序堂本

國朝欽天監博士華亭金誠閑存撰。一號怡然子。《易》綜程、邵、朱子之學,合理氣象數而一之。

草堂説易一卷 來鹿堂本

國朝貢生安康劉應秋體源撰。止載六十四卦、卦爻之辭,各卦爻下皆舉史事以記之,專主人事,不及其他。

繫辭本解一卷 賈氏三書合刻本

國朝湖南東安縣知縣洛川賈構塾庵撰。取《繫辭傳》語似《文言》者出之,不依章句,自成段落,蓋踵元吳澄《纂言》之改經而爲之,究不免於率臆,然引述斷論頗爲詳通。

易經一説四卷 繫籍軒藏本

國朝彭山王淑善思撰。首有《説易要義》一篇,其書採摭前人之説,而附以己意,大要以簡明爲主。

彙纂周易淺解四卷 滋德堂本

國朝洛陽張含性理齋及子步瀛翰(山)〔仙〕撰。輯録宋儒之説,缺乾卦。

讀易拾義便鈔一卷 蔀豐草堂元本

國朝膠州匡文昱麗正撰。一號監齋。附録《本義辨》《易説》《古太極圖説》《擬程子格物》十六條,大旨從易象發明性理。自序謂:"王弼掃象,於《易》無損;來氏窮象,於《易》無加。"又謂:"有所見,以目拾之;有所問,以耳拾之;有所記録,以手拾之;有所思慮,以心拾之。"此名書之旨也。

易章句十二卷　學海堂本

國朝舉人江都焦循里堂撰。其學長於算數，説《易》以變通爲主。如説乾元亨利貞云："二先之坤五，爲乾元。二先行，四從之，爲亨。二先行，上從之，亦爲亨。四從二而亨，乾成家人，坤成屯。屯變通於鼎，家人變通於解。下更以乾上之坤三，上從二而亨，乾成革，坤成蹇。變通於睽，革變通於蒙，下更以乾四之坤初，是爲利也。其失道成小畜、復、夬、謙，而變通爲豫、姤、剥、履，亦然也。〔屯〕通於鼎，鼎二之五，而後屯三之鼎上爲貞。革通於蒙，蒙二之五，而後革四之蒙初爲貞。成兩既濟爲貞凶。〔一〕成既濟，一成咸、益，是爲終則有始，〔利〕而後貞者也。"全《易》説義皆如此，牽引蔓延，猝難解喻。大要不出旁通、相錯、時行三義，詳具《易圖略》。

易通釋二十卷　學海堂刊半九書塾原本

焦循撰。皆取經傳中互相發明者，會而通之。其説大衍括張輿、趙汝楳諸家法，而取秦道古衍法，用其連環求等累算乘率，列式以推，最爲詳密。自序謂："學洞淵九容之術，乃以數之比例求《易》之比例。"王伯申尚書稱其精鋭鑿破混沌，信然。

易圖略八卷　學海堂刊半九書塾原本

焦循撰。卷一《旁通圖》，卷二《當位失道圖》，卷三《時行圖》，卷四《八卦相錯圖》，卷五《比例圖》，此其作章句通釋所用。《時行》《卦錯》二圖，大抵不出正對反對、陰陽交錯，朱漢上、來瞿塘已用之，此加詳耳。其旁通之卦，雖本虞翻，而參以荀爽升降之義，倍爲有識，而變動愈以不居矣。六卷原卦名、象象之本。七卷《論〈連山〉〈歸藏〉》及卦變、半象、兩象之義。八卷辨納甲、納音、卦氣六日七分爻辰之非。皆卓然有見。

周易補疏二卷　學海堂刊半九書塾本

焦循撰。大意以王弼之注能明乎聲音訓古，孔穎達不能申明之,因取漢人訓義與王注合而足相發者,以補疏之。序中攷王弼家世甚詳,謂劉表受學于王暢,暢爲粲之祖父,與劉表同爲山陽高平人。粲族兄凱,爲劉表女婿。凱生業,業生二子,長宏,次弼。又謂弼之學淵原於劉表,而實本於暢、宏。宏字正宗,亦撰《易義》。又謂弼之學雖參以己意,而以六書通借解之法,尚未遠於馬、鄭諸儒,特貌爲高簡,故疏者概視爲空論耳。語極平允,亦前人所未發。

周易質義四卷　金谷園藏本

國朝池州汪思迴京門撰。《易》宗朱子《本義》。上截講解,下截經注,帖括家便之。

周易大義圖説二卷　修道堂本

國朝蕭山鄭豹文蔚齋撰。上卷爲《陰陽升降變卦圖》,凡二,附以《乾坤爲易之緼河圖》,即八卦説。下卷爲《陰陽升降六十四卦變證經圖》《陽降配支干》《陰升配支干》《卦氣隔六隔三四》等圖,皆從《左傳》衍易法,推合李鼎祚《集解》。所存孟喜遺説另圖,卦氣不取焦、費以下。其書頗能參荀、虞之秘,至以先天圖説出於老、莊及陳摶,陷於道家之學,説與毛西河相近。

周易校勘記十一卷　學海堂本

國朝大學士儀徵阮元芸臺撰。《十三經注疏》,並有《校勘記》。《易》及《尚書》、《毛詩》、《周禮》、《禮記》、《春秋》三傳、《論語》、《孟子》十經,皆以宋板十行本爲據,而校以唐石經、岳珂本、日本山井鼎《七經孟文補遺》所載之古本、足利本、錢遵王校宋本、影宋鈔本、閩本、監本、毛本,讐校各刻同異,屬生員李鋭筆記《易》凡十卷、別校《略例》一卷。

周易質義存説二卷　有吾堂本

國朝汪思迴撰。書因《質義》而作,多所裨補。

周易顯指四卷　挹山堂本

國朝銅梁知縣高密單鐸木齋撰。於各卦首列《序卦傳》,詮錯綜之義。有沈廷芳序。

周易告蒙四卷圖注三卷　天德堂藏本

國朝湘潭趙世迥鐸峯撰。大指本陳、邵之象數,合程、朱之義理,推衍舊圖,頗多新悟。然於漢人《易》,除虞仲翔卦變外,餘概未及之。

周易擬像六卷　雲中官署刊本

國朝六安州知州東鄉黎曙寅健亭撰。以《史》稱孔子贊《易》,遂改《繫辭》《説卦》《序卦》《雜卦》諸傳爲贊,於先儒舊詁,不苟異同,所論頗篤,實顯明愜心貴當。紀文達公序以好學深思、心知其義許之。

周易詁要三卷　敷文閣龍氏塾本

國朝安徽(儲)〔督〕糧道成都龍萬育燮堂撰。採先儒説,句疏字詁,體例皆宗《本義》。

惜抱軒易説二卷　同善堂藏本

國朝禮部(郎中)〔主事〕桐城姚鼐姬傳撰。雜説《易》卦,不盡守朱子之舊解,如用吕氏《古易》以合十二篇,謂去彖、曰象、曰爲,非是,亦各有其所見也。

易經離句襯解四卷　致盛堂梓本

國朝諸生四明李盤銘新撰。以程、朱二傳爲主,參考衆説,於本經文句講串,一一襯入,分析條貫。

周易輯説講本六卷

國朝岐山縣知縣錢塘徐通久撰。以朱子《本義》爲主,而參以程傳及諸儒之説,發理明切。

周易集解十二卷　羅陽學署刊本

國朝博羅縣教諭饒平詹鯤芸圃撰。其書採集先儒之説,而以己意連綴,章明句釋,條理井然。

象後得意四卷 敬一堂藏本

國朝西安左性平守中撰。專明邵子之學,由河洛乘除以通乎九數算法,雖得《易》外之傳,而論説不詭于理。

易經審鵠要解四卷 侯官儒學藏本

國朝侯官縣教諭漳浦林錫齡于九撰。經句下加注,字以聯屬之,便於初學。《説卦》辭、爻辭各還本句口氣,不便侵占彖、象,各傳爲帖括家設。

讀易集説十二卷 西安刊本

國朝右副都御史巡撫陝西靖江朱勳撰。以程傳爲主,兼採宋儒之説,取材於《粹言》者居多。

周易用初八卷 寶孺堂本

國朝醴泉知縣福山杜宗嶽愚谷撰。止六十四卦,與朱子《本義》多有異同,而説甚精切。

三易注略十七卷周易卦圖三卷周易參斷二卷總論六卷 自在窩本

國朝劉一明撰。自稱悟玄子,又號棲雲山人,分羲《易》、文《易》、孔《易》爲三《易》,而注之於卦圖,拆合處悉爲提出。取先天舊圖,參其錯綜變化,出於自然。

右易類一百四十八部,共一千九十六卷,除載文集七卷,實一千九十一卷。

玉函山房藏書簿録卷三

經編二

書類

尚書十二卷　武英殿仿宋相臺本

　　漢臨淮太守魯國孔安國傳。案：《漢書》云："《古文尚書》者，出於孔子壁中。"又云："孔安國者，孔子後也，悉得其書，以考二十九篇，得多十六篇。"《隋書》云："武帝時，魯共王壞孔子舊宅，得其末孫惠所藏之書，字皆古文。孔安國以今文校之，得二十五篇。其《泰誓》與河内女子所獻不同。又濟南伏生所誦，有五篇相合。安國並依古文，開其篇第，以隸古字寫之，合成五十八篇。其餘篇簡錯亂，不可復讀，並送之官府。安國又爲五十八篇作傳，會巫蠱事起，不得奏上，私傳其業於都尉朝，朝授膠東庸生，生授胡常，謂之《尚書》古文之學。"《漢志》：古經四十六卷。桓譚《新論》以爲舊有四十五卷，爲十八篇。《隋志》載《古文尚書》十三卷，《今字尚書》十四卷，並云孔安國傳。《正義》曰："三十三篇，與鄭《志》同。"二十五篇增多鄭注者：《大禹謨》一，《五子之歌》二，《胤征》三，《仲虺之誥》四，《湯誥》五，《伊訓》六，《太甲》三篇九，《咸有一德》十，《説命》三篇十三，《泰誓》三篇十六，《武成》十七，《旅獒》十八，《微子之命》十九，《蔡仲之命》二十，《周官》二十一，《君陳》二十二，《畢命》二十三，《君牙》二十四，《冏命》二十五。陸氏《釋文》曰："江左中興，元帝時，豫章内史梅賾奏上孔傳《古文尚書》。"朱子曰："安國傳，恐是魏晉間人作，託安國爲名。"魯齋王氏、仁山金氏亦疑之，近代儒者攻之愈衆。然平情而論，晚出之書，第文體不類，典誥之奥衍，而一話一言，罔不根柢古訓。而《仲虺》言仁，《湯誥》言性，《太甲》言誠，《説命》言學，恐宋儒長於理者不能爲此粹語。故自晉以來相承用之，雖有羣疑衆難，而終不能廢也。

書序二卷　平津館本

舊傳孔子撰。劉歆曰："孔子修《易》序《書》。"班固曰："《書》之所起遠矣。至孔子纂焉，上斷於堯，下訖於秦，凡百篇，而爲之序，言其作意。"《正義》曰："《書序》，鄭玄、馬融、王肅並云孔子所作，依緯文也。百篇凡六十三序。"程子以爲夫子所爲，朱子以爲恐是經師所作，決非夫子之言。董銖曰："《書序》之作，出於聖人無疑。觀《書》得其序，則思過半矣。"銖爲朱子門人，而説從程子，蓋亦善折其衷而不爲苟同矣。《正義》又謂："百篇次第於序，孔、鄭不同。"蓋鄭注古文而實用今文之本，史稱伏生以二十九篇教於齊魯間。秀水朱氏謂其一爲百篇之序，觀《大傳》舉《九共》《武成》《嘉禾》諸篇可証。陸氏《釋文》曰："馬、鄭之徒，百篇之序總爲一卷。孔以各冠其篇首，而亡篇之序即隨其次第，居見存者之間。"馬、鄭之本今不可覩，元董鼎《書傳輯録纂注》本、王天與《尚書纂傳》本並各爲一卷，以復馬、鄭之舊，孫氏星衍《今古文注疏》本用之，復爲詳注，又蒐逸文附各序中，以文多分二卷。

逸周書十卷　明黄嘉(會)〔惠〕校本，又新安汪氏本

周史記，晉五經博士孔晁注。《漢志》：七十一篇。劉向曰："周時誥誓號令也。"顔師古曰："蓋孔子所論百篇之餘，今所存者四十五篇。"案：見傳本七十篇之目並存，而闕《程寤》《秦陰》《九政》《九開》《劉法》《文開》《保開》《八繁》《箕子》《耆德》《月令》

十一篇,所存五十九篇並後序,共六十篇。中有典雅高義,亦有淺末常説,或出後人附益歟?隋、唐《志》稱《汲冢書》,皆謂此書得於晉太康中汲郡魏釐王冢。宋李燾以漢司馬遷、劉向嘗稱之,謂晉時始出,非也。《隋志》列之雜史。劉知幾曰:"《周書》與《尚書》相類,即孔氏刊約百篇之外。"兹仍《漢志》入書類。

逸周書十卷校正補遺一卷　抱經堂校定本

國朝盧文弨合十九家本校定,最精。

尚書大傳四卷補遺一卷續補遺一卷　雅雨堂本,又青照堂本

漢徵士濟南伏勝撰,鄭玄注。案:《隋志》:"伏生作《尚書傳》,授同郡張生,張生授千乘歐陽生。"鄭序以爲伏生至孝文時,年且百歲,歐陽生、張生從學焉。伏生終後,數子各論所聞,以己意彌縫其闕,而別作章句。又特撰其大義,因經屬指,名之曰傳。劉子政校中書,奏此目録凡四十一篇,然則此書不盡出伏生之手,故酈道元以爲文帝撰五經,《尚書大傳》繫之文帝,明經師非一人也。兹題伏勝者,推本而言之耳。其書傳通名物,賅備典章,不斤斤於章句,與《韓詩外傳》《春秋繁露》同其體例。漢人通經具有本原如此。隋、唐、宋《志》,《文獻通考》並三卷,《郡齋讀書志》《直齋書録解題》並四卷,與今本合。文多殘闕,乾隆中德州盧氏見曾得之吳中,爲《補遺》一卷,盧氏文弨復爲《續補遺》一卷。古訓琳琅萃於斯矣。

尚書鄭注十卷　《函海》本

後漢鄭玄撰。玄師事馬融,並注《古文尚書》,然止二十九篇,與今文篇數正同,後儒據以疑增多之古文,非無見也。梁、陳所講有孔、鄭二家,齊代惟傳鄭義,至隋,孔、鄭並行,而鄭氏甚微。然隋、唐《志》並著目九卷,至宋散佚,王應麟輯爲十卷,嘉慶中綿州李調元校刊。訓義淹貫,如作服十二章、州十二師,皆孔傳所不及,誠如伯厚之論。雖虞翻以"執瑁""憑几""(昧谷)""分北"爲

譏,而小疵實不能掩其大醇也。

尚書正義二十卷　汲古閣本

唐孔穎達與太學博士王德韶、四門助教李子雲等奉詔撰。四門博士朱長(文)〔才〕等二十四人刊定,因梁費甝疏廣之。案:五經疏,朱子謂《易》《書》爲下,然《書》疏考據名物典制,猶資後學,似較《易》疏空衍爲差勝也。

尚書釋文二卷　通志堂本

唐陸德明撰。《崇文總目》云:"皇朝太子中舍人陳鄂奉詔刊定。始開寶中,詔以德明所釋乃《古文尚書》,與唐明皇所定今文駁異。令鄂删定其文,改從隸書,蓋今文自曉者多,故音切彌省。"《玉海》云:"唐陸德明《釋文》用古文。後周顯德六年,郭忠恕定《古文尚書》并《釋文》刻板,太祖命判國子監周惟簡等重修。開寶五年二月,詔翰林學士李昉校定上之,詔名《開寶新定尚書釋文》。咸平二年十月,孫奭請摹印古、今《尚書音義》,與《新定釋文》並行,從之。天聖八年雕《新定釋文》。"據二書所載,則今世所有《尚書釋文》已非復陸之本書矣,其間馬、鄭舊義及衛、賈古文得寥寥幸存者,皆出於宋人芟削之餘,撫卷爲之三歎。

文氏尚書解一卷　載《文潞公集》

宋丞相太師潞國公汾州文彦博寬夫撰。《堯典》《舜典》《大禹謨》《皋陶謨》《益稷》《伊訓》《洪範》《無逸》《立政》《周官》凡十篇,有《進表》及《後序》並附載《集》中,蓋經筵講義也。其言明切,可見大臣之度。

尚書二典義一卷　載《文潞公集》

宋文彦博撰。采掇二典中事義兼以訓傳,亦經筵講義也。《進表》云:"夫以齊之霸國,而孟軻陳堯、舜之道於齊王之前,欲勉進之。今臣遭堯、舜之時,陳堯、舜之道,固其宜矣。"其自任也如此。

泰誓論一卷　　載《歐陽文忠公集》

宋歐陽修撰。凡二篇。惟《書》是信，而破漢儒之説。以爲十有一年者，武王即位之十有一年也，持論甚正。然不信遷《史》"伯夷之諫武王"，似非《春秋》以信傳信之旨，王十朋所以議其後也。

范氏尚書解一卷　　載《范忠宣公集》

宋右僕射兼中書侍郎蘇州范純仁堯夫撰。《進序》云："取《尚書》自古君臣相飭戒之言，關於治道者，録爲三十章。仍於每章之後輒有解釋，或用孔氏注，意或與孔説不同。但取理當義通，以伸裨補之誠。"後有《總序》一篇，皆載《集》中。其三十章者，《堯典》一，《大禹謨》五，《皋陶謨》三，《益稷》三，《五子之歌》《仲虺之誥》《湯誥》各一，《伊訓》二，《太甲中》二，《太甲下》一，《咸有一德》二，《説命上》《説命中》《説命下》《洪範》《旅獒》《無逸》《君陳》《冏命》各一也。

王氏洪範傳一卷　　載《臨川集》

宋中書門下同平章事荆國公臨川王安石介甫撰。晁公武謂："以劉向、董仲舒、伏生明災異爲蔽，而別著此《傳》。以'庶徵'所謂'若'者，不當訓'順'，當訓'如'；人君之五事，如天之雨、暘、寒、燠、風而已。大意言天、人不相干，雖有變異，不足畏也。"吁，何其言之肆哉。

曾氏洪範傳一卷　　載《南豐類稿》

宋中書舍人南豐曾鞏子固撰。其説"天乃錫禹洪範九疇"，曰"蓋《易》亦曰'洛出書'，然而世或以爲不然。原其説之所以如此者，以非其耳目之所習見也"云云。此隱指歐陽永叔作《易》不信河圖而言。其説"庶徵"，曰"五事之當否在于此，而五徵之休咎應于彼，爲人君者所以不敢不念，而考己之得失于天也"。此則顯正王介甫天變不足畏之失。朱子謂曾子固説得勝他人，蓋深取之矣。案：曾集本作《洪範傳》，朱氏《經義考》題作"論"，未知別有據否。

東坡書傳二十卷　林汲山房家藏本

宋蘇軾撰。（撰）於《胤征》，以爲羲和貳於羿而忠於夏，於《康王之誥》，以釋衰服冕爲非禮，陳振孫稱其卓然獨見。於《呂刑》，"王享國百年耄"作一句，"荒度作刑"作一句，朱子稱其甚有理。他於治亂興亡，抉摘明切，論皆雄偉。《宋志》：十三卷。此本得之同里周書昌太史家，與萬卷樓本合。

嘉孫注：明刻本，六冊一函，十行二十一字，白口，單魚尾，左右雙邊，書中鈐"玉函山房藏書"印，今藏中國人民大學圖書館。

洪範五事説一卷　載《欒城三集》

宋蘇轍撰。以脾之發爲貌，主土；肺之發爲言，主金；肝之發爲視，主木；腎之發爲聽，主水；心之發爲思，主火。據黃帝以來醫書言之，與漢儒説不同。

尚書講義一卷　載《龜山集》

宋工部侍郎延平楊時中立撰。程子門人，學者稱龜山先生。案：《文獻通考》載有《書義辨疑》一卷，晁公武謂其書專攻王雱之失。雱與父安石共撰《新經尚書義》，頒行學宮，其説多穿鑿龜山，取而辨之，今不傳。惟《集》中載有自序一篇，其《講義》亦載《集》中，經筵所進也。説《泰誓》四節，寓規戒云。

尚書全解四十卷　通志堂本

宋（中）〔宗〕正丞侯官林之奇少穎撰。其書《洛誥》已下佚，麻沙及婺（女）〔州〕、蜀中刻本皆僞訛。朱子謂三山林少穎《書説》亦多可取，但自《洛誥》以下非其所解，指此本也。其孫畊，字耕叟，官衡州教授兼石鼓書院山長，乃求得宇文氏寫本、建安余氏新刻本，自《洛誥》至《君陳》及《顧命》以後至卷後皆真本，掇拾補足，爲四十卷，見畊序。《宋志》作《集解》五十八卷，或以舊刊本著錄歟？今亡其《多方》一篇，爲第三十四卷。其説如以陽鳥爲地名，頗涉新異。然辨晰異同，串貫史籍，卓然自成一家之言。東萊爲其門人,續成《書説》,淵源實有自也。

敷文鄭氏書説一卷　《函海》本

宋直龍圖閣知寧國府永嘉鄭伯熊景望撰。凡二十九條,各編目,摘論其大端,雲谷胡氏序稱其深切極要,皆諸儒議論之所未及。

禹貢指南四卷　武英殿聚珍板本

宋衢州免解進士毛晃撰。《文淵閣書目》有《禹貢指南》一册,不著撰人姓名,疑即晃書。崑山葉氏《菉竹堂書目》亦有之,朱氏《經義考》:二卷。云未見。四庫館從《永樂大典》中録出,爲四卷。援據舊文,以證《禹貢》山川之原委,參考同異,頗稱詳賅。

禹貢論四卷　通志堂刊天一閣鈔本

宋秘書少監新安程大昌泰之撰。案:《宋志》:五卷,又有《論圖》五卷、《後論》一卷。《萬卷樓書目》作二卷,《圖》二卷。此本論四卷,於江、河、淮、漢、濟、黑、弱水七大川,以爲舊傳失實,皆辨論之。雖間有牴牾,而要能獨抒己見,不詭隨於傳注。

禹貢集解二卷　通志堂校刊宋本

宋義烏傅寅同叔撰。《金華志》云,學者稱杏溪先生。同里喬行簡序謂:"取古書天官地志、律曆權度、井田兵制,分寸零整、乘除杪忽之説,究觀篤攷,遂取其書,爲之圖,條列諸説,而斷以己意,名曰《羣書百攷》,《禹貢説》蓋其一也。"書或稱《禹貢圖考》,或稱《禹貢説斷》,今本殘闕,圖則佚矣。其書博引舊文,時出新意,足爲攷訂之助。

東萊書説三十五卷　通志堂刊影宋鈔本

宋吕祖謙撰。自《洛誥》至《秦誓》凡十七篇,爲十三卷。其門人從政郎差充西外睦宗院宗學教授清江時瀾增修前二十二卷。案:東萊爲林少穎門人,少穎《集解》,朱子謂《洛誥》以後非其所解,蓋出他人手。東萊補師説之所未及,故其書始《洛誥》

而終《秦誓》。瀾以平昔所聞於東萊者,續纂成書,一家之學,可謂大備矣。

尚書說七卷　通志堂刊明書帕本

宋焕章閣學士新昌黄度文叔撰。其書主孔傳而發揮多新得之義,於三代治亂,推究明切。史稱爲御史,斥内侍楊舜卿、陳源邪佞,極言韓侂胄誤國,乞肆市朝,皆不報,即解官去。言能彰於實用,非深於《書》者不能也。

書古文訓十六卷　通志堂刊焦氏家藏宋本

宋知常州永嘉薛季宣士龍撰。經字皆用古文,不必盡有根據,然好古之心亦云劬矣。朱子謂其《書》解多於地名上著功夫,蓋長於小學者也。

書經集傳六卷　監本

宋建陽蔡沈仲默撰。西山先生季子,從學於朱子,世號九峯先生。真德秀表墓曰:"文公晚年訓傳諸經略備,獨《書》未及爲整,環視門生,求可付者,遂以屬君。君沈潛反覆數十年,然後克就。"黄震謂:"參合諸儒要説,嘗經文公訂正,其釋文義,既視漢唐爲精。其發指趣,又視諸家爲的。"案:蔡傳雖原本朱子,而亦時有小異,古人撰述不爲苟同如此。據其子杭《進表》,尚有《小序》一卷、《朱熹問答》一卷,今本悉無之。

皇極講義一卷　載《象山全集》

宋知荆門軍金谿陸九淵子静撰。與朱子同時並名,世稱象山先生。此守荆門時所作,據《象山年譜》云,"郡有故事,上元設醮黄堂,其説曰爲民祈福。先生於是會吏民,講《洪範》'斂福錫民'一章,以代醮事。發明人心之善,所以自求多福者"云云。後書河圖洛書,與世傳不同,傅季魯釋其義。

泰誓論一卷　載《王忠文公集》

宋龍圖閣學士樂清王十朋龜齡撰。大意以十有一年爲賜鈇鉞得專征之年,説極名通。《集》標《武王論》,朱氏《經義考》作《泰誓論》,兹據題焉。

尚書詳解五十卷

宋奉議郎泉州泊幹安福陳經正甫撰。多採注疏,參以己意,與蔡傳同時並出,而宗旨不同。觀自序云:"吾心與是書相契而無間,然後知典謨、訓誥、誓命,皆吾胸中之所有,亦吾日用之所能行。"蓋象山學也,然實多精到之義。

融堂書解二十卷　武英殿聚珍板本

宋秘閣校勘遷史館淳安錢時子是撰。案:宋嘉熙二年知嚴州萬一〔薦〕《奏狀》有《尚書演義》三十册。葉氏《菉竹堂書目》亦云:"《演義》八卷,原書佚。"四庫館從《永樂大典》中録出,題今名,闕《伊訓》《梓材》《秦誓》三篇,餘皆完具。大旨尊崇《書序》,詮釋頗爲明確,其力排錯簡之説,亦有識。

洪範統一一卷　《函海》本

宋觀文殿學士宗室趙善湘清臣撰。《宋史·列傳》作《洪範統論》,《藝文志》作《統紀》,《菉竹堂書目》有之。原書佚,四庫館從《永樂大典》中録出。據題"統一"云,其説以皇極爲九疇之統,故名"統一"。大旨根據歐陽修《唐書·五行志》、蘇洵《洪範圖論》,其訓皇極爲大中,則注疏之説也。

尚書集傳或問二卷　通志堂刊汲古元本

宋從仕郎六部架閣東陽陳大猷撰。《宋志》不著録,《菉竹堂書目》有陳大猷《尚書集傳》一十四册,西亭王孫《萬卷堂目》亦有之。今只有《集傳》《或問》二卷,亦猶朱子《四書集注》外,別爲《或問》也。論《堯典》"敬"字述楊簡語,蓋象山之學派。張雲章謂:"同時有都昌陳大猷,號東齋,饒雙峯弟子。著《書傳會通》,仕爲黄州軍州判官。乃陳澔之父,與東陽陳氏實爲兩人。"然攷都陽董氏《書纂注》列引用姓氏,於陳氏《書集傳》特注東齋字,正未可定爲東陽陳氏之書,而非都昌陳氏所撰也。

尚書詳解十三卷　通志堂刊天一閣鈔本

宋臨江軍軍學教授廬陵胡士行撰。一作《初學尚書詳解》,以孔傳爲主,參用楊時、林之奇、吕祖謙、夏僎之説,間以己意解之。《堯典》《洪範》皆有圖,頗引漢唐人訓詁。

書疑九卷　通志堂本

宋贈承事郎金華王柏會之撰。學者稱魯齋先生。凡五十篇,正文考異八篇。於《舜典》"舜讓于德弗嗣"下增入《論語》"堯曰咨爾舜"至"永終"二十四字,改"堯曰"爲"帝曰"。於"敬敷五教在寬"下增入《孟子》"勞之來之"至"振德之"二十二字。餘若《皋陶謨》《益稷》《武成》《洪範》《多方》《多士》《立政》,皆更易經文先後,雖極精當,終不免於智者之過。

尚書表注二卷　通志堂刊元本

宋聘士蘭谿金履祥吉父撰。師事王柏。宋亡,入元不仕,隱居著書,學者稱仁山先生。其書於烏絲欄外,上下左右皆以細字標識,故題曰"表注",在注家別爲一體,學本朱子,而絕不牽就,引據精確,可裨蔡傳。其作《通鑑綱目前編》,往往自引其説。

周書王會解注一卷　附刊《玉海》

宋王應麟撰。孔晁注有未備者,爲補注之,考據極詳核。

書纂言四卷　通志堂本

元吴澄撰。澄有《易纂言》,已著録。此編惟注《今文尚書》。自序謂:"止以伏生二十八篇之編爲正意,蓋以晉梅賾所上五十八篇,其增多者皆出僞託,故不復注。"王禕曰:"今文、古文各自爲《書》,不相淆雜,尤足以釋後世之疑矣。"

尚書集傳纂疏六卷　通志堂刊汲古元本

元新安陳櫟壽翁撰。世稱定宇先生。篤信朱子之學。此編疏解蔡傳,採輯諸家説,纂録附其下,而以朱子冠諸家云。

尚書輯録纂注一卷　通志堂本

元德興董鼎季亨撰。受業於黄幹,得程、朱之學。《書》以蔡傳爲主,傳後繼以《朱子語録》,謂之輯録。朱子説後乃附以諸家之説,謂之纂注,與胡一桂《周易本義附録纂注》同一體例。

尚書通考十卷　通志堂刊汲古元本

元貞文處士邵武黄鎮成元鎮撰。蒐採舊説,考《尚書》之名物典制,間附斷論,頗爲博洽。自序謂:"求帝王之心易,考帝王之事難。"蓋爲空談性理者砭也。

書蔡傳旁通六卷　通志堂刊汲古閣元本

元彭蠡陳師凱撰。黄虞稷《千頃堂書目》云:"至治辛酉爲是書,凡傳中所引名物度數,必詳究所出,有功蔡傳甚大。"

讀書管見二卷　通志堂本

元永〔新〕州同知吉水王充耘與(耘)〔耕〕撰。一字耕垡。其書與蔡傳頗有異同,得失亦參半,然實多心得之義。

尚書纂傳四十六卷　通志堂刊李氏原本

元臨江路儒學教授梅浦王天與立大撰。書雖列注疏居前,而實以朱子爲主,以西山真氏爲輔,蓋篤守紫陽之傳者也。

尚書句解十三卷　通志堂本

元廬陵朱祖義子由撰。就蔡傳而疏明之,啓迪幼學之書也。

定正洪範集説一卷　通志堂校刊汲古閣元刻李中麓藏本

元紹興路録事諸暨胡一中允大撰。字一作允文。取王魯齋、文本心、吴草廬説,撮其所長而訂正之。其以十爲河圖,以九爲洛書,則劉牧之緒説也。

書傳大全十卷　三畏堂本

明永樂中翰林學士胡廣等奉敕撰。書中用陳櫟、陳師凱二家説,櫟長義理,師凱尚考核,故此編視他經大全爲善。

尚書講義一卷　載《遜志齋集》

明文淵閣文學博士寧海方孝孺希直撰。凡四篇，經筵所講，極得獻替之義。

禹貢圖說一卷　載《禹貢匯疏》

明刑部尚書海鹽鄭曉窒甫撰。《禹貢全圖》一，《九州疆域圖》九，《導北條大河之山》《導南條江漢之山圖》各二，《導弱水》《導黑水》《導河》《導江漢》《導沇》《導淮》《導渭》《導洛》《考定漆沮圖》各一。茅瑞徵載之《匯疏》卷首。

書傳洪範考疑一卷　有堂鈔本

明湖廣布政司參議金谿吳世忠撰。以宋儒謂如錫疇，如五行皇極、三德，如五福六極諸論，疑非天之錫禹與箕子語武王之意，故爲此編以考之，頗見貫通。

書經講義會編十二卷　明刻本

明中極殿大學士長洲申時行汝默撰。以舉子時所業及講筵所進，合輯成編，衍釋粲然，制科家多習其書。

書經補說一卷　明刊本

明兩浙運使餘干史桂芳景實撰。言文、武無利天下之心，微子無抱祭器歸周事，箕子不死內難，正志存義、黃、堯、舜之統。具有卓識。

尚書譜五卷　鈔本

明國子學正鹽課司提舉旌德梅鷟撰。一名《讀書譜》。大旨辨論晉代晚出古文爲僞，而時多臆說。案：鷟自序《考異》曰"予在嚴陵已作此譜，草創未備，今加修飾"云云，則《譜》乃《考異》之初本，未及精覈，故不若《考異》之善也。

尚書考異六卷　《平津館叢書》本

梅鷟撰。以晉時始出古文二十五篇爲皇甫謐所造，羅列《書》傳，以相證驗。如言"人心""道心"出於《荀子》所引《道經》，言

"舞干羽""有苗格"出於《淮南子》,及言割裂《論語》,改竄《左傳》之失其本旨者,往往精確。閻氏若璩之《疏證》、惠氏棟之《古文考》、宋氏鑒之《考辨》,實皆本於此編。惟以今文真《泰誓》爲僞,以孔壁真古文十六篇爲張霸書,則謬踵前人者,亦有之矣。

洪範明義四卷　　新安鄭肇修校刊本

明黄道周撰。推説災祥,配隸名目,雖不免有所附會,然其書崇禎十年奏進,意存啓沃,借天人之感應,以惕君心,與劉子政《五行傳論》同旨趨云。

禹貢匯疏十二卷　　三衢王氏刊本

明吴興茅瑞徵澹檴撰。考證九州山川地域頗爲詳洽,而於"底慎財賦"一語獨有發明,得古文命篇之意,且大與民瘼相關也。

書經通義十卷　　濟陽魯氏家藏鈔本

國朝處士濟陽張爾崇季厚撰。稷若先生之弟,從學於兄。此編筆削皆出稷若先生手,親切明暢,與《周易説略》筆意同。

古文尚書疏證八卷　　眷西堂本

國朝徵士太原閻若璩百詩撰。援引羣籍,疏辨古文之僞謬,凡一百二十八篇,根據宋吴棫、朱子、陳振孫,元吴澄,明梅鷟、歸有光之説,一一推求實證,末附朱子《書疑》。命子詠編次。

古文尚書冤詞八卷　　書留草堂本

國朝毛奇齡撰。書爲太原閻氏《古文尚書疏證》作,大旨以孔傳爲僞,以古文爲真,據《隋志》之文反覆詰辨,斷斷争論,各有所見也。

尚書廣聽録五卷　　書留草堂本

毛奇齡撰。劄記舊聞,於三代事實多所辨正,以"廣聽"名編者,取《漢書·藝文志》"《書》以廣聽"之義也。

舜典補亡一卷　　書留草堂本

毛奇齡撰。謂"詢于四岳"以下《舜典》本文,漢人誤合於《堯典》"詢于四岳"以上,乃取《史記·五帝本紀》文以補之。雖非本書,然以視姚方興之僞作有間矣。

禹貢錐指二十卷圖一卷　學海堂本

國朝貢生德清胡渭朏〔明〕撰。圖凡四十七,開方界畫,條理分明。其禹河一徙再徙,圖考證精密,解論詳明,允與書名相副。

書經衷論四卷　林汲山房藏本

國朝張英撰。有《易經衷論》,已著錄。此編則其侍講筵時所進。依篇次標題繫説,凡三百十四條,皆折衷前人之説,故名"衷論"。

尚書地理今釋一卷　學海堂本

國朝文淵閣大學士常熟蔣廷錫揚孫撰。凡辨證地理,皆即今以考古,其訂正舊説之舛誤,確不可易。書首恭錄《聖訓》,字義蓋儤直時所撰述也。

尚書小疏一卷

國朝徵士震澤沈彤冠雲撰。自《堯典》訖《禹貢》,摘説疑義,凡二十七條,於天文地理爲詳。

古文尚書考六卷

國朝惠棟撰。攻辨《古文尚書》之僞,大抵本之明梅鷟及太原閻氏,而補其未備。

尚書集注音疏十四卷　　並學海堂本

國朝徵士吳縣江聲叔澐撰。一號艮庭,從學於惠松崖,集漢儒之説,以注今文二十九篇。漢注不備,則旁攷他書,精研故訓,以足成之,並爲之音疏。凡僞孔傳皆黜之。自一卷至十卷,經書;十一卷,百篇之叙六十七條;十二卷,逸文六十二條,又附二十條;十三卷,題卷末補誼九條,附識譌字一條,集注音疏、集注音疏述各一;十四卷,爲外編《尚書經師系表》。引述宏富,辨正亦精核。

尚書古(文)〔字〕(考)〔辨〕異一卷　《函海》本

國朝日本山井鼎、物觀撰。原載〔山〕井鼎《七經孟子考(異)

〔文〕》，綿州李氏調元刊此單行，其所據書多與世行本不同，且多彼國人所撰，此可見聲教之暨訖矣。

尚書後案三十卷後辨二卷　學海堂本

國朝光禄寺卿嘉定王鳴盛鳳喈撰。一號禮堂。發揮鄭康成一家之學，謂古文三十四篇及今文二十九篇，特於其中分《盤庚》《太誓》各爲三，分《顧命》爲《康王之誥》。鄭得孔學之真，止注三十四篇及百篇之序，增多者無注，故此編以三十四篇分二十九卷，《盤庚》三，《太誓》三，《顧命》《康王之誥》各分篇而合卷。其卷三十，則百篇之序也，附《後辨》二卷，辨注疏及各傳序之説，並增多各篇引用書目凡一百三十一部，最爲博贍，論斷亦精確。

古文尚書辨二卷　青照堂本

王鳴盛撰。即《尚書後案》中所載《後辨》二卷也。取孔傳古文，增多二十五篇，攻辨不遺餘力。視閻、惠二家尤詳備。朝邑舉人李元春時齋附以評語，同邑劉振清金亭別刊以行。

禹貢三江考三卷　學海堂本

國朝徵士歙縣程瑶田易疇撰。大要主圓光蘇氏"三江止一江"之説，歷取鄭注及酈道元《水經注》言三江者，並近代全謝山説論之。凡二十篇，甚爲昭晰。

尚書協異二卷　資敬堂本

國朝上元戴祖啓未堂撰。自序謂："余以他經傳子史及諸古注家引書考之，要之伏生所授，不大異于今所行五十八篇中之三十三篇也。"又謂："竊簡唐本，先爲《協異》，以明古今文字，小異而不失大同，然後知經文之有所定。"蓋善爲争古今文字之異同者，折其衷矣。

尚書涉傳四卷　資敬堂本

戴祖啓撰。所注止伏生所傳二十八篇，並今文《泰誓》亦削而不注,訓義多採秦漢古説,皆著其所出。義必繫家國天下,典禮彝倫之重,身心自治之本。名"涉傳"者,取《史記》涉《尚書》,以教之意也。

尚書考辨四卷　宋氏原刊本

國朝南雄府通判安邑宋鑒半塘撰。書亦辨今文、古文之真偽,與太原閻氏、元和惠氏意旨略同,而考據尤密。

尚書離句四卷　醉墨齋本,又致盛堂梓本

國朝雍正乙卯舉人仁和錢在培蒼益撰。剖分句讀,疏解義理,大旨歸於明晰簡要。

尚書讀記一卷　西澗草堂本

國朝(戶)〔吏〕部主事昌樂閻循觀 懷 庭 撰。摘説要義,語有根柢,不爲無物之言。

古文尚書撰異三十三卷　學海堂本

國朝巫山知縣金壇段玉裁若膺撰。一號茂堂。定古文三十一篇,《太誓》三篇,存其目,末《書序》一篇,合三十二篇,篇爲一卷。攷證文字最精核。自序曰:"賈逵分別古今,劉陶是正文字,其書皆不存。今廣蒐補闕,因篇爲卷。略於義説,文字是詳。正晉唐之妄改,存周漢之駮文。取賈逵傳語,名曰《古文尚書撰異》。"段長於《説文》學,即此亦可見矣。

尚書今古文注疏二十九卷　平津館本,又學海堂本

國朝山東督糧道陽湖孫星衍淵如撰。用伏生所傳二十八篇,輯諸書所引今文《泰誓》一篇,凡二十九篇,謂《古文尚書》,篇與今文同。俱採伏生、歐陽、大小夏侯、衛、賈、馬、鄭、王肅逸説爲注,而詳疏其義。後列《書序》一篇,分上、下卷。逸文附各序下,亦爲注疏。漢魏舊説萃薈於此編,存古之功,可謂劬且篤矣。

草堂説書一卷　來鹿堂本

國朝劉應秋撰。雜論《書》之事義,如《仲虺之誥》以湯代夏

爲作俑,謂六百載後,仍孫大白之懸爲天道好還。《泰誓》以武王
數紂惡,謂如唐太宗引周公、季友之事,以定六月四日之案。此與
羅泌作《路史》斷自有夏、蘇軾"武王非聖人"之論同,而持論尤
刻。不食馬肝,未爲不知味,湯武之事,豈易論哉!

尚書補疏二卷　學海堂刊半九書塾原本

國朝焦循撰。因諸家多以《孔傳》爲僞,乃爲持平之論,謂"其
訓詁章句之間,誠有未善。然三盤五誥諸奧辭,傳皆一一疏通。
雖或有規難而辨正之,終不能不用爲藍本"。故爲《孔傳》作補疏,
亦《周易補疏》之意也。止疏真古文,增多之篇置弗論焉。

尚書校勘記二十二卷　學海堂本

國朝阮元撰。以宋十行本爲據,參攷衆本。德清貢生徐(善)
〔養〕原校録。

右書類八十部,共六百七十七卷,除載文集十二卷,實六百六
十五卷。

經編三

詩類

毛詩故訓傳三十卷　學海堂本

漢魯國毛亨撰。河間博士趙國毛萇修定。武帝時,《毛詩》始
出,自以源流出於子夏,時齊、魯、韓三家皆立學官,獨毛氏不得
立。河間獻王好之。中興後,謝曼卿、衛宏、賈逵、馬融、鄭衆、鄭
康成皆宗毛氏,其學遂大顯於代。《漢志》:《毛詩經》二十九卷,
《毛詩故訓傳》三十卷。本各自爲書,後乃與經文相雜廁。金壇段
玉裁訂爲此本。先經後傳,又據《正義》移章句在前,以復其舊,信
毛氏之功臣矣。

詩序一卷　汲古閣本

周卜商撰。漢毛萇及衛宏修。其文包含該貫,涵泳從容,興

觀羣怨,兼而有之,實《三百篇》之綱領。自漢至宋,皆尊用之。程子謂《詩·大序》其文似《繫辭》,又謂分明是聖人作此,以教學者。迨後王質、鄭樵始去序言《詩》,朱子《集傳》因之。每斥《序》誤,然猶以其所從來也遠,其間容或真有傳授證驗而不可廢者,故青衿疑問兼用,《序》說則亦未嘗盡棄之也。此編附朱子辨駁於各條下,後附石林葉氏、東萊吕氏、鄱陽馬氏説,善讀者可以折衷矣。

毛詩二十卷　武英殿仿宋相臺本

漢毛萇傳,鄭玄箋。毛氏説義與《春秋左傳》《國語》《孟子》多合,較三家爲善。鄭氏先從張恭祖受《韓詩》,後乃箋毛,又其學長於禮,故雖申毛之義,往往與毛有異同,而其究歸於淹貫。

毛詩譜一卷　通志堂本

漢鄭玄撰。《唐志》:三卷。其《譜序》正義分載十五國風、雅、頌之首,不及譜次旁行。宋時本多舛缺,歐陽修補完之,刊附《詩本義》後。家宛斯先生復校整,刊入《繹史》。二本可以參考。《釋文·序録》云:“徐整暢,太叔求隱。”案:《隋志》:“《毛詩譜》三卷,吳太常卿徐整注。《毛詩譜》二卷,太叔求及劉炫注。”求,古“裘”字。蓋整既暢演,而裘隱括之。今並佚矣。

子貢詩傳一卷　汲古閣本,又明徐仁毓本,又《龍威秘書》本

舊題衛端木賜子贛撰。明嘉靖中出於鄞人豐坊家,即坊僞作也。毛晉跋謂:“郭中丞新刻本,云秘閣石本。”意亦如坊作《石經大學》,託言魏政和乎?其必假名子貢者,以子貢、子夏夫子皆以可與言《詩》許之,意覬與《毛詩》卜序並行也。三百篇次多改易,《召南》下次魯,以頌爲風,以《鄘風·定之方中》爲楚宮,謂魯僖公城楚丘以備戎,史克頌之;又以《豳》之《鴟鴞》《東山》《狼跋》《九罭》《伐柯》《破斧》並爲魯詩;而以《七月》篇爲《邠風》,入於《小雅》;又移《召南·何彼襛矣》《鄭風·子衿》《小雅·何草不黃》《漸漸之石》《采緑》《無將大車》《黃鳥》《我行其野》《苕之華》

並入《王風》;改《小雅》《大雅》爲《小正》《大正》;又以宣王以後詩爲《小正續》《大正續》;移《大雅·抑》篇入《小正》,作《懿戒》。其他篇目多異説,義亦別。烏程凌濛〔初〕取與子夏《詩序》合刊,目曰《聖門傳詩嫡冢》,似失於輕信。毛西河作《詩傳詩説駁義》,力詆其誣,非無見也。

詩説一卷　汲古閣本,又《漢魏叢書》本,又《龍威秘書》本

舊題漢魯人申培撰。案:其説與《子貢詩傳》大旨盡同,特文句小異。亦鄞人豐坊僞託,世多鏤版傳其書,姑依編録,識者自能辨其真贋也。

韓詩外傳十卷　明刻本,又楊宗震校本,又汲古閣本

漢常山太傅燕國韓嬰撰。案:《漢志》有《韓家詩經》《韓故》《内傳》《外傳》《韓説》五書,今惟存《外傳》十卷,其書多採雜説,不專解《詩》,與《尚書大傳》《春秋繁露》同例。蓋既訓經,復於經外推衍事義,此漢人通經法也。薛應旂曰:"雖未盡能以意逆志,而變動不居。"得此書之旨矣。明楊氏校本有濟南陳明序。

毛詩正義七十卷　汲古閣本

唐孔穎達與太學博士王德韶、徵事郎守四門博士齊威同撰。長孫無忌等刊定,以劉炫、劉焯疏爲本,删煩增簡,於典制度數考證尤詳。自朱子《集傳》用鄭樵之説,攻擊《小序》,毛、鄭之學微,然其書固不能廢也。

毛詩草木鳥獸蟲魚疏二卷　《漢魏叢書》本

吳太子中庶子烏程令吳郡陸璣元恪撰。或題陸機,誤爲晉之陸士衡,非也。此疏凡草之類八十,木之類三十四,鳥之類二十三,獸之類九,魚之類十,蟲之類十八,於諸物今昔異名頗存梗概。陳振孫謂其書引郭璞注《爾雅》,當在郭之後。姚士粦謂:"予所藏本,未嘗一條引及郭氏。"或原書有後人羼入者,爲通儒所删耶。疏後有齊、魯、韓、毛四家授受,多與《釋文》不同,可備參攷云。

毛詩陸疏廣要二卷　汲古閣本，又青照堂本

明虞山毛晉子晉撰。因陸璣書爲之注釋，旁通互攷，頗見博洽。

毛詩釋文三卷　通志堂本

唐陸德明撰。中引《韓詩》甚多。

毛詩指説一卷　通志堂刊李中麓鈔本

唐中山成伯璵撰。熊克跋稱唐人，《唐志》敘其書於《正義》、許叔牙《毛詩纂義》下，爲唐人無疑。凌氏《萬姓統譜》繫之南北朝，誤也。凡四篇：曰《興述》、曰《解説》、曰《傳受》、曰《文體》，述詩之源流，體格甚悉。伯璵別有《毛詩斷章》二卷，今不傳。

毛詩本義十六卷　通志堂刊宋本

宋歐陽修撰。前十二卷，依《詩》次摘説經義；十三卷，爲《一義解》《取舍義》；十四卷，爲《時世》《本末》二論、《豳》《魯》《序》三問；十五卷，爲《詩》解八首，有《總序》；十六卷，爲補亡《鄭譜》及《詩圖總序》。凡毛、鄭之説善者因之，不可行者易之，所得比之諸家爲多，但不信符命，並以《生民》《玄鳥》之詩爲怪説。蘇子瞻論之是矣。

橫渠詩説一卷　載《張子全書》

宋張載撰。案：《張子全書·經學理窟》有《詩書》一目，與《尚書》並條記，《宋志》有《詩説》一卷，或別有撰著也，訪求不得，姑以此著錄。

潁濱詩集傳二十卷　林汲山房藏本

宋蘇轍撰。以《毛詩序》爲衛宏作，非孔氏之舊，止存其首一言，餘皆删去。於毛、鄭舊説亦多去取，雪山、夾漈之攻辨歐、蘇，其濫觴乎？

文潛詩説一卷　通志堂本

宋起居舍人譙國張耒文潛撰。僅十二條，納蘭成德跋云："所論‘土宇版章’一則，其有感於熙寧開邊斥竟之舉而爲之也與。"

龜山詩義一卷　　載《龜山先生集》

宋楊時撰。説《鄭風·將仲子》《叔于田》《狡童》三篇，發明序説。

毛詩名物解二十卷　　通志堂本

宋知樞密院莆田蔡卞元度撰。《直齋書録解題》作《〔詩〕學名物解》。《目録》一卷、《釋天》一卷、《釋百穀》《釋草》《釋木》各一卷、《釋鳥》三卷、《釋獸》《釋蟲》各二卷、《釋魚》《釋馬》《雜釋》《雜解》各一卷，大略似《爾雅》。卞爲王安石婿，故多用《字説》，有涉穿鑿。然徵引時出陸璣《疏》外，足資考證，固不可以人廢其言也。

毛詩李黃集解四十二卷　　通志堂本

宋鄉貢閩縣李樗若林撰《毛詩詳解》三十六卷，南劍教授龍谿黃櫄實夫撰《詩解》二十卷，此編合兩家爲一書，而附以李泳所訂呂祖謙《釋音》，不著編録者名氏，意南宋以後人也。黃、李兩書皆博採諸家訓詁，而斷以己意，合編者亦以其體例略同故爾。

逸齋詩補傳三十卷　　通志堂本

宋紹興進士金華范處義撰。今本但題逸齋，而不著名。案：《宋志》有范處義《詩補傳》三十卷，與此本合。西亭王孫《聚樂堂書目》直書處義名，當有證據。朱氏《經義考》云然。桐川顧脩《彙刻書目》亦補題范處義撰，今從之。其書以《小序》爲主，而兼取衆説，以通之。文義有闕補，以他經史傳；訓詁有闕補，以《説文》《篇》《韻》。南渡後，此最爲尊古之書也。

吕氏家塾讀詩記三十二卷

宋呂祖謙撰。其書以序爲主。《直齋書録解題》謂：“博採諸家，存其名氏。先列訓詁，後陳文義，剪裁貫穿，如出一手。己意有所發明，則別出之。《詩》學之詳正，未有逾於此書者也。”魏了翁稱其爲學者求端，用力之要深切著名。黃佐稱其最爲精確。説雖專主《小序》，與《集傳》不同，而朱子作序，極爲推遜，讀者宜勿存門户之見也。

續呂氏家塾讀詩記三卷　武英殿聚珍版本

宋端明殿學士永嘉戴溪肖望撰。一字岷隱。原書散佚,乾隆中,四庫館從《永樂大典》中録出板行。《直齋書録解題》謂:"以《續紀》爲名,其實自述己意,亦多不用《小序》。"然如説《摽有梅》爲父母之心,《有狐》爲國人憫鰥夫,極爲近理。

詩經集傳八卷　監本

宋朱熹撰。其初稿亦用《小序》,後乃從鄭樵廢《序》説,故於《序》有辨説,以攻擊之。樵著《詩辨妄》爲周孚所駁,旋即散佚。惟此書自元延祐定科舉法用以取士,至今承用。恭讀《欽定詩經傳説彙纂》《御纂詩義折中》皆於《小序》《集傳》斟酌持平,而衛、鄭《風》多據毛、鄭義,則隱示去取於此編矣。

絜齋毛詩經筵講義四卷　武英殿聚珍版本

宋寶文閣直學士鄞縣袁燮和叔撰。諸家書目不著録,四庫館從《永樂大典》中録出版行。持論和平,深得經旨,亦不失納約之義。

詩義指南一卷　知不足齋刊本

宋朝奉郎廬陵段昌武子武撰。《宋志》及諸家書目皆不著録,秀水朱彝尊購得此本,歙鮑以文重刊。用《詩紀》之法爲集解,爲舉業發題而作也。

詩緝三十六卷

宋邵武嚴粲坦叔撰。一字明卿。以呂氏《讀詩記》爲主,雜採衆説,以發明之,間亦斷以己意。如《黍離》《中谷有蓷》《葛藟》,不用舊説,獨能探得經心,宛轉有旨。自序謂:"人能會孟氏説《詩》之法,涵泳三百篇之性情,則悠然見詩人言外之趣。"此其得力語也。故其書精核超曠,足以伯仲東萊云。

詩傳(逸)〔遺〕説六卷　通志堂本

宋朱鑑輯録。此端平乙未權知興國軍事所成。因重槧朱子

《詩集傳》,取《文集》《語録》所載論詩語編次,猶集文公《易説》意也。鑑,朱子孫,已見易類。

詩考一卷 附刊《玉海》本,青照堂本

宋王應麟撰。考齊、魯、韓三家遺説,雖不無疏漏,而述古之精亦篤矣。

詩地理考六卷 附刊《玉海》本,青照堂本

宋王應麟撰。全録鄭氏《詩譜》,旁採《爾雅》《説文》及諸地志書,與凡先儒傳注有涉《詩》地名者,薈萃成編,極爲詳贍。

詩傳注疏三卷 知不足齋刊本

宋江西招諭使知信州弋陽謝枋得君直撰。《宋登科録》云:"小名鍾,小字君(信)〔和〕。"寶祐四年二甲第一名。又號疊山。宋亡入元,不食死。原書久佚,乾隆辛丑仁和吳長元麗煌輯録,歙鮑以文刊之。雖非全帙,陸元輔所稱發明透暢者,見梗概云。

詩疑二卷 通志堂本

宋王柏撰。柏作《書疑》,多所竄改,於《詩》尤甚。以朱子指鄭、衛之風爲淫奔之作,遂删去其三十(四)〔二〕篇,且於"二南"删去《野有死麕》一篇,而退《何彼襛矣》《甘棠》於《王風》。夫吾儒誦法孔子,而以己意删移孔子所定之經,雖淵源出於紫陽,其能免後世之口實乎?

毛詩名物鈔八卷 通志堂刊汲古閣舊鈔本

元許(衡)〔謙〕撰。(衡)〔謙〕雖受學於王柏,而謹嚴篤實遠過其師。是書考定名物音訓,以補先儒之未備,旁采遠援,通以己意,要多發明古義。惟卷末列作《詩》時世,不用鄭《譜》,而用朱《傳》。又載有王魯齋《二南相配圖》,存其承授之大旨而已。乃吳師道序謂:"如王先生之言,使淫邪三十餘篇,悉從屏黜之例,豈非千古一快。"而以斯論未究,爲作者惜,豈知述古之深心哉。

詩經疑問六卷 通志堂刊汲古閣元本

元進士遂(昌)〔安〕尹建昌朱倬孟章撰。舉《詩》篇大旨,設爲

問答,發問於前,以所答注其下。時有問而無答者,傳寫脱缺也。

詩辨説一卷 通志堂刊汲古閣元本

元東湖隱士宋宗室南昌趙惪撰。體例與朱倬書相類,建安劉錦文取以附《詩經疑問》,蓋緣二家書體略同。而倬爲殉國之貞,惪抱隱居之節,其氣類亦復契合也。

詩集傳大全三十卷 三畏堂本

明永樂中翰林學士胡廣等奉敕撰。全書即劉瑾《詩傳通釋》之文,特改"瑾案"爲"劉氏曰",又改其分冠篇首之小序併爲一卷而已。

詩解頤四卷 通志堂刊葉九來藏本

明文淵閣大學士豐城朱善備(善)〔萬〕撰。不列經文,篇爲總論,闡發本旨,剴切著明。書名"解頤",取《漢書·匡衡傳》"匡説《詩》解人頤"之意也。

詩音辨略二卷 《函海》本

明新都楊貞一孟公撰。以《詩經》叶音隷於韻(補)〔譜〕者,有所未安,徵印前聞,以詮釋之。萬曆己未門人凌一心序而付梓。

鄭風秦風豳風説一卷 載《茅鹿門先生文集》

明河南按察司副使歸安茅坤順甫撰。朱氏《經義考》云茅氏《鄭風説》一篇,《秦風説》一篇,《豳風説》一篇。案:《豳風説》有《讀七月》《讀鴟鴞》二篇,"一"當是"二"字之訛,舊分屬各風,兹統著一卷。其説《鄭風》云大柢《詩》之言淫謔者,爲里巷所布,易傳而難滅,如今南北所傳聲伎之類是也。孔子嘗删之,不列於經,而其俗之所傳,固有不能口禁而人熄之者,秦没而漢求亡經於天下,則學士大夫各采所傳以補三百之數,往往雜出而並見耳。此仍襲魯齋王氏説,而小變其詞,未足爲定論也。

詩微二卷 載《儼山文集》

明太常寺卿上海陸深子淵撰。録《小序》於前,而採衆説以發明之。其子楫跋云："先公《詩微》成，攜入京師，爲朝士借録，亡去，僅存'二南'、《邶風》耳。"

三百篇鳥獸草木記一卷　《檀几叢書》本

國朝處士杭州徐士俊野君撰。類萃推衍，極見貫串。

田間詩學十二卷　宛平王氏寶翰堂本

國朝處士桐城錢澄之飲光撰。大旨以《小序》爲斷，而參用《集傳》，由程子以至何楷二十家説，亦酌取其情意。錢金甫序謂："擇衆説而和調之。"頗見苦心。

詩本音三卷　學海堂本

國朝顧炎武撰。廣引古人韻語，謂三百篇無叶韻，均是本音，以闢吳才老《韻補》之謬。

毛朱詩説一卷　《昭代叢書》本

國朝閻若璩撰。於朱子與毛傳義異，辨晰不遺餘力。

毛詩稽古編三十卷　學海堂本

國朝處士吳江陳啓源長發撰。此書訓詁準諸《爾雅》，篇意準諸《小序》，經旨準諸毛、鄭名物，多以陸璣《疏》爲主題。稽古者，明唐以前專門之學也。朱鶴齡序云："世有溯源三百者，必能尊奉此書，爲孔傳未墜。"

毛詩寫官記四卷　書留草堂本

國朝毛奇齡撰。自記其説《詩》之語，託爲寫官問答，凡一百八十八條。曰"寫官"者，案《漢書·藝文志》，武帝置寫書之官，抄寫舊文，西河之取名本此。

國風省篇一卷　書留草堂本

毛奇齡撰。稱名篇云"省篇"者，自省也，聞《詩》而有省。如説《芣苢》篇，云傷夫有惡疾也，以《韓詩》爲據。説《大叔于田》篇，云美田者也，引匡衡上封事"鄭伯好勇，而國人暴虎"，衡傳《齊詩》者也，此皆有所本。至以《鶉之奔奔》爲刺暴，《十畝之間》爲淫奔,雖有引徵,終附會而難信。

詩札二卷　書留草堂本

毛奇齡撰。此作《寫官記》後,復託札問,而寫官答之詞,凡八十(八)〔四〕條,二書皆互有得失。

白鷺洲主客説詩一卷　書留草堂本,又《龍威秘書》本

毛奇齡撰。陸氏棻曰:"宣城施侍讀閏章參政(湖)〔江〕西時,葺白鷺洲書院講學。楚人楊恥庵偕其徒,爲都講,大可與之辨淫奔詩及笙詩。"

詩傳詩説駁義五卷　書留草堂本

毛奇齡撰。明嘉靖中鄞人豐坊僞作《子貢詩傳》《申培詩説》,廬陵郭相奎得之黃文裕,用作音注,張元平刻之於貴竹,遂行於世。此編援據古義,詳證其僞。如鄭詩《狡童》,以《史記》箕子歌有云"彼狡童兮",與偶同也,遂易名"麥秀";《小雅》之《圻父》,以《國語》圻招詩,亦以圻爲圻父官相類也,易名"圻招";又鄭詩《東門之墠》,有云"豈不爾思,子不我即",與《論語》所引《唐棣》逸詩"豈不爾思"句又相似,遂以《東門之墠》爲"唐棣"。凡此之屬,皆能抉摘其隱,他悉確覈,無不發之覆。

續詩傳鳥名三卷　書留草堂本,又《龍威秘書》本

毛奇齡撰。考訂《詩》中鳥名,不及獸與草木者,舉一端以見例也。大旨續《毛詩》而糾朱傳,雖批掁太過,而博洽擅譽於代矣。

毛詩日箋六卷　挺秀堂本

國朝翰林院編修無錫秦松齡留仙撰。宋犖序謂:"精擇毛、鄭舊説,以薈稡於歐、蘇、王、吕、程、李、輔、嚴諸儒之言,而折衷于朱子,間發己意,必協於義理之正。"

詩經體注圖考大全八卷　坊本

國朝錢塘高朝瓔介石撰。下注上解,帖括之書也。

詩經(體)衍義合參八卷　登雲堂本

國朝西泠魯瑋生、汪殿武仍金浦江環晉雲《衍義集注》舊本，重增互校，首載《類題辨異備覽》一篇、《難字辨考》一篇。

詩説四卷　學海堂本

國朝翰林院庶吉士密雲知縣吴縣惠周惕元龍撰。惠受業於堯峯汪氏，説有根據，發明古義爲多。

豐川詩説二十二卷　鄠縣刊本

國朝處士鄠縣王心敬爾緝撰。心敬師事李中孚，講明理學。此編以郝敬《原解》爲本，多所糾正。

毛鄭詩考正四卷　微波榭本，學海堂本

國朝翰林院庶吉士休寧戴震東原撰。摘取毛、鄭之義，博引詳徵，意在補前人所不逮，然往往好逞臆説，以奪舊學。宜武進臧氏之議其後也。

詩經補注二卷　微波榭本，學海堂本

戴震撰。止注“二南”，引徵博而文詞簡古。

詩經補注附考備旨喈鳳八卷　崇順堂本

國朝霧閣鄒梧岡聖脈撰。男廷猷可庭編次。

詩經小學四卷　學海堂本

國朝段玉裁撰。段既訂《毛詩故訓傳》，此編復摘訓《毛詩》中字義，以《爾雅》《説文》爲主，故曰“小學”。

毛詩紬義二十四卷　學海堂本

國朝翰林院庶吉士嘉應李黼平撰。根據注疏，於故訓中紬繹新義。

草堂説詩一卷　來鹿堂本

國朝劉應秋撰。大旨用孟子“《詩》亡然後《春秋》作”之義，謂《詩》與《春秋》相表裏，多有關人心世道語。惟説《子衿》，朱傳以爲淫奔，而《白鹿洞賦》曰“廣青衿之疑問”，疑朱子晚年改正。

乃於《將仲子》云，雖淫奔之詩，猶有所顧忌，此鄭風之初變。於《揚之水》云，此淫奔之詩，其纏綿而要結者，至是爲已盡，視《將仲子》之女子又進矣，此鄭風之成也，似不免於歧見。

毛詩補疏五卷　學海堂刊半九書塾原本

國朝焦循撰。以毛、鄭義有異同，孔氏《正義》往往混鄭於毛，比毛於鄭，而聲音訓詁之間疏略亦多，故作此以補之。疏解詳明，允堪羽翼《正義》。自序謂："毛傳精簡，得《詩》意爲多。鄭生東漢，是時士大夫重氣節，而溫柔敦厚之教疏，其《箋》多迂拙，不如毛氏。"亦篤論也。

毛詩校勘記十卷　學海堂本

國朝阮元撰。經用唐石經本、南宋石經殘本、孟蜀石經殘本、宋小注本、相臺岳本，注疏用十行本、閩本、明監本、汲古閣本，並參《釋文》《考文》諸書，以覶列同異。元和生員顧廣圻校錄。

惜抱軒詩說一卷　同善堂藏本

國朝姚鼐撰。雜說《詩》義，凡十四條，如"星言夙駕"訓"星"爲"晴"，以爲甫晴即駕足以爲勤矣，若見星而行，乃罪人與奔喪者之事，衛文固不得爲也。說"狐裘以朝"爲燕見，謂解爲諸侯朝天子服，非是。說"三事大夫"，云有任人、準夫、牧三事之責，謂《集傳》以三公訓之，爲僞古文《周官》"三事"暨"大夫"句所誤。具有特識。

毛詩音韻考四卷略言一卷　研經堂本

國朝朝邑縣儒學教諭渭南程以恬南都撰。采諸家之說，而以戴東原爲主，有不合者，以己意辨之。

詩經標題襯說合（參）〔纂〕四卷　三多齋本，一致盛堂梓本

國朝右副都御史含山朱榛欲泉撰，和州周棫省畾同纂。一作《詩經離句襯解》。

右詩類六十六部，共五百九十八卷，除載文集五卷，實五百九十三卷。

玉函山房藏書簿録卷四

經編四

禮類一　周禮之屬

周禮注疏四十二卷　汲古閣本

漢鄭玄注，唐弘文館學士臨洺賈公彦疏。案：《漢志》："《周官經》六篇。"顔師古曰："即今之《周禮》也。亡其《冬官》，以《考工記》足之。"《隋志》："十二卷，鄭玄注。"《唐志》："并疏五十卷。"晁公武曰："今併爲十二卷。"此亦宋舊本，毛氏校刊，注疏多用緯説，宋儒以此病之。然考詳典制，終不能不取材於鄭、賈。朱子謂五經中《周禮疏》最好，以其發揮詳明故也。

周禮釋文二卷　通志堂本

唐陸德明撰。多採徐邈、李軌、劉昌宗、戚袞音，《天官》引干寶注，古義賴存其概。又引聶氏，不知何人。

周禮復古編一卷　附刊《陳氏集説》

宋古田令臨川俞庭椿壽翁撰。其説以《司空》之篇雜出於五官之屬，割裂從類，別爲一編，以補《冬官》。其後王次點、丘葵、吳澄、何喬新相繼而增損之。陳深譏其如無主之田，而五人爲之耕，其不墾而傷也者希矣。徐常吉亦謂此足而彼虧，昔惟《冬官》之闕，而今則五官具闕也。乃徐即登取之，以爲有功於《周禮》，不亦慎乎。

禮經會元四卷　　通志堂本

宋(龍圖)〔寶文閣〕學士錢塘葉時秀發撰。書凡百篇,錯綜六官,剖析羣務,於建邦立極之典,靡不畢該。末篇論《考工》不足,補《周官》之亡,亦具有卓識。惟必欲封建、井田、肉刑之復,未免泥古太甚也。

太平經國之書十一卷　　通志堂本

宋永嘉鄭伯謙節卿撰。《宋志》:七卷。今本十一卷,目分二十,借《周禮》以立論,與《禮經會元》相出入。謂人主不可尚儉約,循其說必有流弊,不及葉書之醇。

周禮訂義八十卷　　通志堂刊李中麓家藏宋本

宋通判泗州事樂清王與之次點撰。採舊說五十一家,以當代諸儒爲主,詳於義理,略於典故。謂《冬官》未嘗亡,錯見於五官中,沿俞氏之緒論也。

鬳齋考工記解二卷　　通志堂本

宋中書舍人福清林希逸肅翁撰。好與鄭康成爲難,究於古制,未能詳該,然說義明顯,多可取。

周禮集說十二卷　　明建陽本

元吳興陳友仁君復撰。因無名氏舊本增修之,《地官》二卷亡,明關中劉儲秀補注。是書引義頗精審,卷末附俞氏《復古編》,浸失原書之意矣。

周官官名急就章一卷　　附刊《王文忠公集》

明翰林待制義烏王(諱)〔褘〕子充撰。凡三篇,用史游《急就章》體,故名。

周禮考次目録一卷

明方孝孺撰。自序謂:"以書周公之言爲準,考六卿之屬,更次之。"陸元輔曰:"正學先生考次《周禮》,較王與之、俞壽翁諸人所訂正爲有理。"

周官論一卷

方孝孺撰。凡二篇。一論大司徒、卿大夫、州長、黨正之法，慮民極其詳。一論《周官》不以理財爲先，王安石用國服爲息之謬。

周禮辨疑一卷　　並載《正學集》

方孝孺撰。凡四篇。一辨條狼氏誓羣臣，刑法太暴；一辨殺羣飲非過，甚媒氏之奔者不禁爲非禮；一辨司寇聽訟入鈞金束矢爲非法；一辨《周禮》言利甚密，非周公之言。陸元輔云：“皆有卓然之見，非苟於立異者。”

周禮訓雋二十卷　　明刻本

明雷州府推官長興陳深子淵撰。以俞庭椿、王次點、丘葵、吳澄、何喬新五家，移易篇次爲非，其注釋則因何氏增損成之。

考工記通二卷　　于于樓本

明宣城徐昭慶穆如撰。自述謂“本之朱周翰之《句解》，上而參之鄭康成，下而合之周啓明、孫士龍諸家”，訓義明晰。但從臨沮周氏增以《記序》《論車》《車旗》《序金》《車人》諸目，從臨川吳氏合《梓人》《匠人》義，雖可通究，不免於臆斷耳。

周禮注疏刪翼三十卷　　明刻本

明舉人崑山王志長平仲撰。去鄭注、賈疏之繁累，謂之刪取衆説以明之，謂之翼主於議論。

周官集注十二卷

國朝禮部侍郎桐城方苞靈皋撰。從漢、隋《志》改題《周官》，於舊注之疑似者辨正之，訓詁簡明，文筆亦雅飭。

周官析疑三十六卷考工〔記〕析疑四卷

方苞撰。疑《周官》爲新莽亂政，旁引曲證，攻破不遺力，頗近武斷。

周官辨一卷　　並抗希堂本

方苞撰。辨駁舊説,果於自信。此及《析疑》,皆晚年所著,不及《集注》之謹嚴也。

禮説十四卷

國朝惠士奇撰。主於考據,於古音古字辨別甚明。其疏通鄭注,以漢制況周制處尤淹博貫串。

周官禄田考三卷

國朝沈彤撰。因宋歐陽修有《周禮》"官多田少,禄且不給"之疑,詳考周制以與之辨《官爵數》《公田數》《禄田數》,凡三篇。積算核計田禄與官符合,使廬陵無可置喙。惟積步與古今制度少疏。陽湖董祐〔誠〕《文甲集》有辨正五則,宜參考以會通之也。

周禮疑義舉要七卷　　並學海堂本

國朝歲貢生婺源江永慎修撰。參新義以通舊注,能抉經之奧衍,《考工》尤精核。

周禮軍賦(考)〔説〕四卷

國朝王鳴盛撰。考據詳賅,與沈氏《禄田考》相伯仲。

考工創物小記四卷

國朝程瑤田撰。於古人制作之精,實有所見,不蹈於空談,亦不涉於臆説。

磬折古義一卷

程瑤田撰。以《考工》"車人爲耒""韗人爲皋陶"皆言倨句磬折,"匠人行奠水"亦言磬折。鄭注未分別言之,乃爲之疏證。復據《周髀》之積矩,謂即木工、石工之曲尺,因爲新圖及《四六尺考》,反覆以明磬折之倨句出於曲矩,亦神明於古法矣。

溝洫疆理小記一卷

程瑤田撰。首考遂人、匠人、溝洫異同,復爲圖及論説。又於《小司徒》鄭注引司馬之文,自"夫屋"以至終,同具言其受名之義。《説閒》二篇及《耕耦義述》,俱博貫名通,賈疏不能掩也。

水地小記一卷

程瑶田撰。首《周官畿内經地考》;次《王畿千里圖》;次《大司徒造都鄙〔之〕圖》;次《小司徒井牧注每甸旁加一里爲一成〔之〕圖》;次《并牧注四都,旁加十里爲一同圖》;次《讀鄭氏考工記匠人注》。凡經言地理者,多所闡發,與《溝洫疆理小記》相輔云。

九穀考一卷　　並學海堂本

程瑶田撰。考《天官》九穀也,以稷爲秫,其説倡而辭甚辯。

周禮問二卷　　書留草堂本

國朝毛奇齡撰。設爲或問,以明疑義,如謂《周禮》一書,全以《尚書·周官》一篇爲根柢。又以《周禮》每官六十指各長官之屬。又以五等之封與《孟子》王制不同者,爲特設以待非常之典,約爲之限,皆有卓識。

考工記圖二卷　　微波榭本,又學海堂本

國朝戴震撰。爲圖傅某工之下,並參己説,以翼鄭學。於聶崇義《三禮圖》,多所糾正。自序謂:“非精究少廣旁要,固不能推其制,以盡文之奥〔曲〕。”戴嘗校訂《算書十種》,是此編之所得力也。

周禮漢讀考六卷　　學海堂本

國朝段玉裁撰。從鄭注讀字定爲三例:一曰讀如、讀若,謂擬其音;二曰讀爲、讀曰,謂易其字;三曰當爲,定字聲之誤,而改其字。旁引曲暢於鄭序,所謂雅達廣覽者,深得其旨矣。

周禮節訓六卷　　黄氏家塾本

國朝吏部(尚書)〔侍郎〕宛平黄叔琳崑圃撰。務爲簡易,經文删存十之四,字句亦多改削,帖括家頗尚之。

周禮精華六卷　　益美堂本

國朝侯官陳龍標虚舟撰。亦節訓之類也。

周禮摘箋五卷　《函海》本

国朝李調元撰。摘經注互異之字,折衷而歸于一。

周官精義十二卷　經餘堂本

国朝當塗縣教諭潁川連斗山叔度撰。秦瀟序稱:"其能補《注疏》所未備,而視訂義爲尤精。"但每官篇首皆删其序官,細書附各官之下,亦變古之一病也。

周禮校勘記十四卷

国朝阮元撰。據唐石經本、《石經考文提要》、《經典釋文》、錢孫保宋本、嘉靖本、附釋音注疏本、閩本、監本、毛本、《注疏正誤》、《禮説》、《周禮漢讀考》諸書,武進監生臧庸校録。

考工記車制圖解二卷　並學海堂本

阮元撰。訂證牙圍、捎藪、輪緤、車耳、陰帆、輈深、任木、衡軛等十餘事;凡爲解六,輪、輿、輈、革、金、推求車度次第;爲圖三,輪、輿、輈。玩辭步算,淹貫詳明。

惜抱軒周禮説三卷　同善堂本

国朝姚鼐撰。摘説要義,具有典則。以《周禮》非一人一時所成書,前人無言之者。

周禮易讀四卷　絡野堂本

国朝平利縣知縣開平司徒修則廬撰。删節經文,欲初學便於記誦,訓説大義亦簡當。

右禮類周禮之屬三十八部,共三百六十一卷,除載文集四卷,實三百五十七卷。

禮類二　儀禮之屬

儀禮注疏五十卷　汲古閣本

漢鄭玄注,唐賈公彥疏。案:《古禮經》十七篇,漢初高堂生傳之,康成爲注,晉元帝以荀崧之奏,置鄭氏博士。齊黄慶、隋李孟悊各有疏義,賈氏删二疏,裁定爲五十卷。注文古奧,得疏暢明,後來著述不能出其範圍也。

儀禮釋文一卷　通志堂本

　　唐陸德明撰。多引劉昌宗音。鄭注外別有《音》一卷,已佚,陸氏間引之。

儀禮識誤三卷　武英殿聚珍版本

　　宋兩浙轉運判官直秘閣永嘉張淳忠甫撰。《宋志》:一卷。《文獻通考》:三卷。原書佚,乾隆中四庫館從《永樂大典》編録,惟缺《鄉射》《大射》二篇。《直齋書録解題》云“古《禮》,永嘉張淳忠甫所校,乾道中,太守章貢曾逮仲躬刻之。首有目録一卷,載大小戴、劉向篇第異同,以古監本、巾箱本、杭細本、嚴本校定,識其誤而爲之序,謂高堂生所傳《士禮》爾,今書兼有天子諸侯,決非高堂生所傳”云云。朱子嘗辨之。

儀禮釋宮一卷　鈔本

　　宋福建撫幹廬陵李如圭寶之撰。經所載堂室門庭,今人不能曉者,一一釋之。朱子《文集》亦載此書。案:《中興藝文志》謂朱子嘗與校定禮書,此蓋與紫陽共成者乎?

儀禮經傳通解三十七卷續二十九卷新增三卷　絳州梁氏定本

　　宋朱熹撰。以《儀禮》爲經,《禮記》及諸書附載爲傳。原分家禮五、鄉禮三、學禮十一、邦國禮四、王朝禮十四,草創未及刪定,其喪、祭二禮屬門人外府丞長樂黃榦直卿續次,黃續喪禮十五卷;祭有門類。三山楊復續十四卷,復亦朱子門人。乾隆中,絳州梁開宗裕〔厚〕承父統一手藁,復於《學記》内〔分〕《大學》一卷,《公食大夫禮》《公食大夫義》内分《諸侯相朝禮》《諸侯相朝義》〔各〕一卷,《曆數》内分《卜筮》一卷。其原缺《書數》一篇及諸有録無書者皆補之,而是編遂成完書矣。

儀禮圖十七卷

　　宋三山楊復信齋撰。因朱子《經傳通解》義例,爲圖二百有五,真西山稱爲千古不刊之典。

儀禮旁通圖一卷

楊復撰。既因朱子意爲《儀禮圖》,又分宮廟、冕弁、牲鼎禮器三門,爲圖二十有五,制度尤明備。

儀禮逸經傳二卷

元吳澄撰。古《禮》本五十六篇,今存者止十七篇,此篇採掇逸《禮》以補之。逸經八:《投壺》《奔喪》《公冠》《諸侯遷廟》《諸侯釁廟》《中霤》《禘於太廟》《王居明堂》,傳:《士冠儀》《昏儀》《士相見儀》《鄉飲酒儀》《鄉射儀》《燕儀》《大射儀》《聘儀》《公食大夫儀》《朝事儀》,較朱子《通解》目録簡而有序。

儀禮集説十七卷

元信州教授福州敖繼公(長壽)〔君善〕撰。於鄭注有去取而無攻擊,發明奧義,視賈疏尤精詳。自序云:"此記之文,有不可盡入於本篇每條之下者。"篤古尊經,猶存漢唐遺意云。

經禮補逸九卷　　並通志堂本

元祁門汪克寬環谷撰。焦竑《經籍志》云十卷,今止九卷,抄合三禮、三傳諸經之文,以吉、凶、軍、賓、嘉五禮統之,分子目一百八十有四,於朱子《通解》、吳氏《逸經傳》外別開蹊徑,斷論頗醇正。

喪禮論一卷　　王氏家藏本

明兵部尚書儀封王廷相子衡撰。並喪一,改葬二,嫂叔服三,喪中祭四,服官政五,葬北首六,遷廟七,過期葬八,居喪見人弔人食人遺人九,貧葬十,喪未斂服十一,喪服食起居十二,喪服諸志十三,魂帛十四,衰制十五,風水十六,喪次十七。

儀禮鄭注句讀十七卷　　濟陽高氏刊本

國朝張爾岐撰。全録鄭注,采賈氏、吳氏説,略以己意斷之,並明其句讀。自序謂:"默存而心歷之,而後其俯仰揖遜之容如可睹也,忠厚藹惻之情如將遇也。"著述時得力,盡此數語。

儀禮監本正誤一卷石本誤字一卷　高氏刊本

張爾岐撰。既成《鄭注句讀》,因參定監本脱誤凡二百餘字,唐石經脱誤凡五十餘字,皆極詳審。

喪禮雜説一卷常禮雜説一卷　《檀几叢書》本

國朝處士錢塘毛先舒(積)〔稚〕黄撰。一名驍,字馳黄。以古學振西陵,《喪禮雜説》論辨古今得失,大有裨於世俗。惟説漢文帝短喪,以爲盡壞古禮,帝止令臣民不必爲君三年喪耳,非帝自短親喪,亦非今太子以日易月也,張山來駁之當矣。其《常禮雜説》首説婚禮,次説親黨及尊卑坐拜之禮,雖不專明古經,而深得經意焉。

喪服或問一卷　《檀几叢書》本

國朝翰林院編修長洲汪琬苕文撰。設或問,以明喪服疑義,凡二十一節。

昏禮辨正一卷　書留草堂本

國朝毛奇齡撰。凡十篇,大要辨不成婦不廟見及《儀禮》無天子諸侯禮而謂天子諸侯必無禮,《士昏禮》無行媒朝廟之文而謂昏禮燕媒妁不朝廟之妄,引證明確。

喪禮吾説篇十卷　書留草堂本

毛奇齡撰。爲目三十有一,多辨正前儒之失,内有糾俗者一百七事,援據古經,發揮曉暢,至謂宋儒無識,反編《士禮》爲正經。《周官》戴記爲傳,説雖有見,而未免肆意恣談也。

儀禮經傳内外編參義二十八卷　寅清樓本

國朝康熙庚午舉人三禮館纂修丹(徒)〔陽〕姜兆錫上均撰。以朱子《經傳通解》爲本,而有所分合增損,總其爲參者。凡四類:曰禮、曰記、曰義、曰考,參補之經亦四類:曰採補、曰參補、曰姑補、曰彙補。經緯本末粲然。

儀禮析疑十七卷　抗希堂本

國朝方苞撰。取經注可疑者詳辨之。其學源出宋人,以己意發明者亦不少。

儀禮章句十七卷　蘇州坊本,又學海堂本

國朝福建海防同知(元)〔仁〕和吳廷華中林撰。以張氏《句讀》、王氏《分節句讀》二書俱不分章,乃折衷爲此書。訓釋多本注疏,間採他書附案以發明之。《喪服》加詳,取教孝之義也。

禮書綱目八十卷　(黎)〔婺〕源俞氏刊本

國朝江永撰。因朱子《經傳通解》,以古十七篇爲主,而取《禮記》及諸經子史及於禮者,附之提綱分目,承朱子之學,不爲苟同,足爲紫陽羽翼。

儀禮小疏一卷　學海堂本

國朝沈彤撰。摘疏《士冠禮》《士昏禮》《公食大夫禮》《喪服》《士喪禮》(四)〔五〕篇,每篇後各爲監本刊誤,末附《左右異尚考》一篇,明辯以晢。

儀禮喪服〔文〕足徵記十卷

國朝程瑤田撰。首言《喪服》無逸文,次言《喪服》經傳無失誤,次辨鄭氏斥子夏《服傳》誤之譌。大指篤信古經,不以後人訾議前人爲是。多爲圖説,發明古義,全書瞭如指掌。

釋宮小記一卷

程瑤田撰。補宋李如圭《儀禮釋宮》未備之説,首《棟梁〔本〕義述》,次《當阿義述》,次《棟宇楣阿榮檐霤辨》,次《中霤義述》。

儀禮漢讀考一卷

國朝段玉裁撰。考辨古今文甚精核,止於《士冠禮》一篇。

儀禮釋官九卷

國朝貢生績溪胡匡衷樸齋撰。自一卷至六卷,皆釋《儀禮》所載之官,凡一百五十七目,附著者二目。七、八卷別輯《侯國官制

補考》上下篇。九卷《侯國職官表》,周代掌故,殆靡有遺。

禮經釋例十三卷　並學海堂本

國朝進士歙縣凌廷堪次仲撰。書分八類:曰《通例》、曰《飲食之例》、曰《賓客之例》、曰《射例》、曰《變例》、曰《祭例》、曰《器服之例》、曰《雜例》,附《周官九拜解》《九祭解》《鄉射五物考》《〈詩·楚茨〉考》《〈論語〉黃衣狐裘説》,要以《儀禮》爲主。

儀禮古今考二卷　《函海》本

國朝李調元撰。考經中古今字,主於古文。自序謂:"《儀禮》古經當從古文,不當從今文,蓋今文出于傳,而古文出于篆傳者,口授或訛,而篆者,古本猶存也。"元爲不磨之論。

儀禮章句易讀十七卷　山陰縣學藏板本

國朝諸生山陰馬駉德淳撰。輯注説,融貫經文,大旨歸於簡要。

儀禮校勘記十八卷　學海堂本

國朝阮元撰。用唐石經、宋嚴州單注本、翻刻宋單注本、明鍾人傑單注本、永懷堂單注本、宋單疏本、李元陽注疏本、監本、毛本、重修監本、《經典釋文》、《儀禮識誤》、《儀禮經傳通解》、抄本《要義》、《儀禮圖》、《儀禮集釋》、敖本、浦鏜本、盧文弨校本、《九經誤字》、《儀禮誤字》、《石經考文提要》等,詳列異同,屬貢生德清徐養原校録。

讀儀禮記二卷　篆易注元堂本

國朝張惠言撰。摘説《要義》大旨,尊注而辨疏之失鄭義者,末附《席上下升降》二則,考證尤精。

惜抱軒儀禮説一卷　同(書)〔善〕堂本

國朝姚鼐撰。説凡十節,長於考據。自序中指《覲禮》"方明者木也"至"東方圭"四十六字,不似經文,以爲説經之辭錯入。又謂《覲禮》之首復有缺文,是讀書善於尋問者。

儀禮問津一卷　恩遇堂本

國朝刑部主事太谷孟先穎又章撰。用其師手鈔截本，復加潤色，凡與四書中相關合者，必詳載。《喪禮》則去而不録。茲編爲讀義疏小引及作文引證起見，凡例明言之。

右禮類儀禮之屬二十三部，共四百二十二卷。

禮類三　禮記之屬

禮記二十卷　武英殿仿宋相臺本

漢九江太守梁國戴聖次君删定，鄭玄注。《隋志》謂："聖又删大戴之書爲四十六篇，謂之小戴記。漢末馬融傳小戴之學，融又益《月令》一篇、《明堂位》一篇、《樂記》一篇，合四十九篇。"隋、唐《志》並二十卷，鄭玄注。茲本仿宋相臺岳氏本，與舊志合。記雖漢儒所集，而傳聖門緒餘格言甚多，程子詳論之。鄭注古奧，禮家根柢。雖自明以來，陳澔説盛行，而舊注終不能廢也。

禮記正義六十三卷　汲古閣本

唐孔穎達與國子司業朱子奢等九人奉敕撰。孔序云七十卷，《唐志》同，此宋人合併本也。鄭注精奧，得孔疏博贍而暢明之。(宋)〔元〕延祐中，科舉用鄭注。中衰於有明永樂之更制，而言禮者奉爲圭臬，則鄭、孔之學固光景常新已。

禮記釋文四卷　通志堂本

唐陸德明撰。書中引馬融、盧植、王肅、孫炎，多漢魏佚説。引賀循、賀瑒、庾蔚之、崔靈恩、沈重、范宣、皇侃等，則晉、宋、齊、梁之代傳南學者也。

投壺儀節一卷　鈔本

宋司馬光撰。因《禮記》投壺舊制而酌以當時之可行者爲之，儀節必期于禮之可行。《貍首》詩首取"原壤""所歌"二語，用清江劉氏説也。

投壺新格一卷　　鈔本

　　宋司馬光撰。既定《投壺儀節》，又以世傳《投壺格圖》多尚奇雋，非古禮之本意，乃增損舊圖，更定新格，凡二十圖，意在納民心於中正也。

中庸輯略二卷

　　宋朝散郎新昌石𡒉子(厚)〔重〕撰。書取周、張、二程、呂大臨、謝良佐、游酢、楊時、侯仲良十家説爲集解，朱子删其繁亂，名以"輯略"，其取舍之義或問詳之。

大學衍義四十二卷　　明刊本

　　宋資政殿學士浦城真德秀景元撰。此其户部尚書時所進，因《大學》條目而附以經史，以帝王爲治之序，帝王爲學之本，是之謂綱。明道術，辨人材，審治體，察民情，崇敬畏，戒佚欲，謹言動，正威儀，重妃匹，嚴内治，正國本，教戚屬，是之謂目。上謂有補治道。明陳仁錫校本附載評語。

禮記集説一百六十卷　　通志堂本

　　宋直寶謨閣知袁州崑山衛湜正叔撰。集《注疏》而下一百四十家説爲此書。寶慶二年表上之。魏(顧)〔鶴〕山有序，稱其"世善爲禮"云。

禮記纂言三十六卷

　　元吳澄撰。於四十九篇之序多所顛倒，以類相從，雖仿朱子《儀禮經傳通解》例，究不免改古之失。然發明頗簡要，《月令》《檀弓》尤密。

雲莊禮記集説十卷　　監本

　　元處士都昌陳澔可大撰。澔生宋季，入元不仕，教授鄉里，學者稱雲莊先生。其書務於簡約，自明永樂以來，科舉試士用之。

大學中庸集説啓蒙二卷　　通志堂本

　　明杭州儒學訓導餘姚景星德輝撰。大旨宗朱子，而時有出入,景於四書皆有説。此本殘闕,僅存《學》《庸》二卷。星,洪武中爲學官,見《姓譜》。舊題元人,誤也。按《大學》《中庸》,本《禮記》之篇,從其初録之。

檀弓説一卷

明方孝孺撰。摘説要義,凡六篇。

大學衍義補一百六十卷　明刊本

明文淵閣大學士瓊山丘濬仲深撰。以真氏《大學衍義》有資治道,而治國平天下之事闕焉,乃補爲此編。《正朝廷》《正百官》《固邦本》《制國用》《明禮樂》《秩祭祀》《(廣)〔崇〕教化》《備規制》《慎刑憲》《嚴武備》《馭夷狄》《成功化》,凡十有二目。

大學古本旁注一卷　《函海》本

明右僉都御史巡撫南贛新建伯餘姚王守仁伯安撰。在龍場時作。疑朱子《大學章句》非聖門本旨,手鈔古本,取鄭注、孔義旁釋之。有自序。

大學問一卷　濟美堂本

王守仁撰。鄒守益跋尾云:"陽明先師恐《大學》之失傳也,既述古本,以息羣疑,復爲問答,以闡古本之蘊。"

石經大學一卷

明豐坊傳。謂魏政和中詔諸儒虞松等考正節次,與古今本皆不同,"不知其味"下有"顏淵問仁,子曰:非禮勿視,非禮勿聽,非禮勿言,非禮勿動"二十二字,陳龍正云是坊僞作。

禮記大全三十卷　三畏堂本

明永樂中翰林學士胡廣等奉敕撰。採諸儒説,凡四十二家,而以陳澔爲主。

禮記思五卷　舊鈔白門禪舍元本

明東海趙僎弗如撰。門人張若獬義生及弟若麒振子同校。書以心得爲主。自序云:"朗誦白文數十過,取古人之所思者,轉之當念,復取言下之所思者,印之古人。"名書之義以此。

檀弓叢訓二卷　《函海》本

明翰林院修撰成都楊慎用修撰。以鄭注簡括,寡而不可益也,以爲傳注之神;孔疏明備,多而不可省也,以爲疏義之聖。又以賀、陸、黃、吳之緝,殫述者心工;陳驤、謝枋得之批評,窺作者之天巧。乃於諸家類其英華,故書名"叢訓"。

月令廣義二十四卷附録圖説一卷　梅墅石渠閣梓本

明湖廣分巡按察司僉事盱眙馮應京可大撰。彙古今事變,以利民用,歲月日時有統有別。《月令》分義止於十二,而諸所言順時義者,無不備載。

月令明義四卷

明黃道周撰。以天文測驗爲主,參證史傳,意存警戒,亦若劉子政之記《洪範》也。

表記集傳二卷

黃道周撰。以《表記》之表爲立表測晷之表,別爲一解。又以古注九節,分爲三十六章,純以《春秋》之義立説。

坊記集傳二卷

黃道周撰。亦分爲三十章,證以《春秋》,與《表記集傳》同例。

緇衣集傳四卷

黃道周撰。以篇首言《緇衣》《巷伯》,反覆推明,好惡刑賞之道,分爲二十三章,各以史事爲證。

儒行集傳二卷　並晉安鄭氏本

黃道周撰。上卷八章,下卷九章,共分十七章。臚列史傳之人以實之,大指推明用人之法,此及諸集傳,皆不純於訓詁,闡發經蘊,寓納約之微意焉。

深衣論一卷　王氏家藏本

明王廷相撰。凡五篇。大旨以黃氏《古製圖》多衽無要爲戾;

經文《家禮》本圖短袺無袡,爲鄭注所誤;丘氏新擬圖,長袺有袡無裾,爲得裂裳之義未盡。乃會萃衆論而折衷之。

深衣本篇解一卷　　王氏家藏本

王廷相撰。解義詳悉,並附圖説於解後。

大學正説一卷中庸正説一卷　　高邑刊本

明工部右侍郎高邑趙南星夢白撰。

禮記疏意大全二十八卷　　筆花齋本

明黄岡秦繼宗撰。本陳氏《集説》而疏明之,發以己意。趙田袁黄删定。乾隆中三山陳郊壯明增補,題曰"參新"。

説禮三十二卷　　二分明月庵刊本

明江都閤有章含卿撰。述其祖士選立吾及父汝梅和陽家傳之學,大旨宗陳氏而歸於簡。

學庸義解一卷　　崇一堂本

明山東按察司僉事涇陽王徵良甫撰。

曾子問講録四卷　　書留草堂本

國朝毛奇齡撰。

明堂問一卷　　書留草堂本,又《龍威秘書》本

毛奇齡撰。

大小宗通繹一卷

毛奇齡撰。取《喪服小記》及《大傳》言宗法者數條疏解,極有發明。

大學證文四卷

毛奇齡撰。以《大學》自程、朱改本日增,參校得九家本,一一斷制,具有原委。

大學知本圖説一卷

毛奇齡撰。

大學問一卷

　　毛奇齡撰。

中庸説五卷　　並書留草堂本

　　毛奇齡撰。

宗法小記一卷

　　國朝程瑤田撰。

深衣考誤一卷　　並學海堂本

　　國朝江永撰。據《玉藻》以訂正諸家之誤，考辨極明確。

大學辨業四卷

　　國朝蠡吾李塨剛主撰。

大學澹言(録)一卷中庸澹言一卷

　　國朝處士河津郇成憲公撰。號冰壑。自序云："文章精妙者，嘉言也，愚則不能，穿鑿走怪者，異言也，愚則不願，因澹澹言之，略起頭緒，以俟後之君子。"

大學學思録一卷中庸學思録一卷

　　郇成撰。精研理蘊，多心得之語。

大學古本説解一卷　　鄠縣刊本

　　國朝王心敬撰。

陳氏禮記集説補正二十八卷　　通志堂本

　　國朝納蘭成德撰。專駁斥陳氏之説。於所遺者補之，誤者正之，大有裨於戴《記》。

禮記補注四卷　　《函海》本

　　國朝李調元撰。

月令氣候圖説一卷　　《函海》本

　　李調元撰。舊有傳圖，採衆説以發明之，不偏主一家之論。

撫本禮記鄭注考異二卷　　學海堂本

　　國朝江西督糧道 陽 城 張敦仁 古 餘 撰。以撫州公使庫本鄭注與今行本字異者,悉爲考訂。

禮記補疏三卷　學海堂本

國朝焦循撰。採漢魏舊説而以己意通之,以補疏之所未逮。

禮記校勘記六十七卷　學海堂本

國朝阮元撰。以惠氏校宋本爲主,參唐、宋石經及毛、錢影宋諸本,勘其同異。臨海生員洪震煊筆録。

惜抱軒禮記説三卷　同善堂本

國朝姚鼐撰。摘發精義,與所説《周禮》《儀禮》同,以典據爲主。

草堂説禮一卷　來鹿堂本

國朝劉應秋撰。

日省〔吾〕齋讀曲禮一卷讀内則一卷　王氏刊本

國朝福山王德瑛 念 池 撰。循循禮度,不爲過高之論,意在衍朱子小學之支派也。

禮記訓纂四十九卷　陝西刊本

國朝兵部主事贈光禄大夫寶應朱彬郁甫撰。萃薈衆説,而持其平。承其鄉先進王懋竑經法,又與劉端臨台拱、王石臞念孫、伯申引之父子切劘。編中採四子爲多。男士達梟陝時梓。

禮記體注十卷　坊行本

國朝范翔撰。因陳澔《集説》而敷衍其義。

戴經新旨四卷　漱芳軒本

范翔撰。因取便帖括,《喪禮》概從緩讀。

禮記易讀四卷　崇順堂本

撰人缺。選經文加字音,頂旁皆有注,爲初學開便捷之徑,此類是也。

禮記説約三十卷　蘇州刊本

國朝教習吳縣何兆清聖清撰。不出陳氏範圍,説理多警切。

學庸隅反録二卷　來鹿堂本

國朝舉人蒲城王瑗獻夫撰。

大學互啓蒙二卷中庸互啓蒙三卷　光濬堂本

原題終南隱士跪一子撰。乾隆中,蒲城劉一德得其書于同邑王永光,刊之。以"互"名者,據張子曰,《中庸》一書,"直須句句理會,使其互相發明";又《朱子語類》,其統論《大學》,則亦有互相發明之説也。

右禮類禮記之屬六十部,共八百八十八卷。

禮類四　大戴禮記之屬

大戴禮記十三卷　《漢魏叢書》本,又雅雨堂本

漢信(德)〔都〕王太傅梁戴德延君撰。本八十五篇,隋時止存四十七篇,後周大將軍宜州刺史范陽盧辯景宣注,書中如《夏小正》《武王踐阼》《投壺》《公冠》,皆卓然三代古文,不知小戴當日何以刪之也。

夏小正戴氏傳四卷　通志堂本

宋給事山陰傅崧卿子駿撰。《夏小正》篇在《大戴禮記》中,自《隋志》已別行。世多混經傳爲一,傅氏始釐定之。月各爲篇,附以注釋,多引關澮説。澮,傅之表兄,據用其本也。

踐阼篇集解一卷　明刊本

宋王應麟撰。從《大戴禮記》中摘出,前列盧辯注、鄭康成所引黃太史所書。攷其文異者,撝諸儒説以通之。《金匱》《陰謀》載,武王銘書附末。

夏小正集解一卷　王氏家藏本

明王廷相撰。月爲一篇,凡十二篇。自序謂:"讀諸家注解,病其疎謬穿鑿,是以稽其義之通者傳之,闕其不可知者。"

夏小正(訂)〔傳〕注一卷

國朝張爾岐撰。金履祥《通鑑前編》以《夏小正》繫禹下,並

爲之注。茲編據以爲本,多所匡正。

夏小正補注一卷

國朝黄叔琳撰。亦以金注爲本,補其缺略。

大戴禮記補注十三卷　微波榭本,又(通志)〔學海〕堂本

國朝翰林院檢討曲阜孔廣森㢲軒撰。以盧辯注殘缺,故爲補注。《夏小正》:十月,"初昏,南門見"。分初、昏爲一事,訓爲昏姻。據《荀子》"霜降逆女"及《毛詩》"三星在天"傳爲解。王尚書引之《經義述聞》指爲曲説。其他醇義甚多,具有古據。

夏小正注一卷　心齋本

國朝監生震澤任兆麟文田撰。移"九月,主夫出火",在"三月,參則伏"之下,據鄭仲師"三月,心星見於辰上,使民出火",以爲舊本錯簡。八月:"玄校",據《祭統》"夫人薦豆執校",謂豆中央直者爲校。"丹鳥羞白鳥",注:"白鳥,鳩也。"丹鳥氏司閉,蓋古時官名,如《周官·羅氏》"羞國老之禮"。又一説言時希革而毛毨也。《淮南子》"羣鳥翔"注:"羣鳥,試其羽翼也。"立説多異。

夏小正箋一卷　《函海》本

國朝李調元撰。

夏小正疏義四卷　學海堂本

國朝拔貢生臨海洪震(州)〔煊〕撰。歷引諸家,考證詳核。

大戴禮〔記〕正誤一卷　學海堂本

國朝拔貢生江都汪中容(夫)〔甫〕撰。大要推尊漢學,以古義爲據。

右禮類大戴禮記之屬十一部,共四十一卷。

禮類五　通禮之屬

三禮圖集注二十卷　通志堂本

宋國子司業太常博士河南聶崇義撰。舊爲圖説,有鄭玄、阮諶、夏侯伏朗、張鎰、梁正及"開元官禮"六家。聶氏參攷成此書,

雖未必盡如古制,而要皆有所依據,諸圖並佚説義,此爲最古云。

禮書一百五十卷

宋太常博士長樂陳祥道用之撰。依據王安石《新經》,好攻鄭學,然其書綱舉目張,頗能淹貫,足自成一家之言。

書儀十卷　研香書屋本

宋司馬光撰。凡《表奏公文私書家書式》一卷、《冠儀》一卷、《婚儀》二卷、《喪儀》六卷,大抵本《儀禮》而參以今之可行者。《朱子家禮》取之。雍正元年汪郊校刊,有跋。

家禮十卷　紫陽書院本

舊題宋朱熹撰。王懋竑《白田雜著》以爲依託。此本明丘濬所輯,楊廷筠補之,益非舊本矣。

鄭氏家儀一卷圖附　西華刊本

元義門鄭泳仲潛撰。遵司馬氏《書儀》《家禮》而參以其家日用之儀。有歐陽玄序及自序。

三禮考注六十四卷

元吳澄撰。頗有心得,考辨亦詳明,惟於經文多所顛倒割裂,殊失遵古之旨。

四禮翼八卷

明刑部尚書寧陵呂坤叔簡撰。冠、昏、喪、祭四禮分前後翼各二卷,酌古準今,堪以訓俗。

四禮疑八卷　並繩其居本

呂坤撰。既作《四禮翼》,又舉四禮中疑義,條分縷析,以破時俗之惑。

禮論一卷　王氏家藏本

明王廷相撰。凡八篇。

學禮質疑二卷　學海堂本

國朝處士鄞縣萬斯大充宗撰。考辨古禮多新説,其精鑿者自不可磨也。

郊社禘祫問一卷

　　國朝毛奇齡撰。前答門人李塨問南北郊及有禘無祫之説，末附《艾堂問》，其在艾堂講經時之所論也。謂大禘、吉禘不相蒙，又言大禘、吉禘時必合祭，故稱祫。皆先儒所未詳。

辨定祭禮通俗譜五卷　並書留草堂本

　　毛奇齡撰。所論祭禮務協人情，雖不盡合古義，然大致斟酌有當。

喪(服)〔禮〕或問一卷　抗希堂本

　　國朝方苞撰。《儀禮或問》二十七章，《禮記或問》五十五章。劉捷序稱其於先王制禮之意，灼知曲盡。

三禮贅言一卷

　　國朝王心敬撰。有切身心之用，入理頗深。

四禮寧儉編一卷　並鄠縣刊本

　　王心敬撰。取前代家禮諸書，刪煩就簡，附以論斷，大旨主於崇儉。

古今五服考異八卷　城西草堂本

　　國朝刑部郎中長洲汪琬苕文撰。以古今説五服者互有不同，故爲之考辨，極爲博洽詳明。

讀禮問一卷　《昭代叢書》本

　　國朝宣城吳肅公晴巖撰。

五禮通考二百六十卷

　　國朝刑部尚書無錫秦蕙田樹峯撰。因徐氏乾學《讀禮通考》，惟詳凶禮，乃因其體例，補爲五禮全書。爲類凡七十有五，旁及樂律、算法、地理，搜羅宏富，説禮之淵藪也。

明堂考三卷　問經堂本

　　國朝孫星衍撰。萃薈前儒説明堂者，條爲考辨，而以意折衷之。

弁服釋例八卷

國朝監察御史興化任大椿幼植撰。雜記三禮弁服之制,引經詳注其下,融貫博通,使三代制作瞭如指掌。

禮箋三卷

國朝翰林院修撰歙縣金榜輔之撰。根柢漢學,不事空衍。

禮學卮言六卷

國朝孔廣森撰。會通三禮,闡發古學,說義典據可觀。

燕寢考三卷　並學海堂本

國朝戶部主事(孝感)〔績溪〕胡培翬 載 屏 撰。萃諸儒說燕寢者,據經考定,賈、孔疏無此明晰也。

禮說四卷　《凌氏叢書》本,又學海堂本

國朝貢生江都凌曙曉樓撰。雜說禮義,宗本漢氏。

四禮辨俗一卷　青照堂本,又《桐閣外編》本

李元春撰。分冠、婚、喪、祭四篇,專糾世俗之失。有門人王維戊序。

喪禮補議一卷　《桐閣外編》本

李元春撰。既作《四禮辨俗》,以四禮皆有弊俗,喪禮爲甚,故復作此議。門人趙文治、薛潤校,子來南序。

右禮類通禮之屬二十六部,共五百八十一卷。

經編五

樂類

琴操二卷補遺一卷　平津館本

漢〔左〕中郎將陳留蔡邕伯喈撰。《隋志》載:"《琴操》三卷,晉廣陵相孔衍撰。"《唐志》《崇文總目》《中興書目》並以屬之孔衍,而傳注所引及今《讀畫齋叢書》所傳本皆屬蔡邕。惟《初學記》於"箜篌"引孔衍《琴操》,其文與邕無異,知衍述蔡語,有所附

益,故題孔衍,實一書也。孫氏星衍得舊本,正題蔡邕,並爲《補遺》一卷。漢人説樂之書,此爲僅存已。

籟記一卷 知不足齋本

陳侍中將軍祭酒新蔡王陳叔齊撰。自序謂:"取《莊子》'三籟'之義,嗣採史傳八風之言,附諸有聲,彙爲一筴,將以上胤《麥秀》之音,下攄《離騷》之感。"蓋陳亡時所作也。末附陳記室參軍吳興沈志道《新蔡王墓誌銘》。

嘯旨一卷 隸川顧氏家塾本,又仁和王文誥本

唐大理評事孫廣撰。舊題無名氏。都穆跋云:"觀其命辭,殆似出於唐人,而今不可考矣。"按,王讜《唐語林》"永泰中,大理評事孫廣著《嘯旨》一篇"云云,茲據題焉。名品凡十五章,云其事出道書。又言太上老君傳王母,至舜演爲琴以授禹,未免崇飾太過。然按《毛詩箋》云:"嘯,蹙口出聲也。"成公綏《嘯賦》云:"動脣有曲,發口成音。"則嘯亦歌之流也。收入樂類,備一家云。

教坊記一卷 王文誥本

唐崔令欽撰。案:自唐虞以迄有周,舞用國子樂,用瞽師。漢魏以後皆以賤隸爲之,唯雅樂尚選用良家子。唐武德初,樂用九部。貞觀十六年,宣百僚奏十部。其後分立坐二部,皆聲妓歌舞以爲樂。此教坊所由設也。此書記教坊雜曲及諸妓事,大非古昔聖王制樂之義。《唐志》録此及《樂府古題要解》《樂府雜録》《羯鼓録》並入樂類,今姑仍之,以昭世變焉。

樂府古題要解二卷 汲古閣本

唐舒州刺史浚儀吳兢撰。記古樂民歌曲所自始及命名之義。

樂府雜録一卷

唐河南段安節撰。文昌孫也。首列樂部,次歌舞俳優,次樂器,次樂曲。舊本末附五音二十八調圖。今佚其圖,惟説存焉。

羯鼓録一卷 並王文誥本

唐婺州刺史南卓昭嗣撰。敘羯鼓形狀及玄宗以後故實,後敘録宋璟知音事,而附以羯鼓諸宮曲名。羯鼓非古制,語近説部,姑依《唐志》録之。

樂書二百卷

宋顯謨閣待制福州陳暘晉之撰。與兄祥道《禮書》並名當世。前九十五卷引諸經論禮樂之文,爲之訓義;後一百五卷論律吕本義、樂器、樂章及五禮之用樂者,爲《樂圖論》。引據淵博,考證亦詳審,惟説京房二變四清與參詳禮樂官魏漢津有異同,時論右漢津而絀暘,詳見《宋史》本傳。

琴史二卷　楝亭校本

宋秘書省正字蘇州朱長文伯原撰。上自唐虞,下迄于宋,凡載能琴者一百五十(五)〔六〕人,各爲小傳。末卷分十一篇,記琴之制度捐益、音調沿革,引據賅博,詞亦雅贍。

律吕新書二卷

宋建陽蔡元定(牧堂)〔季通〕撰。上卷爲律吕本源,下卷爲律吕辨證,共二十三篇,大旨篤守古法而不取算術、候氣等説。

韶舞九成樂補一卷　《函海》本

元三山郡學録余載大車撰。其門人新安朱模進上。序六律六宮之分,用五聲五言之相配,俱有自然之理。惟所定舞圖皆根河洛以起數,唐虞之世焉有陳邵之説？非古法也。然不失儒者説經氣象,終近雅致。

樂(舞)〔律〕全(譜)〔書〕十二卷　德水愚者手鈔本

明鄭世子朱載堉撰。萬曆三十四年表上。凡《操縵古樂譜》一卷,譜虞帝《賡歌》;《旋宮合樂譜》一卷,譜《關雎》之詩。據唐經爲五章,每句樂圖七頁,然後樂句分明。《六代小舞》《〔小舞〕鄉樂》二譜二卷,以《雲門》別名《帗舞》,爲武;《咸池》別名《人舞》,爲文。《簫韶》別名《皇舞》,《大夏》別名《羽舞》,皆文;《大

濩》別名《旄舞》,《大武》別名《干舞》,皆武。各爲之譜。謂歌以
永字,舞以轉字爲衆妙之門。《靈星小舞譜》二卷,據《後漢志》高
帝立靈星祠,以后稷配天田星舞,用童男十六人,用古詞章合今之音
節。《鄉飲詩樂譜》六卷,譜笙歌升歌、間歌、合樂諸詩、六笙詩,皆補
以新詞,此書之作承吕枏《圖譜》遺意,可謂好學深思矣。世子別有
《律吕精義》《律學新(書)〔説〕》,與此同時表上,惜未見也。

琴箋圖式一卷　鈔本

明處士天台陶宗儀南村撰。

苑洛志樂二十卷　朝邑刊本

明兵部尚書朝邑韓邦奇汝節撰。前二卷注釋《律吕新書》,後
十八卷韓所自著也,於律吕本原極密。書始成,有九鶴飛舞于庭。
楊椒山傳其術。

樂經元義八卷　明刊本

明御史南宮劉濂微山撰。以古樂淪亡,迺從諸經求索,探其
本源,故名"元義"。朱氏《經義考》載此書,以爲未見兹本,得之
京都市上,明刻元本也。

律吕論一卷　王氏家藏本

明王廷相撰。凡十三篇。

琴箋一卷　鈔本

明(刑)〔禮〕部主事鄞縣屠隆長卿撰。首《琴論》,終《琴壇十
友》,凡二十八節。閔德美跋:"古今論琴之言,唯淵明無絃,中散
愔愔琴德,得味外味,此箋近之。"

古樂經傳五卷　林汲山房藏本

國朝李光地撰。取《周禮·大司樂》以下二十官爲經,以《樂
記》爲傳,又有《附樂經》《附樂(傳)〔記〕》。其《樂用》《樂教》二
篇,則其孫清植以遺稿輯成。除《大司樂》一篇沿舊説,他皆得諸
實驗,考據甚爲明確。

聖諭樂本解説二卷

國朝毛奇齡撰。康熙中大學士伊桑阿有論疏。其説本於"徑一圍三隔八相生"之聖諭。奇齡推闡考證，分條注釋。

皇言定聲録八卷　並書留草堂本

毛奇齡撰。因聖祖仁皇帝論樂論旨，推衍奧義，而自附其七調九聲之説。

竟山樂録四卷

毛奇齡撰。據明寧王權《唐樂笛色譜》，申明其七調九聲，以攻駁前人。竟山，奇齡父字也。

李氏學樂録二卷　並書留草堂本，又《龍威秘書》本

國朝蠡吾李塨恕谷撰。塨嘗學於毛西河，因其師論五音七聲十二律，器色相配，演爲七圖，而各爲之説。

沚亭琴譜一卷　師儉堂本

國朝吏部尚書益都孫廷銓伯度撰。

琴聲十六法一卷

國朝三山莊臻鳳蝶庵撰。始於輕，終於徐。

琴學八則一卷　並《檀几叢書》本

國朝(大興)〔休寧〕程雄穎庵撰。爲倪汝明、陳繪思作。

青山琴譜六卷

國朝處士太倉徐祺青山與吳縣夏溥于潤同撰。附《萬峯閣指法〔闥箋〕》。

谿山琴況一卷　並大還閣本

徐祺撰。況琴之趣如司空表聖之品詩也。

聲律小記一卷　學海堂本

國朝程瑤田撰。程善算學，能從尺寸推極聲律之本。

漢樂府三歌箋注三卷　裛露軒本

國朝江都陳本禮素村撰。三歌者，郊祀、房中、鐃歌也。箋注

批卻導窾,能得古人深意之所存。

弦歌古樂譜一卷　　心齋本

　　國朝任兆麟撰。仿《琴譜》式,載唐元結所補《罔罟》《豐年》《雲門》《九淵》《五莖》《六英》《咸池》《大韶》《大夏》《大濩》十曲,後載自擬《顏子陋巷操》。

律吕新書初解二卷　　日鋤齋本

　　國朝紫陽知縣宛平張琛問齋撰。解蔡季通書,證以《吕覽》《淮南》《史記》《漢書》,説逐節疏通,頗足羽翼。以蔡書分絲爲忽,分忽爲初,分初爲秒,謙言己識,略得其微,故名"初解"。

　　右樂類三十一部,共二百九十六卷。

玉函山房藏書簿録卷五

經編六

春秋類

春秋左傳三十卷　武英殿仿宋相臺本

周魯太史左丘明傳,晉鎮南將軍都督當陽侯京兆杜預元凱集解。左氏於褒貶之義,或有未確,而事迹皆徵諸國史。視《公》《穀》爲得實,此所以晚出而大顯於世也。杜氏集前儒之解,去取間有未審,劉炫嘗作書以規之,然具有根據,視後儒之空衍不侔矣。

國語二十一卷　坊行本

左丘明撰。吳(尚)〔中〕書僕射侍中吳郡韋昭弘嗣注。《國語》分紀各國,不統于魯。上包周穆,下迄魯悼,亦不盡依十二公之次,而事跡實與《左傳》相表裏。《漢·藝文志》入春秋家,《律曆志》引稱《春秋外傳》。舊有鄭衆、賈逵、虞翻、唐固諸家注,盡佚,韋氏注獨存,爲最古。諸家説間稱述之。

春秋公羊傳十二卷　文林閣三刻閔本

周齊人公羊高撰。案《漢·儒林傳》:高受《春秋》於卜子夏,傳其子平,平傳其子地,地傳其子敢,敢傳其子壽。至漢景帝時,乃與弟子董仲舒、胡毋子都著以竹帛。然則高初止口授,至其玄孫壽受有成書。業歷六傳,不無附益,然大義終有所受。謂公羊爲賣餅家,亦門户之見則然耳。

春秋穀梁傳十二卷　文林閣三刻閔本

周魯人穀梁赤(元)〔子〕始撰。一名俶。與公羊高同師子夏,而傳義之精,公羊或弗能及。漢韋賢、夏侯勝、史高並以穀梁子本魯學,公羊氏迺齊學,得毋近聖門之居,見聞尤真乎。

春秋正義三十六卷

唐孔穎達撰。以杜預爲本,辭繁不殺,委折詳明,亦引賈、服之説,必駁斥之。極力爲杜氏回護,未免曲阿之意。然於杜説,則發揮無遺失。

春秋公羊傳注疏二十八卷

漢司空掾任城何休邵公注,唐徐彦疏,宋邢昺校定。史稱休覃思不闚門十有七年,妙得《公羊》本意。治《左氏》者,雖或病其蹐駁,而專門精力自不可没。徐疏多自設問答,少涉冗沓,究不失爲明晰也。

春秋穀梁傳注疏二十卷　並汲古閣本

晉豫章太守順陽范寧武子集解,唐國子四門助教楊士勛疏,宋邢昺校定。范注多取鄭康成説,視何休《公羊解詁》爲密。楊疏博贍,間引麋信、徐邈魏晉佚注,足備參攷云。

春秋繁露十七卷　世恩堂本,又《漢魏叢書》本,《古經解彙函》重刻盧文弨校定本

漢膠西相廣川董仲舒撰。董氏以公羊學顯,書名"繁露"者,案:崔豹《古今注》:"牛亨問曰:'冕旒以繁露者何?'答曰:'綴玉而下,垂如繁露也。'"又《逸周書·王會解》:"天子南面立,絻無繁露。"孔晁注:"繁露,冕之所垂也。"有聯貫之象,春秋屬辭比事,義取諸此。其書推廣經義,究悉天人,非董子醇儒不能爲。迺或以本傳説《春秋》事得失,舉《玉杯》《蕃露》《竹林》《清明》之屬數十篇,今以"繁露"冠書,而"玉杯"等名爲篇卷。以此滋疑,意必

劉向校書時編次。如《樂記》篇目與今小戴所傳不同,無足異也。

春秋繁露注十七卷 蜚(露)〔雲〕閣本

國朝凌曙撰。考訂傳本之訛誤,最爲詳審。注説多引古義,於漢學有裨。

發墨守一卷 問經堂本

漢鄭玄撰。何休與其師博士羊弼追述李育,以難二傳。作《公羊墨守》《左氏膏肓》《穀梁廢疾》。康成因其説而駮之。此釋《公羊墨守》也。《隋志》:十四卷。今佚,秀水王復輯,凡四則,偃師武億校,承德孫馮翼與《箴膏肓》《起廢疾》同刊。

箴膏肓一卷

鄭玄撰。此釋左氏《膏肓》也。《隋志》:十卷。《崇文總目》:九卷。今佚,王復輯,凡二十餘則。

起廢疾一卷 並問經堂本,《後知不足齋叢書》本

鄭玄撰。此釋《穀梁廢疾》也。《隋志》:三卷。今佚,王復輯,四十餘則。

春秋地名一卷

晉杜預撰。原在《釋例》第三十八卷。《釋例》世少傳本,孔、戴叢書刊以單行。地名大凡一千二百一十(三)〔二〕,其五百(六十)〔五十九〕闕。其百七十周及大小國附庸,其三十一闕。八百九十九地名,其四百(一)〔八〕十一闕。四十(一)四夷,其二十一闕。四十(一)〔五〕山,其十〔二〕闕。五十八水,其十(三)〔四〕闕。

春秋長曆一卷 並微波榭本

杜預撰。亦在《釋例》中,孔、戴叢書刊以單行。以世傳七曆,皆未必是時王之制,乃從斗分,以考古今交會,最爲精密。

春秋左傳釋文六卷

唐陸德明撰。多引徐邈,間及高貴鄉公、嵇康音,賈、服舊義亦時採之。

春秋公羊傳釋文一卷

　　陸德明撰。

春秋穀梁傳釋文一卷　　並通志堂本

　　陸德明撰。

非國語二卷　　《河東集》本

　　唐柳州刺史河東柳宗元子厚撰。駁斥《國語》，索詬求瘢，不遺餘力。葉真作《是國語》以矯之，惜未見也。

春秋名號歸一圖二卷　　通志堂刊絳雲樓宋本

　　僞蜀馮繼先撰。宋岳珂重編。取《春秋左氏》經傳所載人名，核其異稱，使歸於一。

春秋年表一卷

　　撰人缺。所列凡二十國，亦爲左氏學者。岳珂刊，附《春秋》後。通志堂編次。《春秋名號歸一圖》並題馮繼先撰，誤也。

春秋尊王發微十二卷

　　宋殿中丞國子監直講平陽孫復明復撰。謂《春秋》有貶無褒，故爲深文常秩比於商鞅之法，非過論也。

春秋皇綱論五卷　　並通志堂本

　　宋太常博士王皙撰。陳氏《書録解題》作王哲。書凡〔二〕十二篇，發明筆削之旨，考辨三傳及啖助、趙匡二家之是非，論極平允。

國語補音三卷　　微波榭本

　　宋同平章事鄭國公開封宋庠公序撰。因唐人舊音而補其未備，多所糾正。

春秋權衡十七卷　　通志堂校刊孫北海家藏宋本

　　宋集賢院學士清江劉敞原父撰。評論三傳，多依三經以立義，以經求經，具有真識。

春秋傳十五卷

　　劉敞撰。節録三傳事迹，而以己意斷之褒貶，義例多取《公》

《穀》，惟改易三傳字句，未免師心自用矣。

春秋意林二卷　並通志堂本

劉敞撰。雜論《春秋》之義，以足前二書餘意。

春秋傳説例一卷　武英殿聚珍版本

劉敞撰。原書佚，乾隆中，四庫館從《永樂大典》録出。論例多得經義，詞亦簡古。

春秋經解十五卷　通志堂本

宋吏部侍郎高郵孫覺莘老撰。以《穀梁》爲主，參以《左氏》《公羊》及啖、趙諸家説，未盡之義，取其師胡瑗説補之。

春秋經傳類對賦一卷　通志堂刊汲古、李中麓鈔本

宋秘書省校書郎徐晉卿撰。取《春秋左氏傳》，以事類屬對，編爲韻語，極工緻。

春秋辨疑四卷　武英殿聚珍版本

宋太學生廬陵蕭楚子(望)〔荆〕撰，其門人胡銓等附注。《宋志》及《書録解題》並作《春秋經辨》十卷。原書佚，乾隆中，四庫館從《永樂大典》録爲四卷。大旨以尊王爲主，蓋爲蔡京盜竊威福而發也。

春秋列國諸臣傳三十卷　通志堂本

宋賢良眉山王當子思撰。録《春秋》諸臣凡一百九十一人，各爲之傳贊。陳振孫稱其“議論醇正，於經義尤多發明”。

春秋本例二十卷　通志堂刊汲古閣舊本

宋處士涪陵崔子方彦直撰。學宗《公》《穀》，謂《春秋》之例，以日月爲本。分十六門，每門分著、變例二子目。

石林春秋傳二十卷　通志堂本

宋尚書左丞吳郡葉夢得少蘊撰。參攷三傳，不泥古説，自成一家之言。

春秋五禮例宗十卷　慈谿馮氏家藏鈔本

宋直秘閣吳興張大亨嘉父撰。以周禮盡在魯，聖人以爲法。

凡欲求經之規範,非五禮無以質其從違,乃以五禮分門,各立條目,而以"春秋類"系之。陳振孫稱其考究詳洽。

春秋集解三十卷　通志堂本

宋中書舍人侍講直學士院東萊呂本中居仁撰。《宋志》、陳氏《書録解題》並題呂祖謙,通志堂刊本因之。案趙希弁《讀書續志》第云東萊先生,而不著其名。蓋呂氏望出東萊,故三世皆以稱之。考《呂祖謙年譜》,凡有著作必書,獨無《春秋集解》。朱子云呂居仁《春秋》甚明,則此書實本中所撰也。茲據朱氏《經義考》改題,書用李鼎祚《周易集解》例,掇取羣言,採擇特精。

春秋列國圖説一卷

宋税安禮撰。取列國見於經傳者一百二十國,掇其著者附次之。有安禮自序,世或以爲蘇軾撰,誤也。

春秋胡氏傳三十卷　明監本

宋徽猷閣待制知永州建安胡安國康侯撰。其書宋高宗紹興(十)〔七〕年奏御,多借經義託諷時事,元延祐以來列學宫,與三傳並行。

春秋後傳十二卷　通志堂刊絳雲樓鈔本

宋中書舍人永嘉陳傅良君舉撰。貫通三傳,講明書法。趙汸《春秋集傳序》謂:"《公羊》《穀梁》與《左氏》異師,傅良合而求之,頗中其失。至謂《左氏》所稱'書不書',乃史例,傅良誤執以詁經,不知《春秋》筆削,微旨原在書法。"此陳氏之長,豈可置議乎?

春秋左氏傳説二十卷　通志堂本

宋呂祖謙撰。發揮《左氏》之藴,事理詳密。

詳注東萊左氏博議二十五卷

宋呂祖謙撰。其門人張成招注。書成於乾道四年,蓋其少作也。《傳説》用語類體,此用程式體,各盡其妙。

春秋左氏傳事類始末五卷　通志堂刊汲古閣鈔本

宋朝請大夫吳興章沖茂深撰。以《左傳》所載事迹排比年月，各以類從，使一事首尾完具。與袁樞《通鑑紀事本末》同例。

春秋集注十一卷　通志堂刊汲古宋本

宋著作佐郎清江張洽元德撰。朱子門人。著有《春秋集傳》《春秋歷代郡縣地里沿革表》，皆佚，惟此編存。洪武中，命士子習胡氏，兼用洽《注》。自永樂中，《大全》專主胡氏，洽書尋廢。陸元輔謂："以改月改時爲正，勝於康侯夏時冠周月之義多矣。"

春秋王霸列國世紀編三卷　通志堂本

宋國子司業吳郡李琪孟開撰。以諸國爲綱，而以《春秋》所載事迹，類編爲目。前有序，後有論斷，意在隱諷時事，與胡傳同旨。

春秋通説十三卷　通志堂刊李中麓家藏影宋鈔本

宋永嘉黃仲炎若晦撰。大旨謂《春秋》爲聖人教戒天下之書，直書事蹟義理，自見於古來經師。一切枝蔓之詞闕除净盡，説以通名，無愧也。

春秋古文左氏傳十二卷　林汲山房校鈔紅豆齋本

宋王應麟輯。漢晉諸儒劉歆、鄭衆、賈逵、服虔、潁容、王肅、董遇、孫毓等佚説。

春秋經筌十六卷　通志堂刊天一閣鈔本

宋(青陽)〔綿州〕趙鵬飛企明撰。一號木訥先生。意主棄傳從經，乃於成風不知爲何公之妾，亦蔑古之極弊矣。然持論平允，尚無深刻之習。

春秋或問二十卷

宋吏部侍郎知興化軍南安吕大圭圭叔撰。大旨以《左氏》爲主，排詆《公羊》。

春秋五論一卷　並通志堂本

吕大圭撰。五論者：一、孔子作《春秋》，二、辨日月褒貶之例，

三、特筆,四、三傳得失,五、世變。

春秋詳說三十卷　通志堂刊天一閣鈔本

　　宋端明殿學士簽書樞密院事眉山家鉉翁則堂撰。謂《春秋》主乎垂法,不主乎紀事,故於經字必切求褒貶之,故用意深而不失於刻酷,論説亦多平正。

讀春秋編十二卷　通志堂刊元人鈔本

　　宋陳深撰。説宗胡傳,於《左氏》多所考徵,所居室號“清全齋”,故亦題《清全齋讀春秋編》云。

春秋提綱十卷

　　元陳則通撰。一號鐵山先生。綜論《春秋》,分征伐、朝聘、盟會、雜例,凡四門,區分事類,推究成敗,若史論之體。

春秋集傳釋義大成十二卷　並通志堂本

　　元新安俞皋心遠撰。經文下兼列三傳及胡氏傳,於胡説多所糾正。

春秋諸國統紀六卷　通志堂刊汲古元本

　　元國子司業僉太史院事大名齊履謙伯恒撰。凡二十二篇,與李琪《列國世紀》體例同,而次序尤較協適。吳澄序稱其立言不苟。

春秋本義三十卷　通志堂本

　　元翰林國史院編修慶元程端學時叔撰。採三傳以下一百七十六家之説,頗稱淹博,持論刻覈,往往有似孫復。

春秋或問十卷

　　程端學撰。發明《本義》之旨,於前人繆説多所駁正。

春秋諸傳會通二十四卷

　　元進士豫章郡録事安(成)〔福〕李廉行簡撰。其書次第先《左氏》,次《公》《穀》,次傳注,次疏義。總之以胡傳,兼採張、陳之説。雖宗胡氏,而時據古義以駁正之,不爲苟同也。

春秋集傳十五卷

元休寧趙汸子常撰。汸，號東山先生。其書策書之例十五，筆削之例八，大指求實義，而不取虛詞。其門人倪尚誼有《補説》。

春秋師説三卷

趙汸撰。本其師黃澤之説，而演之以《左氏》爲主，講求精義，學務本源，深戒刻削翻碎之弊。

春秋屬辭十五卷

趙汸撰。本杜預《釋例》、陳傅良《後傳》二書而補正之，爲例有八，深能得筆削之義。觀其命書，可謂知本矣。

春秋左氏傳補注十卷　並通志堂本

趙汸撰。《左氏》有所不及，以《公》《穀》通之。杜注有所不足，以陳氏《章指》通之。推明其師黃澤之學，大暢厥旨矣。

春秋金鎖匙一卷　紅椒書屋刊本

趙汸撰。撮舉聖人之特筆與《春秋》之大例，以事類互勘同異，而申明其正變。

春秋大全七十卷　三畏堂本

明永樂中胡廣等奉敕撰。大抵因汪克寬《胡傳纂疏》而點竄之，明代取士專用此書。

春秋明經二卷　藍橋露香園本

明御史中丞弘文館學士青田劉基伯溫撰。凡四十一篇，發明經蘊，能得聖人言外意。

春王正月考二卷　通志堂本

明侍講學士古田張以寧志道撰。援據經史，證《春秋》之用周正。

春秋詞命三卷　明刊本

明文淵閣大學士吳縣王鏊濟之撰。彙粹《左氏傳》詞命，凡二百七十五節，有自序。

春秋左傳注解辨誤二卷補遺一卷　日殖齋本

明嘉定傅遜士凱撰。師事歸有光，其文長於論今古成敗，其注《左傳》參互以訂杜氏之訛。自序謂："本同郡陸貞山附注而作。"卷首載《春秋屬事・古字奇字音釋》。

春秋衡庫三十卷附錄二卷　己任堂本

明長洲馮夢龍猶龍撰。節四傳，摭旁經及子史相通者。自謂既覽此書，他書可束高閣。儲同人《指掌》譏其翦裁三傳，頗失作者神味，又謂經生一切苟簡，未必非此等爲之濫觴。良然。

周子春秋二十編三卷　文成堂本

明諸生宜興周廷求撰。別號雲間子。爲列傳各編名次，皆考列國征伐會盟之故以爲實。分編二十，述其父中立之旨而作也。

春秋歸義三十二卷錄一卷　范印心刊本

明武德兵備副使獲嘉賀仲軾景瞻撰。自序云："歸義云者，歸於尊王之義而已。"黃虞稷記其甲申寇難，衣冠北向，題几上，自經死，妻妾五人感其義，皆同死。可謂不負其學矣。

春秋杜林合注五十卷

明天啓辛酉舉人杭州王道焜與同里趙如源濬之同編。以宋林堯叟《左傳句解》散附杜注下。

春秋(撰)〔揆〕一卷　晉安鄭氏刊本

明黃道周撰。

公穀合纂二卷　明刊本

明江寧張榜賓王撰。節錄二傳之文，附以評語，專論文法，略於經訓。

春秋左傳地名錄二卷春秋外傳地名錄二卷　明刊本

明諸生貴池劉城伯宗撰。三傳地名，按年編次，與杜征南殊例。其外傳地名，上卷錄古今及四夷各國號，下卷依各語次之。有崇禎癸酉自序。

春秋傳注三十六卷　墨蕉園本

明諸生烏程嚴啓隆開止撰。卷首提綱列八例并諸考。初名《春秋大聲》，後芟定改今名。有侄民範所述《年譜》，朱彝尊跋語。

學春秋隨筆十卷

國朝處士鄞縣萬斯大充宗撰。初纂《春秋説》二百四十卷，燬于火。後經補輯，較前更倍。其書至昭公而止，未及卒業。此則編纂全書時有心得另爲劄記，因以別行，而全書不得復見矣。

左傳杜解補正三卷　並學海堂本

國朝顧炎武撰。根據經典於杜注闕者補之、誤者正之，均皆精核。

左傳事緯十二卷附録八卷

國朝靈璧知縣鄒平馬驌宛斯撰。取《左傳》事迹，類分一百八篇，各繫以論斷，附録杜預、孔穎達序論及所作《左丘明傳》共一卷、《辨例》三卷、《圖表》一卷、《覽左隨筆》一卷、《名氏譜》一卷、《左傳奇字》一卷。

春秋毛氏傳三十六卷　書留草堂本，又學海堂本

國朝毛奇齡撰。依經爲次，中分二十二類，括以四例，大旨宗左攻胡。

春秋條貫篇十一卷　書留草堂本

毛奇齡撰。好事攻詰，勇於臆斷，毛氏結習，不獨此一書然也。然貫串處具有典據，自足言之成理，而圓融其説。

春秋簡書刊誤二卷　書留草堂本，又學海堂本

毛奇齡撰。取三傳異文，詳爲辯説。從《左氏》者什之九，謂傳據策書而作，經據簡書而作，亦西河之特見也。

春秋屬辭比事記四卷　書留草堂本，又《龍威秘書》本

毛奇齡撰。仿趙東山《春秋屬辭》例，以經文分隸二十二門，屬稿未竟，僅得七門，侵伐門得其半，然綱目已具矣。

春秋三傳異同考一卷　《昭代叢書》本

國朝錢塘吳陳琰寶崖撰。條分縷析,不偏主一家。

春秋寶筏十二卷　迎紫堂本

國朝琴川翁長庸用三撰。以胡傳爲注。

春秋體注胡傳四卷　塔影書屋校本

國朝范翔撰。上元解志(長)〔元〕又繽校定,上虞金甌枚臣纂續。甌本姓徐。

春秋通論四卷

國朝方苞撰。就經文推求孰爲魯史本文,孰爲孔子筆削。雖未必能確,而不失好學深思之意。凡九十(七)〔九〕章。

春秋比事四卷

方苞撰。既爲《通論》,揭比事屬辭之義。以讀者未孰於三傳,復撿事迹爲八十五類。事同而書法異者,悉著於編。

春秋直解十二卷

方苞撰。以《通論》是成人所治,乃合時説,節解句釋,爲喻蒙計。凡《通論》所載,悉散見是編,而不復易。

左傳義法舉要一卷　並抗希堂本

方苞口授,門人宛平王兆符、歙程崟筆録。舉韓之戰及城濮、邲、鄢陵四篇,又增宋之盟及齊無知之亂,凡六篇,以發明義法,見左氏營度爲文之意。

半農春秋説十五卷

國朝惠士奇撰。以禮爲綱,而緯以《春秋》之事,比類相從。蓋惠氏世傳漢學,尤精三禮,故此書體例多所會通。

左傳補注六卷

國朝惠棟撰。援引舊詁以補杜注之遺,視顧氏《補正》尤密。

春秋左氏傳小疏一卷　並學海堂本

國朝沈彤撰。亦補杜注之遺,考據典核,屬稿未竟,故祇成一卷云。

左翼三十八卷　寶翰樓本

國朝華亭縣教諭桐城周大璋聘侯撰。一字筆峯。根柢注疏，删類節要，以正其未當。大旨主乎論文，每篇後評語甚詳。

春秋地理考實四卷　學海堂本

國朝江永撰。於《春秋》地名，悉從經傳之次；杜所未得，悉辨證之；確指今爲何地，故曰"考實"。

春秋指掌三十卷附録四卷　天藜閣本

國朝宜興儲欣同人、蔣景祁京少同撰。大書經文，次《左傳》，次胡傳。標題以(吳)〔馮〕夢龍《指月》爲主，旁參旨定。雖爲場屋而作，實無苟簡之弊。《附録》四卷：前附原序五篇、《列國始末》，後附《春秋前事》《春秋後事》也。

春秋正辭十三卷

國朝(户)〔禮〕部侍郎武進莊存與 撰 。

春秋公羊通義十三卷　並學海堂本

國朝孔廣森撰。博採古訓，以通何注，較徐彦疏爲優洽。

左傳經世鈔二十三卷　江南刊本

國朝寧都魏禧冰叔編次。並爲評語，江南布政使夏邑彭家屏樂君參訂。不爲章句之學，語能見乎其大。

春秋集義五十八卷

國朝象州知州浦陽吳鳳來九成撰。

春秋三傳體注十二卷

國朝江寧車廷雅卓羣撰。經下並列三傳，擇場屋名題者詮解之，餘多略。

春秋五測三卷

國朝上元戴(啓)〔祖〕(元)〔啓〕未堂撰。

春秋辨義十二卷

國朝始寧鄭文蘭雨培撰。博採前説，去取精當。

春秋筆削微旨二十六卷　　陽曲官署刊本

國朝南充知縣三原劉紹攽繼貢撰。大旨推本孟子之説，謂《春秋》本諸侯之史。當時列國僭亂，名分混淆，孔子作《春秋》，其名秩則一，裁以武、成班爵之舊，其行事則一律以周公制禮之初。又謂衰世之事不足詳録，略存其迹，以見義而已。以經解經，深得筆削之本意。

春秋通論六卷

劉紹攽撰。發明前書未盡之義。

春秋左氏傳校勘記四十二卷

國朝阮元撰。

春秋公羊傳校勘記十二卷

阮元撰。

春秋穀梁傳校勘記十三卷

阮元撰。

春秋左傳補疏五卷

國朝焦循撰。根據古義補孔疏之所未逮。

春秋左傳補注三卷

國朝進士桐城馬宗璉撰。補杜注之缺，與顧亭林、惠定宇二書可稱鼎足。

公羊何氏釋例十卷

國朝禮部主事武進劉逢禄撰。以何氏《釋例》散見疏中，乃裒取而申明之。

公羊何氏解詁箋一卷

劉逢禄撰。徐彥疏闕失者，更爲補訂。

左氏春秋考證二卷

　　劉逢禄撰。引經典以爲證據，博贍而確。

發墨守評一卷

　　劉逢禄撰。

箴膏肓評一卷

　　劉逢禄撰。

(起)〔穀梁〕廢疾申何二卷

　　劉逢禄撰。三書皆録何、鄭之説，折衷評定，大旨駁鄭而從何。

春秋異文箋十三卷　　並學海堂本

　　國朝徵士仁和趙坦撰。取《春秋》三傳異文而攷辨其是非，確當而無偏袒之見。

左繡三十卷　　致盛堂本

　　國朝錢塘馮李驊天閑、定海陸浩大瀛同撰。以杜、林合注爲本，依《漢志》合三十卷。大旨主於論文，以"繡"名書，取鴛鴦繡出意也。

草堂説春秋一卷　　來鹿堂本

　　國朝劉應秋撰。摘説經傳之義，多可採。

左傳官名考二卷　　《函海》本

　　國朝李調元撰。以《左傳》所載官名與他書多有異同，故爲考以明之。

春秋三傳比二卷　　《函海》本

　　李調元撰。

春秋一得一卷　　西澗草堂本

　　國朝閻循觀撰。隨筆劄記，多前人未發之藴。

惜抱軒春秋説一卷

　　國朝姚鼐撰。摘説要義，語有心得，不涉恓悗。

春秋三傳補〔注〕一卷

姚鼐撰。補注疏之缺誤。

國語補注一卷　並同善堂本

姚鼐撰。補韋注之缺誤,二書皆精實。

公羊禮疏一卷

國朝凌曙撰。以《公羊》能得禮意,故特爲疏明。本《春秋》五禮宗例而作,體格義例,不襲前人。

公羊禮説一卷

凌曙撰。申説前書之義。

公羊問答一卷　並蜚(露)〔雲〕閣本

凌曙撰。設爲問答,闡明《公羊》古義。

左氏兵法二卷　青照堂本

國朝李元春撰。採左氏言兵者編輯成書,可與王震澤《春秋詞命》並美。

春秋宗孟十二卷　尊經堂未梓原本

國朝歲貢生歷城賈璇聯樞撰。號訥叔,一號半農。講學濟濼間,與文登李藹溪先生並以理學鳴。是編以《孟子》論《春秋》爲宗,謂《春秋》爲天子之事,孔子繼《詩》亡而作,以治亂賊。凡書禮樂征伐皆自諸侯大夫出者,筆之所以示懼見,與孫泰山《尊王發微》同旨,而歸本於《孟子》,較尤醇也。

嘉孫注:賈璇爲馬國翰業師,山東師範大學圖書館藏清精抄本,四冊,九行二十四字,小字雙行同,白口,單魚尾,四周單邊,鈐"玉函山房藏書"印。

左傳易讀六卷　絡野堂本

國朝司徒修撰。節刪傳文,附以評語,與《周禮易讀》同刊。

春秋左傳句解六卷　三樂堂本

不知何人編選。刪改傳文,截取舊注,雖便於幼學,而苟簡之弊由之。舊題韓慕盧先生鑒定,託名以高其書耳。

右春秋類一百三十部,共一千五百五十四卷。

經編七

孝經類

古文孝經一卷　知不足齋刊宋本

《古文孝經》,漢時出孔子壁中,分二十二章,内多《閨門章》,與今文十八章不同,字句多寡亦微異。此本重雕宋本,直解正文,與此本合。

古文孝經孔氏傳一卷　知不足齋本

漢孔安國撰。案:《隋志》:梁有一卷,亡。此編日本信陽太宰純德夫所傳,杭州汪翼滄市舶得之,歙縣鮑廷博重刊。純前序稱享保十六年辛亥,後序稱享保壬子,乃(康熙)〔雍正〕(十)〔九〕年、十(一)年也。其經文與宋人所謂古文者亦不全同,盧文弨序頗疑之。

孝經鄭注一卷

後漢鄭玄撰。案:此書《鄭志》目録及趙商《碑銘》不載,荀勗《中經簿録》但稱鄭氏解,亦不言玄作。南齊置國學鄭玄《孝經》,陸澄與王儉書論之。儉以爲鄭注虛實,前代不嫌,意謂可安,仍舊立之。唐人議論紛起,至設十二驗,以疑其書。然案朱均《孝經緯注》引鄭《六藝論》序《孝經》云云,又爲之注。又均《春秋緯注》云,爲《春秋孝經略説》。《大唐新語》載鄭《孝經序》云:"僕避難於南城山,棲遲巖石之下,念昔先人,餘暇述夫子之志,而注《孝經》。"此當日作注之證,未可以《鄭志》及《碑銘》不載而疑之也。隋、唐《志》皆著一卷之目,五季之亂,遂亡。宋咸平中,日本僧奝然以獻於朝,詔藏秘府。陳氏《書録解題》云:"乾道中,熊克子復〔從〕袁樞機仲(嘗)得之,刻於京口學宫。"是南宋之初尚有刊本。

自是以後,録無述之者。此本亦日本人岡田所傳,平湖賈舶得自其國。嘉定錢侗刻之,歙縣鮑廷博重雕。原跋云:"右《今文孝經鄭注》一卷,《羣書治要》所載也。其經文不全者,據注疏本補之,末題寬政癸丑之秋,尾張岡田挺之識。"寬政癸丑,實乾隆五十八年。尾張,日本地名。挺之,田字也。

孝經鄭注補證一卷

國朝臨海洪頤煊輯。凡羣書所引鄭注集録一編,並自爲證説。

孝經鄭氏解輯一卷 　並知不足齋本

國朝諸生武進臧(鏞)〔庸〕在東輯。與洪書略同,稱鄭氏解依荀録也。

孝傳一卷 　《漢魏叢書》本,又汲古閣本

晉徵士柴桑陶潛淵明撰。取《孝經》天子、諸侯、卿大夫、士、庶人五者之孝,分傳五章,各以古人行事實之。

孝經正義三卷 　汲古閣本

唐玄宗明皇帝御注,宋翰林學士濟陽邢昺叔明疏注。用今文,兼採諸家説疏本,元行沖而增損之。所引張禹、謝安、殷仲文等説,皆舊疏之所引也。

孝經釋文一卷 　通志堂本

唐陸德明撰。

古文孝經指解一卷 　通志堂刊李中麓本

宋丞相溫國公涑水司馬光君實、龍圖閣學士華陽范祖禹淳甫撰。案:《書録解題》司馬氏與范氏注各自爲一卷,不知何人合編。所用乃孔氏古文,然司馬(直)〔指〕解中乃全載玄宗今文注,則古今文亦不甚相遠也。

孝經刊誤一卷 　菁華樓本

宋朱熹撰。取古文《孝經》,分爲經一章,傳十四章,又删削經文二百二十三字。

孝經大義一卷

(宋)〔元〕董鼎撰。用朱子《刊誤》本,注多參以方言,爲初學設也。

孝經定本一卷

元吳澄撰。改定今文《孝經》,爲經一章,傳十二章,又復顛倒其次序。

孝經句解一卷　並通志堂本

元朱申撰。

孝經集傳一卷　晉安刊本

明黃道周撰。用鄭氏今文,每章雜引經典以證,謂之"大傳";自爲説者,謂之"小傳"。

孝經問一卷　書留草堂本

國朝毛奇齡撰。設爲門人張燧問而己答之。凡十篇,皆駁詰朱子《刊誤》及吳氏《定本》二書。

孝經分傳一卷　慕道堂本

國朝吏部侍郎博野尹會一健餘撰。一字元孚。亦分經一章傳十二章,又與朱、吳二本分章不同。

孝經校勘記一卷

國朝阮元撰。

孝經義疏一卷　並學海堂本

國朝部郎阮福撰。

右孝經類十八部,共二十卷。

經編八

論語類

論語集解義疏十卷　知不足齋本

魏吏部尚書南陽何晏平叔等集孔安國、包咸、周氏、馬融、鄭玄、陳羣、王肅、周生烈八家説,並下己意爲集解,梁國子博士吳郡皇侃爲義疏。首有侃自序,備載江熙《集解》所取十三家姓名,蓋其所據本也。書久不傳,杭人汪翼滄得之於日本足利學,歙縣鮑廷博刊之。多存古説,實勝邢疏。

論語釋文一卷　通志堂本

唐陸德明撰。引鄭注多《集解》所不載,又引譙周、范寧、蔡謨、梁武帝注,僅見此書。

論語筆解二卷　鈔本

唐吏部侍郎新安韓愈退之撰。秘書丞許勃序云:"文公著《筆解論語》十卷,其間翶曰者,蓋李習之同與切磨。始,愈筆大義,則示翶,翶從而交相明辨,非獨韓制此書也。"今爲節本,如"六十而耳順","耳"作"爾";"子在齊聞《韶》,三月不知肉味","三月"作"音";"硜硜然小人哉","小"作"之"解。多新異。

論語正義二十卷　汲古閣本

宋邢昺撰。咸平二年詔昺,因皇侃之書重爲改定,頒列學官。

論語拾遺一卷　鈔本

宋端明殿學士眉山蘇轍子由撰。以兄軾説《論語》有未安者,因作書以正之,凡二十七章。

論語(集)〔精〕義十卷　禦兒呂氏寶誥堂重刊白鹿書院本

宋朱熹撰。淳熙庚午自序謂:"以二程、橫渠爲宗,附以二呂、范、謝、游、楊、尹、侯、周九家之説。"陳振孫曰"初名'精義',後刻於豫章郡學,始名'集義'"云。

癸巳論語解十卷　通志堂刊天一閣鈔本

宋侍講廣漢張栻敬夫撰。書成於乾道(元)〔九〕年癸巳,故以爲名。因講誦長沙,條綴其説,皆本二程,推以己意。朱子嘗與商訂此書,敬夫亦不盡從之,可謂不爲苟同也。

論語集説十三卷　通志堂本

宋蔡節撰。大旨率從朱子,而時有出入。

論語商二卷　鈔本

明福建省御史吳江周宗建季侯撰。周坐忤魏璫論死,大節稜然。知武康縣時所作,學本姚江。

論語稽求篇七卷　書留草堂本

國朝毛奇齡撰。專與朱子《集注》相詰難,引據時多精確,非空詞詆欺也。

鄉黨圖考十卷　學海堂本

國朝江永撰。取經傳中典制名物證《論語・鄉黨》篇之義,分爲九門,根據詳明。

論語緒言一卷

國朝澄城張秉直含中撰。

論語校勘記十一卷

國朝阮元撰。

論語補疏二卷

國朝焦循撰。取古義以補邢疏,引據典核,不似宋人之空衍。

論語述何二卷

國朝劉逢禄撰。申述何晏《集解》之義,於漢學大有發明。

論語偶記一卷　並學海堂本

國朝翰林院庶吉士桐城方觀旭撰。隨筆條記,長於考據。

論語古訓十卷　簡莊刊本

國朝海寧陳鱣仲魚撰。於《集解》所載外,輯漢魏古説,鄭氏尤詳。且據漢石經、皇疏、山井鼎、物觀《補遺》諸本,訂正缺誤,而附注其下,極爲精博。

惜抱軒論語説一卷　同善堂本

國朝姚鼐撰。摘發精義,不襲陳言。

論語匯原二卷　濟南刊本

國朝道光辛卯舉人章邱楊開運會莘撰。於《論語》篇章連屬，頗有探索。會莘與余爲鄉榜同年，齒最長。其人老篤於學，公車一赴，遽爲地下修文。著述甚富，惟此及《爾雅宗經》有梓本，録之以誌人琴之感。

右論語類十九部，共一百一十六卷。

經編九

孟子類

孟子注十四卷　微波榭本

漢太僕卿京兆趙岐邠卿撰。去《外書》四卷，分七篇，作上、下篇，爲十四卷。如以季孫、子叔疑二子爲孟子弟子；琴張爲子張，謂善鼓琴，故號琴張。在當日必有所據，而依用於今則駮矣。其他訓詁皆簡古。舊合孫疏，無單行本。休寧戴氏刊此別行，校訂最詳悉。

孟子外書四卷　《函海》本

《性善辯》《文説》《孝經》《爲政》，凡四篇，篇爲一卷。趙氏注《孟子》時，以爲依託而佚之。此本宋時復出，有熙時子注，碧梧老人馬廷鸞序。熙時子即劉（敞）〔敔〕也，意其補綴而成歟？

孟子音義二卷　通志堂刊李中麓宋本，又微波榭本

宋龍圖閣待制博平孫奭宗古與同判國子監王旭、國子監直講馬龜符、國子學説書吳易直、馮元等同撰。參用張鎰、丁公著、陸善經三家音釋，可以補陸氏《釋文》之缺。

孟子正義十四卷　汲古閣本

舊題孫奭撰。《朱子語類》指爲邵武士人作。蓋宣公作《孟子音義》以進呈，此編遂因而影附也。

疑孟一卷　鈔本

宋司馬光撰。按趙氏《孟子序》云："孟子長於譬喻，辭不迫切而

意以獨至,其言曰:'説《詩》者,不以文害辭,不以辭害義,以意逆志,爲得之矣。'斯言殆欲使後人深求其意,以解其文,不但施於説《詩》也。"是真善讀《孟子》者。温公《疑孟》其猶泥於語言文字之間乎?

孟子解一卷　鈔本

宋蘇轍撰。凡二十四章。

孟子(集)〔精〕義十四卷　禦兒吕氏寶誥堂重刊白鹿書院本

宋朱熹撰。與《論語(集)〔精〕義》同取十二家説,以二程爲本。

尊孟辨一卷

宋建安余允文撰。以温公《疑孟》、李覯《常語》、鄭(原叔)〔厚〕《藝圃折中》,皆有與《孟子》駁難者,因取三家説,逐節辨論,凡三十七條。《朱子文集》亦載之。《文獻通考》作七卷,《浙江採集遺書總録》有寫本五卷,惜未見也。

癸巳孟子説七卷　通志堂刊天一閣鈔本

宋張栻撰。是書與《論語解》並成於乾道九年,故同以"癸巳"名書。王霸之辨、義利之分,剖析最明,間亦有爲時事而發,則《胡氏春秋》之微旨也。

孟子集疏十四卷　通志堂刊汲古閣本

宋迪功郎本府教授建安蔡模仲覺撰。九峯先生冢子,朱子門人也。雜引衆説,以發明《集注》之義,又參用祖、父之説,以與師説互發。

孟子生卒年月考一卷　學海堂本,又《檀几叢書》本

國朝閻若璩撰。以七篇參《史記》等書,考定爲鄒人,晚始遊梁,繼仕齊爲卿,久之歸鄒,又如宋,以樂正子故至魯,終之滕,道不行,歸而作書,卒在赧王之世。

孟子字義疏證三卷　微波榭本

國朝戴震撰。取《孟子》中字義確切言之,視宋陳氏《北溪字義》引證,尤爲淵古。

孟子時事略一卷　心齋刊本

國朝任兆麟撰。採摭羣書,考據甚詳。

孟子年譜二卷

國朝蒲城知縣蕭山曹之升寅谷撰。

讀孟十四卷附録一卷　詩禮堂本

國朝廬江府同知天津王又樸介山撰。以世傳蘇老泉批本未愜,乃自以所見標其義法,並順説,以暢其旨。

孟子讀本七卷　富平刊本

國朝富平任翔九與同里孫聯捷迅發同撰。亦因《蘇批孟子》而爲之,暢所未發之意。

孟子校勘記十六卷　學海堂本

國朝阮元撰。

孟子正義三十卷　學海堂本

國朝焦循撰。搜討古訓,以漢高誘《孟子注》亡,乃取所注《呂氏春秋》《淮南子》有與《孟子》通者,悉爲採補。其諸引劉熙、綦毋邃注者,亦皆收掇散佚,可謂篤志泥古者矣。

右孟子類十八部,共一百四十七卷。

經編十

爾雅類

爾雅二卷　明武林郎奎金刊本

舊傳《釋詁》一篇,周公所作。《釋言》以下,或言仲尼所增,子夏所足,漢魯國叔孫通所益,沛(邵)〔郡〕梁文所補。考《三朝記》載:"孔子曰:'《爾雅》以觀於古,足以辨言矣。'"《春秋元命苞》載:"子夏問夫子作《春秋》,不以'初哉首基'爲始何?"是知周公所造,後人續成之。《爾雅》所釋不盡釋經,而釋經者多,故得與十三經之數焉。舊本三卷,此本合二卷,非古也。

小爾雅一卷　武林郎奎金刊本,又《漢魏叢書》本

陳勝博士魯國孔鮒子魚撰。本《孔叢子》第十一篇,曰廣詁、廣言、廣訓、廣義、廣名、廣服、廣器、廣物、廣鳥、廣獸,凡十章。又度量衡爲十三章,皆補。《館閣書目》云:"當是好事者抄出別行。"案《隋志》載《小爾雅》一卷,李軌略解。則此書單行已久矣。

爾雅注疏十卷　汲古閣本

晉弘農太守河東郭璞景純注,宋邢昺疏。景純自序謂:"沉研鑽極二九載。"陸德明稱其洽聞强識,詳悉古今。則此注足牢籠乎百氏矣。邢疏依郭,不能出其範圍。

爾雅圖三卷

撰人缺。案《隋志》:"《爾雅圖》十卷,郭璞注。梁有《爾雅圖讚》二卷,郭璞撰,亡。"《唐志》:"江灌《圖贊》一卷。"此本分卷不同,爲郭爲江不能定。要是二家舊圖,後人合爲一編,考據精淳,繪筆亦工緻。

爾雅注三卷　汲古閣本,又青照堂本

宋樞密院編修官莆田鄭樵漁仲撰。漁仲好爲新説,此注雖不似《詩辨妄》之肆志穿鑿,而於舊文亦多所駁正。《汪師韓集》有書。此注後一篇,轉相攻駁,往往中其失。

爾雅漢注三卷　問經堂本

案《隋志》:"《爾雅》三卷,漢中散大夫樊光注。《爾雅》七卷,孫炎注。"中載:"梁有漢劉歆、犍爲文學、中黄門李巡注《爾雅》各三卷,亡。"《唐志》:"《爾雅》,李巡注三卷,樊光注六卷,孫炎注六卷。"今並不傳。武進臧鏞堂輯録,承德孫馮翼校刊。漢儒之學,萃於斯編,可與郭注互考。

方言十三卷　汲古閣本,又《漢魏叢書》本

漢揚雄撰,晉郭璞注。記各方稱語之異,一題《輶軒使者絕代

語》。世或以許氏《説文》引稱雄説，不見於《方言》，疑爲僞託。然應仲遠實稱雄作，當非無據。許氏所引自是子雲訓纂語。此書文句奇古，與《太玄》《法言》筆意不殊。郭注亦簡要。

方言疏證十三卷　微波榭本

國朝戴震撰。博引羣書以疏證字義，《方言》原文用宋本，較他本爲善。

釋名四卷　汲古閣本，又《漢魏叢書》本，又武林郎氏本

後漢安南太守北海劉熙成國撰。凡二十篇，從音求義，得古六書諧聲之旨。所釋器用可推古制。《隋志》：“《釋名》八卷。”下有“《辯釋名》一卷，韋昭撰”。韋書已久佚，諸書所引皆辯劉氏《釋官》之誤。今劉書無《釋官》篇，則四卷非完帙也。

廣雅十卷　明武林施維誠校本，又武林郎氏本

魏博士清河張揖稚讓撰。因《爾雅》舊目，採漢儒箋注及《三蒼》《説文》《方言》諸書，以補所未備。隋博士曹憲爲之音釋，避煬帝諱，改名“博雅”，故今二名並稱云。

廣雅疏證二十二卷　學海堂本

國朝直隸永定河道高郵王念孫石臞撰。博證通疏，並搜輯諸書所引《廣雅》而今本佚之者，並爲補入，視曹憲《音釋》陋之如邾莒矣。

爾雅釋文一卷　通志堂本

唐陸德明撰。犍爲文學、劉、樊、李、孫五家外，引有沈旋、施乾、謝嶠、顧野王，皆梁、陳人注《爾雅》者。《玉海》載天聖四年五月國子監摹印陸德明《音義》二卷，此本卷數與《文獻通考》所載合，或元人併之與。

匡謬正俗八卷　雅雨堂本

唐秘書監琅琊顔籀師古撰。據其子揚庭《進表》，蓋猶未竟之槀本。前四卷凡五十五條，皆論諸經訓詁音釋，後四卷凡一百二十七條，皆論諸書音義及俗語相承之訛。《唐志》入論語類，不合，今改正。

埤雅二十卷　明武林郎奎金刊本

宋右丞山陰陸佃農師撰。釋魚、獸、鳥、蟲、馬、木、草、天，凡八門，皆因名以求訓詁，旁通經義。於《毛詩》尤足資多識之用，每用王安石《字説》，不免穿鑿。而物性精詳，援引甚博，陳振孫稱之。

爾雅翼三十二卷

宋鄂州太守歙縣羅願端良撰。一字存齋。書分草、木、鳥、獸、蟲、魚六類，與《埤雅》同指而精審過之。雞尸芥羽，引據延篤、賈逵古義，尤見博洽。元休寧尹同里洪焱祖潛夫作《音釋》，跋稱數三十二卷，名目於《釋獸》云六卷，凡七十四名，原本實八十五名，傳寫偶誤也。

通雅五十二卷

明翰林院檢討桐城方以智密之撰。變通"五雅"之例，分(二十九)〔四十四〕門。以"通雅"名，欲紹乎《通典》《通志》《通考》也。考辨精確，在明季中出楊慎、陳耀文、焦竑三人之上。

釋繒一卷　學海堂本

國朝監察御史興化任大椿幼植撰。專釋諸經所言繒帛之事，以補《爾雅》之缺。

爾雅正義二十卷

國朝翰林院編修餘姚邵晉涵二雲撰。考據精核，補《注疏》之所未逮者十之七八。

爾雅義疏二十卷

國朝户部主事棲霞郝懿行蘭皋撰。精博與邵氏《正義》同，而兩不相襲，各自成家也。

釋草小記一卷

國朝程瑤田撰。釋草之類，不過數種，皆世俗所混同而誤稱者。如"辨芸"一條，並爲圖説以明之，開悟後學不少。

釋蟲小記一卷

程瑤田撰。義例與《釋草小記》同。

爾雅校勘記八卷　並學海堂本

國朝阮元撰。

續方言二卷　梁啓心定本

國朝翰林院編修仁和杭世駿大宗撰。取注疏及羣書所載《方言》，以補揚雄所未及。前後類次隱用《爾雅》之目，皆三代時及漢以前語。

方言藻四卷　《函海》本

國朝李調元撰。

通詁二卷　《函海》本

李調元撰。

拾雅十卷附字音一卷　青照堂本

國朝李元春撰。掇拾故事，以續《爾雅》。

爾雅宗經二卷　章邱刊本

國朝楊開運撰。貫穿聯絡，便於初學之記誦。

右爾雅類二十七部，〔共〕二百六十九卷。

玉函山房藏書簿録卷六

經編十一

經總類

白虎通德論四卷 《漢魏叢書》本，又汲古閣本，又明王道焜校本，又抱經堂本

後漢玄武司馬扶風班固孟堅撰。顯宗仿石渠故事，召集諸儒於白虎觀，講五經同異，使固撰定。漢代經師之説，借此書以存其略。諸本多缺佚，盧氏抱經堂本校補最爲完善。

駁五經異義一卷補遺一卷 問經堂本

後漢鄭玄撰。舉許慎《五經異義》有不合者，逐條駁之。隋、唐《志》皆十卷，原書佚，秀水王復、偃師武億同輯補。

五經異義疏證三卷 學海堂本

國朝翰林院編修陳壽祺撰。就許、鄭書殘遺之本，條加疏證，引援詳博。

鄭志三卷補遺一卷 問經堂本

魏侍中高密鄭小同撰。康成之孫。康成没後，門人述其問答，爲八篇。小同編次爲十一卷，原書佚，王復、武（偬）〔億〕既輯《駁五經異義》，又輯此編。鄭學崖略，借三書以存。

經典釋文三十卷

唐陸德明撰。採輯諸經音義及文字異同，考證精博；惟列《老

子》《莊子》而不列《孟子》,則猶沿六朝之風尚也。此書凡二本,《周易釋文》別有單行本,因以學海〔堂〕本著錄。各經與《周易》畫一,而以盧氏校本並所撰《考證》並著於此。

經典釋文考證三十卷　並抱經堂本

國朝盧文弨撰。於《釋文》載未詳盡,及他書事義可用互參者,悉爲蒐括,亦間以己意附之,要必歸於典據。

七經小傳三卷　通志堂本

宋劉敞撰。《尚書》《毛詩》《周禮》《儀禮》《禮記》《公羊》《論語》,凡七經,多於先儒矯異。宋人排擊傳注,改竄經文,實原父開其端也。

六經圖六卷　重刊鵝湖書院本

不著撰人姓名。考宋楊甲有《六經圖》六卷,毛邦翰補,凡三百二十二圖。今圖凡二百九十四,雍正九年,襄城常定遠文侯得舊本刊之,道光十一年,張洪範余鰲重刊。據襄城萬邦榮序,謂盧江盧侍御芳菱所得鵝湖書院本也。按此當是楊氏初本,無毛氏所補圖,故缺其十六。不著名氏,原本不具也。

六經正誤六卷　通志堂本

宋國子監博士柯山毛居正誼父撰。嘉定十六年,國子監刊定六經,毛氏校定四經,惟《禮記》、《春秋》三傳,以目疾罷,後四經刊刻不如法,因補校所缺二經併前校四經爲此書,講求邊旁,疑似最晰。

九經三傳沿革例一卷　知不足齋校刊相臺本

宋管內勸農(使)〔事〕淮東總領湯陰岳珂蕭之撰。忠武王孫,霖之子。書用廖氏〔世〕綵堂本詳校九經三傳,此其總例也。書本、字畫、注文、音釋、句讀、脫簡、考異,凡七目。

六經奧論六卷

宋鄭樵撰。書中引樵説,稱夾漈先生。又稱朱子爲文公或漁仲門人,有所附益乎? 論多可採。

熊氏五(編)〔經〕説七卷

元廬陵教授豫章熊朋來與可撰。篤守宋儒,於古音義多牴牾。然説理醇正,尤詳於禮經。

十一經問對五卷

元何異孫撰。以《論語》、《孝經》、《孟子》、《大學》、《中庸》、《書》、《詩》、《周禮》、《儀禮》、《春秋》三傳、《禮記》爲十一經,頗涉杜撰。書仿朱子《或問》體,立説瑕瑜互見。

五經蠡測六卷　　並通志堂本

明福寧蔣悌生仁叔撰。五經無《禮記》,據浮梁蘭莊閔文振序,蓋殘缺之稿也。説取宋儒,時有同異。

升庵經(訓)〔説〕十四卷　《函海》本

明楊慎撰。凡説經之語,彙爲此編,大旨主於博攷。

説經劄記十卷　衡湘書院本

明衡州府知府德清蔡汝楠子木撰。一字白石。其書摘記經義,以《易》《書》《詩》《春秋》《禮記》《周禮》《爾雅》《孝經》《論語》《大學》《中庸》《孟子》爲次,凡九卷,後附《太極問答》。《端居寱言》爲第十卷。臧奐如序稱其“簡而盡,奧而顯,核而裁”,劉宮序稱其“約文析義,博旨敷暢,考詳同異,紬繹新得”,皆實録也。

十三經類語十四卷目録一卷　敷文潘音龍刊本

明(福)〔唐〕王禮部主事臨川羅萬藻文止撰。自序謂:“因施先生《五經類語》而廣之。”仁和魯重民孔式纂注。

經問十八卷經問補三卷　書留草堂本

國朝毛奇齡撰。門人筆録補三卷,其子遠宗所録也。佐證分明,往往有事攻詰。

古經解鉤沈三十卷敘録三卷　吳中刊本

國朝吳縣余蕭客仲林撰。自序謂:“言‘古’以別于現行刻本,言'經解'不言'注疏',以并包異同,'鉤沈'則借晉楊方《五經鉤沈》之名,而義不必借。"所引漢唐人佚義居多。

潛丘劄記二卷

國朝閻若璩撰。摘經義隨筆劄記,引據博奧,亦好詰辯,頗與毛西河相似。

湛園札記四卷　並學海堂本

國朝翰林院編修慈溪姜宸英西溟撰。西溟年七十始第,學力最深,故説經具有實得。

白(石)〔田〕草堂存稿一卷

國朝翰林院編修寶應王懋竑子中撰。沈歸愚稱其"精研理學,身體力行,一時有小朱子之目"。此編抉經之奧,根柢淵厚。

經義雜記十卷

國朝諸生武進臧琳玉林撰。會通諸經,善尋根據,如以《爾雅》及王叔師《楚辭章句》所引詩不與韓、毛同,斷爲《魯詩》之類。一經拈出,確不可易。

嘉孫注:山東大學圖書館藏本此條上有眉批:"此説乃《拜經日記》之説,馬君誤矣。"

羣經補義五卷

國朝江永撰。取《易》《書》《詩》《春秋》《禮記》《中庸》《論》《孟》,隨筆詮釋,多能補《注疏》所未及。

解春集二卷

國朝貢生錢塘馮景山公撰。書以集名,而解經爲主,訓辭淵雅。

經史問答七卷

國朝翰林院庶吉士鄞縣全祖望紹衣撰。書載《鮚〔埼〕亭集》,阮相國別梓以行。

質疑一卷

國朝杭世駿撰。

果堂集一卷

國朝沈彤撰。沈於《尚書》《禮記》《儀禮》《春秋左傳》皆有小疏，阮相國復取其集中説經義者，裒爲一卷單行，兹依録之。

注疏考證六卷

國朝禮部侍郎天台齊召南次風撰。引據古書，以考證注疏之得失，不偏主一家之説。

九經古義十六卷　　並學海堂本

國朝惠棟撰。凡説《易》、《書》、《詩》、三禮、三傳、《論語》十經，其中《左傳補注》已别行，故止説九經，漢儒訓詁之學於此可以考見。

五經類編二十八卷附諸經略説經義辨譌一卷目例二卷

國朝處士太倉周世樟(重)〔章〕成撰。標分門類，以五經語編系，蘇子瞻讀史用此法，然剽襲之弊亦由之而開。其《辨譌》一卷，大有裨於學者。

七經掌訣一卷

國朝孟超然撰。原題孟超然先生，則其徒推稱師字，名佚莫考，里居亦不詳。乾隆中，有閩人孟超然，字朝舉，庚辰進士，吏部主事，充廣西副考官，與此别爲一人。其書於《禹貢》九州田賦之類，撮爲掌訣，取便記誦，塾師課蒙之書也。

五經旁訓辨體讀本二十一卷

國朝翰林院編修上虞徐立綱條甫撰。全録經文，旁注要義，經首總論，上層附以引證，皆資考據。

重(刊)〔訂〕五經旁訓讀本二十一卷　　敦厚堂本

乾隆中，吴郡張氏因徐書重校，删去總論及上層引證，頓失作者善誘之意。

鈍翁經解三卷　　城西草堂本

國朝汪琬撰。學有根據，不事煩言，而理解自高。

鍾山札記一卷

國朝盧文弨撰。此其掌教鍾山書院時，與諸生講説經義也。大指主於博考。

龍城札記一卷

盧文弨撰。此其居柳郡時所作，故題《龍城札記》以別之，指歸與《鍾山札記》同。

十駕齋養新録三卷餘録一卷

國朝太子少詹事嘉定錢大昕曉徵撰。一號竹汀。其書以考據經義爲主。

潛研堂文集六卷

錢大昕撰。阮相國從全集中録其解經之篇。

讀書脞録二卷續編二卷

國朝監察御史仁和孫志祖詒穀撰。一字頤谷。引述古義，深于鄭學。

讀書雜誌二卷

國朝王念孫撰。解説經義，如與漢代大師一堂共語。

經學卮言六卷

國朝孔廣森撰。學長於《公羊春秋》、戴《禮》，他經亦能涉其閫奧。

溉亭述古録二卷

國朝江寧府學教授嘉定錢塘禹美撰。一字岳原，號學淵，又號溉亭。不求仕進，以著述爲樂。此編徵引博通，深資漢學。

東原集二卷

國朝戴震撰。

經韻樓集六卷

國朝段玉裁撰。

問字堂集一卷

國朝孫星衍撰。以上三家,於經義各有撰述,集中亦多説經義,阮相國並節録之。

羣經識小八卷　並學海堂本

國朝乾隆進士　高　郵　李惇　成　裕　撰。自以其書考訂文義,故謙言識小,而博贍宏通處,要非章句細儒所可及也。

經讀考異八卷　小石山房本,又學海堂本

國朝乾隆進士偃師武億虛谷撰。取羣經中字句異讀者,裒爲此書,甄覈極精當。

劉氏遺書一卷

國朝　丹　徒　訓導寶應劉台拱端臨撰。劉書不止一卷,阮相國取其解經者刊之。

述學二卷

國朝汪中撰。王昶《蒲褐山房詩話》載其《述學》四卷,今二卷,蓋阮相國付梓時取其説經之篇,餘從删減也。説長於典制。

經義知新録一卷

汪中撰。

拜經日記八卷拜經文集一卷

國朝臧(鏞)〔庸〕撰。在東與叔氏琳並以博洽著名江左,此亦與《經義雜記》爲一家學。書名"拜經",取南齊臧榮緒庚子陳五經而拜之事,亦臧氏故實也。

瞥記一卷

國朝(舉人)〔諸生〕錢塘梁玉繩　曜　北　撰。

經義述聞二十八卷

國朝户部尚書高郵王引之伯申撰。述父石臞先生未竟之業,典博奧衍,辨證精核。父子著作,世方之劉氏向、歆云。

經傳釋詞十卷

王引之撰。通釋諸經之詞,亦承石臞先生《廣雅疏證》之緒也。

左海經辨二卷

國朝陳壽祺撰。陳於《五經異義駮》有疏證,篤於鄭學。此編博辨,亦浸淫乎漢氏之中。

左海文集二卷

陳壽祺撰。

鑑止水齋集二卷

國朝兵部主事 德 清 許宗彦 積 卿 撰。

校禮堂集一卷

國朝凌廷堪撰。

研六室雜著一卷

國朝胡培翬撰。

寶甓齋札記一卷

國朝 仁 和 趙坦 寬 夫 撰。

(寶)〔甓〕齋遺稿一卷

國朝 寶 應 劉玉麐 又 徐 撰。

説緯一卷

國朝嘉慶進士王崧撰。

吾亦廬稿四卷

國朝諸生 海 鹽 崔應榴撰。

秋槎雜記一卷　並學海堂本

國朝國子監典簿 寶 應 劉履恂撰。以上九書非專説經義,阮相國節録解經者類次之,大指皆以考據見長。

霧堂經訓一卷　朝邑謝氏刊本

國朝朝邑李楷叔則撰。詳於《易》《詩》。

經傳攷證八卷　學海堂本

國朝朱彬撰。書與王尚書《經義述聞》相近。

重校十三經注疏四百一十六卷附校刊記四百一十六卷　南昌儒學刊本

國朝阮元校刊。《周易》十卷,《尚書》二十卷,《毛詩》七十卷,《春秋左傳》六十卷,《公羊傳》二十八卷,《穀梁傳》二十卷,《周禮》四十二卷,《儀禮》五十卷,《禮記》六十三卷,《論語》二十卷,《孝經》九卷,《爾雅》十卷,《孟子》十四卷,並據宋本及石經各本校正,凡有脱誤,旁加小圈,各卷下附校勘記,詳辨之。古今第一善本也。

七經孟子考文並補遺二百卷　小琅嬛僊館刊本

國朝日本國西條掌書記山井鼎撰《七經孟子考文》,東都講官物觀、石之清等補遺。物觀序題享保十有五年,乃(康熙)〔雍正〕(七)〔八〕年也。阮相國得揚州江氏隨月讀書樓所藏落紙元本刊之。校閲羣經,頗同異,所稱古本及足利本皆唐以前古本也。

經傳摭餘五卷　青照堂本

國朝李元春撰。體仿《困學紀聞》,純集前儒經説。

六經略説二卷

七經精義二十八卷　尊德堂本

國朝舉人錢塘黄淦緯文撰。《易》、《書》、《詩》、《春秋》、三禮,各四卷,博採衆説,删存切要,雖爲帖括家設,而不愧精義之目。

右經總類七十部,共一千五百一十六卷。

經編十二

四書類

大學章句一卷中庸章句一卷論語集注十卷孟子集注七卷　監本

宋朱子撰。《大學》《中庸》舊在《禮記》,《論語》《孟子》各自爲經，朱子合爲一編，自是始有"四書"之名。《章句集注》爲説四書者，所祖漢唐舊解，不能抗衡矣。

四書或問三十九卷

朱子撰。時與《章句集注》相牴牾，蓋書成在先，未及追改故也。

四書集編二十六卷　　通志堂刊李中麓鈔本

宋真德秀撰。採《朱子文集》語録，以發明《章句集注》。《大學》《中庸》，真氏手定；《論》《孟》，則劉承輯其佚説以成之也。

四書纂疏二十六卷　　通志堂刊汲古宋本

宋趙順孫格庵撰。備引朱子之説，以羽翼《章句集注》，又旁引黃榦、輔廣、陳淳、陳孔碩、蔡淵、蔡沈、葉味道、胡泳、陳埴、潘柄、黃士(穀)〔毅〕、真德秀、蔡模十三家，皆朱子宗派也。

四書辨疑十五卷　　通志堂刊范翰林秋濤元本

元集賢大學士中書右丞偃師陳天祥吉甫撰。推演王若虛説，以與朱子爲難，亦各抒所見。納蘭成德刊此本，不載名氏。

四書通二十六卷　　通志堂本

元胡炳文撰。因趙順孫《纂疏》、吳真子《集成》二書所録諸説偶有不合於朱子者，重爲删定，使盡歸一家之言。

四書通證六卷　　通志堂刊汲古元本

元新安張存中德庸撰。以胡氏《四書通》詳於義理、略於名物，因作此以補之。胡炳文序云："於余之《通》知四書用意之深，於《通證》知四書用事之審。"

四書纂箋二十八卷　　通志堂刊李中麓元本

元臨川詹道傳撰。取朱子《章句集注》《或問》，正其句讀，考其名物訓詁，各注本句下，仿古經箋疏之體。胡一中序謂："用魯齋先生所定句讀，會近代諸儒之箋釋而參訂之。"

四書通旨六卷　　通志堂本

元鄱陽朱公遷克升撰。取四書之文,以類相從,爲九十八門,以語意相近者聯綴,別其同異,各標立言之宗旨。

四書大全三十六卷　　吳門德馨堂本

明永樂中翰林學士胡廣等奉敕撰。因倪士義《四書輯釋》稍加點竄,有明一代尊尚之。

四書蒙引十五卷

明蔡清撰。發明朱注最詳。刁包曰:"注者,四書功臣;《蒙引》,又朱注功臣也。"

四書因問六卷　　關中書院刊本

明南京禮部〔右〕侍郎高陵吕柟仲木撰。皆記其門人質問四書之語,推極躬行實踐,粹然儒言。

四書直解十三卷

明建極殿大學士江陵張居正叔大撰。删取衆説,大旨以直捷爲貴。

四書疑思録六卷　　附刊《馮恭定公全集》

明工部尚書長安馮從吾仲好撰。自序曰:"《疑思録》者,蓋取九思中疑思問意耳。"其説如一,本《大學》,都是格物,不必另補一傳。學而時習之,孔子不曾説出所學何事,孟子曰"學問之道,無他,求其放心而已矣"是其解也。志伊尹之志,須從一介志。去學顏子之學,當從四勿學來。楊嘉猷謂:"皆發先儒所未發,足破千古之疑。"

經言枝指一百卷　　聚星館葉均宇梓本

明副使海虞陳禹謨錫玄撰。博采百氏之言以釋四子之義,内分《漢詁纂》二十卷、《談經苑》四十卷、《引經釋》五卷、《人物概》十五卷、《名物考》二十卷。書凡百卷,《經義考》作九十三卷,或所見本異也。

四書人物備考十二卷圖目一卷　　金谷園刊經正堂本

明南京國子監祭酒長洲陳仁錫明卿撰。《經義考》載："《四書備考》八十卷。"此當非完帙也。

四書説約二十卷　明刊本

明吳縣顧夢麟麟士撰。大旨取前説而筆削之。楊彝序稱其"條貫繩約，如出一口"。

四書吾學望洋編二十卷　蠡吾張芬刊本

明保定府同知長洲姚〔光〕祚允昌撰。取明代諸名家及漢唐以來諸儒説彙而集之，引用陽明居多。

四書鞭影二十卷　惜陰軒本

明景州劉鳳翔介黃撰。自序云："夜夢侗初師教余曰：制義之病有二：空疎而不入，二之也；沈實而不入，一之也。急療其一，一之則二之矣。且聖賢之言猶鞭影也，而奈何一之，而奈何二之。"此其名書之意。持論過高，頗涉禪機，然奇警處能開人悟境。

四書補注備旨題竅匯參十九卷

明古岡鄧林退庵撰。霧亭鄒廷忠汝達增輯。因退庵《四書備旨》删定，仍其名曰"補注"。《備旨》別其名曰"題竅匯參"。

四書講義困勉録三十七卷

國朝四川道監察御史當湖陸隴其稼書撰。因彥陵張氏《講義》原本，删掇精要，益以明季諸家説，多所發明。

松陽講義十二卷

陸隴其撰。此其知靈壽時與諸生講論而作。凡一百十八章，多切實近裹之語。

三魚堂訂正四書大全四十卷　嘉會堂本

陸隴其撰。以《大全》爲本，又採《朱子語類》及《蒙引》《存疑》《淺説》《達説》《説約》，附於其間。

四書賸言四卷補二卷　書留草堂本

國朝毛奇齡撰。前四卷其門人盛唐、王錫所編，補二卷其子遠宗所編。隨時雜記,不依經文次序,考證多有根據。

四書改錯二十二卷　學圃重刊本

毛奇齡撰。分三十二門四百五十一條,專攻紫陽,未免詰斥太甚,然頗有證據。

聖門釋非録四卷　書留草堂本

毛奇齡撰。

逸講箋三卷

毛奇齡撰。

四書釋地一卷續一卷又續二卷三續二卷

國朝閻若璩撰。初考四書地理,得五十七條,復續一卷,連及人名,又推及於物理、訓詁,仍蒙其初名題,大略似毛西河之論。

四書反身録六卷　來鹿堂本

國朝王心敬撰。本其師李顒平日所授,不專于説四書,而義有發明者,心敬爲之筆記,語多切近,不愧命書之意。

四書心解五卷　邠州儒學刊本

國朝翰林院庶吉士邠州王吉相天如撰。李中孚門人。以《大》《中》《孟子》皆發明《論語》之道,尤諄諄於知之一言,謂仁爲知之體,義、禮爲知之用,信爲知之貞德,勇爲知之强力,萬事萬物皆一知爲終始。中孚序謂其"宏綱鉅領,歸本於心"。

四書朱子大全精言四十卷　寶旭齋本

國朝周大璋撰。張相國英序稱其"實見聖賢精意,之所以然,無游光掠影之談"。

四書朱子異同條辨三十卷　藜光樓本

國朝都梁李沛〔霖〕岱雲與弟禎兆恒同撰。取諸儒説四書者,與朱子合則標爲同,與朱子違則標爲異,條列其詞而辨之。

四書朱子本義匯參三十四卷附録四卷

國朝翰林院庶吉士金壇王步青罕皆撰。萃薈羣説,與《集注》

相發明者,參而通之,以期得朱子之本義,視鄉塾間高頭講章規模爲大。

增補四書人物聚考圖解十三卷　帶月樓本

國朝長洲汪份武曹增定,杭州黃澍仲霖參訂。

澗哎存愚二卷　武林刊本

國朝浙江學政安溪李清植立侯撰。上卷《大學》《論語》,下卷《中庸》《孟子》,此其視學兩浙時與諸生辨晰書義也。有門人秀水鄭虎文序。

絳山髯夫四書答問六十卷　絳山書院本

國朝處士曲沃衛蒿匪莪撰。書原名《四書在》,後更今名。内附《洙泗言仁録》二卷、《顏子所學録》一卷、《曾子得宗録》一卷、《孟子游歷考》七卷、《四書考信》十七卷,不爲新奇詭異之説,而於先儒謬戾多所是正。

駁吕留良四書講義八卷　京都刊本

雍正九年,文華殿大學士朱軾、禮部右侍郎吳襄等奏請派員查閱,將吕留良書中剿襲先儒及議論悖謬、引據舛訛之處,一一根究原委,詳書辨明等因。奉旨著朱軾、吳襄總閱,方苞、吳龍應、顧成天、曹一士查閱,遵奉摘駁録呈。

四書體注合講十九卷　三多堂本

國朝太末翁復克夫撰。自序謂:"自《或問》《語類》《精義》《輯略》而下,復旁參互證以諸儒之論説,每於理醇而旨括,義明而詞簡者,即隨録而彙存之。"

四書大全摘要二十卷　文貴堂本

國朝嘉祥李武又冉撰。博採《或問》《蒙引》《存疑》《淺説》等書,撮其大旨。

四書口義十卷　集虛齋元本

國朝進士紫陽書院山長淳安方粲如朴山撰。此爲生徒講解而作,訓義刻切,多得神理。

四書講義大全二十六卷　寶仁堂本

國朝葉縣教諭景山史廷煇可亭撰。引經史性理諸書,疏通證明,而得其旨於《集注》《或問》《語類》。

四書引解大全二十六卷　酉山堂本

國朝諸生寶安鄧柱瀾雉千撰。一號菉岸。就《大全》引伸其義。

四書翼注論文三十八卷　浙湖竹下書堂本

國朝貴山書院山長福清張甄陶惕庵撰。於書中曲折奧衍處,特有發明,引證史事尤極淹貫。

四書集疏附正二十二卷

國朝張秉直撰。張著有《論語緒言》。此則訓釋全書,仿唐人注疏,體極融洽。附正亦典覈。

四書初學易知解十卷

國朝江南學政郇陽邵嗣堯撰。

四書考異三十六卷　學海堂本

國朝金華府教授仁和翟灝大川撰。取四書經注之異者備録之,極爲詳博。

四書圖考集要五卷

國朝益都張雲會與京撰。江氏《圖考》止《論語·鄉黨》,此統四書全部,而集其要,簡而賅備。

四書惺齋講義七卷補遺一卷附論文一卷　濟南刊本

國朝將樂知縣(上元)〔嘉興〕王元啓宋賢撰。此主講濟南書院時所作,名物、義理各有發揮。

四書日記五卷　來鹿堂本

國朝五寨知縣臨潼王巡泰岱宗撰。

殖學齋四書大全二十卷　三樂齋本

國朝上元王文烜遂升撰。前列總旨,標明關鍵要領,後繼以敘講。

四書貫解旁訓三十六卷　忠信堂銅版印敬書堂元本

國朝環峯朱良玉西田撰。自序謂:"務以約而精、簡而核爲要歸。"

關中書院四書講義九卷　西安刊本

國朝翰林院編修武功孫景烈孟揚撰。

四書删補約説六卷

國朝莘縣孫肇興興公撰。

四書典故覈五卷　蜚(露)〔雲〕閣本

國朝凌曙撰。凌氏長於攷據,著《公羊禮疏》《禮説》及此編,皆以淹貫擅名。

四書會要録三十卷　述善堂本

國朝上元黄瑞輯五撰。有旨、有解、有序、有攷。談仕〔麟〕序稱其"發揮理奧,剴切分明"。

四書揭要十九卷　如登樓本

國朝舉人彭城韓毓樞圖南撰。詞約旨明,恪遵朱注。

四書述要十九卷　文賢堂銅版本

國朝桐城楊玉緒誕斯撰。述《朱子要義》《口義》二書而成,故名"述要",同里吳肖元勯龍序稱其"詳不至雜,約而能括,裁斷全歸正鵠"。

四書大全説約合參正解十七卷四書字畫辨譌一卷　深柳堂本

國朝丹陽吳荃蓀右撰。《大全》而外,參《蒙引》《存疑》《説約》《淺説》等書,去取精當。首有《字畫辨譌》一卷,訓蒙者尤宜循覽也。

四書疏注撮言大全三十七卷　桂月樓本

國朝諸生龍岡胡斐才蓉芝撰。河間紀相國昀督學福建時序其書云:"脈絡聯貫,瞭如指掌。"

四書典制類聯三十三卷　西湖葛林園本

國朝六安閤其淵鑑波撰。有桐城于泗春池序。多録成文語句,易啓學人剽襲之弊。

四書餘説二十卷　惇裕堂本

國朝諸生蘭山孫爌貞鞏撰。同學曹天毓鈍庵參訂。專論文法。

四書會解十九卷　來鹿堂刊潔溪草堂本

國朝利津綦澧匯東撰。融洽衆説,與朱子相發明。盧本校補最完善。

隨題日講二卷

國朝進士秀水張夢鬐撰。拈四書一題句,講全章書旨、論次、作法,應濟南府守高吾莊聘時所作。

四書讀本十九卷　諸城王氏藏本

國朝諸城王賡言(貴)〔簀〕山因浙江何進士本只有經文及朱注,一章之主腦用□,一節之關鍵用△,一句之虛實用◎、用○,一句之輕重用丶、用氵,每句之層次用一。不俟煩言而理解矣。

四書摭餘説七卷

國朝曹之升撰。曹既著《孟子年譜》,又作此書。根據古書折衷精核,一洗諸講章陳因之習。

四書釋地辨證二卷　學海堂本

國朝宋翔(九)〔鳳〕撰。取閻百詩《四書釋地》,非者辨正之,是者證明之,不苟爲同異,非似胡應麟之攻升庵也。

四書證疑八卷　濟南刊本

國朝濟南府儒學教授文登李允升藹溪撰。以宋元諸儒説有不洽於心者,取他經及古注疏辨證之。

四書筆記六卷　玉函山房校刊尊經堂元本

國朝賈璇撰。先生有《春秋宗孟》,已著録。道光甲辰,翰從先生喆嗣鍾嶧處得此編刊之,其書與李藹溪先生《四書證疑》相似,李詳於典制名物,先生長於義理訓詁,要皆以經通經,理求其是,與西河、百詩後先輝映矣。

右四書類六十九部,共一千三百三十一卷。

經編十三

擬經類

太玄經十卷

漢揚雄撰。此書擬《易》而作,潭思渾天,參摹而四分之,爲三方,九州,二十七部,八十一家,二百四十三表,七百二十九贊,以當卦爻。又有首、衝、錯、測、攡、瑩、數、文、捝、圖、告十一篇,以當十翼。其文五十萬,筮之以三十筴。張衡稱其極陰陽之數,邵子許其見天地之心,章句之徒雖生訾議,無傷於元也。温公集漢宋衷《解詁》、吳陸績《釋文》、晉范望《解贊》、唐王涯注《經》及《首》《測》、宋惟幹《通注》、陳漸《演玄》、吳秘《音義》七家爲注,三十年始成,蓋亦覃思之至精矣。隋、唐《志》皆列儒家,朱氏《經義考》別爲擬經一類,首此書,今依用之。

翼元十二卷　　《函海》本

宋臨邛張行成撰。因揚子雲《太玄》而作,有自序。

元包經傳五卷　　汲古閣本

後周持節蜀郡公成都衛元嵩撰。唐武功蘇源明傳,趙郡李江注。元包以坤爲首,因八純之宮以生變,極於六十四卦,自繫其辭。言外卦體不列爻位,自云《周易》《元包》一也。陳振孫謂"意僻怪,文險澀,不可深曉"。王世貞謂楊元素由秘閣傳本鏤行,而張昇以授楊楫,疑即元素、張昇撰。然《唐志》已著目十卷,非宋人所託也,今本五卷,明儒合之。

元包數總義二卷　汲古閣本

宋張行成撰。以蘇源明、李江於《元包》徒言其理,未達其數,乃爲此書。自序謂:"《太玄》其法本於《易緯卦氣圖》,《元包》其法合於《火珠林》。"又謂:"《太玄》日始於寅義,祖《連山》;《元包》卦首於坤,義祖《歸藏》。"

潛虛一卷

宋司馬光撰。此書擬《太玄》而作,自序曰:"萬物皆祖於虛,生於氣,氣以成體,體以受性,性以辨名,名以立行,行以俟命。"蓋以氣、體、性、名、行、命皆出於未兆之虛,故命其書曰"潛虛"。大旨以五行爲本,五行相乘,爲二十五,兩之得五十。首有氣、體、性、名、行、變、解七圖。蓍法七十五,虛五而用七十。朱子跋謂:"溫公晚著此書,未竟而薨,故所傳止此。嘗以手藁屬晁景迂,晁謝不敢。"又謂泉州刻本一字不闕者,是贗本。吳師道後序云:"非其舊者,悉以朱圈别之。"今本混一,不可攷已。

潛虛發微論一卷　並知不足齋本

宋監察御史婺源張敦實撰。自《總論》至《蓍論》,凡十篇,皆闡明《潛虛》之義。有淳熙壬午泉州教授陳應行跋。

皇極經世十二卷緒言二卷

宋贈秘書省著作郎賜諡康節河南邵雍堯夫撰。一卷至六卷以《易》卦配元會運世,推其治亂;七卷至十卷爲律吕聲音,是爲内篇;十一、十二兩卷爲《觀物篇》,即外篇也。《宋史》本傳謂,事北海李之才,受河圖洛書、宓犧八卦六十四卦圖象,探賾索隱,妙悟神契,玩心高明。程子曰:"先生之學,得之李挺之,挺之得之穆伯長。推其源流,遠有端緒。"又謂其"純一不雜,汪洋浩大,乃其所自得者多"。此本包犠注,并附《緒言》二卷,推衍能入其奥。

皇極經世書傳八卷　遂卿重梓本

明粵洲黃畿宗大加注釋以爲傳,附《管窺》十三篇,子佐泰泉校。

洪範皇極内外篇五卷

宋蔡沈撰。推衍《洪範》九數,配以《月令》節氣,有《範數圖》,有八十一章六千五百六十一變。其占亦用蓍五十,以三揲之所得之數,兩奇爲一,兩耦爲二,奇耦爲三,初揲爲綱,綱一函三以虚待目。一則作三,二則作六,三則作九,再揲爲目,目一則一,以實從綱。一則爲一,二則爲二,三則爲三,綱目成,各除九數,用其零數成卦。四時節氣散於各卦之間,以觀數之吉凶。欲以擬《易》,實不過《太玄》之支流。要其指歸,以性命爲端,以禮義爲準,因占設教,即事示戒,固儒者之宅心也。

福卦壽卦二卷

明刑部員外郎仁和邵經邦仲德撰。有自序。寓頌禱之義。

止卦一卷　並載《弘藝録》

邵經邦撰。止字作非,寓知止之義也。

負卦一卷

國朝翰林院檢討長洲尤侗展成撰。

詔卦一卷

國朝歙縣張潮山來撰。

貧卦一卷　並《檀几叢書》本

張潮撰。按擬卦見《經義考》者,尚有邵桂子忍、默、恕、退四卦,宇文材筆卦,劉定之呆卦,何喬新忠、勤、廉、慎四卦,彭澤邃卦,鄒魯信卦,曠宗舜芝卦,文德翼隱卦,不著録者有潘純輯卦,蔡衛吝卦,馬琬謅卦,屠本畯搶、譃、饞、諂四卦,皆散見他書,不具録。録此六卦,以存一體。

水月令一卷

國朝(户)〔刑〕部尚書新城王士禛貽上撰。自序云:“曹縣,古北亳地,瀕大河,其人習知水候,偶得無名子《水候占》一卷,其辭頗近古。因稍删次之爲《水月令》,備河渠參攷焉。"

月令演一卷　並《檀几叢書》本

國朝徐士俊撰。

晉史乘一卷

撰人缺。元錢塘吾〔丘〕衍子行傳之。衍序云:"晉史乘於劉向校讐未之聞,余近年與《楚史檮杌》併得之,誠奇書也。不著作者名氏。觀其篇目次第,與《晏子春秋》相似,疑出於一時。"胡應麟以《汲冢竹書》所載事於晉獨詳,謂即《孟子》所謂《晉乘》,而以此爲元人僞作。宋景濂、王子充謂"即衍所撰",然二書皆雜取《左傳》《國語》《新序》《説苑》中論晉文、楚莊二伯事,節約成篇,亦非鑿空而造也。

楚史檮杌一卷　並(明)新安汪氏本

撰人缺。亦元吾〔丘〕衍與《晉史乘》同傳。按趙岐《孟子注》:"乘者,興於田賦乘馬之事,因以爲名。檮杌者,嚚凶之類,興於記惡之戒,因以爲名。"丁公著《孟子手音》云:"晉名《春秋》爲《乘》者,取其善惡無不載;楚謂《春秋》爲《檮杌》者,在紀惡而興善也。"今二書止載晉文、楚莊,或以《孟子》有其事,則齊桓、晉文之語,而務求其合乎。朱氏《經義考》入二書於擬經,云《乘》與《檮杌》不可謂經,然亦《春秋》之類,附識於此。今依用他所載,若《越絶書》《吳越春秋》《晏子春秋》之屬,或爲雜史,或爲儒家,雖用《春秋》之名,實非擬經也,各以其類入史、子編内。

元經十卷　《漢魏叢書》本

隋河東王通仲淹撰,唐河東薛收傳,宋阮逸注。其書擬《春秋》而作,自獲麟,後歷秦漢,至後魏,始以晉系正統。自劉宋立國始進魏於經,而南北並列,終遂黜齊而進魏。杜淹曰:《元經》五十篇,列爲十五卷。"《中興書目》《書録解題》《文獻通考》並十五卷,今本止十卷,明人所合。《唐志》不著録,晁公武、陳振孫並以爲阮逸作。

春秋文辭一卷　載《王忠文公集》

明翰林待制義烏王禕子充撰。自序謂："左氏内外傳所載,凡其爲辭皆從容委曲,而意已獨至。"又云"禕之少也喜攻言語之學,嘗擬爲當時之辭若干首"云云,原十首,今集中止存七首。

左逸一卷　載《弇州四部稿》

明南京刑部尚書太倉王世貞元美傳。序云"嶧陽之梧,爨薪者,窮其根,獲石篋焉,以爲伏藏物也。出之,有竹簡漆書古文,即《左氏傳》,讀之,中有小牴牾者凡三十五則,余得而録之"云云。

女論語一卷

唐貝州宋若莘撰,妹若昭申釋。若昭以曹大家自許,帝嘉其志,稱爲女孝士,拜内職,官尚宫,兼教諸皇子、公主,皆事之以師禮,號曰宫師。兹編條分縷析,便於誦質,始《立身》,終《守節》,凡十二章。

孔子集語三卷　林汲山房藏曲阜孔氏刊本

宋迪功郎浙東提舉司稽山書院山長永嘉薛據叔容撰。輯各書所載孔子之言,類爲二十篇,以擬《論語》。有景定元年《中書省看詳進狀》及薛自序。

逸語二卷　林汲山房藏本

國朝貢生嘉善曹廷棟撰。集諸書所引孔子之言,仿《論語》編爲二十篇,注亦仿朱子《集注》體式,中引書多世所未見者,蒐羅頗爲宏富。

孔子集語十七卷　平津館本

國朝孫星衍撰。輯宣聖遺言爲篇目十四,以類相從,仍宋薛據《孔子集語》舊名,三倍于薛之所輯。

忠經一卷　明黄嘉(會)〔惠〕校本,又汲古閣本後漢馬融撰。凡十八章,體式純仿《孝經》,有自序。鄭康成注。隋、唐《志》皆不載,《宋志》有《海鵬忠經》一卷,入小説類,未知即此書否。

女孝經一卷　汲古閣本

唐侯莫陳邈妻鄭氏撰。總十八章,各爲篇目。《鄭氏進表》云"上及皇后,下及庶人,不孝而成名者未之有也。妾不敢自專,因以曹大家爲主,雖不足以藏諸巖石,亦可以少補閨庭"云云。

弟經一卷　明刊本

明兵備道緜城范志懋伯元撰。凡十八章,亦規仿《孝經》而作。五世孫介年跋稱"歷七十八甲子而始就",則作者之心良苦矣。

續孟子二卷　知不足齋本,又《函海》本

唐尚書(郎)水部郎中長樂林慎思虔中撰。其篇目爲《梁大夫》《梁襄王》《樂正子》《公都子》《高子》《公孫丑》《屋廬子》《咸丘蒙》《齊宣王》《萬章》《宋臣》《莊暴》《彭更》《〔陳臻〕》,凡十有四。自序謂:"《孟子》書,先自其徒記言而著。予所以復著者,蓋以孟子久行教化,言不在其徒盡矣。"考林生唐季黃巢寇長安,逼以僞官,不受,罵賊遇害。舍生取義,真得孟子之心傳矣。有劉希仁、程鉅夫、吳鑑、陳英〔觀〕四序,永陽黃堯臣跋。

右擬經類三十部,共一百八卷,除載文集五卷,實一百三卷。

經編十四

經緯類

易緯乾鑿度二卷　武英殿聚珍版本

舊題庖犧氏先文,軒轅氏演古籀文,蒼頡修。原書《太古文目》云:"乾者,天也。乾訓〔健〕,壯健不息,日行一度。鑿者,開

也。聖人開作度者,度路聖人鑿開,天路顯彰化原也。"又舊題鄭玄注。晁公武曰:"按唐四庫書目,有鄭玄注《詩》《書》緯及宋均注《易緯》,而無此書,其中多不可曉者,獨九宮之法頗明。"程大昌云:"其書多言河圖,曰太乙取之。"又云:"漢魏以降,凡言《易》《老》者皆已宗而用之,非後世託爲也。"胡一桂曰:"如羲之用蓍,九宮之於洛書,皆有神於《易》教。"

易緯乾坤鑿度二卷

舊題庖犧氏先文,軒轅氏演古籀文,蒼頡修。一作《坤鑿度》。原書云:"太古變乾之後,次鑿坤度。"又云:"坤軸於乾順亨貞。"晁公武曰:"按隋、唐《志》及《崇文總目》皆無之,至元祐《田氏書目》始載焉。"疑爲宋人依託。

易緯稽覽圖二卷

鄭玄注。其書首中孚,次復取震、離、兌、坎直二十四氣,而以六十卦三百六十爻各直一日。其謂六日八十分之七,注云一卦七分,京房卦法也。孫轂云:"此主節候徵應,倚卦立言。"

易緯辨終備一卷

鄭玄注。朱氏《經義考》云"終,或作'中',取《史記正義》引《中備》文云:孔子正月爲商瞿筮"云云。按:《隋志》五行家有《易三備》,《周禮疏》引《星備》,當是《三備》上篇;《史記正義》引《中備》是《三備》中篇;此云《終備》,或是下篇。中、終義迥殊,不得混而一之。按:《路史》亦引《中備經》語,此書皆不載,爲兩書無疑。

易緯通卦驗二卷

鄭玄注。其書大都占候之辭。孫轂云:"蓋以晷影候病,尼通於《內經》五運六氣矣。"按:《顏氏家訓》、陸氏《釋文》引其文,俱作《易通卦驗元圖》。通,又作"統"。

易緯是類謀一卷

鄭玄注。或作"筮類謀"。通篇純作韻,如"晝視無日,虹晲煌煌。夜視無月,慧笫將將""當藏者出,當出者藏""太山失金雞,西岳亡玉羊"之類,文極古致錯落。孫瑴曰:"書有致其譎,以導其庸者。此篇是也。"

易緯乾元序制記一卷

鄭玄注。陳氏《書録解題》云:"其間推陰陽卦,直至唐元和中,蓋後世術士所附益也。"按:《漢書》注引《七緯》之名,無此篇。

易緯坤靈圖一卷　並武英殿聚珍版本

鄭玄注。孫瑴曰:"此蓋配《乾鑿度》而名篇。"

古微書三十六卷　鈔本

明華(亭)〔容〕孫瑴編。取五經緯之佚文裒次,凡《尚書緯》(十一)〔五〕,《春秋緯》(十六)〔八〕,《易緯》(八)〔三〕,《禮緯》三,《樂緯》三,《詩緯》(三)〔二〕,《論語緯》(四)〔二〕,《孝經緯》(九)〔五〕,《河圖》(十)〔三〕,《洛書》(五)〔二〕,疏漏舛誤亦所不免。然除《易緯》今存外,諸緯皆借此以存其略。篇中又搜采事類附記,頗見博洽。題"賁居子",孫自號也。

諸經緯遺四十卷　青照堂本

國朝朝邑劉學寵、李元春同編。取陶宗儀《説郛》所載凡四十目,内有《大戴禮逸》《遁甲開山圖》《易飛候》《洞林》《春秋後語》《五經析疑》《五經通義》,皆非緯書,亦皆收入。而七經緯採輯反略,不及《古微書》之詳審也。

右經緯類十部,共八十八卷。

玉函山房藏書簿録卷七

經編十五

小學類一　禮教之屬

弟子職一卷　載《管子》

周齊大夫管夷吾撰。《漢志》：一篇。應邵曰：“管仲所作，在《管子》書。”蓋古小學教弟子之成法，而管子述之也。舊附《孝經》，今依“小學五書”，冠小學之首。

弟子職注解一卷　濟陽刊本

國朝張爾岐撰。《學則》一，《蚤作侍師》二，《受業》三，《有賓》四，《饌饋》五，《共食》六，《灑掃》七，《退習》八。舊以《有賓通》上章爲《受業》，今別出。淺近易行，不涉迂腐。

弟子職補注一卷　濟南書院刊本

國朝王元啓撰。此及《四書講義》皆主講濟南書院時作，意深誘掖，與張氏《注解》媲美。

女誡一卷　桂林陳氏刊本

後漢平陽曹世叔妻扶風班昭撰。世叔早卒，昭守志教子。兄固作《漢書》未畢，昭續成之。鄧太后嘉其志節，詔入宮爲女師，賜號大家，著《女誡》，凡七篇，大要以敬順爲主。

呂氏鄉約一卷　青照堂本

宋鄜延轉運司從事藍田呂大鈞和叔撰。舊題呂大中，誤。

《宋史》本傳謂:"大鈞從張載學,能守其師説。"其書總綱四條:一德業相勸,二過失相規,三禮俗相交,四患難相恤。備列其目,皆人生可法、可戒之事,朱子有所增損。

居家雜儀一卷　桂林陳氏刊本

宋司馬光撰。按《宋志》,與《書儀》並列史部儀注類,陳文恭刊入《訓俗遺規》,依張氏《五書》録之。

小學五書五卷

宋漳州教授張時舉輯。五書者,取《管子・弟子職》、班氏《女誡》、吕和叔《鄉約》《鄉儀》、司馬温公《居家雜儀》合而次之也。其《鄉儀》舊誤題蘇氏,朱子爲辨正,有跋。

小學集注三卷

宋朱子撰。劉子澄編次。初有文章一門,後乃改定爲内篇四、外篇二。明陳選注,務爲淺近,取便初學。

童蒙須知一卷

朱子撰。始於衣冠服履,次語言步趨,次灑掃涓潔,次讀書寫文字,次雜細事宜,凡五篇。

論定程董學則一卷

朱子撰。程名端蒙,字正思;董名銖,字叔仲。俱江西德興人。二子著學,則朱子以爲有古人小學之遺意焉。

白鹿洞書院揭示一卷滄洲精舍諭學者附　並桂林陳氏刊本

朱子撰。《揭示》首五教之目,次爲學之序,次修身之要,次處事之要,次接物之要。《諭學者》先於立志,諭只一節,故附著《揭示》後。

訓學齋規一卷　青照堂本

朱子撰。

三字經訓詁一卷　益美堂本

宋王應麟撰。雜紀數名及經子史之大要,後皆勗學語,三字斷句爲韻語,以便誦記。王相晉(伯)升纂注。

廣三字經音注一卷　雨化堂本

國朝進士蔣敘倫蕉軒撰。以舊本字句有不醇於理者,輒更易之,並爲之音注。

小學紺珠十卷　附刊《玉海》本

宋王應麟撰。分門隸事,以數爲綱,題小學者亦取教數與方名之義也。

幼儀雜箴一卷　桂林陳氏刊本

明方孝孺撰。坐、立、行、寢、揖、拜、食、飲、言、動、笑、喜、怒、憂、好、惡、取、與、誦、書,凡二十箴。病後世教無其法,學失其因,爲此以攻己闕。自序云。

小兒語一卷

明贈光禄大夫寧陵吕得勝撰。自號近溪、漁隱。用童子諺編爲韻語,使童子樂聞而易曉。自序云:“是謹乎戲笑之間,莫非義理身心之學。”是作者之微旨也。

演小兒語一卷

明刑部侍郎寧陵吕坤叔簡撰。因其父近溪《小兒語》而演之,四言首條云:“心要慈悲,事要方便,殘忍刻薄,惹人恨怨。”六言首條云:“修寺將佛打點,燒錢買免神明。災來鬼也難躲,爲惡天自不容。”皆訓世藥言也。

女小兒語一卷　並繩其居本

吕坤撰。此編專訓女子,言淺而義深。

社學要略一卷

吕坤撰。書凡五章,大旨示人以切近之法,有古鄉塾教人遺意。

洞學十戒一卷

明江西提學副使臨海高賁亨汝白撰。因朱子《白鹿洞書院揭示》立爲十戒,於末學病痛,盡其表裏。

童子禮一卷

明浙江提學副使宣城屠(藏)〔義〕時撰。本《曲禮》《内則》《弟子職》諸篇,附諸儒訓蒙要語,爲禮三篇:一《檢束身心之禮》、二《入事父兄、出事師尊通行之禮》、三《書堂肄業之禮》。

父師善誘法一卷　並桂林陳氏刊本

國朝杭州府學教授蘭谿唐彪翼修撰。皆切近易行之事,爲近時教子弟者痛下鍼砭。

小學稽業五卷

國朝李塨撰。有《大學辨業》,已著録。此則因論《大學》而及小學,引經考義,具有典則。

蒙養詩教一卷　《昭代叢書》本

國朝胡鼎撰。

塾講規約一卷　《昭代叢書》本,又涇陽張氏刊本

國朝天都施璜虹玉撰。

高氏塾鐸一卷　《檀几叢書》本

國朝高拱京撰。

教孝篇一卷

國朝錢塘姚廷傑升聞撰。

幼訓一卷

國朝姑熟崔學古又尚撰。

少學一卷

崔學古撰。

訓蒙條例一卷　並《檀几叢書》本,又涇陽張氏刊本

國朝仁和陳芳生漱六撰。

養正遺規一卷

國朝兵部尚書桂林陳宏(模)〔謀〕榕門撰。輯古人教養子之

良法,自朱子《白鹿洞書院揭示》至《朱子治家格言》,凡十七種。

教女遺規一卷

陳宏(模)〔謀〕撰。自班氏《女誡》至熊勉齋《婦女不費錢功德例》,凡九種。

養正遺規摘鈔一卷教女遺規摘鈔一卷　與善堂本

國朝山東按察使洪洞劉大懿葦間因陳書節錄。

幼學須知句解四卷　礙眉書屋本

國朝京江錢元龍恕齋因西昌程登吉允升《幼學故事》校訂。補綴凡三十四部,門分類別,句解亦因無錫黃氏箋注增損。

幼學故事尋源六卷　忠信堂本

國朝閩寧雷時行撰。因程允升《幼學須知》而增補之,子兆瑞錫五輯注。

右小學類禮教之屬三十六部,共六十二卷。

小學類二　字書之屬

急就篇四卷　附刊《玉海》本,又汲古閣本

漢黃門令史游撰。或稱《急就章》,故其字謂之章草,或單稱急就。游作此以獻元帝,寓諷規云。唐顏師古注,宋王應麟補注,並爲典核。

急就探奇一卷　褱露軒本

國朝陳(元)〔本〕禮箋注。以《急就》主文譎諫,與屈原《離騷》《九歌》諸篇同揆,故既注屈子,號《屈辭精義》,又注此篇,號《急就探奇》。攷據當時史事,語句俱有關切,抉發作者之奧思,顏、王二注不及也。

説文解字三十卷　五松書屋校刊宋本

後漢太尉祭酒汝南許慎叔重撰,宋右散騎常侍廣陵徐鉉鼎臣校定、補注及音並附新字。原書十四篇,合目錄爲十五篇,分五百四十部,爲文九千三百五十三,重文一千一百六十三,注十三萬三

千四百四十字。推究六書之義，分部類從，訓詁簡質，以小篆爲主，古文、篆籀係其下。自隸書行，而篆之意寖失。今所賴以見制字之本原者，惟許書而已。原書十五卷，徐每卷各分上下，增益頗多，寖失其舊云。

説文繫傳四十卷　《龍威秘書》本

南唐集賢殿學士廣陵徐鍇楚金撰。爲《通釋》三十篇，《部敘》二篇，《通論》三篇，《袪妄》《類聚》《錯綜》《疑義》《系述》各一篇，篇爲一卷。陳振孫稱其援引精博，小學家未有能及之者。反切爲朱翱作，不用《唐韻》，今本缺第二十五卷，或以鉉校本補之。

説文解字篆韻譜五卷　三樂堂梓石渠閣本，又《函海》本

南唐徐鍇撰。取許慎《説文解字》分譜四聲，以便檢閱篆字。正文下略存注釋，重文不注。有徐鉉《序》五音，凡五卷。陳氏《書録》、鄭氏《通志》並作十卷，或卷有分合也。

説文解字斠詮十四卷　吉金樂石齋藏版本

國朝嘉定錢坫十蘭撰。不盡存原注，參附二徐及己説，引證多唐以前書。

説文解字注十五卷　學海堂本

國朝段玉裁撰。依許氏原本卷數，凡徐鉉所竄入者，盡爲釐正。其注長於證據，既博且精，能深探古人造字之意。

説文正字二卷　問經堂本

國朝部郎承德孫馮翼鳳卿與王石華同編。依《説文》字部寫爲正字，并附古文篆籀，或字變體，去徐鉉所增之字，俾學者循覽易瞭。

字林考逸八卷　林汲山房藏本

晉弦令任城吕忱伯雍撰。隋、唐《志》並七卷。《舊唐書·志》：十卷。《宋志》：五卷。原書散佚，乾隆中，監察御史興化任大椿幼植輯羣書所引，凡文千有五百，爲《考逸》八卷。蒐採博富，引據精詳,上證《説文》,下證《玉篇》。程瑶田《書後》謂其功有甚於初作之時,非謬許也。

千字文釋義一卷　益美堂本

梁員外散騎常侍陳郡周興嗣思纂撰。《梁書·文學》本傳云:"高祖以三橋舊宅爲光宅寺,敕興嗣與陸倕各製寺碑,及成,俱奏,高祖用興嗣所製者。自是《銅表銘》《柵塘碣》《北伐檄》《次韻王羲之書千文》,並使興嗣爲文。每奏,高祖輒稱善,加賜金帛。"《宋史·李至傳》言《千字文》乃梁武帝得鍾繇書破碑千餘字,命周興嗣次韻而成。《玉海》《山堂考索》同本傳以爲王羲之書,此又以爲鍾繇,傳聞異辭。《梁書》:"近而得其真。"此編隋、唐《志》並載一卷,《隋志》又有《千字文》一卷,梁國子祭酒蕭子雲注。《梁書》本傳謂子範作之,而蔡薳爲之注釋。《舊唐志》有蕭子範《千字文》一卷。子雲爲子範之弟,此言注《千字文》,又與《梁書》異。要之,梁時《千字文》有二本,蕭作亡,而周作傳,則周作勝蕭可知也。此本有釋義,汪嘯尹纂,孫謙益參注。童習之書,率不詳其原委,故備悉著之。

玉篇三十卷

陳光禄右衞將軍吴郡顧野王希馮撰。分部五百四十,與《説文》數同,而部母有所改易,又改篆爲隷,故所收字多於《説文》。此書爲唐孫强增加,非盡顧氏之舊卷,末有僧神珙《反紐圖》,孫所附也。

俗書證誤一卷

舊題唐顔愍楚撰。按《隋志》有《證俗音字略》六卷,不著撰人姓名。《唐志》云,顔愍楚《證俗音略》一卷,書名同,惟脱一字,當是一書。《隋志》缺撰人耳。其書敍次晉、宋人之前,定非唐人,且題"俗書證誤",亦非舊目,皆後人以意改題,今姑仍其目録之。

干禄字書一卷

唐秘書監琅邪顏元孫撰。杲卿之父，真卿之叔父也。此書本其伯祖師古《顏氏家樣》爲之，以學士杜延業續修，增加無條貫，故參校爲此。其例以四聲隸字，又以二百六部排比字之先後，分正、俗、通三體，以爲書判章表之用，故名曰“干禄”。元孫有自敘甚詳，真卿官湖州時，嘗書是編勒石。《中興書目》謂真卿參校，成一卷，名曰《干禄字書》，非也。

五經文字三卷

唐國子司業張參撰。《崇文總目》曰：“初參拜詔與儒官校正經典，乃取漢蔡邕石經、許慎《説文》、吕忱《字林》、陸德明《釋文》，命孝廉生顏傳（經）鈔撮疑互取，定儒師部爲一百六十，非緣經見，皆略而不集。”今石刻所列，凡三千（三）〔二〕百三十五字，板本脱缺數字。

九經字樣一卷　並青照堂本

唐翰林待詔唐玄度撰。以張參《五經文字》有所不載，復作此以補其遺，凡七十六部，開成中詔刊石經二書，附列九經之後，明嘉靖乙卯地震，二書同石經並損闕，乾隆中祁門馬曰璐佩兮得宋拓本刊之，此本則朝邑劉氏重刻也。

五經文字疑一卷

國朝曲阜孔繼涵體生撰。一號（洪）〔荭〕谷。指明諸生王堯典《石經補缺》之譌。

九經字樣疑一卷　並微波榭本，又青照堂本

孔繼涵撰。體例同前書。

金壺字考一卷　青照堂本

（唐）〔宋〕釋適之撰。

李氏蒙求集注八卷　鮮碧齋刊本

唐翰林學士李瀚日新撰。取材正史，而以四言韻語編次，俾

童蒙便於成誦,而資其博洽。陳氏《書録解題》稱,《蒙求注》八卷,宋徐子光撰。今佚。國朝蓬州知州新城楊迦懌聞甫集注。

汗簡三卷目録敍略一卷　一隅艸堂本

宋國子監主簿洛陽郭忠恕恕先撰。忠恕在周嘗爲宗正丞兼國子博士,入宋,貶乾州司馬,後召爲國子主簿。舊以爲周人,誤也。是書集七十一家篆法,鳥跡、科斗畢具,其書目多後世罕見字,皆録古文,而部居一依《説文》爲次。

佩觿三卷

郭忠恕撰。上卷備論六書形聲訛變之所由,分爲三科;中、下二卷取字畫異同疑似者,反覆相校,四聲輪配,分爲十段;卷末有後人附益,非郭氏元本。自序云:“佩觿者,童子之事,得立言於小學者也。”

復古編二卷

宋吳興道士張有謙中撰。晁公武《讀書志》曰:“有自幼喜小篆,年六十成此書,三千言。據古《説文》以爲正,其點畫之微,轉側縱横,高下曲直,毫髮有差,則形聲頓異。”陳振孫《書録解題》記其書林攄母碑,以“魏”作“巍”。樓鑰序載其書楊時踵《息庵記》,以爲小篆無“庵”字。篤古之功,於此可見矣。

字書誤讀一卷　青照堂本

宋諫議大夫臨川王雱元澤撰。安石之子。傳父新學,兹編皆標世俗誤讀之字,頗益觀覽。

學古編二卷　鈔本

元錢塘吾丘衍子行撰。書爲篆刻印章而作,所列小學諸書,評斷殊精核。

六書本義十二卷　明刊本

明國子監典簿餘姚趙古則撝謙撰。其論六書曰:象形、指事一也,象形有加爲指事;會意、諧聲一也,會意主聲爲諧聲;假借、轉注一也,假借叶聲爲轉注。其書分十類,凡三百四十部,合一千三百字,前有論七、圖十二,辨別六書頗詳悉。

篇海十卷　明崇禎刊本

明上元李如真撰。長安趙新盤校定,南京吏部文選司郎中北海張忻静(山)〔之〕重訂正。自《金部》至《自部》,凡一百十七目。

二千字文一卷　齊河郝氏刊本

明吏部尚書歷城殷士儋正甫撰。一號棠川。仿梁周興嗣《千字文》體,而出以淺近,林居訓蒙作。

會海字彙十二卷　貴文堂梓本

明宣城梅膺祚誕生撰。

連文釋義一卷　《昭代叢書》本

國朝錢塘王言慎旃撰。釋二字連文之義,分十類。

六書通五卷　基聞堂本

國朝海鹽畢弘述既明因明五湖閔遇五舊本增定,苕溪閔章含貞、程昌燁赤文同校定。序依《洪武正韻》,篆法以《説文》爲標首,下列古文、籀文,以及鼎彝符印。凡有變體者悉搜載。

日用俗字一卷　鈔本

國朝貢生淄川蒲松齡留仙撰。一字柳先。以俗間常用之字,編爲七言韻語,以淺近出之,大指在於箴世。

篆字彙十二卷　多山堂本

國朝遼陽佟世男偉夫撰。桐城胡正宗文江、方正琇揚光同校。有南海梁佩蘭序。

篆書正四卷　術德堂舊鈔本

國朝滄州戴明説道默撰。一號巖犖。郡人劉夢患骨參定。

正字通二百十六卷例目四卷

國朝南康知府連山廖文英百子撰。以地支分十二集,總二百十四部,如寅集附小、扌、氵、犭、阝、卩六門,巳集附亼、仒、王、皿、冗、冈、丬、廿、辶九門之類。體例視《字彙》小變。

六書分毫二卷

國朝李調元撰。

奇字名十〔二〕卷　　並《函海》本

李調元撰。

字學蒙求四卷　　京都刊本

國朝刑部直隸司員外郎益都陳山嵋雪堂、鄉寧知縣安丘王筠（緑）〔菉〕友同撰。分象形、指事、會意、形聲四類，總一千九百餘字。象形中有純形，有兼意之形、兼聲之形、聲意皆兼之形；指事中有純事，有兼意之事、兼聲之事、聲意皆兼之事；會意、形聲皆然。由此推衍，倒反省增，皆成意義，以爲他字之統率。

右小學類字書之屬三十九部，共四百七十二卷。

小學類三　　韻書之屬

唐韻五卷

唐撰人缺，宋大中祥符四年兵部侍郎南城陳彭年永年奉敕重修。凡二百六部，因舊注而加詳，引證賅博，世取重焉。

集韻十卷　　江寧重刊本

宋尚書左丞祥符丁度公雅奉敕撰。删《廣韻》注文之冗，而多列重文及兩收之字，凡字五萬三千五百二十五，新增二萬七千三百三十一字，首有《韻例》一篇。

九經補韻一卷　　鈔本

宋衢州刺史代州楊伯嵒彦瞻撰。因《禮部韻略》於九經字有所漏失，乃捃摭以補之。凡七十九字，又附載喪制所出八十（一）〔八〕字，蓋宋制拘忌喪禮中字，官韻不收故也。

龍龕手鏡四卷　　《函海》本

遼燕僧行均廣濟撰。俗姓于氏。其書以平、上、去、入爲次，隨部復用四聲列之。計二萬六千四百三十餘〔字〕，注十六萬三千四百餘字。《説文》《玉篇》外,多所搜採,佛經字收入。有統和十五年憫忠寺僧智光法炬序。

韻府羣玉二十卷序目一卷　富春堂本

元(吳縣)〔奉新〕陰時夫勁弦撰。(弟)〔兄〕中夫復春注,明秣陵王元貞孟起校正。以事繫韻,以韻摘事。

改併五音篇韻十五卷錄一卷　明大隆福寺僧文儒重刊本

金松水韓孝彥允中撰。子道昭伯暉重編。取《玉篇》《類篇》等書之字,改併部次,別以五音,繫以三十六母,蓋宗婆羅聲之學者。

五音集韻十五卷　明成化刊本

韓道昭撰。改併唐韻二百六部爲一百六十部,部次第,每韻中各以字母分紐,亦續父未成之書也。

古今韻會舉要三十卷　明潤州刊本

元架閣昭武黃公紹直翁撰《古今韻會》,卷帙頗繁,館客同邑熊忠子中就而約之,并取宋《禮部韻略》、毛晃、劉淵先後所定三本及經傳,當收未載之字入焉。其書字紐用韓道昭例,部分用平水韻合併之例,謂之舉要。至順三年敕應奉翰林余廉校正,明萬曆中温陵許國誠刊於潤州公署。有劉辰翁序。

切韻射標一卷　青照堂本

元李世澤撰。

洪武正韻十五卷　明廣益堂梓本

明翰林學士樂韶鳳、宋濂等奉敕撰。併平、上、去三聲,各爲二十二部,入聲爲十部,與古法多乖異。

奇字韻五卷　《函海》本

明楊慎撰。專録古文奇字,類以四聲,周秦遺文十得三四,惟篆籀與今文稍失區別。

均藻四卷

楊慎撰。以經傳中均即韻字,故從古作均。聚集故事之新豔者,以韻編之。

轉注古音略五卷

楊慎撰。以前人所謂叶韻不越保氏轉注之義,因取各韻本字列前,而以他部可通之字標其音切分附。自謂所據詳于經典,而略于文集。

古音後語一卷

楊慎撰。

古音獵要一卷

楊慎撰。録古賦頌銘之可叶韻者,凡千餘字。

古音叢目五卷

楊慎撰。增損吳才老《詩補音》《楚辭釋音》《韻補》三書,并取自輯之《轉注略》,合而編之,援引賅博。

古音餘一卷古音附録五卷

楊慎撰。取前書所未盡者,録而論之。

古音略例一卷

楊慎撰。取《易》《詩》《禮記》《〔老〕》《莊》《荀》《管》《楚詞》中有韻之文,略爲標例,凡一百八十五條。

古音駢字五卷

楊慎撰。原書只一卷,國朝莊履豐、莊鼎鉉同爲續編五卷。此本五卷,題楊慎,與《浙江採集遺書總録》合,或二莊所續渾其中耶。書體類取雙字,或同音而假借,或異音而轉注者,分韻編次。

古音複字五卷　並《函海》本

楊慎撰。義例與《古音駢字》同。

交泰韻一卷　繩其居本

明呂坤撰。發明韻學名交泰者,取上下呼應也。用天、地、子、母四字爲例。天聲,始於平爲天,終於入爲地。平韻用入爲子,地氣上交,入韻用平爲子,天氣下交。母是平上去入,順而下行。子是入上去平,逆而下行。皆合地天泰之義,故謂之交泰韻。

韻學日月燈六十卷圖録一卷　梅墅石渠閣本

明南京兵部尚書新安吕維祺介孺撰。内分《韻母》五卷,《同文鐸》三十卷,《韻鑰》二十五卷。"日月燈",其總名也。天啓間,以忤璫,家食閉户十載,勒成此書,命其弟維祜吉孺詮次。前列圖以考韻,後分類以辨聲,大要依正韻删補訂正,以匡沈約之失。

合併字學集韻十卷　明刊本

明布衣金臺徐孝撰。特進榮禄大夫柱國惠安伯永城張元善樂山校刊。以得韻圖四派二十六行,改用三派一十八行韻,領一百開合獨韻二十五篇,有形等韻一千四百九十音,無形等韻一千七百二十六音,外臻山及止攝開口影母寄收贅設五百二十四音,通共三千七百四十華夷世音。平、上、去三聲皆有删訂,易入聲爲如聲,謂如平聲也。分韻亦多異。

五車韻瑞一百六十卷目二卷

明吴興凌稚隆以棟撰。韻字下搜採古篆,各體訓釋亦詳博。

五方元音大全二卷　文錦堂本

明堯山樊騰鳳凌虚撰。以天、人、龍、羊、牛、獒、虎、駝、蛇、馬、豺、地爲十二韻目,以梆、匏、木、風、斗、土、鳥、雷、竹、蟲、石、日、剪、鵲、系、雲、金、橋、火、蛙二十字爲母,經緯縱横,取音簡便。康熙中廣寧年希堯允恭增補。

發音録一卷

明大學士南昌張位撰。

四聲纂句一卷　並青照堂本

(明)〔清〕王鑒撰。

韻學大成四卷

明南昌通判廣德濮陽淶真庵撰。淮安吴大春序稱其"審聲殊密,析理極精"。

西儒耳目資三卷 崇一堂本

明泰西耶蘇會士金尼閣四表撰。絳州韓雲詮訂,天啓丙寅涇陽王徵校梓。一《譯引首譜》,二《列音韻譜》,三《列邊正譜》,以二十五字母衍而成文叶韻。

古今通韻一卷 青照堂本

國朝翰林院檢討富平李因篤子德撰。於古今韻通用之字,攷辨極精。

聲韻叢説一卷

國朝毛先舒撰。

韻問一卷

毛先舒撰。

南曲入聲客問一卷 並《(檀几)〔昭代〕叢書》本

毛先舒撰。

經韻集字析解二卷補遺一卷 來鹿堂本

國朝新建熊守謙虛谷撰。南昌彭良敞研珊集注。首載《韻字》一篇,末附《拾遺補注》一篇,《經有韻無字》一篇。

古今韻略五卷

國朝諸生武進邵長蘅子湘撰。

顧氏音學五書三十八卷 符山堂本

國朝顧炎武撰。五書者:《音論》三卷,考古今音之變而究其所以然;《詩本音》十卷,《易音》三卷,二書皆依阮相國《經解》,別用學海堂本,各著録《易》《詩》類;《唐韻正》二十卷,辨沈氏分部之誤,一一以古音定之;《古音表》二卷,綜古音爲十部,皆以平聲爲部首,而三聲隨之。

切韻〔正音〕經緯圖一卷 鈔本

國朝昆明寺釋宗常見覺撰。摘取梅氏橫直二圖,合爲一。復搜採古今音韻參而訂之,仍以三十六母平仄四聲橫豎互陳,故以經緯名圖也。有康熙乙未提督雲南學政按察司副使益津郝士錞序及宗常自序。

韻學要指十一卷　書留草堂本

國朝毛奇齡撰。多排斥顧氏五書,而各有所見,可以互考。

等韻辨疑一卷　教忠堂本

國朝李光地撰。

聲韻攷四卷

國朝戴震撰。

聲類表十卷

戴震撰。以聲類之字依表體列之,與前書均以博洽擅長。

笠翁詩韻五卷

國朝處士錢塘李漁笠翁撰。所收字間與今韻不同。

古韻發明二十五卷

國朝滕縣張畊芸心撰。以喉、鼻、舌、齒、脣推爲九類二十五部,衹十六韻九部,入聲附內。大旨本顧炎武、江永、戴震三家而廣其所未盡。

切字肆考一卷　並芸心堂本

張畊撰。於等聲、律音諸法,靡不精研。

六書音均表五卷　學海堂本

國朝段玉裁撰。以經傳中均即韻字,故從古作音均,與戴東原《聲類表》互有出入,而各極其妙。

古音合二卷　《函海》本

國朝李調元撰。

四音釋義十二卷　書帶艸堂元本

國朝平皋鄭長庚西垣撰。子謙地山、蒙山泉校刊。

佩文韻府約編二十四卷　縮秀閣本

國朝旌陽知縣無錫鄧愷未園撰。正文悉遵《佩文韻府》平韻，每字下標分韻、典韻、偶韻、句仄韻，只於字下各載典要，不復詳注。

詩韻含英十八卷　棲華樓本

國朝山陰劉文蔚豹君撰。採輯《佩文》《韻藻》，便於初學。首有天台齊召南《題辭》，集《文心雕龍》爲之，甚佳。

詩韻集成十卷　元茂堂本

國朝江都余照春〔亭〕撰。體例略仿《含英》，惟以時尚蘇詩，每字下多摘蘇句，詳載其題。

韻對指南二卷　來鹿堂本

撰人缺。

韻學入門一卷四書音韻四卷五經音韻五卷　清源堂本

國朝處士歷城劉柏新甫撰。

成雲洞韻五卷

撰人缺。惟題成雲洞主人。就顧炎武《韻譜》，凡《唐韻》之可通不可通者，悉注於本目之下，所收字有《廣韻》之半。

經書字音辨要九卷　式好堂本

國朝陝西巡撫楊名颺(賓)〔崇〕峯撰。四書四卷，五經五卷。

佩文詩韻順讀廣解六卷　齊東史氏刊本

國朝貢生齊東史崇寬綽然撰。其法以平聲統攝上、去、入三聲，而以斂、頰、老、呼、約爲八字。公、光、官、琨四字爲主音，孤、溝、鍋、閨四字爲輔音，以散、頰、嫩、呼、約爲八字，觥、江、關、中四字爲主音，乖、高、瓜、規四字爲輔音。即以此十六字管攝全韻，每字皆以三十六字母按字排切，並詳義訓。

萬韻新書三卷新訂字韻一卷　學古堂本

國朝高苑劉振統率公撰。以宮、剛、高、子、舉、官、該、家、傑、孤、金、國、勾、吉、戈十五字母統攝萬韻。

音韻義要一卷　稽古堂本

國朝處士歷城杜鵬達鳴遠撰。弟鵬展屆遠校刊。

隨鄉讀韻一卷　愛蓮堂本

國朝諸生濱州李于邍撰。書一名《風俗通韻》。以三十六字母統攝一百六十韻,得全韻八千八百餘字。

字學舉隅二卷　濟南刊本

國朝翰林院修撰山東學政永豐劉繹詹巖撰。上卷分毫字辨、誤寫諸字、通用諸字,下卷同字異音、同音異用、誤讀諸字。

兼韻辨義略五卷　陝西試院刊本

國朝工部左侍郎南海羅文俊蘿村撰。此道光丙申督學陝甘時屬三水教諭寶雞何毓藻芸樵編次,靈州學正長安丁家俊星楂重輯。專爲初學辨明兼韻字義,凡字同義別者,皆爲標識。

記韻詩二卷　濟南刊本

國朝新安知縣章邱劉家龍撰。以四聲字編爲四言詩,文義連貫,古奧似史游《急就篇》。

韻辨附文五卷　宏道書院本

國朝翰林院編修陝甘學政錢塘沈兆霖子荗撰。本《兼韻辨義略》,稍變其體例,以韻爲經,文爲緯,一字兼入數韻者,析別必嚴,文有正俗,即於本字坿辨焉。首有自序及凡例。

右小學類韻書之屬六十五部,共六百三十二卷。

小學類四　石經之屬

魏三體石經遺字考一卷　平津館本

魏正始中立石。《隋志》有三字石經《尚書》九卷,梁有十三卷。又,三字石經《尚書》五卷,三字石經《春秋》三卷,梁有十二卷。宋皇祐時蘇望得揚本,摹刻於洛陽,古文三百七,篆文二百十七,隸書二百九十五,凡八百一十九字,爲《尚書·大誥》

《吕刑》《文侯之命》,《春秋》桓、莊、宣、襄四公經文,亦有傳。洪适《隸續》載之,但蘇氏又以《尚書》《春秋左傳》錯雜成文,命爲《左傳》,不加分別。嘉慶中,山東督糧道陽湖孫星衍淵如就而董之,證以經典字書,爲之音釋,嚴可均、洪頤(暄)〔煊〕、顧廣圻校刊。

唐石臺孝經四卷　西安府儒學石刻本

唐玄宗明皇帝注。即今世所行本。天寶四載刻石太學,玄宗八分御書,注作小隸,末有御跋草書字,方三四寸,凡四大片,末具列廷臣官勳。又有祭酒李齊古所上表,用行書。宋乾道中,蔡洸知鎮江,以其本授教授沈必豫、熊克使刻石學〔宫〕,今此碑在西安府儒學碑洞中云。

唐國子學石經周易九卷

(一)〔二〕萬四千四百三十七字。

石經尚書十三卷

二萬七千一百三十四字。

石經毛詩二十卷

四萬八百四十八字。

石經周禮十卷

四萬九千五百一十六字。

石經儀禮十七卷

五萬七千一百一十一字。

石經禮記二十卷

以《月令》爲首,用開元中李林甫改定本也。凡九萬八千九百九十四字。

石經春秋左傳三十卷

一十九萬八千九百四十五字。

石經春秋公羊傳十卷

四萬四千七百四十八字。

石經春秋穀梁傳十卷

四萬二千八十九字。

石經孝經一卷

二千□百□十三字。

石經論語十卷

一萬六千五百九字。

石經爾雅二卷　並西安府儒學石刻本

一萬七百九十一字。以上石經並唐文宗七年詔刻,宰臣判國子監祭酒鄭覃與周墀、崔球、張次宗、孔溫業等正其文。太和七年,敕唐玄度覆定字體,於國子監講論堂兩廊創立,開成二年告成。舊在務本坊,韓建築新城,棄之於野。朱梁時,劉鄩用尹玉羽之請,遷故唐尚書之西隅。宋元祐中,汲郡呂公始遷今學。明嘉靖乙卯地震,石經倒損,西安府學生員王堯惠等按舊文集其闕字,別刻小字立於碑旁,以便摹補。王履貞《太學創置石經賦》極稱之,中有“堅貞爲庶士之規,考禮作百王之式”等語,周必大亦謂“視漢熹平蓋無愧焉”,乃《舊唐書》譏其字體乖師法,謂名儒皆不窺之,以爲蕪累。顧炎武指出經中繆戾數百處,考爲朱梁所補刻。然則劉昫所見已非初本矣。《唐會要》稱石九經並《孝經》《論語》《爾雅》共一百五十九卷,《字樣》四十卷。《舊唐書》云,鄭覃進石壁九經一百六十卷,或併序目言之。今石經實一百九十二卷,《五經文字》《九經字樣》共四卷,則缺佚復不少也。

石經孟子七卷　西安府儒學石本

唐開(元)〔成〕石九經並《孝經》《論語》《爾雅》共十二經,無《孟子》,國朝陝西巡撫賈漢復補刻《孟子》七卷,與《唐會要》石經一百九十九卷之數符合云。

五經文字一卷

唐張參撰。

九經字樣三卷　　並西安府儒學石本

唐唐玄度撰。二書皆附刊石經後。

右小學類石經之屬十七部,共一百六十八卷。

玉函山房藏書簿録卷八

史編一

正史類

史記一百三十卷

漢太史令夏陽司馬遷子長撰。因父談之業，紀黃帝以來至武帝之世，凡一百三十篇，原缺景、武《紀》，禮、樂、（兵）〔律〕《書》，《漢興將相年表》，《三王世家》，傅靳、蒯成、日者、龜筴《列傳》十篇，元、成間博士沛國褚少孫補之。子長遭蠶室之辱，發憤著書，詞氣不無過激，好奇愛博，亦或失於精擇，然根本六經，而嚮往孔子，指歸正大，其筆墨之高古，亦非班、范以下所能及也。宋元豐間，合裴駰、司馬貞、張守節三家注爲一，此本蓋仍宋式云。

史記集解一百三十卷　汲古閣本

宋南中郎外兵曹參軍河東裴駰龍駒撰。採諸家《史記》音義，參證經史，引先儒舊詁尤多。原本八十卷，明虞山毛晉校刊，依《史記》篇數析之。

史記索隱三十卷

唐弘文館學士河內司馬貞撰。因裴駰《集解》而作，體例如陸德明《經典釋文》之式，末二卷爲述贊百三十首，又補《史記》條例，終以《三皇本紀》，併自爲注。前、後皆有自序。

史記正義一百三十卷

唐右清道率府長史張守節撰。徵引賅博，較他注爲詳。自序謂：“涉學三十餘年，六籍九流，地里蒼雅，鋭心觀採。”可以想其功力已。

漢書一百二十卷

漢尚書郎玄武護軍扶風班固孟堅撰。八表並《天文志》，女弟昭奉詔續成。唐秘書監京兆顏籀師古注。孟堅書多述舊文，列傳因乎史遷諸志，本乎子駿，可謂善於取裁。至其原書次第，備詳《敘傳》中。梁劉之遴顛倒其篇目，謂別有《漢書》真本，實不可信也。

後漢書一百二十卷

《後漢書》本紀十卷、傳八十卷，宋太子詹事順陽范曄蔚宗撰，唐章懷太子李賢明允注。《志》三十卷，晉秘書監河内司馬彪紹統撰，梁剡令平原劉昭宣卿注。本各爲書，宋乾道中判國子監余靖建議校刊，乃取諸志，以補范書之缺。蔚宗書喜載異事，前儒或短之，要其大段不失，爲取多而用宏也。《後漢志》不遜前書，劉注亦極詳博，媲美乎裴家父子矣。

三國志六十五卷

晉治書侍御史巴西陳壽承祚撰，宋中書侍郎河東裴松之世期注。承祚不以正統予蜀，爲後儒之論端。其實魏晉相承，壽晉臣，安得不云然乎。索米作佳傳，恐亦戲言，非實也。裴注博洽，多可補《志》之缺，乃或以好引神怪小説爲譏，亦拘儒之見爾。

晉書一百三十卷

唐知門下省事贈太尉齊州房喬玄齡等奉敕撰。以陸機、王羲之二傳太宗製贊，故首題太宗御撰。多據用《世説新語》，崇尚浮華而略於典實，然虞預、孫盛、王隱、何法盛、臧榮緒、謝靈運、朱鳳諸家《晉史》皆亡，不得不以此爲典午之文獻也。

宋書一百卷

梁侍中建昌侯吳興沈約休文齊永明中奉敕撰。《進表》稱紀、傳合志、表爲七十卷,今本一百卷而無表,他卷多缺,炎宋時以《南史》補之。

南齊書五十九卷

梁吳興太守宗室蕭子顯景陽撰。原本六十卷,唐時已(帙)〔佚〕其一。晁公武《讀書志》載有《進書表》,今本亦佚,《文學傳》無敘,《州郡志》及《桂陽王傳》皆有缺文,相承既久,無從校補。書中好言緯讖,與《宋書·符瑞志》同失,亦齊梁間風尚然也。

梁書五十六卷

唐弘文館學士京兆姚簡思廉撰。篇末題陳吏部尚書姚察者二十有六,蓋思廉因其父之遺稿也。《舊唐書》思廉本傳及《經籍志》並五十卷,此本與《新唐書·藝文志》合。

陳書三十六卷

唐姚思廉撰。書亦因父稿而作,而父稿止二卷,餘皆思廉一手成之。江總、袁憲之屬,已仕隋而猶列之《陳書》,少失限斷。陳承祚《三國志》不以譙周入魏復仕晉而不載之蜀志,亦其例也。

魏書一百三十卷

北齊中書令兼著作郎鉅鹿魏收伯起撰。宋劉恕等校定,稱其亡佚不完者二十九篇。陳氏《書録解題》又稱《太宗紀》補以魏澹書,《天文志》補以張太素書。今本又缺卷十二《孝静帝紀》、卷十三《皇后傳》,意亦以二家補亡,收書蕪雜,當日實有穢史之稱。宋人校定時,魏澹、張太素之書尚存,顧何不存彼而廢此耶?

北齊書五十卷

唐宗正卿(定武)〔定州安平〕李百藥重規撰。晁氏《讀書志》稱是書殘缺不完,今本列傳或有贊無論、或有論無贊、或論贊皆無,傳文亦多似補綴,原本缺亡,良可惜爾。

後周書五十卷

唐崇賢館學士華原令狐德棻撰。是書亦多殘缺，人或取《北史》以補之，非原本之舊矣。《唐書》德棻與李百藥同傳贊，並稱其治世華采。而今二書斷爛特甚，何光明於唐者，復溟汩於後哉！

隋書八十五卷　　並汲古閣本

唐鄭國公鉅鹿魏徵玄成等撰。其書成非一手。書中"十志"本名《五代史志》，今以列於《隋書》，竟稱"隋志"矣。《經籍志》本梁《七錄》，注存亡書名目卷數，最爲善於存古。

南史八十卷

唐符璽郎兼修國史相州李延壽撰。父大師，多識前世舊事，擬《春秋》編年，刊究南北事，未成而歿，延壽乃追終先志。《南史》本宋永初元年，盡陳禎明三年，作本紀十、列傳七十，大抵因四史舊文而删落釀辭，頗爲簡要，然不及《北史》之條貫也。

北史一百卷　　並南沙席氏本

唐李延壽撰。本魏登國元年，盡隋義寧二年。作本紀十二、列傳八十，較《南史》用力獨深，於周補《文苑傳》，於齊補《列女傳》，出酈道元於《酷史》，附陸法和於《藝術》，具見博綜而有卓識。

舊唐書二百卷

晉宰相涿州劉昫等撰。自《新唐書》出，此書遂微，然新書所短，實有不及舊書之長者。高宗純皇帝以新、舊二書並校頒布，誠千古之公論也。

新唐書二百五十五卷　　汲古閣本

宋翰林學士廬陵歐陽修永叔、端明殿學士安陸宋祁子京同撰。本紀、表、志，歐所定；列傳，宋所定。大旨以事增文簡，求勝前書，而事多採小說，文多成澀體，疵類亦復不少也。

舊五代史一百五十卷目錄二卷　　南沙席氏本

宋太尉中書令開封薛居正子平等撰。自金泰和中立《新五代

史》於學官,此書漸佚。乾隆中,四庫館從《永樂大典》錄,復列正
史,事迹賅備,與新史之義例精嚴可稱並美云。

新五代史七十四卷

宋歐陽修撰。以《春秋》書法爲宗,大明襃貶,視所作《新唐
書》爲善,舊有徐無黨注,不能有所發明,敷詞演意而已。

宋史四百九十六卷

元丞相托克托等撰。書多疎舛蕪漫,惟能表章道學,是其所
長也。

遼史一百十六卷

元托克托等撰。據耶律儼、陳大任二家所紀,不能旁搜遠紹,
故疎漏甚多,惟《國語解》仿古人音義,體例可觀。

金史一百三十五卷

元托克托等撰。金代典籍修備,又有元好問、劉祁諸人撰述。
是書依據,視《遼史》爲詳賅,分修者亦具有史材。故宋、遼、金三
史皆總於托克托,而此善於彼多矣。

元史二百十卷　　並汲古閣本

明翰林學士金華宋濂景濂等撰。宋以文章擅名當代,而書成
於倉卒,故不免草率之譏。太祖嘗命解縉改修,而竟不成,至今猶
用爲正史焉。

明史三百三十六卷　　南沙席氏本

國朝保和殿大學士桐城張廷玉等奉敕撰。始於康熙十八年,
雍正二年續蕆其事,乾隆四年告成。

右正史類二十七部,共三千五百七十五卷。

史編二

編年類

穆天子傳六卷　　明汪際盛訂本,又平津館校本

周史臣撰,晉郭璞注。其書《漢志》不著錄。晉太康二年,盜

發魏襄王墓,或言安釐王冢,得竹書數十車,中有此傳。紀周穆王遊行四海,見帝臺西王母暨美人盛姬死事。《隋志》云體制與今起居注正同,蓋周時内史所記王命之副。《晉書‧束皙傳》此書本五卷,末卷乃雜書十九篇之一。《史記索隱》引《穆天子傳》目錄云:"傅瓚為尚書郎,與荀勖同校定。"《穆天子傳》今本卷首載荀序,云:"謹以二尺黃紙寫上,藏之中經,副在三閣。"今本六卷,當即荀勖等所定。晁氏《讀書志》云書凡六卷,八千五百一十四字,今本僅六千六百二十二字,臨海洪頤煊乃取衆本參校,故平津館本獨善。郭注簡奧,與注《山海經》同。舊列起居注類,今止存此及《大唐創業起居注》二書,皆事繫日月,故併入編年云。

竹書紀年二卷　明張遂辰校本

周魏國史記,亦晉太康中汲冢所得竹書,凡十三篇。《隋志》:十二卷。新、舊《唐志》並十四卷,今本止二卷,題梁沈約注。案:《梁書‧沈約傳》不言注《竹書紀年》,《隋志》雖載其名,而今本注文多與《宋書‧符瑞志》同,疑後人竄入,然流傳已久,仍依錄之。

補刊竹書紀年二卷　平津館本

國朝孫星衍撰。以舊本文多脱缺,注多竄亂,乃屬貢生臨海洪頤煊重校,歷證羣書,補脱五十餘條,並删定舊注,稱善本云。

漢紀三十卷

漢侍中汝南荀悦仲豫撰。建安中,奉詔作此書,本班固《漢書》,為編年之體。詞約事詳,《荀淑傳》稱之當矣。

後漢紀三十卷

晉東陽太守陽夏袁宏彦伯撰。體例仿荀《紀》,取裁則以張璠《漢紀》為本,而參以謝承、華嶠諸家,去取精審,具史家之三長。宜乎諸《紀》廢,而此書獨傳也。

大唐創業起居注三卷　汲古閣本

唐工部侍郎晉陽温大雅彦弘撰。載高祖初起至即位三百五十七日事,所記與《唐書·高祖本紀》小有不同。温爲高祖記室,似較傳聞者爲真也。

資治通鑑二百九十四卷

宋司馬光撰,元胡三省音注。温公閱十九年而成是書,淹洽條貫,爲史家之最。朱子《綱目》實本之胡注,亦博通可玩。

資治通鑑考異三十卷

宋司馬光撰。温公作《通鑑》,正史外雜史三百(三)〔二〕十二種,復校其中互異者,作此書。元豐七年,與《通鑑》同奏上,去取之義見矣。

通鑑釋例一卷

宋司馬光撰。皆修《通鑑》時所定凡例也。原附與范祖禹、劉恕書十三篇,今劉書十一篇別入《通鑑問疑》,惟與范書二篇存焉。

資治通鑑目録三十卷　並大觀堂本

宋司馬光撰。名爲目録,實用史家表體。年經國緯,皎若列眉,亦元豐中同進。

稽古録二十卷

宋司馬光撰。上起伏羲,下訖英宗治平之末。於《通鑑》外自成一書,而可以互相表裏,如《春秋》之有内外傳也。

通鑑外紀十卷目録五卷

宋秘書丞高安劉恕道原撰。劉與司馬温公同修《資治通鑑》,欲作《前紀》《後紀》而不果,病垂没,乃口授其子義仲爲此書。自包羲至周威烈王二十三年,與《通鑑》相接,目録亦仿温公之體例。

資治通鑑綱目五十九卷　明刊本

宋朱子撰。起戊寅周威烈王二十三年,至周世宗顯德六年己未。體例因温公《通鑑》,綱以擬《春秋》之經,目以擬左氏之《傳》,大端與温公不合者,惟在魏蜀之統耳。明陳仁錫校評,多所附録。

通鑑地理通釋十四卷　附刊《玉海》本

宋王應麟撰。有輯《鄭氏易》《春秋古文左氏傳》等,皆著録經編。此釋《通鑑》地理,而括以四類,首州域、次都邑、次山川、次形勢,以唐河湟十一州、石晉燕雲十六州附於末。用杜預《春秋地名》例也,大致主於淹博。

通鑑紀事本末二百三十九卷　明刊本

宋工部侍郎建安袁樞機仲撰。因温公《通鑑》分門排纂,一事爲一篇,詳其起訖,使經緯分明。有楊萬里、趙與懃、陳良弼、張溥四序。

通鑑前編十八卷舉要三卷　明新安吳氏刊本

宋迪功郎史館編校蘭溪金履祥吉甫撰。斷自唐堯,下接《通鑑》之前,以《尚書》爲主,下及《詩》《禮》《春秋》,旁採諸子,表年繫事,復加訓釋,别爲舉要,以明綱領。元四明陳桱編次,明新安吳勉學增定。

資治通鑑綱目前(紀)〔編〕二十五卷

明吏部文選司郎中渭上南軒撰。仿《通鑑外紀》爲之,起伏羲氏,終周威烈二十有三年,編首有《辨體》《自引》《原始》《辨疑》《義例》五篇。

續資治通鑑綱目二十七卷

明吏部尚書文淵閣大學士淳安商輅弘載奉敕撰。續朱子《綱目》,起庚申周恭帝元年宋太祖建隆元年,終丁未元順帝至正二十七年。前有凡例、總目及進表。

資治綱鑑正史大全七十四卷目録二卷

明南京禮部郎中竟陵鍾惺伯敬撰。博采衆論,以羽翼朱子之書。閩潭余應虬猶龍校。

宋史紀事本末二十八卷

明吏部侍郎臨朐馮(椅)〔琦〕用韞撰,陳邦瞻補。琦類次宋事,以續袁樞之書,未成而没,邦瞻補葺其書十之七,凡一百九篇。

元史紀事本末四卷

明陳邦瞻撰。凡二十七篇。《律令篇》,臧懋循補。不及《宋史紀事本末》之賅博,而條理亦明晰。

宋元通鑑一百五十七卷

明浙江按察司提學副使武進薛應旂方山撰。續温公書,視王宗沐爲詳。

宋元資治通鑑六十四卷　　三味齋本

明刑部右侍郎臨海王宗沐新甫撰。宋自建隆庚申迄祥興己卯,凡三百二十年;元自至元庚辰迄至正(乙)〔丁〕未,凡八十八年。合遼、金、夏三姓興亡治亂,以補温公之書。

明史紀事本末八十卷

國朝提學浙江學政僉事豐潤谷應泰撰。因張岱《石匱藏書》編次,分八十篇,篇爲斷論,仿《晉書》例,多用排偶,文筆可觀。

平臺紀略一卷　　石門吳氏刊本

國朝漳浦藍鼎元、王霖撰。紀平定臺灣逆寇朱一貴始末。起康熙六十年四月,迄雍正元年四月。鼎元時在其兄總兵廷珍軍中,見聞最悉。

右編年類二十五部,共一千二百七卷。

史編三

别史類

隆平集二十卷　　七業堂本

宋中書舍人南豐曾鞏子固傳。所記太祖至英宗五朝之事。分二十六目,略似會要體格,其列傳〔二百〕八十有四,體例不一。考南豐行狀、神道碑列所著述,無此書。晁公武疑其僞託。然《宋史》《通鑑》皆藉此書爲根柢,則亦北宋之大手筆也。康熙中南豐湯來賁、彭期同校刊。

古史六十卷

宋蘇轍撰。有《洪範五事説》等,已著録經編。此書上起伏羲,下訖秦始皇,凡本紀七、世家十六、列傳三十七。蓋不滿乎史遷,作此以修改之,亦近於蚍蜉撼大樹矣。附注,其子遜所作。

東都事略一百三十卷

宋承議郎知龍州事眉山王稱季平撰。述北宋九朝之事。凡本紀十二、世家五、列傳一百五、附録八。敘事簡核,論斷平當,實出托克托《宋史》之上。趙希弁謂其疎略甚多,亦以編簡之多寡論耳。

路史四十七卷

宋承務郎廬陵羅泌長源撰,子苹注。《前紀》九卷,述初三皇及陰康、無懷之事。《後紀》十四卷,述太昊至夏之事。《國名紀》八卷,述諸國姓氏地理。《發揮》六卷、《餘論》十卷,皆辯駁考正之文。注爲其子苹所作,而與正文相輔,疑亦長源所筆削也。依據多出緯候道家,未盡可信。然其取裁秘奧,屬文偉麗,如讀瑯嬛異書矣。

契丹國志二十七卷

宋秘書丞嘉興葉隆禮奉敕撰。述契丹自阿保機初興,迄於天祚,凡二百餘載之事。略仿紀傳體,前有《(始)〔初〕興本末》《九主年譜》,末附宋臣紀録、《諸蕃國雜記》、《歲時雜記》等。淳熙七年表上。于考證不無疎謬,體例亦有舛乖。錢曾稱其謹嚴詳贍,有良史之風,未免太過。然三史未成以前記遼事者,惟此書亦或當恕論也。

大金國志四十卷

宋工部架閣宇文懋昭撰。嘗仕金,爲淮西歸正,入宋,其書於端平元年表上。所志起金太祖至宣宗,凡一百七十年事,紀二十(七)〔六〕卷、傳三卷、雜録(三)〔二〕卷、雜載制度七卷、行程録一卷,體例與《契丹志》不殊。

南宋書六十卷　並南沙麻氏本

明文淵閣大學士嘉善錢士升抑之撰。以《宋史》失之繁雜，取南渡後各朝事重爲更定，太學生南沙許重熙爲傳贊。

函史一百二卷　明刊本

明翰林院待詔盱（眙）〔江〕鄧元錫汝極撰。世號潛谷先生。上編八十一卷，列傳紀，準子雲《太玄》。下編二十一卷，列表志、天官、方域、人官。首列而爲三，詳之而三，其三又詳之而三，三以維其三。自序謂：“三而九，又九而大備。”括經、史、子、集而函之，故名《函史》。

元史類編四十二卷　南沙麻氏本

國朝太子少詹事仁和邵遠平戒（山）〔三〕撰。邵之高祖經邦曾爲《弘簡録》，以續鄭樵《通志》，所載自唐迄遼，此取《元史》，删繁訂誤，兼採諸家所著，補其缺略，以續祖書，故亦名《續弘簡録》云。

繹史一百六十卷

國朝馬驌撰。有《左傳事緯》，已著録經編。此書纂開闢至秦末之事。首爲《世系圖》《年表》，不入卷數，次太古十卷，次三代二十卷，次春秋七十卷，次戰國五十卷，次外録十卷。仿紀事本末體而徵引舊文，排比先後，與袁書之自爲敘述者又殊，至其援據博審，亦非袁所能及也。

尚史七十卷　悦道（堂）〔樓〕本

國朝奉天李鍇鐵君撰。自軒轅至秦凡正史所載羣籍中奧篇秘典，無不詳爲綜録，用紀傳體，與《繹史》不同，然足分道揚鑣矣。

擬明史列傳二十四卷　城西草堂本

國朝汪琬傳。敘述確實，可輔正史而行。

明史擬傳六卷　西堂集本

國朝翰林院檢討長洲尤侗展成撰。與鈍翁擬傳，並名當時。

右別史類十三部,共七百五十八卷。

史編四

雜史類

戰國策三十三卷　雅雨堂本

漢光禄大夫宗室劉向子政校定,後漢河東監涿郡高誘注。宋刪定官刻姚宏(伯)〔令〕聲補此書。或曰《國策》,或曰《國事》,或曰《短長》,或曰《事語》,或曰《長書》,或曰《脩書》。子政校定,以爲戰國時游士輔所用之國,爲之策謀,宜爲《戰國策》。其事繼春秋以後,訖楚漢之起,二百四十五年間之事。與《史記》爲一類。晁氏《讀書志》入子部縱橫家,《文獻通考》因之。不若隋、唐《志》入雜史之爲安也。高注爲鮑彪所訑,世少傳本,德州盧氏得舊本刊之,二卷至四卷、六卷至十卷爲高原注,餘悉姚氏所補也。

鮑氏戰國策注十卷

宋尚書郎括蒼鮑彪撰。以高誘注疎略繆妄,乃序次章條,補正脱誤,而竄亂古本,斷以己意,實不免師心之弊。王伯厚嘗斥其失數端,吳師道尤痛訑之。要之,鮑注明顯,高注簡古,可並行云。

戰國策校注十卷　九經堂本

元國子監博士東陽吳師道正傳撰。取姚氏注與鮑氏注參考,雜引諸書以證之,篇第仍鮑之舊,題“補曰”“正曰”以別鮑書。浚儀陳祖仁序稱其事覈而義正,誠非鮑比,信然。

越絕書十五卷附外傳本事一卷　明山陰王氏校本

漢袁康撰。其友吳平同定。《隋志》題子貢撰,《唐志》因之,未嘗詳繹本書也。原本二十五篇,今佚其五書。與《吳越春秋》相出入,而博奧偉麗勝之,或又稱“越紐”云。

吳越春秋六卷　明武林錢敬臣本,又新安汪氏本

後漢徵博士山陰趙(煜)〔曄〕長君撰,元徐天祐注。隋、唐

《志》皆十二卷,又別有楊方《吳越春秋削繁》五卷,徐注十卷,與兩本皆不合,未知所用何本。此本併爲六卷,亦不著注人姓名,浸失其舊。書記吳、越二國興亡始末,可補左史之缺焉。

漢末英雄記一卷　明王世貞校本

魏侍中山陽王粲仲宣撰。《隋志》:八卷。殘闕。梁有十卷。《唐志》作《漢書英雄記》十卷。原本久佚,明王世貞輯録一卷,有鍾惺評,文句不具,且多舛誤,尚當補正之也。

古史考一卷　平津館刊本

晉散騎常侍巴西譙周允南撰。劉知幾《史通》云:"譙周以遷書周、秦已上,或采家人諸子,不專據正經,於是作《古史考》二十五篇,皆憑舊典以糾其謬。"《隋志》不著録,《唐志》:二十五卷。今佚。乾隆丙午科舉人宛平章宗源逢之輯佚爲一卷,孫氏星衍校刊。輯録亦多疎漏,録之以存攷古之功力焉。

漢皇德傳一卷　二酉堂本

漢徵士敦煌侯瑾子瑜撰。《後漢書·儒林傳》云:"又案《漢記》撰中興以後行事,爲《皇德傳》三十篇,行於世。"《隋志》作《漢皇德紀》,《唐志》作記,並三十卷。今佚。武威張澍輯刊,仍本傳題《漢皇德傳》云。

漢雜事秘辛一卷　明黃嘉(會)〔惠〕本,又《龍威秘書》本

撰人缺。《唐志》雜史類有《後漢雜事》十卷,此書稱《漢雜事秘辛》,意十卷之書,以十干分編,此其辛編,記秘事也。書載相、后事極豔褻,與名秘之義頗符。明初義烏王褘傳之,有楊慎、胡震亨、姚士粦、沈士龍四跋。

大唐新語十三卷　五峯閣本

唐江州潯陽縣主簿劉肅撰。自武德迄大曆,以類相從,分(十三)〔三十〕門。

國史補三卷　汲古閣本

唐將作少監李肇撰。凡(二百五)〔三百八〕條,皆開元、長慶間事。

開天傳信記一卷

唐吏部員外郎鄭綮撰。亦紀開元、天寶之事。

明皇幸蜀記一卷　　並仁和王氏本

唐宋巨撰。

次柳氏舊聞一卷　　明顧氏本,又仁和王氏本

唐宰相贊皇李德裕文饒撰。記柳芳所聞於高力士者,凡十七條。一題《明皇十七事》,一名《桯史》。

大唐傳載一卷

撰人缺。記武德至元和雜事。按《唐志》有林恩《傳載》一卷,當即此書。

明皇雜録一卷　　並仁和王氏本

唐刑部侍郎滎陽鄭處(晦)〔誨〕廷美撰。史稱其文辭秀拔。先是李德裕《次柳氏舊聞》,處(晦)〔誨〕謂未詳,更撰此,爲時盛傳。

東觀奏記三卷　　五峯閣本

唐左散騎常侍裴(廷)〔庭〕裕膺餘撰。大順中,詔修宣、懿、僖實録,以日歷注記亡缺,因摭《宣宗政事奏記》於監修國史杜讓能。(廷)〔庭〕裕,或作延裕。

廣陵妖亂志一卷

唐晉陽(鄭)〔郭〕廷(晦)〔誨〕撰。《唐志》:(二)〔三〕卷。陳氏《書録解題》:三卷,作鄭延晦。言高駢、呂用之、畢師鐸等作亂之事。今本題羅隱撰,誤。

金鑾密記一卷　　並仁和王氏本

唐翰林學士承旨京兆韓偓致光撰。《唐志》:五卷。此非足本。

龍川別志二卷　　五峯閣本

宋蘇轍撰。録宋初至慶歷間雜事,居龍川時作。

甲申雜録一卷

宋宗正丞大名王鞏(安)〔定〕國撰。文正公孫。

聞見近録一卷

宋王鞏撰。

隨手雜録一卷補闕一卷　　並知不足齋本

宋王鞏撰。所記皆宋初故事,有靖康甲寅淮海張邦基跋。書初未顯,鞏從孫從謹於隆(慶)〔興〕改元得於向氏,因復從吳一能校本補録《甲申》《聞見》二録內所缺二十六條附焉,見從謹跋。

古今紀要逸編一卷

宋黄震撰。既作《古今紀要》,此更補其逸缺。

靖康傳信録三卷

宋丞相梁谿李綱伯紀撰。陳氏《書録解題》作一卷。

青溪弄兵録一卷

宋王彌大約父撰。記方臘作亂事,前半從方勺《泊宅編》録出,後半從《國續會要》録出,兩存之,以備參攷,嘉(定)〔泰〕改元自序云。

采石瓜洲記一卷　　並《函海》本

宋宣義郎潼川蹇駒撰。記紹興辛巳尚書虞允文敗金兵於采石瓜洲間事,一作《采石瓜洲斃亮記》。駒,虞之門人也。梅谷陸煊跋云:"《金(元)〔先〕海陵紀》,甲子會舟師於瓜洲渡,期以明日渡江。乙未,浙西兵馬都統〔製〕完顏元宜等反,帝遇弑。以此書補之,不啻左氏之傳《春秋》也。"

桯史十五卷　　五峯閣本

宋岳珂撰。有《九經三傳沿革例》,已著録經編。此題"桯史",用李德裕之故名,而取義深晦。所載南北宋事一百四十餘條,可補史遺云。

松漠紀聞一卷續一卷　明顧氏刊本

宋徽猷閣學士鄱陽洪皓光弼撰。皆紀金國事跡。使金時居冷山所作也。冷山在上京會寧府,唐松漠都督府故地,故以名書。續一卷,子遵補。

四朝聞見録五卷

宋龍泉葉紹翁撰。録高、孝、光、寧四朝雜事,自甲至戊凡五集,末以紹翁所記《曲水硯事》,附刊《王大令保母墓磚》並諸家題跋。

耆舊續聞十卷　並知不足齋本

宋知陳州南陽陳鵠西塘撰。所録自汴京故事及南渡後名人言行。

三國紀年一卷　《函海》本

宋龍川陳亮同甫撰。

遺史紀聞一卷　青照堂本

宋詹玠撰。

焚椒録一卷　汲古閣本

遼觀書殿學士涿州王鼎虛中撰。記道宗(宣)懿〔德〕蕭皇后爲宮婢單登等誣,與伶官趙惟一私通賜死始末,與正史互異。中載后所作《回心院詞》,靡靡鄭聲,其受誣有由也。

南遷録一卷　舊鈔本

金秘書省著作佐郎張師顏撰。已蒼馮舒校定。紀金國南遷汴京事跡。大德中浦元玠跋稱:"較《金國志》所載事語同而年號殊,或當以此爲正。"而陳振孫《書録解題》、〔趙〕與時《賓退録》皆力辨其僞,諒非信史也。

歸潛志十四卷　知不足齋本

元渾源劉祁京叔撰。劉在金時以布衣遨遊士大夫間,自號神川遯士,築室曰歸潛。元遺山諸公推之,後仕元,不終西山之志。

曰歸潛者,猶署其舊居名也。其書一卷至六卷爲金末諸人小傳,七卷至十卷雜記軼事,十一卷記金哀宗亡國始末,十二卷記崔立作亂劫羣臣立碑事,而附以《辯亡論》,末二卷附祁之語録詩文。元修《金史》多採之。至大中鄉人孫和伯刊行,本十四卷,周雪客、黄俞邰《徵刻書目》、《王逸陶藏書目》、傳是樓藏本、《浙江採遺書目》並載八卷。此本得萊陽趙太守起杲録本,以文瑞樓、抱經堂諸本校刊,最稱完善。

平定交南録一卷　《龍威秘書》本

明文淵閣大學士瓊山丘濬仲深撰。記定興忠烈王張輔平安南事。

伏戎紀事一卷

明大學士新鄭高拱中玄撰。記把漢那吉事。

建〔文遜〕國之際月表二卷附考異一卷　並明刊本

明池州劉(建)〔廷〕鑾撰。

綏史三卷

撰人缺。多載崇禎時瑣事,天啓、弘光中事,又與正史往往不合,葉騰(蛟)〔驤〕節删刊之。

南略四卷北略四卷　並品石山房本

撰人缺。紀崇禎、弘光事。

烈皇小識八卷　京都留雲居士排字本

明文秉撰。皆記崇禎事。自序云:“不肖于十七年中,備集烈皇行事,以志堯舜吾君之恩,又以志有君無臣之歎。”署尾曰“竹塢遺民文秉書于考槃之煮石亭”。此可以觀其志節矣。

聖安皇帝本紀二卷

國朝顧炎武撰。紀弘光事,據事直書,有古史之遺矩。

行在陽秋二卷

撰人缺。紀永曆元年至十六年事。

嘉定屠城紀略一卷

撰人缺。紀弘光亡後,天兵下嘉定,邑人先梗後順始末。

賜姓始末一卷

撰人缺。記朱成功本鄭芝龍子,初名森,隆武賜姓名,封忠孝伯,後入臺灣自立爲王事,具詳始末。

兩廣紀略一卷

明臨高令華復蠡撰。首記甲申抵臨高任,罷官避地陸川及德慶事。次記丁魁楚、洪天擢、李綺,三人皆宦兩廣,以貪敗者,頗寓懲戒之意。

東明聞見錄一卷

撰人缺。紀永曆事,自丁亥至庚寅凡四年,用朱子《綱目》體。

求野錄一卷

原題客溪樵隱撰,不詳何人。記永曆十二年戊戌至十五年辛丑事,與《東明聞見錄》體例同。

也是錄一卷

原題自非逸史撰。序稱桐山樵隱冥鴻子元益氏,究不詳其何人也。亦記永曆事,自十二年戊戌至十六年壬寅,亦用朱子《綱目》體,欲記永曆被難,故書至十六年四月十八日。此與《求野錄》各採所聞,可以互考。

江南聞見錄一卷

撰人缺。記弘光南都乙酉五月初十日至二十九日事。

粵游見聞一卷

明行人司行人瞿其美撰。記隆武事。

青燐屑二卷

國朝康熙戊辰進士慈谿應廷吉棐臣撰。元名喜臣。雜記明末之事,言災祥妖異尤多。

耿尚孔吳四王合傳一卷

撰人缺。耿仲明封靖南王,尚可喜封平南王,孔有德封定南王,吳三桂封平西王,各立一傳。傳後有外史氏評,發伏摘姦,能爲誅心之論。

揚州十日記一卷　並留雲居士排字本

江都王秀楚撰。弘光己酉夏,秀楚被難,乃取四月二十(四)〔五〕日至五月五日,十日間身歷目覩之事記之。記末云:"不自修省、一味暴殄者,閱此當警惕焉耳。"蓋歎亡國之君臣禍由自取也。已上十餘種或合刻之,總名《明季稗史彙編》云。

庭聞錄二卷　鈔本

國朝南昌劉健撰。敘述逆臣吳三桂事蹟,記其父在滇時之所見聞。

史編雜錄十三卷　青照堂本

國朝李元春撰。取《説郛》所載譙周《法訓》、魚豢《三國典略》、孫盛《魏春秋》、庾翼《晉陽秋》、檀道鸞《續晉陽秋》、皇甫謐《元晏春秋》、司馬彪《九州春秋》、何法盛《晉中興書》、謝綽《宋拾遺録》、吳均《齊春秋》、吳縝《新唐書糾繆》、司馬光《史剟》、周密《綱目疑誤》,凡十三種雜録一編。案:譙周《法訓》,隋、唐《志》皆入儒家,非史類也。《元晏春秋》乃皇甫謐自敘其行事,謐號元晏先生。《隋志》雖入史部雜傳,記究與魏晉諸春秋不類,今併收入,殊嫌淆雜。《晉陽秋》與《魏氏春秋》皆孫盛撰。稱《魏春秋》脱"氏"字,誤。題庾翼《晉陽春秋》,尤大誤矣。

右雜史類五十九部,共二百二十五卷。

史編五

霸史類

華陽國志十二卷　明武林黃嘉(會)〔惠〕校本,又《函海》本

晉散騎常侍蜀郡常璩道將撰。志巴蜀地理、風俗、人物及公

孫述、劉焉、劉璋、先後主以及李特等事。《唐志》：十三卷。陳氏《書録解題》：二十卷。今本爲宋成都府李畕叔〔屋〕就原編訂正，與《隋志》卷數合。

西河記一卷

晉侍御史喻歸撰。隋、唐《志》皆二卷，《元和姓纂》云："東晉有喻歸傳《西河記》三卷。"《廣韻》作二卷，喻作諭，音樹。《唐志》撰人缺，蓋記張重華事也。《十六國春秋》云：晉遣侍御史喻歸拜張重華護羌校尉、涼州刺史，假節。重華謀爲涼王，不肯受，詔使親信人沈猛與歸言，歸折之。記之作當在此時，今佚。武威張澍輯刊，後附《姑臧記》二則。

涼記一卷

僞涼著作佐郎段龜龍撰。記吕光事。或作《西涼記》。隋、唐《志》皆十卷，今佚。武威張澍輯刊，後附張諮《涼記》二則。諮，僞涼右僕射也。記張軌事。

涼書一卷

《魏書·高謙之傳》："謙之以父舅氏沮渠蒙遜曾據涼土，國書闕漏，謙之乃修《涼書》十卷。"《史通》云，宗欽（涼地）記沮渠氏。《隋志》有《涼書》十卷，高道讓撰；《涼書》十卷，沮渠國史。今皆佚。武威張澍輯録。

敦煌實録一卷　　並二酉堂本

後魏樂平王從事中郎敦煌劉（炳）〔昞〕彦明撰。《隋志》：十卷。《唐志》：二十卷。今佚。武威張澍輯刊。

十六國春秋十六卷　　明武林徐仁毓校本

後魏散騎常侍清河崔鴻彦鸞撰。十六國者，前趙劉淵至熙六世，後趙石勒至冉閔七世，前燕慕容廆至暐四世，前秦苻洪至崇六世，後秦姚弋仲至泓五世，蜀李特至勢六世，前涼張軌至天錫八世，西涼李暠至恂三世，北涼沮渠蒙遜至茂虔二世，後涼吕光至隆三世,後燕慕容垂至高雲五世,南涼禿髮烏孤至傉檀三世,南燕慕容德至超二世,西秦乞伏國仁至暮末四世,北燕馮跋至弘二世,夏赫連勃勃至定三世。以《晉書·載紀》考之,尚有西燕慕容沖至永三世,在北燕後,本十七國。今不記西燕,故十六也。《隋志》:一百卷。《唐志》:一百二十卷。《崇文總目》不著錄。明屠喬孫、項琳傳有百卷之本,世疑其偽,今亦未見。此本一國各為一錄,倘《崇文總目》所謂《十六國春秋略》,《通鑑》所謂《十六國春秋鈔》者耶。

沙州記一卷　二酉堂本

宋新亭侯段國撰。按:即《隋志》《吐谷渾記》也。原書二卷,佚。武威張澍輯,並錄《太平寰宇記》吐谷渾始末以補之。

釣磯立談一卷　知不足齋本,又棟亭刊本

宋史氏撰。原書不署姓名。吳任臣《十國春秋》以為南唐史虛白撰。虛白,字畏名,家齊魯,隱居嵩,少著書,仁宗皇帝愛之,追號沖靖先生,見陸游《南唐書》。棟亭曹氏刻此書於維揚,據題史虛白名。鮑廷博重刊,以自序及他書考之,蓋史虛白仲子之筆也。虛白在烈祖時曾為校書郎,故序稱先校書。又龍袞《江南野史》云:"虛白二子,長早卒,次舉進士,孫溫,咸平中擢第。"今序有云"使少子溫成誦于口",知其出于仲氏矣。茲據題宋史氏缺疑,實徵信也。其書雜錄南唐事迹,可資史攷云。

江表志三卷　鈔本

宋兵部員外郎江南鄭文寶仲賢撰。父彥華為南唐(右)〔左〕千牛衛大將軍,文寶以父蔭至校書郎,入宋登進士第,通籍。《宋史》本傳載其被蓑荷笠,以漁者見李煜,惓惓故主,此志之所由作也。烈祖、元宗、後主各為一卷,有自序。

江南餘載二卷　知不足齋本,又《龍威秘書》本,又《函海》本

撰人缺。《宋志》著錄作《江南餘載》,馬端臨《文獻通考》、戚光《南唐書音釋》並作《江南館載》,字之誤也。陳氏《書錄解題》

所載自序"熙寧八年,得鄭君所述于楚州,其事迹有六家所遺或小異者,刪落是正,取百九十五段,以類相從"云云,則取裁於鄭文寶《江表志》爲多,一本題鄭文寶撰,非也。原書不全,乾隆中,四庫館從《永樂大典》錄出,諸本皆從館本刊之也。

三楚新録三卷　鈔本

宋秘書省校書郎周羽翀撰。録馬(希範)〔殷〕、周行逢、高季興始末,各爲一卷。

五國故事二卷　知不足齋本,又《龍威秘書》本,又《函海》本

撰人缺。分紀吳楊行密、南唐李昇、蜀王建孟知祥、南漢劉巖、閩王審知六國事,而末附以朱文進諸人。曰五國者,合前、後蜀爲一國也。仁和吳長元按:"卷中以留作婁,謂避錢武肅嫌名。"以爲吳越人作,理或然也。

蜀檮杌二卷　《函海》本

宋尚書屯田員外郎(建)〔津〕張唐英次功撰。據《前蜀開國記》《後蜀實録》二書,仿荀氏《漢紀》體,編年排次。王氏、孟氏事迹極詳備。《郡齋讀書志》《文獻通考》俱作《外史檮杌》十卷,此本或有缺佚乎。

南唐書三十卷

宋博城縣令陽羨馬令撰。其名佚。序言其祖太博元康,世家金陵,多知南唐故事,未及撰次,令纂先志而成之。用陳壽《蜀志》之例,惟好采詩話、小説,少涉蕪雜耳。

新修南唐書十八卷音釋一卷

宋寶謨閣待制山陰陸游務觀撰,元戚光音釋。陸書以南唐三主列爲本紀,又以后妃、諸王列羣臣傳後,以雜藝、方士列忠義傳前,皆與體例少乖。若其序次之簡明,則出馬書之上矣。

右霸史類十五部,共九十五卷。

史編六

故事類

獨斷二卷　明金維垣校本

　　後漢蔡邕撰。有《琴操》，已著録經編。此書討論典故，於輿服、禮樂尤詳。蓋嘗撰《漢書》，故博通古代之制，而論斷之也。考蔡書石經用《魯詩》，今所敘述《周頌》篇目與《毛詩》子夏序大同小異，知其亦本《魯詩》，而魯與毛相近者殆謂此與。

西京雜記六卷　明武林邵泰鴻校本，又汲古閣本，又《龍威秘書》本，又五峯閣本

　　晉勾漏令丹陽葛洪稚川撰。卷末有“劉子駿書百卷”云云，或亦題漢劉歆撰。《隋志》不著姓名，《唐志》題葛洪，皆二卷。段成式《酉陽雜俎》載：“庾信作詩，用《西京雜記》，旋自追改，曰：‘此吳均語，恐不足用。’”意今本六卷，均或附益葛書與？書多載西京瑣事。《鹵簿》殘篇及董仲舒《雨雹對》，則固班史之遺珍已。

三輔舊事一卷

　　韋氏撰。按：《唐志》地理類著録三卷，不著撰人姓名；故事類又有韋氏《三輔舊事》一卷。考《後漢書·韋彪傳》，肅宗建初七年，車駕西狩，行太常，數召彪入問三輔舊事、禮儀風俗。彪因建言，追録高帝、中宗功臣。彪著書十二篇，號《韋卿子》，疑一卷之書，韋彪所著，多言前代制度，故入故事類也。今佚，武威張澍輯刊。

三輔故事一卷　並二酉堂本

　　《隋志》：二卷，晉世纂。《唐志》題袁郊。其言亦無左證。今佚。諸書與舊事互引，武威張澍就所引分別録之。

通典二百卷

　　唐宰相京兆杜佑君卿撰。因劉秩《政典》而廣之，分《食貨》《選舉》《職官》《禮》《樂》《兵》《刑》《州郡》《邊防》(八)〔九〕門。

上溯黃虞,下暨唐之天寶,包括宏富,義例精嚴。《通志》《通考》皆法之,而不能及其淵奧也。

杜氏通典詳節四十二卷　元刊本

撰人缺。節錄杜氏《通典》,依類增入歐陽、曾、蘇、王以至陳傅良、葉適等二十一家之文,題曰《增入諸儒議論杜氏通典詳節》。元至元間重梓。

嘉孫注:書後有"至元丙戌(二十三年)重新繡梓"二行,桓、貞等字有缺筆,諸儒議論語涉宋帝皆空格,蓋宋版而元人修補者。有"玉函山房藏書"印。見《木犀軒藏書題記及書錄》。

魏鄭公諫錄五卷

唐尚書吏部郎中琅琊王綝方慶〔撰〕。綝以字行,或作王琳,誤。錄魏鄭公進諫奏對之語,《唐志》作《文貞公事錄》一卷。

魏鄭公諫續錄二卷　武英殿聚珍版本

元翟思忠撰。原本久佚,明長洲彭年輯,附王方慶書後。乾隆中,四庫館從《永樂大典》錄出別行。

唐摭言十五卷　雅雨堂本

唐王定保撰。凡一百三門,述唐代貢舉之制,於進士故事獨詳。卷尾有柯山鄭昉一跋云:"嘉定辛未刻於宜春郡。"商氏《稗海》刻只一卷。此爲足本。

中朝故事二卷　仁和王氏輯本

南唐給事中尉遲偓撰。奉先主李昪之命,述唐宣、懿、昭、哀四朝舊聞。昪自稱系出太宗子吳王恪,故稱長安爲中朝云。

開元天寶遺事二卷　明顧氏家塾本

僞蜀太子少保天水王仁裕德輦撰。蜀亡後,仁裕於長安得民間所傳玄宗朝遺事,因爲此書。《宋志》載一卷,作王仁豁,誤也。

通志二百卷

宋鄭樵撰。有《六經奧論》,已著錄經編。此書紀傳一百四十五卷、譜四卷、略五十一卷,大抵剿襲舊文。其二十略貫穿具見精力,故世與杜氏《通(考)〔典〕》、馬氏《文獻通考》稱"三通"云。

通志略五十一卷　大中堂本

明南京國子祭酒三山龔用卿就鄭書校定。删去紀傳及譜。汪棨淑重梓。

文昌雜録六卷　雅雨堂本

宋朝散大夫單父龐元英懋賢撰。丞相莊敏公藉之子。(永)〔元〕豐中,官尚書主客郎時,官制初行,記一時聞見及朝章典故。尚書稱文昌天府,故以名書。有乾道中樞密院編修衛傳序。

愧郯録十五卷　知不足齋本

宋岳珂撰。是書紀一代典故,於北宋尤詳。稱愧郯者,寓禮失在野之感云。

建炎以來朝野雜記四十卷　《函海》本

宋李心傳撰。有《丙子學易編》,已著録。此書有秀嵒野人序,李氏自號也。書分甲、乙二集,各二十卷,自建炎至嘉泰七十年,纂記凡六百有五事。陳振孫曰:"上自帝系、帝德、朝政、國典,下及見聞瑣碎,皆録。蓋南渡以來野史之最詳者。"

朝野類要五卷　知不足齋本

宋趙昇向辰撰。原題文昌趙昇,未詳何地,其始末不可考。此書作於理宗端平三年,徵引朝廷故事,分十(二)〔四〕類,以相從,每事各標小目,一一詳證。

太金德運圖説一卷　《函海》本

金章宗命太子太傅張行簡等集議。金初用金德,尚白。泰和二年更用土德。至是更令所司集議,言應爲土德者四人,應爲金德者十四人,迄無定論,而其文尚存。原本佚,乾隆中,四庫館從《永樂大典》録出。綿州李調元刊。

文獻通考三百四十八卷　梅墅石渠閣本

元樂平馬端臨貴與撰。因杜氏《通典》(八)〔九〕門,析爲一十有九,而增《經籍》《帝系》《封建》《象緯》《物異》五門,所述事迹上承《通典》,下迄南宋寧宗,雖不及《通典》之融鍊有法,而在鄭樵《通志》之上。

續文獻通考纂二十二卷　心遠堂本

明陝西布政司參議上海王圻元翰撰。

元故宮遺録一卷　知不足齋本,又《龍威秘書》本

明工部郎中廬陵蕭洵撰。録元代宮庭故物。有洪武丙子花朝日松陵生吳節伯〔度〕序,萬曆四十(二)〔四〕年清常道人趙琦美跋。

幸魯盛典四十卷

康熙二十三年,聖駕東謁闕里,衍聖公孔毓圻等恭述典禮,輯成是編。凡事(述)〔跡〕二十卷、藝文二十卷。

紀琉球入太學始末一卷

國朝(戶)〔刑〕部尚書新城王士禛貽上撰。康熙二十三年,册封琉球。翰林院檢討汪楫、中書舍人林麟焻等疏言,中山王尚貞親詣館舍,云下國僻處彈丸,常慚鄙陋,執經無地,嚮學有心,稽明洪武、永樂年間常遣本國生徒入國子監讀書,今願令陪臣子弟四人赴京受業云云。事下禮部奏准。此紀其事之始末。

迎駕紀恩録一卷

王士禛撰。濟寧潘應賓雪石校。康熙二十八年,聖駕南巡視河,是時王以少詹事兼翰林院侍講學士家居讀禮迎駕,紀錫予顧問之榮遇。

恩賜御書記一卷

國朝監察御史武進董文驥玉虬撰。紀康熙二十三年南巡時,勞賜江南提督昭武將軍楊捷御書及傳旨啟奏之語。

恭迎大駕記一卷

國朝(長洲顧嗣立俠君)〔崑山徐秉義彥和〕撰。亦昭武將軍屬作。

暢春苑御試恭紀一卷

國朝翰林院庶吉士溧陽狄億向濤撰。紀康熙甲戌三月散館事。

出山異數記一卷

國朝户部郎中曲阜孔尚任季重撰。康熙乙丑聖駕東巡時,尚任以秀才進講《大學》及《易·繫辭》,賜官國子監博士。此記其事。有新安張潮跋。

人瑞録一卷　並《昭代叢書》本

孔尚任撰。休寧趙吉士天羽校。紀康熙二十八年直省所上老民之數。七十者,不可勝紀;八十者,一十六萬九千八百三十人;九十者,九千九百九十六人;百歲者,二十一人。有新安張潮題辭及跋卷藝。

槐廳載筆二十卷

國朝國子監祭酒蒙古法式善梧門撰。一字時帆。多記京朝故事。朱石君相國序稱其"實事求是,文獻足徵"。

建立伏博士始末二卷　平津館本

國朝孫星衍撰。嘉慶元年,權山東按察使篆建議;七年,奏請乃立伏勝六十五代孫伏敬祖為五經博士。上卷紀前後咨劄題疏,下卷攷伏生祠墓、世系、藝文甚詳。

右故事類三十一部,共一千三十六卷。

玉函山房藏書簿録卷九

史編七

職官類

漢官解詁一卷　平津館本

漢新汲令雲陽王隆文山撰。太傅南郡胡廣伯始注。《隋志》三篇,《唐志》作三卷。《漢官》篇仿《凡將》《急就》,四字爲句,故在小學中。今佚。陽湖孫氏星衍輯録,以隆書爲正文,列廣注於下,末附廣漢制度十條。

漢官一卷

漢泰山太守汝南應劭仲遠注。《漢官》撰人缺,未知應氏所注與王隆《解詁》同是一書否。《隋志》題應劭注,《唐志》作應劭《漢官》,並五卷。佚。孫氏星衍既輯應劭《漢官儀》二卷,而以《續漢志》劉昭補注引《漢官》,不標名應劭者,別輯此書,以存其舊。

漢官儀二卷

漢應劭撰。《後漢書》劭本傳,建安二年詔拜劭爲袁紹軍謀校尉。時始遷都於許,舊章湮没,書記罕存。劭慨然歎息,乃綴集所聞,著《漢官禮儀故事》。《隋志》:《漢官》五卷,應劭注;《漢官儀》十卷,應劭撰。一注一撰,記列分明。《唐志》渾題應劭,非也。又劭傳,凡朝廷制度、百官典式,多劭所立。初,父奉爲司隸時,並下諸官府郡國,各上前人像贊,劭乃連綴其名,録爲《狀人紀》。今諸書所引《漢官儀》有諸人姓名。《狀人紀》疑即此書中篇名。陳氏《書録解題》尚有應劭《漢官儀》一卷,載三公官名及名姓州里,李埴補。今俱佚。孫氏星衍輯録。

漢官典職儀式選用一卷

漢衛尉卿陳留蔡質子文選。蔡邕叔父。《隋志》:二卷。《唐志》作《漢官典儀》,陳氏《書録解題》同,云雜記官制及上書謁見禮式。李埴《續補》一卷。今並佚,孫氏星衍輯録,題依《隋志》。

漢儀一卷　並平津館本

吳太史令丁孚撰。《隋志》不載。《唐志》:丁孚《漢官儀式選用》一卷。與《隋志》蔡質書同名。攷《續漢志》劉昭補注、《漢書》注、《後漢書》注並引丁孚《漢儀》意。隋佚其書,《唐志》與蔡質書互誤與。今佚。陽湖孫氏星衍輯録。

翰林志一卷　　鈔本

唐李肇撰。撰有《國史補》,已著録。唐初,翰林爲藝術待詔之地。明皇時,署待詔供奉與集賢學士分掌制詔,後置學士專爲儒官之職。此書作於元和十四年,一代詞臣職掌,最爲詳備。

麟臺故事五卷　　武英殿聚珍版本

宋中書舍人信安程俱致道撰。述北宋詞林典故,凡十二門。原書久佚,乾隆中,四庫館從《永樂大典》録出。

翰苑羣書二卷　　知不足齋本

宋學士承旨鄱陽洪遵景嚴撰。上編李肇《翰林志》、元稹《承旨學士院記》、韋處厚《翰林學士記》、韋執誼《翰林院故事》、楊鉅(夫)《翰林學士院舊規》、丁居晦《重修承旨學(院)〔士〕壁記》、李昉等十七人《禁林宴會集》;下編爲蘇易簡《續翰林志》、蘇耆《次續翰林志》、無名氏《學士年表》、沈該《翰苑題名》,併洪所撰《翰苑遺事》,共十二種,皆詞林故事也。有洪氏自跋。

玉堂雜記三卷　　汲古閣本

宋觀文殿大學士廬陵周必大子充撰。一字洪道。益公兩入翰苑,因錄鑾坡典制、沿革及召對之事。

州縣提綱四卷　　《函海》本

宋侍讀判尚書都省侯官陳襄述古撰。姜曼卿修訂。按:舊缺撰人姓名,《文淵閣書目》始題陳襄撰。考《宋史》襄傳,云襄蒞官所至,必務興學校。平居存心,以講求民間利病爲急。既亡,友人劉尋視其篋,得手書累數十幅,盈紙細書,大抵皆民事也。此書論牧令馭民之道,頗得要領,與史傳所載合。原本久佚。乾隆中,四庫館從《永樂大典》錄出。李調元刊。

官箴一卷

宋中書舍人提舉太平觀河南呂本中居仁撰。學者稱東萊先生。語極明切,首揭清、慎、謹三字,千古言吏治者本之。

晝簾緒論一卷　　並青照堂本

宋胡太初撰。端平乙未,其外舅陶某出宰香溪,因論次居官之道以貽之,凡十五篇。

三事忠告四卷　　章邱張氏家藏本,又碧鮮齋校本

元中書平章政事歷城張養浩希孟撰。《牧民忠告》二卷,爲縣令時所作,凡十(二)子目。《風憲忠告》一卷,爲御史時所作,凡十篇。《廟堂忠告》一卷,入中書時所作,亦十篇。實心實政,深切著明。書凡二本。一公裔孫居章邱者家藏原刊本;一道光中左庶子莆田郭尚先蘭石影寫絳雲樓本,湖北巡撫同里尹濟源竹農校刊。後本最善。

官制備考二卷　　豹變齋本

明太僕寺少卿嘉興李日華君實撰。考究官制,明代爲詳。

牧津四十四卷

明吉安知府山陰祁承爠爾光撰。爲目三十二,爲事千五百五

十有奇。輯古善政教之治,爲牧民者示之以津梁。

(河)〔江〕防考六卷　並明刊本

明提督操江兼管巡江南京都察院右僉都御史仙居吳時來悟齋撰,萬曆五年提督操江鄆王篆續。首《璽書》,次《圖形勝》,次《營伍規制》,次《紀官兵糗糧》。沿革、登耗與凡懸格畫地,大略賅載。

嘉孫注:書名"江防考",原作"河防考"。《河防考》四卷,明溫陵鄭大郁孟周撰。

玉堂薈記二卷　古吳徐氏卓犖精廬珍藏舊鈔本

明日講起居注官(菏澤)〔濟寧〕楊士聰朝徹撰。以明季執政奉密諭不聞於外,乃爲此書,以存故實。

學古適用編六十八卷　吳門刊本

明松陵吕純(玉)〔如〕孟諧撰。社友黃紹羲象先校。凡佐廟謨者、裨掌故者,薈爲一編。

兩理略四卷　崇一堂本

明王徵撰。有《學庸書解》,已著録經編。此記其爲司理時治狀。

治安文獻十二卷　槐蔭堂本

國朝順治壬辰進士長洲陸壽名芝庭撰。取當時咨移申檄,爰書名例等,以六曹分集。

明制女官考一卷

國朝黃百家主一撰。

仕的一卷　並《檀几叢書》本

國朝吳山吳儀一舒鳬撰。自序謂:"吾友某選某縣,問仕於吾,告之曰:子故學者,今儼然侯矣。古之射者,射爲諸侯也。采蘋采蘩,以節諸射,而延射揚觶以語衆,雖不中,庶不遠乎? 友請示之的,略書十八章貼之,即題曰《仕的》,爲行禮者勸焉。"

天台治略十卷　師恕堂本

　　國朝天台知縣郎川戴兆佳舒庵撰。此其令天台時，哀其讞獄及文移告諭。

覆甕集十卷　（冰）〔凝〕清堂本

　　國朝會稽知縣東敬張我觀昭民撰。編其在官時告條稟牘。

皖江從政錄八卷　樹滋堂本

　　國朝安州儒學生員王履中、黃樹梅等撰。記其師鳳陽府同知如皋吳篯渭泉前知東流、太和二縣政蹟。

政蹟匯覽十四卷

　　國朝太僕寺卿成都糜奇瑜朗峯撰。分十四門。自序謂："因惺惺子所陳條目，取前賢事蹟有關政體者，類編逐條之下。"惺惺子，吳越隱士也。

政學錄五卷

　　國朝棘津鄭端司直撰。編一切官政，甚詳切。

吏治懸鏡八卷

　　國朝薑山徐文弼勷右撰。以八音分編：金集蒞任，石集政務，絲集洗冤，竹集救急，匏集處分，土集律總，革集諸圖，木集輿地，簡明包括。

涼州紀略一卷　涼州刊本

　　國朝固原州學正長安韓宰繼平撰。剖在原一切告、條詳牘，具有經濟，惜以司鐸，終未竟其志也。

作吏要言一卷

　　國朝順昌葉鎮玉屏撰。有桂林陳宏謀序。

作吏管見一卷

　　國朝兩淮鹽運使漢軍朱孝純子穎撰。

學治臆説一卷續説一卷説贅一卷

　　國朝道州知州蕭山汪輝祖煥曾撰。委曲詳至，切中人情，與

《作吏〔要〕言》二書,服官者皆珍佩之。

官戒詩一卷　　並四川刊本

國朝翰林院編修鉛山蔣士銓心餘撰。此詩《忠雅堂集》不載。四川總督滿洲鄂山潤泉刊,附《作吏要言》後,婉而多風,感人易入。

兩淮鹽法志四十二卷　　江南刊本

雍正六年奉旨纂輯,乾隆十三年署理巡視兩淮鹽政內務府坐辦堂郎中滿洲吉慶重修。有署江蘇巡撫覺羅雅爾哈善序。

長蘆鹽法志二十卷附編十卷

國朝天津府學教授黃掌綸等撰。長蘆鹽運使滿洲索諾木札木楚監修。嘉慶十三年刊。

賑紀摘鈔二卷　　並直隸刊本

紀乾隆八年直隸河間、天津二府,冀、深二州秋田亢旱會議辦賑條例章程也。

荒政輯要九卷　　儀吉堂本

國朝都察院副都御史巡撫江蘇桐城汪志伊稼門撰。一《綱目》,二《弭禳》,三《清潔》,四《則例》,五《救援》,六《糴糶》,七《糜粥》,八《防範》,九《善後》。

畿輔義倉圖十四卷

國朝總督直隸都察院右僉都御史桐城方觀(城)〔承〕宜田撰。乾隆十八年奏進直隸各縣義倉全圖,按府州所屬繪寫。奏議、凡例、條規列於前。

養局案記二卷　　並直隸刊本

方觀承撰。乾隆二十四年上直省各屬設立留養局,通計一百四十四州縣。此記其規條及辦事宜理。

清秘述聞十六卷

國朝法式善撰。自順治二年乙酉科,訖嘉慶三年戊午科,凡鄉會考官類八卷、學政類四卷、同考官類四卷。爲翰林學士時作。

默齋公牘二卷　留餘堂本

國朝兩淮鹽運使司平羅俞德淵陶泉撰。皆公移文字，曲盡事理。

判語録存四卷

國朝陝西按察使李鈞夢韶撰。録其所治之獄，前案後斷，皆與理情兩協。

河防述言一卷

國朝張留墊撰。大旨本靳文襄公之法，而暢其説。

治河要語一卷　並青照堂本

國朝丁葶亭撰。附大學士無錫嵇曾筠松友《石工説》。

三省邊防備覽十四卷

國朝兵部尚書溆江嚴如(煜)〔熤〕撰。有道光二年自序。

右職官類四十五部，共三百六十六卷。

史編八

儀注類

漢禮器制度一卷

漢奉常薛縣叔孫通撰。按《漢書》本傳，従通爲奉常，定宗廟儀法。及稍定漢諸儀法，皆通所論著。《後漢書·曹褒傳》："章和元年正月，乃召褒詣嘉德門，令小黄門持班固所上叔孫通《漢儀》十二篇，敕褒依禮條正。"鄭康成注《周禮》引漢禮器制度，賈公彥《音釋》曰："叔孫通前漢時作《漢禮器制度》，多得古之周制。"漢、隋、唐《志》皆無此書，佚已久。陽湖孫氏星衍輯録九節，縣蕞遺文，最爲古矣。

漢舊儀二卷補遺二卷　並平津館本

漢議郎東海衛宏敬仲撰。《後漢書》本傳：宏作《漢舊儀》四卷,以載西京舊事。《隋志》:《漢舊儀》四卷。南監本作《漢書儀》。《唐志》:四卷。《宋志》:三卷。並作《漢舊儀》。陳氏《書録解題》作《漢官舊儀》。原書久佚。乾隆中,四庫館從《永樂大典》録出,聚珍版刊行。陽湖孫氏星衍别作《補遺》二卷,蒐採殆無漏失矣。

漢制考四卷　汲古閣本,又附刊《玉海》本

宋王應麟撰。以《漢書》《續漢書》諸志於制度未能詳晰,乃採鄭氏《三禮注》及許氏《説文》諸書以補之,考證疏明,極爲賅博。

補漢兵制一卷綱目一卷　知不足齋本

宋宗正少卿樂清錢文子文季撰。原題白石先生。錢氏文季退居白石山下,自號白石老人,故以著欵也。宋懲五代之弊,收天下之兵,京師南渡後,招募彌多,冗費彌甚。文季以漢去古未遠,猶有寓兵於農之意,因採《漢書》中言兵制者,裒輯論斷。嘉定九年鋟板。秀水朱氏鈔得虞山錢曾藏本,歙鮑廷博刊行。

頖宮禮樂疏十卷　歙邑刊本

明工部都水司郎中開州知州仁和李之藻振之撰。一號我存。首列《頖宮儀注》,次《名物器數》,共八卷。第九卷爲《啓聖祠名宦鄉賢祠》,十卷附《鄉飲酒禮鄉射禮》。樂譜尤具有心解。董漢儒序稱其"絫黍校律,比竹審音,禮陶樂淑,庶幾見三代之遺焉"。

廟制折衷二卷

國朝毛奇齡撰。有《仲氏易》等書,已各著録經編。此書大旨用韋玄成、劉歆二家説,而爲之折衷。

北郊配位議一卷

毛奇齡撰。以太常卿徐元珙疏奏郊壇下議,謂南郊南向,北郊北向,三祖配位皆東一西二東三,以次傍設。翰林各議未決,因

擬此議。末附《答難》六條,大旨以東爲上。

辨定嘉靖大禮議二卷　並書留草堂本

毛奇齡撰。自兄終弟及之誤,至興獻明堂配帝之誤,凡二十四條。前有《總序》,後有《附問》。

釋奠考一卷

國朝臨海洪若皋虞鄰撰。考古制及先賢先儒。

臚傳紀事一卷　並《檀几叢〔書〕》本

國朝翰林院侍講長洲繆彤歌起撰。康熙丁未賜進士第一人。此紀是科傳臚儀注也。

師友行輩議一卷

國朝寧都魏禧冰叔撰。宣城梅庚耦長校。爲門人之子與通家子酌定其行輩,最近情理。

國朝謚法考一卷

國朝王士禎撰。分和碩親王、多羅郡王、多羅貝勒、固山貝子、鎮國公、輔國公、鎮國將軍、輔國將軍、妃、公主、額駙、藩王、民公、大學士、尚書、侍郎、督察院都御史、旗下官員、總督、巡撫、監司、殉難提督、總兵官、前代君臣、外國,凡二十五門。

旗軍志一卷

國朝遼左金德純素公撰。序八旗之所由始,與其閥閱之等、爵秩之序及春秋講武之政、賞罰之法,咸備載而詳誌之。襄平陳于玉健夫校定。有歙縣張潮序跋。

進賢説一卷　並《昭代叢書》本

國朝江南學政大興張能麟玉甲撰。議文廟從祀諸賢。一則,十哲不當以陳蔡拘,不妨溢其數于十之外。一則,孟子門人當列之七十子之後,漢、唐、宋、明諸儒之前,不可竟遺于俎豆。一則,以范文正公開關閩濂洛之先,自宜補入兩廡。此其請題崇祀先賢先儒詳文也。

勖儀糾(繆)〔謬〕集三卷 曲阜刊本

國朝户部廣西清吏司主事曲阜孔繼汾撰。孔子六十九代孫。以聖廟禮樂有不合經傳、不出《會典》者,盡爲勖正。

聖廟祭器樂器圖一卷 漢陰刊本

國朝寧羌知州烏程錢鶴年梅江撰。以聖廟祭器樂器,邊城多不具,乃辦備修整,並爲圖以明之。此其通判漢陰廳時所作也。

學宮輯(要)〔略〕六卷 青照堂本

國朝余氏撰,李元春增輯。

唐昭陵陪葬〔墓〕圖一卷

國朝乾隆甲午舉人安康董詔馭臣撰。自序略云"元至正間,河濱漁者行臺御史李惟中之別號。附《昭陵陪葬妃主王公墓圖》於《長安志》後,蓋本宋紹聖時武功游師雄《昭陵圖説》,云一百六十六人,其實見於圖者止八十九人。乾隆四十九年,畢撫軍秋帆檄醴泉令蔣騏昌,丈量高廣,於羨道東樹二碑,統紀丘塚共一百二十五,西一碑共五十五。嘉慶丙子,王春林明府親履封域,製爲新圖,新、舊碑共二十四,囑余參訂,仍據舊圖參以新、舊《唐書》,略加辨正"云。

右儀注類十八部,共四十三卷。

史編九

刑法類

唐律疏義三十卷 舊鈔龍興學宮原本

唐太尉趙國公洛陽長孫無忌輔機等撰。有永徽四年上表。一《名例》,二《衛禁》,三《職制》,四《户婚》,五《廐庫》,六《擅興》,七《賊盜》,八《鬬訟》,九《詐僞》,十《雜律》,十一《捕亡》,十二《斷獄》,凡五百條。原書篇爲一卷,元泰定四年,行省檢校官汴梁王長卿析爲橫圖,用太史公諸式,經緯錯綜成文。江西提舉柳(贊)〔贄〕得其本重校,並爲釋義,分三十卷。

刑書釋名一卷　明刊本

　　宋王鍵撰。

(晰)〔折〕獄龜鑑一卷　青照堂本

　　宋承直郎開封鄭克武子撰。因和凝書推廣之。原書八卷,此非足本。

洗冤録二卷　敬業堂本

　　宋湖南提刑充大使行府參議宋慈惠父撰。淳祐丁未自序稱:"四權臬司,於獄案審之又審,博採近世諸書,自《內恕(典)〔録〕》以下凡數種,薈萃釐正,增以己見,爲此編。"

補注洗冤録集證五卷　廉飲堂校刊庭經書屋元本

　　國朝仁和王又槐蔭庭撰。因宋氏書增輯補注,山陰李觀濤虛舟又補輯録數十條附後。條分縷析,節目瞭然。

寶鑑編一卷

　　撰人缺。就《洗録圖格》編爲口訣。

石香秘録一卷　並廉飲堂本

　　撰人缺。所論驗傷諸條甚悉。蒲濤仲振履柘庵得此本於蔣石香處,校刊,因名《石香秘録》云。

大清律例新增統纂集成四十卷　榮錦堂本

　　國朝山陰姚雨蕹撰。

定例全編五十卷

　　國朝江西李珍璘季撰。

成案彙編二十六卷

　　國朝陝西按察使滿洲雅爾哈善撰。

駁案新編三十二卷增續二十二卷　並京都刊本

　　撰人缺。皆輯部駁之案,編目類次。

　　右刑法類十一部,共二百十一卷。

史編十

奏議類

宣公奏議四卷

唐中書門下同平章事兵部尚書嘉興陸贄敬輿撰。即《翰苑集》之文,合爲四卷,改題《宣公奏議》。《讀書記》所稱即此也。有乾隆丙寅江榕蔭千序。

政府奏議二卷　歲寒堂本

宋范仲淹撰。有《易義》,已著録經編。此慶歷三年至五年參知政事所作,子純仁輯録。凡八十五篇,分治體、邊事、薦舉、雜奏四類。

包孝肅奏議十卷　曹郡何氏刊本

宋龍圖閣學士樞密院副使合肥包拯希仁撰。門人張田編。分三十門。《宋史》本傳云:《奏疏》十五卷。此本後人合之,汪應辰序謂其"次序不可曉"。汪有《箋注》,今佚矣。

王端毅奏議十五卷　宏道書院刊本

明吏部尚書三原王恕宗貫撰。王歷仕四十五載,凡上三千餘疏,此編删而存之,指陳時弊,質實明暢。

玉坡奏議五卷　惜陰軒本

明吏(部)科給事中三原張原士元撰。玉坡,其別號也。正德中,在言路,以疏論時事謫貴州新添驛丞。嘉靖元年,召復故官。坎坷八年,其志不挫,益以慷慨直諫自許,於權璫國戚,動輒彈劾。喬世寧序稱其"甲申封事,忠憤激烈,抗志委身"。王承裕《題辭》云:"利害滿前,何敢趨避。諫諍報上,惟知奮勵。其身雖死,其烈則著。如玉坡者,可謂有歲寒之心已。"

王文肅奏牘十八卷　明太倉王氏刊本

明建極殿大學士吏部尚書太倉王錫爵 元馭 撰。其孫時敏爲尚寶司丞時校刊。議事剴切,立言得體。

倪文貞奏牘二卷

明戶部尚書上虞倪元璐汝玉撰。甲申殉難,大節克完。疏亦
凜凜存千載生氣。有宋玖文玉序。

黄侍御疏草三卷　並明刊本

明湖廣司監察御史東海黄宗昌⬚長⬚倩撰。懷宗時,璫燄甚
熾,黄爲令時即與璫忤,在言路,首糾殿功矯僞,劾奏六十餘人。
荊溪謀柄政,又劾奏之。又糾烏程於闔詔之日,風節振一時。虞
山歸允肅蕭孝儀序刊。

逆旅集奏議四卷　惜陰軒本

明宣府巡撫三原焦〔源〕溥涵一撰。前二卷臺疏,後二卷撫
疏,分目各十。有崇禎癸未自序。

靳文襄公奏疏十六卷

國朝太子太傅⬚遼⬚陽靳輔⬚紫⬚垣撰。皆其前後治河奏疏。
大旨在開引河以殺其勢,引淮水以刷其沙,築六壩以時其宣洩。
河防宗用之。有關中張大有序。

華野疏稿五卷附鄉賢録一卷名宦録一卷

國朝湖廣總督即墨郭琇華野撰。初爲御史時,劾罷大學士明
珠、余國柱,受聖祖仁皇帝特達之知。及督湖廣,以紅苗剿掠罷
官。此前後奏議也。有何琦、周天賜、李標、李治運四序,鄉賢、名
宦二録附。

右奏議類十一部,共八十四卷。

史編十一

雜傳記類

列女傳七卷續傳一卷

漢光禄大夫宗室劉向子政撰。《續傳》一卷,或曰班昭,或曰

項原,皆不可考。舊合一編,宋王回乃以有頌無頌離析其文。書凡七目,曰母儀、賢明、仁智、貞慎、節義、辯通、嬖孽。蓋爲當時后黨寵盛而作也。嘉慶中戶部郎中棲霞郝懿行蘭皋、宜人福山王照圓婉佺補注,凡曹大家注、綦毋邃注、散句佚文並引附其下。

列仙傳二卷敘讚一卷　並雙蓮書屋刊本

漢劉向撰。自赤松子至玄俗,凡七十一人。明刊本無敘、讚,福山王照圓從《道藏》錄出,繫各傳後,又總爲一卷,附末。案:《隋志》,《列仙傳讚》有二本,三卷者題孫綽,二卷者題晉郭元祖。又別有《列仙傳序》一卷,亦題郭元祖。此《讚》有序,郭氏之書也。

漢武內傳一卷　明章斐然校本,又《龍威秘書》本

舊題班固撰。或云東方朔述記漢武帝見西王母事。案:隋、唐《志》於此書皆不著撰人姓名。題班固撰者,以《漢武故事》託名於固,因併以此屬之。云東方朔述者,以傳中有朔言,以意度之也。證以諸書所引,要自是魏晉間人所作。

別國洞冥記四卷　明武林邵國鉉本,又《龍威秘書》本

後漢光祿勳汝南郭憲子橫撰。記武帝別國方物,恢詭離奇,與《神異經》《海內十洲記》相近。《後漢書·方術》有憲傳,載其從駕南郊,面向東北,含酒三潠。執法奏爲不敬。詔問其故。對以齊國失火,故以此厭之。後齊果上火災,與郊同日。關東觥觥者,自是異人,宜有此奇語也。

飛燕外傳一卷　明武林陳斗垣校本,又《顧氏叢書》本,又《龍威秘書》本

舊題漢河東尉伶玄子于撰。自言與揚雄同時。陳氏《書錄解題》以爲史無所見,或云僞書也。

飛燕遺事一卷

撰人缺。

趙后遺事一卷　並《龍威秘書》本

　　宋秦醇得舊本校刊。二書可補《外傳》之遺。

三輔決録二卷　二酉堂本

　　漢趙岐撰，晉太常卿京兆摯虞仲洽注。趙有《孟子注》，已著録經編。此記三輔名賢事迹，蓋趙京兆人，故述其鄉先正行事甚晰。摯亦京兆人，故復注之。《隋志》《舊唐志》並七卷。《新唐志》：十卷。今佚，武威張澍輯補。書多韻語，故《史通》稱其文言美句。諸引趙《録》、摯注不甚分晰，兹特區別之。

尤射一卷　《漢魏叢書》本

　　太史胴撰，魏侍中光禄勳蘭陵繆襲熙伯傳。首有序云："缺一字贊從王圯，厥德縱射觀遊岡度，獲尤于上天，缺一字遂戒姍觀遊，内讒擷，悛民于時誦，太史胴采作《尤射》。"凡二十章，其十八《雨會》缺。文奇古，似《逸周書》及《穆天子傳》，而《志服章》載詩六首，如"雞鳴歐歐，明燈皙皙"，純是魏晉人語。蓋古有是書，而繆氏得而潤色之，故不能一律也。

神仙傳十卷　明武林徐氏校本，又《龍威秘書》本

　　晉勾漏令丹陽葛洪稚川撰。凡九十四人，原書八十四人，後人增益，非葛氏之舊矣。

高士傳三卷　明張遂辰本，又汪士漢本

　　晉徵士安定皇甫謐士安撰。《隋志》：六卷。《唐志》：十卷。陳氏《書録解題》亦十卷，云"序稱自堯至魏咸熙，二千四百餘載，得九十餘人。今自被衣至管寧，惟八十七人"。今本實九十六人，蓋後人摭鈔，補足其數也。陳仁錫《四書人物備考》引《高士傳》晨門、荷蕢皆有贊，今本無之，則猶有缺佚也。

南岳魏夫人傳一卷　明顧氏本

　　撰人缺。《唐志》有范邈《紫虛元君南岳夫人内傳》一卷，項宗《紫虛元君魏夫人内傳》一卷。此於二家，未知誰作。

襄陽耆舊記三卷　震澤任氏刊宋郡齋本

晉滎陽太守襄陽習鑿齒彦威撰。隋、唐、宋《志》並五卷，今佚其二，震澤任兆麟得宋郡齋本刊之。《唐志》作《襄陽耆舊傳》，題依《隋志》作記。

蓮社高賢傳一卷　《漢魏叢書》本

撰人缺。按《高僧傳》，晉義熙間，僧惠遠居廬山東林寺，與劉遺民等十八賢同脩净土，中有白蓮池，因號蓮社。此編人各一傳，亦號《蓮社十八高賢傳》云。

聖賢羣輔録一卷　明武林徐仁毓校本，又《龍威秘書》本

晉陶潛撰。有《孝傳》，已著録經編。此書亦作《四(七)〔八〕目》，或疑非靖節手製。

梁四公記一卷　鈔本

舊題唐張説撰。《唐志》有盧詵《四公記》一卷，注："一作梁載言。"《宋志》題梁載言《梁四公記》一卷。陳氏《書録解題》引《邯鄲書目》云載言得之臨淄田通，又云別本題張説，或爲盧詵。疑不能明。所記多誕妄，而四公名㝻闛、䴉杰、㮮𪖨、仉肾，尤怪異無稽。

虬髯客傳一卷　《龍威秘書》本，又仁和王氏本

舊題張説撰。一作杜光庭撰。記楊素妓紅拂識李衛公英雄，同奔，道遇虬髯客，偕見太原公子。知其真主，遂傾家贈衛公，助成大業，後自爲夫餘國王。事之有無不可知，而文筆雄雋可玩。

廣黄帝本行(紀)〔記〕一卷

唐閬州晉安縣主簿王瓘撰。《唐志》有王瓘《廣軒轅黄帝本紀》三卷，即此書。陽湖孫氏星衍得壹是堂舊鈔本，復從《道藏》海字號校録一卷，非完書也。按：其書當備詳黄帝始末，今起於黄帝以天下既理，乃但存下卷耳。

軒轅黃帝傳一卷　並平津館本

撰人缺。按:錢曾《讀書敏求記》於《廣黃帝本行(紀)〔記〕》後即次此書。陽湖孫氏得壹是堂鈔本,正合二書爲一册。注引劉恕《外紀》、張唐英《蜀檮杌》,殆是宋人。其書多與王欽若《聖祖事迹》相出入,意其人以王瓘《記》佚上、中二卷,故作此以補其缺耶。

梅妃傳一卷　明顧氏本,又仁和王氏本

唐洋州刺史陽朔曹鄴業之撰。梅妃江氏,名采蘋,明皇妃也。

高力士外傳一卷　明顧氏本,又《龍威秘書》本,又仁和王氏本

唐大理司直郭湜撰。《唐志》作《高氏外傳》。注:力士。湜,大曆間人。

李林甫外傳一卷　仁和王氏本

撰人缺。與《唐書》本傳多不同。

長恨歌傳一卷　《龍威秘書》本,又仁和王氏本

唐秀才陳鴻撰。白居易爲盩厔尉時作《長恨歌》,詠明皇寵楊妃以致安禄山之亂,後幸蜀歸,使方士洪都羽客致妃魂,得長生殿七夕私語。此就《歌》作傳,冠于《歌》之前。

東城老父傳一卷

唐陳鴻撰。記長安宣陽里老父賈昌語開元中事。

睦仁蒨傳一卷

舊題陳鴻撰。記邯鄲睦仁蒨遇鬼成景事,荒怪無稽。按:與《太平廣記》卷二百九十七引《冥報録》同。題陳鴻,亦未知所據。

香山九老會一卷　並仁和王氏本

唐太子少傅刑部尚書下邽白居易樂天撰。樂天致仕,年七十,乃會故懷州司馬胡杲年八十九、衛尉卿吉皎八十八、龍武軍長史鄭據八十(四)〔五〕、益州長史劉真八十(二)〔七〕、侍御史盧真(七十八)〔八十三〕、永州刺史張渾亦年七十〔七〕,而秘書監狄兼謩、河南尹盧貞以未及七十,雖與會而不及列,合之得九人,飲于

履道里,皆有歌詩記之。樂天自敘其事曰"香山九老會",以時時遊香山之龍門寺云。

章臺柳傳一卷

唐諫議大夫許堯佐撰。《太平廣記》卷四百八十五載此,作《柳氏傳》。天寶中,昌黎韓翃有詩名,李生與翃友善,以幸姬柳氏贈之。後爲蕃將沙吒利所劫,虞候許俊卻奪歸於翃。侯希逸獻狀詔柳氏宜還韓翃。翃有《章臺柳》詩,《傳》改稱以此。

李娃傳一卷

唐度支郎中下邽白行簡知退撰。樂天之弟。娃本長安倡女,節行瓌奇。常州刺史滎陽公子見而嬖之,盡傾囊橐,落魄爲凶肆鬻歌。適遇父,恨其污辱門户,鞭斃棄之。經宿乃活,乞食雪中。娃聞聲,接延勸之,攻讀成名。後娃封汧國夫人。傳不著滎陽公子之名。案:滎陽鄭氏之族,望世相傳。鄭元和事,或有所見也。

會真記一卷

唐户部尚書河内元稹微之撰。《太平廣記》卷四百八十八雜傳載此,作《鶯鶯傳》。鶯鶯,崔氏小名。張氏始亂而終棄之,《記》許其善補過。或云即微之事,託諸張生云。卷末附王性之《辨證》。

紅線傳一卷

舊題楊巨源撰。紅線者,潞州節度使薛嵩青衣也。時魏博節度使田承嗣有吞併潞州之意,紅線爲嵩夜行數百里,取承嗣牀頭金合,使人封賚,自是兩境輯穆。《傳》記此事顛末。《太平廣記》卷一百九十五載此篇,云"出《甘澤謠》",未審何據題楊巨源也。胡元瑞跋稱其"撰述濃至,有范曄、李延壽之所不及"。

劉無雙傳一卷

唐薛調撰。記建中朝王仙客婚舅氏劉震女無雙唐末亂離,及古押衙義俠救援事。

霍小玉傳一卷

唐汀州刺史義興蔣防撰。記大曆中隴西李益與故霍王女小玉伉儷，後負約別娶盧氏，霍以情死始末。中間寫黃衫豪士爲小玉致李生一段，筆尤奇俊。

牛應貞傳一卷

唐宋若昭撰。有《女論語》，已著錄經編。此爲才女牛應貞作傳，採其文筆居多。

謝小娥傳一卷　並《龍威秘書》本，又仁和王氏本

唐江西從事李公佐撰。小娥，豫章估客女。父與婿段居貞賈貨江湖間，俱爲盜所殺。小娥夢父謂曰："殺我者，'車中猴，門東草'。"復夢夫謂曰："殺我者，'禾中走，一日夫'。"公佐舟泊建業，登瓦官寺，僧述十二字謎，乃悟爲申蘭、申春。小娥變男服，果訪得其人報冤。時元和十二年夏歲也。《傳》記其事，以旌美之。

周秦行記一卷　長洲顧氏家藏宋本，又仁和王氏本

唐丞相奇章郡公隴西牛僧孺思黯撰。自記貞元中，舉進士落第歸，過鳴皋山下，至一宅，黃衣閽人納之。見漢文帝母薄太后，命高祖戚夫人、元帝王嬙出拜，又謁太真妃及齊東昏侯潘妃。飲酒賦詩，荒唐怪誕，不可究詰。或曰李贊皇門客僞託奇章，欲以此書陷害之，理或然也。

冥音錄一卷

撰人缺。錄載盧江崔氏女開成五年四月三日夢在陰司簿屬教坊，直諸帝宮，得箏曲《迎君樂》《槲林歎》等十曲。刺史崔璵親召試之，李德裕表上其事。女尋卒。按：亦贊皇門客所作也。

東陽夜怪錄一卷　並仁和王氏本

唐進士琅玡王洙學源撰。記元和中秀才成自虛東陽驛南月夜遇怪事。怪有盧倚馬、朱中正、敬去文、奚銳金之名，其諸《莊子》之寓言乎？

楊(倡)〔娼〕傳一卷

唐高州刺史房千里鵠舉撰。楊(倡)〔娟〕,長安里中妓,嶺南帥重賂削去(倡)〔娟〕籍,納之。帥妻悍妒,欲投沸鬲,帥乃遣去。後帥卒設位,楊盡返帥賂,哭撤奠而死。千里傳其事,以報死爲義,卻賂爲廉,所以風世也。

步非煙傳一卷

唐皇甫枚撰。步非煙,河南府功曹參軍臨淮武公業愛妾也。與比鄰趙象有私,公業鞭楚死。《傳》載其與趙贈答之詞及洛陽崔生賦詩悼惜,夢來致謝,李生嘲以“羞見墜樓人”,夢執手屈地下面證,翌日李卒。事涉幽怪,無關勸懲,姑以文筆存之。

馮燕傳一卷

唐郢州掾吳興沈亞之下賢撰。燕,魏豪人。相國賈耽鎮滑,知其材,留屬軍中。竊滑將(趙)〔張〕嬰妻而殺之,官誣服嬰。燕出,自言其事。耽以狀聞,請歸印,以贖燕死。沈爲作傳,亦取其不欺而已。

奇男子傳一卷

唐江寧丞涇縣許棠文化撰。

蔣子文傳一卷

唐贈補闕餘杭羅鄴撰。記漢末秣陵令廣陵蔣子文廟食鍾山事。

杜子春傳一卷

舊題鄭還古撰。記隋唐間人杜子春遇仙事。有明馮猶龍跋。按:《太平廣記》卷十六載此篇,云出《續玄怪録》。題鄭還古,似誤。

陶峴傳一卷　　並仁和王氏本

舊題唐沈既濟撰。陶峴,彭澤令孫,開元中家崑山。慕謝康樂之爲人,遊吳郡西塞山,投劍環,命奴摩訶下,爲龍所害。《傳》記其事,爲好奇者儆也。《太平廣記》卷四百二十載此傳,云出《甘澤謠》。題沈既濟撰,或原書云然,今不可攷已。

雷民傳一卷

唐禮部員外郎吳縣沈既濟撰。記雷州諸雷子孫之事蹟。

任氏傳一卷　並《龍威秘書》本,又仁和王氏本

沈既濟撰。任氏,女妖。

柳毅傳一卷

唐隴西李朝威撰。記儀鳳中柳毅遇龍女事。文筆恢奇,雅與事稱。舊《涇陽縣志》載此篇,後修志者删去,迂儒之見也。

仙吏傳一卷　並仁和王氏本

唐太上隱者撰。記東方朔、陶貞白、顏真卿,凡三人。

香案牘一卷　明刊本

太上隱者撰。誌古來神仙品目。

英雄傳一卷　仁和王氏本

唐簡州刺史成都雍陶國鈞撰。記郭子儀、于頔、張説、裴度四人。有洪邁跋。《唐志》有《英雄録》一卷,疑即此書。

劍俠傳一卷　新安汪氏本,又仁和王氏本

唐太常少卿河南段成式柯古撰。世客荆州,宰相文昌之子也。記唐代劍俠。

揚州夢〔記〕一卷

唐進士于鄴撰。

杜秋傳一卷

唐中書舍人萬年杜牧牧之撰。杜秋,揚州名妓也。

開河記一卷

唐韓偓撰。隋大業元年,發河南諸郡男女七百萬開通濟渠,自西苑引穀、洛水達于河,自板渚引河通于淮。此記其事。

迷樓記一卷　並仁和王氏本

韓偓撰。迷樓在揚州,大業十二年煬帝幸江都建新宮落成,

曰若使真仙游此,亦當自迷。此迷樓之所由名也。二書皆歷敘驕
奢淫泆之事,垂世炯戒。

龍女傳一卷

唐薛瑩撰。文宗時人。

妙女傳一卷

唐盱眙尉海鹽顧非熊撰。顧況子,後隱茅山。記旌德崔氏婢
妙女事。潘之恒跋云:"此傳可續萼綠華、梁玉清女仙佳話也。"

神女傳一卷

唐孫頠撰。記太真夫人、宛若、康王廟女、鹽女、紫姑、張女
郎,凡六人。

靈應傳一卷　並《龍威秘書》本,又仁和王氏本

撰人缺。一題孫頠撰。記涇州故薛舉城善女湫(女)〔九〕孃
子神及州西朝那鎮湫神靈異。

申宗傳一卷

孫頠撰。

妖妄傳一卷　並仁和王氏本

唐朱希濟撰。

韓仙傳一卷　鈔本

唐韓若雲撰。傳中自序名湘,字清夫,會之子,文公其叔父
也。按:文公兄名會,其子名老成,即十二郎,早卒。公《祭十二郎
文》云"承先人後者,在孫惟汝,在子惟吾",是會止一子。又云,
"汝之子始十歲,吾之子始五歲"。考十二郎子名湘,登長慶三年
進士;公子名滜,登四年進士。《昌黎集》亦有《示侄孫湘詩》,昭然
可證。今以公之侄孫混爲公之猶子,已屬謬妄。至其敘兩生修煉
度世,且謂奉帝命度叔,因文公潮陽之貶,勸以服餌、逐鱷魚、平袁
盜,皆已以神術助之。更有以杖化文公形,隨與遁去成仙云云,尤
屬荒怪,大抵羽流託爲之。然傳中起伏回應皆有法,亦多名雋

之語。

墨崑崙傳一卷　仁和王氏本

南唐中書侍郎同平章事廣陵馮延巳正中撰。一名延嗣。《太平廣記》卷一百九十四載此篇,云出《傳奇》,記大曆中崔生家崑崙奴磨勒爲生取紅綃妓事。

緑珠傳一卷　鈔本

舊題樂史撰。按:《宋志》,曾致堯《廣中台記》八十卷,又有《緑珠傳》二卷,題樂史,似誤。緑珠,石崇妓也。

楊太真外傳二卷　明顧氏本,又《龍威秘書》本,又仁和王氏本

宋尚書職方員外郎臨川樂史子正撰。紀太真事,多正史所遺。

洛陽縉紳舊聞記五卷　知不足齋刊吳氏池北艸堂本

宋左僕射司空曹州張齊賢師亮撰。皆述梁唐以來洛中舊事,足資史攷。《宋史》本傳云:"生三歲,值晉亂,徙家洛陽。"又云:"歸洛,得裴度午橋莊,有池榭松竹之盛,日與親舊觴詠其間。"則張雖曹人,終其世居洛,見聞自真也。

江淮異人録二卷　知不足齋本,又《龍威秘書》本,又《函海》本

宋職方郎中潤州吳淑正儀撰。記南唐時道流、俠客、術士,凡二十五人。《函海》本二卷,與陳氏《書録解題》合。

先公談録一卷

宋右諫議大夫饒陽李宗諤昌武撰。記其父昉之言,有自序。《宋史》本傳作《家傳》《談録》。

丁晉公談録一卷

撰人缺。《宋志》作《丁謂談録》。

賈公談録一卷

宋刑部尚書全椒張洎撰。自序言:"庚午銜命宋都,聞於補闕賈黃中。"蓋其仕南唐時作也。

王沂公筆録一卷

宋丞相沂國公益都王曾孝先撰。記開國雜事,李燾《通鑑長編》多採之。

王氏談録一卷　並鈔本

宋待制知成德軍宋城王欽臣仲至撰。述其父侍讀學士洙原叔平日所論,凡九十九條。舊題王洙,失於詳考。

歸田録二卷　五峯閣本

宋歐陽修撰。作於致仕歸潁之後,故曰歸田。多記朝廷舊事及士大夫之言。自序謂以李肇《國史補》爲法,而小異於肇者,不書人之過惡也。《宋志》:八卷。或篇有分合與。

烏臺詩案一卷　《函海》本

宋蜀州朋九萬録東坡下御史公案,附以初舉發章疏及謫官後表章、書啓、詩詞等而成之。陳氏《書録解題》作《烏臺詩話》,《百川書志》作《烏臺詩案》,云"宋祠部員外郎直史館知湖州遭羣小搆成詩禍拘禁之卷案也"。

宜州家乘一卷　知不足齋本

宋知太平州主管玉龍觀分寧黃庭堅魯直撰。此書《山谷全集》不載。羅大經《鶴林玉露》云:山谷謫死宜州,時有永州唐生者從之游,爲之經紀後事,收拾遺文。獨所作《家乘》爲人竊去,了不可得。後百餘年,有持以獻史魏王者。史復以贐雙井族人蜀帥黃伯庸之行。考費袞《梁谿漫志》,從游者爲成都范信中。維揚所刻《山谷遺文》中有《家乘》,首載范序,乃知唐生即范之訛。書失去,旋得於紹興癸丑,明年甲寅鏤版行。范序自明,羅尚失深攷也。

麟書一卷　鈔本

宋直秘閣知江州歙縣汪若海東叟撰。此其爲太學生時作。《上表》言"從張叔夜幕中,爲兵火所迫,倉皇走艮嶽,匿神運石之下,居一夕,忽遇磐固侯,謂臣曰,'吾居太湖,鷗夷子去越時遺書一編'"云云。栟櫚外史鄧蕭跋云:"靖康丙午冬,王地失守,太學生汪君東叟寫以《麟書》,俾一時廢興之跡,昭若日星。且曰:未平定,吾不可以求進也。故託名鷗夷以自蔽。"吕本中跋以司馬長卿《大人賦》詼詭譎怪擬之。

驂鸞録一卷

宋資政殿大學士吴郡范成大至能撰。范以乾道壬辰自中書舍人出知(靖)〔静〕江府,紀其途中所見。其曰"驂鸞"者,取昌黎"遠勝登仙去,飛鸞不暇驂"語也。

攬轡録一卷

宋范成大撰。乾道六年使金所記。

吴船録二卷

宋范成大撰。范以淳熙丁酉自四川制置使召還,取水程起〔成都抵〕臨安,隨日記所閱歷,於古蹟形勝甚悉,亦時有考證。有幾亭陳士業序。

入蜀記六卷　　並知不足齋本

宋寶章閣待制山陰陸游務觀撰。陸以乾道五年授夔州通判,次年閏六月自山陰抵任,述其道途所見。

家世舊聞一卷　　汲古閣校刊宋本

宋陸游撰。

老學庵筆記十卷　　汲古閣本,又五峯閣本

宋陸游撰。綜述舊聞考訂爲多。《文獻通考》入小説家,兹仍依《宋志》。書十卷,《宋志》作一卷,筆誤也。

錢塘先賢傳贊一卷

宋臨安知府慶元袁韶彦(純)〔淳〕撰。録自許箕已下三十有九人,各有傳贊。首有至正丙子江浙提學班惟志序,末附袁韶《奏建先賢(初)〔祠〕疏》。

萬柳溪邊舊話一卷　　並知不足齋本

宋户部尚書無錫尤玘君(至)〔玉〕撰。舊題知非子,玘別號
也。萬柳溪,朱氏文藻以爲即梁谿。此編述敍先世,用家傳例,而
如環玉堂、棟樹城、關壯繆、顴汗之類,多奇聞軼事。稱"舊話"者,
寓滄桑之感也。

厚德録四卷　　五峯閣本

宋李元綱撰。《宋志》作李綱《近世厚德録》一卷,青照堂有
一卷本,亦題李元綱,《宋志》脱誤也。此本多三卷,或有所附
益乎。

建炎筆録三卷

宋同中書門下平章事太傅解州趙鼎元鎮撰。皆紀高宗朝事。
本集名《己酉筆録》。

辯誣筆録一卷

宋趙鼎撰。高宗朝再相,秦檜陷之,徙知泉州。又諷謝祖信
論,以嘗受張邦昌僞命。御史中丞王次翁論以治郡廢弛,又論以
嘗受僞命,乾没都督府錢十七萬緡,遂謫居興化軍,後又潮州安
置。中丞詹大方又誣其受賄,屬潮守放編置人移吉陽軍。此録辯
白前後劾奏之誣,與《謝表》"白首何歸,悵餘生之無幾;丹心未泯,
誓九死以不移"同意。

家訓筆録一卷

宋趙鼎撰。末有《自誌》,稱"得全居士"。

淳熙薦士録一卷　　並《函海》本

宋寶謨閣學士廬陵楊萬里誠齋撰。淳熙乙未,楊爲吏部郎
中。時王季海爲丞相,王嘗問:"宰相何〔事〕最急先務?"楊答:
"薦士爲先。"因呈《薦士録》,凡六十人,以朱子爲首。

東宮勸讀録一卷　　載《誠齋全集》

楊萬里撰。

慶元黨禁一卷　知不足齋本

撰人缺。但署"滄洲樵叟書"。作於淳祐乙巳。載僞學之黨，凡五十九人，多《宋史》所不載。其薛叔似、皇甫斌等列名此書。他時又以韓侂胄黨敗，則依附伊洛淵源者，固不少也。原書佚，乾隆中，四庫館録出。歙鮑廷博刊。

猶龍傳六卷

宋左街都監簽書教門公事崇德悟真大師賈善翔撰。有序一首。萃集老子言行，取孔子稱老子"其猶龍乎"之意以名之。

西使記一卷　並鈔本

元劉郁撰。憲宗九年，旭烈兀討平西域，發里哈遣常德使於軍中，郁據其所述見聞作此記。案：旭烈兀，依《元史》當作錫里庫；發里哈，當作法勒噶。

録鬼簿二卷　棟亭刊本

元開封鍾嗣成繼先撰。録當時顯官名公詞章行於世者，並傳其本末，弔以樂章。復以前乎此者，敘其姓名，述其所作。

神僧傳九卷　寫本

明永樂中奉敕撰。有永樂御製序。

吳釋傳一卷　宛平王氏家藏本

明劉鳳撰。專記吳中名僧事迹。

浦陽人物(志)〔記〕二卷　知不足齋本

明翰林學士金華宋濂景濂撰。分忠義、孝友、政事、文學、貞節，凡五目。記梅溶以下凡二十九人。有歐陽玄、鄭濤、戴良、戴殿泗四序。

廉吏傳十卷　舊寫本

明參議仁和黃汝亨貞甫撰。本宋成都費樞《廉吏傳》而增續之。原書自春秋列國訖于五季，共一百一十二人。黃更搜十九史，增(八)〔一〕百三十三人。宋元續傳六十四人，共傳三百九人。復自出銓署,標爲上、中、下三格。

名姬傳一卷　　鈔本

明陶宗儀撰。有《琴箋圖式》,已著録經編。此傳記杭妓之有名者,自蘇小小至朱觀奴,凡二十人。蓋錢塘舊爲繁華之地,宋南渡後,尤極奢麗。此託意亦《北里記》之類也。

閩省賢書六卷　　明刊本

明右僉都御史侯官邵捷春肇復撰。輯有明一代凡閩省科甲名數,以及公卿翰苑、閥閱蟬聯、早達眉壽,靡不該載。

閨範四卷　　繩其居本

明呂坤撰。有《四禮翼》等,已著録經編。此書輯經傳文之有關婦道者,爲《嘉言》一卷,録古今事蹟爲《善行》三卷。有釋有圖有論,欲使婦女觀之易曉。一名《閨戒》。按:新吾先生立朝持正,爲小人所忌。此書初出,流傳入内,神宗偶以賜鄭貴妃,妃製序重刊,頒之中外。時儲位未定,舉朝方集矢于鄭氏,而忌新吾者,謂可籍手中以奇禍。遂有戴士衡劾以假託《閨範〔圖〕説》,包藏禍心,無知者又爲《憂危竑議》,言此書私通貴妃。貴妃答以寶鏹五十、采幣四端,易儲之謀,不幸有其迹。時戚臣鄭承恩上疏辨冤,因戍士衡,而新吾亦自此退歸不起。見《明儒學案》。

憲世編七卷　　純白齋本

明南京太常寺少卿武進唐鶴徵凝庵撰。前編記孔子、顔、冉、曾、子思、孟子,下六卷記濂溪至塘南先生,凡十八人,各彙其言行,間附注評。鶴徵,順之子也。

關學編二卷　　新安畢孟侯刊本

明馮從吾撰。有《四書疑思録》,已著録經編。此書編次關中理學,自橫渠下取段堅、張傑、周蕙、張(器)〔鼎〕、李錦、薛敬之、王承裕、馬理、呂柟、韓邦奇、呂潛、南大吉、楊爵、(秦)〔王〕之士諸介行實纂次。

三遷志十五卷

明山東按察司僉事成都史鄂撰。太學生海鹽呂兆祥聖符重修,承其父藩理季可手定《孟志》。序略云:孟氏也,志孟而曰三遷。以孟子學實基始于斯。

聖賢像贊四卷　並明刊本

明呂維祺撰。有《韻學日月燈》,已著錄經編。此編圖孔子聖像及四配、十哲、先賢、先(賢)〔儒〕像而各繫以贊。

壽者傳三卷　震澤任氏刊本

明迪功郎秀水陳懋仁無功撰。上卷帝王,中卷國老,下卷庶老。

天水冰山錄五卷

明代籍没嚴嵩之册。雍正五年,周石林從殘本重鈔,附以籍没張居正、朱寧及嚴世蕃遺事四則,統以"天水冰山"名之。

北行日譜一卷

明檇李朱祖文叔經撰。世稱文學先生。譜紀蓼洲周忠介被逮始末。載其行事,日月具悉。首有金日升纂述《朱文學傳》,附周茂蘭《識誤》,次祖文《小引》,次張世偉、朱陛宣二序,卷後附蓼洲先生及文姚先生諸書,末有文學子壽陽跋。

碧血錄二卷

舊題古忠義城謎庵黃煜撰。題曰"碧血",紀死忠也。首紀天啓中死閹禍者萬燝、楊漣等二十一人,次載六君子獄中遺事,次附《天人合徵錄》,而以天變人變終之。

周端孝先生血疏貼黃册一卷

明諸生吳縣周茂蘭刺血上書,鳴其父吏部文選司員外郎忠介公順昌之冤。《疏》後有茂蘭《自識》。自敬亭山〔人〕姜埰題記者二十八人,合爲一帙。歙鮑廷博得之於桐鄉,刊附《碧血錄》後。有武進趙懷玉跋。

尋親紀程一卷滇還紀程一卷　並知不足齋本

明崇禎舉人吳縣黃向堅端木撰。首有胡周鼒、李楷二序,並稱《黃孝子紀程》,卷後附崑山歸莊玄恭《黃孝子傳》、《黃孝子滇南尋親圖册》、《黃端木岵屺圖册》、愚古道人《書後》、桴亭陸世儀道威跋。

平叛記二卷　恒訓閣藏本

明諸生萊州毛霦荆石撰。崇禎四年冬閏十一月二十八日,登州援凌將士孔有德等叛,始於吳橋,繼而破登圍萊,凡八月而始平。此紀其事之始末,並附議於下。舅氏宿旦序謂,文潛遜國以後,僅見是書。

談往二卷

舊題花村看行侍者撰。不詳何人。紀明末事。

守汴日志一卷　並石門吳氏本,又品石山房本

國朝開封李光壂熙亮撰。

虎口餘生記一卷　知不足齋本,又《龍威秘書》本,又品石山房本

國朝太原知府邊大綬長白撰。記其宰米脂時伐逆闖李自成祖墓,後爲賊執,獲免始末。後載塘報詳稿,叙掘賊墓事。

流賊傳一卷

撰人缺。紀明末流寇李自成、張獻忠事。

蜀碧二卷

原題丹溪生彭遵泗磬泉撰。記張獻忠寇蜀事。

流寇瑣記一卷

原題漸庵趙吉士恒甫撰。亦紀李自成等作亂事。

愍忠録二卷

撰人缺。記崇禎殉難臣民。

忠貞軼記一卷　並品石山房本

國朝順天府儒學教授江南徐戀賢撰。載京師甲申殉難之士。

崇禎忠節録一卷　留松堂藏本

國朝嘉興高承埏寓公撰。記殉難人士。子佑鉅訂補。

忠烈朱公盡節録四卷　忠孝堂本

國朝單縣朱繡撰。録其父廷焕中白崇禎中爲大名道副使，闖寇陷城死節事，並輯海内諸公贈言。

蜀難敘略一卷

國朝太倉沈荀蔚豹文撰。父雲祚，崇禎庚辰進士，爲華陽令，死逆闖之難。此敘其父殉難始末。有閒園老人等十三人跋、四川巡撫内江范文茨《沈華陽傳》。

粤行紀事三卷　並知不足齋本

國朝常熟瞿昌文壽明撰。紀明末事。

儒林宗派十六卷　辨志堂本

國朝鄞縣萬斯同季野撰。自孔子弟子、兩漢經師暨唐宋元明道學諸儒，支分流别，各著其姓氏爵里焉。有歷城周永年序。

理學備考正編二卷副編一卷　青照堂本

國朝順治辛丑進士洪洞范鄗鼎彪西撰。録故明一代諸儒遺傳，薈萃成編。原書三十四卷，朝邑李元春删定。

廣理學備考四十八卷　五經堂原本

范鄗鼎撰。取明儒文集、語録，擇其精要者書之。自薛敬（齋）〔軒〕至秦弱水，凡七十九人。前二卷，序目、凡例甚詳。

儒林録十九卷　廣志堂本

國朝華亭張恒北山撰。録浙中明儒自愚庵至吴朗公凡九十人言行語録。有張英序。

松亭行紀二卷

國朝詹事府詹事錢塘高士奇澹人撰。康熙辛酉，聖祖仁皇帝由温泉出喜峯口，士奇扈從。喜峯口外八十里有古松亭關，故以名焉。

扈從西巡日録一卷　並石門吳氏本

高士奇撰。康熙癸（酉）〔亥〕，聖祖仁皇帝西巡五臺山，士奇扈從，述所見聞而録之。

貳臣傳八卷

乾隆中國史館撰。凡前明舊臣入我朝者悉編載之，以著其事君不純之罪。

逆臣傳二卷　並來鹿堂校刊京師文盛書坊本

國史館撰。叛逆之臣，大筆書之，《春秋》懼亂賊之微旨也。

静修先生本傳二卷　續業堂本

國朝饒陽劉含撰。敘其父元龍行事。元龍字凝焉，舉孝廉方正，門人私謐静修先生。含輯録其父自敘年譜、傳碑及語録等。受業梁國興敬公校刊。

疇人傳九卷　學海堂本

國朝阮元撰。

右雜傳記類一百一十四部，共三百五十三卷。

玉函山房藏書簿録卷十

史編十二

譜系類

世本一卷　問經堂本

撰人缺。漢宋衷注。劉向《別録》云，古史官明於古事者所記録。皇甫謐《帝王世紀》以爲左丘明所纂。劉知幾《史通》云："楚漢之際，有好事者，録自古帝王、公侯、卿大夫之世，終乎秦末，號曰《世本》。"《漢志》載十五篇。《隋志》：二卷，云劉向撰；又別有《世本》四卷，宋衷撰《世本王侯大夫譜》三卷。《唐志》：宋衷注《世本》四卷，《世本別録》一卷，宋均注《帝譜世本》七卷，王氏注《世本譜》二卷。今並佚。嘉慶中，承德孫馮翼輯爲一卷，分《作篇》《居篇》《氏姓篇》《王侯大夫譜》，凡四篇，首有《攷證》一篇，陽湖孫星衍序。

世本五卷　二酉堂本

國朝武威張澍輯並注。於孫氏輯本外，據隋、唐《志》諸家注，又攷《史記索隱》云裴注及所引孫檢注《世本》。檢，南齊時人。凡宋衷、宋均、孫檢注皆附著。其無注者，引古説以己意附之。

先聖年譜一卷

撰人缺。記敘孔子行(室)〔世〕事。按年編次，以《史記》爲本，參攷羣書爲之。

王右丞年譜一卷　奇字齋本,又目耕堂本

撰人缺。明(吳縣)〔無錫〕顧〔起〕經元緯刊,附《右丞集》後。

百家姓注釋一卷　濟美堂本

宋吳越人撰。佚其姓氏。首趙者,尊天子之姓。次錢者,尊其國王之姓。孫、李以下,皆就其國之著姓編之。《兔園册》載其事。明王相晉〔升〕注釋。

范文正公年譜一卷　載《文正公集》

撰人缺。文正公二十一世孫、廣東巡撫范時崇刊入集中。

蘇東坡先生年譜一卷　附刊《施注蘇詩》

宋餘姚令吳興施宿武子撰。

黃山谷先生年譜一卷　載《山谷外集》

宋分寧黃㵭子耕撰。山谷先生孫也。

姓氏急就篇二卷　附刊《玉海》

宋王應麟撰。聯貫古今姓氏,仿史游《急就篇》體編成,文詞古雅可誦。按:史游《急就篇》有"柳堯舜,樂禹湯"等語,陳元禮箋以爲皆漢初徙關中大姓,然則伯厚之作亦因而非創也。

象山年譜一卷　《象山集》

宋四明袁燮、李子愿同撰。二人皆爲象山學者也。

薛文清公年譜一卷　河津刊本

明薛士弘撰。文清公,明禮部(右)〔左〕侍郎河津薛瑄德温也。士弘,文清八代孫。

陽明先生年譜二卷　附刊《全集》

撰人缺。麗順藏本,附刊《陽明先生全集》。(新建)〔餘姚〕施邦曜《陽明先生集要》三編,附刊一卷。

夏桂洲年譜一卷　載《桂洲集》

撰人缺。蔛谿吳氏刊入《桂洲集》。

希姓録五卷　《函海》本

明楊慎撰。取古今希見之姓録之。蕭山單隆周補録,所採頗詳。

嚴開止先生年譜一卷　附刊《春秋傳注》

明烏程嚴民範撰。開止先生,其叔父也。

謝皋羽年譜一卷　《昭代叢書》本

國朝會稽徐沁埜公撰。歷陽戴移孝無忝校。以皋羽在宋忠義于國,故詳考而備録之。

萬姓統譜一百二十卷

國朝吳興凌迪知撰。取古今姓氏,以韻編次。蒐羅雖富,而牴牾厖雜有所難免。

尚友録二十二卷　正業堂本

明綏安廖用賢賓于撰,晴川張伯琮鶴湄補輯。一如凌氏《萬姓統譜》所編,分列各韻之下,視凌書詳而該,張增姓五氏八十三人。

魏敏果公年譜一卷　附刊《寒松堂集》

撰人缺。敏果公,刑部尚書蔚州魏象樞環極也。

郭華野年譜一卷　附刊《華野疏稿》

撰人缺。華野後人。與《鄉賢録》《名宦録》同刊,附《華野疏稿》後。

王文貞公年譜一卷　附刊《青箱堂集》

撰人缺。文貞公,禮部尚書宛平王崇簡敬哉也。

吳蓮洋先生年譜一卷　附刊《蓮洋集》

撰人缺。蓮洋先生,康熙中徵博學鴻詞蒲州吳雯天章也。

施愚山先生年譜四卷　附刊《愚山集》

撰人缺。愚山先生,翰林院侍講宣城施閏章尚白也。

漫堂年譜四卷　附刊《西陂類藁》

　　漫堂者,吏部尚書商丘宋犖牧仲也。有澤州陳廷敬序。

汪氏族譜一卷　城西艸堂本

　　國朝汪琬撰。

史姓(類)〔韻〕編六十四卷　雙節堂本

　　國朝汪輝祖撰。有《學治臆説》,已著録。此編摘二十四史中紀載之人,標姓彙録,依韻排次。乾隆五十五年刊本,有守雅堂藏書印,補遺寫于上方。

增廣排韻氏族事類綱目十卷　白雲齋本

　　撰人缺。江西德興北山徐湯序云:"書林陳氏崑泉子購求重梓。合一百九十三姓,計千一百九十一家。"首以沈約排韻爲綱次,著各姓事實於下爲目。

姓氏尋源三十五卷

　　國朝武威張澍撰。張最留心姓氏之學,既輯補《風俗通·姓氏篇》,乃復爲此書。引證博洽,大似《路史·國名紀》。

姓氏辯誤三十卷　並棗(花)〔華〕書屋本

　　張澍撰。此編辯論古人説姓氏之誤,亦極博通。

千家姓集注一卷　文賢堂本

　　國朝西昌熊峻運撰。補百家姓之缺,且成意義。

升庵年譜一卷　《函海》本

　　國朝李調元撰。升庵爲李鄉先達,故爲之譜。

　　右譜系類三十一部,共三百二十二卷,除載文集四卷,實三百一十八卷。

史編十三

地理類

三輔黄圖一卷　平津館本

　　漢撰人缺。一名《西京黄圖》,原有圖,久佚。如淳、晉灼、臣瓚、劉昭多引之。其詞簡古,宋王應麟弟應鳳有訂本,今不傳。《漢魏叢書》刊明張遂辰六卷之本,多缺誤。陽湖孫氏星衍與莊氏逵吉校定補正,並取諸書所引詳注其下,依《隋志》合爲一卷。

鄴中記一卷　武英殿聚珍版本

晉國子助教陸翽撰。石趙都鄴,書中多記其宮殿園苑。隋、唐《志》皆二卷。原書久佚,乾隆中,四庫館輯録版行。

佛國記一卷　汲古閣本

晉釋法顯撰。杜氏《通典》引作法明,避唐中宗諱也。法顯於晉義熙中自長安游天竺,經歷三十餘國,歸,與天竺禪師參定爲此記。山川道里,可與《水經注》河水互考。

南方草木狀三卷　明徐仁毓校本,又《龍威秘書》本

晉平越中郎將廣州刺史譙國嵇含君道撰。分草、木、果、竹四類,共八十種,皆南中所産。蓋其刺廣時作也。隋、唐《志》不著録,偶佚之。文筆雅潔,非唐以後人所能擬。

水經二卷　明武林何士振校本

舊題漢桑欽撰。案《隋志》:"《水經》三卷,郭璞注。"《唐志》:"桑欽《水經》三卷。一作郭璞撰。"以酈注亟引桑欽説,又與經文不同,知桑欽自有所著《地理説》,而非酈注之本也。

水經注四十卷　武英殿聚珍版本

後魏御史中尉范陽酈道元善長撰。明刻舛誤,經注混淆。乾隆中,四庫館以《永樂大典》所載舊本校正刊行。

洛陽伽藍記五卷序例一卷　明徐仁毓校本,又汲古閣本

後魏撫軍司馬楊衒之撰。楊,或作羊。魏自太和以後洛陽佛刹甲天下。永熙亂後,衒之行役故都,追敍舊蹟,附以軼事,寓興廢之慨云。

十三州志二卷

後魏考課郎中敦煌闞駰玄陰撰。《隋志》:十卷。《唐志》:十

四卷。今佚。武威張澍輯。劉知幾《史通》稱其書彌於四國,顏師古注《漢書》多取之。斷珪碎璧,彌可珍矣。

涼土異物志一卷　並二酉堂本

撰人缺。《隋志》:一卷。《唐志》:二卷。並作《涼州異物志》。《博物志》《水經注》引作《涼土異物志》,均不傳作者姓字。其書久佚。武威張澍輯録,以史注引宋膺《異物志》,多説西方且月氏羊尾文,與《涼州異物志》同。《太平廣記》引《涼州異物志》"羊子生土中",文亦與宋膺《異物志》同。疑此書即宋膺所纂云。

荆楚歲時記一卷　明武林徐氏校本

後周車騎大將軍開府儀同涅陽宗懍元懍撰,隋杜公瞻注。懍仕梁至吏部尚書,江陵平,與王褒等同入周,《北史》有傳。舊題作晉人,誤也。懍本楚人,故述其鄉之風土,猶勸梁元帝都渚宮意也。《唐志》作杜公瞻《荆楚歲時記》二卷,以注出杜氏故也。

三秦記一卷

辛氏撰。杜氏《通典·州郡門》注云:辛氏《三秦記》之類,自述其鄉國靈怪。唐時其書尚存,故《北堂書鈔》、《初學記》、《括地志》、《漢書》注、《史記索隱》《正義》諸書皆引之。今佚,武威張澍輯刊。

龍角山記一卷　《道藏》鈔本

唐玄宗明皇帝御製。

終南草堂十志一卷

唐徵諫議大夫洛陽盧鴻灝然撰。其先幽州范陽人,隱居嵩山。開元中,屢徵不起,賜隱居服,營草堂,恩禮殊渥。所居室自號寧極,見《唐書·隱逸傳》。書志終南草堂十景,皆有吟詠。

來南録一卷　並仁和王氏本

唐李翱撰。

元和郡縣志四十卷　林汲山房藏本

唐中書門下同平章事司空趙郡李吉甫宏憲撰。元和八年表進。自序謂："辨州域之疆界,起京兆府,盡隴(西)〔右〕道,凡四十七鎮,成四十(七)卷。"每鎮皆有圖,在篇首,并目録二卷。圖録久佚,今本缺七卷有半。後有程大昌、洪邁、張子顏三跋。據程跋,"憲宗經略諸鎮,吉甫實贊成之,其于河北、淮西,悉嘗圖上地形,憲宗得以坐覽要害,而陰定策畫者,圖之助多也,惜乎不存。志傳寫久,有闕佚,(文類)〔又訛〕誤,不敢强補"云云,則此書在北宋已非全足本也。

平泉草木記一卷　仁和王氏本

唐李德裕撰。平泉在河南府南,德裕舊莊也。此記其中奇石異卉。

渚宮舊事五卷補遺一卷　平津館本

唐將仕郎守太子校書余知古撰。《唐志》此書下注云:"文宗時人。"《漢上題襟集》十卷注云:"段成式、温庭筠、余知古。"則與段、温同時,倡和當爲游漢上時作。陳振孫以爲後周人,誤。《文獻通考》引《讀書志》又併脱"余"字,題爲唐知古,謬彌甚矣。《唐志》《郡齋讀書志》並十卷,此本五卷,與陳氏《書録解題》所載卷數合,則書自南宋時佚其半矣。書記楚中故事人物,取郢都南渚宮以爲名。事起周,止於晉代。則所失,蓋後五卷也。《補遺》一卷,陽湖孫氏星衍與邵氏秉華參校,紀相國昀《補遺》本所未備,並注出典。

北户録三卷

唐河南段公路撰。一作公璐,文昌孫也。書載嶺南風土物産,極賅備,引證尤博,注亦典贍。題登仕郎前參軍龜圖撰,不著姓者,疑段氏之族與。

吴地記一卷

唐陸廣微撰。僖宗時人。書中記吴地古蹟。稱錢氏諱鏐,後人有所增益。

洞天福地記一卷 並仁和王氏本

唐白雲溪道士括蒼杜光庭聖賓撰。自號東瀛子，蜀王建賜號廣成先生。本《道藏·白玉山經》，標列三十六小洞天、七十二福地名目及所在之處。

嶺表録異三卷 武英殿聚珍版本

唐廣州司馬劉恂撰。原書佚，乾隆中，四庫館從《永樂大典》録出刊行。敘物產風土詞皆古雅，於魚蟲草木訓詁尤精，與《南方草木狀》《北戶録》可稱鼎足。

太平寰宇記二百卷 明刊本

宋兵部侍郎崇仁樂史子正撰。裔孫之篪宜仲及蕤賓律陽校刊。太平興國中進書。自序謂"自河南周於海外，至若賈耽之漏落，吉甫之闕遺，此盡收焉。萬里山河，四方險阻，攻守利害，沿襲根源，伸紙未窮，森然在目"云云，則地理之書，記録爲最詳矣。每卷後附《校勘》一篇，則之篪等筆也。

高昌行紀一卷 鈔本

宋左千牛衛上將軍大名王延德撰。《宋史》本傳載，太平興國初補殿前承旨，再遷供奉官。六年，會高昌國遣使朝貢，太宗以遠人輸誠，遣延德與殿前承旨白勳使焉。自夏州渡河，徑沙磧，歷伊州，望北庭，萬五千里。雍熙二年使還，撰《西州程記》以獻，授崇儀副使。此即《西州程記》傳者，名異耳。

益(都)〔部〕方物略記一卷 汲古閣本

宋工部尚書翰林學士承旨安陸宋祁子京撰。此編知益州時因沈立《劍南方物》略，補其缺遺，共得六十五種，各爲圖贊，併注其形狀。今圖佚，贊注古雅可諷。

宣和奉使高麗圖經四十卷目録一卷 知不足齋校刊宋本

宋尚書刑部員外郎甌寧徐兢明叔撰。宣和六年高麗入貢，請於上，願得能書者至其國中，繼遣給事中路允迪報聘，以兢爲國信所提轄人船禮物官，因撰此書以進。凡二十八門。自序云：「物圖其形，事爲之説。」圖佚已久。從（孫）子藏刻是書於澂江，已云圖亡而經存，則佚在靖康之變矣。

使高麗紀一卷　鈔本

徐兢撰。此紀使高麗始末。

長安志二十卷

宋諫議大夫常山宋敏求撰。考長安古蹟最詳，其坊市及唐時士大夫第宅皆鑿鑿言之。後人有本之以繪爲圖者，志乘中最爲精核。

洛陽名（圖）〔園〕記一卷　《顧氏叢書》本

宋禮部員外郎濟南李格非文叔撰。《宋史·文苑傳》稱其嘗著《洛陽名園記》，謂「洛陽之盛衰，天下治亂之候也」。其後洛陽陷于金人，以爲知言。則當日以文章受知於東坡，此記見一斑已。或題作李廌，誤。

雍録十卷

宋程大昌撰。有《禹貢論》，已著録經編。此書作於孝宗時乾道、淳熙之間，關中已爲金地，宮殿山水只據諸圖志參考，特加意於形勢險要，以孝宗有恢復中原之志也。

四明它山水利備覽二卷　清餘堂校刊本

宋鄞縣（令）魏峴撰。它山水在鄞，灌溉七鄉，惟患爲江潮所汩，唐時築堰以扞潮，歲久圮廢，峴請於府重修，因作是書。上卷記源流規制及修築始末，下卷碑記題詠。明太僕寺卿鄞陳朝輔燮五校梓。

吳郡志五十卷　蘇州刊本

宋范成大撰。當時書未成，而石湖没，會有求附志而不得者，譖曰此非石湖筆書，藏學官久之。紹定初，李壽朋爲守，始刻之。而書止于紹熙，其後事則李偲僚屬補成。李履常序目謂：「郡士龔頤正、滕峴、周南,皆常薦所聞於公者,而龔尤多。"詳見《通考》。

桂海虞衡志一卷　明新安汪士漢刊本

范成大撰。凡十三篇,敍述典雅。原書三卷,明人删併。《文獻通考·四裔考》引幾盈卷,皆今本所無,固可採補其缺也。

嶺外代答十卷　知不足齋本

宋桂林通判永嘉周去非直夫撰。書分二十門。自序謂,本范成大《桂海虞衡志》,而益以耳目所治,録存(三)〔二〕百九十四條,蓋因有問嶺外事者,倦於應酬,書此示之,故曰"代答"。《文獻通考》作十卷,《永樂大典》併爲二卷,乾隆三十八年館臣校上,仍爲十卷。

諸蕃志二卷　《函海》本

宋提舉福建趙汝适撰。原書佚,乾隆中,四庫館從《永樂大典》録出,綿州李調元刊。所言海外諸國與《宋史·外國傳》相出入,而於風土物産加詳。

溪蠻叢笑一卷　明刊本

宋朱(蕭)〔輔〕撰。溪蠻者,武陵五溪蠻也。輔嘗官其地,據所聞見,記其種類風俗,曰叢笑者,鄙其少中華之禮也。

東京夢華録十卷　汲古閣本

宋孟元老撰。南渡後追憶汴京之盛而作,載都城坊市、節序、風俗甚詳,並及當時典制,可與史志參攷。

都城紀勝一卷　棟亭刊本

舊題灌圃耐得翁撰。不著名氏。書成於端平二年,分十四門,皆記杭州瑣事。有自序。髣髴《洛陽名園記》而作。

武林舊事十卷　知不足齋本

宋弁陽周密公謹撰。自號四水潛夫。書作于宋亡之後,追述軼聞。《説郛》所載《高宗幸張府節次略》、官本雜劇《武林市肆記》皆取此書中。明宋廷佐校定本也,有宋及姚士粦二序,忻德、祝靖、澹翁、瓶花齋吳氏四跋,末附《讀書敏求記》《西湖志》各一則。

北轅録一卷　鈔本

舊題宋周煇撰。案:宋周煇嘗作《清波雜志》,張貴謨序亦作周煇,疑皆周暉之誤,詳具彼録。此記淳熙丙申其叔祖士襃、副待制敷文閣張子政使金國充賀往返行程。

洞霄圖志六卷　知不足齋本

宋錢塘鄧牧牧心撰。洞霄宮在餘杭縣大滌洞天,巖壑深透,爲七十二福地之一。牧入元隱居,大德己亥入洞霄止超然館,自號大滌山人。住持沈多福爲營白鹿山房居之,遂屬牧與本山道士孟宗寶作此志。凡六門:曰《宮觀》;曰《山水》;曰《洞府》;曰《古蹟》,附以異事;曰《人物》,分列仙、高道二子目;曰《碑記》。門各一卷。

武當福地總真集三卷

宋林下洞陽道人劉道明撰。

武當紀勝集一卷

宋雲興路羅霆震撰。自號雲麓樵翁。

宮觀碑誌一卷　並《道藏》鈔本

撰人缺。皆記宋代宮觀碑文,首陶穀《涇州回(上)〔山〕重修王母宮記》,終(李)〔孫〕純甫《重建十方上清宮記》。《道藏全目》題陶穀撰,非也。

禁扁五卷　棟亭刊本

元通事舍人須句王士點繼志撰。蒐考歷代宮殿、門觀、池館、苑籞等,名分甲、乙、丙、丁、戊,凡五卷。有歐陽玄、虞集二序。

齊乘六卷

元兵部侍郎益都于欽撰。括三齊興圖,分六門:曰沿革、曰郡邑、曰古蹟、曰亭館、曰土俗、曰人物。至元己卯蘇天爵序。明杜思謂:"志山水似景純,述人物似靖節,近世之良史。"

吳中舊事一卷 　《函海》本

元吳郡陸友仁輔之撰。皆記吳郡軼聞故蹟，頗多考證。

天南行紀一卷 　紅藕花軒鈔本

元禮部郎徐明善撰。至元二十五年安南國王上表投誠，使禮部侍郎李思衍封安其主，以徐輔行。此紀其前後上表及奉使入貢事蹟。

河源志一卷

元翰林學士濟南潘昂霄景梁撰。考河源在土蕃朵甘思西鄙，火敦腦兒自西而東，道里甚晰，《元史·河渠志》取之。

梵字圖書一卷 　並鈔本

元撰人缺。臨川朱思本譯。亦言河源，《元史》取與潘《志》參攷。

闕里志二十四卷 　奎文堂本

明提學副使陳鎬撰。弘治乙丑李東陽序刊。

夷俗記一卷

明刑部尚書泰安蕭大亨岳峯撰。

雲南山川志一卷

明楊慎撰。

滇載記一卷

楊慎撰。前書專紀雲南山水，此記雜事，二書皆謫滇時作。

全蜀藝文志六十四卷 　江陵朱雲退校刊本

楊慎撰。搜括四川文物，詳備可觀。有嘉靖辛丑自序。

輿圖摘要十五卷 　豹變齋本

明李日華撰。此及《官制備考》，皆擬史而作。

名山記四十八卷

明觀察使括蒼何鏜振卿撰。六朝唐宋以來凡游歷讌賞之作，無不搜羅，明代文居十之六七。前有圖五十五，附錄自東方朔《神異經》至沈括《忘懷録》、屠隆《游具箋》,共十一種。王稚登、湯顯祖、王世貞皆有序。鎧原書十七卷,未知誰所續補也。

東西洋考十二卷

明萬曆舉人龍溪張燮紹和撰。《西洋列國考》四卷,《東洋列國考》一卷,皆賈舶所通者。每國各立一傳,後附載山川方物,以書爲舶政作,故以交易終焉。又《外紀考》一卷,紀日本、紅夷之梗賈舶者,又爲税餉、舟師、税璫、藝文、逸事各考,共六卷。于明代故事頗詳。

嵩嶽志十卷　　並明刊本

明祥符陸東道函撰。一號夢洲。河南道監察御史上饒蔣機日峯訂刊。以乾、元、亨、利、貞分卷上下。

邑乘私鈔一卷　　甲秀園本

明諸生鉛山費元禄無學撰。得宋元平邑逸志,略加參訂,採其遺逸。永平,即今鉛邑也。

華亭縣舊志十六卷　　明刊本

明松江知府孔輔、華亭知縣聶豹撰。正德辛巳刊,有翰林院編修邑人孫承澤序。按:聶以理學著名,詳見子編儒家類。

武功縣舊志二卷

明翰林院修撰武功康海德涵撰。書凡七篇,分地理、建置、祠祀三目。藝文散附各條,削地志繁濫之例,歸于簡賅。

朝邑縣舊志二卷　　明刊本

明山西左參議朝邑韓邦靖汝(度)〔慶〕撰。分總志、風俗、物産、田賦、名宦、人物、雜記,凡七目。上下千年,鉅細包括,明以來與康氏《武功志》並推絶作。

校正朝邑志二卷　　濟南書院刊本

國朝王元啓撰。有《惺齋四書講義》,已著録。此編以韓氏《朝邑志》舊本多脱誤,乃爲校正重刊。

高陵縣舊志七卷　　高邑刊本

明吕柟撰。有《四書因問》，已著録經編。志作于嘉靖辛丑，有馬理、徐效賢、王九思、劉守臣四序及吕自序，附載楊九式《吕涇野先生續傳》。

萊蕪縣舊志十卷　　明刊本

明太常寺卿章邱李開先中麓撰。嘉靖甲辰刊，明代著名之志。

嘉孫注：《中國地方志聯合目録》、曾遠聞《李開先年譜》均未收，極罕見。

華州舊志八卷續志四卷

明左華山人張光孝撰。隆慶六年知州陽城李可久校定。續四卷，東崖山人劉遇奇撰，知州蒲坂馮昌奕重修。

華陰縣舊志八卷　　明刊本

明華陰知縣古穰王九疇、邑人張毓翰同撰。萬曆甲寅刊。有馮從吾序。

明朔方新志六卷　　明刊本

明郎中寧夏胡汝礪撰。作于弘治辛酉，嘉靖中巡撫蒲州楊守禮重修，名《寧夏志》，萬曆丁巳户部山西清吏司主事寧夏楊壽曾再修，更今名。

翼乘十二卷　　誠正齋本

明翰林院檢討南平雷恩需撰。翼城縣，春秋晉都也。舊乘止四卷，順治中山東道監察御史邑人上官鉉續增八卷。

嘉孫注：此書爲明萬曆三十六年（1608）刻清順治十四年（1637）增刻本，今藏美國國會圖書館，六册，題明崔儒秀修史學遷纂，清上官鉉補輯，卷内有"玉函山房藏書"印記，馬國翰故物也。當是國翰隨父之官山西時所得。見王重民《中國善本書提要》。

泗水縣舊志十二卷　　明刊本

明泗水〔知縣〕尤應魯撰。萬曆丙申刊。

蔚州舊志四卷

明三原來臨撰。有崇禎八年武陵楊嗣昌序。自華州已下數志，雖不及《華亭》《武功》《朝邑》《高陵》《萊蕪》五志之著名，以出明人手筆，統著於目。

歷城縣舊志十六卷

明舉人葉承宗撰。有崇禎庚辰宋祖法序。與胡德琳《新志》互有詳略，可以參考。版存葉氏家，零落不具，求之十數年，始得此本，當珍惜之。

華嶽全集十三卷

明華陰知縣貴陽馬明卿撰。先是嘉靖間李時芳纂有是書，萬曆丙申兵備副使天中張維新檄明卿重修。爰據王處一《華山志》，特增加明代祭告及詩文而已。

齊雲山志五卷

明休寧知縣南漳魯點子與撰。山在休寧縣西三十餘里，一稱白嶽。程朝京云："世廟時，以祺祀響應，鼎新宮殿，命官掌祠。"萬曆己亥點爲縣令作此志。有自序及潁陽許國序。

蓬萊閣集十卷　並明刊本

明蓬萊知縣大寧馬行健輯。自秦晉逮明，凡題詠蓬萊閣者，彙爲一編。有登州知府新河程式、提督操江萊陽孫旬瀋西二序。

吳郡考一卷　宛平王氏家藏本

明翰林院編修長洲劉鳳子威撰。

皇輿考十卷　黃州刊本

明湖廣提學副使山陰張天復撰。黃州知府應明祥梓。首引杜氏古九州之文，次序郡國圖志，以邊裔終焉。

霞客遊記十二卷

明江陰徐弘祖霞客撰。霞客年三十出游，從一奴、一僧、一杖、一襆被,遍歷天下名山水。嘗西行求河源,是編皆其紀游之文。原書殘失,楊明時重編,以地理區分編次。

赤雅三卷　知不足齋本

明南海鄺露湛若撰。露上元跨馬,遇南海黄令不及下,令怒拘之。鄺遂棄家走廣西,登涉鬼門、銅柱之間,遍游諸岑及藍、胡、侯、槃四姓土司,爲猺女雲鶉鞸娘之客。嘗記山川風土儀物,爲此書。稱諸岑爲漢將軍岑彭之後,世爲粤君長。歲時祭祀,以豿爲吴將軍漢首,以代犧牲。而伏波苗裔,世稱馬流人,皆史所未載。王阮亭《居易録》多載其説。

泰山蒐玉四卷

明泰安知州荆塗袁稬玉田撰。自秦迄明,凡泰山藝文,紀之以集中。諸作如玉散逸於櫝之外者,兹從而蒐輯之,名書之義也。有萬曆己卯訓導六安王化序,(毘)〔金〕陵周希旦跋。

泰山紀事二卷　並明刊本

明宋燾撰。分《天集》一卷、《人集》一卷。

泰山小史一卷　泰安郡署刊本

明順天府治中泰安蕭協中公驌撰。死甲申之難,雍正中入忠義祠。書紀泰山勝蹟,文筆雅潔。郡守宋思仁校刊。

岱史十八卷　明刊本

明鹽運使海寧查志隆撰。爲考者三:曰圖、曰星野、曰形勝。爲表者二:曰山水、曰疆域。爲紀者四:曰(巡)狩〔典〕、曰望典、曰遺蹟、曰靈宇。爲志者五:曰宫室、曰物産、曰香税、曰災祥、曰登覽。

西北域記一卷　《龍威秘書》本

明撰人缺。

畿輔通志一百二十卷

國朝直隸總督李衛等撰。因康熙十一年郭棻原本訂正,凡分三十一門。

嘉孫注:清唐執玉、李衛修,陳儀、田易纂。

江南通志二百卷

國朝兩江總督趙弘恩、中允黃之雋等撰。刪訂于成龍等舊志,具有條理。

江西通志一百六十二卷

國朝江西巡撫謝旻等撰。因康熙二十二年舊志更加釐定,徵引典據,具有史裁。

浙江通志二百八十卷

國朝浙江巡撫嵇曾筠等撰。凡五十四門,所引書具載原文出處,記載亦具列案牘,示有徵也。

福建通志七十八卷

國朝浙閩總督郝玉麟等撰。因明黃仲昭《八閩通志》舊文,歸於今制,分三十門,沿海島澳諸國及邊防阨塞皆有繪圖。

湖廣通志一百二十卷

國朝湖廣總督邁柱等撰。合兩湖爲一者,準《江南通志》例也,分三十一目。

河南通志八十卷

國朝河東總督王士俊等撰。依據舊志增葺新制,雍正十三年刊行。

山東通志三十六卷

國朝山東巡撫岳濬等撰。因陸釴、張鳳儀二志,多所補正。

山西通志二百三十卷

國朝山西巡撫覺羅石麟等撰。因康熙壬戌劉梅舊志刪補,司其事者爲宜興儲大文,地理頗詳。

陝西通志一百卷

國朝陝西總督劉於義等撰。敘述考證皆有依據,雍正十三年刊行。

甘肅通志五十卷

國朝甘肅巡撫許容等撰。乾隆元年刊。甘肅省本以陝西分置，古志無多，故不能及陝志之詳。

四川通志四十七卷

國朝四川總督黃廷桂等撰。因舊志考正爲多，雍正十一年刊行。

廣東通志六十四卷

國朝廣東巡撫郝玉麟等撰。雍正九年刊。

廣西通志一百二十卷

國朝廣西巡撫金鉷等撰。廣西新入版圖，其體制與古迥異，志以徵今爲主，得其要領已。

雲南通志三十卷

國朝雲貴總督鄂爾泰監修，姚州知州靖道謨撰。因康熙三十年舊志删補，乾隆元年刊。

貴州通志四十六卷

鄂爾泰監修，靖道謨撰。視卷雖多於《雲南通志》，而徵實簡略，以舊籍多缺故也。

廣東輿圖十二卷

國朝按察使司僉事郴州韓作棟撰。有康熙二十四年兩廣總督越州吳興祚、廣東巡撫李士禎及韓三序。

廣西輿圖九卷　並刊本

韓作棟撰。有廣西巡撫瀋陽范承勳及吳興祚二序。

泰山道里記一卷　（杏）雨山堂本

國朝處士泰安聶鈫劍光撰。舊謂泰山高四千丈，環一千里。其敘述明萬曆中間張參政五典以竿量泰山道里，積步五千一百二十步有奇，實一十四里零八十餘步。可正徐堅《初學記》所引《漢官儀》及《泰山記》所云凡四十里,郭璞《山海經》四十八里之謬。

南嶽志八卷

國朝衡山知縣高自位與邑人翰林院庶吉士曠敏本同撰。

(恒)〔衡〕嶽志八卷

國朝閬中朱袞與襄陽袁奐同撰。有康熙甲辰閩縣黃肇熙序。

北嶽恒山歷祀上〔曲〕陽考一卷　《昭代叢書》本

國朝江都劉師峻峻度撰。考自漢至順治八年,凡天子巡幸親祠者三,即位祭告者十八,災旱禱祠者十九,修常祀者二十四,皆在曲陽而以渾源之恒山,非北嶽,辨證甚詳。

説嵩三十二卷

國朝鴻臚寺卿登封景日昣冬陽撰。前十四篇以地爲次,紀山之支幹。後十四門以類爲次,自星野至風俗,於敘述中多寓評斷。

西湖志四十八卷

國朝太子少保 李 衛 撰 。

嘉孫注:《清史稿藝文志及補編》作四十六卷。

靈巖志五卷

國朝李興祖撰。康熙丙子刊。山在長清縣。

天下郡國利病書一百二十卷　雅鑒齋活字板本

國朝顧炎武撰。體製略仿《太平寰宇記》,而於各郡國利病所在,詳切言之,尤見經濟之大。

山東考士録一卷　石門吳氏刊本

顧炎武撰。

山東考古録一卷

顧炎武撰。蒐考山東古事,博徵廣證,以求其確當。

京東考古録一卷　並石門吳氏本,又《龍威秘書》本

顧炎武撰。蒐考京東古事,體例與《山東考古録》同。

今水經一卷表一卷　知不足齋本

國朝黃宗羲撰。有《象數論》,已著録經編。此書條貫諸水,不襲前作,窮源按脈,頗得事實。卷首自序題雙瀑院長,末有玄孫璋跋。

日下舊聞四十二卷目録二卷　六峯閣本

國朝翰林院檢討秀水朱彝尊錫鬯撰。一字竹垞。記京都人物故實,分十三門,集古書凡一千六百餘種,最爲淹博。

肅松録四卷　有恒堂本

國朝登州知府譚吉璁撰。順治十六年,世祖章皇帝諭工部修明諸陵寢爲詔祭。此輯録園陵碑碣及父老所述州志所載。有康熙十九年蔣熏序。肅松,地在昌平州。

顏山雜記四卷

國朝吏部尚書益都孫廷銓伯度撰。於益都顏神鎮採其舊聞新事,分十六目,敍述工雅。有康熙丙午趙進美序。今顏山改隸博山縣。

黔書二卷

國朝户部侍郎德州田雯綸霞撰。此其巡撫貴州時作,紀山川風俗,具有經濟文章,可爲治黔者法。王漁洋嘗以《顏山雜記》與《黔書》並稱。

外國志八卷　《西堂集》本

國朝尤侗撰。有《明史撰傳》,已著録。此亦擬史之《四夷志傳》,而以外國標名,故列之地理。

外國竹枝詞一卷　《昭代叢書》本

尤侗撰。自朝鮮至蒙古,凡八十九國。爲詞百首,後附土謠十首,又附閩人沙起雲喜亭《日本雜詠》十六首。

白鹿洞書院志十九卷　順德堂本

國朝星子知縣(蕭山)〔鄞縣〕毛德琦心齋撰。洞在南康府。

唐貞觀中，李渤與兄涉隱廬山，養一白鹿，甚馴，故名。書院創自南唐。宋淳熙中，朱子守是軍，請于朝賜額，列爲學，次第以示學者，一時名人多從之游。是編紀名勝、沿革及條規、文翰、祀典、田賦甚備。康熙癸丑，因郡守廖文英舊志重修。

安南雜記一卷　　石門吳氏本，又《昭代叢書》本

國朝國子監祭酒遂寧李仙根子靜撰。歙縣吳山濤岱觀校。安南，古交阯之地。此記其國土俗，末以"愚疑詐懨"四字評之。

奉使俄羅斯日記一卷

國朝吏部尚書麻城張鵬翮運青撰。康熙中奉使俄羅斯國，紀其程途所見及行使典禮。

塞北小鈔一卷

國朝高士奇撰。有《松亭行紀》《扈從西巡日録》，已著録雜傳記類。此記塞北山川風土，故別録於地理。

金鰲退食筆記一卷

高士奇撰。以康熙甲子入直内廷，賜居太液池之西，朝夕往來，訪前明故蹟作此書。

滇行紀程一卷

國朝雲南按察使華亭許纘曾鶴沙撰。此赴滇時所作。

東還紀程一卷

許纘曾撰。此自滇還時所紀。

粤述一卷　　並石門吳氏本

國朝廣西提學江都閔敘鶴矅撰。此其視學廣西時述所見聞而作。

黃山領要録二卷目録一卷　　知不足齋本

國朝歙縣〔汪〕洪度于鼎撰。有王士禛、宋犖、同里吳苑三序。從玄孫冶德跋。

封長白山記一卷

國朝翰林院編修遂安方象瑛渭仁撰。長白爲我朝發祥要地，康熙十六年命内大臣覺羅武某等封山致祭，象瑛恭紀其事。

使琉球紀略一卷

國朝賜一品服兵科副理三韓張學禮立庵撰。康熙中，册封琉球國王，張充正使官。此紀其始末。

中山紀略一卷

張學禮撰。

閩小記一卷

國朝禮部尚書祥符周亮工櫟園撰。雜記閩中物産、民風及遺事，時多考據。

粤西偶記一卷

國朝廣西學政當湖陸祚蕃武園撰。視學廣西時所作，與閔氏《粤述》相伯仲。

西征紀略一卷

國朝殷化行撰。

絕域紀(程)〔略〕一卷

國朝方拱乾撰。

滇黔紀遊一卷　並石門吴氏刊本

國朝江陰陳鼎子重撰。一字定九。此其游雲貴時作。

滇黔土司婚禮記一卷　知不足齋本

陳鼎撰。記滇、黔二省土司婚禮與中州不同者。首有暨陽鐵肩道人序，陳自號也。

皇華紀聞四卷

國朝王士禎撰。

粤行志一卷

王士禎撰。

南來志一卷

王士禛撰。

北歸志一卷

王士禛撰。三志皆奉祭告南海時作。

蜀道驛程記二卷　並石門吳氏本

王士禛撰。典試四川時作。

東西二漢水辨一卷

王士禛撰。遂安毛際可會侯校。嶓冢有二,已筆于《蜀道驛程記》,猶謂未悉,乃爲此辨。有張潮山來序跋。

廣州遊覽小志一卷　並《昭代叢書》本

王士禛撰。此書廣粵行三志所未備,記琳宮梵刹爲多。

長白山録一卷　《檀几叢書》本

王士禛撰。長白山在濟南鄒平縣西南,本屬長山縣,縣所得名也。此録考據詳賅。有張潮跋。

浯溪考一卷

王士禛撰。浯溪在永州府祁陽縣,凡古今事文皆考著之。

秦蜀驛程後記二卷　並《漁洋全集》本

王士禛撰。祭告華山時作。

隴蜀餘聞一卷　《漁洋全集》本,又石門吳氏本,又《昭代叢書》本

王士禛撰。已上諸書皆以事係日,以日係月,此則舉所聞不可係於日月者,別爲一編。

揚州鼓吹詞序一卷　石門吳氏本

國朝湖州知府江都吳綺園次撰。

泰山紀勝一卷　石門吳氏刊本,又《龍威秘書》校刊弗措軒原本

國朝曲阜孔貞瑄璧六撰。

匡廬紀游一卷　石門吳氏刊本,又《龍威秘書》本

國朝武進吳闡思道賢撰。紀其游廬山事。自昔傳廬山因匡俗居廬得名,故稱匡廬也。

登華記一卷　石門吳氏刊本

　　撰人缺。

遊雁蕩〔山〕記一卷

　　國朝武進周清原蓉湖撰。

甌江逸志一卷

　　國朝石門勞大與宜齋撰。

八紘譯史四卷例言一卷

　　國朝江陰知縣錢塘陸次雲雲士撰。皆紀外國風土人物。稱譯史者,取通譯之義。

八紘荒史一卷

　　陸次雲撰。記外國事得之傳聞者。

譯史紀餘四卷

　　陸次雲撰。補前二書之遺。

湖壖雜記一卷

　　陸次雲撰。

峒谿纖志一卷

　　陸次雲撰。

板橋雜記三卷

　　國朝三山余懷淡心撰。上卷雅游,中卷麗品,下卷軼事。有尤侗跋。板橋在揚州。

臺灣紀略一卷　並石門吳氏刊本,又《龍威秘書》本

　　國朝長樂林謙光芝楣撰。

臺灣雜記一卷

　　國朝無錫季麟光蓉洲撰。

安南紀游一卷　並石門吳氏刊本

　　國朝晉江潘鼎珪子登撰。

嶺南雜記一卷　石門吳氏刊本,又《龍威秘書》本

國朝石門吳震方青〔壇〕撰。

廣輿記二十四卷圖例一卷　體元堂本

國朝平江蔡方炳九霞撰。因陸伯生舊記而增修之,較陸書爲詳。

西藏記一卷

撰人缺。

西番譯語一卷　並《龍威秘書》本

撰人缺。

雁山雜記一卷

國朝鄢陵韓則愈秋巖撰。韓客永嘉十一年,始得作雁蕩之遊,往返二十日,記其名勝,凡十七條。有自序。

越問一卷

國朝錢塘王修玉倩修撰。記於越山川人物之勝,託爲巖處先生問,遠游公子答。谷霖蒼跋云:"神摹枚乘,才富柳州,故能清麗雄博,不數子安諸子。"

華山經一卷

國朝華陰東蔭商雲雛撰並注。誌仙隱爲多,附辨七條,極詳賅。

三江考一卷

國朝毛奇齡撰。據韋昭《國語》注松江、浙江、浦陽江,而以松江、婁江、東江之説爲非,引證確鑿。

黔中雜記一卷

國朝平遠府通判歙縣黃元治涵齋撰。黃以康熙二十二年通判平遠,次年春改府爲州,遂去任。追記風土,抒其籌畫。王阮亭、劉宣人及兄俞邰三跋,皆極稱之。

苗俗紀聞一卷

國朝龍眠方亨咸邵村撰。記滇黔諸苗風俗。其種類有黑脚苗、花苗、犵狫、仲家、蔡家、龍家、僰兒子、倮羅、擺夷、羅鬼諸名。

古今外國名考一卷

國朝(淄川)〔江都〕孫蘭滋九撰。考外國古今名之異。

廣東月令一卷

國朝廣東知縣吳江鈕琇玉樵撰。自序謂:"余宦遊所至,其風土大略相同。唯粤中則不特與朔方絶異,即較之江淮,亦甚懸殊。爰採耳目見聞,戲爲《廣東月令》,迺知炎陬譎詭,固不止於再稻八蠶已也。"

黔西古跡考一卷　　並《檀几叢書》本

國朝江寧錢霈懷白撰。訂正黔西古跡凡八則。有自序。

廣東新語二十八卷　　粤刊本

國朝番禺屈大均翁山撰。記廣東風土鄉俗,分天語、地語、山語、水語、石語、神語、人語、女語、事語、學語、文語、詩語、藝語、食語、貨語、器語、宮語、舟語、貢語、禽語、獸語、鱗語、介語、蟲語、木語、香語、草語、怪語,篇各爲一卷。有自序及吳江潘耒序。

臺灣志略二卷　　青照堂本

國朝李元春輯。録諸家記臺灣事迹者彙爲一編。地志一、風俗二、物産三、勝蹟四、原事五、軍政六、兵燹七、戎略八、叢談九。

塞程別紀一卷

國朝山陰余寀同野撰。此隨督運于公出塞紀行所作。自京師東直門至喀爾倫而止,一千五百餘里之中,風土見聞,與内地同異,敘述甚晰。

西北水利議一卷

國朝江都許承宣力臣撰。大旨謂水之流盛於東南,而其源皆在西北。用其流者,利害常兼;用其源者,有利而無害。其或有害,則不善用之之過也。通書籌屯田水利,不爲迂闊之論。

歙問一卷

國朝歙縣洪玉圖懔庵撰。記歙邑山川典故,託爲客問己答。

西方要紀一卷　　並《昭代叢書》本

國朝泰西〔利〕類思、安文〔思〕、南懷仁敦伯撰。西洋總名歐邏巴,距中國九萬里。此記其國之事,國土、路程、海舶、海奇、土產、製造、西學、服飾、風俗、法度、交易、飲食、醫學、性情、濟院、宮室、城池、兵衛、婚配、教法、西士,凡二十篇。

坤輿外紀一卷　　石門吳氏本,又《龍威秘書》本

南懷仁撰。亦紀西域諸國事。

濟南府志七十六卷

國朝濟南知府大興王鎮撰。道光二十年就舊志重修,纂錄者江南汪喜孫。内有《金石志》四卷,考訂尤詳博。

歷城縣志五十卷

國朝翰林院編修歷城周永年書倉撰。知縣胡德琳監修。有乾隆辛卯崔應階序。

章邱縣志十三卷

國朝章邱知縣嚴陵張萬青萼田撰。乾隆乙亥重修。

寧鄉縣志十卷

國朝寧鄉知縣新安呂履恒元素撰。成於康熙壬午。

武鄉縣志六卷

國朝武鄉知縣滿洲白鶴秀千撰。成於乾隆庚戌。

西安府志八十卷

國朝陝西巡撫鎮洋畢沅秋帆撰。

涇陽縣志十卷凡例圖目一卷

國朝涇陽知縣餘杭葛晨撰并序。乾隆四十三年刊。

涇渠志一卷

國朝陝西督糧道定興王太岳基平撰。嘉慶庚寅刊。鄭白渠自秦漢以來,擅關中水利,涇邑尤賴之。此識渠水灌溉之境界及掌司者之規約。

涇陽縣新志三十卷涇渠志三卷

國朝涇陽知縣新建胡元煐小碧撰。道光二十二年刊。志涇渠視舊志加詳。

鳳翔府志十二卷目例圖考一卷

國朝鳳翔知府滿洲達靈阿撰。因康熙四十九年知府華亭朱琦柯亭舊志重修。乾隆三十一年刊。

隴州志八卷目圖一卷

國朝隴州知州錢塘羅彰彝松山撰。康熙五十二年刊。

隴州續志十卷

國朝隴州知州南豐吳炳蔚然撰。乾隆三十一年刊。

興安府志三十卷

國朝興安知府李國麒撰。乾隆戊申刊。

興安府續志七卷補遺一卷　並刊本

國朝興安府知府上元葉世倬健菴撰。嘉慶十九年刊。

石泉縣志一卷　鈔本

國朝邑人張峻蹟撰。石泉知縣潘瑞奇校定,康熙丁卯梓版,今版毀無存。余知石泉時,鈔存此本。

鄜州志五卷

國朝鄜州直隸州知州歙縣吳鳴捷蔗薌撰。道光癸巳刊。

洛川縣志二十卷

國朝洛川知縣劉毓秀撰。天下志乘多矣,不可勝紀。録濟南府、歷、章三志,記桑梓之地也。録寧鄉、武鄉二志,先大夫攝篆之區也。余筮仕關中,由洛川而石泉,而涇陽,而隴州,録四志,並及所隸之府州,記宦遊也。餘雖別儲數百本,不具録。

蜀典十二卷　安懷堂本

　　國朝張澍撰。此嘉慶乙亥卸署輿文篆,在省乞假時因續修通志,書成而作,分人物、居寓、宦蹟、故事、風俗、方言、器物、動植、著作、姓氏,凡十目,意欲補川志之缺也。

　　右地理類二百零三部,共三千四百八十四卷。

史編十四

目録類

郡齋讀書志四卷後志二卷考異一卷附志二卷　海寧陳師曾刊本

　　宋尚書直敷文閣彭城晁公武子止撰。《考異》《附志》,江西漕貢進士秘書省校勘宜春趙希弁撰。南陽井氏聚書於廬山之陽,既而歸晁,徙置三峨之下,校録書目。至南渡,而至趙氏。《附志》則兼及慶元以後三志,並以經史子集分部,各有解題。

遂初堂書目一卷　鈔本

　　宋禮部尚書無錫尤袤延之撰。《宋史》本傳云:"嘗取孫綽《遂初賦》以自號,光宗書扁賜之。"其書目與諸家小有出入。一書兼載數本,此其創例。書名下無解題及撰人姓名,不應如是之略,或傳寫脱佚乎。

直齋書録解題二十二卷　武英殿聚珍版本

　　宋陳振孫直齋撰。分五十四類,不標經史子集之名,而次第仍依四部。解題與晁《志》相類,《文獻通考・經籍考》一門,實以二書爲本。原書佚,四庫館從《永樂大典》録出刊行。

漢藝文志考證十卷　附刊《玉海》

　　宋王應麟撰。以《漢書・藝文志》班固自注及顏師古注未能賅備,乃捃摭而爲補注。有考訂者,摘録具有根據。《漢志》外,增入古書二十六種。

授經圖二十卷　惜陰軒本

明宗正宗室朱睦㮮灌甫撰。每經四卷，因章氏《山堂考索》中舊圖重加釐訂。所述列傳至漢而止。康熙中，御史錢塘龔翔麟蘅圃病其未廣，俾晉江黃虞稷俞邰增改，前後次第多移易。凡增入古今作者二百五十五人，經解七百四十一部，六千二百一十八卷，刊之白下。道光中，三原李錫齡得西亭元本重刊。有勤美跋。

世善堂藏書目二卷　知不足齋本

明游擊將軍連山陳第季立撰。自號溫麻山農，一號一齋。陳以武功起家，藏書甚多。其目只載書名，無解題，所載書有久佚不傳者，蒐羅可謂富矣。

經義考三百卷　曝書亭本

國朝翰林院檢討秀水朱彝尊錫鬯撰。號竹垞。家所藏書八萬餘卷，輯其說之可據者，署經名而分繫其下。御注、敕撰列首卷，十四經爲經義者共二百五十八卷，《逸經》三卷，《毖緯》五卷，《擬經》十三卷，《承師》五卷，《刊石》五卷，《書壁》《鏤板》《著錄》各一卷，《通說》四卷。毛奇齡序載有《宣講》《立學》合一卷，《家學》一卷，《自序》一卷，原闕此三卷。書仿馬氏《經籍考》之例而推廣之，分四門：曰存，曰佚，曰闕，曰未見，各著本書下。康熙中曾以先刻《易》《書》《詩》《禮》進蒙。賜御書"研經博物"匾額，士林榮之。

小學考五十卷　廣西刊本

國朝兵部侍郎巡撫廣西南康謝啓昆蘊山撰。補朱氏《經義考》而作，分訓詁、文字、聲韻、音義四門，體例一遵朱氏。嘉定錢大昕序稱其"采摭極其博，而評論恊於公"云。

彙刻書目十一卷　璜川吳氏本

國朝桐川顧修菉涯撰。以十干分編，又爲補編一卷，凡古今合刻書目，無不畢載。

違禁書籍名目一卷

國史館纂録。自闡義至書同名異書集,共五百二十五種。

浙江採(輯)〔集〕遺書總録十一卷　浙江刊本

國朝浙江布政使王亶望、按察使徐恕等編。乾隆二十九年,詔下各直省徵求遺書,浙江共得書五萬六千九百五十五卷,不分卷者二千九十二册,分甲至癸十集,別有閏集一卷。

諸家藏書簿十卷　《函海》本

國朝李調元撰。

右目録類十二部,共四百六十七卷。

史編十五

史評類

史通二十卷　明刊本

唐散騎常侍彭城劉知幾子玄撰。明華亭陳繼儒仲醇注。劉官秘書監時,與蕭至忠、宗楚客爭論史事而作此書。《内篇》論史家體例,凡三十九篇,今佚其三。《外篇》述史籍源流得失,凡十三篇,詞議稍激,而駁詰悉折衷諦當。

史通通釋二十卷舉例一卷附　求放心齋定本

國朝無錫浦起龍二田撰。箋釋詳明,惟於舊文往往改易,未免率臆。有西江郭延年、河南王惟儉、北平黄叔琳三序及自序。附蔡焞敦復《舉例》一卷及劉知幾本傳並劉原序。

唐史論斷三卷　《函海》本

宋天章閣待制陽翟孫甫之翰撰。朱彝尊跋云:“甫以劉昫《唐書》繁冗失體,改用編年法,著《唐紀》七十五卷。没後,詔求其書,留之禁中,此則其《論斷》也。盧陵歐陽氏、涑水司馬氏、眉山蘇氏、南豐曾氏交歎美之。”《宋史》本傳稱其著《唐史記》七十五卷,時人言:“終日讀史,不如一日聽孫論也。”惜其全書不得見耳。

史剡一卷　鈔本

宋司馬光撰。自題云：“愚觀前世之史有存之不如其亡者，故作《史剡》。其細瑣繁蕪，固不可悉數，此言其卓卓爲士大夫所信者。”此本止八條，疑非全書。稱剡者，取《小雅》“以我剡耜”之義。

兩漢刊誤補遺十卷　知不足齋本

宋吳仁傑撰。有《易圖説》，已著録經編。此書補劉攽《西漢刊誤》《東漢刊誤》二書之遺，而兼及劉敞、劉奉世之説。引證詳確，實出三劉之上。《直齋書録解題》《延令宋板書目》並作十七卷。此本十卷，與《宋志》合，當日或有二刻乎？卷首有淳熙己酉古汴曾絳引，卷末附録《吳中舊事》《崑山縣志》各一則。

通鑑問疑一卷　汲古閣本

宋高安劉羲仲壯輿撰。《宋史》作義仲，字之訛。纂其父道原與溫公往復相難之語，凡十一篇。舊附《通鑑釋例》，今別行。黜魏帝蜀之説，朱子《通鑑綱目》本之。

三國雜事二卷　《函海》本

宋承議郎提舉上清宮丹稜唐庚子西撰。雜論三國之事，凡三十六條。

新唐書糾謬二十卷目一卷

宋左朝請郎知蜀州軍事(咸林)〔成都〕吳縝廷珍撰。書分二十門，駁斥凡四百餘事。晁氏《讀書志》謂：“縝不能屬文，多誤，有詆訶。”嘉定錢大昕校本遂於吳説有過當者，悉爲辨難，識於旁。又續爲《補遺》一卷，皆指吳失疵纇。跋謂竊取虞仲〔常〕《非〈非國語〉》之例，然《新書》亦實有謬誤，不能爲曲護者，則吳氏所糾分別觀之可已。

五代史記纂誤三卷

吳縝撰。此書專取《新五代史》，摘其舛類。晁氏《讀書志》、陳氏《書録解題》並作五卷，尤袤《遂初堂書目》不著卷數，《宋志》

則作三卷，今佚。乾隆中，四庫館從《永樂大典》輯出，猶存一百十二事。歙鮑廷博校刊。

五代史記纂誤補四卷

國朝乾隆壬辰舉人歸安吳(廷蘭)〔蘭庭〕胥石撰。以吳縝所作《五代史記纂誤》，其書久佚，武英殿所采集者，以晁氏《讀書志》核之，約存原書十之五六，乃以昔賢緒論及近時人訂正所及補之。同時有仁和吳麗璜長元亦著《宸垣志略》，人號二吳。

涉史隨筆一卷　　並知不足齋本

宋參知政事東陽葛洪容甫撰。從呂祖謙學，讀史所得，著論自戰國迄唐，凡二十六篇。皆論古大臣事，蓋解官憂居時，獻時宰之所作也。侃侃風議，具有儒術。

舊聞證誤四卷　　《函海》本

宋李心傳撰。既爲《建炎以來朝野雜記》，復作此以駁正宋代私史之訛。如蘇叔黨赴倅真定抗賊死，辨朱勝非《秀水閒居錄》李綱私藏過于國帑之類，皆根據鑿鑿。原本久佚，四庫館從《永樂大典》錄出。綿州李調元刊。

通鑑答問五卷　　附刊《玉海》

宋王應麟撰。始周威烈王，終漢元帝，與《通鑑》不相應，似是未成之書。以《通鑑答問》爲名，而論多尊崇《綱目》，名實亦乖，然大旨不詭于正。

綱目疑誤一卷

元周密撰。取朱子《綱目》疑誤之處，辨而正之。

史義拾遺一卷　　並青照堂本

元儒學提舉會稽楊維楨廉夫撰。取史事爲論，自夏商迄宋。楊嘗著《正統辨》《史鉞》二書，惜未見也。

責備餘談二卷錄一卷　　知不足齋本

明太常寺卿崑山方鵬時舉撰。取古史中立(心)〔言〕制行，不近人情,不合中道者,附《春秋》責備之義,以抑賢知之過。始魯隱公欲讓其弟,終於危素不能死難,凡一百五十三條。首有自序,卷後附錄《崑山縣方鵬傳》。《千頃堂》《藝文志》載鵬遺詩五首。

二十一史彈詞十卷

明楊慎撰。以十字鼓詞傳寫,欲人易曉。

史概評苑十卷錄一卷

明會稽俞學文在甫編,李事道行可校評。輯諸家《史記》文語,自序謂有裨於舉業。

史記測議一百三十卷

明兵科給事中華亭陳子龍臥子與同里舉人(許)〔徐〕孚遠闇(谷)〔公〕同撰。删取裴氏《集解》、小司馬《索隱》、張氏《正義》之説,附諸評語及己論斷。

史記評一百三十卷

明翰林院日講官長洲陳仁錫明卿撰。亦採《集解》《索隱》《正義》三家,而附諸評。首有《序例》《圖音》,每卷後附考一篇。

後漢書評一百二十卷

陳仁錫撰。與《史評》同例。有大學士傅冠序及自序、凡例。

漢書評林一百卷　並明刊本

明吳興凌稚隆以棟撰。以顏注爲本,旁采百家評語附之。

史評一卷

國朝顧炎武撰。朝邑李元春從《日知錄》中摘出。

史漢通鑑注正一卷　並青照堂本

顧炎武撰。李元春編校。

改元考同一卷　《昭代叢書》本

國朝吳肅公撰。取史中異代同元者,彙次爲書。

歷代甲子考一卷

國朝黃太沖撰。自黃帝元年至明天啓四年,凡七十三甲子。

二十一史徵一卷

國朝仁和徐汾武令撰。評騭作者甚當。

黜朱梁紀年論一卷

國朝廣平宋實穎既庭撰。黜《五代史》朱梁之紀年，而以晉、岐、淮南之稱天祐者爲主，論後附有《圖説》。

韻史一卷　並《檀几叢書》本

國朝鶴湖金諾楚重撰。紀明代事，仿楊慎《二十一史彈詞》爲之。

讀史吟評一卷　石門吴氏刊本

國朝 晉 江 黄鵬揚 遠 公 撰。取歷朝史事，每一事賦七絶一章，附評於詩後。

綱目訂誤四卷

國朝諸生常熟陳景雲少章撰。門人私謚文道先生。取朱子《綱目》與諸史原文比較，訂其舛謬，無一語不求實據。

通鑑胡注舉正一卷

陳景雲撰。舉正胡三省《通鑑音（釋）〔注〕》之誤，凡六十三事，地理居多。原書十卷，殘佚，子黄中搜存什一云。

紀元要略二卷補輯一卷

陳景雲撰。記歷代紀元之號，不及諸僭僞。子黄中補，附卷末。

通鑑綱目釋地糾謬六卷

國朝舉博學鴻詞科國子監生秀水張庚浦田撰。以王幼學《集覽》、馮〔智〕舒《質實》謬誤多所糾正。

通鑑綱目釋地補注六卷　並强恕齋本

張庚撰。既爲《糾謬》，乃補注之，具有根據。

史隲六卷續一卷

國朝范陽盧士元長公撰。摘論各史，主於考訂。

鉤喙錄八卷　並青照堂本

盧士元撰。取《史記》折鉤之喙義，多述五行災異。

擬明史樂府二卷　鈔本，又載《西堂雜俎》

國朝尤侗撰。康熙辛酉纂修《明史》時作。採其遺事可備鑒戒者，斷爲韻語，凡百篇，以擬李西涯，子珍注。

看鑑偶評五卷　載《西堂雜俎》

尤侗撰。自出手眼，不爲附和之談。

讀史論略一卷　章邱朱南濱校本

國朝翰林院編修無錫杜詔紫綸撰。因潘氏《通鑑總論》而作。

東都事略跋三卷　城西艸堂本

國朝汪琬撰。跋宋王稱《東都事略》，攷詳而評正，筆墨亦高潔。

史記正譌二卷

國朝王元啓撰。有《四書惺齋講義》，已著錄經編。此編正《史記》八書之譌，僅存《律》《曆》《天官》，凡三篇。

漢書正譌律曆志二卷　並濟南刊本

王元啓撰。既爲《史記正譌》，先刊八書之三，復考證羣書以正漢志之譌。十志當皆有訂論，此其一班也。

中山史論二卷

國朝右副都御史中山郝浴雪海撰。自唐虞迄明。上卷一百三十六則，下卷二百三則。

隨園史論一卷　青照堂本

國朝江寧知縣錢塘袁枚子才撰。李元春從集中摘纂。

漢書蒙拾二卷

國朝杭世駿撰。有《續方言》，已著錄經編。此書自序謂，楊大雅《博聞》，根據典實，不採虛文；林鉞《漢雋》，標舉新奇，兼收常語；洪邁《精語》，但取美詞，竟遺詮釋。乃參三書之間，抉摘微奥而成此編。湯蕅棠覆定刊之。

後漢書蒙拾二卷　　並杭州刊本

杭世駿撰。與所著《漢書蒙拾》體例略同。錢塘周嘉猷覆定。

諸史然疑一卷

杭世駿撰。摘論諸史,於是者然之,非者疑之,此命書之意也。

修唐書史臣表一卷　　並知不足齋本

國朝錢大昕撰。有《十駕齋養新録》,已著録經編。以《唐史臣表》未善,復爲修之。歙鮑廷博刊,附《新唐書糾謬》後。

史記讀法二卷　　詩禮堂本

國朝王又樸撰。有《讀孟》,已著録經編。此亦標其義法,與《讀孟》同旨。

草堂説史八卷　　來鹿堂本

國朝劉應秋撰。有《草堂説經》,已各著録經編。此書摘説史義,多前人所未道。

史測十四卷

國朝邵武(史)〔施〕鴻則威撰。

綱(鑑)〔目〕通論一卷　　任氏忠敏家塾本

國朝任兆麟撰。

日鋤齋日記二卷　　松林堂本

國朝紫陽知縣宛平張琛問齋撰。序引《莊子》顔闔三年始得鋤其色,此名齋之義也。日記皆論史事,獨抒己見,而不爲過高之言。

右史評類五十四部,共六百九十卷。

史編十六

史鈔類

綱鑑會纂四十六卷

明南京刑部尚書太倉王世貞元美撰。就朱子書而纂其要,世稱《鳳洲綱鑑》。

四史鴻裁四十卷　　並明刊本

明考功司郎中魏博穆文熙敬甫撰。原名《左國子史四鈔》,凡輯《左傳》十二卷,《國語》八卷,《戰國策》八卷,《史記》十二卷。

正心會兩漢書選三卷　　鄗城刊本

明趙南星撰。有《大學中庸正説》,已著録經編。此選鈎玄提要。康熙中知鄗城縣事天長瞿佩會玉重梓。

南北史藻四卷

明常州府通判臨川陳〔朝〕璋思瑕撰。同邑鄒光宇虛生定。取南北二史,採其菁華。顧憲成序極稱之。

史部二卷　　並明刊本

明國子監生福清郭造卿建初撰。自序云:“余居燕有史役,正二十一史有關燕事者,輒標識之。”

全史吏鑑十卷

國朝廬(江)〔州〕知府晉江張祥雲鞠園撰。取歷代史傳中良吏、酷吏,以昭法戒。

峋嶁鑑撮四卷　　北新城楊氏刊本

國朝翰林院編修衡山曠敏本撰。自三皇迄明末,簡括爽朗,於初學最便。

二十一史約編八卷　　魚訪亭本

國朝吳興鄭元慶芷畦撰。以八音分編,正史皆載全目。每一帝爲總論一篇,志傳皆採取其要。

嘉孫注:首一卷、末一卷,清康熙間魚訪亭刻本,八册,有馬國翰校注,今藏濟南市圖書館。

綱鑑擇語十卷　　絡野堂本

國朝司徒修撰。有《左傳易讀》,已著録經編。此擇取《綱鑑》中文章有用之語録之,頗便初學。

諸史循吏傳十卷

國朝朝邑蒙天庥蔭堂、石全潤雨峯同撰。

諸史孝友傳八卷　並守樸堂本

蒙天庥、石全潤同撰。

綱目大戰録三卷　青照堂本

國朝李元春撰。既輯《左氏兵法》，又爲此書。自序云：不録金仁山《前編》，倣朱子以續《左氏兵法》也。録《後編》並及明，猶備古今名將之意也。

右史鈔類十二部，共一百四十八卷。

玉函山房藏書簿録卷十一

子編一

儒家類

孔子家語二十一卷　寶翰樓刊汲古閣校本

　　魏王肅注。馬昭諸儒以爲肅所依託。案:《漢志》有《孔子家語》二十七卷。顏師古曰:"非今所有《家語》。"亦以後出者爲疑。然王肅注本雖非原書,要皆採自古籍,具存先訓,非鑿空補擬也。漢、隋、唐《志》皆附《論語》,朱氏《經義考》入擬經類。按:原書出孔氏子孫,所記述並非規仿《論語》,入儒家爲允。

曾子四卷　學海堂本

　　周魯國曾參子輿撰。《漢志》:十八篇。《隋志》:二卷。今惟存《大戴禮記》所載十篇。嘉慶中,阮相國元輯録並爲注釋。

晏子春秋二卷　潛庵子校本

　　周齊大夫萊邑晏嬰撰。有劉向《上表》。漢、隋、唐《志》並列儒家,柳宗元謂"當列之墨家",晁公武《讀書志》從之,以《孔叢子·詰墨》後二章稱墨子者,具載此書。柳州不爲無見,然篇中惓惓忠愛,可爲臣法,間有淆亂,則由後人附益,未可直概以墨也。

晏子春秋七卷音義二卷　陽湖孫氏刊本

　　國朝山東督糧道陽湖孫星衍淵如因明萬曆中沈(起元)〔啓

南〕校梓本是正文字,從《漢志》定爲八篇,從《七略》定爲七卷,並作《音義》附後,攷證詳博。

荀子二十卷　聚文堂本

周楚蘭陵令趙國荀况撰。《漢志》作《孫卿子》,顔師古曰:"本曰荀卿,避宣帝諱改曰孫。"《隋志》亦作《孫卿子》,唐、宋《志》作《荀卿子》,凡三十三篇。大旨以勸學爲主,恐人恃質而廢學,故激爲性惡之説。"大醇小疵",昌黎評之當矣。唐大理評事楊倞注,簡實多古義。

孔叢子三卷　潛庵子本,又孔毓圻校本

陳勝博士魯國孔鮒子魚撰。鮒,一名甲。蒐輯仲尼而下,子思、子上、子高、子順之言行,凡二十一篇。末附《連叢子》上下篇,則漢太常蓼侯孔臧所著也。朱子以其文軟弱不類。西京李燾《題辭》謂"或子豐、季彦輩集先世遺文而成之",故其書東京始行。晁公武疑即《漢志》所載孔甲《盤盂》。按:顔師古云:"甲,黄帝史,或曰夏帝孔甲。"其非此書斷然矣。隋、唐《志》並入論語類,兹依《宋志》改入儒家。

孔叢子二卷　明黄之堯校本

出《小爾雅》《詰墨》二篇,別爲二書,無《連叢子》。

詰墨一卷　明潘之淇校本

孔鮒撰。以墨氏誣稱孔晏之事,條列其説而詰之,本《孔叢子》第十八篇,明陶宗儀摘入《説郛》,括蒼何鏜遂別出刊行。

新語二卷　明何上錫校本

漢太中大夫楚國陸賈撰。凡十二篇,大旨崇王黜霸,歸於修身用人。史稱賈好口辯,而持論不詭於理道。有弘治壬戌華亭錢福序。

陸子一卷　潛庵子本

即《新語》十二篇也。改題《陸子》,與《隋志》不合。

新書十卷　明錢震瀧校本

漢梁太傅洛陽賈誼撰。原書七十二篇，劉向定爲五十八篇，今佚其三，以《漢書》本傳文校之，次序多乖，意後人割裂章段而加篇題歟？皮日休稱其經濟之道，以爲真命世王佐之才。有正德九年長沙黄寶序。

賈子二卷　潛庵子本

舊本《新書》十卷，以意合爲二卷，於古無據。題《賈子》，與《隋志》合。

鹽鐵論十卷　明徐仁毓校本

漢廬江太守丞汝南桓寬次公撰。記始元六年郡國所舉文學之士，與桑弘羊等論鹽鐵榷酤事，凡六十篇。明浙江按察司知事華亭張之象月鹿注，叙述漢事甚詳。

新序十卷　明翁立環校本

漢中壘校尉沛國宗室劉向子政撰。有宋曾鞏《上表》。録春秋至漢軼事，著爲法戒，傳聞多異辭，大指一歸於正。隋、唐《志》並三十卷。《太平御覽》引《新序》，今本或無，則十卷非完帙也。

説苑十卷　明鍾人傑校本

劉向撰。凡二十篇，與《新序》體例同，古事、古言多藉二書以存。

法言十卷　明朱錫綸校本

漢揚雄撰。凡十三篇，仿《論語》爲之，得其貌似，然持論多近正，不失爲儒家之言。宋都官郎中建陽宋咸貫之注。有咸景祐三年序。

五臣音注揚子法言十卷　明刊本，又桐（華）〔陰〕書屋藏本

宋司馬光集晉李軌、唐柳宗元、宋吳秘、宋咸注及己所重添之注，故稱五臣。以李軌舊注列前，而不著名，餘則加宗元曰、秘曰、咸曰、光曰以别之。有温公元豐四年序。首載宋咸序及咸《上表》。

桓子新論一卷　問經堂本

　　後漢六安郡丞沛國桓譚君山撰。《後漢書》本傳云："初，譚著書言當世行事二十九篇，號曰《新論》。"又云："《琴道》一篇未成，肅宗使班固續成之。"章懷太子注備工其目。隋、唐《志》並十七卷。原書佚，嘉慶中部郎承德孫馮翼鳳卿輯刊。

潛夫論十卷　明武林黃嘉惠校本

　　後漢處士安定王符節信撰。凡三十五篇，《敘錄》一篇。符遭世亂，耿介忤俗，發憤成此編。通達治體，切中時弊。范書多採入本傳，珍其語也。

申鑒五卷　明嚴于鈇校本

　　後漢黃門侍郎潁川荀悅仲豫撰。明舉人吳縣黃省曾勉之注。《後漢書·荀淑傳》稱，獻帝時，悅侍講禁中，見政移曹氏，志在獻替，而謀無所用，乃作《申鑒》五篇。其書扼切政要，剖析名理，皆本儒術。其論性上中下之等，韓子三品說本之。黃注亦能暢其旨。有正德十四年王鏊序。

中論二卷　明孫允奇校本

　　後漢魏王文學北海徐幹偉長撰。幹沒後四年，魏始受禪。舊題魏人，失考也。其書根柢經訓，指陳人事，凡二十篇。有曾鞏《上表》。

牟子一卷　平津館本

　　後漢太尉安丘牟融子優撰。《隋志》儒家《牟子》二卷，題後漢太尉牟融。《唐志》道家《牟子》二卷，亦題牟融。今其書佚。梁僧祐《弘明集》有漢牟融《理惑論》三十七篇。前有自序，一名《牟子理惑》。劉孝標《世說新語注》、李善《文選注》、《太平御覽》引《牟子》，皆在《理惑》三十七篇中，特文句小異。隋、唐《志》所載《牟子》即是書無疑也。而《弘明集》題下有注云：一云蒼梧太守牟子博傳。嘉慶中孫觀察星衍從《弘明集》錄出，定爲《牟子》

一卷,據自序及稱子博,深以爲疑,仍舊題牟融焉。書雖崇尚佛道,而入理之語不悖聖賢。《隋志》列儒家,以此兹亦依之。

天禄閣外史八卷　《漢魏叢書》本

後漢徵士汝南黄憲叔度撰。宋韓泊贊。有晉謝安、唐田宏、陸贄三家評語。嘉靖二年王鏊序謂出于晉後,藏于田宏萬卷樓,後流散不傳,至宋韓泊學士乃得之秘閣典籍中,加之以論贊。書記其游歷與時人問答語,文筆絕似《孔叢子》。

典論一卷　問經堂本

魏文皇帝撰。隋、唐《志》並五卷,今佚。承德孫馮翼輯三十餘事,惟《論文篇》差全。劉勰《文心雕龍·才略篇》曰"《典論》辯要",而《序志篇》又譏其"述典密而不周",度其書亦不過陳思序《書》、陸機《文賦》、應瑒《文論》之比。然其中佚句,如"君子謹乎約己,宏乎接物""急賢甚於饑渴,用人速於順流""智而能愚,勇而知怯""善者,道之母,羣行之主",則固粹然儒言也。

周生烈子一卷　二酉堂本

魏侍中燉煌周生烈文逢撰。字一作文逸。《隋志》:"梁有《周生子要論》(十)〔一〕卷《録》一卷,亡。"《唐志》有《周生烈子》五卷,原書佚,馬總《意林》載十一節。道光中,武威張澍復搜輯爲一卷。周生自序稱"六蔽鄙夫",云"張角敗後,天下潰亂,哀苦之間,故著此書,以堯舜作幹植,仲尼作師誠"云。

傅子一卷　武英殿聚珍版本

晉司隸校尉北地傅玄休奕撰。隋、唐《志》雜家並載《傅子》一百二十卷,宋代尚存二十三篇,今佚。乾隆中,四庫館從《永樂大典》録出十二篇,改入儒家。《晉書》載王沈稱玄書"言富理濟,經綸政體,存重儒教",即此殘編,見一斑矣。

物理論一卷　平津館本

晉徵士梁國楊泉德淵撰。《隋志》梁有《楊子物理論》十六卷,亡。《唐志》著錄十六卷,今佚。國朝(嘉慶)〔乾隆〕舉人宛平章宗源逢之輯錄一卷,陽湖孫星衍校刊。其書引《傅子》爲多,二書可以參攷。

顏氏家訓七卷　知不足齋本

隋太子文學臨沂顏之推介(琅)撰。此書訓誡其子思魯、愍楚輩,凡二十篇。辭質義直,本之孝弟,辨晰據證處尤博洽。惟《歸心》等篇,推論佛法,不能醇於儒理,亦是書之疵纇也。顏歷仕周、隋,世稱顏黃門者,以在北齊爲黃門侍郎也。

中説十卷　明張易簡校本,又吳氏藏本

隋王通撰。通有《元經》,已著錄。書凡十篇,規仿《論語》。宋户部員外阮逸注並序,末附杜淹《文中子世家》一篇,王福畤《東皋子答陳尚書書》《錄關子明事》《王氏家書雜錄》,凡三篇。核以事實,多所牴牾,或云通子福郊、福畤等依託爲之,或云阮逸所作。程子云:“王通,隱德君子也。當時有少言語,後來爲人傅會,不可謂全書,其粹處殆非荀、揚所及。”此書之定論也。

帝範四卷　武英殿聚珍版本

唐太宗文皇帝御撰。貞觀二十二年,以此書賜太子。凡十二篇,宋佚其半,元吳萊稱泰定二年復於雲南得其全書,世無傳本,四庫館從《永樂大典》錄出刊行。

伸蒙子三卷　武英殿聚珍版本,又知不足齋本,又《函海》本

唐林慎思撰。有《續孟子》,已著錄經編。此書自序云:“予沽名未遂,退棲槐里。舊著《儒書》七篇,辭艱理僻,不爲時人所知。復研精覃思,一日一齋,沐禱心靈,是宵夢有異焉。明日,召菁視之,得蒙之觀,曰伸蒙入觀,通明之象也。因感而有述焉,自號《伸蒙子》。”其書分上中下三卷,上卷《槐里辨》三篇,象三才,敍天地人之事。中卷《澤國紀》三篇,象三辰,敍君臣民之事。下卷《時喻》二篇,象二教,敍文武之事。大旨醇正,惟所設姓名如芈、錄、

泇、逌、砵、砠、粭、穤之類，臆造無據。後附《伸蒙子家傳》一篇，十三世孫通直郎永撰。有至正十三年三山陳留孫序，莆田劉希仁、北山應發二跋，徐燉及朱翌《書後》。

素履子三卷　《函海》本

唐大理評事張弧撰。凡十四篇。《唐志》《崇文總目》皆不著錄，鄭樵《通志·藝文略》始載之。引經晰理，具有根據，儒者之言也。

家範十卷

宋司馬光撰。首列《易》家人卦及節錄諸經語爲綱，下分十九篇，雜採史事可爲法則者，附以論說。朱子《小學》本之。

太極圖説一卷

宋知南康軍舂陵周惇頤茂叔撰。酷愛廬阜，買田其旁，築室以居，號曰濂溪。倡明道學，河南二程子嘗師事焉。太極先天之學，始於陳摶希夷，摶授种放，放授穆修伯長，周子得穆修《太極圖》而爲之説，純理而不及數，仲尼、顔子之樂，蓋有相喻以微者矣。

通書一卷

宋周惇頤撰。此書本號“易通”，與《太極圖説》相表裏。朱子跋曰：“大抵推一理、二氣、五行之分合，以紀綱道體之精微，決道義、文辭、利祿之取舍，以振起俗學之卑陋。”胡宏序曰：“直與《易》《書》《詩》《春秋》《語》《孟》同流行乎天下。”蓋亦推尊之至矣。

張子全書十四卷附録一卷

宋張載撰。張子有《易説》，已著録。此編《易説》三卷、《西銘》一卷、《正蒙》二卷、《經學理窟》五卷、《語録鈔》《文集鈔》各一卷、《拾遺》一卷，又附載行狀之類爲一卷。自《西銘》《易説》外，與《宋志》卷數多不合，非初本也。

西銘集解一卷

張載撰。本作"訂頑砭愚二銘",後更名"東西銘"。趙師俠集吕大臨、胡安國、張九成、朱子四家説爲一編,故號"集解"云。

正蒙會稿一卷　惜陰軒本

明户部尚書咸寧劉璣近山撰。璣以宦瑾超遷,瑾敗致仕,時論少之。韓邦奇稱其有大受之才,有汪洋之度,有堅貞廉介之操,乃一蹶而弗起,蓋甚惜之也。何景明序稱其書"明正通達,不爲曲説隱語,而事理無不(明)〔得〕"。則其平日窮理之功,亦何可没也。

張子釋要一卷　青照堂本

國朝李元春編輯。釋張子書,能扼其要。

二程全書五十卷附録一卷　河南永寧堂本

宋簽書宗正丞河南程顥伯淳及弟崇政殿説書勾管西京國子監直秘閣程頤正叔撰。門人記録。此編合《二程遺書》《二程外書》,益以詩文雜著,末附朱子辨胡本書。

公是先生弟子記一卷　知不足齋本

宋翰林學士新喻劉敞原父撰。曰弟子者,託同於弟子所記。於王安石新法無所假,於蘇、程二黨亦多所箴規,此公是先生之所由自號也。攷劉原父墓誌及《宋史》,俱云五卷,此本一卷,與晁公武《讀書志》合。有淳熙間謝諤、江溥、趙不黯三跋。

節孝語録一卷

宋宣德郎主管西京嵩山華嶽廟山陽徐積仲車撰。初從胡安國學,潛心力行,其學以立誠爲本,平日教學者,以治心養氣爲先,《宋史》列之《卓行傳》。其解經時染王氏新學,推陳平、揚雄,而薄賈誼,亦非公論,其他多篤實近理。

明道雜志一卷　明長洲顧氏本

宋張耒撰。有《詩説》,已著録經編。其間記黄州事最詳。有黄郡守永嘉陳升跋。

儒言一卷

宋徽猷閣待制嵩山晁説之以道撰。一字伯以。慕司馬温公之爲人,自號景迂生。書爲王安石而作。

西疇老人常言一卷　並紅藕花軒鈔本

宋盱江何坦撰。《講學》《律己》《應世》《明道》《莅官》《原治》《評古》《用人》《止弊》,凡九篇。

童蒙訓一卷

宋吕本中撰。有《春秋集解》,已著録經編。此乃家塾訓課,多切實用,史稱其才猷、風節見大概矣。

省心録一卷　明刊本

宋處士錢塘林逋君復撰。明何養純刊附《和靖集》後。其書簡切,足以風世。

省心雜言一卷　《函海》本

宋李邦獻撰。按:即林逋《省心録》也。

范氏義莊條規一卷　歲寒堂本,又青照堂本

宋范仲淹撰。青照堂本作《范氏義莊規矩》,題范純仁撰。考《宋史·范仲淹傳》云:“好施予,置義莊里中,以贍族人。”康熙中,文正公二十一世孫廣東巡撫時崇補刊。此卷於《文正集》題《義莊條規》,並據改正。

聖門事業圖一卷　鈔本

宋錢塘李元綱國紀撰。

庸言三卷　載《楊誠齋全集》

宋楊萬里撰。有《淳熙薦士録》等,已著録史編。此書語多粹美,不涉理障。

袁氏世範三卷

宋監登聞檢院信安袁采君載撰。此其宰樂清時作,分《睦親》《處己》《治家》三門,明白切要,有裨於世,《宋志》列入雜家。舊

本訛缺,四庫館從《永樂大典》錄出,改入儒家。歙縣鮑廷博又得吳縣袁廷檮本校刊。

集事詩鑒一卷　並知不足齋本

宋方昕景明撰。序稱莆陽吏隱,舊附《袁氏世範》後。吳縣袁廷檮與《世範》同得之。凡三十條,規戒具備。

居家正本制用篇一卷　桂林陳氏刊本

宋金谿陸九韶子美撰。自號梭山老圃。隱居講學,與朱子善。此編論居家之要,分《正本》《制用》二篇。

近思錄十四卷　培遠堂本,又呂氏家塾讀本

宋朱子與東萊呂祖謙同撰。取周、程、張子之言,擇其切要者,得六百二十條,分十四門,淳祐十二年葉采爲之集注。首有朱子序。

朱子語錄一百四十卷

明本釋三卷　武英殿聚珍版本

宋知盱眙軍劉荀子卿撰。原書佚,四庫館從《永樂大典》錄出,大旨謂學當先求其本,凡三十三條。此書《宋志》及晁、陳諸家志錄皆不著目,明《文淵閣書目》《國史經籍志》有之,皆作明本,三卷。此有釋字,後人因注增題與?

木鐘集十一卷　冰香樓本

宋永嘉陳埴潛室撰。以集名,實語錄也。凡《經説》九卷、《近思雜問》一卷、《史論》一卷,設爲問答。取《禮記》"善問者如攻堅木""善待問者如撞鐘"之義,名《木鐘集》云。

聲隅子歔欷瑣微論二卷　知不足齋校刊傳是樓藏本

宋太學助教蜀都黃晞景微撰。自序曰:"聲隅者,栫物之名也。歔欷者,兼歎之聲也。瑣微者,述之之謂也。"立名頗異,其體格大抵仿《法言》爲之。

臥遊錄一卷　長洲顧氏本

宋呂祖謙撰。有嘉定九年王深源序,云"先生之從子喬年,既取'臥遊'二字扁先生燕寢之堂,復以是編屬東陽郭君淇書之,且屬深源識其顛末"云。

黄氏日鈔九十五卷

宋浙東提學慈谿黄震東發撰。原書九十七卷,今佚其二卷,自一卷至六十八卷皆讀經史子集摘要論辨,六十九卷以下自著雜文。其學以朱子爲宗而補缺訂誤,未嘗曲意阿附,亦猶朱子之學程子也。

北溪字義二卷　惜陰軒本

宋迪功郎泉州安溪主簿龍溪陳淳安卿撰。以四書字義分二十六門,每字詳悉論説,典證明確,後有補遺。

讀書分年日程三卷

元衢州路教授鄞縣程端禮畏齋撰。本輔廣所述《朱子讀書法》,兼採各儒先緒言,推衍爲格式,並詳音讀,以便學者。《元史・儒學傳》稱端禮有《讀書工程》,國子監嘗以頒郡縣,即此書也。

私語二卷　仁讓堂本

元吳澄撰。乾隆中,崇仁訓導萬璞刊附《文正集》後。

辨惑編一卷　青照堂本

元處士武進謝應芳子蘭撰。隱白鶴溪,搆室曰龜巢,因以爲號。因吳俗尚鬼,多拘忌,動違禮教,因爲此書辨正之。原本四卷,此非完帙,題《辨惑論》亦誤,今改正。

性理大全書七十卷　積秀堂本

明永樂中翰林學士胡廣等奉敕撰。採宋儒説,凡一百二十家,録原書者九種,捃摭羣言,分門編纂者十三類。

郁離子二卷　藍橋露香園本

明弘文館學士誠意伯青田劉基伯温撰。凡十八章,不沾沾務爲理語,而經術之氣溢於言外。東嘉裔孫宗燗編入全集。

龍門子凝道記三卷　　金華府學刊本

明翰林學士金華宋濂景濂撰。其書深醇迤衍,於儒道實有所見。舊二卷,此編分爲三卷,刊附集後。

雜誡一卷　　鈔本

明方孝孺撰。有《尚書講義》《周禮辨疑》《幼儀雜箴》,已各著錄。此書一名《侯城雜誡》,凡三十八章,多格言法語。

讀書録十卷續録十二卷

明禮部右侍郎河津薛瑄德温撰。自記簡端云:"張子有言,心中有所開,即便劄記","余讀書至心有所開處,隨即録之"。積二十餘年,成一集,名曰《讀書録記》。《續録》云:"近年又于讀書時日記所得者,積久復成一帙,名曰《讀書續録》。"二録皆躬行心得,粹然儒者語。

理學粹言一卷

薛瑄撰。與《讀書録》體例同。

從政名言三卷　　並河東刊本

薛瑄撰。此書作於奉使沅州時,其言切近通達。如第一條云:"每日所行之事,必體認某事爲仁,某事爲義,某事爲禮,某事爲智,庶幾久則見道分明。"非躬行實踐,不能爲此言。

性理三解八卷　　謝正原校本

明韓邦奇撰。有《苑洛志樂》,已著錄。三解者,《正蒙拾遺》一卷、《啓蒙意見》六卷、《洪範圖解》一卷也。其學深於《易》,故多入理之語。

石渠意見四卷意見拾遺補缺二卷　　石渠家藏本

明王恕撰。有《玩易意見》,已著錄。王自號石渠老人。此編發明義理,多有心得。

陽明先生集要三編十五卷　　濟美堂本

明王守仁撰。有《大學古本旁注》,已著錄。此書《理學編》

四卷、《經濟編》七卷、《文章編》四卷,崇禎中左副都御史餘姚施邦曜四明編次,《年譜》一卷附。陽明學宗象山,以致良知爲主,與朱子異趨,律以游、夏論交,要皆各有是處耳。

居業録八卷

明餘干胡居仁叔心撰。闡性理經學,以及制度事功,凡分八門。胡爲康齋吳氏門人,與鄉人婁一齋、羅一峯、張東白爲會於弋陽之龜峯,歷主講席。淮王聞之,請講《易》於其府。嘗曰:"以仁義潤身,以牙籤潤屋,足矣。"

楓山語録一卷

明南京禮部尚書蘭谿章懋德懋撰。門人沈伯咸編録。章家居二十載,講會於楓木庵中,故名《楓山語録》。分四類:曰《學術》《政治》《藝文》《人物》,後附《拾遺》,言皆切實近理。

夜行燭一卷　並鈔本

明(蒲)〔霍〕州學正澠池曹端正夫撰。嘗作《川月交映圖》,以擬《太極》,學者稱月川先生。此書共十五篇,謂人處流俗中如夜行視,此則燭引之於前矣。

困知記二卷續記二卷附録一卷　林汲山房藏明本

明吏部右侍郎泰和羅欽順允(中)〔昇〕撰。前記成於嘉靖戊子,續記成於辛卯,附録則與人論學書六篇。其闢佛獨能抉其要害,足以折服緇流。

嘉孫注:明萬曆間刻本。缺《三續》《四續》《續補》各一卷。

慎言二十卷　建陽刊本

明王廷相撰。有《深衣論》等書,已著録。此書刊入《王氏家藏集》。顧璘序稱其"原五行則先水火,辨性本則主緣生,語學術則貴經鍊,品施措則尚神識。自我開先,特標妙義"。

尊聞録一卷　于氏寶善堂本

明南京戶部主事新安孟化鯉叔龍撰。傳姚江學,學者稱雲浦先生。此編刊入集中。其言曰："看書俱是活看,只在道理可通。"
又曰："人心不能無思,若思得,皆是天理,即是學。"書之大指不
外此。

困辨録八卷　學量齋本

明兵部尚書永豐聶豹文蔚撰。號雙江,又號白水老農。與陽
明講學,往返質問,不肯執弟子禮。陽明没,始爲位,稱門生。爲
時相夏言所惡,於被逮時,取生平所得力於《詩》《書》録而繹之,
以自驗。《辨中》《辨易》《辨心》《辨素》《辨(道)〔過〕》《辨仁》
《辨神》《辨誠》,凡八篇,大旨主致良知之説。吉水羅洪先批注。

讀書劄記八卷讀書續記一卷　明刊本

明户部尚書武進徐問用中撰。一號養齋。此巡撫貴州時,與
諸生辨論經義、性理各書。《學案》云:"其第二册單闢陽明,廣中
黄才伯促而成之。"然語意平允,無攻擊過當之處。

講宗約會規一卷

明山西副使彭澤王演疇孟箕撰。立條規,訓戒宗人,凡七章。

宗(約)〔規〕一卷　並桂林陳氏刊本

明王士晉撰。與王孟箕《講宗約會規》同意,而條約更周備,
凡十六章。

願學編二卷　蘇州刊本

明山東巡撫天水胡纘宗世甫撰。一號可泉。師宗薛敬軒,言
得聖賢正脈,故編名"願學"。門人吴縣馬驥等刊附集後。

涇野子内篇二十七卷　緱陽喬氏刊本

明吕柟撰。有《四書因問》,已著録經編。此書凡語録十一
種,其學出薛敬之。大旨以格物窮理、先知後行爲主。

周子抄釋三卷

吕柟撰。一卷爲《太極圖〔説〕》《通書》,二卷爲遺詩文,三卷
爲傳誌之屬,條下各釋一二語,頗爲簡要。

張子抄釋六卷

呂柟撰。就今本《張子全書》摘抄而釋之，於《正蒙》尤能抉其隱奧。

二程子抄釋十卷

呂柟撰。摘抄《二程遺書》，仍存記者姓名，別擇精當。

朱子抄釋二卷　並惜陰軒本

呂柟撰。朱子著書繁富，此編擷要通微，簡而能括。

作諭錄一卷

明南京户部廣東清吏司員外郎江夏劉民悦時可撰。語録類也。有萬曆丙午自序。

憤語一卷　並德造齋本

劉民悦撰。作于萬曆甲寅，門人太倉王布校刊。

消閒録十卷　恒訓閣藏蔭堂本

明山西道御史（道）樂安成勇寶慈撰。一號崐崳隱士。述先儒語，自爲論次，皆稱成子。

嘉孫注：《四庫全書》入存目，清康熙、雍正間刻本，五册一函，八行二十字，白口，左右雙邊，清鍾諧九題記，鈐“玉函山房藏書”“恒訓閣珍藏印”，現藏中國人民大學圖書館。

説部三卷　海嶽山房本

明國子監生福清郭造卿建初撰。多訓釋《論》《孟》義。

閑闢録十卷　明刊本

明歙縣程曈撰。輯《朱子文集》《語録》與陸氏兄弟、浙之呂陳所辨者，後附行狀、紀傳。取辭而闢之，以閑聖道而正人心之意。洪覺山稱其所見的確。

世緯二卷　知不足齋本

明廣西提學僉事吴縣袁褧永（叔）〔之〕撰。凡二十篇。指陳無隱，切中時弊，賈誼《新書》類也。十世從孫廷檮跋尾，並附長洲文徵明所撰《袁君墓誌》於後。

呻吟語六卷　　彊善堂本

明吕坤撰。有《四禮翼》《演小兒語》等書,已各著録。語名"呻吟",不忘病聲之意也。以人非聖賢,其心身常在病中,故於省察克治、修己治人之要,皆從人情物理中推勘而指點之。分内、外篇。門人劉元校,平湖陸隴其稼書重刊。

宗約歌一卷

吕坤撰。語極明淺,多用方言,欲令族人入耳悦心,懽然警悟。

好人歌一卷

吕坤撰。勸人興善,情詞深摯。

反輓歌一卷

吕坤撰。深知死生之説,不止達觀也。

省心録一卷

吕坤撰。自序云:"紀過差,以自省也。"

無如四卷　　並繩其居本

吕坤撰。自引云:"無如者,人人不屑如者也。"取乞人三人、盜賊六人、倡優四人以及禽獸昆蟲,極人所不屑如者,以發人良知良能。蓋從《孟子》"乞人不受蹴爾之與"推出。

南中論學存笥稿四卷　　明刊本

明歸善楊起元復所撰。大旨主姚江之學。

知非録一卷　　吳郡劉文敷刊本

明東昌鄧鍾岳東長撰。一號悔廬。長洲彭啓豐序稱其"心純一粹,自蹈道之體,事事從切近處做人"。

顧端文公遺書三十七卷　　無錫顧氏刊本

明南京光禄寺少卿無錫顧憲成叔時撰。學者稱涇陽先生。儀城東南有宋楊龜山東林故址,同邑高攀龍推顧爲首,倡議復搆講堂書舍,集吳越士,歲一大會,月一小會,條約一宗朱子《白鹿洞規》,大旨教人識性。此編爲涇陽弟允成與高攀龍、劉元珍,門人馮從吾、史孟麟、安希范等前後參訂,五世孫鍾英等校刊。凡《小心齋劄記》十八卷,《證性編》六卷,《東林會約》一卷,《東林商語》二卷,《虞山商語》三卷,《仁文商語》《南嶽商語》《經正堂商語》《志矩堂商語》《還經録》《自反録》《當下繹》各一卷,共三十七卷。梁維樞《玉劍尊聞》稱:"涇陽充養完粹,學問深純,可與《遺書》中求之也。"

性理定本八卷　慧業堂本

明葵陽黃洪憲纂,鍾惺評。

餘(堂)〔齋〕恥言二卷　曲阜刊本

明副都御史華亭徐禎稷餘齋撰。乾隆中,曲阜孔廣榮京立校刊。日用倫常語,而性命天人之指、吉凶禍福之幾,罕譬引喻,親切有味。

闡道集十卷　涇(州)〔縣〕查氏刊本

明廣西副使涇(州)〔縣〕查鐸毅齋撰。歸田後,倡學水西,闡濂洛之理,歸之於微。門人同里蕭彥、趙士登校録,曾孫希頌梓。

明辨類函六十四卷論例一卷　景陵鍾伯敬校本

明吏部侍郎新安詹景鳳東圖撰。分《作者辨》《造化辨》《人道辨》《人品辨》,凡四門,類聚古今之事,言而辨之。末爲《本願》一篇,如太史公《自敘》,意欲續朱子《性理》全書,託於夢見朱子。景鳳,王龍溪門人,姚江派也。

人譜一卷人譜類記二卷

明吏部左侍郎山陰劉宗周起東撰。姚江提倡心學,流弊多蹈於虛,劉以實踐救之。《人譜》首列《太極圖説》,次《記過》《改過》二格。《類記》取古來嘉言善行,分爲五篇,語皆切近。

懿畜編二卷　青照堂本

明黃道周撰。有《易象正》《月令明義》等書,已各著録。集名臣事實以爲法,仿朱子《名臣言行録》。朝邑李元春重訂。

經世石畫三卷 林汲山房藏本

明保舉知府絳州辛全復元撰。自序謂:"取皇朝祖宗已行之盛典、歷代經世之定論,彙爲一集,欲人不以爲迂腐而力行之也。"

温氏母訓一卷 桂林陳氏刊本

明徽州府推官烏程温璜於石撰。初名介,後更今名。崇禎甲申之變,從容就義。《遺集》末述先訓及母夫人陸所身教口授之語,陳文恭從集中摘録入《教女遺規》云。

友助事宜一卷 載《金文忠集》

明都御史兵部右侍郎休寧金聲正希撰。爲鄉社定相友相助事宜,酌古準今,簡切易行,足以屬乎薄俗。

日省録二卷 崇一堂本

明王徵撰。有《學庸書解》,已著録。徵尚氣節,以宇宙事爲己任。崇禎甲申之變,致身殉國,大義浩然。録名"日省",實能無欺於心,無欺於言矣。

勸言一卷 桂林陳氏刊本

國朝處士崑山朱用純致一撰。父節孝先生,名〔集〕璜,明季諸生,殉難。用純茹哀飲痛,自比廬墓、攀柏之義,故號曰柏廬。潛心聖學,杜門授徒,作《勸言》四章:一《孝弟》,二《勤儉》,三《讀書》,四《積德》。義理該括無遺。

治家格言一卷 鈔本

朱用純撰。《遺集》載此篇,與《勸言》相表裏。或稱《朱子家訓》,世傳流俗以爲宋晦庵朱子作,非也。

訓世格言一卷 繩其居本

國朝寧陵呂慎多減之撰。自號樂善道人,新吾先生孫也。書成於康熙癸丑。始《理學》,終《婦道》,凡十四篇。

蒿庵閒話二卷 濟陽刊本

國朝張爾岐撰。有《周易説略》《弟子職注解》，已各著録。雜説經傳及軼事，究心義理者爲多。

稚黄子一卷　《檀几叢書》本

國朝毛先舒撰。有《喪禮雜説》，已著録。初名驥，字馳黄，後改本名，字稚黄，故書取號焉。自《萬物》至《閑身》，凡三十三章，善言心性之理。

家人子語一卷

毛先舒撰。張潮跋云："所言皆家庭骨肉之間，人所最難言者，皆(純)〔能〕曲折而出之，以通彼此之意。既不寬于卑幼，亦不狗于尊行，無非平心中庸之論，蓋舉情與法而衷于理者也。"

語小一卷　並《昭代叢書》本

毛先舒撰。所語皆修身寡過之端，出處語默之際，與夫君子小人之所由，辨沃土瘠土之所以分。舊在《匡林》中，張潮單刊以行。

東江子一卷　《檀几叢書》本

國朝仁和沈謙去矜撰。推究物理，似邵子《觀物外篇》。

續證人社約誡一卷

國朝武進惲日初仲升撰。因明劉宗周《人譜》而廣十有四則。自序謂"以循以勉，要歸各證其人止"，此命書之義。

家訓一卷

國朝歙縣張習孔黄嶽撰。歸本於孝弟禮義，視《顔氏家訓》爲醇。

七勸口號一卷

張習孔撰。七勸者，一勸天，二勸地，三勸閻羅王，四勸鬼，五勸人父，六勸人子，七勸著勸世文者，皆爲五言韻語，文奇而詞摯。

五先生學約十四卷學約續編十四卷　城南書舍藏本

國朝吏部左侍郎遵化孫承澤(甘)〔耳〕伯撰。號北海，自稱退翁。五先生者,周、張、二程、朱子。《續編》四先生,薛敬軒、胡敬齋、羅整庵、高景逸也。以事類記。

大呼集八卷凡例綜旨一卷

國朝古宜梁顯祖艮夫撰。彙理學之名言,以辨邪正、明是非、別真僞、析疑義、釋妖妄、破習氣以爲主。

餘慶堂十二戒一卷

國朝開原劉德新裕公撰。一戒妄念,二戒恃才,三戒挾勢,四戒怙富,五戒驕傲,六戒殘刻,七戒放蕩,八戒豪華,九戒輕薄,十戒酗酒,十一戒賭博,十二戒宿娼,各爲之論。

猶見篇一卷

國朝錢塘傅麟昭又昭撰。分尊禮服、重官箴、隆鄉望、端士習、謹教習、慎交遊、覈名實、嚴喪制、崇儉約、勵仕學,凡十段。言猶見,以慨當時之不然。筆議皆擬賈長沙,自評謂"吾將採莊山之金,鑄賈大夫像,而爲之太息,乾坤一腐儒",意可知矣。

人譜補圖一卷

國朝秀水宋瑾豫庵撰。因劉宗周《證人小譜》補《氣禀》《物欲》《習染》三圖,詳爲注説,附尹思川《理欲消長》《身家盛衰》二圖説于後。有自序。

古觀人法一卷

宋瑾撰。以視瞻、言語、喜怒、氣度、作止、交接、食息、存心八法,觀人位,分上下。自跋云:"非徒以形相,而以神相者也。"

根心堂學規一卷

宋瑾撰。分功、過二格,學優、學劣各十事,行優、行劣各二十事。

古人居家居鄉法一卷

國朝江寧丁雄飛菡生撰。意在以溫恭夙人,韓聖秋跋稱其爲"砥礪之綱維"。

俗砭一卷

國朝方象瑛撰。有《封長白山記》，已著録史編。此書推廣法戒，取戴仲若"俗耳鍼砭"語以名之。

艮堂十戒一卷

方象瑛撰。一妄思、二多譚、三作文、四觀書、五應客、六憂貧、七久立、八强步、九拜起、十觸怒，病後告親友之詞。

燕翼篇一卷

國朝興化李(隆)〔淦〕若金撰。凡十七篇。有自序。

艾言一卷

國朝江都徐元美松岑撰。凡三十七條，其第一條云："天地之於萬物，以直而生之，殆非直不生也。聖人之於萬物，以曲而成之，殆非曲不成也。乃天地之道直矣，而能生聖人以代其曲，聖人之道曲矣，而能成天地以遂其直。"先儒未發之藴也。

訓蒙條例一卷

國朝仁和陳芳生漱六撰。以十一條統攝身心，復以六條專爲舉業設。

拙翁庸語一卷

國朝宛平劉芳喆宣人撰。凡十六則，多格言名語。

醉筆堂三十六善一卷　並《檀几叢書》本

國朝濟南李日景方山撰。分居官、紳宦、士行、商賈、農家五類，各繫以三十六善。

五子近思録十四卷　退思堂本

國朝休寧汪佑啓我撰。講學白嶽，羣號白嶽山人，又稱星溪先生。彙朱子精微之言胍合於周、張、二程四先生者，增入各卷，凡補五百四十八條。

(葦)〔篳〕溪自課一卷

國朝鄞縣馮京第躋仲撰。日課一、旬計二、月要三、時會四、歲成五。又一分歲法、二分時法、三分月法、四分旬法。又讀書三要：一、日有成課，一、讀書不如鈔書，一、通一書畢始治一書。又讀書作六字訣，曰：熟讀書，多作文。作文一字訣，曰：改。皆有論說。後附《自課庵銘》一首。

廣惜字說一卷

國朝仁和張允祥吉士撰。凡十條。自序謂："人知惜字，於有字之後；不知惜字，於未有字之先。"蓋爲陷文者戒也。

戒殺文一卷

國朝番禺黎遂球美周撰。前明天啓丁卯舉人，入我朝不仕。是書推廣仁旨：一、舉動宜戒，二、自養宜戒，三、讌會宜戒，四、祭祀宜戒，五、養老宜戒，六、相噬宜戒。自跋云："不殺是佛，殺豈是儒。"二語破的。

家塾座右（錄）〔銘〕一卷

國朝宋起鳳紫庭撰。凡十二章。王晫跋云："味之如飽菽粟，被之如煖布帛。"較之崔銘更爲古雅。

婦德四箴一卷　並《檀几叢書》本

國朝徐士俊撰。有《三百篇鳥獸草木記》《月令演》，已各著錄經編。此其晚年授經閨閣，仿程子視聽言動之義作，爲德、言、容、功四箴而警之。張潮跋云："真堪羽翼聖賢，傳諸久遠，彤管生輝。"

格言僅錄一卷

國朝歙縣王仕雲望如撰。每取前人言行而論斷之，凡二十四條。

日錄裏言一卷

國朝寧都魏禧凝叔撰。吳縣葉藩桐初校。凡六十二則，有伯子、石公、謝約齋、丘邦士、張山來諸人評，細書節下。

日錄雜說一卷

魏禧撰。歙張潮刪定。稱其實實可見諸施行。

偶書一卷

國朝寧都魏際瑞伯子撰。原名祥,字善伯。張潮題辭稱其於"保身保家之道、治己治人之方,靡所不具"。

讀書法一卷

魏際瑞撰。標爲韻語,爲閱書者示之法。

夙興語一卷

國朝南豐甘京楗齋撰。三原孫枝蔚豹人校。爲豫章程山先生學,語多箴規藥石。

心病説一卷

甘京撰。標馳、昏、逐、邪、縱、狗、懈七病,以一方療之曰主敬,平時調善之方曰静攝。魏叔子以精切許之。

松溪子一卷

國朝仁和王晫丹麓撰。張潮序稱其"體製似老,其純粹似賈、董而過之"。

戒賭文一卷　並《昭代叢書》本

國朝尤侗撰。所論費時、費心、費財三段,切中要害。

仁恕堂筆記一卷　池北書庫藏本

國朝分巡洮岷道長汀黎士弘媿曾撰。弟士毅跋以《顔氏家訓》擬之。

道一録五卷

國朝内黃知縣菁臺張沐仲誠撰。一卷爲《朱子晚年定論》,二卷至五卷《陽明傳習録》,明朱、王之學無異。

聖經學規纂二卷

國朝李塨撰。有《大學辨業》《小學稽業》,已各著録。此取《論》《孟》言學者類次之,附《大學》後。德州孫勷子未訂。

論學三卷

李塨撰。取前儒説論之,以足前書之義。

日知録一卷

國朝郗成撰。有《大學學思録》《中庸學思録》，已著録。此編闡發理學，深醇簡切。

仰思記一卷

郗成撰。自序云："七旬老夫氣薄力弱，回省生平，愧懼交至。今願惟日孜孜仰思古道，隨書以鼓勵衰朽。"老而篤學之心於此可見。

儒者十知略一卷

郗成撰。究明性理，凡十篇。自跋云："知其一，可知其十；知其十，方知其一。知不知之間，甚勿自欺焉，而終於自蔽也。"

致知階略一卷

郗成撰。凡十八章。意以學人致知，必先有所持循，方能入細，故舉數端以爲階梯云。

三訓俚説一卷　　並澤州段氏刊本

郗成撰。樊廣文拈實任守，三言以訓絳庠，書曰《正士三言》，郗爲説以衍其義。

五倫懿範八卷　　儼思堂本

國朝天台山人鹿門子撰。有康熙五〔十〕年四明山人鶴控子題序。均未詳其姓名。

萬世玉衡録四卷

國朝監察御史金壇蔣伊撰。康熙中進士，採録古今政事，分門彙次，凡六十條，每條分法、戒二類。

楊愧庵遺集七卷　　來鹿堂本

國朝貢生射洪楊甲仁愧庵撰。與中孚遊，講性命之學，多心悟語。凡《北遊日録》一卷，《下學芙城録》一卷，《憂患日録》一卷，《下學録》二卷，《自驗録》二卷。門人蒼溪閻立德校。

槐（里）〔下〕新編雅説集十七卷

國朝大學士柏鄉魏裔介石生撰。撮抄明季已來諸儒遺語，爲卷一十七：一、王弇州《劄記内外篇》，二、趙忠毅公《閒居擇言》，三、顧涇陽《小心齋劄記》，四、王佐之《南牖日箋》，五、金伯玉《忠節語録》，六、孫鍾元《歲寒居答問》，七、張蓬玄《大中》，八、魏 裔 介《述古自警》，九、曹厚庵《居學録》，十、魏環溪《庸言》，十一、成我存《好善編（及）身世言》，十二、申鳬盟《荆園小語》，十三、喬文衣《野語》，十四、韓聖秋《知至編》，十五、劉千里《芝在堂語》，十六、張肇祥《管言》，十七、吳玄汭《剩言》。諸書皆少單行本，賴此編以存。

性理標題訓解八卷

國朝翰林院編修鄞縣仇兆鰲滄柱、錢塘張道升慎高同撰。

性理體注八卷

國朝張道升與鄞縣仇廷桂丹植同纂。

凝庵家訓八卷

國朝婁縣教諭金壇曹（李）煜亮采撰。皆本分語，不務爲性命高談。

學統五十三卷　　下學堂本

國朝大學士孝昌熊賜履敬修撰。以孔子爲正統之主，顏、曾、思、孟、周、（程張）〔二程〕、朱八子實接真傳，並列於正統。先賢先儒有能羽翼經傳者爲翼統，聖門得閔子以下六人，秦漢而後得董子而下十七人。聖門羣賢歷代諸儒見於傳記言行可攷者名附統，於聖門得冉伯牛而下十六人，卜、曾、孟三子之門得公羊高而下六人，秦漢而後得丁寬而下一百五十有六人。至百家之支，二氏之謬，或明畔吾道，或陰亂吾實，揭之曰雜學，如荀、揚之類。曰異（宗）〔學〕，如老、佛之類。皆痛闢之。

人鑑三卷

國朝南蘭湯自銘西箴撰。

讀書日記六卷補編二卷　　林汲山房藏本，又孫蔭堂藏本

國朝諸生安丘劉源淥直齋撰。《讀書日記》分《記疑》五卷、

《冷語》一卷,多讀書得閒之解。其第一條云:"聖人經書原以供後學實用。"可以想其根柢。

似是心鏡一卷　洛川賈氏藏本

國朝湖南東安知縣洛川賈構塾庵撰。自序謂:"二家似是而非,而差之毫釐,謬以千里,非有心鏡不得晰也。"此命書之意。

讀書小記三十一卷附録一卷　濠上存古本

國朝貢生洪洞范爾梅梅臣撰。一字雪莽。自一卷至二十四卷,分説《大學》《中庸》《易》《書》《毛詩》《春秋》《禮記》《周禮》諸經之義,二十五卷《樂律考》,二十六卷《琴律考》,二十七卷《語録》,二十八卷《明儒考》,後三卷爲文、詩、雜著,末附《雪莽先生本傳》。内有《易輪》一卷,以羲卦坐洛書旋轉求之,凡八轉而得離一、艮二、乾三、巽四、震五、坤六、兑七、坎八之數,由此推闡,以盡其變,各有圖説,前人未發之藴也。

困勉齋私記四卷　西澗草堂本

國朝閻循觀撰。有《尚書讀記》《春秋一得》,已著録。此編亦多解經語。

衛道編二卷　三原刊本

國朝劉紹攽撰。有《九畹易説》《春秋筆削微旨》等書,已著録。此編力攻陸、王,以翼朱子。

關中四先生要語録四卷

國朝李元春撰。涇野、苑洛、谿田、斛山四先生語。

關中三先生要語録四卷　並守樸堂本

李元春撰。輯少墟、仲復、二曲三先生語。

訓俗遺規四卷

國朝陳宏謀撰。有《養正遺規》《教女遺規》,已著録。此編輯録朱子《增損吕氏鄉約》至熊勉庵《大衆人等不費錢功德例》,凡三十二家之説,凡有裨於世俗者録之。

從政遺規二卷　　並桂林陳氏刊本

陳宏謀撰。輯呂東萊《官箴》至熊勉庵《官長紳士善舉》二十三家説,以爲居官之法,與前書相表裏。

訓俗遺規摘鈔四卷從政遺規摘鈔二卷　　興善堂本

國朝劉大懿就陳書摘鈔。

聰訓齋語二卷

國朝張英撰。有《書經衷論》,已著録。此編於存心、立身、持家、裕後之道,深切著明。

恒產琑言一卷

張英撰。皆訓子孫保守恒產之語,憂深思遠,有唐風遺意。

合説一卷　　並桐城張氏家藏本

張英撰。凡十二條。《昭代叢書》載此,作《飯有十二合説》。

退庵隨筆二十卷

國朝江(西)〔蘇〕布政使福州梁章鉅芷林撰。分《躬行》《交際》(《文學》《武備》《生理》)〔《學殖》〕《官常》《政事》《家禮》《家誡》〔《摄生》《知兵》〕《讀經》《讀史》《讀子》《學文》《學詩》《學字》,凡十五門。

嘉孫注:清道光十六年(1836)受業安陸李廷錫陝西刻本。

平平録十卷　　陝西刊本

國朝湖南提督銅仁楊芳誠村撰。分《道源》《天地》《輔教》《心性》《明善》《博約》《經權》《審機》《敘彝》《保生》,凡十篇。

桐牕囈説一卷陳子碎言附　　青照堂本

國朝李元春撰。王克允後序稱其"法戒俱備,而首尾括以天人合一之旨"。後附《陳子碎言》,凡十三則。陳,名永橋,字鶴峯,濟南諸生也。

嘉孫注:清道光十年(1830)刻本。

右儒家類一百九十部,共一千二百九十七卷。

玉函山房藏書簿録卷十二

子編二

道家類

陰符經解一卷　明黃嘉惠校本

舊題黃帝撰。太公、范蠡、鬼谷子、張良、諸葛亮、李筌六家注。漢、隋《志》不著録,《唐志》有《集注陰符經》一卷。六家外尚有李淳風、李治、李鑒、李鋭、楊晟五人。《宋志》有《黃帝陰符經》一卷。注:"舊目云:'驪山老母注,李筌撰。'"書雖依託爲之,然時精語,非深於道者不能言也。

陰符經考異一卷　菁華樓本

宋朱子撰。考諸本之同異而刊定之。

陰符經章句一卷　文錦堂本

明彭好古撰。自號西陽居士。於經題廣成子,亦無所攷。

注陰符經一卷　繩其居本

明呂坤撰。

黃帝陰符經測疏一卷　未孩堂本

明高郵陸西星長庚撰。自號潛虛子。定爲軒轅之書,謂老氏祖之,而言道德。

軒轅黃帝陰符經塔藏解三卷結解一卷　江南刊本

國朝王丹仙撰。一字白鹿仙,自號鹿背子。康熙癸未江南門人校刊。首載《三皇體用》,末附《結解七絶》二十一首,言丹鉛事。

陰符經注一卷　江寧藩署刊本

國朝李光地撰。自跋云:"《陰符經》亦衰世之書,大抵老氏之苗裔知其意者爲之也。五賊三盜之語尤峻惡,然其本指則老氏所謂反者道之動云爾。"

金碧古文龍虎上經一卷

舊題黄帝撰。依託爲之。凡三十三章,意旨似出《參同契》。明彭好古解。

浮黎鼻祖金藥秘訣一卷　並《道言内外秘訣全書》本

舊題廣成子撰,漢葛玄注。亦後人所依託。

廣成子解一卷　《函海》刊明范欽校本

宋蘇軾撰。取莊子書所載廣成子者,補而注之。雖寥寥剩語,視《金藥秘訣》爲得初義矣。

鬻子一卷　潛庵子本

周文王師鬻(雄)〔熊〕撰,唐華州鄭縣尉逄行珪注。有《上表》。《漢志》載入道家二十二篇,載入小説家十九篇,隋、唐《志》道家並載一卷,不言篇數,《崇文總目》作十四篇,高似孫《子略》作十二篇,陳振孫《書録》作十五篇。此本與《崇文總目》合,前人或疑爲依託,逄注亦無甚深義。

道德經二卷　文錦堂本

周柱下史苦縣李耳伯陽撰。一稱老子,亦號老聃。《禮記·曾子問》載夫子稱老聃之言。其人博通典故,叔向、子産之流也。《道德》五千,意關尹喜託名爲之歟?注爲漢河上公作。《(漢)〔隋〕志》云:"文帝時人。"又云:"梁有戰國時河上丈人注《老子經》二卷。"疑是一人,而傳聞各異。注頗淺近,唐劉知幾嘗辨其僞。

道德指歸論六卷　汲古閣本

漢蜀郡嚴遵君平撰。《七録》有《嚴遵注老子》二卷。《隋志》

云別有"《老子指歸》十一卷,嚴遵注",亡。《唐志》:十四卷。此本僅存説《德經》者六卷,據曹學佺《玄羽外編》,乃明末人僞作,然説頗近理。有唐谷神子、明沈士龍、胡震亨三序。

老子注二卷　武英殿聚珍版本

晉王弼撰。有《周易注》,已著録。輔嗣注《易》,頗涉玄虛,此則其本色語也,詞意簡遠,能得老氏之微旨。

老子道德經釋文一卷

唐陸德明撰。引有鍾會、孫登、張憑、梁簡文注,諸家並亡,借此書以存其略。

道德經解二卷

宋蘇轍撰。大旨主於佛老同源,又往往援儒書以附合之,其或緣晉人"將無同"三語而推闡,以究其蘊乎。

道德真經注四卷

元吳澄撰。有《易纂言》《書纂言》等書,已各著録。併《老子》八十一章爲六十八章,亦猶注經之改竄篇次也。解旨與蘇轍同。

道德經集解一卷

明彭好古撰。

老子道德經玄覽二卷　未孩堂本

明陸西星撰。每章後有轉語贊之。崑丘外史趙宋序稱其旨趣悠長。

老子説略二卷　濟陽儒學刊本

國朝張爾岐撰。屏除繁説,疏明大意,與注《周易説略》同體。

嘉孫注:清道光十九年(1839)刻本。

道德經注一卷　居易廬本

國朝匡文昱撰。有《讀易拾義便鈔》,已著録。大旨謂孔老之教不殊,合儒道而一之,羅隱《兩同書》之緒論也。

清净經一卷

舊題太上撰。依託老子爲之。清净是老氏本旨,故取以名其書。

定觀經一卷

大旨謂心定于一。其語曰:"其于鑒力隨候益明,得至道成慧乃圓備。"

洞玄靈寶無量度人上品妙經一卷

上陽子陳觀吾解注,明彭好古摘注。

消災護命妙經一卷

書言:"元始天尊在七寶林中五明宮内,與極聖衆俱放無極光明,照無極世界。"似襲佛經語。

赤文洞古經一卷

中有"無爲則神歸,神歸則萬物寂"及"忘于目,泯于耳"等語。

大通經一卷

中有"對境忘境"及"心生性滅"等説。二書亦皆似佛説。

五廚經一卷

唐尹愔跋云:"五藏充則滋味足,五神静則嗜欲除。此經五藏之所取給,如求食於廚。"

日用經一卷

大旨言十二時中,常念清净。

玉樞經髓一卷

其説云:"可與忘形,可與忘我,可與忘忘。"文筆似莊、列。

明鏡匣一卷

黄金硃砂父,白金水銀母。龍虎是黄芽,黄芽是真土。皆丹訣也。

金穀歌一卷　並《道言内外秘訣全書》本

亦以歌訣衍丹法,"良無頭,釜無耳"之類,頗似隱語。以上十書並題太上，皆依託老子爲之。其書相傳已久，姑依舊題，類次《道德經》後。

黃庭內景經一卷

舊傳老子著。言丹法，取金水內景義也。

關尹子二卷　明刊本

周關門令尹喜撰，宋希微子王夷注。凡九篇，《漢志》著録，隋、唐《志》皆不載，《宋志》有劉向《關尹子》九卷，疑出宋人依託。然具有理致，文詞亦可觀。夷注述其師抱一子説。

文子二卷　潛庵子校刊徐靈府注元本

周撰人缺。《漢志》第云老子弟子。魏李暹謂：“文子姓辛，名鈃，葵丘濮上人，號曰計然，范蠡師之。”然攷《唐志》農家有《范子計然》十五卷，注：“范蠡問，計然答。”馬總《意林》亦載《范子計然》十三卷，並陰陽曆數，則文子非計然也。周氏《涉筆》謂“楚之居士”，近之。書凡十二篇，其辭多本老氏而雜以名法儒墨。柳宗元以爲駁，疑竊取他書以合之。案：《漢志》《七略》並云九篇，梁《七録》十卷，隋、唐《志》十二卷，後多於前，柳説可信也。

鶡冠子三卷　潛庵子本

周隱士楚國鶡冠子撰，宋陸佃解。《漢志》云：“鶡冠子，楚人，居深山，以鶡羽爲冠，因號。”凡十六篇。其説雜黃老刑名，殊爲蹐駁，至如《博選》“四稽五至”之説，君子有取焉。佃解亦頗簡略。

子華子三卷

周晉國程本撰。漢、隋、唐《志》皆不著録。疑南北宋間人託名爲之。然究晰天人之理，頗多精語。

列子八卷

周隱士鄭國列禦寇撰，晉光祿勳張湛注。《列子》旨趣多與《南華》相似，書中有禦寇以後事，柳宗元謂後人竄增。湛注具有名理，可伯仲乎郭象之注《莊》云。

列子注八卷

唐司勳郎中范陽盧重玄撰。訓義明簡,其注《唐志》不載。

莊子十卷

周梁漆園吏宋國莊周撰,晉太傅主簿河内郭象子玄注。《漢志》:"《莊子》五十二篇。"今本存《内篇》七,《外篇》十五,《雜篇》十一,文多寓言。史遷稱其洸洋自恣,以適己意。象注,據《世説新語》以爲攘竊向秀注,然象亦有所補綴改定,故唐時向、郭兩本並行,陸氏《釋文》引向説可證,惜向注已佚,未由校勘爾。

莊子司馬注一卷

晉秘書監河内司馬彪紹統撰。《隋志》:"《莊子》十六卷,司馬彪注,本二十一卷,今闕。"又:"《莊子注音》一卷。"《唐志》:二十一卷。陸德明《經典釋文·序録》同。其書五十二篇:《内篇》七,《外篇》二十八,《雜篇》十四,《解説》三,爲音三卷。原書佚,惟《釋文》引之。嘉慶中,承德孫馮翼輯補一百十四條:《釋文》遺者六十條;《釋文》同者四十條;其不見他書所引,已見《釋文》者不具録。案:彪注與向秀同,時在郭象先。其本較郭本卷帙簡而篇目完足,《莊子》逸篇借可考焉。

莊子注考逸一卷　　並問經堂本

孫馮翼輯。凡舊説非郭象注,亦不明標司馬者,録爲一帙,附司馬注後。

莊子釋文三卷

唐陸德明撰。郭象注外,引有向秀、司馬彪、崔譔、李頤、李軌、徐邈,其注音今皆不傳。

莊子闕誤一卷

明楊慎撰。引證諸書,凡《莊子》書闕誤者,皆訂正。

翼莊一卷　　並《函海》本

明高弇允叔輯郭象注爲之。

南華經箋注八卷

明江寧清凉山孔雀頭陀性涵蘊輝撰。疏通明了,頗參佛理。

南華經句解四卷　　世德堂本

明廣州府同知輪山陳榮選克舉撰。一字鰲海。字釋句詮,不落前人窠臼。蔡清憲稱其"白圏夷澹,有玄酒之餘味"。

南華真經狐白八卷　　自新齋本

明翰林院修撰韓敬求仲撰。湯賓尹校定。一作《莊子狐白》。

南華經評注五卷　　康熙中刊本

不知何人所輯。一作《南華真經獨見箋注》,題晉郭象子玄評,竹林賢士向秀注。評列上方,注在旁行。郭注稱評,又以意析爲向注,皆於古無據。

南華通七卷

國朝徵士蒲城屈復悔(庵)〔翁〕撰。於書中深奥處,頗能疏通。

莊子南華經解六卷　　積秀堂本

國朝句曲宣穎茂公撰。折衷諸家,剗其蕭礫,發其清微,於《南華》實有妙悟。第自序謂:"莊子之書與《中庸》相表裏。"張芳序謂:"是書之行,其有功於孔孟甚大。"皆謬爲大言,而轉失本旨矣。

莊子因六卷

國朝徽州府推官晉安林雲銘西仲撰。順文解義,多講求於文法。

二經精解三十五卷

明少詹事秀水陳懿典撰。《解老子》二卷,《解莊子》三十三卷,合爲一編。採諸家説,擇取甚當。

莊列十論一卷

宋太學教授李元卓撰。

於陵子一卷　　並鈔本

周隱士齊國陳終仲子撰。《畏人》《辭禄》《人問》《辨窮》《大盗》《夢葵》《灌園》，凡七篇。其書漢、隋、唐、宋諸《志》皆不載，或云明姚士粦擬作。

火蓮經一卷　《道言内外秘訣全書》本

漢淮南王劉安撰。書言丹法火候。洪邁《容齋隨筆》謂："淮南有《中經》八卷，言神仙黄白之術。"此其一也。

靈飛經一卷　寫本

撰人缺。《瓊宫五〔帝内〕思上法》《靈飛六甲内思通靈上法》《上清瓊宫陰陽通真秘符》，凡三篇。取鍊氣歸神之義，故名"靈飛"，書極玄渺。唐開元中，鍾可大紹京爲玉真長公主寫，進御明皇，以比二王帖。趙子昂書源出此，其經遂重於世。

古文周易參同契三卷注三卷　惜陰軒本

漢會稽魏伯陽撰。葛洪《神仙傳》稱伯陽作《參同契》《五行相類》，凡三卷。其説似《周易》，其實假借爻象以論作丹之意。《唐志》列五行家，朱氏《經義考》列易類，均失之，兹依《宋志》入道家。原書篇爲一卷。後三卷，漢青州從事徐景休注，蜀彭曉本混而無别。雍正中三原袁仁林振千分出並注之。

參同契三相類二卷　惜陰軒本

漢會稽淳于叔通撰。分上下篇，於魏氏頗能輔翼。一謂大《易》性情各如其度，二謂黄老用究較而可御，三謂爐火之事，真有所據也。

周易參同契考異一卷　菁華樓本

宋朱子撰。題空同道士鄒訢撰者，寓名也。攷《朱子年譜》載，慶元三年，蔡元定將編管道州，朱子與論《參同契》。《文集》又有答元定書，論《參同契》有"但望他日爲劉安雞犬"之語。蓋遭逢世難，託神仙以見意，故此編詳釋丹法，略於文字。

周易參同契測疏一卷

明陸西星撰。因上陽子解而貫通其義，與《陰符》《道德》共成一家之言。

周易參同契口義初解一卷　　並未孩堂本

陸西星撰。因前作《測疏》，大義雖明，而微言未晰，乃復作此，以補遺漏。篇末載《參同字義分屬》《月節氣候卦斗律火總紀》《斗建子午將指天罡圖》《九宮八卦圖》《藥火象月之圖》《八卦納甲之圖》，具有精意。

參同契解一卷

明彭好古撰。詳於爐火之法。

古文參同契集解三卷

明餘姚蔣一彪撰。用楊慎所傳古本，割裂彭曉等所注分附之。有自序及楊慎序。

參同契章句一卷　　江寧藩署刊本

國朝李光地撰。以《三相類》一編亦伯陽自作，與《參同契》互相解剝，傳本不知中斷二書及截(本)〔立〕標題，所以亂三篇之文，故爲章句，以釐定之。

胎息經一卷　　《道言内外秘訣全書》本，又汲古閣本

幻真先生注。舊題《無上玉皇胎息經》。按:《抱朴子》，晉、宋已傳。此書開章言胎從伏氣中結，此其大指。

抱朴子内外篇八卷

晉葛洪撰。有《神仙傳》，已著錄史編。此書《内篇》言神仙修煉符籙，劾治諸事，純爲道家言。《外篇》則論時政得失，人事臧否，詞旨辯博，具有名理。隋、唐《志》均以《内篇》入道家，《外篇》入雜家。今其書合編，且《外篇》亦宗本黃老，故併入道家，與《莊子》書同例。

抱朴内篇二十卷外篇五十卷　　平津館校刊本

國朝孫星衍編次。以《道藏》本、天一閣鈔本、盧抱經校本明刻本、葉林宗家鈔本、明潘藩刊本互校，區《内篇》《外篇》爲二部，

以符洪自序及隋、唐《志》之舊。

枕中書一卷　《漢魏叢書》本

晉葛洪撰。謂静齋於羅浮山遇玄都太真王，授以《真書》《真記》，中有堯治熊耳山，舜治積石山，禹治蓋竹山，湯治元極山，青烏治長山及馮夷山長五人爲五帝佐相，領五帝事，五帝一劫遷佐者代焉。又有孔子爲太極上真公，治九嶷；顏回受書，初爲明泉侍郎，後爲三天司真；七十二人受名玄洲等説。皆荒誕不可致詰，似非洪本書。

銅符鐵券一卷

晉丹陽黄堂觀諶母撰。字嬰，亦號嬰母，密修道法，吳猛、許遜皆師事之。事跡詳載《太平廣記》所引《墉城集仙録》。此書言修養事，許遜傳之。

石函記一卷　並《道言内外秘訣全書》本

晉旌陽令南昌許遜敬之撰。與前書相出入。

真誥二十卷　衛永叔藏本

梁隱居先生秣陵陶弘景撰。記神仙授受真訣，凡降現日月，文字語言，一一詳載。凡七篇。事涉玄邈，而文筆雅飭可觀。明震維居士俞安期校，有宋高似孫序。按：《漢志》別出神仙一家，《隋志》黜之，《唐志》併入道家，兹依用。

真靈位業圖一卷

陶弘景撰。謬悠荒詭，與葛洪《枕中(記)〔書〕》相類。

冥通記四卷　並汲古閣本

舊題陶弘景撰。按：《隋志》雜傳類有《周氏冥通記》四卷，《宋志》作《周子良冥通記》，《道藏》全目亦有此書，與《隋志》同。兹題陶弘景，未知何所據也。

華陽陶隱居内傳三卷　鈔本

賈嵩撰。自號薛蘿孺子。萃會隱居書爲之。

玄真子三卷 潛庵子本，又知不足齋本

唐翰林院待詔婺州張志和子同撰。初名龜齡，肅宗賜名志和。後坐貶，泛舟江湖，自號煙波釣徒，亦稱浪跡先生，著書號玄真子。《唐志》：十二卷，韋詣作《內解》。今惟存《碧虛》《鶯鶯》《濤之靈》三篇，據《道藏》總目是《外篇》，其《內篇》佚，韋解亦不存。文筆頗與《抱朴子·外篇》相似。潛庵子本三篇合一卷，鮑本篇爲一卷，附《顏魯公碑銘》。

天隱子一卷 潛庵子本

唐撰人缺。《神仙》《易簡》《漸門》《齋戒》《安處》《存想》《坐忘》《神解》，凡八篇。前後有司馬承禎序。宋紹興中，黃巖主簿胡璉跋云當是子微所著，而序乃云天隱子，不知何許人，意者不欲自顯其名耶？子微，承禎子。

亢桑子一卷

唐處士襄陽王士(元)〔源〕撰。《唐志》：二卷。注云：“天寶元年，詔號《莊子》爲《南華真經》，《列子》爲《沖虛真經》，《文子》爲《通玄真經》，《亢桑子》爲《洞靈真經》。然《亢桑子》求之不獲，襄陽處士王士(元)〔源〕謂：‘《莊子》作《庚桑子》，太史公、《列子》作《亢倉子》，其實一也。’取諸子文義類者補其亡。”士(元)〔源〕作《孟浩然集序》亦自述其事。凡九篇。其《農道篇》取《呂氏春秋·上農篇》，而小易其字句，他篇當類此。

靈寶畢法一卷

唐隱士咸陽鍾離權雲房撰。隱崆峒山，號天下都散漢。此書究極修煉之術，弟子呂巖傳之。呂巖，一名巖客，字洞賓，號純陽子，永樂人，一作蒲坂人。咸通中舉進士，遊長安酒肆，遇鍾離雲房得道。

鍾呂二仙傳道集一卷

唐元和進士睦州施肩吾希聖撰。肩吾慕仙跡，隱豫章西山。

此述鍾離權與吕巖傳道秘旨。

吕純陽丹詞一卷　　並《道言内外秘訣全書》本

　　唐吕巖撰。暢發修養功候,多況譬語。明彭好古録。

吕真人百字碑測疏一卷　　未孩堂本

　　明陸西星撰。

入藥鏡一卷　《道言内外秘訣全書》本

　　唐崔希範撰,明彭好古注。

崔公入藥鏡測疏一卷　　未孩堂本

　　明陸西星撰。

無能子一卷　潛庵子本

　　唐撰人缺。據《唐志》,光啓中隱民間,知爲唐僖宗時人。原書四十二篇,今存者三十四篇,原本老莊,間參佛氏説。

化書六卷　潛庵子本

　　南唐終南隱士譚峭景升撰。《道化》《術化》《德化》《仁化》《食化》《儉化》,凡六篇。後爲宋齊丘子嵩攘爲己作,故又號《齊丘子》。張文潛謂:"雖淺機小數,亦微有見於黄老之所謂道德者。"有明宋濂序。

無上玉皇心印妙經一卷　《道言内外秘訣全書》本

　　此書宋時《道藏》始著目。

無上玉皇心印妙經測疏一卷　　未孩堂本

　　明陸西星撰。

玉清金笥青華秘文金寶内鍊丹法〔訣〕一卷

　　此書亦宋時始有。

金丹四百字一卷

　　宋紫陽真人張伯端平叔撰,明彭好古注。扼取金丹秘要,以四百字括之,注亦有所闡發。

悟真篇一卷　並《道言内外秘訣全書》本

宋張伯端撰,明彭好古注。本《參同契》意旨,演説發明,一掃庸末謬説,故以"悟真"名篇。彭注撮張弟子翁葆光原注,元戴起宗疏,而以己意融之。

張紫陽金丹四百字測疏一卷

明陸西星撰。

張紫陽悟真篇小序一卷　並未孩堂〔本〕

陸西星撰。

還金術一卷　《道言内外秘訣全書》本

宋陶埴撰。

漸悟集二卷

宋崑崘山馬丹陽撰。

大道論一卷

原書題周固樸撰。《道藏》全目不著姓名。

海客論一卷

撰人缺。書言海客李光元渤海人,同舟遇道人,與之談論,備述其語,《莊》《列》緒言也。

自然集一卷

撰人缺。

仙樂集五卷　並鈔本

原題神(州)〔山〕無爲應緣長生子劉處玄撰。

指玄篇一卷

元白玉蟾如晦撰。即葛長庚也。世爲閩人,以祖任瓊之日生,自號海瓊子,修道有異術,其書深得玄旨。

地元真訣一卷　並《道言内外秘訣全書》本

白玉蟾撰。

丘真人青天歌測疏一卷　　未孩堂本

元長春子丘處機撰《青天歌》,明陸西星測疏。

答論神丹書一卷

明卓有見撰。

羣仙歌一卷　　並《道言内外秘訣全書》本

明彭好古輯。

龍眉子金丹印證測疏一卷

明陸西星撰。

玄膚論一卷

陸西星撰。内有《金丹就正》三篇,《金丹大旨》一篇,復有八圖及七破論。八圖者,《金丹大旨圖》《太極未分圖》《太極分陰陽圖》《陰陽互藏圖》《坎離交媾圖》《成丹圖》《周天符火圖》《還元圖》。七破者,破非、破僞、破執、破邪、破疑、破愚、破癡也。

遵生八牋二十卷　　弦雪居重訂步月樓本

明錢塘高濂深甫撰。一號湖上桃花漁,又號瑞南道人。八牋者:一、清修妙論,二、四時調攝,三、起居安樂,四、延年卻病,五、飲饌服食,六、燕閑清賞,七、靈秘丹藥,八、塵外遐舉。景陵鍾惺伯敬校訂。

養生類纂十五卷　　明刊本

(明)〔宋〕周守忠窠庵撰。採集羣書,各標所出。明初藩府秘其書,成化中錢塘知縣樵陽謝頴校梓以行。

玄應録十二卷　　宛平王氏家藏本

明劉鳳撰。有《吳郡志》,已著録史編。此編多言感應事,筆意頗似唐人。

脈望四卷　　寶顔堂本

明成都趙台鼎長玄撰。自號丹華洞主。書取《酉陽雜俎》"蠹魚三食神仙字"爲脈望之義,與物理多精識。有商丘曹代蕭序。

龜臺琬琰一卷

國朝歙縣張正茂松如撰。記古來女仙,自西王母至賣酒姥,凡七十二人。

聯莊一卷　並《檀几叢書》本

國朝歙縣張潮山來撰。取《莊子》書語,駢句聯之。

讀莊子法一卷　《昭代叢書》本

國朝徽州府推官三山林雲銘西仲撰。《總論》《雜説》,凡二篇。

西華仙籙一卷

國朝王言撰。有《連文釋義》,已著録經編。此書補《龜臺琬琰》之遺,凡三十六人。

萬壽仙書四卷　崇文堂本

國朝金壇曹無極若水撰。專論養生、按摩、導引之法,并著圖,如熊經鳥伸、五禽戲之類。首有自序。

鼎符一卷

國朝李光地撰。既注《陰符經》《參同契》二書,有見于爐火之法,乃爲此書,分上下二篇。

右道家類一百一十六部,共三百九十四卷。

子編三

釋家類

妙法蓮華經七卷　明刊本

姚秦鳩摩羅什譯,明釋上天竺講僧寺住山一如集注。有永樂十六年太子少師吳郡姚廣孝序。按:《漢志》無釋家,《隋志》併入雜家,《唐志》附入道家,皆非其實,別出一家爲允。

佛説四十二章經一卷　汲古閣本

(唐)〔宋〕沙門守遂注。

大佛頂如來密因修證了義諸菩薩萬〔行〕首楞嚴經十卷

唐天竺沙門般剌密帝譯,烏萇國沙門彌伽釋迦譯語,同中書門下平章事房融筆受,宋桐州沙門思坦注。

大方廣圓覺修羅了義經一卷

唐罽賓沙門佛陀多羅譯,終南山草堂寺沙門宗密疏。户部尚書同門下平章事河東裴休序。

藥師琉璃光如來本願功德經智燈疏二卷

沙門智生解。

華嚴經疏四卷

高王觀世音經一卷 西安唐氏刊本

東魏孫敬德傳。丞相高歡奉聞傳佈。

金剛波若經四卷

金剛經直解一卷

唐吕巖撰。

金剛經證果一卷

宋天台釋法空撰。滁州石之琇校。

般若波羅蜜多心經直解一卷 並西安唐氏刊本

唐吕巖撰。

般若波羅蜜多心經便蒙略解一卷

宋釋海寬撰。

般若波羅蜜多心經解一卷 賈氏三書本

國朝賈構撰。

心要經一卷 《函海》本

唐釋道廐撰。

洗髓經一卷 來鹿堂本

宋釋慧可授,少保湯陰岳飛鵬舉傳。

净柱子一卷　鈔本

南齊竟陵王蕭子良英雲撰。

法苑珠林一卷　仁和王氏本

唐釋道世撰。原書一百二十卷,此録其要。

黄檗斷際禪師傳心法要一卷

唐中書門下同平章事河東裴(度)〔休〕撰。

黄檗斷際禪師宛陵録一卷

裴(度)〔休〕撰。

翻譯名義集十四卷　並明刊本

宋釋法雲撰。詮釋佛書名義,甚淹博。

羅湖野録四卷

宋釋曉瑩撰。

禪本草一卷　並鈔本

宋釋慧日撰。

禪林寶訓三卷

宋釋妙喜、竹庵同撰,智禪解。

靈巖退翁和尚語録十七卷　明刊本

明釋夫山撰。傳者濟璣等録。

鬱單越頌一卷　《檀几叢書》本

國朝黄周星撰。自序謂:"向聞衲子略述俱盧洲之樂云:'自然衣食,宮殿隨身。'窮愁中每思此二語,輒爲神往。頃見《法苑珠林》所載《長阿含經》一篇,始得其詳,因釐爲七則,喜而頌之。"

盤山拙庵(利)〔樸〕大師電光録一卷　刊本

國朝釋德珍撰。拙庵弟子記其師語。有康熙己卯禮部侍郎秀水徐嘉炎序。

念佛三昧一卷

國朝吴縣金人瑞聖歎撰。其説云:"念佛之法,不可以妄心念於遥佛,亦不可以妄心念於妄心。"是其要旨。

佛解一卷 並《檀几叢書》本

國朝歙縣畢熙暘峴谷撰。一、《捄篇》,二、《覺篇》,三、《蔑禮篇》,四、《拂性篇》,五、《不來篇》。

奏對機緣一卷 《昭代叢書》本

國朝臨濟釋道忞木陳撰。順治十六年,聖駕至天津,召見奏對,深契天心,此紀其事。

右釋家類二十八部,共八十五卷。

子編四

勸善書類

太上感應編一卷 陝西刊本

宋理宗時越國公鄭清之傳。舊序云:"善者聞之益勸,不待爵賞之加;惡者睹之自危,愈於刑罰之及。"言太上者,猶言無上也。此等書以道家之感應參佛氏之因果,有合於吾儒福善禍淫之旨。神道設教,可以警世,故別立勸善一門,以類編入。

玄天上帝寶訓一卷

元大德五年三月二十四日,武當山靈應觀降筆。

玄天上帝勸世格言一卷

玄天上帝金科玉律一卷

玄天上帝戒食牛肉訓一卷 並扶風慎存堂本

已上三書未詳出於何代,依類著之。

關聖帝君覺世真經一卷

帝君降筆,流傳已久,未知出於何代。

關聖帝君覺世真經注四卷 旌德呂氏刊本

國朝燕平王寬若愚撰。

覺世真經注釋一卷 扶風慎存堂本

國朝神木縣教諭扶風劉世瑞吉士撰。後附《原文考異》一篇。

關聖帝君忠義護國翊運真經一卷

篇後説偈,可參佛書。

關聖帝君勸世文一卷

凡二十四條。

關聖帝君正一冲元孚感靈章一篇伏魔護道彰感誓章一篇

二篇合爲一卷。

關聖帝君消災集福忠義經一卷　　並扶風慎存堂本

凡十九章。

關聖帝君忠義經一卷　　歷城周氏刊本

國朝貢生候選訓導歷城周樂二南從《聖蹟全圖》錄出刊之。有明兵部尚書蒲州楊博原序。

關聖帝君忠義降乩真經一卷

關聖帝君正心寶誥一卷四訓周將軍訓語並附　　並慎存堂本

乾隆甲申春降筆。

文昌化書四卷

晉越(州)〔西〕張亞霶夫夢治水府吏迎居梓潼七曲山中,士民廟祀稱梓潼君,唐封(英)濟〔順〕王,宋紹熙六年進封帝號,元封文昌梓潼帝君。《化書》,帝君降筆,載七十二化事極詳,皆忠孝事。

文昌帝君陰隲文一卷　　扶風慎存堂本

劉世瑞注釋。

文昌孝經一卷　　静樂堂本,又慎存堂本

《育子》《體親》《辨孝》《守身》《教孝》《孝感》,凡六章。有明王鏊序。

文昌帝君勸孝文一卷

文昌帝君重申陰隲文訓一卷

文昌帝君曉世文一卷

文昌帝君功過格序一卷

文昌君蕉牕十則一卷　並慎存堂本

文昌忠經一卷

文昌帝君本願經一卷

文昌帝君延嗣經一卷

文昌帝君救劫章一卷

文昌帝君惜字紙文一卷

文昌帝君惜字功德律一卷

文昌帝君戒士文一卷

文昌帝君誡淫文一卷　並西安刊本

清河内傳一卷　鈔本

　　亦梓潼帝君降筆。與《文昌化書》相似。

孚佑帝君純陽祖師心經一卷

　　舊傳純陽子降筆。

忠孝寶誥三卷　並西安刊本

　　原題純陽子撰。長安岳澤校訂。

敬信録二十七卷　問心堂本

　　國朝長洲周朝輔鼎臣編。凡輯録《太上感應篇》一卷;《文昌帝君本願經》《陰隲文》《勸孝文》《救世文》《救劫寶章》《蕉牕十則》《勸敬惜字文》各一卷;《文昌帝君聖願》附《東嶽回生寶訓》一卷,《斗姥勸世文》《玄天上帝金科玉律》《關聖帝君寶訓》《魏元君勸世文》各一卷;《蓮池大師放生文》附《純陽祖師延壽育子歌》一卷;袁了凡《立命篇》《俞净意公遇竈神記》各一卷;《太微功過格》一卷,後附吕叔簡《居官刑戒》一卷;《遏淫説》《戒賭十條》《勸戒溺女文》各一卷;《感應篇靈驗》《陰隲文靈驗》各一卷;《損子墮胎異報》及《救五絶諸良方》等二卷;續附《經驗方》一卷,《印施靈驗》一卷。有乾隆中大學士尹繼善及由拳許雲鵬德垂二序。

玉歷鈔傳警世一卷

原題玉帝慈恩纂。載通行世間男婦改悔前非,准贖罪惡。《玉歷》,又題勿迷道人謹録。

玉歷警世易知録　並西安刊本

撰人缺。因前書而增益之。

棘闈奪命録一卷

撰人缺。據原序,謂"因春(湖)〔谿〕居士所輯《棘闈勸戒録》四十一則,勒那居士所增三十二則,稍加删潤,增入《感應篇注》并《蕉牕十訓》《惜字文律》共百餘則"云。

陰隲文勸戒編四卷

國朝太僕寺少卿滿洲洪德元善長輯注。

陰隲文試帖詩一卷

撰人缺。以《陰隲文》析句爲題,體規試帖,義法兼美。

暗室燈二卷　並西安刊本

撰人缺。懷寧汪焜余雲校梓。上卷自《太上感應篇》至《孝思歌》,皆輯成書;下卷自《敬天鑑》至《地理鑑》,凡十九門。首有《集鑑總論》一篇。

公門修行録一卷　沔陽刊本

撰人缺。爲公門人著,勸戒而作。

右勸善書類四十二部,共八十卷。

子編五

法家類

管子二十四卷

周齊大夫管夷吾撰。《漢志》道家:"《筦子》八十六篇。"師古曰:"筦,讀與管同。"隋、唐《志》:十九卷。改入法家。今本二十四卷,與《宋志》合,而較《漢志》佚十篇。其標題有《經言》《外言》

《内言》《短語》《區言》《雜篇》《管子解》《管子輕重》諸名，今混同不可分别。注舊題房玄齡撰，據晁公武《讀書志》，蓋尹知章也。

管子榷二十四卷

明西吳朱長春大復撰。凡例有三：曰通、曰評、曰演。多標新旨。

商子五卷

周秦相衛公孫鞅撰。封商於，故稱商君。漢、隋、唐《志》皆稱商君，《宋志》稱商子。周氏《涉筆》謂其書多附會後事，擬取他詞，非本所論著，然文筆峻厲深刻，亦鞅之徒述其說也。《漢志》：二十九篇。宋佚其三，今有録無書者又二篇。

慎子一卷　鈔本

周趙國慎到撰。《漢志》：四十二篇。隋、唐《志》並十卷。《宋志》：一卷。今存者三篇，家宛斯先生輯録《逸文》一篇附後。

韓非子二十卷　經訓堂校刊本

周韓公子非撰。《史記》與老、莊、申不害同傳，謂"喜刑名法術之學，而其歸本於黄老"。又謂"韓子引繩墨，切事情，明是非，其極慘礉少恩"。其書凡五十篇，此本校刻最完善，舊注不詳何人。元何犿云"李瓚作"。

右法家類五部，共七十四卷。

子編六

名家類

鄧析子一卷

周鄭大夫鄧析撰。《漢志》云："與子産同時。"師古曰："《列子》及孫卿並云：'子産殺鄧析。'據《左傳》，昭公二十年子産卒，定公九年駟歂殺鄧析而用其竹刑，則非子産所殺也。"書凡《無厚》《轉辭》二篇，其說在黄、老、申、韓之間，大旨在勢統於尊，事覈於實,《傳》謂竹刑即此。

尹文子一卷

周齊國尹文撰。《漢志》:一篇。注云:"説齊宣,先公孫龍。"劉向《別録》云:"與宋鈃俱遊稷下。"書首有仲長統序,謂文學於公孫龍。攷龍客平原君,趙惠王時人,距齊宣王没四十餘年。班注云:"先公孫龍蓋隱,破傳聞之誤矣。"其書大旨指陳治道欲自處於清静,而萬事一一核其實。漢、隋、唐《志》列入名家,以此也。

公孫龍子一卷　　並潛庵子本

周趙國公孫龍子秉撰。《史記·平原君傳》:"公孫龍善爲堅白之辯。"《漢志》:十四篇。今存《跡府》《白馬論》《指物論》《通變論》《堅白論》《名實論》,凡六篇。綜覈名實,而恢詭博辯,往往詞勝於理。篇首有唐長孫無忌《上表》,舊注有陳嗣古、賈大隱二家,俱佚。今注爲宋謝希深作,殊淺陋。

人物志三卷　　《漢魏叢書》本

魏散騎常侍邯鄲劉(邵)〔劭〕孔才撰,北魏從事中郎敦煌劉(炳彦)〔昞延〕明注。《志》凡十二篇,大旨辨論人才,以外見之符驗内藏之器,分别流品,研析疑似,雖别成一家,於儒理不悖。昞注簡括,能通大誼。有阮逸序。

右名家類四部,共六卷。

子編七

墨家類

墨子十五卷　　經訓堂刊本

周宋大夫墨翟撰。其學以兼愛爲主,孟子極闢之。其書本不足存,然自來著録以爲九流之一。觀乎其異,然後知吾儒之道正也。《漢志》:七十一篇。今佚其八。書中多稱子墨子,則其門人所記也。

墨子一卷　潛庵子本

本書十五卷,此擇其語之不悖者存之。

右墨家類二部,共十六卷。

子編八

從橫家類

鬼谷子一卷外篇一卷　潛庵子本

周撰人缺。《史記·蘇秦傳》:"東事師於齊,而習之於鬼谷先生。"司馬貞《索隱》曰:"扶風池陽、潁川陽城並有鬼谷墟,蓋是其人所居。"《漢志》不著録。《隋志》著録三卷,云:"鬼谷子,周世隱于鬼谷。"《唐志》二卷,以爲蘇秦。按:樂壹云:"蘇秦欲神秘其道,故假名鬼谷。"《道藏》全目有《鬼谷子》三卷,題王詡,未知何據。原書十四篇,今佚其二。舊有皇甫謐、樂壹、尹知章注,並佚不傳。

長短經九卷　《續函海》本

唐徵士梓州趙蕤大賓撰。自稱草莽臣。《唐志》作《長短要術》十卷,《宋志》作《長短要術》,卷與今本同。源出從橫家。主於因時制變,綜覈事功,蘇張之流也。唐、宋《志》並列雜家,今移入。

右從橫家類二部,共十一卷。

玉函山房藏書簿録卷十三

子編九

雜家類

尸子三卷附録補逸一卷　任氏忠敏家塾本

周魯國尸佼撰。《漢志》：“《尸子》二十篇。名佼，魯人。秦相商君師之。鞅死，佼逃入蜀。”《史記集解》引劉向《別録》曰“楚有尸子”，《漢書》云晉人。按：佼本魯人，後入蜀，故劉向以爲楚人。《漢書》注言晉人，傳聞誤也。《隋志》：二十卷《目》一卷。注：“梁，十九卷。”又云：“其九篇亡，魏黄初中續。”《唐志》亦二十卷，今佚。乾隆中，震澤任兆麟得元大德中吳淞任仁發鈔藏來青樓本三卷，合惠棟《附録》及兆麟《補逸》一卷校刊。其書陳仁義道德之紀，又多爲陰陽形勢及名法之言，故列雜家云。

尸子二卷　平津館本

國朝孫星衍輯。嘉慶四年，與其從子輯《尸子》一卷，已刊於《問經〔堂〕叢書》。後從許民部宗彦處得魏徵《羣書治要》中所載《勸學》等十三篇，復屬門人洪頤煊重編，而此書乃搜括無遺矣。

吕氏春秋二十六卷　靈巖山館本

秦丞相文信侯濮陽吕不韋撰，後漢河東監涿郡高誘注。不韋集諸賓客，雜採古書爲之。《十二紀》《八覽》《六（紀）〔論〕》，凡百六十篇，以月紀爲首，故名“春秋”。書非成於一人之手，故儒、道、名、法羣言雜揉,暴之咸陽市門,有能增損一字者與千金,時人無能增損,畏其勢耳。高注多得古義,此本校刊亦完善。

淮南子二十一卷　明刊本,又莊氏校本

漢淮南王劉安撰,後漢高誘注。《漢志》:"《淮南〔内〕》二十一篇,《淮南外》三十三篇。"今所存二十一卷,蓋《内篇》也。書號"鴻烈":鴻,大也;烈,明也。以爲大明道之言也。淮南召致賓客八公、大山、小山之徒共成。此書事類吕不韋,而書亦與《吕覽》相伯仲。周氏《涉筆》曰:"《淮南子》多本《文子》,因而出入儒、墨、名、法諸家。揚子《法言》與太史公同以雜乎雜目之。"劉知幾謂:"其牢寵天地,博極古今,亦此書之所長也。"高注作於遷監河東時,序題河東高誘,稱其在官之地耳。明刻本首有《總評》一篇,武進莊逵吉校本尤佳。

淮南子許慎注一卷　問經堂本

後漢許慎撰。《隋志》有慎注《淮南》二十一卷,與高誘注並列雜家。《舊唐志》惟列誘注,《新唐志》仍慎、誘二注均載。《宋志》復存誘,而遺慎,晁公武《郡齋讀書志》、陳振孫《書録解題》皆及著目。大抵其書亡於宋末,故陳氏所見已將高誘注序混合慎注本,而慎序先亡。宋元易代,全書淪没,元人修《宋史》因失載也。嘉慶中,承德孫馮翼從羣書所引輯爲一卷。注中義訓,如"擢,引也""紖,素也""灑,猶汎也""銷銅,鐵璞也"之類,皆與《説文》相符云。

論衡三十卷　明錢震瀧校本,又凝香閣本

後漢處士會稽王充仲任撰。書凡八十五篇,今佚其一。充生漢末亂世,憤激而爲此書。辨斥虛謬,欲挽風俗,其辭煩而不殺,惟恐人之不喻,意良善也。然《問孔》《刺孟》諸篇,肆言無忌。又自述始末處至,謂己賢於祖父,以舜瞽瞍、禹鯀爲況,尤失倫理。蔡伯喈得其書,以爲枕秘,亦取其議論超異凡俗爾。兩本皆明刻,

一有虞淳熙序,一有劉光斗暉吉評。

風俗通義十卷　明嚴于鈇校本

　　後漢太山太守汝南應劭仲遠撰。此本從《後漢書》劭本傳,省文作《風俗通》,隋、唐《志》並作《風俗通義》。《隋志》:"三十二卷《錄》一卷。"又云:"梁,三十卷。"《唐志》卷與梁《七錄》合。今本十卷,以缺《姓氏篇》推之,必多散佚也。書仿劉向《説苑》體例,凡十篇,大指以通於流俗之過謬而事該之於義理,故名《風俗通義》焉。

風俗通姓氏篇一卷　二酉堂本

　　後漢應劭撰。諸書多引《風俗通·姓氏篇》,今本《風俗通》無之,蓋佚篇也,非別有一書。道光中武威張澍輯刊。

皇覽一卷　問經堂本

　　魏王象、繆襲等奉詔撰。《魏志·文帝紀》:"使諸儒撰集經傳,隨類相從,凡千餘篇。"《楊俊傳》裴松之注引《魏略》曰:"王象受詔撰《皇覽》。"《史記索隱》云:"是魏人王象、繆襲等所撰。"《隋志》雜家:"《皇覽》一百二十卷,繆卜等撰。梁,六百八十卷。梁又有《皇覽》一百二十卷,何承天合。《皇覽》五十卷,徐爰合。《皇覽目》四卷,又有《皇覽鈔》二十卷,梁特進蕭琛鈔,亡。"《唐志》類書類:"何承天併合《皇覽》一百二十卷,徐爰併合《皇覽》八十四卷。"並佚。承德孫馮翼輯刊。

博物志十卷　明翁立環校本,又汪士漢本,又五峯閣本

　　晉張華撰。有《神異經注》,已著録。《拾遺記》謂:"捃採天下遺逸,自書契之始,考驗神怪及世間閭里所説,造《博物志》四百卷,奏於武帝。"又謂,帝詔芟截浮疑,分爲十卷。原本散佚,後人摭其遺文,補綴而蒐輯疏略,故諸書所引,此本恒無之也。

古今注三卷　明李如瑜校本,又汪士漢本,又《顧氏叢書》本

　　晉尚書左中兵郎燕國崔豹正熊撰。分別門類,考正名物,上

自典章,以逮動植,不純言制度。《唐志》入史部儀注類,不合,兹依《隋志》。

中華古今注三卷　汪士漢本

後唐太常博士馬縞撰。與崔同者十之九,蓋因前書修續之,加題"中華",以示別也。

金樓子六卷　知不足齋本

梁孝元皇帝撰。凡十四篇,首有自序一篇,綜括古今,兼資勸戒,徵引多周秦古書。隋、唐《志》皆十卷。原本散佚,陶宗儀《説郛》刻數頁,僅就類書所引,掇其殘語。《龍威秘書》本仍《説郛》。此本爲吾鄉周太史永年編校,四庫時,從《永樂大典》録出,歙鮑廷博刊。有蕭山汪輝祖跋。

文章始一卷　武原家塾藏本

梁太常卿樂安任昉彥昇撰。《唐志》云:"張績補。"記古來文章體格之所始。或題作《文章緣始》,非本名。裔孫兆麟訂正。

錦帶書一卷　汲古閣本

梁昭明太子蕭統 德 施 撰。以駢麗紀十二月之事,爲箋啓設也。

劉子十卷　明陳爗然校本

北齊處士阜城劉晝孔昭撰,播州袁孝政注。其書《隋志》無之,《唐志》始著録,題劉勰;又或題劉歆,或題劉孝標,惟袁孝政序定爲劉晝。按:《北史·儒林》晝本傳稱其著《金箱璧言》,蓋以指機政之不良,疑即是書也。此本作《新論》,題梁東莞劉勰,仍《唐志》而誤,今依袁序更正。《隨時篇》引《孟子》"太王居邠,狄人攻之,事以玉帛,不可;太王不欲傷其民,乃去邠之岐",以爲孟子對梁惠王語,與今《孟子》不合,意所據者,《外篇》之文乎?

三教論衡一卷　紅藕花軒鈔本

唐白居易撰。太和元年十月皇帝降誕日,奉敕召入麟德殿內道場對御,與安國寺賜紫沙門義林、太清宮賜紫道士楊弘元談論,時居易爲秘書,詔入,略録大端。

資暇集三卷　《顧氏叢書》本

唐隴西李匡乂濟翁撰。《唐志》作李匡文,或作正文,或作匡義,均非也。自序謂:"世俗之談類多訛誤,故著此書。"上篇正誤,中篇談原,下篇本物,書皆以此目編敘。

刊誤一卷　青照堂本

唐李涪撰。大鄭王房,見《唐書·宗室世系表》。其書考究典故,以正當代之失,刊訂《禮》文及雜説皆核辨。

蘇氏演義二卷　《函海》本

唐光啓進士武功蘇鶚德祥撰。考據典故多與崔豹《古今注》相出入,馬縞《中華古今注》補崔書所未逮者,多襲此書之説。原本散佚,四庫館從《永樂大典》録出,李調元校梓。

封氏聞見記十卷　雅雨堂本

唐吏部郎中封演撰。前六卷多陳掌故,七卷、八卷多記古迹、雜論,後二卷記唐代軼事。

尚書故實一卷　仁和王氏本

唐李綽撰。《宋志》作李緯。考《唐書·宗室世系表》"蔣王房",綽與緯二名相次,當是綽兄緯弟,傳聞之誤有由也。尚書張嘉貞之玄孫,佚其名,綽客其家,述所言,以成此書。多記雜事,而時考據古義,淹雅可觀。

意林五卷

唐户部尚書扶風馬總會元撰。字一作元會。陳振孫《書録解題》稱仕至大理評事,兹據本傳訂正。其書本梁庾仲容《子鈔》,增損成之,有貞元間戴叔倫、柳伯存二序,《唐志》只載一卷。戴序云"三軸",柳序云"六卷",皆視《唐志》卷數爲多;今書五卷,則較舊爲少。攷《子鈔》原目凡一百七家,此本止七十一家,又或有録無書,卷帙散亡,正復不少。然觀所採諸子,今多不傳;而《孟子》及《老》《莊》《管》《列》諸書存者字句亦復與今本多異,皆足爲考證之助焉。柳伯存,晁氏《讀書志》柳作楊,誤。

兩同書二卷

唐給事中餘杭羅隱昭諫撰。一作《祝融子兩同書》。《唐志》題吳(融)〔筠〕,非也。上卷五篇歸本老子修身之説爲内,下卷五篇歸本孔子治世之言爲外,會其旨而一之。名"兩同"者,取晉人仲尼、老聃"將無同"之義也。

兼明書五卷　　並鈔本

五代國子博士吳興丘光庭撰。訂證諸經及《文選》字義,攷辨詳核。

續博物志十卷　　(明)〔清〕汪士(賢)〔漢〕刊本

宋李石撰。舊題晉李石,以書稱宋太祖爲今上,則石嘗仕晉,後入宋,而作此書也。書補張華之缺。自序云"余所志,視華歲時綿歷其有取於天,而首以冠其篇,次第倣華説,一事續一事"云。

樂善録一卷　　五峯閣本

原題宋李昌齡撰。李字(天錫)〔伯崇〕,(楚丘)〔眉山〕人,官至秘書監,《宋史》有傳。按:《宋志》雜家有李石《樂善録》十卷,恐後人拾遺爲一卷,而誤題昌齡名也。

芻言三卷　　《函海》本

宋崔敦禮撰。自序云:"上卷言政,中卷言行,下卷言學。"於事理抉發深切,而指在儒道之間。曰"芻言"者,取《詩》"詢于芻蕘"之義也。

猗覺寮雜記二卷　　知不足齋刊金氏文瑞樓本

宋秘書監中書舍人桐鄉朱翌新仲撰。雜論詩文,兼及史事。有自序及洪邁序,末附《與洪丞相求序書》。

雲谷雜記四卷附録二卷　　武英殿聚珍版本

宋奉議郎婺州張淏清源撰。里貫見《金華志》，陳氏《書錄》又稱梁國張淏，蓋本開封人，僑居於婺也。其書《宋志》《通考》皆不著錄，《文淵閣書目》載一册。原本散佚，乾隆中，四庫館從《永樂大典》中錄出。凡一百二十四條，首載書帖、識語，末載奏狀、題跋，專詳考據，與《容齋隨筆》相近。

西溪叢語二卷　汲古閣本，又五峯閣本

宋剡川姚寬撰。一作《西溪叢話》。書主考正舊文，多精確不刊之論。

東原録一卷　《函海》本

宋正議大夫須城龔鼎臣輔之撰。辨訂舊詁，類多精確；雜採軼事，亦資掌故。惟解經尚新異，倡《洪範》錯簡之説，後儒改竄經文，由此開其端也。

槁簡贅筆一卷　紅藕花軒鈔本

宋知南昌府申國章淵伯深撰。自序謂："脱粟屢空，斷編自娱。文有牴牾，隨輒定正。事或牽連，亦皆記載。"此命書之旨也。原書五卷，此非足本。

夢溪筆談二十六卷補筆談二卷續筆談一卷　古講堂藏本，又五峯閣本

宋龍圖閣學士錢塘沈括存中撰。此以光禄少卿分司潤州時作。案：《潤州圖志》丹陽縣東二十五里有金牛山，一名經山，山東有溪。括嘗夢至其處，謫居得此溪，宛如夢中，故號夢溪。書分十七門，遺文舊典，以及雜藝小説，無不畢載，尤詳於樂律、象數。史稱括博學善文，於天文、方志、律曆、音樂、醫藥、卜算，無所不通，即此可見已。商維濬刊本缺《補筆談》二卷，崇禎中嘉定馬元調重刊宋本有之。

嘉孫注：《山西師範大學圖書館古籍善本書目》著錄有《夢溪筆談》二十六卷《補筆談》二卷《續筆談》十一篇一卷，明崇禎四年

馬元調刻本,六册,九行十八字,白口,左右雙邊,有"古講堂藏書""玉函山房藏書"印。

清夜録一卷　鈔本

沈括撰。或作喻文豹,誤。

仇池筆記一卷　《龍威秘書》本

宋蘇軾撰。雜記故事,足資攷證。中有不類坡公語者,疑後人集其雜帖爲之。

東坡志林十二卷　五峯閣本

蘇軾撰。一名《東坡手澤》,疑亦蒐輯墨迹所編。

珩璜新論一卷

宋提舉永興路新喻孔平仲義甫撰。即《孔氏雜説》也。書多考證,間論史事。平仲與兄文仲、武仲皆以文聲起江西,故筆墨可觀。

侍講雜記一卷

宋直秘閣知邢州河南吕希哲原明撰。少從焦千之、孫復、石介學,後又從二程子、張子及王安石游,故其學問出入於數家之間。記載時政,多資史攷云。

發明義理一卷

吕希哲撰。多舉《老》《莊》之言,以明與儒家説異,間亦引《莊子》爲據。

繼古藂編一卷　並紅藕花軒鈔本

宋施青臣撰。多考稽故實。

師友談記一卷

宋華州李廌方叔撰。雜記元祐中賢士大夫蘇、黄、晁、張等之言,故曰《師友談(紀)〔記〕》。中多名言格論,其學問亦可見焉。

冷齋夜話十卷　汲古閣本,又五峯閣本

宋釋惠洪撰。雜述見聞而論詩爲多,詩每稱元祐諸公,尤傾懷於山谷,不無依附,而所論可取。

元城語録二卷行録一卷　惜陰軒本

宋左朝散郎主管江州太平觀揚州馬永卿大年撰。皆述其師待制元城劉安世器之語,《行録》則明崔銑所輯也。謂之"行録"者,《宋志》有劉安世《言行録》二卷,早佚;馬氏既輯《語録》,故文敏作是書以補其缺。書雖以"語録"命名,而紀述旁聞兼及瑣事。《文淵閣書目》列入雜家,非無見也。明嘉靖中户部尚書開州王崇慶德徵取《語録》《行録》,通爲之解,多所發明。

嬾真子五卷　五峯閣本

馬永卿撰。隨筆雜録,亦多述劉元城語,考證之文居其大半。

文苑英華辨證十卷　知不足齋本

宋鄉貢進士廬陵彭叔(時)〔夏〕撰。以《英華》傳本多衍脱疑訛,乃證以羣書,摘其要而辨之。明正德中無錫華燧得陳湖陸氏宋本,以會通館活字印行。乾隆乙卯,歙鮑廷博復借錢塘吳氏、慈谿鄭氏兩本校刊。

春渚紀聞十卷　汲古閣本

宋何薳撰。薳父去非爲蘇文忠公所薦,故記文忠事爲多。其説詩詞文房及丹藥雜事,具有清致。

石林燕語十卷

宋崇信軍節度使吳縣葉夢得少藴撰。《宋史‧文苑傳》稱其"學蚤成,多識前言往行,談論亹亹不倦"。此編纂述掌故遺文,於官制科目尤詳,足資考證。

避暑録話二卷　並五峯閣本

葉夢得撰。夢得嘗客蔡京之門,又與章惇締姻,書中所述熙寧、紹聖之弊政不無曲筆,然其練習故事,博貫羣書,其長自不可没也。

巖下放言三卷　五峯閣本刊作《蒙齋筆談》

葉夢得撰。此書爲湘山鄭景望所襲取,合爲二卷,易名《蒙齋筆談》,商維濬刊入《稗海》,李孝源五峯閣本因之。兹改題,以復其舊。書爲少藴晚歲作,多雜二氏學,而見聞博綜,終不相掩。

卻掃編三卷　汲古閣本

宋吏部侍郎縠熟徐度撰。度爲靖康中參知政事處仁幼子,家世傳聞,所記多舊章故事。書名取司馬彪《續漢書》“趙壹閉門卻掃,非德不交”之義,江淹《恨賦》亦用之。

五總志一卷　知不足齋本

宋樞密院編修浙西提舉吳炯撰。其書紀所聞所見,亦攷證舊説。志名“五總”,取龜生五總,靈而知事之義。論詩推重黄山谷,亦江西流派也。

紫薇雜説一卷

墨莊漫録十卷　五峯閣本

宋淮海張邦基撰。記敘軼事,多參神怪小説語,而論辨杜、韓、蘇、黄諸詩,皆典核有識。

寓簡十卷　知不足齋校刊小山堂宋本

宋吳興沈作喆明遠撰。丞相該之姪,嘗爲江西漕屬,以作《哀扇工歌》,忤時奪官。有集名《寓山》,故其雜著亦名《寓簡》。才氣縱横,不可羈靮,頗似眉山文筆。首有自序。

古今考一卷

宋魏了翁撰。以鄭康成《禮注》某物即今某物者,孔疏多不能考,欲即《漢書》所載辨證,舉二十條目爲例云。

鶴山筆録一卷　《函海》本

魏了翁撰。悔餘跋稱其“辨核紀録皆有真趣”。

雲麓漫鈔十卷　五峯閣本

宋通判徽州宗室趙彦衛撰。考辨名物,間記宋雜事。有開禧二年新安郡齋自序,曰:“《擁爐閑紀》十卷,近刊於漢東學宫,頗有索觀者,無以應其求,承乏來此,適有見版,併五卷,刻諸郡齋。近有《避暑録》,似與之爲對,易曰《雲麓漫鈔》云。"

宜齋野乘一卷　　明長洲顧氏本

宋江陰吳(材)〔枋〕撰。自號芙蓉城人。多述舊事,本十餘卷,燬於火。後復追記鈔録存此,詳自序。

示兒編二十三卷

宋盧陵孫奕履齋撰。凡《總説》一卷,《經説》五卷,《文説》《詩説》共四卷,《正誤》三卷,《雜記》《字説》五卷。細大不捐,多尚奇異,而博綜羣書,亦《容齋隨筆》之流亞也。

容齋隨筆十六卷續筆十六卷三筆十六卷四筆十六卷五筆十卷

宋端明殿學士鄱陽洪邁景盧撰。隨筆劄記,不分門類,皆考辨經典文藝,無所不該。《宋史》本傳以博洽稱之。

攷古編十卷　　《函海》本

宋程大昌撰。有《禹貢論》,已著録。此編考辨經史,援據博該。雖好與先儒爲異,而引徵確鑿,亦自成一家之説。

洞天清録一卷　　鈔本

宋趙希(弁)〔鵠〕撰。有《讀書附志》,已著録史編。此書皆鑒别古器、書畫之事,分類辨晰。

緯略十卷　　林汲山房藏本

宋高似孫撰。此書以緯名而非論緯讖,大抵據摭舊文而攷證之。沈士龍跋謂其多引類書,誇示宏肆,良然。

嘉孫注:《緯略》十二卷,影寫明沈士龍刻本。原裝二册。爲長沙張氏所得,後歸同邑葉德輝,葉氏有跋。民國間復爲東莞莫氏五十萬卷樓收藏。鈐"玉函山房藏書"朱文方印。

甕牖閒評八卷　　武英殿聚珍版本

宋鄞縣袁文質甫撰。《宋志》《通考》及晁、陳諸家皆不著目,惟李燾《續通鑑長編》攷異引之,《文淵閣書目》載一册,均不詳作者時代。乾隆中,四庫館從《永樂大典》録出,據袁燮《絜齋集》爲其父作墓表,定爲袁文撰。其書專以攷訂爲主,經史皆有論辨,發明音韻尤精密。

芥隱筆記一卷　汲古閣本,又《顧氏叢書》本

宋龔頤正撰。芥隱者,龔氏書室名也。書主攷據,卷帙雖少,而博洽足稱。每條多有附注,不知誰氏所加。

蘆浦筆記十卷　知不足齋本

宋清江劉昌詩興伯撰。第七卷“仙卜”一條稱“開禧乙丑竊太常第”,則寧宗元年登進士。書末有嘉定乙亥自跋,稱捐俸刻於六峯縣齋,則嘗爲縣令。六峯,未詳何地。前有嘉定癸酉自序,稱服役海陬,賣鹽外無職司,惟繙書以自娛,凡先儒之訓傳、歷代之故實、文字之訛舛、地理之遷變,皆得溯其源而尋其流。蓋其監華亭蘆瀝場鹽課時作,故以蘆浦爲名也。間記軼事,亦偶載之,糾正吳曾《能改齋漫録》居多。

野老記聞一卷

宋長洲王氏撰。楙之父,名、字皆佚。書多記元祐中軼事,舊附刊《野客叢書》後,今別録一家。

野客叢書三十卷　並五峯閣本

宋長洲王楙撰。於經典異同,多所辨正,考據詳博,與《容齋隨筆》可稱伯仲。

見聞録一卷　紅藕花軒鈔本

宋端明殿學士崇仁羅點春伯撰。史稱其天性孝友,無矯激崖異之行,而端介有守,義利之辨皎如此。書雖雜記見聞,而論皆不詭于理。

肯綮録一卷　《函海》本

宋趙叔向撰。自號西隱埜人。肯綮,用《莊子·內篇·養生主》“因其固然,技經肯綮之未嘗”語義。陸德明《釋文》:肯,著骨肉也。綮,猶結處也。

攷古質疑六卷　武英殿聚珍版本

宋建州州學教授葉大慶榮甫撰。其書《宋志》不載,原本散佚,四庫館從《永樂大典》録出。自經史下,逮宋世著述,凡疑義皆抉摘而攷證之,援據詳該,折衷至當。有其子釋之序。

學齋佔畢一卷　五峯閣本

宋史繩祖撰。商維濬刊此本題宋沈括。李孝源云:"存中爲北宋人,而篇中引用朱文公、魏鶴山語,豈得爲沈作耶?"考正經史,具有根據。原書四卷,此非完帙,姑依録之。

鼠璞一卷　鈔本

宋戴埴撰。大旨主於考訂訓詁,辨正名物,故取《戰國策》"以鼠爲璞"之義名其書。

誠齋雜記二卷

(宋)〔元〕(福州)〔會稽〕林坤 載 卿 撰。

游宦紀聞十卷　知不足齋本,又五峯閣本

宋鄱陽張世南光叔撰。自序云:"僕自丱角隨侍宦游,便登青天萬里之蜀。及壯,走江湖無寧歲。"又云:"紹定改元,適有令原之戚,閉門謝客,因追思捉筆紀録,不覺盈軸,以《游宦紀聞》題之。"有紹定壬辰忠定後人李發先跋。此書商維濬刻本第四卷多舛誤,乾隆中盧學士文弨校正。書中記所聞劉過、高九萬、趙蕃、韓淲諸人,而程迥之之説尤多,記諸雜物亦博贍。

梁谿漫志十卷録一卷　知不足齋本

宋國子免解進士梁谿費袞補之撰。首有自序及開禧二年《國史實録院進書牒》,末有晉陵施濟跋,附録樓鑰《攻媿集》一則。前二卷言朝廷典故;三卷記雜事;四卷惟述蘇子瞻事;五卷至九卷考證史傳,評論詩文;末卷兼言神怪。當時取入史館備參攷者,以多記時事故也。

澗泉日記三卷　武英殿聚珍版本

宋許昌韓淲仲止撰。澗泉，淲別號。陶宗儀《說郛》載此書數條，題韓虎，誤也。《宋志》不著目。乾隆中，四庫館從《永樂大典》録出，爲三卷。品評人物，攷證經史，論皆精當。書中引晁子止語頗多。

袪疑説一卷　五峯閣本，又青照堂本

宋雲間儲泳華谷撰。泳篤好術數，久而知其詐僞，乃作此書以辨之。商維濬刊本稱《袪疑説纂》，李元春刊本取諸《説郛》，皆非完帙，姑依録之。

困學紀聞二十卷　桐華書塾本

宋王應麟撰。凡説經八卷，天道、地理、諸子二卷，考史六卷，評詩文三卷，雜識一卷。援引徵據，既博且精。有閻若璩評，何焯校刊並以己評附焉。

困學紀聞五箋集證二十卷　經正堂本

國朝黄岡萬希槐蔚亭取閻若璩、何焯、全祖望、方槩如、程瑶田五家評注爲五箋，而自爲之集證。此書乃無不發之覆。

困學紀聞鈔二卷　劉氏刊本

國朝濟南劉孔中藥生評選。

鶴林玉露十六卷補遺一卷　五峯閣本

宋寶慶進士吉水羅大經景綸撰。議論在儒、道之間，長於評詩。

雁門野説一卷

宋邵思撰。多記宋初故事，凡六條。

三柳軒雜識一卷

(宋)〔元〕程棨撰。書主雜考故事，中有演姚氏《殘語》"花名十客"一條，其餘體格亦與姚書相近。

皇朝類苑一卷　並紅藕花軒鈔本

宋江少虞撰。記北宋事蹟。

貴耳集一卷二集一卷三集一卷　　汲古閣本

宋鄭州張端義正夫撰。《初集》《二集》記朝廷軼事,兼及詩文考證,《三(卷)〔集〕》記瑣聞腔説爲多。貴耳者,尊聞之義也。

田間書一卷

宋林芳撰。時多理語,亦涉清玄之致。

席上腐談一卷　　並《龍威秘書》本

宋俞琰撰。有《周易集説》,已著録經編。此書隨筆劄記,間有考證,餘皆闕神仙之事。

齊東野語二十卷　　五峯閣本

宋義烏令錢塘周密公謹撰。其書多考證古義,記南宋舊事極詳。稱《齊東野語》者,以其先世濟南人,且寓自謙之意也。

浩然齋雅談二卷　　武英殿聚珍版本

周密撰。原書佚,四庫館從《永樂大典》録爲三卷。上卷攷證經史及評論文章,中卷詩話,下卷詞話。

志雅堂雜鈔一卷　　大梁書院刊本

周密撰。雜記聞見,極雅飭。

五色線二卷　　汲古閣本

宋撰人缺。取杜牧《郡齋獨酌》詩“平生五色線,願補舜衣裳”之語以顏,其書雜誌典故多非習見。

湛淵静語二卷　　知不足齋刊崑山沈氏藏本

元錢塘白珽廷玉撰。海陵周暕伯晹編。白自序稱湛淵子,周序稱湛淵,其山居故匾云。書皆雜記之文,如辨饒雙峯《洪範》之類,頗有心得。

研北雜志二卷　　紅藕花軒鈔本

元吳縣陸友友仁撰。自序謂,元統元年作,取段成式語以名之。雜記佚文瑣事,而辨證詩文、書畫、古器尤多。

敬齋古今黈八卷　武英殿聚珍版本

元學士欒城李治仁卿撰。敬齋，自號也。原書四十卷，佚，四庫館從《永樂大典》錄爲八卷。以黈名者，取耳不外聽之義。《元史》本傳、邵經邦《弘簡錄》、黄虞稷《千頃堂書目》俱作《古今難》，因字形而誤也。《文淵閣書目》題宋人，亦誤。大旨考訂舊文，考證與議論相副，往往有别解，可備一義。

日聞錄一卷　《函海》本

元李翀撰。或作凌翀，傳寫誤也。考究歷代掌故，間及元事。

北軒筆記一卷　知不足齋本

元錢塘陳世隆彦高撰。有無名氏序，云：世隆，宋末書賈陳思之從孫。順帝至(元)〔正〕中館嘉興陶氏，没于兵，所著詩文皆不傳，惟《宋詩補遺》八卷與此書存于陶氏家。今《宋詩補遺》亦無傳本，惟此一卷僅存，所論史事爲多。

履雪齋筆記一卷　《函海》本

元郭翼羲中撰。或以爲明人，誤。書成於江行舟中，隨手雜錄，於經史疑義多所證明。

女紅餘志二卷　汲古閣本

(明)〔元〕武康常陽妻龍輔撰。自序之，"鄙觀載籍，頗多僻秘。女紅之暇，每一沈酣，推玄底妙，庶有别於瞽者"。上卷記古雜事，下卷自作詩篇也。

蠡海集一卷　五峯閣本

明錢塘王逵撰。商維濬刊本題宋人，誤。逵傳邵子之學，此編亦仿《觀物篇》而作，推究理數甚詳。

丹鉛總錄二十七卷　九思堂本

明楊慎撰。慎以博洽擅名當代，然往往有託名古書以佐其辨論者，遂致陳耀文、胡應麟等紛然攻詰，究其學力根柢之深厚，二家不及也。

丹鉛雜録十卷　《函海》本

楊慎撰。李調元重編,即前書有所損益。

藝林伐山二十卷

楊慎撰。取《抱朴子》"古書雖多,未必盡美,要當以爲學者之山淵,使屬筆采伐漁獵其中"義也。

古儁八卷

楊慎撰。雜取傳記中儁異可喜之文録之。

謝華啓秀八卷

楊慎撰。取陸機《文賦》"謝朝華於已披,啓夕秀於未振"之語,言搜採皆華秀也。

哲匠金桴五卷

楊慎撰。唐白居易有金桴類記故事,此取其名言,爲哲匠示之寶筏也。

談苑醍醐八卷

楊慎撰。自序謂:"如從乳出酪,從酪出酥,從生酥出熟酥,從熟酥出醍〔醐〕。"蓋晚歲著述,自信底於精醇,故其言如此。

墐户録一卷　並《函海》本

楊慎撰。與《丹鉛録》體例略同。

管涔子一卷　明刊本

明湘潭周循宜宜理撰。原書分天、地、人、物四卷,今惟存人部一卷。

名義考十二卷　並明刊本

明昭州知府西楚周祈撰。分天、地、人、物四部,條列子目,訓釋其名義於前,説舛謬參攷而辨定之。

廣博物志五十卷　高暉堂本

明國子監生隴西董斯張遲周撰。書欲廣張華、李石二書之所未備。凡二十二門,一百六十七子目。引據古書皆取材唐宋巨部,首尾詳具。

説郛一百二十卷

明天台陶宗儀九成撰。其書重複雜揉,舛訛甚多。然取書至二千餘種,不傳之秘,猶存什一於千百,亦云博矣。姚安陶珽重輯,有楊維楨原序,順治中王應昌、李際期二序。

説郛續四十六卷　並宛委山房本

國朝姚安陶珽纂。陝州李際期定。蒐採明人佚説爲多。

黄眉故事十卷　明刊本

明饒州鄧百拙生撰。雜記故事。有萬曆丙辰董其昌序。

四友齋叢説二十六卷　香巖精舍原本

明翰林院孔目華亭何良俊元朗撰。四友者,莊子、維摩詰、白太傅與何子而四也。文筆清曠,多雜二氏語。

(吉)〔古〕言二卷　明刊本

明刑部尚書海鹽鄭曉窒甫撰。自序云,正德丁卯,曉年九歲,先公攜至百可園教識字。逾三月,四書成誦,先公喜曰:"可教也。"時時取經史解説大意,後三十餘年,詮録授兒曹云。

諸子品節五十卷　錢敬塘藏本

明陳深編。有《周禮訓雋》,已著録。此編始老子《道德經》,終徐幹《中論》,凡二十五家,分佳品、神品、妙品,節取其文,故名品節。

六研齋筆記四卷二筆四卷三筆四卷　嘉興刊本

明太僕寺少卿嘉興李日華君實撰。自號古秀竹嬾。多論書畫,體近題跋。記雜事羅羅清疎,有別致。

劉子雜俎十卷　宛平王氏藏本

明長洲劉鳳子威撰。凡七篇:《玄覽》言天,而災祥、時令畢見焉;《地員》言地,而郡縣沿革、歷代疆界割據俱詳焉;《兵謀》言兵,而屯政、馬政、奇門、韜略悉著焉;《藻覽》言方外,而奇情怪事附之;《原化》皆醫理;《問水》如《水經》;《詞令》則雜採典籍佳話云。

七修類藁五十一卷續藁七卷　耕煙草堂本

明諸生仁和郎瑛仁寶撰。分天地、國事、義理、辨證、詩文、事物、奇謔,凡七類。陳善序稱:"春秋八十,猶日綜羣書,參互考訂。"周榮序説:"七修之義,大都因類立義,刊修經時也。"

墨娥小録十三卷　杏香堂本

舊題學圃山農撰。隆慶二年潯陽郡長春元道人吳繼文焕校刊。自文藝、種植、服食、治生,凡諸怡玩,一切盡悉。

兩山墨談十八卷　惜陰軒本

明山西提學僉事德清陳霆聲伯撰。一號水南。李檗序謂:"結廬兩山之間,鋭意著作。"其書大致考證經史,多所糾正,間及明代時事。《靜居志詩話》稱其博洽著聞,留心風教。《香祖筆記》謂是書甚有理致。

樂志編一卷

明鄞縣屠本畯田叔撰。輯古來言幽居之樂者。仲長統《樂志論》、蕭大圜《言志書》、羅大經《山靜似太古説節》、潘岳《閒居賦》,凡四篇。

韋絃佩一卷

屠本畯撰。錢塘陳珂校訂。《處方》《艾觀》《藥鏡》《卻病》,凡四篇。首有自序。

林下盟一卷

明錢塘沈仕撰。與《樂志編》相似。

吳社編一卷　並鈔本

明長洲王穉登伯穀撰。記吳郡社會之事。

五家言二十八卷　擁萬樓本

明南京禮部郎中竟陵鍾惺伯敬編。一家《道言》十二卷,周辛計然著;一家《術言》一卷,周鬼谷先生著;一家《辨言》三卷,周公孫子秉著;一家《德言》二卷,北齊劉晝著;一家《文言》十卷,《文心雕龍》,梁劉勰著,皆有評語。

諸子彙函二十六卷　貴文堂本

明南京太僕寺丞崑山歸有光熙甫編。收羅甚富,但於諸子名多臆撰。

百子金丹十卷　經國堂本

明温陵郭偉士俊纂。分文、武、内、外、奇、正六編。

見物五卷

明尚書從事咸寧李蘇撰。吕坤有序。

羣書歸正集十卷　無錫顧應龍校本

明諸生鄞縣林昺方塘撰。從孫御史祖述校刊。以文、行、忠、信分四部,部分十類,類分六十目,自天文、地理以逮雜伎、諺語,一一辨俗傳之謬,而歸之於正。有隆慶、萬曆間王交、汪鏜、蘇濬、余寅四序。

留青日札三十九卷　明刊本

明徽州府學訓導錢塘田藝蘅子藝撰。自號品嵒子。書仿《丹鉛録》而作。名留青者,翻古人汗簡炙青後書之意。

馬氏譚誤四卷　青照堂本

明雲南按察使同州馬朴敦若撰。訂(誤)經史傳注俗傳之誤,校李涪《刊誤》爲詳。

日知録三十二卷

國朝顧炎武撰。有《音學五書》,已著録。此其讀書有得,隨時記録,故名"日知"也。自序謂其"有不合,時復改定",著述之審詳如此,故積三十年而後成,博贍通貫在明儒楊升庵、王弇州之上。

潛丘劄記二卷

國朝閻若璩撰。有《古文尚書疏證》《四書釋地》,已各著録經編。此書亦專門考據,與《日知録》可稱瑜亮。

山林經濟策一卷

國朝陸次雲撰。有《八(荒譯)〔紘繹〕史》等,已著録史編。此書用策問體寫其隱居讀書之樂。

洗塵法一卷

國朝馬文燦撰。以山林幽景,詠歌静趣,洗耳、目、口、鼻、心神、足履之塵,是用佛六根六塵義。而所謂不禪不玄,政有淵致,則非徒從事於梵夾也。

湛園札記二卷

國朝翰林院編修慈溪姜宸英西溟撰。西溟年七十始第,學力最深。此編考證經史,論三禮尤多。閻百詩欲改“札記”爲“劄記”,姜以“劄”乃古人奏事之名,不從其説。每事必求典據,即此可見。

義門讀書記五十八卷

國朝翰林院侍讀學士長洲何焯屺瞻撰。其門人同里蔣維鈞硯溪編。皆所評校之書,録其題識。凡經十二卷,史十七卷,集二十九卷。

居易録三十四卷

國朝(户)〔刑〕部尚書新城王士禛貽上撰。康熙己巳至辛巳十三年中所紀,大抵攷辨典籍,評論詩文,兼記政事及差遣遷除月日,略似龐元英《文昌雜録》之體。

池北偶談二十六卷

國朝王士禛撰。凡《談故》四卷,《談獻》六卷,《談藝》九卷,《談異》七卷。家有池北書庫,故名。

香祖筆記十二卷

王士禛撰。此家居時所作。香祖者,其滋蘭之室也。體例與《居易録》略同,唯不及時事耳。

古夫于亭雜録六卷

王士禛撰。書成於康熙乙酉。所居魚子山有古夫于亭,因以名之。編中亦考證爲名。

分甘餘(談)〔話〕四卷　並新城王氏家藏板本

王士禛撰。書成於康熙丁丑。書名“分甘”者,取王羲之語以寓暮年之意。隨筆記録,亦間有攷辨。

錦帶連珠一卷

國朝錢塘王嗣槐仲昭撰。仿梁昭明太子《錦帶書》爲之。有自序。

元寶公案一卷　並《檀几叢書》本

國朝壽春謝開寵海翁撰。記富民持元寶一錠戲擊貧子死事及迂府太守斷案。峩眉散人評云:“謂世無其事,其人必癡。謂世有其事,其人亦癡。若逢慧眼人,則一切作元寶觀矣。”

韻石齋筆談二卷

國朝歙縣姜紹書二酉撰。記所見書畫器玩,仿周密《雲煙過眼録》爲之。記敘視周書尤詳。有同里蔣清序。

七頌堂識小録一卷　並知不足齋本

國朝吏部考功司郎中潁川劉體仁公㦷撰。與王漁洋友善,《池北偶談》嘗稱之。此編記書畫古器,凡七十四條。子凡校刊,有汪畹序。

小知録十二卷　琴雅堂本

國朝吴縣陸鳳藻丹扆撰。記載事物,取裁新異,而頗能詳於攷核。

陔餘叢考四十二卷　湛貽堂本

國朝(廣)〔貴〕西道陽湖趙翼雲松撰。一字耘菘,號甌北。此其自黔西乞養歸里之所作。經典名物靡不究詳,故書名《陔餘叢考》云。

霧堂詹言一卷

國朝李楷撰。有《霧堂經訓》,已著錄。此書二十一篇,統學問、政治,一一核實其事理。"詹言"語取《莊子》。

霧堂雜著一卷

李楷撰。多書後跋語,《代訓》《續説難》尤奇。

岸翁散筆一卷

李楷撰。

飛翰叢語一卷　並朝邑謝氏刊本

李楷撰。二書皆雜記所見,文筆可觀。

仿園清(話)〔語〕一卷

國朝歙縣張蓋晉濤撰。多警世語,中有十愛、十憎,一字至十字押韻,雖用俚語,而意味深長。

宦海慈航一卷　並《檀几叢書》本

國朝武進蔣埴肅齋撰。《燕會》《餽遺》《祭祀》《禁約》《供應》,凡五章,大旨主於愛物惜福。

博物要覽十五卷

國朝提學浙江學政僉事豐潤谷應泰撰。

通俗編十五卷

國朝翟灝撰。有《四書考異》,已著錄。

卍齋瑣録十卷　並《函海》本

國朝李調元撰。自序云:"卍字不入經傳,惟釋藏中有之。釋家謂佛再世生,胸前隱起卍字文,後人始識此字。"又云:"近見朝鮮人村居詩有'卍字柴門宛古文'之語,心喜之,每作書齋,輒作卍字,囱櫺障以碧紗,爲其宛似古文,而因以名齋也。"書中長於攷據。

奈園節録九卷　西安刊本

國朝項城知縣長安張宋薪關燈撰。分《聖學發難》《求師要語》《六經略説》《奈園小草》《撥雲一覽》《談古寱言》《論今剩語》《官箴指要》《繪影編》，凡九種。語多矜隆傲兀，未克盡底于醇。

竹溪雜述一卷

國朝歙縣殷曙日戒撰。凡名人賞析、舊蹟恢奇，皆摭拾遺文，餘皆上問志乘，旁證風謡，見自序云。

閒餘筆話一卷

國朝吳縣湯傳楹卿謀撰。語多清趣淡雅之致。有自序。

快説續記一卷　並《昭代叢書》本

國朝王晫撰。金聖歎評才子書中有《快説》，此爲續記，凡三十條。

讀書疑甲編四卷　迷花堂本

國朝劉家龍撰。有《記韻詩》，已著録。此編有道光乙巳自記，謂先刻壬寅四年之作，故名甲編，向擬有所續也。其書凡經史有可疑者，輒爲辨證。筆意與王充《論衡》相近。

七怪一卷　《檀几叢書》本

國朝黃宗羲撰。舉當世怪行：逃釋、學罵、剿襲、神仙、神童、葬地、醫師，凡七端，擬枚乘《七發》、曹植《七啟》體，稍涉憤激，頗切鍼砭云。

楊胡解紛四卷

國朝盧士元撰。有《史隟》等，已著録。此以胡應麟攻詰楊用脩説，有過於刻求者，乃博引羣書以折衷之。曰"解紛"，猶《春秋》之有調人也。

益聞散録三卷

國朝李元春撰。雜輯經傳、遺言、事典，並辨證其訛誤，考詳其原始，採摭舊聞，頗見淹貫。

桐牕囈説一卷陳子碎言附

李元春撰。法戒俱備，首尾拈天人合一之旨。後附《陳子碎言》。陳名永橋,字鶴峯,濟南諸生。

夢悟一卷　並青照堂本

國朝朝邑王維戊信廷撰。首條云"王子因夢身死而不自顧其尸,有語之者,曰以遺尸累人,奈何"云云,悟而爲人説夢。中多超悟語。

右雜家類一百七十部,共一千五百九十二卷。

子編十

農家類

四民月令一卷　任氏忠敏家塾本

後漢大尚書安平崔寔子真撰。一名台,字元始。按十二月,著其事宜,並家居用物製造之法。書總四民,實詳農業,故《隋志》入農家。原本佚,震澤任兆麟輯刊。

齊民要術十卷　汲古閣本,又三原張氏寫本

後魏高陽太守益都賈思勰撰。凡九十二篇,於農圃、衣食及六畜牧養之術,纖悉備至。多引秦漢古書,典據更極明晰。楊慎拈書中數奇字,橫生刺議,未免好求人過矣。注爲孫氏作,見李燾序。

歲華紀麗四卷　汲古閣本

唐韓鄂撰。分月紀事,詞甚典雅。《唐志》取此與《四時纂要》並列,云二卷,今本四卷,後人所分,而《四時纂要》散佚無傳矣。

耒耜經一卷　汲古閣本,又〔仁〕和王氏本

唐陸龜蒙撰。言耒耜制用之法,筆墨古峭,原載《笠澤叢書》,此本別出單行。

種樹書一卷　鈔本

舊題郭橐駝撰。按:柳宗元言,郭橐駝種樹亦《莊子》之寓言,

未必即有其人其書，蓋後人託名爲之也。然言種植之法亦極賅備。

農書三卷

宋處士陳旉撰。自號西山隱居全真子。陳氏《書録解題》作陳芳，非也。上卷論農事，中卷論養牛，下卷論養蠶。發揮皆得其理。

蠶書一卷　並知不足齋本，又《龍威秘書》本，又《函海》本

宋高郵秦湛處度撰。舊題秦觀，非也。有嘉定甲戌雙溪孫鏞跋。

耕織圖詩一卷　知不足齋本，又《龍威秘書》本

宋朝議大夫前於潛令 鄞 縣 樓璹壽玉撰。凡耕、織二目，自始事以迄終事，各有圖而繫以詩。此其作宰時所作也，有孫洪題識，嘉定三年從子參知政事鑰大防後序，從曾孫知南康軍事杓跋。

農桑輯要七卷　武英殿聚珍版本

元至(正)〔元〕十年司農司奉敕撰。原本佚，乾隆中四庫館從《永樂大典》録出。書分十門，大旨本《齊民要術》而删取宜今便行之處，主於簡易。有王磐序。

野菜譜一卷

明高郵王磐鴻漸撰。嘉靖間人。嘗誦詠《老人燈》詩以譏李夢陽，非元之王磐也。所記野菜，凡六十種。菜名如板蕎蕎、油灼灼、破破衲之類，皆隨俗呼録之，他書所未見。題下有注，注後繫以詩歌，又各繪圖於下；其詩歌似謠似諺，多寓規戒。有存白山人序，私印"李宫"，未詳何人也。

田家五行一卷

明婁元禮撰。凡天文、風雨、占候，有關農桑者録之。

農説一卷　並鈔本

明(益)〔孟〕河馬一龍撰。説極明切。

致富奇書四卷　刊本

舊題陶朱公撰。依託爲之，然於日用事物類記詳晰，文亦淺顯易曉。

農具記一卷　《檀几叢書》本

國朝常州陳玉璂椒峯撰。考據甚詳。

農桑易知錄三卷　述堂藏本

國朝韓江鄭之僑東里撰。上二卷分農桑事宜三十則、力農器具十五則，三卷農桑善後事宜十七則。

甘薯錄一卷　濟南刊本

國朝湖南巡撫吳江陸燿朗夫撰。此其官山東按察時作。序謂中土舊有此物，明季有閩人陳經綸復自呂宋移其種歸，巡撫金公學曾勸民樹藝，閩人德之，號曰金薯。其裔孫世元父子復爲《金薯傳習錄》，侈其先世傳自呂宋之功，以爲考辨之疎。此編分《辨類》《勸功》《藏實》《製用》，凡四篇。

蠶桑簡編一卷

國朝楊名颺撰。自序謂："輯葉中丞《桑蠶須知》及周明府蘭坡《蠶桑寶要》，摘爲此編。"

豳風廣義三卷附蠶桑條陳一卷　並陝西刊本

國朝國子監生興平楊屾雙山撰。有巡撫楊名颺序。

農桑書錄要一卷　青照堂本

國朝李元春撰。節《齊民要術》及秦氏《蠶書》爲之。

右農家類十九部，共四十七卷。

玉函山房藏書簿録卷十四

子編十一

小説家類

燕丹子三卷　問經堂本

　　撰人缺。《漢志》不著録。《史記》裴駰《集解》引劉向《別録》云："督亢，膏腴之地。"司馬貞《索隱》引劉向云："丹，燕王喜之太子。"則漢時有其書，《志》偶遺之，否則法家所載《燕十事》十篇注不録作者，或即是歟？隋、唐《志》並一卷，《宋志》三卷。原書佚，乾隆中大學士河間紀昀曉嵐從《永樂大典》録出，卷合《宋志》，以授陽湖孫氏星衍從子馮翼刊之，並補録袁褧《楓牕小牘》所載《燕丹子序》。蓋六國時人哀燕太子之志，綜其事類，加之緣飾。烏白頭，馬生角及秦王乞聽琴聲而死，雖不近情，而先秦古書嫻於辭令。孫氏序謂其"學在從横、小説兩家之間"，可謂篤論已。

神異經一卷　明孫士鑅校本，又《龍威秘書》本

　　漢東方朔撰，晉張華注。所載皆八荒外事，不可究詰。《隋志》入地理類，《唐志》入神仙類，均非其實，兹依陳氏《書録解題》，改隸小説。

海内十洲記一卷　明武林胡濳校本，又《龍威秘書》本

　　東方朔撰。與《神異經》旨略同。

拾遺記十卷 明汪士漢本,又五峯閣本

晉處士隴西王嘉子年撰。原書十九卷二百二十篇,經亂佚缺,梁蕭綺掇拾殘文,編爲十卷,併爲之錄。上起三皇,下迄石晉,末附諸名山,言多荒誕。隋、唐《志》皆入雜史類,依《書錄解題》改。

搜神記八卷 明武林沈春濤校本,又五峯閣本

晉散騎常侍新蔡干寶令升撰。《晉書》本傳載寶父侍婢再生事,又云:"寶兄嘗病氣絕,積日不冷,後遂悟,云見天地間鬼神事,如夢覺,不自知死。寶以此遂撰集古今神祇靈異人物變化,名爲《搜神記》,凡三十卷,以示劉惔。惔曰:'卿可謂鬼之董狐。'"《隋志》入雜傳記,《唐志》入小說,並三十卷。《宋志》小說家有干寶《搜神總紀》十卷,在宋已非完帙。茲本八卷,或即十卷之本,後人合之與?

續搜神記十卷 《漢魏叢書》本

晉陶潛撰。考靖節卒於宋元嘉四年,而書中有元嘉十四年、十六年事,定非陶所及記。然《隋志》作《搜神後記》,已題陶潛撰,或後人有所附益,久而難別乎。

甄異記一卷 《龍威秘書》本

宋西戎主簿戴祚延之撰。《隋志》入雜傳記,《唐志》入小說,並作《甄異傳》三卷。此本一卷,非完帙也。

世說新語三卷

宋臨川王開府儀同三司宗室劉義慶撰,梁平西刑獄參軍平原劉峻孝標注。本名《世說新書》。《(宋書)〔南史〕》本傳云:"所著《世說》十卷。"《隋志》云:《世說》八卷,劉孝標注十卷。《唐志》亦八卷。宋:《世說新語》三卷。茲本與《宋志》合,後人所併。書取漢晉瑣語,分三十(八)〔六〕門,敘述名雋,《晉書》多所採取孝標注,徵引極博贍。

世說舊注一卷 《函海》本

明楊慎撰。摘錄劉峻舊注。

異苑十卷　　汲古閣本

宋給事劉敬叔撰。所記皆神怪事,遣詞簡古。《隋志》入雜傳記,兹以類移入小説。

述異記二卷　　五峯閣本,又《龍威秘書》本

梁太常卿樂安任昉彥昇撰。晁公武《郡齋讀書志》云“昉家藏書三萬卷。天監中,采輯前世之事,纂述新異”,爲此記。隋、唐《志》並列祖沖之《述異記》十卷,無任昉《記》,當是祖、任各自有《記》,而史志偶失載任書也。

續齊諧記一卷　　明武林曾從志校本,又汪士漢本,又顧氏家塾本

梁奉朝請吳興吳均叔庠撰。“《齊諧》,志怪”,本《莊子·逍遙遊》篇中語。按:隋、唐《志》,宋散騎侍郎東陽無疑先有《齊諧記》七卷,故此稱續云。

還冤志三卷　　《漢魏叢書》本

隋顏之推撰。有《顏氏家訓》,已著録。此志所述皆冤報之事,隋、唐《志》並作《冤魂志》,今本題同《宋志》。《書録解題》作二卷,書名上冠以“北齊”,字誤也。

古鏡記一卷　　《龍威秘書》本

隋著作郎河東王度撰。記其師汾陰侯生所贈古鏡之靈異。《太平廣記》卷二百三十載此云:“出《異聞記》。”中間敘度家事甚詳,當是《異聞記》轉述度書也。

鬼塚志一卷

唐尚書右僕射愛州刺史錢塘褚遂良登善撰。

壠上記一卷

唐右丞相武功蘇頲(昌容)〔廷碩〕撰。

朝野僉載一卷

唐司門郎中饒陽張鷟文成撰。自號浮休子。案:《宋志》:二十卷,又《僉載補遺》三卷。《書録解題》:一卷,云其書本三十卷。

《文獻通考》止載《補遺》三卷。此本載《唐代叢書》，後人掇拾成編。書記唐代軼事，多瑣雜。《唐志》入雜傳記，今依陳《録》改。

耳目記一卷

張鷟撰。

補江總白猿傳一卷　並仁和王氏本

撰人缺。陳氏《書録解題》云："歐陽紇者，詢之父也。詢貌類獼猴，蓋嘗與長孫無忌互相嘲笑矣。此傳遂因其嘲，而廣之以實其事。託名江總，無名子所爲也。"

聞奇録一卷

唐于逖撰。開元中人，李白、獨孤及皆有詩贈之。此編皆記唐初奇事。

靈應録一卷

于逖撰。

冥報記一卷

唐吏部尚書京兆唐臨本德撰。《唐志》：二卷，入雜傳記。今依陳《録》改。

吹笛記一卷

唐國子司業河中楊巨源景山撰。記開元中李謩吹笛事。

北里記一卷　並仁和王氏本

唐中書舍人孫棨文威撰。自號無爲〔子〕。此皆記平康妓者，敘述當代風尚，寓色荒之戒云。

隋唐嘉話三卷　明長洲顧氏本

唐右補闕彭城劉餗鼎卿撰。《唐志》雜傳記有劉餗《國朝傳記》三卷、《國朝舊事》四十卷。《直齋書録解題》小說家載《劉餗小說》三卷、《隋唐嘉話》一卷。此本三卷，與《唐志》"《國朝傳記》"卷數合。

集異記二卷　明長洲顧氏本，又新安汪氏本

　　唐河東薛用弱撰。

博異志一卷　明長洲顧氏本，又仁和王氏本

　　舊題唐谷神子撰。或云馮廓，或云鄭還古。以《太平廣記》引《博異志》內有鄭還古說，則爲還古撰明矣。所記凡十條，皆鬼神靈迹，《太平廣記》所引尚十餘條，書中不載，亦非完帙也。

杜陽雜編三卷　五峯閣本，又仁和王氏本

　　唐武功蘇鶚德祥撰。所記唐代異聞，起代宗廣德元年，訖懿宗咸通十四年。書與《洞冥》《拾遺》相類。

劉賓客嘉話録一卷　明長洲顧氏本，又仁和王氏本

　　唐江陵陸少尹京兆韋絢文明撰。絢，執誼之子。追述長慶元年在白帝城與劉禹錫所談，《書録解題》作《劉公佳話》。其文多與《尚書故實》同，疑後人羼入也。

枕中記一卷

　　唐鄴縣侯太子太傅京兆李泌長源撰。記盧生邯鄲夢中遇仙事。

南柯記一卷

　　唐李公佐撰。記淳于棼夢蟻事。

三夢記一卷

　　唐白行簡撰。有《(楊倡)〔李娃〕傳》，已著録。此記筆墨清婉。

玄怪録一卷

　　唐牛僧孺撰。舊題唐徐鉉撰。一作《幽怪録》，題王惲。案：《唐志》：牛僧孺《玄怪録》十卷。今依正。

續玄怪録一卷　並《龍威秘書》本，又仁和王氏本

　　唐李復言撰。《龍威》本撰人缺，仁和王氏本作《續幽怪録》，題李名。案：《唐志》：李復言《續玄怪録》五卷。今依正。

因話録六卷　五峯閣本

唐員外郎趙璘撰。以五音分五部：宮部爲君，記帝王；商部爲臣，記公卿、百僚；角部爲民，凡不仕者皆隸之；徵部爲事，多記典故及諧戲語；羽部爲物，雜述物類，瑣事附焉。唐人説部中最有體例。

幽閒鼓吹一卷　仁和王氏本

唐桂管觀察使張固撰。顧元慶跋稱二十五篇，此本二十六篇，蓋誤分元載一條爲二，所記皆中唐遺事。

卓異記一卷　明長洲顧氏本

唐李翱撰。有《來南録》，已著録史編。此書亦多記故實。《宋志》題李翱。《唐志》作陳翱，云憲、穆時人。

昌黎雜説一卷　《龍威秘書》本

舊題唐韓愈撰。疑假託。

龍城録二卷　五峯閣本

舊題柳宗元撰。或謂宋王銍託名爲之。

常侍言旨一卷

唐河東柳珵撰。常侍者，其世父芳也。凡六章。

瀟湘録一卷

唐李隱撰。按：《宋志》：十卷，又別有柳祥《瀟湘録》十卷。《唐志》有柳書無李書，《宋志》重出，書疑也。

舊聞記一卷

唐常侍太子太保華原柳公權誠懸撰。

鸚鵡舍利塔記一卷

唐檢校太尉京兆韋皋城武撰。《唐書》本傳云："始，皋務私其民，列州互除租，凡三歲一復。皋没，蜀人德之，見其遺象必拜。凡刻石著皋名者，皆鑱其文尊諱之。"

松牕雜録一卷　並仁和王氏本

唐李(璿)〔濬〕撰。或作韋(璿)〔叡〕,或作杜荀鶴撰,並誤。書記明皇事爲多,其中宗稱"蘇瓌有子,李嶠無兒"一條,《通鑑考異》斥其誣,則由傳聞而謬也。

雲溪友議十二卷　五峯閣本

唐越州范攄撰。雲溪即若耶溪,一名五雲溪。范所居也。其書談詩者,十之七八。

玉泉子一卷　五峯閣本,又仁和王氏本

撰人缺。記唐代雜事,多與《因話録》《尚書故實》相出入。

酉陽雜俎二十卷　五峯閣本,又明刊本

唐段成式撰。有《劍俠傳》,已著録史編。此書所記多荒怪不經,而廣蒐佚文秘典,文筆亦奇偉,唐説家之魁楚也。書名取梁元帝訪酉陽之逸典語,謂二酉山也。

諾皋記一卷

段成式撰。諾皋,神名也。書皆記神靈之事,故以爲號。

支諾皋一卷

段成式撰。續補前書所未備,二書皆載《酉陽雜俎》中。仁和王氏文誥別刊以行。

夜叉傳一卷

段成式撰。

金剛〔經〕鳩異一卷

段成式撰。

雜纂一卷　並仁和王氏本

唐判官檢校工部員外郎懷州李商隱義山撰。取俗語以類纂之。

乾饌子一卷　《龍威秘書》本

唐隋縣尉太原温庭筠飛卿撰。序言:"不爵不觥,非炰非炙,

能悦諸心,聊甘衆口,庶乎乾饌之義。"

前定録一卷

唐崇文館校書郎鍾輅撰。録前定之事。自序云:"庶達識之士知其不誣,奔競之徒亦足以自警。"此作書之旨也。

桂苑叢談一卷　並仁和王氏本

舊題馮翊子子休撰。《邯鄲書目》稱其姓嚴,名則莫考。前十條記神怪事,後十八條別題史遺云。

劇談録二卷　汲古閣本

唐校書郎池州康駢駕言撰。康或作唐,駢或作軿,皆誤。書成於乾寧二年,記天寶以來雜事。

宣室志十卷補遺一卷　五峯閣本

唐張讀聖朋撰。書皆記神異之事,取漢文帝宣室問賈誼事以名之。攷文帝受釐宣室,偶問賈誼及鬼神,非宣室必關乎鬼神之事也。承訛已久,張亦沿其失爾。

甘澤謠一卷　汲古閣本,又仁和王氏本

唐虢州刺史樂陵袁郊(之)〔子〕乾撰。咸通戊子自序以其"春雨澤應,故有甘澤成謠"之語,遂以名其書。凡九篇。

獨異志三卷　五峯閣本

唐李冗撰。

雲仙雜記十卷

唐馮贄撰。《宋志》作馬贄《雲仙散録》一卷,誤。雜記古人逸事,各注其所出之書,如《高士春秋》《止戈(記)〔集〕》《三峯集》《陶家鉼餘事》《汗漫録》之録,皆古來史志所不載,而造語甚工,詞賦家多用之。

記事珠一卷

舊題唐馮贄撰。按:即撮鈔《雲仙雜記》之文,不注所出,蓋後人删節爲之。改易書號而仍題撰者之名,或出宋王銍手。相傳

《雲仙雜記》爲王銍作者,其由此乎?

南部煙花記一卷

  馮贄撰。

故物記一卷

  唐韋端符撰。記李衛公故物。

歌者葉志一卷

  唐沈亞之撰。記歌者葉姓事,頗寓感慨。

紫花梨一卷

  唐許默撰。記武宗時真定李令貢梨始末。

夢遊録一卷

  唐任(繁)〔蕃〕撰。記夢遊事,文筆婉秀。

諧噱録一卷

  唐朱揆撰。集録排諧戲謔之事。

黑心符一卷

  唐于義方撰。爲再醮之婦而作。言此輩狠毒,不謀而同,故名黑心符也。言極刻切,可以懲世。

集異志一卷

  唐陸勳撰。《宋志》:二卷。

志怪録一卷

  陸勳撰。

幻戲志一卷

  唐蔣防撰。有《霍小玉傳》,已著録史編。此志皆記當時幻戲之事。

幻異志一卷

  唐孫頠撰。與蔣書相似。

錦裙記一卷

  唐陸龜蒙撰。記所見錦裙事,文筆古豔。

冤債記一卷

唐翰林承旨山陰吳融子華撰。

旌異記一卷　《龍威秘書》本

唐侯君素撰。《唐志》有侯君素《旌異記》十五卷,此本從《説郛》録。題宋侯君素,誤也。

廣異記一卷

舊題戴(君)孚撰。按:《太平廣記》多引此書,皆記唐人事。戴,蓋唐人也。

唐闕史二卷　知不足齋本

舊題參寥子撰。自序云:"甲辰歲編次。"黄伯思云:"蓋唐僖宗中和四年也。"祝允明跋云:"參寥子者,蓋高彦休,乾符中人也。"書凡五十一篇,多記怪妄之事,如丁約劒解。王漁洋斥其導逆,然其中正論亦頗不少。有乾隆甲午清和上澣御筆題詩一章。

靈怪録一卷

唐牛嶠撰。

人虎傳一卷

唐李景亮撰。

離魂記一卷

唐陳玄祐撰。

獵狐記一卷

唐孫恓撰。

奇鬼傳一卷

唐杜青黃撰。

才鬼記一卷

唐鄭蕡撰。

靈鬼志一卷

唐常沂撰。

物(妖)〔怪〕録一卷

唐徐鉉撰。已上數種皆記神怪事,筆墨均可觀。

録異記八卷　汲古閣本

僞蜀白雲溪道士括蒼杜光庭聖賓撰。自稱東瀛子,蜀王建賜號廣成先生。此書皆録神異之事。

妝樓記一卷

南唐内史舍人淮南張泌子澄撰。雜記閨閣典故。

尸媚傳一卷

張泌撰。記女尸變異之事。

幻影傳一卷

蜀侍郎薛昭蘊撰。

再生記一卷

後蜀處士閻選撰。皆記再生之事。

玉溪編事一卷　《龍威秘書》本

撰人缺。按:《宋志》:“金利用《玉溪編事》三卷。”

袁氏傳一卷

僞蜀郡守顧夐撰。記猿精化人之異。

鑑(戒)〔誡〕録十卷　知不足齋本

僞蜀普州軍事判官東海何光遠輝夫撰。其書雜記唐及五代間事,而蜀事尤多。言近俳諧,名以三字標題,凡六十六則。舊本前有劉曦度序,見趙希弁《讀書續志》,《宋史》遂以劉曦度《鑑誡録》三卷、何光遠《鑑誡録》三卷分爲二書,舛誤甚已。

北夢瑣言二十卷　五峯閣本,又雅雨堂本

僞楚檢校秘書兼御史大夫陵州孫光憲孟文撰。初從高季興於荆州在夢澤之化,故以名書。所記皆唐季五代軼事,標某某説,以示有徵,雖涉蕪雜,而亦多資考訂。

稽神録六卷拾遺一卷　汲古閣本

宋散騎常侍廣陵徐鉉鼎臣撰。記唐末五代異聞。鉉與修《太平廣記》，而自以其書收入卷中，亦佳話也。

南唐近事一卷　紅藕花軒鈔本

宋鄭文寶撰。既作《江表志》，此更記其瑣語碎事，彼固史體，此則説部也。

清異録二卷

宋翰林院承旨新平陶穀秀實撰。採唐及五代新穎之語，分三十七門，標題注事。

太平廣記五百卷目録十卷　天都黃氏槐蔭艸堂本

宋左僕射饒陽李昉明遠與呂文仲、吳淑、陳鄂、趙鄰幾、董淳、張洎、宋白、徐鉉、湯悦、李穆、扈蒙太平興國三年奉敕撰。是時既得諸國圖籍，而降王諸臣皆海內名士，乃厚其廩餼，使修羣書。既編成《御覽》一千卷，復以野史、傳記、小説諸家編成此書。分五十五部，凡採書三百四十七種，奇文秘笈咸萃，説部之淵海也。

乘異記一卷　《龍威秘書》本

宋集賢校理張君房撰。《宋志》：“《秉異記》三卷。”注：“秉，一作乘。”不著撰人姓名。又：“張君房《潮〔説〕》二十卷，又《乘異記》三卷。”疑一書而複載也。《宋志》舛訛，此類不少。

詭名録一卷　紅藕花軒鈔本

宋吳淑撰。有《江淮異人録》，已著録史編。此書輯古人別稱之名號録之。

儒林公議二卷

宋右正言信都田況元鈞撰。記建隆迄慶曆朝政及士大夫言行甚悉，間及五代十國事，持論平允，不愧公議之名也。

澠水燕談録十卷　並五峯閣本

宋齊國王闢之撰。《宋志》作王關之，誤。記紹聖以前事，分十五類。《郡齋讀書志》稱所載三百六十餘條,今本止二百八十五條,商氏付刊時有所節删也。

盧陵雜説一卷　《龍威秘書》本

宋歐陽修撰。疑後人摭拾爲之。

江鄰幾雜志一卷　五峯閣本

宋尚書刑部郎中陳留江休復撰。鄰幾,其字也。一名《嘉祐雜志》,記當代軼事及雜説。

東齋記事一卷　《龍威秘書》本

宋門下侍郎蜀郡公華陽范(外)鎮景仁撰。舊題許觀,誤也。

默記三卷　知不足齋本

宋潁川王銍性之撰。所記皆汴京朝野遺聞兼考古事,有葉樹廉石君跋。

雜纂續一卷

王銍撰。續唐李商隱《雜纂》,依用其體。

茅宿客話十卷　汲古閣本

宋黄休復撰。記蜀中軼事,始於王、孟二氏,終於宋真宗時。頗涉神怪,大旨主於勸懲。

雜纂二續一卷

宋蘇軾撰。此又補王銍《雜纂續》之所未備。

調謔編一卷　並紅藕花軒鈔本

蘇軾撰。明王世貞校定。

艾子雜説一卷　明長洲顧氏本

蘇軾撰。皆記諧謔可笑之事。

漁樵閒話一卷　《龍威秘書》本

蘇軾撰。

青箱雜記十卷

宋歙州別駕邵武吴處厚撰。《宋志·姦臣傳》處厚附《蔡確傳》内,載其得確《車蓋亭詩》,用郝甑山事,箋釋上之,以爲譏謗,確遂南竄,士大夫畏惡之,其人品誠不足道。所記當代見聞,尤多詩話。案:處厚知漢陽時,得鸚鵡洲鸕鷀堰佳對,躍破浴盆吟詠之事,固所癖嗜也。

孫公談圃三卷

宋集賢殿學士水部員外郎高郵孫升君孚撰。此紹聖中徙臨汀所作,臨江劉延世述之序刊,故題《孫公談圃》,而《宋志》作《劉延世談圃》三卷也。孫雖列元祐黨籍,而其所論既不滿王安石,而於蜀、洛二黨亦無所偏附,極見公允。

畫墁録一卷 並五峯閣本

宋集賢殿修撰邠州張舜民芸叟撰。皆記所見聞,而臧否不爲阿附。張亦在元祐黨籍,大致與孫升相類。

湘山野録二卷續録一卷 汲古閣本

宋釋餘杭文瑩道温撰。此書熙寧中作於荆州金鑾寺,故名湘山。多記北宋雜事。

玉壺清話十卷 知不足齋本

文瑩撰。書一名《玉壺野史》。自序云:"玉壺,隱居之潭也。"又云:"書成于元豐戊午歲八月十日。"明時止存五卷,吴人吴岫訪得後五卷,四明范欽又從岫借鈔始成完帙。錢遵王《讀書敏求記》載其從祖榮木樓校本,行間脱字一一補綴完好。枚庵居士朱翌鳳得藏本于朱文游,乾隆庚子歙鮑廷博重刊。

該聞録一卷 紅藕花軒鈔本

宋知榮州華陽李畋渭(父)〔卿〕撰。李爲張詠客,與范鎮友善,熙寧中致仕,作此書。

侯鯖録八卷 五峯閣本,又知不足齋本

宋安定郡王宗室趙令畤德麟撰。自號聊復翁。蓋嘗與蘇文忠論列諸儒先佳詩緒論逸事,與夫書傳中譩語奇字及世共見聞而

不知出處者,冥搜遠證,以成是編。取漢樓護五侯鯖事以名之,意以書味比鯖也。首有(獲)〔涿〕鹿頓銳序。

東軒筆録十五卷　　五峯閣本

宋襄陽魏泰道輔撰。泰爲曾布之婦弟,故多尊熙寧新法而抑元祐諸賢,持論不無偏黨,而佚事間有可採,故世多引用之。

吉凶影響録一卷　　《龍威秘書》本

宋岑象求撰。岑名入元祐黨籍,見《陶朱新録》。《宋志》:八卷。此非完本。

碧雲騢一卷　　明顧氏本

舊題宋梅堯臣撰。碧雲騢,廐馬之名。莊憲太后以賜荆王,王惡其旋毛,太后留以備上閑,遂爲御馬。肉色碧如霞片,故號之。意以貴雖貴矣,病可去乎?書中皆記諸大臣陰私事,雖文潞公、范文正公皆有所指斥。或云魏泰所作,託名聖俞耳。

陶朱新録一卷

宋城武馬純撰。陶朱,馬所居鄉名也。所載皆宋時奇聞瑣事,末附元祐黨籍碑。蓋純爲户部侍郎馬默處厚之子。《宋(志)〔史〕》默傳:"紹聖時,坐附司馬光,落待制致仕","紹興中,以其子純請,贈開府儀同三司,加贈太保"。載列黨籍,以表先德也。

延漏録一卷　　並紅藕花軒鈔本

宋光禄寺丞浦城章望之表民撰。雜記瑣事,殘缺不具。

睽車志六卷

宋歷陽郭象撰。皆記奇異事,故取《易》睽卦上爻"載鬼一車"之義爲名。

泊宅編三卷　　並五峯閣本

宋湖州方勺撰。泊宅,所居村名。皆記聞見雜事,中有記方臘作亂始末一篇,陶宗儀《説郛》别出爲卷,題曰《青溪寇軌》。間有附注,或駁正本書,未知誰氏筆也。

珍席放談二卷　《函海》本

宋高晦叟(搜)撰。記北宋舊聞,自太祖迄哲宗制度、沿革及士夫言行甚悉。原書佚,乾隆中,四庫館從《永樂大典》録出。綿州李調元刊。

鐵圍山叢談六卷　知不足齋本

宋侍讀仙游蔡絛撰。自號百衲居士。絛爲蔡京季子。凡京所判,皆絛爲之,恣爲姦利,竊弄威柄,後亦與父前後流竄。此編如北伐之繇、靖康之禍,誣咎于王黼諸人,多爲其父飾非,且于一切濫邀恩寵,津津樂道。梁谿費袞斥爲無忌憚之小人,宜矣。顧其敘述建隆、乾德以來軼事及徽宗朝制作始末,歷歷在目,亦足資考稽之助,君子節取焉。

輶軒雜録一卷　紅藕花軒鈔本

宋寧遠軍節度使南陽王襄撰。初名寧,知永興軍時蒲城妖賊王寧適同姓名,請改名宓,後以兵部侍郎使高麗還,對稱旨,詔賜名襄。書名輶軒,或作于出使時乎?

墨客揮犀十卷　五峯閣本

宋翰林學士華陽彭乘利建撰。記宋代軼事及詩話文評,大旨推重蘇、黃,多與《冷齋夜話》相出入。

蔣氏日録一卷　紅藕花軒鈔本

宋〔太〕中大夫宜興蔣之奇穎叔撰。記唐代及宋初事,兼及古蹟。《宋史》本傳論其“始慫慂濮議,晚摭飛語,擊舉主以自文”,則其取録亦未必盡實也。

唐語林八卷　惜陰軒本

宋長安王讜正甫撰。陳氏《書録解題》云:“以唐小説五十家,倣《世説》分門三十五,又益十七門,爲五十二門。”晁氏《讀書志》云:“未詳撰人,效《世説》體分門,記唐世名言,新增嗜好等十七門,餘皆仍舊。”《文獻通考》引陳氏言入小説家,又引晁氏言入雜家,其實一書也。唯陳作八卷,晁作十卷,其數不合,蓋由傳寫合併耳。原本殘缺,乾隆中,四庫館從《永樂大典》校補八卷。讜所採五十家小説,《永樂大典》悉載原目,自《國史補》至《賈氏談録》,凡四十八家,惟《齊集》一種無考。又書中多引《封氏聞見記》,而《虬髯客傳》一篇全載,似所缺,即此二家並爲補目以成全書。三原李錫齡重刊。

楓牕小牘二卷　　五峯閣本

原題百歲翁絶筆,男頤續筆。不著名氏。以書中"袁良碑"一條,知爲袁姓。查慎行注蘇詩指爲袁褧,未知是否。其書多言汴京故事,上自熙寧,下至嘉泰,皆及見之,則百歲翁不虚也。

南牕紀談一卷　　知不足齋本

撰人缺。記北宋時事,凡二十三條,多名臣言行及訂正典故。袁文《甕牖閒評》引"衛夫人"一條,此本不載,蓋非完帙。其"延祐戊午開元宮立虞集碑"一條,又元人附注,誤連正文也。

過庭録一卷　　五峯閣本

宋高平范公偁撰。文正公玄孫。多述祖德,間及詩文雜事。紹興丁卯、戊辰間聞于其父,故名過庭云。

清波雜志十二卷別志三卷　　知不足齋本

宋博學鴻詞淮海周煇昭禮撰。清波爲杭州城門之名,紹興中,煇寓其地,因以名書。首有張貴謨序,末有張斯中、張訢、陳(暘)〔晦〕、楊寅、張巖、龔頤正、徐似道七跋,皆周同時人,又有嘉靖戊申姚舜牧跋。厲鶚《宋詩紀事》附載馬曰璐之言曰:"舊本《清波雜志》有張貴謨序,書中煇俱作輝。"案:此編影宋精本,實作煇,曰璐云輝,恐訛。煇曾祖於王安石爲中表,故書中多所回護,方回《桐江續集》詆之良是。其他雜記軼事,亦可觀也。

邵氏聞見録二十卷

宋利〔州〕路轉運副使洛陽邵伯温子文撰。康節處士雍之子也。其書前十六卷記太祖以來故事,於熙寧變法、元祐分黨記載尤詳;十七卷記雜事;末三卷記邵子事。

聞見後錄三十卷　並汲古閣本

宋洛陽邵博撰。伯溫次子。以父有《聞見錄》,故以後錄爲名。顧前錄尊程氏,後錄助蘇氏以攻程,如劉氏向、歆父子之傳五行,意旨各異也。

獨醒雜志十卷　知不足齋本

宋廬陵曾敏行達臣撰。敏行曾祖孝先、祖君彦在熙寧間不肯以新學進,敏行守其家法,又與一時諸儒游,故議論多正。首有楊萬里序,末附淳熙三年樊仁遠狀,胡銓哀辭,周必大、謝諤、樓鑰、趙汝愚、陳傅良、尤袤六跋,子三聘題識。

捫蝨新話十五卷　汲古閣本

宋陳善撰。捫蝨者,取《晉書》王猛見桓溫捫蝨而談語也。其書多論詩文。《宋志》:八卷。此本後人所分也。

螢雪叢説二卷　五峯閣本

宋東陽俞成元德撰。《宋志》有《俞子螢雪叢説》一卷,不著其名。敍在鄭綮《開天傳信記》、李義山《雜纂》之間,疎於考也。

揮麈前錄四卷後錄十一卷第三錄三卷餘話一卷　汲古閣本

宋王明清撰。前、後《錄》及《三錄》皆記朝廷故事,《三錄》敍高宗東狩事尤詳,《餘話》兼及詩文、碑銘。其《前錄》自跋謂"記憶殘缺,以補冊府之遺",意以史才自命也。但以爲曾布彌甥之故,於布及王安石皆有溢美,而醜詆米元章,豈篤論乎。

摭青雜説一卷　《龍威秘書》本

王明清撰。

張氏可書一卷　《函海》本

宋張知甫撰。記北宋事,於徽宗朝政特詳。以神怪詼諧隱寓懲勸,亦有心世道矣。原書佚,乾隆中,四庫館從《永樂大典》錄出,綿州李調元刊。

閒牕括異志一卷　五峯閣本

宋東湖魯應龍撰。皆記神異之事。

雲齋廣録一卷

宋李獻民撰。《宋志》有李獻民《雲齋新説》十卷。此非完本,作“廣録”,亦失其舊。

臆乘一卷

宋楊伯喦撰。有《九經補韻》,已著録經編。此書雜記宋代軼事。

近異録一卷　並《龍威秘書》本

宋劉質撰。

夷堅支志五十卷

宋洪邁撰。夷堅爲名,取《列子》“大禹行而見之伯益,知而名之,夷堅聞而志之”語,皆記神異事。原書四百二十卷,今缺佚。此乃支甲至支戊五集,以《宋志》所載“《夷堅志》六十卷,注:甲、乙、丙志;《夷堅志》八十卷,注:丁、戊、己、庚志”校之,又復不同,當是後人合爲百卷,佚其後半耳。

對雨編一卷　紅藕花軒鈔本

洪邁撰。雜記詩文故事,凡二十三條。

異聞總録四卷　五峯閣本

撰人缺。以書考之,蓋宋代人也。

鬼董五卷　知不足齋本

宋沈氏撰。名字佚。末有泰定丙寅臨安錢孚跋,云:“後有小序,零落不能詳,其可攷者云太學生沈,又云孝光時人,而關解元之所傳也。”考第四卷有“嘉定戊寅予在都”語,則其人寧宗時尚存,明蔣一葵《堯山堂外紀》竟以爲關漢卿撰,誤矣。事涉神怪,而頗寓勸懲。稱“鬼董”者,用《晉書·干寶傳》“寶作《搜神記》,劉恢曰'卿可謂鬼之董狐'"語也。

癸辛雜識前集一卷後集一卷續集二卷別集二卷　汲古閣本

宋周密撰。癸辛,所居街名也。書亦與所作《齋東野語》相近,然彼多考證舊文及記述朝廷大政,此編瑣事脞言,固小説體也。

隨隱漫録五卷　五峯閣本

宋東宮掌書臨川陳世崇撰。隨隱,其自號也。多記同時人詩詞及南宋宮禁故事。

遯齋閒覽一卷

宋范正敏撰。

野(客)〔雪〕鍛排雜説一卷

宋許景迂撰。

東皋雜録一卷

宋孫宗鑑撰。多記王荆公、蘇東坡事,元祐間人也。

抒情録一卷

宋盧懷撰。

唾玉集一卷

宋喻文豹撰。

白獺髓一卷

宋張仲文撰。白獺髓者,取《拾遺記》"孫和悦鄧夫人,舞水精如意,誤傷夫人頰,命太醫合藥。醫曰:'得白獺髓,雜玉與琥珀屑,滅此痕。'即購致百金,能得白獺髓者厚賞之"。書蓋謙言補綴之義,然命名亦太奇已。

東谷所見一卷

宋李之彦撰。

楮記室一卷

(宋)〔明〕潘塤撰。雜記舊事,自唐趙光進至袁益,凡九條。

賓朋(燕)〔宴〕語一卷

宋丘昶撰。記唐、五代及宋初軼事。

牕間紀聞一卷

宋陳子兼撰。雜記事物。

湖湘故事一卷

宋陶(旺)〔岳〕撰。凡六條,皆記詩說。

鞠堂野史一卷

宋林子中撰。

退齋筆録一卷

宋侯延慶撰。一作《退齋雅(閑)〔聞〕録》,記雜事,必繫其所聞之人。

清尊録一卷

宋廉宣仲布撰。皆記異聞。有至大改元三月華石山人跋,云"或謂陸公務觀所作,非也。蓋二公同時,後人因誤指耳"。

昨夢録一卷

宋建昌通判滑臺康(譽)〔與〕之撰。後一條自述云:"金人渝盟,予顛頓還江南。"此昨夢之所由名乎?

漫笑録一卷

宋徐慥撰。記諧笑事,述東坡語爲多。

軒渠録一卷

宋東萊呂居仁撰。軒渠,取《後漢書·薊子訓傳》"兒識父母,軒渠笑悅"語也。

拊掌録一卷

宋元懷撰。自號醭然子。有延祐改元立春日自序,謂"補《軒渠》之遺也"。

燈下閒談一卷

宋江洵撰。記呂用之事一條,可補《廣陵妖亂志》之遺。

閒燕常談一卷

宋董弅撰。紀紹興間事。董爲南渡後人,多述北宋賢士大夫語。

壺中贅録一卷

撰人缺。文房四養及山中四和香,措語清雅。

三餘帖一卷

撰人缺。搜古佚事,如穎考叔聞莊公置其母于城穎也,歎曰:"是黄要也,疇謂烏也,禽禽猶能哺母。"此當與王弇州《四部稿》所載《左逸》相類,足資博攷。

北山録一卷

撰人缺。多記沙門中事。《宋志》有王焕《北山紀事》十二卷,未知即此書否。

潛居録一卷

撰人缺。雜考舊事。如説揚子雲恬淡寡營,不競時名,卒後怨家取其《法言》益之曰"周公以來,未有漢公之懿也"云云,極爲有識。

墨娥漫録一卷

撰人缺。多記地理古蹟。按:《荻樓雜鈔》云,姑臧太守張憲代書札妓墨娥。書名未知何取。

嘉蓮燕語一卷

撰人缺。多記祥異之事。

採蘭雜志一卷

撰人缺。雜記神名物號及奇異之事。

戊辰雜鈔一卷

撰人缺。皆瑣碎事。戊辰者,記其作書之年歲也。

真率筆記一卷

撰人缺。多記閨閣事典,内有試鶯事二條。

芸牕私志一卷

撰人缺。雜書怪異,似《拾遺記》。所志神農時,白民進藥獸,人有疾病,則拊其獸,授之語。后羿獵于巴山,獲一兔,大如驢,夜夢,謂羿曰:"我鶒扶君也。"二事尤奇。

致虚閣雜俎一卷

撰人缺。與《採蘭雜志》相似。

内觀日疏一卷

撰人缺。數記晁采事。案:晁采,唐文茂妻,即試鶯也。此書與《真率筆記》相近,疑書皆女子爲之。

漂粟手牘一卷

撰人缺。首二條,一記鷗夷二年國中雨石,一記娥皇夜寢,夢昇于天,孿生二女,宵明燭光。皆涉惝怳,餘多類此。

奚囊橘柚一卷

撰人缺。記神怪,與《漂粟手牘》相似。

玄池説林一卷

撰人缺。玄池似是因所居爲號。説林,取《淮南子·説林訓》言,採衆説如林立也。

賈氏説林一卷

撰人缺。與《玄池説林》相似。案:賈似道《悦生堂(雜)〔隨〕鈔》多引異書,此稱賈氏,或其遺説乎?

燃藜餘筆一卷

撰人缺。雜記散文軼事。

荻樓雜鈔一卷

撰人缺。亦多記閨閣事。

客退紀談一卷

撰人缺。多言唐及五代時事,疑北宋人所作。

下帷短牒一卷

撰人缺。記古事,似《雲仙雜記》。

下黄私記一卷　並紅藕花軒鈔本

撰人缺。下黄,地名。所記皆瑣語。

續夷堅志四卷　大梁書院刊本

金員外郎太原元好問裕之撰。因洪邁《夷堅志》而作,故以續名。

負暄雜録一卷　紅藕花軒鈔本

原題顧〔文〕薦撰。於"山藷"條,稱宋英宗諱曙,當是元代人。

山房隨筆一卷　五峯閣本,又知不足齋本

元全愚蔣正子平仲撰。記宋元間事,敘述賈似道誤國始末尤詳。商氏本多脱誤,歙鮑氏校刊明初寫本爲善。

山居新語一卷　知不足齋本

元浙東道宣慰使都元帥楊瑀元誠撰。據自跋,此書至正中歸田後所著,故以山居爲號。會稽楊維楨序稱其"備古訓,類《説苑》;摭國史之闕文,類《筆語》"。

遂昌雜録一卷　五峯閣本

元錢塘鄭元祐明德撰。鄭家錢塘,寓平江,《録》題遂昌,不忘本也。生逢喪亂,多憂時感事語,書述宋代軼聞,寓滄桑之慨云。

艅艎日疏一卷

元凌準撰。艅艎,舟名。此蓋舟次所作也,多紀古事。

就日録一卷　並紅藕花軒鈔本

元耐得翁撰。不詳何人。説江潮及紙錢最有理。

瑯嬛記三卷

元伊世珍席夫撰。取張華瑯嬛福地事以名其書,皆記奇異事,注其所出,體例與《雲仙雜記》同。

輟耕録三十卷　汲古閣本

　　明陶宗儀撰。有《説郛》，已著録雜家。陶本元人，入明不仕，書亦作于元末，故記元代法制及至正東南兵亂甚詳。考訂亦有根據，其他猥談瑣事，資諧噱爾。

讀書筆記一卷　明刊本

　　明興寧知縣長洲祝允明希哲撰。

春社猥談一卷

　　祝允明撰。自序云："伊猥談，紀瑣事，訂細文，述善戲。"此其大旨也。

語怪一卷　並鈔本

　　祝允明撰。專記神異，凡十四條。《走無常》及《水寶》事甚奇。

傳疑録一卷

　　明太常寺卿上海陸深子淵撰。

春風堂隨筆一卷

　　陸深撰。

燕閒録一卷

　　陸深撰。三書皆記雜事，體製相類，非一時所作，故各有題識也。

意見一卷　並明刊本

　　明文淵閣大學士南充陳于陛元忠撰。

古杭雜記一卷　鈔本

　　明高濂撰。記杭州古今瑣事，凡十三則。

何氏語林三十卷　明刊本

　　明何良俊撰。有《四友齋叢説》，已著録雜家。此編襲晉裴啓《語林》之名，體例則因劉義慶《世説新語》而增益之，共三十八篇，總計二千七百八十六事，並自爲注，饒有雅韻。

異林一卷　　鈔本

明國子監博士吳縣徐禎卿昌穀撰。《九仙神》《異人》《藝術》《夢徵》《飲客》《女士》《物異》，凡七目。

清課二卷

明諸生鉛山費元禄無學撰。上卷七十九條，下卷九十八條。

蠡測一卷

費元禄撰。凡二十條。

二酉日録一卷　　並甲秀堂本

費元禄撰。凡七十八條。自序云："余性嗜讀書而頗懷遠想，春牕夏榻，秋酒冬缸，景觸念而偕生情，慕古而獨暢。間尋逸事，寫木葉於多端；偶吐愚衷，敘松煙於不墜。"

無用閒談四卷　　故城孫氏元刊本

明太僕寺正卿故城孫緒誠甫撰。自稱沙溪逸人。武宗時首攖權鋒，由是廢棄。此其歸田時之所作也。自序謂："灞橋困射虎之才，挑燈閒臂鷹之手，安于所遇而已。"此命書之意也。

玉劍尊聞十卷　　賜麟堂本

明工部水衡司郎中真定梁維樞慎可撰。體仿《世（記）〔說〕》，文筆清雅，與何氏《語林》相伯仲。

病榻寱言一卷

明禮部尚書華亭陸樹聲與吉撰。書作於臥病時。自序謂："其於生死之故，養生之旨，間亦億中，存之以自觀省。曰寱言，以其得之寱寐。"

松牕寱言一卷　　並青照堂本

明南京禮部右侍郎安陽崔銑子鐘撰。

解醒語一卷

明雲南按察使豐城李材孟誠撰。李以道學知名，學者稱見羅先生。此編多記元代事。至元間，馬八兒國貢物及發宋諸陵所取寶器諸條,筆意頗似《杜陽雜編》。

已瘧編一卷　並紅藕花軒鈔本

明刑部侍郎萬安劉玉咸栗撰。編名已瘧,謂讀之可以愈瘧也。按,愈瘧有三事:一晉桓石虔,小字鎮惡,勇猛,瘧者稱桓石虔以怖之,多愈,見《晉書》;一齊桓康,江南人畏,以其名怖小兒病瘧者,以其形帖牀壁,立愈,見《南齊書》;一有病瘧者,杜子美云:誦吾詩可治,乃令誦手提髑髏血句,病果愈,見《古今詩話》。此於三事中似用杜子美事記雜説,間有考證,凡二十三條。

麗情集一卷庥麗情集一卷　《函海》本

明楊慎撰。取古今涉閨情美麗之事録之,仿唐人《抒情集》而作也。

應諧録一卷

明安成劉元卿撰。各標子目,凡二十一條。金嘉會校定。

艾子後語一卷

明吳縣陸灼撰。因東坡《艾子雜説》而作,故名後語。武林鄧章得校定。

委巷叢談一卷　並紅藕花軒鈔本

明福建提學副使錢塘田汝成叔禾撰。皆記杭人事語。

窈聞一卷續窈聞一卷　葉衎藏本

明工部主事吳江葉紹袁仲(紹)〔詔〕撰。紀崇禎七年吳郡競言故監察御史誥贈太僕寺周公來至爲蘇州府城隍之神事蹟。《續窈聞》紀吳門泐庵大師現女身,以佛法行冥事,録其問答之語。

湘煙録十六卷　舊鈔本

明烏程閔元京子京與大理寺卿同邑凌義渠駿甫同撰。仿《酉陽雜俎》爲之。

菜根譚一卷　檀柘寺刊本

明洪應明撰。拈花寺僧達天校定。意在箴世,時有方外語。

今世説八卷序例一卷

國朝仁和王晫撰。亦仿《世説》體製。

兩晉清談十二卷　盍簪堂本

國朝舉人沈杲之撰。輯晉人語,分類録之。同郡王如金善香校刊。

半庵笑政一卷　《檀几叢書》本

國朝陳皋謨獻可撰。《笑品》《笑候》《笑資》《笑友》《笑忌》,凡五類,體似義山《雜纂》。

聊齋志異十六卷　青柯亭本

國朝蒲松齡撰。有《日用俗字》,已著録經編。此書專紀鬼狐怪異之事,文筆古峭,唐人雜傳記不能相掩也。中有王阮亭評語,首載(史)〔唐〕夢賚、高珩二序及自説。

堅瓠集四十卷補集六卷續集四卷廣集六卷秘集六卷餘集四卷長洲刊本

國朝長洲褚人穫稼軒撰。一號石農。輯録宋元以來雜説異聞,每五十條爲一卷。

夢花記一卷　獨樹齋本

原題嶧山小峯撰。不詳何人。記夢中遇吳慕娥、謝妙香二女子倡和。吳著《紅爐集》,謝著《緑綺集》,録存其詩十之二三。末有桐谷山人沙臨跋。事涉荒怪,筆墨出於一手,似皆作者依託。

虞初新志二十卷　新安刊本

國朝張潮撰。輯録名人雜傳記,取《漢書》“《虞初周説》九百四十三篇”,稗官小説之義,以名其編。

廣虞初新志四十卷　寄鷗閒舫刊本

國朝歙縣黃承增心盦撰。因張書而續所未備。張書成於康熙癸亥,後一百二十年書成,太歲亦在癸亥,見自序,亦一奇也。

三岡識略十卷

國朝華亭董含閬石撰。

觚賸八卷

國朝廣東知縣吴江鈕琇玉樵撰。凡《吴觚》三卷,《燕觚》《豫觚》《秦觚》各一卷,《粤觚》二卷。以所至之地爲分,多記雜事。

湖壖雜志一卷

國朝陸次雲撰。有《八(荒)〔紘〕譯史》等書,已著録。此宦浙時所作,雜記見聞,筆墨雅飭。

簪雲樓雜説一卷

國朝德清陳尚古雲瞻撰。

天香樓偶得一卷

國朝嘉興虞兆漋淳熙撰。雜録古今事,不分類,考據多可取。

蚓庵瑣語一卷

國朝王逋撰。蚓庵,其別號也。

見聞録一卷

國朝嘉善徐岳季方撰。

冥報録二卷

國朝錢塘陸圻麗京撰。號講山。前明諸生,兵後賣藥長安市,後入武當山爲道士,不知所終。此皆記述冥報之事,動人惕省。

現果隨録一卷

國朝釋戒顯撰。佛家因果乃其本旨,此編頗有關於懲勸。

果報聞見録一卷

國朝楊式傳撰。

信徵録一卷

國朝徐慶撰。與上三書大旨相類。

曠園雜志一卷

國朝 錢 塘 吳陳琰 寶 崖 撰。

言鯖一卷

國朝 長 洲 呂種玉 藍 衍 撰。

述異記一卷　　並石門吳氏刊本

國朝吳震方撰。有《嶺南雜記》，已著録。此編雜記神異事蹟，仍任昉《述異記》之名，若續之云。

灤陽銷夏録十二卷　　碧梧齋本

國朝大學士河間紀昀曉嵐撰。書作於乾隆己酉夏，編排秘籍于役灤陽時，故名《灤陽銷夏録》。記載瑣事，頗涉因果。自題卷末二絶句有"傳語洛閩(諸)〔門〕弟子，稗官原不入儒家"，蓋自評其書矣。

如是我聞四卷

紀昀撰。書名取《金剛經》語，與前書同旨。受業顧鑒序云："奇怪不經之事，悉舉而歸諸行，著習察之。常爲因爲果，俾知戒懼，即慎獨之義也。共識平情即絜矩之道也。"

槐西雜志四卷　　並閱微草堂本

紀昀撰。自序：此掌烏臺時，寓直西苑，借得袁氏婿宅，曰槐西老屋。公餘退食，録所見聞，故名《槐西雜志》云。

姑妄聽之四卷　　在園草堂本

紀昀撰。書名取《莊子》語，繼上三書而作，體製與三書不殊。自序謂："大旨期不乖於風教。若懷挾恩怨，顛倒是非，如魏泰、陳善之所爲，則自信無是矣。"

新齊諧十卷　　隨園本

國朝袁枚撰。有《隨〔園〕史論》，已著録。此編一名《子不語》，與紀文達公文筆相似。

諧鐸十二卷

國朝祁昌縣儒學教諭吳縣沈起鳳桐威撰。號蘋漁。此爲廣文時記述脞説,故稱《諧鐸》。題皆儷偶,文筆亦極雋雅。

證諦山人雜志十二卷　品石山房本

國朝越州葉騰驤晴峯撰。雜記神怪事,仿《聊齋志異》爲之。有自序。

熙朝新語〔刊要〕二卷　青照堂本

國朝李元春時齋撰。雜輯諸家説爲之。

右小説家類二百七十五部,共一千四百八十八卷。

玉函山房藏書簿録卷十五

子編十二

陰陽家類一　卜宅之屬

宅經二卷　汲古閣本

　　舊題黃帝撰。按:《宋志》有《黃帝八宅經》一卷,此書引黃帝者二,定非出於黃帝手製。又《北史·蕭吉傳》云:著《宅經》八卷。此本二卷,或後人刪併蕭書,託名黃帝爾。書分二十四路,考尋休咎,以陰陽相得者爲吉。按:《漢志》諸子有儒家、道家、陰陽家、法家、名家、墨家、從橫家、雜家、農家、小說家,總云諸子十家,其可觀者九家而已,此九流之所由名也。《隋志》於十家黜於陰陽,凡陰陽書皆混入五行家類,自後史志遂皆無陰陽一家。考《漢志》:"陰陽家流,蓋出於羲和之官,敬順昊天,曆象日月星辰,敬授民時,此其所長也。及拘者爲之,則牽於禁忌,拘於小數,舍人事而任鬼神。"又考《唐書·呂才傳》:"帝病陰陽家所傳書多譌僞淺惡,世益拘忌,命才與宿學老師刪落煩訛,掇可用者爲五十三篇,合舊書四十七,爲百篇,詔頒天下。"傳剟其三篇:《卜宅篇》《禄命篇》《葬篇》。是三篇者,陰陽書之門類也。《唐志》五行類有《呂才陰陽書》五十三卷、《廣濟陰陽百忌曆》一卷,則選擇,亦陰陽之一也。茲據出陰陽家類,以卜宅、禄命、卜葬、選擇四目屬之,列於九家後,既存《漢志》之舊名,亦微寓黜退之意云。

鑿井圖經一卷

唐太史令岐州李淳風撰。言穿井方向、時日、吉凶甚悉。明歙縣吳勉學校。

宅寶經一卷

唐楊筠松撰。即術家所稱楊救貧也,以星宮言造宅,青蓮居士傳之。

楊公來路玄空煙火活法一卷

撰人缺。稱楊公,其徒爲之。

楊公十八忌玄空〔經〕房煞一卷　並懷德堂本

撰人缺。與前書似一人作。

八宅明鏡二卷

撰人缺。元箬冠道人傳。其書有楊筠松《(天)〔玉〕尺》,意亦傳楊學者所作。八宅者,以坎、離、震、巽爲東四宅,乾、坤、艮、兌爲西四宅也。

竈卦一卷　並樂真堂本

楊筠松撰。專言安竈之法。舊附《八宅明鏡》,今另出一家。

木經一卷　鈔本

宋喻皓撰。

陽宅神搜經心傳秘法一卷

撰人缺。明吳勉學校。

八宅四書四卷

舊題明楚黃亭州一壑居士集。

陽宅真(詮)〔訣〕二卷　並懷德堂本

明户部侍郎歷城周繼志學撰。汶上郭澹箕川編。

陽宅得一録一卷　秀水于氏刊本

撰人缺。嘉慶中,秀水于楷端士得之於潘閬峯氏。雖拘于方位形象,亦可爲立向開山之助。

陽宅三要四卷　積德堂本

國朝磁州趙廷棟玉材撰。徐溝張晉〔聲〕仲達校刊。其書條目甚煩,大旨論五行生尅、陰陽配合,以知門立竈爲重。

右陰陽家類卜宅之屬十三部,共二十二卷。

陰陽家類二　禄命之屬

命理前定數一卷　敦化堂本

舊題鬼谷子王詡撰。推命例以人生年時天干二字定數時、定格局。如甲子年丁丑月丙寅日辛卯時,即甲辛之數也。餘倣此命格。如甲甲震卦,以子寅辰午申戌六陽時定局,爲遠震雷霆格;甲乙恒卦,以丑卯巳未酉亥六陰時定局,爲流水鴛鴦格。他皆類此。又每時加四字斷之,故亦稱四字金。其文不古,疑出依託。

珞琭子三命消息賦二卷

珞琭子,不詳何人。賦出宋代,或稱王子晉,或稱陶弘景,皆依託也。

張果星宗命格大全九卷　三益軒刊本

唐隱士張果撰。明慈谿陸位斗南輯校。内有《李澄問答》一篇,云推命之術當以二十八宿爲本,十一曜爲用,先觀主曜,次察身星,此書之大旨也。

紫微斗數四卷　敦化堂本

宋隱士華州陳摶圖南撰。江西負鼎子潘希尹補輯。有吉水羅洪先序。其星分布十二垣,數定三十六位,入廟爲奇,失度爲虚,大抵以命爲福德之本,加以根源,爲窮通之資。

子平淵海五卷　福建余氏刊本

宋錢塘徐昇東齋撰。五代徐子平作《命書》三篇,曰《定真》,曰《繼善》,曰《喜忌》,昇復闡明之。按:劉玉《已瘧編》或云:"子平,名居易,五季人。嘗與麻衣道者陳圖南、呂洞賓同隱華山,蓋異人也。今之推子平者,祖宋末徐彦昇,其實非子平也。"説甚明晰。乃或以徐子平晉人，唐徐大昇得其書於狼波山洞中，皆術家之虛詞耳。書以人生日主，分作六事。議論精微，最諧乎理。

鄭氏星案一卷　三多齋本

元主簿溫州鄭希誠安固撰。得張果之秘傳，推人禄命奇中，人因拾其批辭，彙爲此編。沈義方刊附《星宗》後。

滴天髓二卷　百二漢鏡齋本

京圖撰，明劉基注。圖，不詳何人。伯温注其書，當是元明間人。原題“授受命理，須知《滴天髓》”。程芝雲得顧耕石侍講藏本刊之。書與《神峯闢謬》同指。

百中經一卷

明劉基撰。一名《袖裏金》。推生辰節氣及年月日時起例，後附《小兒諸關煞》，術家所增。

神峯闢謬通考六卷　致盛堂本

明臨川張楠撰。神峯，其字，又號西溪逸叟。其書正子平諸格之謬。

子平管見集解二卷　大新堂本

明巢縣雷鳴夏秀泉撰。自序謂：“嘉靖丁亥入都，抱病旅邸，夢一異人授《子平要理》，與平日所聞者異，大約言與天理相通，其旨甚微。”又謂：“凡四越月，無夜不夢，無夢不談，習以爲常。”又“敘《管見》成，復夢前異人過而笑”云云。其事甚異，然所定格五十及諸論説，簡明賅備，推測每多奇驗。

星平大成七卷　三多齋本

國朝會稽沈義方塗山撰。是集論五星子平，故曰星平。子平以《滴天髓》爲主，五星以耶律楚材書爲主。博攷衆書，參以己見。

三命通會十二卷　聚學堂本

舊題育吾山人撰。按：《明史·藝文志》有萬民育《三命會通》十二卷，疑即是書，而誤倒“會通”二字也。或曰，萬民英，號育吾山人,故史志訛"英"爲"育",此亦一説。此編於諸家命書採摭最備,談命者據之。

冲天妙數一卷

明河南左布政使成都于湛撰。自甲子至癸亥,各注數目四柱,照所注之數,總得若干數,以歌訣斷之。

法秤命格一卷　並鈔本

撰人缺。十二支分宫,下注數目,如甲子一兩零四分、丙子一兩零一分之類。四柱通計其數,下以詩訣斷之。自一兩一錢至六兩七錢,凡五十七格,大抵輕者賤,而重者貴。《宋志》有《秤經》一卷,疑即此書也。

右陰陽家類禄命之屬十四部,共五十四卷。

陰陽家類三　卜葬之屬

青烏經一卷　汲古閣本

舊題秦樗里子嬴疾撰。按:即《青烏子相地骨經》也,恐多依託。

葬經二卷　徐氏刊本

晉郭璞撰。考《晉書·郭璞傳》,不言作有《葬經》;《唐志》有《葬書》,不言璞作;《宋志》乃載郭璞《葬書》一卷,世之言葬地者宗之。蔡元定、吳幼清皆有删本,此本顧乃德所定,徐之鎮試可重校刊。

葬經解二卷　三多堂本

明處士漢陽李國本喬伯撰。解説郭書極明晰。

素書四卷

唐丘子翼撰,明李國本解。大旨本于《葬經》。

撼龍經一卷

唐楊筠松撰。書言山龍脈絡形勢,配以九星,決其休咎。

疑龍經一卷

楊筠松撰。凡三篇:一、論幹中尋枝;一、論尋龍到頭,附以

《十問》；一、論結穴形勢。

葬法倒杖一卷　　並三多齋本，又徐氏本

　　楊筠松撰。專論點穴。

黄囊經一卷

　　楊筠松撰。附《楊公授曾文辿山水訣》。

青囊經一卷　　並徐氏本

　　楊筠松撰，門人曾文辿述。《通志·藝文略》題作《楊曾二家青囊經》，相冢家理氣一派説源于此。

天玉經三卷

　　楊筠松撰。亦以理氣爲宗。舊注題天谷散人。國朝翰林院編修上元黄越際飛增注。

天玉經説七卷

　　黄越撰。既爲增注，復説其要義。

尋龍記一卷

　　唐曾文辿撰。大旨本其師楊筠松説。

雪心賦一卷　　並徐氏本

　　唐章貢卜則巍應天撰。

九星穴法一卷　　三多齋本

　　宋(處)〔虔〕州廖瑀金精撰，明李國本解。

泄天機七卷

　　廖瑀撰。《金壁玄文》一卷，《五星傳變》一卷，《九星傳變》一卷，《龍格》《穴格》《砂格》《水格》各一卷。大旨論生尅制化之用。

楊公穴法心鏡一卷

　　廖瑀撰，顧乃德注，徐之鏌附辨。

喝形取類一卷

　　廖瑀撰。

卦例一卷

廖瑀撰。

四法心鏡一卷

廖瑀撰。

催官篇二卷

宋賴文俊撰。即術家所稱賴布衣也。分龍、穴、砂、水四篇，闡發吉凶禍福，能言其所以然之理。

理氣葬法一卷

賴文俊撰。

披沙揀金一卷　並徐氏本

賴文俊撰。

發微論一卷　三多齋本

宋建安蔡元定牧堂撰。分十四例，推闡地理，終以《原感應篇》，明福善禍淫之理。儒家著論，與純任術數者自不同也。

發微論注一卷

國朝諸生潭州徐之鏌試可注。

夾竹梅花一卷龍格歌一卷

宋吳景鸞撰。

玉髓經二卷　並徐氏本

宋張子微撰。一龍格，一官鬼曜砂。顧乃德注。

入地眼十卷　東田萬樹華梓本

宋南昌辜託長〔老〕靜道和尚撰。劉是試序稱其"巒頭理氣，體用賅備"。

至寶經一卷

謝和卿撰。自號覺齋老人。

寸金賦一卷

謝子(微)〔敬〕撰。

太華經一卷附温監簿巧拙歌〔穴賦〕一篇

許太華撰。

金函賦一卷

劉敦素撰。

天寶葬法一卷

劉江東撰。

堪輿玉尺經二卷　並徐氏本

元太(史)〔師〕邢州劉秉忠撰，明劉基、賴從謙注，徐之鏌補釋。

秘藏地理千里眼法二卷　致和堂本

元鄞縣幕講禪師法心撰。

平地玄言一卷　秀水于氏刊本

幕講禪師撰。一作摹講秀水于楷端士纂録。

披肝露膽經一卷

明劉基撰，李國本解。附平洋、潮水二論。

搜玄曠覽十四卷　並三多齋本

明李國本撰。凡《龍法》三卷，《穴法》三卷，《砂法》四卷，《水法》二卷，《粹言》一卷，《總論瑣言》一卷。

羅經秘竅十卷目録一卷圖一卷

明黃岡甘霖時望撰。前八卷分三十六層，發明羅經之旨，蓋無遺蘊，九卷、十卷雜論立向放水及諸圖訣，凡二十八篇。按：《羅經》外層所列爲正針，内層所列爲中針及爲縫針。雙取者爲雙山五行，格龍用之。雙取三合者，爲縫針三合五行，消砂納水用之。地理家以此承來脈，收去路，已無遺法，其他存其説而已。

地理秘竅一卷　並崇讓堂本

甘霖撰。華亭陳繼儒序稱其"訂巒頭理氣，一正時師空疎疾妬附會牽合之謬"。

地理驪珠一卷　《檀几叢書》本

國朝歙縣張澐波恬撰。

相地指迷十卷

國朝烏程凌堃厚堂撰。推本古説，協乎情理，一洗蕉雜之論。

葬書評一卷　並來鹿堂本

國朝漢州張邦伸雲谷撰。目載《葬書》《撼龍》《疑龍》等經，凡二十四種，摘要評騭。

天元五歌一卷餘義一卷

國朝華亭蔣平階大鴻撰。五歌者，一、總論，二、山龍，三、平洋，四、陽宅，五、選擇。雖兼卜宅，要以地理爲主，餘義辨龍法、真穴、陽宅、覆舊墳。秀水于楷校訂。

黃白二氣説一卷

蔣平階撰。黃爲土氣，白爲水氣，發明二氣之理。

青囊經補傳一卷

蔣平階撰。

歸厚録一卷

蔣平階撰。選採《玉鏡經》《千里眼》《夜光集》《郭氏水鉗》《楊公遍地鉗》《天玉經》《水龍經》《青囊》諸書精義。

蕉牕問答一卷條注附

國朝驥江鄭熊西載撰。秀水于楷端士校録，並爲《條注》附後。

羅經用針法一卷

國朝承德范宜賓撰。附《一卦三山説》《楊盤挨星説》《挨星歌訣》《挨星辨》。

渾天寶鑑一卷　並秀水于氏刊本

國朝慈谿孫廷楠景堂撰。兼論選擇，要爲卜葬而設。

碎玉剖秘五卷　寶善堂本

國朝汝州吳以炘明初撰。原題"碎玉剖秘"下有"地理不求人"五字,不雅馴,今删之。一、龍法,二、穴法,三、砂法,四、水法,五、雜論。大要以《星體羅經》爲主。

地理琢玉斧一卷　寶仁堂本

國朝徐之鎮撰,嚴州張鳳藻九儀增補。約爲《巒頭歌(訣)〔括〕》以發明龍穴砂水。

羅經透解三卷　鳳山書齋本

國朝太原府陰陽典術定襄王道亨撰。亦分三十(三)〔六〕層,發揮《羅經》之旨。

搜地靈二卷　致和堂本

撰人缺。

地理五訣八卷

國朝趙廷棟撰。有《陽宅三要》,已著録。此書先成。自序謂:"龍分生旺死絶,穴看陰陽真氣,砂辨得位失位,水詳進神出煞。"又立一向訣,以爲四科統屬。此五訣之由名也。理真言淺,視諸家爲得要領。

右陰陽家類卜葬之屬五十四部,共一百三十六卷。

陰陽家類四　選擇之屬

太乙經一卷　鈔本

撰人缺。按:褚少孫補《史記·日者傳》載占法七家,太乙居其一。其説以一爲太極,太極生二日,二日生四輔,四輔生八將,錯綜以推吉凶。古以太乙、六壬、遁甲爲三式。《隋志》載《太(乙)〔一〕經》二卷,宋琨撰。其《飛鳥曆》等以太乙名者十家,今皆不傳。兹從陶宗儀《説郛》所載録出,以備三式之數。

六壬大全十二卷　明郭載騋刊本

撰人缺。六壬取壬子、壬寅、壬辰、壬午、壬申、壬戌,凡六,以月將加時爲用,在昔爲三式之一,莫知所自。起其可考者,《吳越春秋》《越絶書》所載占法與之同,則書之緣始亦古矣。

涓吉奇門五總龜四卷

明聽軍門取用陰陽官章貢池紀本理編解,因舊傳《奇門要略》而闡明之。首載宋淳(熙)〔祐〕辛丑朝散通直郎郭子晟器之舊序,書於陰陽二遁圖例及十八局皆詳明推演。原書世少傳,以此著録,與太乙、六壬備三式焉。

煙波釣叟歌二卷　　並經元堂本

宋侍郎同中書門下事幽州趙普則平撰,明都察院右都御史廬陵羅通增韻,池紀句解。其歌發明奇門遁甲之要,池解頗能演其奧義。

出行寶鏡圖一卷　　《函海》本

舊題諸葛武侯撰。黃巖老人傳。自甲子至癸亥六十日,日繫一時,每一日立一局,以八卦定方,以本日九星所值中宮爲主,外八星分布八門,門以星定吉凶,日以時分休咎。

選擇日用奇門一得二卷　　崇讓堂本

明甘霖撰。詳推奇門之用。辨世傳五禽寄于三宮,重借死門以配之之誤。自序謂"始于黃帝時,風后集一千八十局,至周吕望刪爲七十二局,漢張子房撮爲一十八局",又謂"得異人之授,與三公合符契"云。

郭氏元經十卷

舊題晉郭璞景〔純〕撰,門人趙載注。其書專言神煞,有非本位之星而自他位移之,並本位之星可以移之他位者,謂之飛宮弔替。世人鮮用其術,隋、唐《志》各皆不著録,疑出依託。

璇璣經一卷　　並樂真堂本

晉趙載撰。附郭氏《致用口訣》,與前書皆一人爲之。

玉匣記通書六卷　　文發堂本

杭州朱説霖雨疇校。卷首載許真君《玉匣記》,故以爲名。其書雜厠煩蕪,即所載《玉匣記選擇》亦涉傅會。世傳已久,故著之。

金符經一卷　鈔本

撰人缺。立妖星、惑星、禾刀、煞貢、直星、卜木、角己、人專、立早九星之名,以四孟、四仲、四季之月,分日直之,以煞貢、人專、直星三星爲吉,似出空撰。

造命諝一卷　秀水于氏本

唐楊筠松撰。一作《造命千金賦》。大旨取禄馬貴人主命,與方向合者吉。揚州王道述之注,秀水于楷校訂。

三白寶海三卷

元幕講禪師撰。有李日華敍。大旨以九宫中三白爲用。

陽明按索五卷

元陳復心撰,其孫漢卿補注,有胥江釣叟顧吾廬旁注。如論金神惡煞值己酉丑之方,決不免於禍。如作於冬春無氣之日,分權去勢,未必深害,説甚圓通。

佐玄直指九卷　並樂真堂本

明劉基撰。以郭氏《玄經》爲主。

鰲頭通書大全十卷　文賢堂本

明(芷江)〔建陽〕熊宗(軒)〔立〕道軒撰,曾孫秉懋月疇重訂。加"鰲頭"二字,以夢有詔,召赴金門立鰲柱下,故以名書。總諭陰陽選擇,大旨主於趨避。

三元選擇集要七卷　仁和堂本

明(夾)〔峽〕江黄一鳳時鳴撰。序言"天啓甲午書於金陵公署",採衆説而挈其要。

選擇天星秘竅一卷　崇讓堂本

明甘霖撰。參用河洛、太乙、奇禽、七政、四餘、《玄經》、弔替諸法,有根原,有起例,有假如,有印證,稍涉煩複,而發明多入理處。

三元總録三卷　復興堂本

明陰陽官開封柳鋡洪泉撰。上卷宅元,中卷婚元,下卷塋元。大旨主於選擇,言趨避甚詳。

發微大統曆正通書大全三十卷　陳長卿梓本

明金谿何景祥士泰撰曆法,貴溪顧乃德編集,芷江羅重麟少臺增補。

象吉備要通書二十九卷　應世堂本

國朝芷江魏鑑明遠撰。以《三台》《鰲頭》諸書拘執過嚴,因爲此編,於諸家去取,視前二書爲當。

陳子性藏書十二卷　奎璧堂本

國朝諸生祉田陳應選子性撰。在明爲欽天監吏佐,因述所見聞爲此書。《河洛理氣》《曆法秘旨》《諸家起例》《玉環斗首》《爐傳斗首》《氣運天符》《三元旺旡》《四大利星》《雷霆天河》《造葬總覽》《日用事宜》《修方妙用》《六十弔宮》《遁甲奇門》《圖局等訣》,凡十五篇。

真魔論一卷　鈔本

國朝張爾岐撰。專論嫁娶選擇,闢庸俗以相穿犯相爲魔、以相沖犯相爲真,擇行嫁之月及過門日時,理頗醇正。

選擇摘要一卷　秀水于氏刊本

國朝于楷撰。

諏吉便覽三卷

國朝雲南州吏目俞榮(懷)〔寬〕撰。兵部尚書錢塘費淳筠浦定。書遵撰《協紀辨方》而約之,專爲諏吉而設。

右陰陽家類選擇之屬二十四部,共一百五十五卷。

子編十三

兵家類

握奇經一卷　汲古閣本,又《漢魏叢書》本

黃帝臣風后撰,漢丞相平津侯菑川公孫弘解,晉西平太守奉

高侯馬隆述讚。《漢志》兵陰陽:《風后》十三篇。不言“握奇”之名。隋、唐《志》均不載,《宋志》始著于録,疑出依託。然其言具有條理,宋以來言兵者祖之。

六韜六卷輯佚一卷　平津館本

舊題周吕望撰。按:《漢志》儒家:“《周史六弢》六篇。”注云:“惠、襄之間,或曰顯王時,或曰孔子問焉。”師古曰:“即今之《六韜》也,蓋言取天下及軍之事。弢字與韜同。”《隋志》入兵家,作“《太公六韜》五卷,梁六卷”。鄭樵《通志・藝文略》載《太公六韜》五卷,又載《改正六韜》四卷。今《意林》《通典》《文選注》《太平御覽》諸書所引不在本書者甚多。陽湖孫氏星衍以明刻各本校勘,訂爲六卷,又爲輯佚一卷。序謂《六韜》分文、武、龍、虎、豹、犬者,當爲秘讖軍行時藏之弓衣,外畫龍虎之文,以爲識不關題,分次也。

孫子一卷　明刊本

周吴將軍齊國孫武撰。凡十三篇。《史記・孫子列傳》:闔廬謂武曰:“子之書十三篇,吾盡觀之矣。”則此本完足。《漢志》:《吴孫子兵法》八十二篇,《圖》九卷。篇多者反由漢人輯録。兵書存於今者,惟孫、吴二書爲最古,亦爲至確。

孫子注三卷　平津館校刊宋本

魏武帝曹操孟德撰。阮孝緒《七録》:《孫子》分上、中、下三卷。見《史記正義》。《隋志》載《孫子兵法》一卷,魏武帝注。此本三卷,與《七録》合,小讀書堆藏宋本也。嘉慶中顧蒓千里手摹上版,首有魏武帝元序。

孫子集注一卷　湖北刊本

國朝辰沅荆南道江寧鄧廷羅(耦)〔偶〕樵撰。

吴子二卷

周魏西河守衛國吴起撰。《漢志》:六篇。《隋志》:一卷,賈詡注。《唐志》亦一卷。晁氏《讀書志》作三卷。今本二卷,亦小讀書堆所藏宋本,陽湖孫氏影刊。

司馬法三卷　並平津館校刊宋本

舊題齊將司馬穰苴撰。按:《漢志》禮家有《司馬法》一百五十五篇。《隋志》:三卷,入兵家。注云:"齊將司馬穰苴撰。"攷《史記·司馬穰苴傳》云:"齊威王使大夫追論古者司馬兵法,而附穰苴於其中,因號《司馬穰苴兵法》。"直題"穰苴",誤也。諸書引《司馬法》,多今本所無,疑在百五十五篇中。《太平御覽》則引《古司馬兵法》文與今文多同,又載《穰苴兵法》,不在此書。左思《詠史》亦有"疇昔覽《穰苴》"之語。《通典》亦引《司馬穰苴》,豈今佚者爲穰苴書耶?陽湖孫氏得小讀書堆藏宋本校刊。書言仁義,猶存三代遺規,非孫、吳所能及也。

司馬法補遺二卷　二酉堂本

國朝武威張澍據階州邢雨民輯本而更補之。

尉繚子五卷

周魏國尉繚撰。《漢志》雜家:《尉繚》二十九篇。注:六國時。師古曰:"尉,姓;繚,名也。"又引劉向《別錄》云:"繚爲商君學。"又兵形勢十一家有《尉繚》三十一篇。《隋志》止載雜家五卷,云梁并錄六卷。尉繚,梁惠王時人,今本二十四篇,言多近正,故橫渠張子嘗注之其中。間有似申、韓、鄧析語者,或後人綜合其書。《隋志》入雜家,殆由此乎?

三略三卷

舊題黃石公撰。云即圯上以授張良者。《隋志》云"下邳神人撰,成氏注"。漢光武帝詔嘗引之,然其文不類秦漢間書,或後人有所附益乎?

素書一卷　《漢魏叢書》本

舊題黃石公撰,宋張商英注。疑即商英依託爲之。書中旨要頗有合於以柔制剛、以退爲進之理。

心書一卷　明武林黄嘉會校刊

後漢丞相武鄉侯瑯琊諸葛亮孔明撰。

李衛公問對三卷

舊題唐李靖撰。陳師道、何薳、邵博皆以爲阮逸所託。然其指畫攻守，變易主客，確有見於兵要宜。鄭瑗《井觀瑣言》謂出於有學識謀略者之手也。

易筋經一卷　來鹿堂本

舊題唐李靖撰。宋少保岳飛得其書於少林寺僧，有荆湖南路〔馬〕步軍副總管汝州〔牛〕皋伯遠序。書言鍊氣之功及諸拳勢，繪圖以明之。

射經一卷　鈔本

唐太子少保趙國公河内王琚撰。凡七篇，杜氏《通典》稱之。

丸經二卷　汲古閣本

撰人缺。首有自序，但題“龍集壬午孟春上澣書於寧志齋之西軒”，中言“宋徽宗、金章宗皆愛捶丸，盛以綉囊，擊以綵棒”云云，知爲元代人作。凡三十二章，始于《承式》，終于《知人》，皆詳明。捶丸之事，其式有讓采、索窩、忘擅、成算諸法，製器新舊共五十有四。按：《漢志》兵技巧有《蹵鞠》二十五篇，注引劉向《别録》曰：“蹴鞠，黄帝所造，本兵勢也。”丸戲之源出此。

陣紀四卷

明薊鎮遊擊會稽何良臣惟聖撰。河南徐元長善甫校。凡六十六篇。何當嘉靖中海濱驛騷之時，身在軍，目睹形勢，非憑虚理斷、攘袂坐談者之比也。

紀效新書十八卷

明少保福建總兵官寧海戚繼光元敬撰。是書乃其官浙江參將練兵備倭時所作。首爲《或問》，解釋疑阻；次分十八篇，各有圖説。有周元序,附《明史》列傳。

練兵實紀九卷雜集六卷　並來鹿堂本

戚繼光撰。此紀隆慶二年爲都督同知總理薊州、昌平、保定三鎮練兵之事。《明史》本傳云:"所著《紀效新書》《練兵事實》,談兵者遵用焉。"此本題《練兵實紀》,與史不同,或史偶誤與。

則克録三卷鏡圖一卷

明寧國焦勖撰。涿州趙仲訂。專論火攻之法,爲泰西湯若望所傳。焦自序謂"博訪於奇人,就教於西師。更潛度彼己之形,事機之利,時勢之變更"云云。《鏡圖》一卷,則詳言作鏡,亦西法也。

兵約三卷　崇一堂本

明王徵撰。《兵制》一,《兵率》二,《兵誓》三。

征南射法一卷　《檀几叢書》本

國朝黃百家撰。述王征南先生射法:一、利器,二、審鵠,三、正體,皆有注。

兵仗記一卷　《昭代叢書》本

國朝仁和王晫丹麓撰。周白山跋云:"筆法古勁,似《檀弓》《考工》,亦似《廣雅》。兵制分列羅布,可補戚南塘《新書》所未備。"

洴澼百金方十四卷　來鹿堂本

原題惠麓酒民撰。輯《左傳》《周禮》及諸史中備禦之策編成。書名取《莊子·內篇·逍遙遊》"宋人有善爲不龜手之藥者,世世以洴澼絖爲事。客聞之,請買其方百金。聚族而謀曰:我世世爲洴澼絖不過數金;今一朝而鬻技百金,請與之。客得之,以説吳王。越有難,吳王使之將。冬,與越人水戰,大敗越人"之事義。在《豫備》卷中,稱玉卮學士、杯月居士重訂者,實取玉、杯、湛、露、歌、三、雅、繡、幕、圍、香、讀、六、朝十四字編號,並無是公也。福大將軍得其書傳之。

兵鏡備考十三卷兵鏡或問二卷　　湖南刊本

　　國朝鄧廷羅撰。大旨推衍《孫子》而作,首載凡例、自序,有余國(楨)〔柱〕、陳廷敬、李天馥、沈荃、周于漆、楊雍建六序。

武經三(子)〔書〕體注大全三卷　　竹林堂本

　　國朝仁和沈士衡相起撰。注《孫》《吳》《司馬》三書。

　　右兵家類二十六部,共一百一十五卷。

子編十四

天文類

星經二卷　　明于之英校本,又汲古閣本

　　舊題漢甘公、石申撰。按:《史記·天官書》:"在齊,甘公。"又云:"魏,石申。"徐廣曰:"或曰甘公名德也,本是魯人。"張守節《正義》曰:"《七錄》云楚人,戰國時作《天文星占》八卷。""石申,魏人,戰國時作《天文》八卷也。"據此,則甘公、石申皆戰國時人。題漢甘公、石申,誤也。甘、石各有著作,今本合題。按《隋志》:《石氏星簿〔經〕讚》一卷、《甘氏四七法》一卷。中間有《星經》二卷,不言何人,傳者遂統而屬之與? 其書敘各星,有圖有說,二十八宿不具,蓋有缺佚。然自明已來傳之,姑著于錄。《開元占經》引甘、石二家甚多,尚可採摭以補之也。

周髀算經二卷　　微波榭本

　　漢趙爽君卿注,後周漢中郡守前司隸甄鸞述,唐太史令上輕車都尉岐州李淳風釋。隋、唐《志》並作趙嬰注。嬰即爽,傳寫誤也。周髀者,古蓋天之學。髀者,股也,以勾股法度天地之高厚、日月之運行,其書自周公受於商高,周人志之,故云"周髀"也。隋、唐《志》皆一卷,此本二卷,與宋《崇文總目》《中興館閣書目》合。首有趙君卿序,後有嘉定六年括蒼鮑澣之仲祺跋。

周髀算經音義二卷

　　宋假承務郎秘書省鈎考算經文字李籍撰。

唐開元占經一百二十卷　　鈔本

唐太史監瞿曇悉達奉敕撰。書雖主於占候,而於日月五星經緯躔度加詳,所載《麟德》《九執》二曆,尤足與史志參攷。引用古書皆今所佚,依漢、隋《志》輯錄,可得數十種焉。

步天歌一卷

丹元子撰。推三垣列宿之星甚詳。鄭樵《通志·天文略》本之。

六經天文編二卷

宋王應麟撰。採六經中言天文者,參以陰陽五行卦氣,互取史志爲證。三代以上推步之法,借存梗槩。

南極諸星考一卷　　《檀几叢書》本

國朝宣城梅文鼏爾素撰。文鼎之弟。以南極諸星隱而不見,據曆書及儀象志考其古無者十有八名。《補歌》一篇。有張潮跋。

天官考異一卷

國朝吳肅公撰。有《讀禮問》,已著錄經編。此篇於《天官書》說異者攷之。

江南星野考一卷　　並《昭代叢書》本

國朝吳江葉燮星期撰。梅文鼎校。以當時志星野者,每以一郡當古揚州之稱,又以一星分屬錯出揚州之一邑,其間言辰次者統而不分,言星次者讀而不晰,言躔度者錯而無準,乃爲斯辨,以古史志爲據。

觀象授時十四卷

國朝秦蕙田撰。有《五禮通考》,已著錄經編。此編阮芸臺相國刊入《經解》,以專明乾象,故移入天文類。

經書算學天文考一卷　　並學海堂本

國朝貢生 上 元 陳懋齡撰。亦仿王應麟《六經天文編》爲之,能補王書之缺略。

天元曆理三書十二卷

國朝嘉興徐發圃臣撰。分《原理》六卷,《考古》四卷,《定法》二卷。

高厚蒙求八卷　雲間徐氏書院刊本

國朝華亭徐朝俊恕堂撰。分四集:初集曰《天學入門》;二集曰《海域大觀》;三集一曰《日晷圖法》,二曰《星月測時》,三曰《鐘表圖法》;四集一曰《天地圖儀》,二曰《揆日正方》。外有圖附。

右天文類十三部,共一百六十六卷。

子編十五

曆譜類

術數記遺一卷　汲古閣本,又微波榭本

舊題漢徐岳撰,北周甄鸞注。宋嘉定中歙鮑澣之知汀州得之七寶山三茅寧壽觀《道藏》中,刊而行之。序云:“徐岳,東萊人。生於漢末,受曆學於劉洪。”見《後漢書》及《晉書》之《曆志》,皆同。而王文忠公敘錄《崇文總目》乃云不詳何代人,其亦未之記憶耶? 但《隋志》不著錄,宋代始出。書多與史傳牴牾,恐不免于依託也。

九章算術九卷

魏劉徽注,唐李淳風奉敕注釋。九章者,方田一,粟米二,衰分三,少廣四,商功五,均輸六,盈不足七,方程八,勾股九,各爲一卷。蓋《周禮》保氏之遺法。漢張蒼刪補校正,後人又有所附益也。首有劉自序。

九章算述音義一卷　並微波榭本

宋李籍撰。

海島算經一卷　武英殿聚珍版本,又微波榭本

劉徽撰並注,唐李淳風注釋。一名《九章重差》。按:劉序《九

章算術》有云：“徽尋九數有重差之名，凡望極高、測絕深而兼知其遠者，必用重差，輒造《重差》，并爲注解，以究古人之意，綴於《勾股》之下。度高者重表，測深者累矩，孤離者三望，離而又旁求者四望。”是徽書本名《重差》，附《勾股》之末，故《隋志》：《九章》增爲十卷。隋、唐《志》有《重差圖》一卷單行，則《重差》亦有單行本。新、舊《唐志》誤題劉向《九章重差》一卷者是也。後人又以《九章算術》有“海島邈絕，不可踐量”之語，遂題《海島算經》。《唐·選舉志》稱算學生《九章》《海島》共限習三年，試《九章》三條，《海島》一條。則改題《海島》，自唐初已然矣。原書久佚，四庫館從《永樂大典》錄出刊行，孔氏繼涵從休寧戴氏震得一本別刊。跋云《重差》指其爲算之術，《海島》指其設算之物，非有兩意，説最明晰。

孫子算經三卷　武英殿聚珍版本，又微波榭本，又知不足齋本

撰人缺。當是漢魏間人，或以爲孫武，非也。舊有甄鸞、李淳風注釋，曲阜孔氏得宋元豐本，尚有李注，甄注不可見矣。

五曹算經五卷　微波榭本，又知不足齋本

撰人缺，唐李淳風注釋。書分田曹、兵曹、集曹、倉曹、金曹爲五。《唐志》有甄鸞注，今本無之。

夏侯陽算經三卷　武英殿聚珍版本，又微波榭本

夏侯陽撰。陽，不知何代人。序有云：“《五曹》，孫子述作滋多，甄鸞、劉徽爲之詳釋。”則其人當在甄鸞後。戴氏震據《宋·禮志》載《算學祀典》有云：“封魏劉徽淄川男，晉姜岌成紀男，張丘建信成男，夏侯陽平陸男，後周甄鸞無極男。”又據《張丘建算經》序云，夏侯陽之《方倉》以陽爲晉人，在甄鸞前。《隋志》：二卷。《新唐志》：一卷。此本三卷，與《舊唐志》合。原書久佚，乾隆中四庫館從《永樂大典》錄出。其書分八門，務切實用，非官曹民事所需皆略之。古今制度異同，多資攷證。《新唐志》有甄鸞、韓延

注各一卷,今本無之。戴氏又據書中言諸量及雜令、田令皆隋制,以爲韓延隋人,以己説纂入,序亦延所作,亦有見也。

張丘建算經三卷　微波榭本,又知不足齋本

清河張丘建撰。首題甄鸞述,李淳風等奉敕注釋。算學博士劉孝孫撰《細草》,蓋猶北宋秘書監趙彦若校本也。書設問答,條理精密,文筆亦簡古。

五經算術五卷　武英殿聚珍版本,又微波榭本

後周甄鸞撰,唐李淳風注釋。原書久佚,四庫館從《永樂大典》録出,凡五卷。曲阜孔氏刊本二卷。舉《易》、《書》、《詩》、"三禮"、《春秋》、《孝經》、《論語》待算方明者列之,名爲"五經",實"九經"也。引經文皆據古本,足資考訂。

五經算術考證一卷　微波榭本

國朝戴震撰。於《五經算術》有未詳者,更考羣書以證之。

緝古算經一卷　微波榭本,又知不足齋本

唐太史丞王孝通撰並注。大旨以《九章·商功篇》有平地役功受廣袤之術,而略於上寬下狹、前高後卑諸法,因設二十術以明之。首有《上表》,後有元豐七年九月秘書省校定進呈銜名。

測圓海鏡細草十二卷

元翰林學士欒城李冶敬齋撰。以句股容圓爲題,自圓心、圓外縱橫取之,得大小十五形,次列識別雜記數百條,次設問一百七十,反覆發明。所立天元一法,講西法最密。有至元二十四年廣平王德淵後序。

益古演段三卷　並知不足齋本

李冶撰。以近代有移補方圓者,號《益古集》,大小七十問,惜其秘而未盡剖露,繙圖式,繹〔條〕段,移之補之,闡明奧義,故以《益古演段》名書,與《測圓海鏡》相表裏。有至元壬午郯城硯堅序。

新曆曉或一卷　青照堂本

國朝湯若望撰。設問答,凡六條。

曆算全書六十卷附録二卷

國朝宣城梅文鼎定九撰。《五星紀要》《火星本法》《七政細草補注》《二銘補注》《曆學騈枝》《揆日候星紀要》《塹堵測量》《方圓冪積》《幾何補編》《解割圓之(根)〔割〕》《平立定三差〔解〕》《曆學問答》《籌算》《少廣拾遺》《平三角法舉要》《弧三角〔舉要〕》《勾股闡(疑)〔微〕》《環中黍尺》《交會管見》《冬至考》《諸方〔節氣加時〕日軌〔高度表〕》《度算(測)〔釋〕例》《方程論》《筆算》《歲周地度合考》《曆學疑問》《曆學疑問補》《古算(術)〔演〕略》《交食蒙求》,凡二十九種,共六十卷。附録《赤水遺珍》一卷、《操縵卮言》一卷。定九曆算之法,近代推絶學焉。

勿庵曆算〔書目〕一卷　知不足齋本

梅文鼎撰。梅刊曆算書僅二十九種,此合其已刊、未刊之書,各述論撰之意,凡推步之書六十二種,算術之書二十六種,如《史記》有《太史公自敘》、《漢書》有"敘傳",故類著全書之後。

學曆説一卷　《昭代叢書》本

梅文鼎撰。辨天文、曆法二者之不同。又謂:"數外無理,理外無數。數也者,理之分限節次也。"説極有見。

策算一卷

國朝戴震撰。附刊《九章算術》後。有自序。

句股(剥)〔割〕圓記一卷　並微波榭本

戴震撰。有歙吳思孝序。

句股淺述一卷　青照堂本

國朝宣城梅沖抱村撰。

句股矩測解原二卷　鈔本

國朝國子監生姚江黃百家主一撰。原名《百學考》。矩度直影、横影，以明推測之原，并附各圖。

弧矢算術細草一卷　　知不足齋本

國朝仁和李鋭撰。自序云，案，弧矢之法肇於《九章·方田》，宋沈括以兩矢羃求弧背，元李冶用三乘方取矢度，乃詳，明顧箬溪應祥作《弧矢算術》，鋭以爲既如積之未明，徒開方之是衍，務末遺本，不亦慎乎，於是集弧矢之間，入以天元之注，凡十三術，爲一卷。

右曆譜類二十二部，共一百一十九卷。

玉函山房藏書簿録卷十六

子編十六

五行類

黄帝龍首經二卷

軒轅黄帝撰。序記黄帝以此經授三子，三子拜受而起，龍忽騰矞，三子仰瞻，尚見龍頭矣，遂以名其經云。言占法，凡七十三章。《隋志》五行類載二卷，葛洪《抱朴子·遐覽篇》《顏氏家訓·雜藝篇》皆引之，則此書之傳亦古矣。晁《志》、陳《録》皆不著目，世少傳本，陽湖孫氏星衍從《道藏》録出刊行。

黄帝授三子玄女經一卷

黄帝撰。亦言陰陽五行事。

黄帝金匱玉衡經一卷　並平津館本

黄帝撰。《漢志》五行家有《堪輿金匱》十四卷、天文家有《金度玉衡漢五星客流出入》八篇，與此書題各有合者，疑後人撮鈔二書，依託黄帝耳。二書亦孫氏從《道藏》録出。

風角書二卷　來鹿堂本

撰人缺。案：《隋志》，《風角書》，凡二十一種。注："梁有十二種。"《唐志》四種，今皆不傳。濟陽張氏爾岐得一本，校録中多引李淳風説。

淮南萬畢術一卷　　問經堂本

漢淮南王劉安撰。《隋志》:《淮南萬畢經》《淮南變化術》。有二書。《唐志》則稱《淮南〔王〕萬畢術(補)》。《史記·龜策傳》褚先生曰:"臣爲郎時,見《萬畢石朱方》,《傳》曰:'神龜生江南嘉林中。'"司馬貞《索隱》曰:"《萬畢術》有《石朱方》,方中説嘉林中,故云。"則漢時已稱《萬畢術》矣,今佚,承德孫馮翼輯録八十條爲卷,正文與注分別瞭然。

五行大義五卷　　鈔本

隋太府少卿開府蘭陵蕭吉文休撰。梁武帝兄、長沙宣武王懿之孫。《北史》本傳稱其博學多通,尤精算術。原書久佚,嘉慶中德清許宗彦天瀑從日本國人所刻《佚存叢書》得而刊之。有許序跋。

物類相感志三卷　　鈔本

宋釋吳郡贊寧撰。

五行問一卷　　《昭代叢書》本

國朝吳肅公撰。

右五行類八部,共一十六卷。

著龜類

古三墳一卷

舊題晉阮咸注。書分三篇:《山墳》,天皇伏羲氏《連山易》;《氣墳》,人皇神農氏《歸藏易》;《形墳》,地皇軒轅氏《乾坤易》。《郡齋讀書志》云,張天覺言得之於比陽民家,又謂《七略》《隋志》皆無之,世以爲天覺僞撰。《直齋書録解題》云:"元豐中,毛漸正仲奉使京西,得之唐州民舍。其辭詭誕不經,蓋僞書也。"贗作之書本不足述,然《中興書目》及諸家並載之。《宋志》著龜類首載《三墳易典》三卷,題箕子注,疑即此書也。故依之著於録。

易林十六卷　　《漢魏叢書》本

漢小黃令梁焦贛延壽撰。其書以一卦演爲六十四卦，凡四千九十六卦，各繫以爻。文句古奧，卜亦多驗。有唐會昌景虞歲周正主白靈越之雲溪漢王俞序，明鍾惺評，考定同人之屯至之否十卦，不同閣本。又《紀驗》一篇。

京氏易傳三卷　　明武林何允中本，又汲古閣本

漢魏郡太守頓丘京房君明撰，吳鬱林太守吳郡陸績公紀注。君明傳焦氏學，推衍災祥更甚於延壽。《漢志》凡京書皆入易家，以京《易》立學故也。隋、唐《志》皆入五行家，今依《宋志》入著龜類。

關氏易傳一卷　　《漢魏叢書》本，又汲古閣本

後魏河東關朗子明撰，唐梓州趙蕤注。宋阮逸詮次刊正。卜百年義第一，次以統言易義、大衍、乾坤〔之〕策、盈虛、闔闢、理性、時變、動靜、神義、（終疑、）雜義，凡十一。《郡齋讀書志》云，四庫目不載，李邯鄲始著之目，云王通贊《易》，蓋本此也。陳振孫《書錄解題》、項安世《周易玩辭》並以爲阮逸僞作。河洛之説，朱子有取焉。

麻衣道者正易心法一卷　　汲古閣本

舊傳麻衣道者授希夷先生，崇寧間，廬山隱者李潛得之。正易者，正謂卦畫若今經書正文也。每章四句者，心法也。訓於其下者，消息也。凡四十二章。朱子云：“南康軍主簿戴師愈託造。”

龜經一卷　　鈔本

撰人缺。案：《隋志》：“《龜經》（一）〔二〕卷，晉掌卜大夫史蘇撰。”《唐志》：“柳彥詢《龜經》三卷。柳世隆《龜經》三卷。王弘禮《龜經》一卷。莊道名《龜經》一卷。”今並佚，茲不知誰氏所作。占卜之例與《史記》褚少孫補《龜策列傳》略相似，周太卜遺法猶有存焉。

河洛理數七卷　　明史應選刊本

宋陳搏撰，邵雍注。以河圖洛書之數推闡六十四卦義例，兼

及五行納甲之説。

易占經緯四卷　　朝邑刊本

明韓邦奇撰。因《焦氏易林》移易其次序。韓別有《易林推用》,求之尚未傳也。

易林補遺十二卷　　明刊本

明禮部冠帶術士蘇州張(士)〔世〕寶星(光)〔元〕撰。總彙事類,自總斷至歸宗還俗,凡一百四十五章,題《易林補遺》,實非焦氏古法。

運衡一卷　　鈔本

明金華胡翰仲申撰。自序謂:"聞之廣陵秦曉山,迺推明天人之際,皇帝王霸之別,定次于篇。"其卦運表:一、天地否泰之運七百二十年;二、男女交親之運二千一百六十年;三、陽晶守政之運一千一百五十二年;四、陰毳權衡之運一千八年;五、資育還本之運九百三十六年;六、造化符天之運一千二百二十四年;七、剛中健至之運六百七十二年;八、羣愚位賢之運七百六十八年;九、德義順命之運一千八十年;十、惑姤留天之運一千八十年;十一、寡陽相搏之運三百三十六年。推法:用策一萬二千五百二十卦,盈差三百,置積年,加卦盈差,滿周策去之。餘起乾、坤、否、泰之運,累之,即得所入之卦。以入卦年數,陽爻三十六,陰爻二十四,即得所入之爻。

卜法詳考四卷　　葆璞堂本

國朝胡煦撰。有《周易函書》,已著録經編。此書專論龜卜。首列《周禮》《尚書》之文,次列《史記·龜策傳》,以經史爲證據;次列《古龜經》、《全賜三圖》、楊時喬《龜卜辨》、《古龜繇辭》,以參考古義;末復取《玉靈秘本》及《古法彙選》,皆近代術士所傳,旁稽以盡其變。至其駁《楊氏全書》所載唐李華、明季本用"生龜"之説,最爲明晰。卜法失傳已久,鑽灼之遺制略存於斯焉。

右著龜類十一部,共五十一卷。

雜占類

靈棋經一卷　百二漢鏡齋本

舊傳漢張良受諸黃石公,迭傳淮南八公、晉襄城道人常法和。其法以楓木製爲棋十二枚,上中下各四,以擲得之卦占驗吉凶。《隋志》作《靈棋卜》,《宋志》作《靈棋經》,並一卷。《文獻通考》:二卷,有晉顏幼明、宋何承天注,唐李遠敘。晁公武《讀書志》亦載二卷。焦氏《國史經籍志》載《十二靈棋卜》一卷,《荊川稗編》載《靈棋經》二卷,有劉誠意伯解序。明成化三年南郡汪浩校刊陳廬山本、正德十年鳳陽武定侯郭勛校刊本均有晉顏幼明、宋何承天注,元陳師凱、明劉基解並基後序。萬曆丙申錫山龔勉本同此本,只一卷,亦無諸家序注,非完書也。

東方朔占書一卷　鈔本

漢東方朔撰。有《神異經》《海内十洲記》,皆各著録。此書雜占候物,似依託爲之。

火珠林一卷　百二漢鏡齋本

舊傳麻衣道者撰。《直齋書録解題》云無名氏,今賣卜擲錢占卦悉用此書。《朱子語類》云:“今人以三錢當揲蓍,乃漢焦贛、京房之學。”又云:“卜卦之錢用甲子起卦,始於京房。”項安世《周易玩辭》亦云:“以京《易》考之,世所傳火珠林即其遺法。”《隋志》已有此書一卷。是本題麻衣道者,未知何據。《宋志》蓍龜類有《六十四卦火珠林》一卷,即此書。法雖本於焦、京,而擲錢非用蓍龜,故改入雜占類。

馬前時課一卷

舊題諸葛武侯撰。小書依託。

夢書一卷　雙蓮書屋刊本

撰人缺。按:《隋志》:“《占夢書》三卷,京房撰。《占夢書》一卷,崔元撰。《竭伽仙人占夢書》一卷。《占夢書》一卷,周宣撰。

《新撰占夢書》十七卷並目録。《夢書》十卷。《解夢書》二卷。《雜占夢書》一〔書〕〔卷〕。"《唐志》:"盧重元《夢書》四卷。"今並佚,福山王照圓輯羣書所引,爲一卷,而附以《論説》。

周公解夢全書一卷

撰人缺。按:稱周公者,北魏周宣也。《隋志》:"《占夢書》一卷,周宣撰。"此託其説。

百怪斷經一卷　並鈔本

舊題宋(陳)〔俞〕誨撰。雜記占眼跳、耳鳴、耳熱、面熱、肉顫、心驚、嚏噴、衣留、釜鳴、火逸、犬吠、鵲噪諸法。按:《漢志》雜占十八家,有《武禁相衣器》十四卷、《嚏耳鳴雜占》十六卷。《隋志》五行類有《海中仙人占體瞤及雜吉凶書》二卷,又云:梁有《嚏書》《耳鳴書》《目瞤書》各一卷,亡。此蓋古之遺説而(陳晦)〔俞誨〕述之耳。

地母經一卷　坊本

舊題玄女撰。按六十花甲占分野所屬年歲豐歉,其言淺俚,後人依託。

卜筮源流斷易大全四卷　(詒)〔談〕易齋本

舊題鬼谷子撰。杭州余興國禎寓編録。以六神六親飛伏納甲論卦,而參以星曜神煞。

占鴉經一卷

撰人缺。以鴉鳴之方,按時占其吉凶。

天罡數一卷

舊題袁天綱撰。用六壬十二月將,而去其二,以登明神后大吉爲用。題袁天綱者,以涉天罡而誤也。

六壬時課一卷

舊題李淳風撰。別立大安、留連等名。不用十二月將,借六壬之名,實非其法也。二書皆俗間小術,本不足録,以流傳既久,姑著之。

占燈經一卷　並鈔本

李淳風撰。

生生神數一卷　坊本

舊題純陽子撰。自一數起,以三百八十四數加之,至無字而止,得韻語一首,以斷吉凶。

觀梅拆字數五卷　金陵刊本

宋邵雍撰。序謂先生觀梅,以雀爭布算,知次晚有鄰人女折花,墮傷其股,其卜蓋始於此。後世相傳,遂爲觀梅數云。

增刪卜易六卷　坊本

野鶴老人撰。法以三錢擲卦,按六親六神分世應,以斷吉凶。源出《火珠林》,京房遺法也。

嘉孫注:野鶴者,山東諸城丁耀亢也。號野鶴。

三才神數一卷

明劉基撰。其法以二錢擲之,兩冪爲天,兩字爲地,一冪爲人,凡三擲,而成數以籤分子午、丑未、寅申、卯酉、辰戌、巳亥六宮,隨取一籤,按其宮所載卦繇斷之。

牙牌數一卷　並鈔本

撰人缺。其法以全副牙牌取數,分六宮占之。

一撮金一卷　坊本

五星時課一卷　鈔本

明少保福建總兵官寧海戚繼光元敬撰。五星以辰星水、熒惑火、歲德木、鎮星土、太白金爲次。法從月上起日,日上加星數,至本時即止。以時爲體,以星爲用,看體用生尅比和,以詩斷其吉凶。

右雜占類二十部,共三十二卷。

形法類

山海經十八卷

舊傳夏禹及伯益撰，漢劉歆校，晉郭璞注。《漢志》：十三篇。《隋》《唐》：皆二十三卷。《唐志》：《音》二卷。宋無錫尤袤校定爲十八卷。其書謬悠荒怪，雖負貳之尸，古有徵驗，似亦難以盡信，然自是周秦古書歷代承用之。郭注亦不似注《爾雅》之謹嚴而博奧，與書相稱。隋、唐《志》並入史部地理類，兹依《漢志》列形法之首焉。

山海經補注一卷　明刊本，又《函海》本

明楊慎撰。於郭注缺者補之。

山海經廣注十八卷

國朝翰林院檢討仁和吳任臣撰。因郭注而廣之，山川名物皆繁徵博引，以通其類。

相兒經一卷　鈔本

舊題漢嚴助撰。相小兒以決其夭壽。

月波洞中記二卷　《函海》本

撰人缺，吳三鄉張仲遠傳。唐任逍遥得之，宋潘時竦有刊本，今佚。乾隆中，四庫館從《永樂大典》録出，綿州李調元刊。有赤烏二十年七月二十三日序，不著姓名，云老君題於太白山鴻靈溪月波洞中，故以爲名。其言不足信。上卷九篇，言相人之法甚精，文亦古奧。下卷稍涉煩雜，或術士有羼入之説乎。

演禽三世相法一卷　福德堂本

撰人缺。以二十八宿推分十二宮。子午卯酉每月三星，各分十日。四宮三宿，八宮各二宿，每月十五日分一宿，十六日至三十日分一宿。又以二十八宿推人心性，六十甲子推人貴賤、衣禄多寡等事。

心相編一卷　鈔本

宋陳摶撰。以心決相，具有儒理，較他術家爲優。

麻衣神相五卷　明金陵唐氏刊本

舊題麻衣道者撰。一作《麻衣先生人相編》。明蘭溪陸位〔崇〕校定。

袁柳莊神相全編三卷　盛經堂本

明袁忠徹撰。永樂中,召見,問以百條,辭歸,賜以綠柳百株、腴田百畝,歸隱浙越。又賜號柳莊先生。此編説人相法,與《麻衣》相出入。煙霞野叟雲林子重訂。

人相水鏡集四卷　會成堂本

撰人缺。康熙中右髻道人范騍删定。一、相宗纂要;二、相學辨難;三、相外別傳;四、附永樂百問及陰隲注解。

增訂心相百二十善一卷

國朝仁和沈捷大匡撰。因舊本增訂。大都温厚和平,誘人爲善,與陳希夷《心相編》相類。

觀宅四十吉祥相一卷　並《昭代叢書》本

國朝(豫)〔浚〕儀周文煒赤之撰。自《案頭無淫書》至《司閽人回卑幼貧賤親串惟恐傷其意》,凡四十條,皆以人事爲驗。

相牛經一卷

舊題甯戚撰。原跋云:“《牛經》自甯戚傳百里奚,漢世薛公得其書以相牛,千百不失。魏高堂生得薛公之書傳晉高祖,其後王愷秘其書。”其説未必可據,然文筆奇古。《隋志》著録,賈思勰《齊民要術》稱之,則傳已遠矣。有洪邁跋,附《牧牛説》及陸龜蒙《祝牛宫詞》。

相馬經一卷

舊題孫伯樂撰。《隋志》有《相馬經》一卷,不著姓名,下云:“梁有《伯樂相馬經》《闕中駉馬法》。”《漢志》不著録,而形法六家有《相六畜》三十八卷,固已渾入其中矣。

相貝經一卷

舊題漢朱仲撰。標識諸貝之名奇古,確爲漢代之遺文。《隋志》注稱梁有二卷,不載姓名,題朱仲,未知然否。

相鶴經一卷　並鈔本

　　舊題漢淮南八公撰。按:《隋志》注稱梁有《淮南八公相鵠經》《浮邱公相鶴書》,各二卷,兹本題名稍舛。末附《林洪相鶴(説)〔訣〕》。

　　右形法類十六部,共六十卷。

子編十七

醫方類

神農本草經三卷　問經堂本

　　炎帝神農氏撰。《隋志》:八卷。今本與《唐志》同。書久散佚,陽湖孫星衍得古本校刊。藥分上、中、下三品,言其性味主治。嘗藥之説雖未盡可信,然非古神人不能作此書也。

黄帝素問二十四卷

　　黄帝軒轅氏問,岐伯答,唐太僕令王冰注。冰號啓元子,晁氏《讀書志》作王砅。《漢志》但稱《黄帝内外經》,《隋志》乃有《黄帝素問》九卷。今卷數多於前,冰所益也。其書通貫三才,包括萬類,實醫家之鼻祖。

靈樞經十二卷

　　舊傳黄帝撰。是書論針灸之道,與《素問》通,號《内經》。南宋史崧始傳之,或以爲王冰所依託,要是古法之遺也。

素問集注九卷

　　國朝錢塘張(思)〔志〕聰隱庵撰。

靈樞集注九卷　並西泠怡(軒)〔堂〕藏本

　　張(思)〔志〕聰撰。二注皆能闡發經之奥蘊。

素靈微藴四卷

　　國朝昌邑黄元御坤載撰。張琦序稱其法必軌理,病無遁情。

素問釋義十卷　並文德齋本

　　國朝陽湖張琦宛鄰撰。校正最的,注多用《素靈微藴》及山陽章合節《素問闕疑》二書。

素女經四秀方一卷　平津館本

撰人缺。《隋志》有《素女方》一卷,《漢志》不載。按:即神仙家《黃帝褚子十九家方》之一也。書稱黃帝與素女高陽負問答,述交接之禁忌,敘四時之藥物,以爲房中卻病之術。原書久佚,陽湖孫氏星衍從王燾《外臺秘要》錄出,別梓以行。

顱顖經二卷　《函海》本

舊題周師巫撰。序稱穆王賢士師巫於崆峒山得而釋之,王冰《素問注》第七卷内有"師氏藏"之語可證,但漢、隋、唐《志》皆不著錄,《宋志》始有之,似屬依託。其書皆療小兒之法,宋錢乙學出於此。原書佚,四庫館從《永樂大典》錄出,綿州李調元刊。

難經本義二卷圖考一卷　養生堂本

周盧國秦越人扁鵲撰,元許昌滑壽伯仁注。凡八十一篇,發明《内經》之旨。詞義古奧,舊有(宋)〔唐〕楊玄操注,嘉祐中濟陽丁德用補注,均佚。惟滑以文士精於醫,故其説獨傳。

圖注難經四卷　武林瀛經堂本

國朝鄞縣張世賢天成撰。有圖有注,於經之微奧多所發明。

子午經一卷　鈔本

秦越人撰。爲針灸而作,世所傳人神所在出此書。

金匱要略論注二十四卷

漢長沙太守南陽張機仲景撰,晉王叔和編。宋王洙得之秘閣,錄出,凡二十五篇二百六十二方。《書錄解題》作三卷,《文獻通考》作《金匱玉函經》八卷。今本爲徐彬所訂,以方次證候之下,衍爲論注,治雜症者祖之。乾隆中(湖南)〔江蘇〕按察使柏鄉魏荔彤念庭注釋。

傷寒論注十卷　並綠蔭堂本

張機撰。書又名《傷寒卒病論》,凡一百一十二方。晉王叔和編，金成無已注。自明以來多所竄改，惟無己注本爲古。《明理論》五十篇，《論方》五十篇，皆無己所以發明機意也。魏荔彤注釋，與前書並能抉發其奧。

中藏經三卷　　平津館本

後漢譙國華陀元化撰。《隋志》有《華陀觀形察色並三部脈經》一卷。鄭樵《通志·藝文略》、陳振孫《書録解題》並云《華陀中藏經》一卷，《宋志》華氏作黃，誤也。吳勉學刊入《古今醫統》，凡八卷。陽湖孫星衍在京都得趙文敏手寫本三卷，又得元周氏所藏本，亦三卷，内缺《論診襍病必死候》第四十八及《察色形證訣死》第四十九兩篇。《隋志》所載疑即中卷所脱，蓋二篇單行，故《隋志》別著而不見本書也。篇首載應靈洞主探微真人少室山鄧處中序，自言爲華先生外孫，因弔先生寢寶，夢先生引坐，語《中藏經》活人法，後獲石函一具，得此書。此序趙寫本無之，疑僞託也。

中藏經八卷

華陀撰。明吳勉學本，映旭堂重校刊。

甲乙經十二卷　　並映旭(堂)〔齋〕校步月(堂)〔樓〕本

晉皇甫謐撰。有《高士傳》，已著録。此編合《黃帝内經》《鍼經》《素問》三部，使事類相從。有宋國子博士高保衡、尚書屯田郎中孫奇、光禄卿直秘閣林億上表。映旭(堂)〔齋〕重刊明吳勉學校本也。

脈訣辨真四卷　　瀛經堂本

晉太醫令高平王叔和撰，鄞縣張世賢圖注。按：《隋志》有《王叔和脈經》十卷，久佚。宋熙寧中始有《脈訣》，或以爲託之叔和。相傳已久，故以著録。張氏圖注，發明甚精。

肘後備急方八卷

晉葛洪撰。凡分五十三類，有方無論。梁陶弘景、金楊用道增修。

褚氏遺書一卷　　鈔本

南齊侍中領右軍將軍陽翟褚澄彦道撰。凡十篇。宋嘉泰中始出,云唐清泰中黄巢亂時,羣盗發塚得之於石刻,頗能發氣血陰陽之奥。其論寡婦、僧尼之異,治吐血、便血、戒飲、寒凉,皆有理致。《南齊書》澄傳謂善醫術,建元中爲吴郡太守,豫章王感疾,太祖召澄爲治,立愈,則遺書固其所試驗之説也。

千金翼方三十卷　保元堂本

唐處士京兆孫思邈撰。孫謂人命至重,貴於千金,一方濟之,德踰於此,故書以“千金”爲名。世傳其拯昆明池龍胡僧之難,得龍宮方三千首,散見於三十卷中。宋仁宗命儒臣校正醫書,高保衡等排類進御。

千金寶要六卷千金須知一卷　平津館本

孫思邈撰,宋徽猷閣直學士郭思纂。宣和中,刻石華州。隆慶六年,秦王守中書石,刻於耀州孫真人洞。五卷内分十七門,第六卷爲《千金論》,後附《千金須知》一卷,則詳論字義及分兩之數也。

銀海精微四卷　文發堂本

舊題唐孫思邈撰。龔雲林編次,周亮節生之校。孫爲唐初人,書名乃取宋王安石論《東坡詩話》,恐出依託。然論治目之法多中理,眼科家宗之。

海上方一卷　明石刻本

撰人缺。陳氏《書録解題》云括蒼刻本,《館閣書目》有此方,云乾道中知(處)〔明〕州錢竽編。其書一方爲七絶詩一首,相傳爲孫思邈作。舊亦有石刻本,病症列于目録,詩首止列號,不便檢閲,明秦王守中令生員謝沾校正,以病症改列詩首,刻于耀州孫真人洞。

南陽活人書三十卷　明應天徐氏刊本

宋朝奉郎直秘閣吴興朱肱翼中撰。書以張仲景《傷寒方論》,各以類聚,爲之問答,本號《無求子傷寒百問方》,大觀中武夷張藏作序,易此名。仲景,南陽人;活人者,本華陀語也。

蘇沈良方十卷目録一卷　知不足齋本

宋沈存中撰。有《夢溪筆談》，已著録。沈撰《良方》十卷，或以蘇軾論醫藥雜説附之，並稱《蘇沈内翰良方》，《直齋書録解題》作《蘇沈良方》。《宋志》：十五卷。此本與陳《録》合。其書少傳，歙鮑廷博得程永培本刊行。其方多驗。

産育寶慶集二卷　《函海》本

原作《産育寶慶方》。宋(陰)〔濮〕陽李師聖得《産論》二十一篇，有其説而無其書，醫學教授郭稽中以方附諸論之末，婺源醫杜玟又意以括蒼人陳言《三因方》所評，趙瑩又增以楊〔子〕建《七説》，冀致君又增以《雜病方論》及陰陽避忌之類。書成衆手，而名仍其舊，故或題以集也。

瘡瘍經驗全書六卷　浩然樓本

宋太師燕山竇漢卿撰。明隆慶中裔孫夢麟增訂。舊有申時行序，板久失傳，康熙中歙縣洪瞻巖復得宋板校刊。書專主治瘡瘍，方藥皆其所經驗也。

外科精要三卷　養生堂本

宋臨江陳自明編，明薛己注。論外科療治之法，頗能得要領。

活人指掌傷寒脈法四卷　至善堂本

宋吳恕蒙齋撰。取張仲景《活人指法》及陶氏所輯議者，參互考訂而爲此書。

小兒藥證直訣三卷　惜陰軒本

宋太醫丞東平錢乙仲陽撰，門人宣教郎開封閻(仲)孝〔忠〕集。錢得《顱顖古方》，有名京師，療治小兒應用輒效，今醫家兒科宗其術。上卷論證，中卷爲醫案，下卷爲方。有閻(秀)〔孝〕忠序、劉跂《錢仲陽傳》。

素問玄機原病式一卷

金處士河間劉完素守真撰。醫家所稱劉河間也。以《素問·

至〔真〕要〔大〕論》所列病機十九條,演爲二百七十七字,立全書綱領,逐條辨論,大旨多主於火。

宣明方論十五卷

劉完素撰。大旨本《素問》及《金匱要略》,而用藥多主寒凉,蓋因北方地氣而施也。自序稱三卷,此本十五卷,方下小序有稱灌頂王子所傳,知傳刻有所竄入也。

傷寒直格方三卷

劉完素撰,臨川葛雍編。

傷寒標本心法類萃二卷

劉完素撰,葛雍編。二書皆專主治傷寒。書中稱雙解散、益元散爲神方,似與前書皆有雍增益之文也。

病機氣宜保命集三卷

金易州張元素潔古撰。分三十二門,於證候多所闡明。李濂《醫史》稱劉完素病傷寒,不能自醫,得元素醫之,乃愈。書或題劉完素述,並有完素序,步月樓梓劉河間《醫學六書》載之。意元素書,而完素述之與!

河間傷寒醫鑑一卷

金平陽馬宗素撰。總序一篇,論十篇,發明劉完素之學。已上六種,世稱《河間六書》。

河間傷寒心要一卷　　並步月樓本

金都梁鎦洪編。附《河間六書》後。

儒門事親十五卷

金考城張從正子和撰。書名"儒門事親"者,以爲儒者能明其理,而事親當知醫也。其法以汗吐下三法治諸證。《金史·方技》有傳,稱其"貫穿《難》《素》之學,其法宗劉守真,用藥多寒凉,然起疾救死多能取效"。又曰"張子和汗下吐法,妄庸淺術,習其方劑,不知察脈原病,往往殺人。此庸醫所以失其傳之過也",肆其學者當因證而消息之。

内外傷辨惑論三卷

金鎮人李杲明之撰。醫家稱東垣先生,從張元素學,盡傳其業,當時有神醫之目,《元史·方技》有傳。此書發明内傷之證,有類外感,辨别寒熱有餘不足,大旨以培補脾胃爲主,與河間學分道而揚鑣矣。

脾胃論三卷

李杲撰。此書因《辨惑論》而作,申明培補脾胃之旨。

蘭室秘藏六卷

李杲撰。書凡二十一門,總歸重於脾胃。《脾虚論》極言清凉峻利之害,隱挽劉、張之流弊。曰"蘭室"者,取《素問》"藏諸多蘭之室"語也。

珍珠囊指掌補遺藥性賦解四卷　金陵刊本

李杲編輯。取宋雷敩《炮(製)〔炙〕論》爲賦,以發明之。吴王晉三重訂,有元山道人序。

醫壘元戎十二卷

元王好古撰。以十二經爲綱,皆首傷寒,附以雜證。大抵祖述張仲景,而參以其師張潔古、李東垣之法。書名"醫壘元戎"者,謂良醫用藥如臨陣用兵,見自序云。

此事難知二卷

王好古撰。闡明東垣之諸論,於傷寒症治尤詳。東垣著有《傷寒會要》,今不傳,猶賴以存其遺説。

湯液本草三卷

王好古撰。上卷述用藥凡例,中、下二卷以本草諸藥配十二經絡,各以主病者爲君臣佐使,不泥本經,能參妙用。

格致餘論一卷

元|義|烏朱震亨丹溪撰。其説以人身陽常有餘、陰常不足,

故以補陰爲主。以古人謂醫爲格物致知之一事,故以名其書云。

局方發揮一卷

朱震亨撰。以《和劑局方》多用温補燥烈之藥,耗損真陰,故爲此書以闢之,殆不免門户之見也。

金匱鉤玄三卷

朱震亨撰,明戴原禮校補。亦以補陰爲主。

平治會萃三卷

朱震亨撰。不聚峻補之方,故書號"平治"也。

女科百問二卷產寶雜錄一卷

元齊仲甫撰。書成於嘉泰庚辰,有自序。纂《女科衆方》,設爲百問。又自孕元胎始、氣形將護、產前後諸病證,附爲《產寶雜錄》。

嬰童百問十卷　　並聚金堂本

魯伯嗣撰。王肯堂訂。首有嘉靖十八年吏部尚書許讚上此書疏,云:"正德二年,臣爲翰林編修之時,收得醫書二本,名曰《嬰童百問》,相傳爲在昔名人著述,乃以嬰童之名,證設爲百問,刻於陝西藍田縣。"按:李時珍《本草綱目》序例引有《魯伯嗣嬰童百問》,兹據題焉。

金鏡録二卷　　兩儀堂本

撰人缺。明正德中出於南雍太醫院,刊元敖氏辨舌三十六法爲主。

薛氏醫案七十八卷　　養生堂本

明南京太醫院判吳縣薛己立齋撰。自著書九種,訂正舊本,而附己説者十有四種。大旨以命門爲真陰真陽,氣血爲陰陽所化,常用者不過十餘方,隨機加減,變化不窮。

醫貫六卷　　明刊本

明趙獻可撰。自號繁巫閭子。書因《薛氏醫案》而作,主持太過,浸失薛之本意矣。

證治準繩一百二十卷

明金壇王肯堂宇泰撰。初成《證治準繩》,附以類方,後續成《傷寒準繩》《瘍醫準繩》《幼科準繩》《女科準繩》,以補所未備,而仍以"證治準繩"爲總名。採摭繁富,而條理分明,方書之善者也。

傷寒證治準繩八卷

王肯堂撰。本《證治準繩》之一種,後人取出單行。

本草綱目五十二卷

明⃞蕲⃞州李時珍東璧撰。取諸家本草删補彙爲一編,凡十六部六十二類,所收諸藥一千八百九十二類,冠以圖二卷,序例二卷,百病主治二卷。考證精博,醫學之淵藪也。

奇經八脈考一卷

李時珍撰。十二經脈外,以陰維、陽維、陰蹻、陽蹻、衝、任、督、帶爲奇經八脈,各詳其證治。併附《氣口九道脈圖》,闡發《内經》之旨。

瀕湖脈學一卷　　並衣德堂本

李時珍撰。其父言聞爲太醫院吏目,嘗著《四診發明》,時珍撮其精要以成此書。分脈爲二十七種,辨論最精審。

類經三十二卷　　天德堂本

明會稽張介賓會卿撰。一號景岳,又自號通一子。合《素問》《靈樞》兩經,折爲三百九十條,分十二類,釐爲十七卷,又益以《圖翼》十一卷、《附翼》四卷。注釋極有發明。

景岳全書六十四卷

張介賓撰。分十有一門,其目有《傳忠録》《脈神章》《傷寒典》《雜症謨》《婦人規》《小兒則》《痘疹詮》《外科鈐》《本草正》《新方八陣》《古方八陣》。立名皆纖佻大旨,以温補爲主。

温疫論二卷　恩仁堂本,又濟濟齋本

明蘇州吳有性又可撰。其說以傷寒中脈絡,因表入裏,温疫之氣自口鼻而入,伏於膜原,在不表不裏之間,治法迥異,乃作此書以辨之。書中大旨謂疫之病,非風非寒,非暑非濕,乃天地間別有一種異氣所感,其傳有九,設方治之。自《原病》至《乘除》,凡四十九章,首附案一篇。

壽世保元十卷　坊本

明太醫院吏目金谿龔廷賢子才撰。一名信,別號雲林。書分十集,其療治核實有法。

雲林神彀四卷　光遠堂本

龔廷賢撰。有茅坤序。其書方脈幼科以至內府秘方皆收,繫以歌訣,取射者必有彀率之義。

古今醫鑑八卷　蘊古堂本

龔廷賢撰。有康熙二十一年潭陽王極二路序。其書集張長沙、李東垣、劉河間、朱丹溪諸家,而斷以己意。

元亨療馬集六卷

明六安喻本元與弟本亨同撰。康熙中李玉書校。皆集療馬之術。

牛經大全二卷

喻本元與弟本亨同撰。集治牛病之方。

馳經一卷　並坊本

喻本元與弟本亨同撰。記療駝之方。

丹臺玉案六卷　學餘堂本

明休寧孫文(允)〔胤〕對(徽)〔薇〕撰。集《素問》、《靈樞》、《難經》、仲景、河間、東垣、丹溪諸家書,删繁摘要。書成於崇禎丙子。

嘉孫注:清順治十七年(1660)學餘堂刻本。

絳雪園古方選注三卷得宜本草一卷　蘇州刊本

國朝吳縣王子接晉三撰。同邑葉桂校。分十三科,故又號《十三科選注》。選録古方而推闡製方之意,往往造微,附載《得宜本草》,亦簡括。

臨證指南醫案十卷　衛生堂本

國朝吳縣葉桂天士撰。無錫華南田岫雲校訂。別類分門,皆記其所治證及所用方藥。

醫宗説約五卷　文發堂本

國朝吳縣蔣示吉仲芳撰。一號自了漢。無錫禪醉道人式廉能元讓、盧山元虛了嚴煜文若參訂。編成歌括,每症立方。

良朋彙集經驗神方五卷

國朝貴州關山領驛丞宛平孫偉望林撰。以金、木、水、火、土分部,凡一百三十二門。長白吳化善德倍較訂。

急救仙方三卷　並崇德書院刊本

國朝郭德祥、吳雙璧同輯。附刊《良朋彙集經驗神方》後。

行醫八事圖一卷　《檀几叢書》本

國朝江寧丁雄飛菡生撰。八事者,地、時、望、聞、問、切、論、訂也。《審風土》《按時令》《望形色》《聞聲音》《問情狀》《切脈理》《論方法》《訂藥物》,凡八圖。

本草原始十二卷　經餘堂本

國朝雍丘李中立正宇撰。鹿城葛鼐端調甫校訂,金谿周亮登元龍重梓。禮部主事渤海馬應龍伯光序稱"覈其名實,考其性味,辨其形容,定其施治,運新意於法度之中,標奇趣於尋常之外"。

林氏活人録彙編十四卷

國朝閩縣林開燧白生撰。一號慕莪。書本《石鏡録》而增損之,症各一門,門各爲治,隨症加減,瞭如指掌,更其名《彙編》。浙江溫台玉環清軍餉捕同知三原張在浚念亭校刊,復更其名曰《活人録》云。

儆曙齋醫案舉隅一卷　並聽濤書屋本

國朝户科給事中仁和柴潮生嶼青撰。此編皆自録其爲時醫所悟,重經撥治者存十之一二,故號《醫案舉隅》。有婁縣胡寶瑔泰舒、同邑吳嗣爵樹屏、吳興陳詩藻亭三序。

醫鏡十六卷　鈔本

國朝吳縣顧靖遠松園撰。凡本草必用,脈法删繁《内經》,圖解《靈》《素》,摘要格言,彙纂症方,發明六目,分爲十六卷。自序謂“以岐黄、仲景爲經,諸子百家爲緯”云。

萬氏女科三卷　致盛堂本

國朝黃岡萬密齋撰。一名《濟陰編》。自調經以至產後,條分縷析,洞悉原委。

達生編一卷

撰人缺。專主女科,分臨産、方藥,凡二篇,後附《急救難方》一則。

增廣達生編一卷

撰人缺。增前書所未備。其難產七因説,尤爲準情合理。

大生要旨五卷　並西安唐氏刊本

國朝嘉定知縣上海唐千頃桐園撰。綏德直隸州知州南沙蔣勳文園校。分《種子》《胎前》《臨盆》《產後》《保嬰》,凡五門。

醫學捷要四卷　崇文堂本

國朝魏建庵、馮華齋同撰。取《景岳全書》採選之,本草部從其簡,古方、新方,凡四百有奇。

痘科保赤類編釋意三卷　元茂堂本

國朝益都翟良撰。常州知府浣江徐宗奭童溪校刊。上卷言治痘節要之總括,中卷言因病用方之合宜,下卷言藥性立方之旨規。

嘉孫注:清道光刻本。

馮氏錦囊秘録二十卷　集賢堂本

國朝海鹽馮兆張楚瞻撰。凡九門：一、《内經纂要》，二、《雜證大小合參》，三、《女科精要》，四、《脈訣纂要》，五、《外科精要》，六、《修養静功》，七、《痘疹全集》，八、《襍證痘疹》，九、《藥性合參》。首有凡例、序目。自序謂："歷三十載而始竣。"

鍼灸大成十卷　至德堂本

國朝楊繼洲撰。其名佚。江西督糧道承德李月桂山齋訂正。述古來鍼灸之法甚密。

仙拈集四卷　敦化堂本

國朝(介休)〔交河〕李文炳焕章撰。一卷、二卷内科，三卷婦人、小兒科，四卷外科。

女科仙方四卷　霜紅龕元本

國朝陽曲傅青主撰。分(三)〔二〕百三十餘症，每條下先爲辨論，後及立方。

本草備要四卷

國朝休寧汪昂訒庵撰。字句箋釋仿傳注體，與《醫方集解》合刻。

醫方集解三卷

汪昂撰。詮證釋方，論辨甚確。

醫方湯頭歌訣二卷

汪昂撰。極精確。

日食菜物一卷

汪昂撰。於本草中摘其可以常食之菜亦録之。

石室秘録六卷　並坊本

國朝山陰陳士鐸遠公撰。共一百二十八門，託於岐伯傳張機。吕道人序。

種痘新書十二卷麻科一卷附　致遠堂本

國朝寧(化)〔陽〕張(玉)〔琰〕遜玉撰。大致以佳苗而引胎毒,斯毒不横而症自順。自序謂:"承聶久吾先生法,内有設壇祈禱,頗涉神怪,不可爲訓。"

胎産心法六卷　積慶堂本

國朝廣西左江道宣化閭純璽誠齋撰。懷慶張昭重刊。

本草從新十二卷　務本堂本

國朝武原吳儀洛遵程撰。以《本草綱目》該博,而病其稍繁;以新安汪氏《備要》非岐黄家,不臨證,專信前説,無所折衷,未免有承謬之失。乃爲此書,半綴舊聞,參以涉歷云。

傷寒辨證四卷

國朝三原陳堯道素中撰。辨傷寒、温病、異治及疑似難辨之症甚精。石朗序述其言曰:"醫稱司命,藥同用兵,若不讀書,是以醫戲耳。"又稱其"雅好静攝",則此書之成於此道,亦三折肱矣。

痘科辨證二卷　並至誠堂本

陳堯道撰。自《受病之源》至《水痘》,凡六十八篇,後列先哲治痘大法及藥方。

本草求真九卷　學源堂刊緑圃齋元本

國朝國子監生宜黄黄宫繡(齋)〔錦芳〕撰。於本草、藥品,考辨精鑿。有分巡廣饒九南兵備道江寧秦承恩鑑泉序。

濟陰綱目十四卷目録一卷

國朝長安武之望叔卿撰,西陵憺漪子汪淇右子箋注。專治女科,立論自《調經》始,具有綱領原委。

保生碎事一卷　並天德堂本

汪淇撰。一作《慈幼外編》,刊附《濟陰綱目》。

醫學三字經四卷

國朝閩縣陳念祖修園撰。南鄭盧和節若校。仿王應麟《三字經》體,歷敘古來醫家源流及證治諸方。

醫學心悟五卷外科十法一卷　　並來鹿堂本

國朝歙縣沙門程國彭鍾齡撰。自號普明子。合仲景、河間、東垣、丹溪四家之書,不偏主一説。《外科十法》亦賅備。

嵩厓尊生全書十五卷　　岳生堂本

國朝景日眕撰。有《説嵩》,已著録史編。此其知高要縣時裒古方爲之,於五運六氣爲詳。

平易方四卷

國朝仁和葉香侶撰。分八十四門,列症附方,最爲詳密。

補遺經驗良方一卷

葉香侶撰。

痧喉論一卷

國朝華亭朱鐵山撰。專論治痧喉之症。

福幼編一卷

國朝武進莊一夔在田撰。(事)〔專〕論幼科。

同壽録四卷續録一卷　　並來鹿堂本

國朝歙縣項天瑞(友)〔有〕清撰。自號滌塵山人。類列古方。

幼幼集成六卷目一卷

國朝博羅陳復正飛霞撰。力闢驚風之謬,而以搐字易驚字,標出誤搐、類搐、非搐三類,大要謂病因證治,實幼科之寶筏也。

幼科鉄鏡六卷

國朝貴池夏鼎禹鑄撰。自號卓谿(康)叟。與《幼幼集成》相出入。

温病條辨六卷

國朝山陽吳瑭鞠通撰。增删吳又可《温疫論》,附以己意。一卷《上焦》,二卷《中焦》,三卷《下焦》,四卷《雜説》,五卷《解(婦)〔産〕難》,六卷《解兒難》。有尚書汪廷珍瑟庵序。

廣温疫論四卷

國朝諸生贈朝議大夫上元戴天章麟郊撰。亦因吳書而推廣之。

傷寒總論一卷　郿州刊本

國朝秦景明撰。道光中,郿州直隸州知州吳鳴捷蔗薌得舊鈔本校刊。

太乙神針方一卷

國朝廣東潮州總兵官范培蘭傳。蓋古法也,詳載針中所用之藥及病症施針諸穴,有圖有説。

同人(堂)針灸一卷

國朝成都釋本圓撰。亦本古法。

痘疹捷要二卷

國朝臨潼劉文雅温堂撰。

種痘真傳三卷　並涇陽張氏刊本

國朝崇明施鎬君培撰。二書並涇陽張楠蔭齋所刊。

家傳太素脈秘訣二卷　周文煒刊本

舊題青城山人張太素述,汀州醫官劉伯評。能從脈中決人貧富、窮通、夭壽。

秘授清寧丸方一卷　平津館本

撰人缺。一名《十五製大黄丸方》,内府所傳。首言十五次製法,次列諸病湯引。孫氏星衍校刊。

右醫方類一百二十二部,共一千零二十七卷。

子編十八

類書類

古今同姓名録二卷　《函海》本

梁孝元皇帝撰,唐陸善經續,元葉森補。録古今同姓名人。

原書佚，乾隆中四庫館從《永樂大典》錄出，李調元刊。

藝文類聚一百卷目錄一卷　明山西刊本

唐太子率更令弘文館學士臨湘歐陽詢信本與裴矩、陳叔達等同撰。凡四十八門，事實居前，詩文列後，引據宏博，體例亦最善。中有蘇味道、李嶠、宋之問、沈佺期詩，後人竄入也。明嘉靖中重刻，首載歐序，次益都鄭光溥、濮陽蘇祐、莆田黃洪毗三序。

北堂書鈔一百六十卷目錄一卷　明刊本

唐弘文館學士秘書監餘姚虞世南伯施撰。北堂者，隋秘書省之後堂，未入唐時所作也。凡八百一類，多摘錄字句，而不盡詳注。本多缺佚，明海虞陳禹謨錫元校補。

初學記三十卷　明刊本，又古香齋本

唐集賢院學士湖州徐堅元固等奉敕撰。凡（三十二）〔二十三〕部，前爲敘事，次事對，次詩文，與《藝文類聚》體例少異，並爲唐代類書之佳搆焉。

白孔六帖一百卷目錄二卷　明刊本

《六帖》三十卷，唐白居易撰。《續六帖》亦三十卷，宋曲阜孔傳撰。後人合二書爲一，析成百卷。首有陵陽韓駒子蒼序，書仿《北堂書鈔》，孔較白爲詳。名“六帖”者，唐制帖經以得六爲通也。

小名錄二卷　五峯閣本，又仁和王氏本

唐陸龜蒙撰。所載古人小名，始於秦，終於南北朝。證以趙希弁《讀書附志》，知其書已非完帙矣。

事類賦三十卷

宋吳淑撰並注。有《江淮異人錄》，已著錄史編。此賦凡百篇，隸事淵博，注亦詳明。

太平御覽一千卷目錄十六卷　歙縣鮑氏仿宋本

宋太平興國二年中書侍郎同平章事饒陽李昉明遠等奉敕撰。

凡五十五門,所採書一千六百九十種。考《隋志》有《聖壽堂御覽》三百六十卷,《宋志》有祖孝徵《修文殿御覽》三百六十卷,昉因而修之,故所引唐以前書,時出《藝文類聚》《北堂書鈔》《初學記》三書之外也。

册府元龜一千卷

宋景德二年司空門下侍郎同平章事新喻王欽若定國等奉敕撰。凡三十一部,部有總序;一千一百四門,門有小序。採摭繁富,不取小説,義例特爲謹嚴。

事物紀原十卷　惜陰軒本

宋開封高承撰。明成化中平陽府通判成安李果序謂是書“乃祭酒江右胡先生所傳,南平趙弼先生所删訂者”。李因據其舊本略加增訂而梓之。載有閻敬序,云凡“紀事一千八百四十有一,作者逸其姓氏不可考”。按:趙希弁《讀書附志》云:“《事物紀原》十卷,高承編。自天地生植,與夫禮樂、刑政、經籍、器用,下至博弈嬉戲之微、蟲魚飛走之類,無不考其所自來。”與此書合,閻、李並失攷耳。陳振孫《書録解題》亦云高承撰,又謂原書二百十七事。今本一千七百六十五事,視陳《録》爲多,而視閻序爲少,或出胡頤庵所增益,而趙弼、李果復删減之歟?

事文類聚前集六十卷後集五十卷續集二十八卷別集三十二卷

宋建安祝穆和父撰。自序謂:“幼失所怙,紫陽夫子以其母黨子姪實教育於考亭書院,粗聞當時議論。”然則穆及事朱子,亦門人之列也。其書每類皆始以羣書要語,次古今事實,次古今文集,略仿《藝文類聚》體例。

事文類聚新集二十六卷外集十六卷

元南江富大用時可撰。增加穆書,體例一無所改。

事文類聚遺集十五卷　並德壽堂本

元建安祝淵宗禮撰。仍穆書體例,詳於官制。

侍兒小名録拾遺一卷

宋晉陽張邦幾撰。取古書所載侍兒小名,録之。

補侍兒小名録一卷

宋汝陰王銍性之撰。

續侍兒小名録一卷　並五峯閣本

宋晉陽温豫撰。二録皆續補張《録》之缺。

玉海二百卷附詞學指南四卷

宋王應麟撰。凡二十一類,本爲詞科而作,故所録皆鴻章鉅典,故實則取吉祥善事,與他類書體例迥殊。《詞學指南》附刊書末,則示人以用事之圭臬矣。

羣書集事淵海四十七卷　明刊本

元撰人缺。明成化中内官監左少監賈性得其書刊之,有大學士長沙李東陽賓之、會稽謝遷于(高)〔喬〕二序。分門類事,自往古君臣而下,外至夷狄行事,善惡詳載。

喻林一百二十卷

明南京刑部尚書順天府尹宣城徐元太汝賢撰。《造化》《人事》《君道》《臣術》《德行》《文章》《學業》《政治》《性理》《物宜》,凡十門,分五百八十餘子目,引書四百餘家,凡語涉比辭者,悉爲類之。

天中記六十卷

明沔陽陳耀文文燭撰。天中,汝南山名,取著作藏名山之意。以名起天文,終鳥獸,分類頗詳。陳以博洽擅名,與楊慎、胡應麟抗衡當代,故所輯類書實有根據。有萬曆乙未屠隆序。

山堂肆考二百二十八卷補遺十二卷

明江都彭大翼雲舉撰。分宮、商、角、徵、羽五集,凡四十五門,薈萃類書而成,頗有條理。

類林探賾一百十卷　並明刊本

明通州江一夔章父撰。

華夷花木鳥獸珍玩考十二卷 成趣堂本

　　明吳興慎懋官汝學撰。分《花木考》六卷,《鳥獸考》一卷,《珍玩考》一卷,《續考》三卷,《雜考》一卷。有武林貞陽道人李時英序。懋官,蒙之子也。

唐類函二百卷 養正堂本

　　明吳縣俞安期撰。同郡徐顯卿校定。取唐人類書《藝文類聚》《北堂書鈔》《初學記》《白居易六帖》《歲華紀麗》《通典》等,删除重校,合訂此編。

三才彙編六卷 明刊本

　　明蘇州府推官嘉善龔在升聞園撰。分天、地、人三門。

彙古菁華二十四卷例目一卷 淮安刊本

　　明山東按察司副使任丘張國璽藍田與兵部郎中長山劉一相頊陽同撰。輯"六經"、《周禮》、《家語》、《左傳》、《國語》、《國策》、秦漢至騷賦、《老》、《莊》,採其菁華,爲舉業家設。

(彙)〔羣〕書備考八卷 鳴鳳堂本

　　明吳縣袁黄了凡撰,葉世儉慈仲增注。始聖製,終九邊分圖,凡七十二門。有鍾惺序。

彙苑詳注三十六卷 明刊本

　　明國子監生晉江鄒道光撰。錄典故分門彙之,各繫以注。

萬寶全書二十一卷 致和堂本

　　明華亭陳繼儒仲醇撰,毛焕文增補。凡二十一門,分上、下層,世事無不談備。

格致鏡原一百卷

　　國朝禮部侍郎海寧陳元龍廣陵撰。分三十門,每物必溯其源委,足資博識。

類書纂要三十卷　天和堂本

國朝諸生無錫周魯南林撰,宣平知縣同邑侯杲仙蓓參訂。有其師禮部侍郎武林黃機次辰序。

傳家〔寶〕全集三十二卷

國朝揚州石成金天基撰。與《萬寶全書》相似,而切於日用者尤多。

錦字箋四卷　歲寒精舍本

國朝無錫黃澐維觀撰。少謝舉子業,遁跡平峯故里,作此書。類記典故,詳注其下。有康熙己巳自序。

廣事類賦三十卷

國朝無錫華希閔豫原撰並注。以吳淑《事類賦》分類未備,作此以廣之。

續廣事類賦三十卷　並聽竹軒本

國朝(建安)〔黎川〕王鳳喈簡亭撰並注。男仕偉晉之校。以吳、華二賦地部未詳州郡,此編自二卷至二十一卷皆地輿部,十九省山川古蹟、名宦人物撮收甚賅備。

類腋五十五卷　聚業堂本

國朝舉人華亭姚培謙述齋撰。天部八卷,地部十六卷,人部十五卷,物部十六卷。

類腋補遺一卷　務本堂本

國朝華亭張隆孫翰(菰)〔純〕撰。以姚氏《類腋》地部無城郭、宮室、園林等,乃爲此書,以補其缺。

子史輯要題解四卷續編四卷　六經堂本

國朝上元胡本淵愚溪撰。取子史中適己用者,分二十門,以類標記。《續編》門類同。有盧文弨序。

詞林合璧十二卷　樊桐山房本

國朝海鹽朱琰笠亭撰。以類典屬對,分上、下、平韻編之。題曰《詞林合璧》,取上元甲子冬至夜半,日月如合璧,天時正於上,人事作於下,而紀載繁焉,寓意於此。謂陽奇陰偶,萬象在牢籠中矣。《例言》以秦淮海《精騎集》、李義山《金鑰》、司馬文正《金柈》自擬,且言非爲韻設,故收入類書。

　　右類書類三十九部,共四千零七十五卷。

玉函山房藏書簿録卷十七

子編十九

譜録類一　金石之屬

集古録二十卷　重刊宋本

　　宋歐陽修撰。所集金石之文多至千卷,中有跋尾者録之。其文所改易,可與原本參觀。

法帖刊誤一卷　青照堂本

　　宋秘書郎邵武黃伯思長睿撰。《宋史》本傳云:"淳化中博求古法書,命待詔王著《續正法帖》,伯思病其乖謬厖雜,考引載籍,咸有依據,作《刊誤》二卷。"而《藝文志》小學類載一卷,此本與《宋志》合。

東觀餘論二卷　汲古閣本

　　黃伯思撰。其子右從事郎福州懷安尉訒編。合《法帖刊誤》及《古器説》,又益以伯思所作論辨、題跋爲此書。本傳三卷,此本與《宋志》合。伯思官秘書,故稱東觀云。

法帖刊誤一卷　青照堂本

　　宋資政殿學士知湖州洛陽陳與義去非撰。此書《宋志》不載,朝邑李元春與黃氏書並刊,今據録之。

隸釋二十七卷

　　宋觀文殿學士鄱陽洪适景伯撰。前十九卷以所藏漢碑一百八十九録其全文,疏通假借字義;後八卷彙載諸家碑目。考證精詳,於字學、史學皆有裨益。

隸續二十一卷

洪适撰。既成《隸釋》,以續得諸碑補其遺,中載有漢石經殘碑,尤資經考。

石刻鋪敘二卷録一卷　　知不足齋校刊何義門書塾評本

宋朝散郎知台州府建昌曾宏父幼卿撰。舊題鳳墅逸客。曾宏父,宏父,名也,偶與曾惇之字同,朱氏彝尊跋以爲曾惇。鮑氏廷博云,宏父本名,惇以字行者,避光宗諱,皆誤。後序字書季卿。案:戴石屏有《與曾幼卿攜歌舞者游鳳山詩》,則字幼卿明矣。《閒者軒帖考》作又卿,亦並誤。其書敘首孟蜀九經及思陵御書石經本末,又詮訂南渡後秘閣諸帖,皆釐然有次,而於自集《鳳墅帖》論議尤詳,引徵具有根據。

法帖譜系二卷　　青照堂本

宋曹士冕撰。皆述宋代法帖源流。上卷録《淳化閣帖》以下凡二十二本,下卷絳州潘師旦摹刻閣帖以下凡十四本。敘述始末及異同工拙甚悉。

蘭亭考十二卷跋一卷附　　知不足齋本

宋天台桑世昌澤卿撰。初名《博議》,凡十五卷,餘姚高文虎爲之序。臺使青社齊碩再刻于浙東。庚司文虎子似孫,削去《集字》,附見兩篇,他亦多所剪裁,浸失其舊矣。鮑氏廷博得書竹青邨堂,摹宋本刊之。末附《羣公帖跋》,記此書始末甚詳。

蘭亭續考二卷　　知不足齋重刊宋本

宋吳山俞松壽翁撰。因桑氏《考》爲之,故曰續,然體例迥殊。上卷載諸家及己所藏本,下卷皆録其自藏。有淳熙壬寅李心傳序。

蜀碑記十卷　　《函海》本

宋王象之撰。王著《輿地紀勝》二百卷,内有《輿地碑目》四卷,嘉慶中綿州李調元録碑之在蜀者。

絳帖平六卷

宋姜夔堯章撰。絳州所刻《淳化帖》謂之《絳帖》。考辨詳審,取漢官廷尉平之意,名之曰平。

古刻叢鈔一卷　平津館本

明陶宗儀撰。有《琴箋圖式》,已著録經編。此書録碑刻,凡七十二種,全載原文,無先後次序,故以叢鈔名之。顧廣圻取小讀書堆藏本校定,原跋云非全書。

金石古文十四卷　《函海》本

明楊慎撰。録古金石古文,可與《隸釋》競美。

石墨鐫華八卷録一卷

明萬曆舉人盩厔趙崡子函撰。前六卷記其家所收金石遺文,凡跋二百五十三種;後二卷附以訪碑時所作游記及詩。有藜康萬民無涉序及趙自序。錢唐何琪、關中趙衡、歙鮑廷博三跋。

金石史二卷録一卷　並知不足齋本,又青照堂本

明徵士武功郭宗昌(嗣)〔胤〕伯撰。郭與趙子函皆居陝地,多古刻,同好搜輯石本。郭持高論,鑒別尤精,此録所收藏凡五十種,而辨定之。有華州王弘撰、劉澤溥二序。

閒者軒帖考一卷　知不足齋本

國朝孫承澤撰。詳人所略,考據精核。

分隸偶存二卷

國朝翰林院編修甬東萬經授一撰。上卷首論作書法,次作分隸書法,次論分隸,次論漢唐分隸同異,次漢魏碑考;下卷記古今分隸人名,始於程邈,終於明馬〔如〕玉。上卷列古碑二十一種,論極詳覈。

金石存十卷補五卷　《函海》本

國朝徵博學鴻詞趙摺撰。自號鈍根老人。綿州李調元補訂。

淳化閣帖釋文一卷　好古堂本

國朝山左徐朝弼右亭撰。徐嘗官陝,此就西安碑洞《淳化帖》音釋其文義。

京畿金石考二卷

國朝孫星衍撰。此其爲刑部直隸司員外郎時,扈從西巡,往還畿甸得諸目擊;又效宋人金石諸書而爲之。

寰宇(待)訪〔碑〕錄十二卷　平津館本

國朝孫星衍與長興知縣階州邢澍同撰。錄所藏古今碑,始于周延陵季子墓碑,終於元嶽麓寺碑陰康_{缺字}題名。末附僞周湖州迎禧門碑記。

雍州金石記十卷記餘一卷

國朝朱楓近漪撰。有乾隆乙卯自序。

金石一隅錄一卷　武功刊本

國朝武功知縣偃師段嘉謨襄亭撰。紀武功金石,自隋唐迄明。

石鼓文(集)〔考〕釋一卷　同川書院本

國朝任兆麟撰。集鄭樵、薛尚功諸家釋,去取極精當。

瘞鶴銘辨一卷

國朝山陽張弨力臣撰。同郡杜首昌湘草摹原刻於後。序標五目,以辨正前人之臆説。

昭陵六駿圖贊辨一卷

張弨撰。江都卓爾堪子任校。六駿者,颯露紫、特勒驃、拳毛騧、青騅、白蹄烏、什伐赤也。唐太宗葬文德皇后于昭陵,御製刻石文并六馬像贊,皆立于陵後,敕歐陽詢書。游景叔以爲高宗又詔殷仲容別題馬贊于石座,又云詢書不復見,殷書獨存云云。趙崡有四疑,范仲闇又援楊用修殷撰歐書之説,互有不同。此《辨》據趙氏《金石錄》定爲歐書。

漢甘泉宮瓦記一卷　並《昭代叢書》本

國朝侯官林佶吉人撰。江寧蔡仍鉉升校。瓦徑五寸强,厚一寸弱,圍一尺六寸弱,銘四字。漢武建甘泉宮在今三原縣。佶見得此瓦,佶爲詩及圖記,徐釚、王譽昌、周在浚、張烈、陸袤、朱彝尊、丘象隨、王士禛、黎士宏、李澄中詩記並附焉。

十七帖述一卷

國朝王弘撰撰。有《周易筮述》,已著録經編。述《王右軍帖》序謂:"帖凡二十有七,以第一帖首字名篇,故曰十七帖。"注釋考證極詳。

右譜録類金石之屬二十九部,共一百八十七卷。

譜録類二　書畫之屬

古畫品録一卷　汲古閣本

南齊陳郡謝赫撰。品第畫家,自陸探微已下,凡二十七人。分六品,各爲之評。

書品一卷　《漢魏叢書》本

梁尚書度支郎新野庾肩吾慎之撰。載漢至齊梁能真草者,分九品,各繫以論。首有總序。

續畫品一卷　汲古閣本

陳蜀王友武康姚最撰。書繼謝赫《畫品》,凡二十人,繫以論斷,敘時代不分品第,與謝書體例小殊。

貞觀公私畫史一卷

唐河東裴孝源撰。録隋代官庫本及畫壁所存,以梁太清目有無分注。書作於貞觀之世,故以題焉。

書法一卷

唐歐陽詢撰。歐陽以善書名當代。此編論作書之法度也。

學畫秘訣一卷　並仁和王氏本

唐尚書右丞太原王維摩詰撰。或云後人僞託,然古今援引者多云是右丞論,且久爲繪畫家所憲章,故仁和趙氏刻入集中。

畫録一卷　附刊《右丞集》

王維撰。紀繪事凡一百十九則。

法書要録十卷

唐大理卿河東張彦遠愛賓撰。集諸家論書之語,起於東漢,訖於元和末,附二王帖釋文四百八十二條。

歷代名畫記十卷　並汲古閣本

張彦遠撰。前三卷皆畫論,四卷以下皆畫家小傳,引據極博賅。

後畫品録一卷　汲古閣本,又仁和王氏本

唐太常卿趙郡李嗣真撰。因謝、姚二品,故稱後焉。

益州名畫録一卷　《函海》本

宋江夏黃休復歸本撰。一名《成都名畫記》,皆録蜀中畫手。起唐乾元訖宋乾德凡五十八人,分逸、神、妙、能四品。《文獻通考》引陳氏曰:“《中興書目》以爲李略撰,而謂休復書亡。”案:此書有景祐三年序,不著名氏,其爲休復所録明甚。又有休復自作後序,則固未嘗亡也。

圖畫見聞志六卷　汲古閣本

宋太原郭若虛撰。續張彦遠《名畫記》而作,起唐會昌元年,迄宋熙寧七年,分敍事、記藝、故事拾遺、近事,凡四門。

林泉高致集一卷　鈔本

宋温縣郭熙撰,其子思續補。載王維、荆浩、李成三家論山水法,并熙自作諸論,末附董羽《畫龍緝議》。

德隅齋畫品一卷　明長洲顧氏本

宋處士華州李廌方叔撰。記趙令時家諸畫,凡二十二種,各爲敍述。廌嘗以文謁蘇文忠於黃州,蘇稱其筆墨瀾飜,有飛沙走石之勢。故此品詞令可觀,在諸家之上。

畫史一卷　汲古閣本

宋知淮陽軍吳縣米芾元章撰。舉生平所見聞名畫,品題真
偽。《宋史・文苑》本傳言芾嘗"爲書畫學博士",又稱其畫山水
人物自名一家,故其賞鑒考訂,最爲真確云。

書史一卷

米芾撰。評論前人墨迹,始西漢終五代,皆以目觀者爲斷,印
章跋尾,記載皆詳。

寶章待訪録一卷

米芾撰。皆記同時士大夫家所藏晉唐墨迹,分目(觀)〔覿〕、
的聞二類。

海岳名言一卷　並鈔本

米芾撰。皆論書語,持議雖過高,而實抒心得之蘊。

宣和畫譜二十卷

撰人缺。首有徽宗御製序,譜乃朝臣爲之。王肯堂《筆麈》題徽
宗御撰,非也。分類收録,凡二百三十一人,畫六千三百九十六軸。

宣和書譜二十卷　並汲古閣本

撰人缺。皆載御府所藏墨迹,終以蔡京、蔡卞、米芾,疑即三
人所定。

山水純全集一卷　《函海》本

宋韓拙撰。拙,宣和畫院中人,所論多主格律。原本十篇,今
佚其一。

廣川書跋十卷

宋中書舍人東平董逌彦遠撰。逌阿附張邦昌,其人不足道,
而賞鑒書畫獨具隻眼。此編所載多鍾鼎欵識及漢唐碑刻,末附宋
人數帖,論斷典核。

畫繼十卷　並汲古閣本

宋華國鄧椿公壽撰。郭若虛續張彦遠《名畫記》,此又繼郭而

作,續載熙寧以後至乾道三年所録,凡二百十九人。後二卷論畫雜説附焉。

皇宋書録三卷　知不足齋本

宋洪都董史良史撰。序稱閩中老叟董更。《江村銷夏録》載,適適堂董氏舊藏《搗練詩帖》中有閩中老叟詩及洪都董史良史收藏印記。知刻本序中誤"史"爲"更"也,兹據訂正。録有宋一代書家,上卷帝王,中卷北宋一百十人,下卷南宋四十五人,末附外篇,則女子六人。原本多殘缺,錢塘郁佩先得小山趙氏元至正刻本最完善,歙鮑廷博重梓。

法書攷八卷　楝亭刊本

元兵部郎曲鮮盛熙明撰。首書譜,〔次字源〕,次筆法,次圖訣,次形勢,次風神,次工用,附録印章、跋尾。所列梵書、蒙古書,尤資博考云。

圖繪寶鑑六卷補遺一卷

元吳興夏文彥士良撰。採古來能畫者,自軒轅至元代,旁及外國,凡一千五百餘人。《續編》,明韓昂撰。自洪武迄正德,凡一百七人,而冠以宣宗、德宗、孝宗三朝御筆。

六如居士畫譜一卷　果克山房本

明弘治戊午科解元吳縣唐寅伯虎撰。長沙族裔仲冕陶山校刊。

墨池璅録二卷

明楊慎撰。皆論書語,頗抑顏、米,而盛推趙子昂,爲得晉人法,各有所見也。

法帖神品目一卷

楊慎撰。

名畫神品目一卷

楊慎撰。

升庵書品一卷

楊慎撰。

升庵畫品一卷　並《函海》本

楊慎撰。前二品標書畫家之最上者,故稱神品。後二品皆以書畫名家之人,各有題品。

書法離鉤十卷　惜陰軒本

明錢塘潘之淙無聲撰。兄之淇爾瞻校定,取梵書船子示夾山曰"垂絲千尺,意在深潭。離鉤三寸,子何不道"語以名其書。大旨謂書法之妙,有法而未始有法,無法而未始無法也。有葉秉敬、王道焜二序及自序。

清河書畫舫十二卷

明(張河)〔昆山〕張丑撰。命書之義,取黃山谷詩"米芾書畫舫"語。備録所見真跡,辯證題識,具有鑒裁。

中麓畫品一卷　《函海》本

明李開先撰。有《萊蕪志》,已著録史編。雜論畫品及各家師法。

鈐山堂書畫記一卷

明茂苑文嘉撰。此記嘉靖乙丑籍嚴嵩家所有書畫。舊附《天水冰山録》,今別録於此。

畫訣一卷　並知不足齋本

明江寧龔賢半千撰。私謚安節先生。論畫家之訣。文筆秀逸。

吳郡丹青志一卷

明長洲王穉登伯穀撰。記吳郡畫家。

〔明〕書畫史一卷

明劉璋(明)撰。與董思白説相出入。

論畫瑣言一卷

明禮部尚書華亭董其昌玄宰撰。多心得之語。

繪妙一卷

明歸安茅一相撰。

畫麈一卷

明仁和沈顥撰。二書皆採畫家清談。

畫説一卷

明貢生華亭莫是龍雲卿撰。後以字行,更字廷韓。莫以詩名,説畫亦多雅致。

畫禪一卷

明釋蓮儒撰。以禪論畫,猶滄浪之説詩也。

竹派一卷　並鈔本

釋蓮儒撰。專論畫竹。

學畫淺説一卷　《檀几叢書》本

國朝秀水王槩安節撰。凡二十五篇。自序云:"惟先榘度森嚴,而後超神盡變;有法之極歸於無法。"此爲破的之論。

書法約言一卷

國朝鹽城宋曹射陵撰。《總論》二篇,《答〔客〕問書法》一篇,《論作字之始》《論楷書》《論行書》〔《論草書》〕各一篇。王青巖評云:"從思入,從悟出。逢原之妙,難以形求;不測之至,難以知喻。"

石村畫訣一卷　並《昭代叢書》本

國朝曲阜孔衍栻石村撰。吳江顧卓爾立校。《立意》《取神》《運筆》《造景》《位置》《避俗》《點綴》《渴染》《圖章》〔《款識》〕,凡(九)〔十〕篇。大抵自言其所心得。

畫語録一卷

國朝苦瓜和尚撰。凡十八章。有黱丘生張沆跋。

畫筌一卷

國朝錢塘笪重光撰。自號江上外史。有虞山王翬石谷、毘陵惲格正叔二評。

山静居畫論一卷　並知不足齋本

國朝石門方薰蘭士撰。錢塘陳希濂跋,極稱譽之。

芥子園畫傳二十九卷　繡水王安節摹刊本

國朝李漁撰。初集五卷,二集八卷,三集、四集各四卷,諸家法度,山水翎毛、花卉寫真,各有譜。

草聖彙辨三卷　鄴下刊本

國朝安陽白芬猗若編,宛平張能鱗玉甲選考,吳興朱宗文迦陵摹辨。專論各家草書,並摹寫其規式。

二十四畫品一卷

國朝禮部尚書當塗黃鉞左田撰。此其主講六安書院時,擬司空圖《二十四詩品》而作。自序謂專言林壑理趣。

二十四書品一卷　並鈔本

國朝六安(丁)楊景〔曾〕(名)〔召〕林撰。左田主講六安書院,工師事之。晨夕晤對于有花竹齋,作畫論詩外,黃尤愛其家藏《陳眉公晚香堂帖》及《宋搨淳化閣帖》,屬造雷斧研金牋以臨之。乃因黃《畫品》而爲《書品》。有自序。

右譜録類書畫之屬五十六部,共一百九十九卷。

譜録類三　文房之屬

文房四譜五卷

宋禮部尚書銅山蘇易簡太簡撰。凡《筆譜》二卷,硯、墨、紙《譜》各一卷,附以筆格、水滴,詳述始末,附録故實、詩文於後。

文房圖贊一卷

宋林洪龍發撰。圖凡十八,以擬十八學士。如“筆爲毛中書,名(遂)〔述〕、字君羽、號盡心處士”之類,頗新穎,皆有贊。

文房圖贊續一卷

元樊士寬撰。補洪《圖贊》所未收,亦十有八。有元統二年自敍。

歙州硯譜一卷

宋唐積撰。書成於治平丙午,分十門,記採硯造硯之法。本有圖,故又名《歙硯圖譜》,今圖佚矣。

硯史一卷

宋米芾撰。記諸硯凡二十六種,於端石、歙石辨論最詳。

端溪硯譜一卷　並鈔本

撰人缺。有淳熙十年榮芑跋,知南宋人所作。論石之所出及石質、石眼、價值、形製甚詳。

硯箋四卷　棟亭刊本

宋高似孫撰。論端石、歙石及諸硯品,附以詩文。有嘉定癸未自序。

吳氏印譜一卷　鈔本

宋臨川王厚之順伯撰。取吳氏所藏古人印章,攷定其人名世次。

墨經一卷　汲古閣本,又棟亭刊本

宋晁季一撰。備詳製墨之法,大旨以和膠爲要。棟亭刊本題東嵩陽晁説之以道,似誤。

墨史一卷目錄一卷　知不足齋本

元陸友撰。記古來善製墨者,魏一人韋誕,晉一人張金,宋一人張永,唐二十人,宋上八十人,宋元九十人,高麗一人,契丹二品,西域一品,金國四人,末附雜説二十五則。

蜀牋譜一卷　鈔本

元成都費著撰。記蜀人作牋製造名目。

雪堂墨品一卷

國朝廣濟張仁熙長人撰。自方正“牛舌墨”至吳鴻漸“玄虬脂”桑林里第一墨,凡三十六品。取蘇子瞻在黃於雪堂試墨三十六丸,以名之。有康熙九年自跋。

水坑石記一卷

國朝虞山錢朝鼎黍谷撰。論端州石以宣德中所開之水巖爲最。

漫堂墨品一卷

國朝浙江巡撫商丘宋犖牧仲撰。於雪堂三十六品外,續得三十四丸,因辨而紀之。

文房約一卷

國朝歙縣江之蘭含徵撰。自談市井至惹,凡二十四條,皆誠不韻之賓敗意之事。

讀書鐙一卷

國朝馮京第撰。有《簟溪自課》,已著録。此書取古來代燭之物,掇其人事,以五七言韻語記之。

紅术軒紫泥法定本一卷 並《檀几叢書》本

國朝歙縣汪鎬京快士撰。言製造印色之法,凡八篇。自序謂"可以補宣和之秘"。

硯林一卷

國朝余懷撰。綜纂硯事八十餘則。自序謂"似於米元章論硯加詳"。

裝潢志一卷 並《昭代叢書》本

國朝淮海周嘉冑江左撰。凡四十二條。自序曰:"裝潢者,書畫之司命。"首條云:"古迹重裝,如病延醫。"觀此二語,其善砭俗疾可知也。

書本草一卷 《檀几叢書》本

國朝張潮撰。一、四書,二、五經,三、諸史,四、諸子,五、諸集,六、釋藏道藏,七、小説傳奇。論其性昧,擬《本草》爲之。

右譜録類文房之屬二十部,共二十八卷。

譜録類四　人事之屬

山家清事一卷山家清供一卷 鈔本

宋林洪撰。有《文房圖贊》,已著録。龍發爲和靖裔孫,饒有祖風。二書所紀皆梅鶴之類也。

考槃餘事四卷　《龍威秘書》本

明屠隆撰。記服御物,皆具清幽隱逸之致。

賞心樂事一卷

(明)〔宋〕張鑒撰。排比十二月燕遊次序。

畫舫記一卷

明錢塘汪汝謙然明撰。記西湖畫舫之遊,後列畫舫約欵十二宜,饒有雅致。

清閒供一卷

明練江程羽文蓋臣撰。目《小蓬萊》至《十七醫》,凡八子目。首有《刺約》一篇,曰癖、曰狂、曰嬾、曰癡、曰拙、曰傲,皆有斷語。

月令演一卷

程羽文撰。十二月各以事典繫之。按徐士俊亦有《月令演》,就月令語以四言演之。體與此殊,故彼入擬經類,此以類著之。

四時歡一卷

程羽文撰。分春、夏、秋、冬四篇。自序云:“日月跳丸,忽忽如夢。加以名奔利競,膏火自煎,祇令人歎蜉蝣耳。夫鳥飛花落,目前光景,爲歡自饒。七尺我(才)〔身〕,定有安排處也。”

二六課一卷　並鈔本

程羽文撰。始辰終卯,一時中各有事宜。自序云:“二六時中,隨方作課,使生氣流行,身無奇病。”

客齋使令反一卷

程羽文撰。吳寧野作《客齋使令》,何仙郎補之。此反其説,凡十一則。

一歲芳華一卷

程羽文撰。紀十二月中堪人欣賞之事。

詩本事一卷

程羽文撰。以唐孟棨有《本事詩》，乃搜古來詩人事典，如詩史、詩聖之類，凡三十條，並爲之注。張潮復補三十條，附載於後。

劍氣一卷

程羽文撰。如倚劍之氣雄，玩劍之氣遠，凡十九條。有自序。

石交一卷

程羽文撰。如"三生石，點頭石，以禪交。馬肝石，織女石，支機石，黃石，叱石成羊，以仙交"之類，凡十一則。

鴛鴦(譜)〔牒〕一卷

程羽文撰。取古來才子佳人不得其偶者，戲爲配儷。

香雪齋樂事一卷

國朝江之蘭撰。凡二十條。

芸牕雅事一卷

國朝錢塘施清(濂侯)〔伯仁〕撰。凡二十一事。有自序。

菊社約一卷

國朝翰林院編修 溧 陽 狄億立人撰。凡十則，首云"山椒俎豆，應奉淵明先生"，趣可知矣。

豆腐戒一卷

國朝尤侗撰。大戒三，聲、色、味；小戒五，賭、酒、足、口、筆。《自引》云："言非喫豆腐人，不能持此戒也。"

病約一卷

尤侗撰。以病謝客，標爲韻語，凡三章。

真率會約一卷

尤侗撰。取宋潞公、溫公真率會爲名。《會之人》《會之期》《會之地》《會之具》《會之事》《會之禮》，凡六篇。

清戒一卷

國朝石崇階天蒼撰。始不説淫豔事，終不類茶舞酒，凡二十四事。

友約一卷

國朝顧有孝茂倫撰。凡七則，大旨黜華而崇實。

鶴齡録一卷續録一卷

國朝昭陽李清映碧撰。搜史編及耳目所聞見壽踰百歲者，自漢迄明，凡四十二人，以壽同郡喬侍御聖任。《續録》，自康熙戊申迄癸丑，所補凡四十五人。

新婦譜一卷

國朝當湖陸圻景宣撰。因嫁女作此譜贈之，凡四十二則。

新婦譜補一卷

國朝(鄞縣)〔東海〕陳確乾初撰。補陸《譜》，凡十二則。

新婦譜補一卷

國朝鄞縣查琪石丈撰。補前二譜，凡四則。

婦人鞋韈考一卷

國朝余懷撰。以婦人纏足始於南唐李後主宮嬪窅娘，博爲考證。費錫璜滋衡跋引《漢雜事秘辛》等書以駁之，又謂范睢裹足不入秦，用女俞也，似較原考爲勝。

古歡社約一卷

國朝丁雄飛撰。丁與黃俞邰並多藏書，或彼有此缺，彼缺此有，互相質證爲約。凡八則。有自序。

九喜榻記一卷

丁雄飛撰。因來瞿塘有九喜之説，因以仿其意，以名榻九喜者。一喜多藏書，二喜閨人習筆墨，三喜不能飲，四喜不解弈，五喜爲世所棄，六喜得名師，七喜攜眷屬居山水間，八喜無病，九喜年未五十，家務盡付兒子，(翛)〔悠〕然世外。

小星志一卷

丁雄飛撰。彙記古來媵妾事典。

將就園記一卷

國朝江寧黃周星九煙撰。託爲將、就二山,虛構爲園。其將園十勝:一,竹徑三亭;二,羅浮嶺;三,鬱越堂;四,至樂湖;五,醉虹隄、飲練橋、枕秋亭;六,吞夢樓、忘天樓;七,蜺高臺,一名無雲;八,一點亭蠡盤;九,百花村;十,花神祠閣。就園十勝:一,萬松谷;二,華胥堂;三,十八曲澗亭館;四,就日峯、雲將峯;五,天生藤橋;六,挾仙臺,一名狎仙;七,兩丹崖;八,桃花潭;九,榕林;十,楓林、柏林。各繫以詩,末附《仙品紀略》,皆《莊子》寓言也。

袚庵黛史一卷

國朝句曲張芳菊人撰。取眉黛之義。自序曰:"黛之爲言遠也。"其目有六:曰厚別,曰養麗,曰静娛,曰一儀,曰鍊色,曰禪通。陳伯璣跋云"總完得一別字義耳"。

豔體連珠一卷

國朝吳江閨秀葉小鸞瓊章撰。《髮》《眉》《目》《唇》《手》《腰》《足》,凡七篇。

灌園十二師一卷

國朝徐沁撰。舉古人以爲師,如種桑師諸葛武侯,種瓜師邵平之類,凡十二則。

約言一卷

國朝歙張適我持撰。戒不情者,凡五事:曰(縣)請託、曰餽送、曰代欵、曰迫促、曰口惠,各爲之約,蓋爲求文筆者言也。

書齋快事一卷

國朝(吳興)〔仁和〕沈元(鯤)〔琨〕瑤銘撰。凡五十三事。王晫跋云:"消受人生清福。"

紀草堂十六宜一卷

國朝王晫撰。王有書屋曰牆東草堂,荆溪徐竹逸爲之紀,又自紀草堂所宜,凡十六事。

課婢約一卷

王暉撰。仿石崇《奴券》而作。

玩月約一卷　並《檀几叢書》本

國朝張潮撰。一之人，二之地，三之物，四之事，皆搜採清異者隸之。

十眉謠一卷

國朝徐士俊撰。

十髻謠一卷

徐士俊撰。二謠皆游戲之筆，摹寫盡致。

右譜録類人事之屬四十二部，共四十六卷。

譜録類五　雜器物之屬

古今刀劍録一卷　明錢敬臣校本，又《龍威秘書》本

梁陶弘景撰。有《真誥》，已著録。此記古來刀劍四十事。考陶卒在梁武帝未立以前，故録載武帝而斥其諱。

鼎録一卷　明長洲顧氏本，又武林張日增校本，又《龍威秘書》本

陳大著作餘姚虞荔山披撰録。記古今諸鼎，自夏后氏至陳宣帝皆記君事，自秦丞相樗里子至王羲之皆記臣事，頗有義例。惟陳宣帝太極殿鑄鼎事在荔卒後，或後人增入與。

三代鼎器録一卷

唐吳協撰。

傳國璽譜一卷

宋鄭文寶撰。有《江表志》，已著録。此譜作於至道三年，謂晉清泰時璽焚于摘星樓，而以《陷蕃記》晉少主上戎者爲隱易云。

玉璽譜一卷

撰人缺。謂晉懷帝時璽屬石勒，又屬冉閔，敘至晉東渡而止。

寶記一卷　並鈔本

撰人缺。自五寶、八寶至雷公石，凡十節。

寶藏論一卷　《函海》本

（唐）〔後秦〕釋僧肇撰。

宣和博古圖三十卷

宋大觀中尚書左丞中書侍郎祥符王黼將明等奉敕撰。宣和殿名在徽宗末改宣和紀年前，時黼爲宣和殿學士，故領其事。書所收古器真贋雜糅，辨證疎舛，然存其銘字，猶可資考古之助焉。

紹興内府古器評二卷　汲古閣本

宋張掄才甫撰。王應麟《困學紀聞》稱其作《易卦補遺》，其論互體甚有見，蓋南宋以著作自命者也。此編於紹興内府所藏古器評隲甚當。

三器圖義一卷

宋程迥撰。有《周易古占》，已著録經編。三器者，度量衡也。有淳熙十年自序。

錢譜一卷　並鈔本

舊題宋董逌撰。按書中每引董逌《錢譜》，又有元朝錢十四樣，自是元人因董譜而修之，非原本也。

泉志十五卷　汲古閣本

宋洪遵撰。記歷代錢式，搜載極博，而時或涉於臆斷。正用品有虞錢、夏錢、商錢、周錢，恐未必可據也。

燕几圖一卷

宋黃長睿撰。有《東觀餘論》等，已著録。此圖燕几之制，創爲二十體，變爲四十名類，皆雅致。有紹熙甲寅自序。

雲林石譜一卷

宋杜綰撰。載石品凡一百十六，各詳出産之地、採取之法及形狀色澤，品其高下。

香譜二卷

舊題宋洪芻撰。與晁氏《讀書志》所載不合。《書録解題》有侯氏《萱堂香譜》二卷，或即此書也。分品、(意)〔異〕、事、法，凡四類。

名香譜一卷

宋葉廷珪撰。但記香之名品，凡七十餘種。

蜀錦譜一卷　並鈔本

元費著撰。成都，故蜀地，其錦擅名天下，故城名錦官。此記轉運司錦院織造名色。

香箋一卷

明屠隆撰。箋香名自伽南至黑芸香凡二十二品，皆取中國所有者，論其真僞優劣。自香爐至香都總匣十一條，皆言用香之法。

玉名詁一卷　《函海》本

明楊慎撰。訓釋古來玉名之義。

奇器圖説一卷

明西洋鄧玉函撰。凡轉重二圖，取水九圖，轉磨十五圖，解木四圖，解石、轉碓、書架、水日晷、代耕各一圖，水銃四圖，各繫以説。

諸器圖説一卷　並來鹿堂本

明王徵撰。因《奇器圖》而作，凡圖十一，具有思致。

焦山古鼎考一卷　《昭代叢書》本

國朝吏部考功司員外郎新城王士禄子底撰。王於焦山佛寺中得周鼎一，俾程處士穆倩讀之，其文可辨識者七十八字，存其疑者八字，不可識者七字。王爲長歌紀其事，弟貽上和之，因摹其文爲考一卷。侯官林佶吉人增訂。

嘉孫注：康熙刻本。

陶説六卷目一卷　《龍威秘書》本

國朝海鹽朱琰笠亭撰。説明代官窰製作器物。

黃熟香考一卷　《檀几叢書》本

國朝萬泰履安撰。考馬牙、黃熟出於莞地者，詳其形格色氣。

宣爐歌注一卷　《昭代叢書》本

國朝如皋冒襄辟疆撰。前爲《宣爐説》八則，後附爲方坦庵先生賦《宣〔德〕銅爐歌》一篇。蓋歌成在前，説即歌之注也。

吉金所見録十六卷　古香書屋本

國朝國子監生贈文林郎萊陽初尚齡渭園撰。就其所見古錢録之，考證極詳博。

嘉孫注：清嘉慶二十四年（1819）古香書屋原刻本。

湖船録一卷　無盡意齋本

國朝錢塘厲鶚太鴻撰。記西湖畫船之名，因朱竹垞《説舟》增廣而成。自龍頭明玉餣金至總宜凡十八條，皆朱氏舊文，增注者三事；自螭頭何船以下至藕花社六十一條，皆補續。

觀石録一卷

國朝侯官高兆雲客撰。論福州壽山石，凡二十一則，有自序、跋。

選石記一卷　並《檀几叢書》本

國朝成性我存撰。記入蜀歷棧道及大灘中所見之石。有西子妝、碧玉片等凡十品，皆成所甲乙而名之者。後舟破，石没於河，有救石、弔石之説，癖同米顛可知已。

黃山松石譜一卷　《昭代叢書》本

國朝歙縣閔麟嗣賓連撰。記松之品九，附柏二，石之品四十有四，皆黃山之奇產也。原載所撰《黃山志》，張潮摘録別刊之。

右譜録類雜器物之屬三十部，共九十六卷。

譜録類六　飲饌之屬

食譜一卷謝諷食經附

唐尚書左僕射京兆韋巨源撰。食品多奇名異製，後附謝諷《食經》。

茶經三卷

唐竟陵陸羽鴻漸撰。凡分十類:一之源,二之具,三之造,四之器,五之煮,六之飲,七之事,八之(書)〔出〕,九之(事)〔略〕,十之圖。陳氏《書録解題》作一卷。

十六湯品一卷

唐蘇廙撰。記茶湯之品,凡十有六。

醉鄉日月一卷

唐新安皇甫(崧)〔松〕撰。湜之子,自號檀欒子。記飲酒之事。

煎茶水記一卷　並仁和王氏本

唐(涪)〔江〕州刺史 陸 澤 張又新孔昭撰。前列劉〔伯〕芻所品七水,後列陸羽所品二十水,末有葉清臣《〔述〕煮茶泉品》、歐陽修《大明水記》、《浮槎山水記》各一篇,宋人所附入也。

茶録二卷

宋端明殿學士莆田蔡襄君謨撰。上卷論茶,下卷論茶器。茶品詳載閩産,可補陸《經》之缺。

品茶要録一卷

宋黄儒撰。皆論建茶,述採造之法及辨真偽之品。

宣和北苑貢茶録一卷

宋建陽熊蕃叔茂撰。其子克又益寫其形製而傳之。

東溪試茶録一卷

宋宋子安撰。晁氏《讀書志》作朱子安,誤。東溪,建安地名。書分八目,大旨辨所産之地。

茶具圖贊一卷

舊題審安老人撰。不詳何人。有咸淳己巳自序。野航道人長〔洲宋〕存理跋云"季宋之彌文",則南渡時人也。茶具自韋鴻臚文鼎至司職方成式,隱十二先生名,有圖有贊。

煮茶泉品一卷　並鈔本

　　宋葉清臣撰。

酒經一卷

　　宋蘇軾撰。

北山酒經三卷　知不足齋本

　　宋朱肱撰。有《南陽活人書》，已著録。此書第一卷總論，後二卷論製麴釀酒之法。陳氏《書録》題大隱翁撰。

酒譜一卷　鈔本

　　宋汶上竇苹叔野撰。苹，或作“革”，誤。雜録酒之故實。

天下名酒記一卷

　　宋張可能撰。

　　嘉孫注：此書不見著録。宋張能臣有《酒名記》一卷。

蔬食譜一卷　明刊本

　　宋陳達叟撰。

茹草紀事一卷　鈔本

　　宋林洪撰。紀古來以草木爲食者事典。

糖霜譜一卷　棟亭刊本

　　宋遂寧王灼晦叔撰。一題《頤堂先生糖霜譜》。記甘蔗名類及製造法度，凡七篇。

耕禄藁一卷　五峯閣本

　　宋括蒼胡錡國器撰。米穀之屬，隱加名號官爵，蓋仿宋袁淑《排諧集》“大蘭王九錫”之類而作。

中饋録一卷　鈔本

　　元吳氏撰。詳説烹飪及收藏諸物法。

茶疏一卷

　　明 錢 塘 許次紓 然 明 撰。

茶董一卷

明歙縣夏樹芳茂卿撰，華亭陳繼儒補。有董其昌序。

酒箴一卷

國朝甪里金昭鑑慎齋撰。凡十五則。自序云："宜戒何郎暴殄之譏，須遵蘇子崇約之訓。"

觴政一卷

國朝當湖沈中楹存西撰。凡四十八則。

廣抑戒録一卷

國朝錢塘朱曉雪巢撰。以世俗讌會尚囂凌，故爲此編，凡十二則。

茶經注補一卷

國朝番禺陳鑑子明撰。經下有注，注後有補，極詳博。

陽羨茗壺系一卷

國朝江陰周高起伯高撰。記宜興所産茗壺，名手諸製。《創始》《正始》《大家》《名家》《雅流》《神品》《別派》，凡七篇。後附歌詩四篇。

洞山岕茶系一卷

周高起撰。記羅岕山所産茶品及貢茶事。其説"岕"字云："羅岕去宜興而南，踰八九十里，浙直分界，只一山岡，岡南即長興山。兩峯相阻，介就夷曠者，人呼爲岕。"自注云："履其地，始知古人制字有意。"

酒警一卷

國朝程弘毅間可撰。自序略謂："喜與客飲酒，然恐俗物來敗人意，故列爲酒警，以告同人。"凡五則。

酒政一卷

國朝吳彬繡園撰。飲人、飲地、飲候、飲趣、飲禁、飲闌，凡六則。

酒約一卷

國朝吴肅公撰。

彷園酒評一卷

國朝張藎撰。凡酒德三十則,酒戒三十則,飲酒八味一篇,各有品題。

篡貳約一卷

國朝尤侗撰。凡五則。有自序。

小半斤謡一卷　並《檀几叢書》本

國朝黄周星撰。某善治生,間市肉,不得踰四兩,人呼名爲小半斤,黄作長謡紀其事。

酒社芻言一卷

黄周星撰。一、戒苛令,二、戒説酒底字,三、戒拳閧。有自序。

芥茶彙鈔一卷　並《昭代叢書》本

國朝冒襄撰。

隨園食單一卷　隨園本

國朝袁枚撰。精言烹飪,擬於《韋氏食譜》。

嘉孫注:清乾隆壬子年(1792)袁氏小倉山房自刻本。

醒園録一卷　《函海》本

國朝贈中憲大夫綿州李化楠石亭撰。此卷記烹飪之法,與《中饋録》相似。

右譜録類飲饌之屬三十八部,共四十三卷。

譜録類七　草木之屬

竹譜一卷　明胡潛校本

宋武昌戴凱之撰並注。記竹類七十有餘,皆爲四言韻語,古雅可諷,注亦古博。

何首烏傳一卷

唐李翺撰。順州南河縣人何氏能嗣無子,得藤二株服食之,生子延秀。延秀亦服食之,生首烏。首烏亦以服食,百三十歲髮猶黑。故以爲名。此記其事及服食主治甚詳,後附《李遠記》一則。

威靈仙傳一卷　並鈔本

唐周君巢撰。自號嵩陽子。記威靈仙採取服食之法,及主治諸病。

藥譜一卷

唐進士侯寧極撰。取《本草》藥名撰爲新號,如丑寶牛黄、冰喉尉薄荷、醒心杖遠志、緑劍真人菖蒲之類,頗涉新異。

花九錫一卷　並仁和王氏本

唐鄜州從事台州羅虬撰。戲以臺幙等爲花之九錫。陶穀《清異録》述之。

花經一卷

南唐平昌令長安張翊撰。以九品九命升降次第,頗有思致。

筍譜二卷

宋釋贊寧撰。或作惠崇,誤。一之名,二之出,三之食,四之事,五之説。體仿陸羽《茶經》,援據博奥亦似之。

洛陽牡丹記一卷

宋歐陽修撰。《花品敘》《花釋名》《風俗(説)〔記〕》,凡三篇。敘游宴及貢花種植之事頗詳。

陳州牡丹記一卷

宋張邦基撰。有《墨莊漫録》,已著録。此記政和壬辰觀園户牛氏家有此異卉而作。後附蘇軾説一則。

天彭牡丹譜一卷

宋陸游撰。書體全仿歐《記》。敘次名品,紅花二十有一,紫花五,黄花四,白花三,碧花一,未詳之品三十有一。歐以黄爲貴,此以紅爲首，則地氣之不同，亦隨時好尚之各異也。篇末記蜀帥以善價私售於花户，得數百苞，馳騎取之至成都，露猶未晞，蓋幾於"一騎紅塵"感慨係之矣。

亳州牡丹志一卷

撰人缺。記古亳牡丹名品，凡一百種。後附《神隱栽法》、《宋單父種法》及《張鎡牡丹會》。

芍藥譜一卷

宋劉攽撰。所列凡三十一種。

揚州芍藥譜一卷

宋知揚州王觀撰。因劉《譜》而作，改其一種，增入八品。

孔氏芍藥譜一卷　並鈔本

宋孔武仲撰。有《珩璜新語》，已著録。此譜亦記揚州之品，黄色六，紅色十，紫色五，白色一。

嘉孫注：此書諸家皆不著録。《珩璜新語》係孔平仲撰。

玉蘂辨證一卷　汲古閣本

宋周必大撰。

梅品一卷

宋杭州張鎡功甫撰。一號約齋。循王諸孫家於杭州，周密《齊東野語》稱其園池、聲妓、服玩之麗甲天下。此卷自誇南湖梅園之盛。凡《花宜稱》二十六條，《花憎嫉》十四條，《花榮寵》六條，《花屈辱》十二條，能審梅之性情以爲獎護。自序亦多名雋語。

范村梅譜一卷

宋范成大撰。記范村所植梅類，凡十有二種，各著論説。有自序。

范村菊譜一卷

范成大撰。録范村名菊，凡三十六種，皆記其園之所有，謝采伯《密齋筆記》病此譜太略，未審命書之意也。

劉氏菊譜一卷

宋彭城劉蒙撰。譜作於崇寧甲申。記號地之菊凡三十有五品,前有自序,後有《雜(説)〔記〕》三篇。

史氏菊譜一卷

宋侍郎史正志撰。自號吳門老圃。記吳中菊,黃色十三,白色十,雜色紅紫五,凡二十八品。自序謂二十七種,蓋除夏月佛頂菊一種也。

沈氏菊譜一卷

宋吳縣沈兢撰。摭諸州之菊,上及禁苑所有,總九十餘種。嘉定癸酉作。

胡氏菊譜一卷

宋胡融少瀹撰。記菊品四十一種,後附所植事實。前、後有自序。

晚香堂菊譜一卷

宋建陽馬揖伯升撰。凡三十品。

百菊集譜六卷菊史補遺一卷

宋山陰史鑄顏甫撰。一號愚齋。萃諸家菊譜訂爲一編。前二卷劉、史諸譜及自撰新譜。新譜皆記越中品類:黃色二十二,白色十三,紅色三,別有濫號一種,假名四種。諸譜外之菊十種。卷三雜事,四卷詩文,五卷新增胡融譜,六卷録己詠菊諸詩。《補遺》皆詩文也。

海棠記一卷

宋知江寧府宣州提舉崇禧觀歷陽沈立立之撰。此慶曆中令洪雅時所作,首有自序,次記海棠之種類及色味、根蕚之異,次緝前人詩句,末附自作百韻詩一首、四韻詩一首。

海棠譜三卷

宋陳思撰。因沈《記》而補綴之。卷末題餘姚宋禮寫,思同時人也。

王氏蘭譜一卷

宋龍江王貴學進叔撰。首載《品第》《灌漑》《分析》《泥沙》四篇,次記紫蘭十六種、白蘭二十四種,詳其花葉名色。有淳祐丁未蒲陽葉大有序及自序。

金漳蘭譜二卷

宋漳州趙時庚澹齋撰。凡五篇,與王《譜》互有詳略。有紹定癸巳自序。

桐譜一卷

宋陳翥撰。自號咸聱子。慶曆中嘗自植桐於西山之南,乃述桐之事,作譜十篇:一、敘源,二、類屬,三、種植,四、所宜,五、所出,六、采斫,七、器用,八、襍說,九、記誌,十、詩賦。記誌、詩賦皆陳自作。

橘錄三卷

宋戶部尚書(相州)〔綏德〕韓彥直撰。上卷記柑品八、橙品一,中卷記橘品十八種,下卷詳言種植及採摘、收藏、製治諸法。蓋其知溫州時作也。

荔枝譜一卷

宋蔡襄撰。《原本始》《標尤異》《志賈鬻》《明服食》《慎護養》《時法製》《別種類》,凡七篇。其種類,陳紫已下十二品有等次,虎皮已下無等次,皆記閩産也。

荔枝續譜一卷

明閩縣徐燉興公撰。因蔡《譜》而續之,凡七十種,後附雜說。

荔枝譜一卷 《昭代叢書》本

國朝陳鼎撰。有《滇黔紀游》,已著錄。記荔枝四十三種,可補前二譜之缺。

荔枝話一卷 《檀几叢書》本

國朝晉江林嗣環鐵厓撰。説荔枝故實。仿詩話體,凡九條。

菌譜一卷

宋台州陳仁玉撰。南宋以台州菌爲上味,陳述其鄉之所產。凡十一種,各詳其所生之地,所採之時,與其形狀色味,末附解毒之法。

(續)〔廣〕菌譜一卷　並鈔本

明潘之恒撰。補陳書所缺。

彰明附子記一卷

舊題東蜀楊天惠撰。記綿州所屬之彰明縣赤水、廉水、會昌、昌明四鄉所出附子,農夫歲種甚詳。惟合烏頭、荊子、天雄、漏籃爲一,與《本草圖經》小異,後附無名氏《説辨》論之。

人參傳一卷　鈔本

明太醫院吏目蘄州李言聞撰。時珍之父。記人參性味、主治及雜説。

二如亭羣芳譜二十八卷首簡一卷　新城王氏刊本

明新城王象晉藎臣撰。其書以紀草木爲主,故稱羣芳;附入《歲譜》《鶴魚譜》,大致淹博。

蘭言一卷

國朝冒襄撰。有《宣爐歌注》等,已著録。此編品題蘭事,凡十八章。

花底拾遺一卷　並《昭代叢書》本

國朝黎遂球撰。類集花事,凡五十餘則。

補花底拾遺一卷

國朝張潮撰。補黎書之缺,凡五十八則。自序稱“黎作束約芬芳,平章佳麗”。蓋自道云。

梅花迴文圖一卷

國朝餘杭沈士瑛虛谷撰。一作《美人揉碎〔梅花〕迴文圖》。

順而逆,前而後,參互讀之,都成韻語,中間讀法畢備。一、流水讀,二、回風讀,三、連環讀,四、脱蟬讀,五、穿花讀,六、夾蝶讀,七、斷雲讀,八、腰蜂讀,九、旋帆讀,十、歸雁讀。凡七律六首,絶句二十四首,共得梅花詩三十首。王丹麓稱其巧手慧心,幽懷曠致。

西湖六橋桃評一卷

國朝仁和曹之璜中玉撰。因友人陳子桃評六則,更以六則廣之。一、時之勝,二、地之勝,三、遇之勝,四、友之勝,五、韻之勝,六、俊之勝。吐屬雅秀。

竹連珠一卷　並《檀几叢書》本

國朝鈕琇撰。以舍後有竹盈畝,琴書其中,乃仿古連珠體賦之。凡六章。

右譜録類草木之屬四十五部,共七十九卷。

譜録類八　禽魚之屬

禽經一卷　《漢魏叢書》本

舊題師曠撰,晉張華注。似皆依託,文筆頗雅俊。

別本禽經一卷

國朝馬驌輯。以陸佃《埤雅》、王楙野客所引《禽經》,今本皆不載,乃廣爲搜採以補之。

水族加恩簿一卷

宋吳越判官毛勝撰。取水族造爲名字,加以封爵,袁淑《排諧集》“大蘭王九錫”之類也。

蟹譜二〔卷〕

宋 會 稽 傅肱怪山撰。録蟹之故實,述舊及自記,皆雅馴可喜。

蟹略四卷

宋高似孫撰。補傅書之遺。蟹原、蟹象、蟹鄉、蟹具、蟹品、蟹占、蟹貢、蟹饌、蟹牒、蟹雅、蟹志、賦詠，凡十有二門。

促織經二卷　鈔本

(高)〔宋〕同中書門下 天 台 賈似道 師 憲 撰。似道喜鬪促織，故此編於促織之名類、畜養言之甚詳。此豈半間堂之政務，前人曾譏之。然書傳已久，故著於録。

異魚圖贊四卷

明楊慎撰。魚圖三卷，凡八十七種，爲贊八十六首。後附《海錯疏》一卷，共三十〔五〕種。爲贊三十首，詞旨古雋。自序擬郭璞、張駿，蓋升庵得意之筆也。

異魚圖贊補三卷閏集一卷　並《函海》本

國朝 井 研 胡世安 處 靜 撰。補楊書所未贊，凡魚類一百五十四種，爲贊五十七首，海錯類三十八種，爲贊二十八首。《閏集》則別録非常之魚。子謹及門人雷琂等同注。

禽蟲述一卷

明 閩 縣 袁達撰。連類禽蟲而述之，取材甚富。

嘉孫注：字德修，號佩蘭子，正德舉人。

獸經一卷

明黃省曾撰。擬《禽經》爲之。

促織志一卷

明公安袁宏道撰。《論畜》《論似》《論體性》《論色》《論形》《論病》《養法》《治法》《總論》，凡九篇。

金魚品一卷　並鈔本

明屠隆撰。記隨時所尚之品二十餘種，以爲隨意命名，從無定額也。

虎薈六卷　明刊本

明陳繼儒撰。雜記虎之故事。

龍經一卷

國朝王晫撰。記龍之事。

蛇譜一卷　並《昭代叢書》本

國朝陳鼎撰。詳記蛇之種類。

羽族通譜一卷

國朝蕭山來集之元成撰。雜記諸鳥，極有義類。

獸經一卷

國朝秦亭張綱〔孫〕祖望撰。亦擬《禽經》，與黃書各擅其美。

江南魚鮮品一卷

國朝陳鑑撰。有《茶經補注》，已著錄。此記江南所產魚品，文筆有古致。

鴿經一卷

(國朝)〔明〕(邵)〔鄒〕平張萬鍾扣之撰。《論鴿》《花色》《飛放》《翻跳》〔《典故》〕《賦詩》，凡(五)〔六〕篇。

花鳥春秋一卷

國朝張潮撰。分十二月，紀花鳥之候，兼用《春秋》《月令》二體。有女史許和雲跋。

右譜錄類禽魚之屬二十部，共三十六卷。

譜錄類九　藝玩之屬

棋品一卷　鈔本

梁沈約撰。自杜陵子至陸瓊，凡十四人。有自序。

五木經一卷　汲古閣本，又仁和王氏本

唐李翱撰，元革注。李有《來南錄》，已著錄史編。元革，不詳何人。五木之戲，蓋古摴蒲之類也。

骰子選格一卷

唐房千里撰。有《楊倡傳》，已著錄史編。以(四)〔六〕骰投局上，得數多少為進身之差數，豐貴而約賤。秩例始侍中，終縣

尉。開成三年洞庭舟次作。有自序。

圍棋義例一卷

宋徐鉉撰。有《説文韻譜》,已著録經編。此書定立、行、飛、尖、粘、幹、綽、約、關、沖、覷、毅、剁、頂、捺、蹺、門、斷、打、點、征、崖、聚、劫、挼、撲、勒、刺、夾、盤、鬆、持,凡三十二例,詳説其義。

古局象棋圖一卷

宋司馬光撰。亦名《七國象戲》。用百有二十,周一,七國各十有七,周黄,秦白,楚赤,齊青,燕黑,韓丹,魏緑,趙紫。周居中央不動,諸侯亡得犯,秦居西方,韓、楚居南方,魏、齊居東方,燕、趙居北方。七國各有將,一偏,一裨,一行人,一砲,一弩,二刀,四劍,四騎。在座七人,各相一國,以縱衡定勝負。有圖有説。開禧丙寅刊於書窟。

棋經一卷

宋翰林學士清河張擬撰。《總序》《得算》《權輿》《合戰》《虚實》《自知》《審局》《度情》《斜正》《洞微》《名數》《品格》《雜説》,凡十三篇。

棋訣一卷

宋劉仲甫撰。《布置》《侵凌》《用戰》《取舍》,凡四篇。

譜雙五卷

宋洪遵撰。記雙陸之法。一卷,盤馬制度;二卷至四卷,譜各國雙陸;五卷,常局格制、南北局例、事始、骰子、賭賽、名稱、雜記,凡七篇。

打馬賦一卷

宋濟南女士李易安清照撰。用二十馬以上。按,亦雙陸之戲也。

安雅堂觥律一卷

元奉節曹繼善撰。自號瀼東漫士。以葉子行觴,凡《觥律贊》一,《觥律例》五。自醉鄉封侯至馮生三絕,凡一百八律,皆以古事題五絕一首,按事典行罰杯。有屠本畯跋。

徐紅譜一卷

醉綠圖一卷

馬弔譜一卷 並鈔本

潁譜一卷

　　明歙縣潘之恒撰。原題天都逸史、冰華生,潘自號也。譜六骰之排,增純色七色,而以半穎八之數,共六十四,以合《易》卦。

葉子譜一卷 並茨村胡氏藏本

　　潘之恒撰。夢槃居士題辭云,古貝葉之遺製。按:此二譜皆載《亙史》,胡氏茨村別出單行。

仙機武庫八卷 碧雲書屋本

　　明吳縣陸玄宇撰。李伯閹、過百齡同補刪。專論棋勢。有崇禎二年雲間董中行與叔序。

官子譜三卷 惠直堂本

　　國朝蠡吾知縣會稽陶式玉存齋撰。嘉定吳貞吉瑞徵、溫陵蔡四德鄰卿參訂。輯古棋勢:上卷五百四十局,中卷五百五十八局,下卷三百八十局。

桐階副墨一卷

　　國朝黎遂球撰。一名《運掌經》。論蠟牌之戲。

四十張紙牌説一卷 並《檀几叢書》本

　　國朝李式玉東琪撰。説始乎錢,繼以索貫,具有理致。

三友棋譜一卷

　　國朝歙縣鄭晉德破水撰。其法以棋子每人各十八枚,共五十四枚,以三種木爲之,其字亦分三色,有將、士、相、馬、兵、車、火、砲、旗諸目。火行小尖,不拘左右,只行一步,有進無退。旗直行二步,至敵國則可橫直任行。餘照舊行。馬、車並可過山過城,不能過海。砲可過山過海,不能過山城。圖及詩各一篇。

混同天牌譜一卷

國朝歙縣鄭旭旦扶曦撰。仍涑水牙牌之目,而以弇州馬弔法行之,其人則有樁有閒,其政別有開沖,有色樣。

嬾園觴政一卷　並《昭代叢書》本

國朝(丹徒)〔上元〕蔡祖庚連西撰。以四骰擲,分官階升降以行賞罰。

酒律一卷

國朝張潮撰。以五刑之屬共五十條,按律議酒。

南村觴政一卷　並《檀几叢書》本

國朝上元張惣僧持定撰。亦以四骰擲之爲令,酒人位次有白衣、青州從事、紅友、歡伯、彭澤令、酒泉郡太守、斗酒學士兼御史執法、麴部尚書、釀王,凡九等。酒政有監酒税、納税過關、上貢名酒、醇醪、夾帶、廣販、遠禁、糟粕、烏有先生等名。

廋詞一卷　《昭代叢書》本

國朝黃周星撰。分四十牋,隱古人名二百,後附釋一篇,取《(左傳)〔國語〕》有"秦客廋詞于朝"語,以名之。首載桃葉渡童知子漫識,江山風月主人題,皆九煙隱號也。

燈謎一卷

國朝遂安毛際可鶴舫撰。凡絶句十(二)〔六〕首,每一句隱《孟子》一人名。

攬勝圖一卷

國朝吳陳琰撰。《凡例》:用一骰子,各擲定馬。幺爲漁父,二羽士,三劍俠,四美人,五緇衣,六詞客。有圖説,以行觴令。

飲中八仙令一卷　並《檀几叢書》本

國朝張潮撰。以杜少陵《飲中八仙歌》二十二句正酒,共三十七杯。又三大杯,遇酒字者一巨觥。有圖有説。

右譜録類藝玩之屬二十三部,共三十六卷。

玉函山房藏書簿録卷十八

集編一

楚辭類

楚辭章句十七卷　大小雅堂本

　　後漢校書郎宜城王逸叔師撰。劉向輯屈原、宋玉、景差諸賦，附以賈誼、淮南小山、東方朔、嚴忌、王褒及向自作《九歎》，爲《楚辭》十六篇。逸又自作《九思》及班固二叙，定爲十七卷，並作章句，訓義古奧。引《詩》多與毛、鄭異，臧庸謂是魯《詩》之學。

楚辭補注十七卷　賓翰樓刊汲古閣校本

　　宋直敷文閣丹陽洪興祖慶善撰。以蘇軾校本爲主，參用洪炎以下十五家本，前列王逸舊注，疏通證明，拾其缺遺，加“補曰”以別之。有汲古閣後人毛表奏叔跋。

天問天對解一卷　清餘堂本

　　宋寶謨閣學士廬陵楊萬里廷秀撰。取屈原《天問》及柳宗元《天對》合編，各爲之注。明太僕卿四明陳朝輔燮五彙梓。

楚辭集注八卷辨證二卷後語六卷　明吴氏校本

　　宋朱子撰。以屈原所作二十五篇爲《離騷》，宋玉以下爲《續離騷》。糾駮舊注，別爲辨證。又刊定晁補之《續楚辭》《變離騷》二書，録荀卿至吕大臨所作五十二篇爲《後語》。有明河南按察使廣昌何喬新廷秀序。

離騷草木疏四卷

宋通直郎行國子録河南吳仁傑斗南撰。取《離騷》所用草木，一一詮釋，引徵宏富，寄託遥深。末疏幽篁，而終之以剗竹。記云"病其蔽翳，因命斤斧"，其有感於韓侂胄、蘇師旦輩之黨惡，而憤激以爲言乎。

離騷集傳一卷　並知不足齋重雕宋本，又《龍威秘書》本

宋晉陵錢杲之撰。

楚辭芳草譜一卷　鈔本

宋長溪謝翱皋羽撰。自江蘺至萍，凡二十三種。

離騷經訂注一卷　明刊本

明工部右侍郎高邑趙南星夢白撰。訂舊注之舛誤，不爲苟同。

答天問一卷　《王氏家藏集》本

明兵部尚書儀封王廷相子衡撰。以柳子厚《天對》依文憑義，合道無幾，作此正之，凡九十五首。

楚辭集解八卷楚辭蒙引二卷考異一卷　明刊本

明歙縣汪瑗玉卿撰。首列前人序論，名曰大序；雜採衆論，名曰小序。其《集解》覈者存之，謬者祛之，未備者補之；《蒙引》摘説《離騷》篇，仿司馬貞《史記索隱》體製；《考異》詳各本字句之殊別。焦竑序稱其"博雅多通"云。

離騷經一卷九歌注附　江寧藩署刊本

國朝大學士安溪李光地厚庵撰。族子玉融序云"其文彌簡，其義彌瑩"。自朱子所注而上，若求古人之指，無有密合於此者。

離騷正義一卷

國朝禮部侍郎桐城方苞靈皋撰。隨文解義，不爲新奇之説，而多得其旨趣。

離騷中正一卷　世錦堂刊義亭元本

國朝棲霞林仲懿謙齋撰。一字山甫。首有《讀離騷管見》一篇,大旨謂《離騷》之作原本《中庸》。

離騷經纂一卷

國朝寶應劉永澄静之撰。

楚辭燈六卷　文林堂本

國朝徽州府推官晉安林雲銘西仲撰。訓釋詳明,於文法尤細。

屈辭精義六卷　裛露軒本

國朝江都陳本禮素村撰。箋詳故實,注通義理,頗能得三閭心事。

莊屈合詁十四卷

國朝(田)〔錢〕澄之撰。有《田間詩學》,已著録經編。此詁《莊子》内七篇,《楚辭》屈子《離騷經》至《漁父》亦七篇。大旨以《莊》繼《易》,以《騷》繼《詩》,不立意見,但事詁釋,深得二家本指。二書合刻,故統入楚辭類焉。

楚(辭)〔騷〕偶擬一卷　《河濱遺書》本

國朝處士朝邑李楷叔則撰。《缶謡》《九僾》《地問》《補招魂》《七眹》,凡五篇。

右楚辭類十八部,共一百零一卷。

集編二

別集類一

宋玉集四卷　漢上居本

周楚大夫鄢邑宋玉撰。《隋志》:三卷。《唐志》:三卷。原本佚,乾隆中,平利知縣澧州胡玉封輯刊。玉爲屈原弟子,憫師流放,感憤悲歌,《高唐》《好色》諸賦,多寓諷諫云。

賈長沙集一卷　明太倉張溥本

漢長沙太傅洛陽賈誼撰。《隋志》:梁有四卷,亡。《唐志》:

二卷。原本佚,明翰林院庶吉士太倉張溥天如輯録,並附《漢書》本傳,有題辭。誼有王佐之才,遇文帝而不能用,太史公與屈原同傳,其以過湘賦弔有同心與。溥輯漢魏六朝佚集,凡一百三家,按代編入,止列隋、唐《志》,卷數不復具。

司馬文園集一卷　　明張溥本,又新安汪士賢本

漢文園令蜀郡司馬相如長卿撰。《隋志》:一卷。《唐志》:二卷。"包括宇宙,總覽人物",此長卿答友人盛覽作賦語也,可爲自贊。

董膠西集一卷　　張溥本,又汪士賢本,又世恩堂本

漢膠西相廣川董仲舒撰。《隋志》:一卷。注:"梁二卷。"《唐志》:一卷。孟子之後惟董氏取法洙泗,故其學在漢儒爲獨醇。《天人三策》在賈誼《治安策》上。凡三本,世恩堂本最善,四十六代孫文昌所校刊也。

東方大中集一卷　　張溥本,又河東吕兆禧輯本

漢大中大夫平原東方朔曼倩撰。隋、唐《志》並二卷。朔《誡子詩》云"首陽爲拙,柳下爲工",知其生平取法和聖。諫獵一疏亦朔之直道事人也。

褚先生集一卷

漢博士沛褚少孫撰。隋、唐《志》均不著録,明張溥就所補《史記》志傳輯爲一家。少孫文筆不逮龍門,舍彼取此,未知何意也。

王諫議集一卷

漢諫議大夫蜀郡王褒子淵撰。隋、唐《志》並五卷。褒與揚雄齊名,世稱淵雲,然《洞簫》窮變,與《甘泉》深偉亦微别。

劉中壘集一卷

漢中壘校尉宗室劉向子政撰。《隋志》:六卷。《唐志》:五卷。成帝之世,王氏權重,向以宗臣憂心國是。讀所上封事及《九歎》諸篇,得《小雅》之怨悱矣。

揚侍郎集二卷　並張溥本，又汪士賢輯本

　　漢黄門侍郎蜀郡揚雄子雲撰。子雲爲人落落寡合，怨家造爲未有。如"漢公之懿"數語，竄入《法言》，遂致後儒詬病。究其學問，未可厚非也。隋、唐《志》並五卷。原本久佚，宋譚愈衰録，明鄭樸增補爲六卷。今有張、汪二本，未知視譚、鄭詳略何如，然箴、賦諸大作固已收羅卷中矣。

劉子駿集一卷

　　漢太中大夫宗室劉歆子駿撰。隋、唐《志》並五卷。歆爲向子，與父同典校秘書，一時盛事，乃阿附新莽，墜替家聲。讀其文，令人惜悼。

馮曲陽集一卷

　　後漢司隸從事京兆馮衍敬通撰。隋、唐《志》並五卷。劉勰謂"敬通雜器，準犧戒銘；而事非其物，繁略違中"。今諸銘存者無幾，《顯志》一賦，磊落英多。

班蘭臺集一卷

　　後漢大將軍護軍司馬扶風班固孟堅撰。《隋志》：十七卷。《唐志》：十卷。固九歲能文，撰《兩都賦》，續成父彪《漢書》，古今稱大作者，盛推班馬。什存一二，覺古香拂拂，滿紙濃薰云。

崔亭伯集一卷

　　後漢長岑長安平崔駰亭伯撰。隋、唐《志》皆十卷。史載肅宗見駰《西巡頌》，嗟歎問侍中竇憲，使試見之。憲倒屣迎駰，笑謂受詔交公。其以文受知如此，然其品物讚多戒少，劉彦和譏之。

張河間集一卷

　　後漢河間相南陽張衡平子撰。《隋志》：十一卷。《唐志》：十卷。《二京》宏富，見稱於代。乃其感時僭侈而作，以寓諷諫也。四言側密，《怨詩》尤清典可味。

李蘭臺集一卷

後漢樂安相廣漢李尤伯仁撰。《隋志》：梁有五卷，亡。《唐志》不著録。尤自山河都邑，至於刀筆竿契，皆有銘。摯虞謂"文多穢病，討論潤色，言可采録"。

馬季長集一卷　並張溥本

後漢南郡太守扶風馬融季長撰。《隋志》：九卷。《唐志》：五卷。融號通儒，而任達不拘，稍爲有道所病。摯虞以《廣成》《上林》之屬，純爲今賦之體，而謂爲頌，失之遠矣。然則季長之文亦多有立異者乎。

皇甫司農集一卷

後漢司農卿朝那皇甫規威明撰。《隋志》注："梁有五卷，亡。"《唐志》復著録五卷。原本佚，道光中玉屏知縣武威張澍介侯輯刊。規舉賢良對策，忤梁冀下第，幾陷死。黨獄起，恥不得與上書，自訟挺特風節，森森乎斷簡中矣。

張太常集一卷

後漢太常卿酒泉張奂然明撰。《隋志》注："梁有五卷，亡。"《唐志》復著録五卷。原本佚，武威張澍輯，附奂本傳及奂子芝、昶書銘于後。奂不受董卓遺縑，志節可風。常侍曹節矯制，使收竇武，恨爲所賣，辭爵引咎，亦不失爲君子之過。集收諸疏，想見遺直。《與延篤書》古峭，惜不具爾。

段太尉集一卷　並二酉堂本

後漢太尉姑臧段熲紀明撰。隋、唐《志》皆不著録。武威張澍輯爲一家。熲與皇甫威明、張然明並知名，顯達京師，稱爲"凉州三明"。《後漢書》三人同傳，贊云："山西多猛，'三明'儷蹤。"哀録文筆，固與武功並著云。

鄭司農集一卷　雅雨堂本

後漢徵大司農高密鄭玄康成撰。《隋志》注："梁有二卷録一卷，亡。"《唐志》：二卷。原本佚，乾隆中兩淮鹽運使德州盧見曾輯刊。康成爲漢大儒,文章根經術而出,得此殘編,當與箋注共寶。

蔡中郎集二卷

後漢左中郎將陳留蔡邕伯喈撰。《隋志》:十二卷。注:"梁有二十卷錄一卷。"《唐志》:二十卷。邕宏才博學,推重一時,惟坐董卓黨,爲王允所殺。集中《薦卓表》,亦頗爲文章之玷。

荀侍中集一卷

後漢侍中潁川荀彧文若撰。隋、唐《志》均不著錄。明張溥輯列一家,舊在蔡中郎上,今依世次改。彧與曹操周旋,特借其力以扶漢社耳,操加九錫,賚恨而死。蘇子瞻以聖人之徒擬之,亦太過,然其文章經濟,要自可傳。

王叔師(真)〔集〕一卷

後漢校書郎宜城王逸叔師撰。《隋志》:梁有二卷,亡。《唐志》復著錄二卷。此本搜輯殘遺。惟《九思》爲完具。其《機賦》《荔枝賦》未必皆全篇也。

孔少府集一卷

後漢少府魯國孔融文舉撰。《隋志》:九卷。注:"梁十卷錄一卷。"《唐志》:十卷。融憐才下士,每歎曰:"坐上客常滿,樽中酒不空,吾無憂矣。"曹操憚其威名害之。魏文帝雅好融文,募天下有上融遺草者,輒重賞;作《典論》,稱其"體氣高妙,有過人者"。

諸葛丞相集一卷　並張溥本

蜀丞相瑯琊諸葛亮孔明撰。《隋志》:二十五卷。注:"梁二十四卷。"《唐志》亦二十四卷。諸葛以王佐之才,功未就而齎志以歿,循覽遺文,猶想見鞠躬盡瘁之衷曲焉。

諸葛武侯集十卷附武侯事蹟二卷　二酉堂本

諸葛亮撰。武威張澍重輯。佚文散句,搜採殆靡有遺。後附《武侯事蹟》二卷,凡論說及武侯者,備錄之。

魏武帝集一卷

魏太祖武皇帝譙國曹操孟德撰。《隋志》：二十六卷。注：
"梁三十卷録一卷。梁又有《武皇帝逸集》十卷，亡。《魏武帝集
新撰》十卷。"《唐志》：三十卷。詩文沉雄俊爽，時露霸氣，肖其
爲人。

魏文帝集一卷

魏文皇帝曹丕子桓撰。《隋志》：十卷。注："梁二十三卷。"
《唐志》亦十卷。文帝有儒士風，大變乃父悲壯之習，要其便娟婉
約，能移人情。

陳思王集二卷

魏陳思王曹植子建撰。《隋志》：三十卷。《唐志》：二十卷，
又三十卷。鍾嶸稱"陳思之〔於〕文章，譬人倫之有周、孔，鱗羽之
有龍鳳，音樂之有〔琴〕笙(竽)，女工之有黼黻"。集收詩七十餘
篇、賦及雜文百餘篇，咸蓄盛藻，見一斑矣。

陳記室集一卷

後漢丞相軍謀掾廣陵陳琳孔璋撰。《隋志》：三卷。注："梁十
卷録一卷。"《唐志》：十卷。琳，建安七子之一。初爲袁紹草檄，數
曹操罪惡及其祖父。操愛其才，厚歎之，軍國羽書多出其手。操
苦頭風，讀琳作霍然而愈，可識其文筆之妙。

王侍中集一卷

後漢侍中山陽王粲仲宣撰。《隋志》：十一卷。《唐志》：十
卷。劉勰稱其賦"靡密，發端必遒"，又以"雅潤""清麗"論詩，謂
子建、仲宣爲兼善。

阮元瑜集一卷

後漢丞相倉曹屬陳留阮瑀元瑜撰。《隋志》：三卷。注："梁有
録一卷。"《唐志》：五卷。瑀受學蔡邕，曹操屢辟不應，乃逃山中。
操使人焚山得之，爲記室。魏文帝《典論》與陳琳並稱其俊，《又與
吳質書》云"元瑜書記翩翩，致足樂也"。

劉公幹集一卷

魏太子文學東平劉楨公幹撰。《隋志》:四卷,録一卷。《唐志》:二卷。鍾嶸云,劉楨文體"出於古詩,仗氣愛奇,動多震絶";楨"骨氣凌霜,高風跨俗,但氣過其文,彫潤恨少。然自陳思已往,楨稱獨步"。

應德璉集一卷

魏太子文學汝南應瑒德璉撰。《隋志》:一卷。注:"梁有五卷録一卷,亡。"《唐志》:二卷。瑒,應劭之子,與弟璩同名。魏文帝《典論》稱魯國孔融、廣陵陳琳、山陽王粲、北海徐幹、陳留阮(瑜)〔瑀〕、汝南應璩、東平劉楨爲七子。有璩無瑒,以其爲一家學,故略之。或又去孔融,而瑒與璩並列云。

應休璉集一卷

魏衛尉卿汝南應璩休璉撰。《隋志》:十卷。注:"梁有録一卷。"《唐志》:十卷。劉勰云:"若乃應璩《百一》獨立不懼,詞譎義(具)〔貞〕,魏之遺直也。"

阮步兵集一卷

魏步兵校尉陳留阮籍嗣宗撰。《隋志》:十卷。注:"梁十三卷録一卷。"《唐志》:五卷。籍,阮(瑜)〔瑀〕子。以天下多故,酣飲自適,能爲青白眼,見俗士則以白眼對。鍾嶸謂其詩原出於《小雅》,雖無雕斲之巧,而《詠懷》之作可以陶性靈,發幽致,言在耳目之内,情極八荒之表,洋洋乎會於《風》《雅》矣。

嵇中散集一卷

(嵇)〔魏〕中散大夫譙國嵇康叔夜撰。《隋志》:十三卷。注:"梁十五卷録一卷。"《唐志》:十五卷。康本姓奚,以避怨徙亳州,家於嵇山,因氏焉。與向秀、劉伶、王戎、山濤、阮籍、阮咸爲友,號"竹林七賢"。其文筆與阮籍尤負隆名,劉勰云"嵇志清峻,阮旨遙深",可於二家遺集求之。

鍾司徒集一卷

魏司徒潁川鍾會士季撰。《隋志》：九卷。注：“梁十卷録一卷。”《唐志》：十卷。《檄蜀文》，徵驗甚明。劉勰：與桓温《檄胡》，同稱壯筆。

杜征南集一卷

晉征南將軍當陽杜預元凱撰。《隋志》：十八卷。《唐志》：二十卷。王隱《晉書》云：“預知謀深博，明於治亂，嘗稱德者非所企及，立言立功，預所庶幾也。”遺文奏議爲多，具有經術之氣。

荀公曾集一卷

晉尚書潁川荀勗公曾撰。《隋志》注：“梁有三卷録一卷，亡。”《唐志》：二十卷。勗爲秘書監，定魏《内經》，更著《新簿》，故博洽擅譽，尺銘樂歌，饒有古澤云。

傅鶉觚集一卷

晉司隸校尉北地傅玄休奕撰。《隋志》：十五卷。注：“梁五十卷録一卷，亡。”《唐志》：五十卷。玄少孤貧，博學以文章名，雖歷貴顯，著述不輟，史稱其峻急不能容。每有奏劾，或值日暮，捧白簡坐而待旦，由是貴游懾伏，臺閣生風。集中文筆多雄快，蓋天性然也。

張司空集一卷

晉司空范陽張華茂先撰。《隋志》：十卷。録一卷。《唐志》亦十卷。華博極古今，凡奇秘書，世所希覩者皆手識焉。劉勰論晉初筆札，推華爲雋，謂“三讓公封，理周辭要，引義比事，必得其偶”。余謂《女史箴》諷后族之盛，能使賈后知敬，尤集中上品也。

孫馮翊集一卷

晉馮翊太守太原孫楚子荆撰。《隋志》：六卷。注：“梁十二卷録一卷。”《唐志》：十卷。楚才藻卓越，爽邁不羣。嘗與王濟語，誤稱漱石枕流。濟曰：“流可枕，石可漱乎？”楚曰：“所以枕流，欲洗其耳;所以漱石,欲礪其齒。"集中《反金人銘》,翻新出奇,亦此類。

摯太常集一卷

晉太掌卿長安摯虞仲洽撰。《隋志》:九卷。注:"梁十卷録一卷。"《唐志》:十卷。虞嘗修定《新禮》,又撰《決疑要注》。集中文字考據居多,顏延之《庭誥》推稱優洽,信矣。

束廣微集一卷

晉著作郎元城束皙廣微撰。《隋志》:七卷。注:"梁五卷録一卷。"《唐志》:五卷。疏廣之後,因避亂徙居,改姓束。太康中,盗發古冢,得竹書數車,皆科斗字,莫有辨者。皙次第分釋無遺,張華服其博洽。《補亡詩》紹體周雅,《廣農議》嗣規漢詔,《餅賦》滑稽,其《酒箴》之流乎?

夏侯常侍集一卷

晉散騎常侍譙國夏侯湛孝若撰。《隋志》:十卷。注:"梁有録一卷。"《唐志》亦十卷。《世説新語》謂作周詩示潘岳,岳曰:"非徒温雅,乃見孝悌之性。"集又有《昆弟誥》一篇,擬《書》而作,格言可以訓世。

潘黄門集一卷

晉黄門侍郎滎陽潘岳安仁撰。隋、唐《志》並十卷。岳丰姿秀美,與夏侯湛時稱連璧。嘗作《金谷詩》,末云:"投分寄石友,白首同所歸。"後因孫秀譖,同石崇見收,遂成詩讖。劉勰與太沖並論,謂其策勳於鴻規,蓋心折《藉田》《射雉》諸賦矣。

傅中丞集一卷

晉司隸校尉北地傅咸長虞撰。《隋志》:十七卷。注:"梁三十八卷。"《唐志》:三十卷。咸,傅玄之子。雅負大節,詩多規鑒語,庾純謂"得風人之致",奏劾果勁,劉勰稱其"案辭堅深",皆定論也。

潘太常集一卷

晉太常卿滎陽潘尼正叔撰。隋、唐《志》並十卷。張隱《文士傳》稱："尼少有清才,文詞溫雅。"觀《安身論》《釋奠頌》"諸作信然"。劉勰指《乘輿箴》"義正體蕪",可以互參得失。

陸平原集二卷

晉平原内史吳郡陸機士衡撰。《隋志》:十四卷。注:"梁四十七卷録一卷,亡。"《唐志》:十五卷。機少以文章冠世。葛洪稱"玄圃積玉,無非夜光"。張華謂曰:"人患才少,而子更患才多。"李充《翰林論》答或問文曰:"孔文舉之書,陸士衡之議,斯可謂之文也。"蓋皆景仰之至。要其大致比肩潘、左,綵縟於正始,力柔於建安,《文心雕龍》評之最當矣。

陸清河集一卷

晉清河太守吳郡陸雲士龍撰。《隋志》:十二卷。注:"梁十卷録一卷。"《唐志》:十卷。雲,機之弟,少與兄齊名。尚書閔鴻奇之,曰:"此兒若非龍駒,當是鳳雛。"集中詩文亦與士衡伯仲。

成公子安集一卷

晉著作郎白馬成公綏子安撰。《隋志》:九卷。注:"殘缺,梁十卷。"《唐志》:十卷。張華薦綏,稱其"知深慮明,足以妙見研思,篤好則仲舒之精"。劉勰亦謂:"士衡、子安,底績於流製。"讀《天地》《嘯》《雲》諸賦,鴻名固不虛爾。

張孟陽集一卷

晉中書郎安平張載孟陽撰。《隋志》:七卷。注:"梁一本二卷録一卷。"《唐志》:二卷。載以《劍閣銘》《濛汜賦》得名。披覽餘篇,尚多佳製,宜與二文同賞清彩焉。

張景陽集一卷

晉黄門郎安平張協景陽撰。《隋志》:三卷。注:"梁四卷録一卷。"《唐志》:二卷。協少有雋才,與兄載、弟亢並名,時號"三張"。鍾嶸評協詩云:"其原出於王粲,文章華静,實少病累,又巧構形似之言,雄於潘岳,靡於太沖。"

劉越石集一卷

晉太尉中山劉琨越石撰。《隋志》：九卷。注：“梁十卷。”《唐志》：十卷。少與祖逖友，志在討逆，每枕戈待旦，曰“恐祖生先我著鞭”，後果勠力王室，成輔翊之功。文筆雄邁，《扶風歌》見英俊本色。

郭弘農集二卷

晉弘農太守河東郭璞景純撰。《隋志》：十七卷。注：“梁十卷録一卷。”《唐志》：十卷。劉勰論賦，謂“景純綺巧，縟理有餘”，於其詩，亦稱“仙篇挺拔而爲雋”也。

王右軍集一卷

晉金紫光禄大夫右軍將軍瑯琊王羲之逸少撰。《隋志》：九卷。注：“梁十卷録一卷。”《唐志》：五卷。羲之年十三，嘗謁周顗，時重牛心炙，客未嘗，先以奉焉，爲時所重如此。《蘭亭敘》出於金谷，而王作獨顯，文以人傳爾。集採諸帖爲多，古峭可玩。

王大令集一卷

晉金紫光禄大夫瑯琊王獻之子敬撰。《隋志》注：“梁有十卷録一卷，亡。”《唐志》不著録。此編亦從諸法帖採出，筆墨肖其父右軍。《桃葉》一歌，任誕風流，可與《洛神》十三行同視矣。

孫廷尉集一卷

晉衛尉卿太原孫綽興公撰。《隋志》：十五卷。注：“梁二十五卷。”《唐志》亦十五卷。劉勰云：“孫綽爲文，志在於碑誄。”《金樓子》云：“銘頌所稱，興公而已。”然《天台賦》成，以示范榮期，曰“卿試擲地，要作金石之聲”，則賦才良足擅美也。

陶彭澤集一卷　並張溥本

宋徵士潯陽陶潛元亮撰。《隋志》：九卷。注：“梁五卷録一卷。”《唐志》：二十卷，又集五卷。潛本名淵明，入宋名潛，侃曾孫也。嘗爲彭澤令八十日，郡督郵至，吏白束帶見之。潛曰我不能爲五斗米折腰,即解印綬去。自號五柳先生。顏延之謚曰靖節徵士。鍾嶸評其詩曰:"其源出於應璩,又協左思風力。文體省净,殆無長語。篤意真古,辭興婉媚","至於'歡言酌春酒''日暮天無雲',風華清靡,豈直田家語邪!古今隱逸詩〔人〕之宗也"。

陶淵明集六卷附序論一卷東坡和陶詩一卷敦好齋律陶纂一卷
明刊本

陶潛撰。舊有八卷之本,乃北齊時陽休之所編。内收《聖賢羣輔録》《孝傳》,明張自烈潔生删去二書詩文並加評語,自爲《序論》一卷,又附《東坡和陶詩》一卷、閩人黄槐開子虛《敦好齋律陶纂》一卷,卷數與《隋志》合,浸失古意矣。

何衡陽集一卷

宋御史中丞東海何承天撰。《隋志》:二十卷。注:"梁三十二卷,亡。"《唐志》亦二十卷。承天除著作郎時年已老,而諸郎並名家年少。荀伯子嘲以姊母,承天曰:"卿當云鳳皇將九子,姊母何言耶?"恬退風流之致,概可想見。又嘗纂國史,撰《禮論》。詩文淹雅,知其績學深矣。

傅光禄集一卷

宋尚書令北地傅亮季友撰。《隋志》:三十一卷。注:"梁二十卷。"《唐志》:十卷。亮在臺省,周旋於蔡廓、徐羨之之間,從征平閩。諸詩善爲頌語。

謝康樂集一卷

宋康樂侯臨川内史陳郡謝靈運撰。《隋志》:十九卷。注:"梁二十卷録一卷。"《唐志》:五卷。鍾嶸評其詩,謂"原出於陳思,(雅)〔雜〕有景陽之體"。劉勰曰:"莊老告退,而山水方滋。"見遊山水詩以康樂爲最。

顏光禄集一卷

宋特進光禄大夫瑯琊顏延之延年撰。《隋志》:二十五卷。

注:"梁三十卷,又有《逸集》一卷。"《唐志》:三十卷。延之與謝靈運齊名,嘗問鮑照己與靈運優劣。照曰:"謝五言如初發芙蓉,自然可愛。君詩若鋪錦列繡,雕繪滿眼。"則顏遜于謝矣。然體裁明密,與謝之興會標舉,沈約固並稱"方軌前秀,垂範後昆"云。

鮑參軍集一卷

宋征虜記室參軍東海鮑照明遠撰。《郡齋讀書志》:"上黨人。"虞炎集序云:"孝武初除海虞令。"《宋子京筆記》:"今人多誤鮑照作鮑昭。金陵有人得地中石刻作鮑照。"《潘子真詩話》:"武后時諱照,唐人因以昭名之。"《隋志》:十卷。注:"梁六卷。"《唐志》亦十卷。其詩亦在謝、顏之間,杜少陵以"俊逸"稱之。

袁陽源集一卷

宋太尉陽夏袁淑陽源撰。《隋志》:十一卷。注:"並目録,梁十卷録一卷。"《唐志》:十卷。集中如《大蘭王九錫文》隱謂豕也,《廬山公九錫文》隱謂驢也,游戲三昧,昌黎《毛穎傳》實本之。《隋志》總集別出《袁淑誹諧文》十卷。此二文皆在其中,佚篇無多,故並收正集云。

謝法曹集一卷

宋司徒府參軍陳郡謝惠連撰。《隋志》:六卷。注:"梁五卷録一卷。"《唐志》:五卷。惠連十歲能屬文,族兄靈運嘉賞之。嘗於永嘉西堂思詩,竟日不就,忽夢惠連,得"池塘生春草",以爲此語有神工。今讀遺詩多似康樂,宜當日契之深也。《雪賦》託辭相如,則其自命亦不凡矣。

謝光禄集一卷

宋金紫光禄大夫陳郡謝莊希逸撰。《隋志》:十九卷。注:"梁十五卷。"《唐志》:十五卷。莊爲太子中庶子時,南平王鑠獻赤鸚鵡,帝詔羣臣爲賦。袁淑見莊賦,歎曰:"江東無我,卿當獨秀。我若無卿,亦一時之傑也。"今此賦不具。然讀《月賦》"美人邁兮音塵(闓)〔闕〕,隔千里兮共明月",雖實出仲宣手,不過爾爾。

竟陵王集一卷

齊竟陵王蕭子良雲英撰。《隋志》:四十卷。《唐志》:三十卷。史載其與丘令楷、江(栱)〔洪〕等共打銅鉢立韻,響滅則詩成,可以觀覽。蓋景慕西園之雅,而才之敏速亦似陳思。然佞佛好禪,研思梵誦,去儒道駸駸日遠矣。

王文憲集一卷

齊太尉瑯琊王儉仲寶撰。《隋志》:五十一卷。注:"梁六十卷,亡。"《唐志》:六十卷。儉諳達朝章,問無不答。上歎曰:"'維嶽降神,生甫及申。'天亦爲我生儉也。"生平不治產,雅多著作。任彥昇爲作集序,稱述甚詳。

王寧朔集一卷

齊中書郎瑯琊王融元長撰。隋、唐《志》並十卷。史稱融文辭捷速,有所造作,援筆可待。又爲《曲水詩序》,當時稱之。

謝宣城集一卷

齊吏部郎陳郡謝朓玄暉撰。《隋志》:十二卷,《逸集》一卷。《唐志》:十卷。朓詩清俊,次於康樂,在宣遠、希逸上。名句警人,能使青蓮低首。"寒城一以眺,平楚正蒼然",骨格最高,朱子亦賞之。

張長史集一卷

齊司徒左長史吳郡張融思光撰。《隋志》:二十七卷。注:梁十卷,又《玉海集》十卷,《大澤集》十卷,《金波集》六十卷,亡。《唐志》:《玉海集》六十卷。史載融文集數十卷行於世。自名其集爲"玉海",司徒褚彥回問其故,融云:"蓋玉以比德,海崇上善耳。"又云:"《海賦》文詞詭激,獨與衆異。"今集收此篇,又採《弘明集》所載《門論》,稱《少子》。按:《隋志》道家《符子》下注:梁有《少子》五卷,亦融所撰。當是彼書之佚篇也。

孔詹事集一卷

齊金紫光禄大夫山陰孔稚圭德璋撰。隋、唐《志》並十卷。稚圭風韻清疎，門庭之内，草萊不剪，時有蛙鳴，笑謂家人曰："以此當兩部鼓吹。"周彦倫隱於北山，後應詔出爲鹽官令，欲過北岳，乃假山靈之意，移文於此，史載其事。集中所收遺篇大都清曠之作，讀之使人意遠。

梁武帝集一卷

梁武皇帝蕭衍叔達撰。《隋志》：二十六卷。注："梁三十二卷。"又：《詩賦集》二十卷，《雜文集》九卷，《別集目録》二卷，《净業賦》三卷。《唐志》：十卷。武帝受齊禪，初政可觀，後惑於佛，三度捨身同泰寺，無濟於臺城之厄。然博學能文，著述甚富。《逸民》《藉田》諸詩淵渾蕭穆，固不失開國氣象也。

梁簡文集一卷

梁簡文皇帝蕭綱世纘撰。《隋志》：八十五卷。《唐志》：八十卷。帝六歲能屬文，武帝嘗歎爲吾家東阿。今披集中《梅花》等賦豔情爲娱，實難望"建安七子"之項背，況入室如陳思者哉。然如"葉密鳥飛礙，風輕花落遲""草樹無參差，山河同一色"，名雋之句，固可誦也。

梁元帝集一卷

梁元皇帝蕭繹世誠撰。《隋志》：五十二卷。《唐志》：五十卷並《小集》十卷。侯景廢簡文，尋使彭雋進土囊弑之。帝以湘東王舉兵滅賊，事有可取，乃正位江陵，不思保邦之計，躬御龍光，親講《老子》。魏兵至柵下，猶口占詩，何其愚哉。其詩如"落星依遠戍，斜月半平林"，澹遠可味，然竟是五言近體。他篇音節有通首成律者，古調至此，音響絶矣。

梁昭明集一卷

梁昭明太子蕭統德施撰。隋、唐《志》並二十卷。昭明好士愛

文,起樂賢堂,一時名流劉孝綽、殷芸、陸倕、王筠、到洽等皆見禮
侍。又建文選樓于池州,居其上,選定秦漢以來文凡三十卷,多取
宏麗排纂之作,世稱選體。其文筆亦工駢語,兼多佛家義諦,亦當
時風尚然也。

江醴陵集二卷

梁金紫光禄大夫濟(南)〔陽〕江淹文通撰。《隋志》:九卷。
注:"梁二十卷,又《後集》十卷。"《唐志》:前後集各十卷。淹少
孤,慕司馬長卿、梁伯鸞不事章句,以詞賦起家。官御史中丞,不
避權貴。詩筆修飭,雜擬三十五首,諸體兼賅。雖能脱當時俳偶
之習,而風骨終遠於漢魏也。

沈隱侯集二卷

梁特進吳興沈約休文撰。《隋志》:一百一卷。并録。《唐
志》:一百卷。沈爲四聲韻,始以八病論詩,較之鮑謝性情聲色俱
遜一格。然邊幅尚闊,詞氣尚厚,能存古詩一脈。在蕭梁之代,可
與江淹、何遜各自成家。

陶隱居集一卷

梁隱居先生秣陵陶弘景通明撰。《隋志》:三十卷,《内集》十
五卷。《唐志》亦三十卷。隱居讀書萬卷,齊高祖引爲諸王傅,未
幾,挂冠神武門,卜築勾曲,自號華陽隱居。梁武帝徵不出,大事
就咨,謂之山中宰相,諡貞白先生。文筆清超。《答詔問山中何所
有》詩,有《衛風·考槃》遺意。

丘司空集一卷

梁國子博士烏程丘遲希範撰。《隋志》:十卷,注并録梁十一
卷。《唐志》亦十卷。遲八歲屬文,父靈鞠有才名,常謂"氣骨似
我"。隱士何點見而異之。鍾嶸評其詩曰:"點綴映媚,似落花依
草。"雖淺於文通,而秀於(子敬)〔彥昇〕。

任中丞集一卷

梁太常卿樂安任昉彦昇撰。隋、唐《志》並三十四卷。昉以文章名世,褚彦回謂其父曰:"聞卿有令子,百不爲多,一不爲少。"性好獎拔士類,座客常滿。卒後,子西華冬日著葛帔練裙,道逢劉孝標,泫然矜之,乃作《廣絶交論》,譏其舊游。集中文字長於表牋彈事。

王左丞集一卷

梁中軍府諮議東海王僧孺僧孺撰。隋、唐《志》並三十卷。僧孺好墳籍,聚書萬餘卷,率多異本。任昉贈詩曰:"劉《略》班《藝》,虞《志》荀《録》。伊昔有懷,交相欣勗。"其文麗逸,多用新事,人所未見者,時重其富博。

陸太常集一卷

梁太常卿吳郡陸倕佐公撰。《隋志》:十四卷。《唐志》:二十卷。倕少勤學,善屬文,於宅内起兩茅屋,杜絶往來。嘗借人《漢書》,失《五行志》四卷,乃暗寫還之,略無遺脱。樂安任昉爲中丞,預其讌者,殷芸、到溉、劉苞、劉孺、劉顯、劉孝綽及倕而已,號曰龍門之遊。《新刻漏》《石闕》二銘見重於代,《文選》並載之。

劉户曹集一卷

梁平西刑獄參軍平原劉峻孝標撰。《隋志》:六卷。本名法武,性好學。寄人廡下,自課讀書,嘗燎麻炬,從夕達旦,時或昏睡,爇其鬚髮,及覺復讀。苦所見不博,聞有異書,必往祈借,清河崔慰祖謂之"書淫"。武帝曾策錦被事,咸言已罄,峻請紙筆,疏十餘事,由是惡。作《類苑》成,竟不見用。《辯命》一論,感慨係之矣。

王詹事集一卷

梁太子詹事瑯琊王筠元禮撰。一字德柔。《南史》本傳:"筠自撰其文章,以一官爲一集,自洗馬、中書、中庶、吏部、左佐、臨海、太府各十卷,尚書三十卷,凡一百卷。"《隋志》:《梁太子洗馬王筠集》十一卷,《中書集》《臨海集》《左佐集》《尚書集》皆十一卷,并録。《唐志》:《洗馬集》《中庶子集》《左佐集》《臨海集》《中書集》並十卷,《尚書集》十一卷。沈約嘗啓上,言晚來名家無先筠者,謝朓常見語云:"好詩圓美,流轉如彈丸。"可於遺篇求之。

劉秘書集一卷

梁廷尉卿秘書監彭城劉孝綽撰。本名冉,後名孝綽,字孝綽,小字阿士。《隋志》:十四卷。《唐志》:十二卷。史稱孝綽辭藻爲後進所宗,時重其文,每作一篇,朝成暮徧,好事者咸傳誦寫,流聞河朔,亭苑柱壁,莫不題之。惜佚篇寥落,十不存一耳。

劉豫章集一卷

梁都官尚書豫(州)〔章〕内史彭城劉潛孝儀撰。隋、唐《志》並二十卷。潛,孝綽弟。幼孤,與諸兄弟相勗以學,並工屬文。孝綽嘗云"三筆六詩","三"即孝儀,"六"謂孝威也。

劉中庶集一卷

梁太子庶子彭城劉孝威撰。隋、唐《志》並十卷。孝綽第六弟,史稱其"氣調爽逸,風儀俊舉"。

庾度支集一卷

梁度支尚書新野庾肩吾慎之撰。《隋志》:十一卷。《唐志》:十卷。八歲能賦詩,爲兄於陵所友愛。初爲晉安王國常侍,在雍州與劉孝威、江伯摇、孔敬通、申子悦、徐防、徐摛、王囿、孔鑠、鮑至等十人,抄撰衆籍,號(東)〔高〕齋學士。簡文開文德省,置學士,與子信並充其選。齊永明中,王融、謝朓、沈約文章始用四聲,以爲新變,至是轉拘聲韻,彌爲麗靡。《南史》於《肩吾傳》中備録簡文《與湘東王書》,蓋寓變易文體之思也。

何記室集一卷

梁仁威記室東海何遜仲言撰。八歲能賦詩,弱冠舉州秀才。

范雲見其對策,大相稱賞,謂所親曰:"頃觀文人,質則過儒,麗則傷俗。其能含清濁,中今古,見之何生矣。"何與劉孝綽並名,時謂之何劉。東海王僧孺集其文爲八卷。《隋志》:七卷。《唐志》:八卷。宋已殘缺,故杜甫詩注所引,黄伯思皆以爲未見。此本存詩九十餘首。

吴朝請集一卷

梁奉朝請吴興吴均叔庠撰。隋、唐《志》並二十卷。文體清拔,有古氣,好事者或敩之,謂爲吴均體云。

陳後主集一卷

陳後主陳叔寶元秀撰。《隋志》:三十九卷。《唐志》:五十卷。後主嘗起臨春、望仙、結綺諸閣,移送往來。張貴妃、孔貴人等八人侍坐,尚書江總、孔範等十人侍宴,謂之狎客。上令八婦人製五言詩,十客一時繼和。隋兵臨江,猶縱伎飲酒,賦詩不輟。集所載《後庭玉樹》諸篇,亡國之音,可以示戒矣。

沈侍中集一卷

陳侍中吴興沈炯初明撰。《隋志》:《前集》七卷。《唐志》:六卷,《後集》並十三卷。少有雋才,爲當時所重。梁陳禪代,兩朝貴顯。侯景之難,瀕于險危。《經漢武帝通天臺表奏》之文,與庾信《哀江南》同呧矣。

江令君集一卷

陳僕射尚書令濟(南)〔陽〕江總總持撰。《唐志》:二十卷。總當權任宰,不持政務,但日與後主遊宴後庭,多爲豔詩。陳亡入隋,拜上開府。自序云:"太建之時,權移羣小,諂嫉作威,屢被擯黜,奈何命也。"識者譏其言跡之乖。其五言、七言徒工浮靡,比于慢矣。

張散騎集一卷

陳尚書度支郎清河張正見見賾撰。隋、唐《志》並十四卷。梁簡文在東宮,正見年十三,獻頌,簡文深賞贊之。集中五言尤善。

徐僕射集一卷　並張溥本

陳尚書左僕射東海徐陵孝穆撰。隋、唐《志》並三十卷。陵,徐摛子。母夢五色雲化爲鳳入室,遂生陵。寶誌公摩其頂曰:"天上石麒麟也。"文章綺豔,與庾信並名,世稱徐庾體。

徐孝穆集箋注六卷　困學書屋重校本

徐陵撰。乾隆中,吳江吳兆宜顯令箋注,後附備考一篇。

陰常侍集一卷　二酉堂本

陳鎮南府司馬涼州陰鏗子堅撰。《隋志》:一卷。《唐志》不著録,佚已久。武威張澍輯刊。鏗以五言詩名世,風格清拔。杜少陵推太白佳句,嘗舉陰鏗相擬,蓋亦取之,非有菲薄之意也。

高令公集一卷

後魏司空渤海高允伯恭撰。《隋志》:二十一卷。《唐志》:二十卷。史稱允夙成有奇度。清河崔宏見而異之,歎曰:"高子黃中內潤,文明外照,必爲一代偉器。"傳贊稱其"體隣知命,鑒照窮達",以爲有魏以來,斯人而已。觀集中遺文多獻替之作,具有經術,非南朝曼音之比也。

温侍讀集一卷

後魏散騎常侍濟陰温子昇鵬舉撰。《北史·文苑傳》云,太尉長史宋游道集其文爲三十五卷。《唐志》同《隋志》三十九卷。子昇博覽百家,文章清婉。梁武稱之曰:"曹植、陸機復生於北土。"(王)〔元〕暉業謂:"子昇足以陵顏轢謝,含任吐沈。"楊遵彦作《文德論》,與邢子才、王元景並以爲彬彬有德素云。

邢特進集一卷

北齊特進河間邢劭子才撰。《隋志》:三十一卷。《唐志》:三十卷。劭少游洛陽,遇雨,乃杜門讀《漢書》五日,悉强記無遺。文章典麗,既贍且速,與温子昇齊名。

魏特進集一卷

北齊尚書僕射鉅鹿魏收伯起撰。《隋志》：六十八卷。《唐志》：七十卷。收與温子昇、邢劭爲北朝三才。夏日坐版牀，隨樹陰誦讀，積年版牀爲之脱減。性輕薄，京洛號爲驚蛺蝶。齊主嘗問收："卿才何如徐陵？"收對曰："臣大國之音，典以雅。陵亡國之音，麗以豔。"要其文筆未能遽勝孝穆，而不失朴茂之意，亦北方之杰出也。

王司空集一卷

後周少司空瑯琊王褒子深撰。《隋志》：二十一卷，並録。《唐志》：二十卷。褒七歲能屬文，外祖梁司空袁昂愛之。草隸名亞蕭子雲，並見重於時。入周，與庾信才名相高。所作《燕歌》妙盡塞北寒苦之言，亦《小園》《枯樹》之次也。

庾開府集二卷　　並張溥本

後周開府儀同三司新野庾信子山撰。《南史》本傳、《唐志》并二十卷。《隋志》：二十一卷并録。信父肩吾爲梁太子中庶子，掌管記。東海徐摛爲右衛率，摛子陵及信並爲抄撰學士，文並綺豔，世號徐庾體。入周，位望通顯，常作鄉關之思，集中《哀江南賦》所繇作也。其詩刻意清新，杜少陵亟稱許之。

庾開府集箋注十卷

庾信撰，吳兆宜箋注。考《倪瓚集》有與齊學士借庾子山集書，則信集元末尚有傳本，至明遂佚。此本視張溥所輯爲詳。《箋注》稿本採取胡渭與徐樹穀等補綴，極見博賅。

隋煬帝集一卷

隋煬皇帝楊廣撰。《隋志》：五十五卷。《唐志》：五十卷。煬帝才氣視陳後主爲大，而新詞豔曲以寫荒淫，其歸一也。

盧武陽集一卷

隋武陽太守范陽盧思道子行撰。《北史》，隋、唐《志》並二十卷。思道年十六,遇中山劉松爲人作碑,讀之多不解,乃感激閉戶讀書,師事河間邢子才。後作文示松,松亦不甚解,思道歎曰:“學之有益,豈徒然哉。”齊文宣帝崩,當朝文士各作挽歌十首,擇其善者用之。魏收、陽休之、祖孝徵等不過得一二首,惟思道獨有八篇,時稱爲八采盧郎。特恃才地,多所陵轢,官途淪滯。《孤鴻賦序》,其有悔思乎?

李懷州集一卷

隋懷州刺史博陵李德林公輔撰。《北史》本傳云:“所撰文集,勒成八十卷,遭亂亡(才)〔失〕,見五十卷行於代。”隋、唐《志》並十卷。德林少孤,未有字。魏收謂之曰:“識度天才,必至公輔,吾輒以此字卿。”後秉鈞衡,功參佐命。集中文筆深偉,如其氣量云。

牛奇章集一卷

隋吏部尚書安定牛弘里仁撰。隋、唐《志》並十二卷。弘性寬裕,好學博聞。開皇初爲秘書監,上表請開獻書之路。爲禮部尚書,請依古制立明堂。除太常卿,詔定雅樂。又作《樂府歌詞》,撰定《圓丘五常覞樂》,并議樂事。隋代制作皆出奇章一人所手定。方之漢劉向、晉荀勖無愧色焉。

薛司隸集一卷　　並張溥本

隋司隸大夫(濟)〔汾〕陰薛道衡元卿撰。隋、唐《志》並三十卷。道衡少孤力學,長以才名著。裴讞目之曰:“鼎遷河(朝)〔朔〕,吾謂關西孔子,罕遇其人,今復(見)〔遇〕薛君矣。”其爲時所推重如此。後以“空梁落燕泥”之句,煬帝忌而殺之,良可惜爾。

右別集類漢至隋一百十三部,共一百五十七卷。

玉函山房藏書簿録卷十九

集編三

别集類二

虞世南集一卷

唐秘書監餘姚虞世南伯施撰。與兄世基受業於顧野王。世基清發,世南博贍,識者方雲間二陸。太宗稱其五絶:德行、忠言、博學、文辭、書翰也。《唐志》:集三十卷。今佚,此本明人所輯。《初學記》所載詩多未收入,頗爲疎漏。

許敬宗集一卷　並明刊本

唐特進揚州大都督新城許敬宗延族撰。敬宗以立武后有功,乃陰連后謀害忠貞,威寵灼熾。《唐書》入《姦臣傳》。後人作《十八學士登瀛洲圖》,去敬宗,止十七人,蓋深惡之也。《唐志》:集八十卷。此本亦明人所輯,存唐人文筆而已。

寒山子詩集二卷

唐台州僧寒山子撰。詩類偈頌,時有名理。邵子《擊壤集》派出於此。《獨醒雜志》云:"山谷喜書寒山詩,曰此淵明之德亞也。"

拾得詩一卷豐干詩附　並鈔本

唐拾得、豐干皆台州僧,與寒山子同。著《異跡詩》亦略相似。《豐干詩》止二首,附《拾得詩》後合爲一編。

王子安集十六卷

唐沛王府修撰絳州王勃子安撰。子安六歲能文,麟德初對策,授朝散郎。在沛王府以作《鬬雞檄文》見逐,省親交阯,渡海溺死,時年二十九。與楊炯、盧照鄰、駱賓王稱四傑。文章鉅麗,實爲之冠。

盈川集十卷

唐盈川令華陰楊炯撰。與王勃、盧照鄰、駱賓王以文詞齊名,時稱王楊盧駱。炯曰:"我愧在盧前,恥居王後。"蓋不滿於子安也。此本明萬曆中龍游童佩所編。

盧昇之集七卷

唐鄧王府典籤范陽盧照鄰昇之撰。昇之後居太白山,餌方士藥,病轉篤,徙具茨山,愈甚,投潁水死。與王、駱同一不終。其文章之次第,前人固有定評已。

駱丞集十卷　藉〔書〕園藏本

唐臨海丞義烏駱賓王撰,明顏文撰注。武后時賓王棄官去,徐敬業舉兵,署爲府屬,傳檄天下。后讀至"一抔之土未乾,(三)〔六〕尺之孤安在",矍然曰"宰相安得失此人"。及敬業既敗,賓王亡命,不知所終。後宋之問游靈隱寺,月夜行吟,遇一老僧上"樓觀滄海日,門對浙江潮"一聯,之問愕然。有知者曰:"賓王也。"中宗因詔求其文,使郗雲卿編次。此本爲顏文撰注,當亦顏所重輯。注頗弇陋,而用意良勤。

　　嘉孫注:原著録爲"藉園藏本",疑"藉"後脱一"書"字,爲歷城周永年藉書園藏書。

張燕公詩集二卷　静逸齋本

唐中書令燕國公洛陽張説道濟撰。《唐志》:集五十卷。宋以來諸家著録皆二十五卷。此本單以詩行,歙縣黃榜雲嵩校梓。有榜兄黃極雲陵序。

嘉孫注:明嘉靖二十三年(1544)歙黄榜刻《二張詩集》本,半葉十行,行十八字,四周單邊。卷端鎸"歙雲嵩黄榜校",鈐有"墨農"白文長方印、"玉函山房藏書"朱文方印、"長樂鄭振鐸西諦藏書"朱文方印。今藏國家圖書館。

蘇頲集二卷

唐中書令武功蘇頲廷碩撰。開元中,平内難,詔書填委,頲信口占授,博雅而文。繼父瓌爲相。文筆宏整,有許公遺矩。

李嶠集三卷

唐趙國公同中書門下贊皇李嶠巨(川)〔山〕撰。嶠少時夢人以雙筆贈之,文日有名,拜鳳閣舍人,制册皆出其手。《紀事》云:武后時,嶠賦金樞詩,貶唐之功,頌周之德,人皆鄙之。《唐志》:五十卷。佚。明人輯刊。

陳伯玉集二卷

唐左拾遺射洪陳子昂伯玉撰。《唐志》:十卷。此本明人輯刊。唐世文章至子昂始變雅正,盧藏用曰"道喪五百載而得陳君",韓昌黎《薦士》詩曰"國朝盛文章,子昂始高蹈",誠非過譽。惟作《大周受命頌》及《進表》《請追上太原王帝號表》《大崇福觀記》諸篇,頗爲儒者詬病。此本擯而不録,非無見也。

沈雲卿集三卷

唐太子詹事内黄沈佺期雲卿撰。《唐志》:十卷。此本輯賦二篇,餘皆詩。佺期與宋之問作詩,音韻相和,約句準篇,號沈宋體。

宋之問集二卷

唐修文館學士弘農宋之問延清撰。《唐志》:十卷。此本明人輯刊。之問以阿諛得幸武后。睿宗立,以張易之、武三思黨徙欽州。先天中,賜死。其人不足取,然洛苑賦詩,奪東方虬賜袍;昆明池應制,上官昭容選句,謂"較沈佺期爲勝",其才亦不可没也。

杜審言集二卷　並明刊本

　　唐吉州司戶襄州杜審言必簡撰。《唐志》：十卷。原書佚。宋乾道中戶曹趙(君)彥〔清〕編輯。詩凡四十三首，有楊萬里序。審言才高傲世，與李嶠、崔融、蘇味道爲文章四友。

張曲江集二十卷　藉〔書〕園藏本

　　唐中書門下同平章事曲江張九齡子壽撰。雍正中，裔孫世緯、世績、世綱重梓。曲江以忠亮負望，文章高雅，亦不減燕許。徐堅謂其"如輕縑素練"，實濟用而窘於邊幅，非確論也。

張曲江詩集二卷　闇齋本

　　張九齡撰。歙縣黃榜校梓。唐初五古漸趨於律，風格未遒，陳正字起衰，而詩品始正，張曲江繼續，而詩品乃醇。

高常侍集十卷　明刊宋本

　　唐諫議大夫滄州高適達夫撰。年五十學詩即工，一篇出，好事者輒傳布。此本重雕影鈔宋刻。凡詩八卷，文二卷。《文獻通考》所謂《集外詩》一卷《文》一卷者，不知今尚存否也。

太白集三十六卷　聚錦堂本

　　唐翰林供奉彰明李白太白撰。其詩縱橫馳驟，落想天外，局自變生，五言風格俊上，似阮嗣宗。天授之才，非人可及。此本錢塘王琦琢(庵)〔崖〕輯注。舊有宋楊齊賢，元蕭士斌，明林兆珂、胡震亨四家注，琦皆病其疎漏，乃參合而爲此編。詩凡三十卷，後六卷雜文，並附錄諸家之文爲白而作者。

杜子美集二十卷　平原張氏藏本

　　唐左拾遺成都杜甫子美撰，宋廬陵劉辰翁會孟評點，乾隆中平原張吉士補評。前人論少陵詩者，少陵身際亂離，負薪拾橡，而惓惓忠愛，不忘君國，性情厚矣。其詩境之所造，嚴滄浪云"憲章漢魏，而取材于六朝"。至其自得之妙，先輩所謂集大成者也。孫器之比於周公禮樂，後世莫能擬，斯爲篤論。

杜詩評注二十五卷附編二卷

國朝翰林院編修鄞縣仇兆鰲滄柱撰。凡詩注二十三卷,雜文注二卷。後以《逸杜》《詠杜》《補注》《論杜》爲附編二卷。徵引詳博。

杜詩偶評四卷　賜閒〔草〕堂本

國朝禮部尚書長洲沈德潛確士撰。同邑潘承松森千校。有沈序及潘《凡例》。

讀書堂杜詩注解十卷　澄城官署刊本

國朝翰林院編修磁州張綖上若撰。六世孫籛知澄城時校刊。解多心得,不落窠臼。

岑嘉州集三卷

唐嘉州刺史南陽岑參撰。杜甫薦之,累遷侍御史,終嘉州刺史。詩能作奇語,尤長於邊塞。

類箋王右丞詩集十卷年譜一卷附録一卷　奇字齋本

唐尚書右丞太原王維摩詰撰,宋劉辰翁評,明吳縣顧起經元緯注。後附諸家評語及《右丞詩畫鈔》。東坡稱右丞詩中有畫,畫中有詩,蓋性嗜禪悦,故文筆饒澹遠之致。與孟浩然、韋應物齊名。詩家多稱王孟,亦稱王韋云。劉評領取言外意,清雋可玩。

王右丞集二十八卷　目耕堂本

王維撰,仁和趙殿成(和)松谷箋注。以舊注支離破碎,又注詩而不注文,乃詳爲考訂,更箋注之。凡詩十四卷,以劉辰翁評本爲定,劉本不載者,別爲外編。雜文釐爲十二卷,進表、批答、本傳、世系、遺事、倡和、題詠爲一卷弁首,以詩評、畫録、年譜爲一卷綴末。

孟浩然集四卷

唐處士襄陽孟浩然撰。以字行。詩五言擅氣,如"氣蒸雲夢澤,波撼岳陽城""微雲澹河漢,疏雨滴梧桐",前人極稱之。集中此類尚多。

常建詩三卷

唐盱眙尉常建撰。其人恬淡寡營,詩有深造,可與王、孟抗行。《江上琴興》詩,千秋絶唱。

儲光羲詩六卷

唐監察御史兗州儲光羲撰。光羲受安禄山僞官,終以貶死。節誼不足稱,而詩則善學陶淵明,得其真樸之意,固自可傳。

顏魯公集十五卷　新都黄氏校梓宋本

唐御史魯郡公臨沂顏真卿清臣撰。李希烈告變,使公往諭之,罵賊而死,大節凜然。詩文亦千載有生氣。二十五世孫清祚重刊。有宋劉敞舊序,明戴燩、楊一清前序,都穆張居仁後序。

劉隨州集十一卷

唐隨州刺史河間劉長卿文房撰。劉詩號"五言長城"。元好問云學詩家"有白首不能道長卿一句者",高氏《中興間氣集》病其十首以後語意略同。劉詩之長短,可以互見已。

韋蘇州集十卷

唐蘇州刺史京兆韋應物撰。少以三衛郎事明皇,後折節讀書,鮮食寡欲,焚香掃地而坐。詩品高潔,朱子謂其"無一字造作,氣象近道"。

錢仲文集十卷

唐考功郎中吳興錢起仲文撰。時與韓翃、李端輩十人號十才子,形於圖畫,又與郎士元齊名。人爲之語曰:"前有沈宋,後有錢郎。"大曆詩格,自十子頓變。仲文五古,往往近於右丞。

翰苑集七卷　重刊宋本

唐中書門下同平章事兵部尚書嘉興陸贄敬輿撰。宋蘇軾、吕希哲校定。宣公文多用駢句,蓋當日之體裁,然意摯辭暢,惻惻動人。奉天詔書,讀者感泣。公嘗自謂:"上不負天子,下不負所學。"觀其文章信然矣。

五百家注昌黎先生集四十卷　許氏重刊宋本

唐吏部侍郎新安韓愈退之撰。文行以灝氣，一空南朝舊體，所謂扶八代之衰也。詩原本雅頌，不規規于風人，喜押險韻，妥帖排奡，後人效之，無其雄奇也。此本宋魏仲舉編。於諸儒之論韓文者，採摭頗富。

昌黎先生詩集注十卷補遺一卷　膺德堂本

國朝徵士長洲顧嗣立俠君删定。滿洲博明(西)〔晰〕齋又手鈔何義門、朱竹垞評語。即就顧本，何批用硃筆，朱批用墨筆，校刊最善。

韓集點勘四卷　恒訓閣藏本

國朝諸生常熟陳景雲少(彦)〔章〕撰。因點勘東雅堂《韓文集注》，糾其舛誤，考據訂正頗精密。男黃中校刊。

柳州集四十三卷外集二卷附録一卷　明刊本

唐柳州刺史河東柳宗元子厚撰。文筆古峭，根柢周秦，與昌黎抗衡，共擅大家之譽。詩長哀怨，得騷之餘。此本明巡按直隷監察御史新會莫如士校訂，參用童宗説《柳文注釋》、張敦頤《柳〔集〕音辨》、潘緯《柳文音義》，最爲詳審。

柳河東全集録六卷　松麟堂本

國朝宜興儲欣同人編録。於柳文有所去取，評騭多愜當。

中山集三十卷　行雲氏藏明刊本

唐檢校禮部尚書兼太子賓客彭城劉禹錫夢得撰。古文縱横博辨，韓柳外自成一家。陳氏《書録解題》云："集本四十卷，逸其十卷。"常山宋次道裒集其遺詩，得四百七篇，雜文二十篇爲《外集》。今止三十卷，潢川吳氏校刊。

李尚書集二卷附録一卷　二酉堂本

唐禮部尚書姑臧李益君虞撰。與李賀齊名，每一篇出，樂工爭搆得之，被絃歌供奉。但負才傲物，以集賢學士坐貶。原集佚，武威張澍輯刊,並附《事蹟》一卷於後。

樊子句解二卷

唐左司郎中絳州刺史南陽樊宗師紹述撰。韓昌黎作墓銘,稱其爲文不剽襲。今存《絳守居園池記》及《綿州越王樓記》,凡二篇。宋王晟、劉忱皆爲之注解,今不傳。仙井胡世(南)〔安〕菊潭補注,記文字奇語,重自成一派。

昌谷集四卷　　寶翰堂本

唐協律郎隴西李賀長吉撰。昌谷,李所居之地也。李自少苦吟,每旦出,騎弱馬,小奚奴背詩囊隨後,遇所得投其中。暮歸,母探囊得屬草,即怒曰:“是兒嘔出心乃已。”其詩幽豔,人謂之鬼才。秀山蕭琯五雲句解。

協律鉤玄四卷　　裛露軒本

國朝陳本禮箋注。協律,李賀官號也。陳既作《屈辭精義》,謂昌谷詩原出於《騷》,於句之難解處,多能得其思之奧衍。

孟東野集十卷

唐溧陽尉武康孟郊東野撰。其詩託興深微而結體古奧,韓昌黎作序盛稱之;東坡倡爲郊寒島瘦之論,而以空螯小魚誚之;元遺山遂目爲詩囚。門徑不同,因相詆毀,未即爲定論也。

長江集十卷

唐長江主簿范陽賈島浪仙撰。初爲浮屠,名無本。來東都見韓昌黎,奇其詩,令反初服。累舉不第,終長江主簿。詩境幽僻,開四靈一派,然其古詩非四靈所能彷彿也。

元氏長慶集六十卷

唐鄂岳節度使河南元稹微之撰。據白居易作稹墓誌稱,著文一百卷,《唐志》同。又《小集》十卷,至宋已殘缺。此本乃宣和中建安劉麟應禮所刊,有原序,明萬曆中吳郡婁堅子柔重刊。微之與白樂天同對策,又同倡和,詩稱元白體,其實遠不逮白,雜文亦不及香山之深厚。

白氏長慶集七十二卷　　並寶儉堂本

唐太子太傅刑部尚書太原白居易樂天撰。其詩條直之中多雅音。張爲《主客圖》，以白爲廣大教化主，推尊之至。乃東坡品爲"元輕白俗"，元詩誠輕，白實未可目以俗也。

樊川集二十卷外集一卷別集一卷

唐中書舍人萬年杜牧牧之撰。文筆排奡縱橫，詩蕩逸中具有風骨。《後村詩話》稱《別集》三卷，今佚其二矣。

李義山詩集箋注十六卷　　松桂讀書堂本

唐判官檢校工部員外郎懷州李商隱義山撰。詩學少陵，而以曲思豔藻出之，遂獨成一體。當時溫李並稱，而李實盛于溫也。國朝徐樹穀箋，徐炯注，皆博洽而非空衍。華亭姚培謙平山就其本校定。

溫飛卿集箋注九卷

唐隋縣尉太原溫庭筠飛卿撰。本名岐，宰相彥博裔孫。詩隸事博奧，近李義山，而神韻遜之。明曾益注，國朝長洲顧予咸補，其子嗣立又重訂之。

姚合詩二卷　　金閶緑蔭堂刊夢香閣本

唐秘書少監硤石姚合撰。宰相崇之(子)〔曾侄孫〕。嘗授武功主簿，以武功縣詩三十首得名，人稱姚武功，亦稱其詩爲武功體。大抵刻意在五言，尤刻意在中二聯。冥搜物象，出人意表，而瑣屑纖巧之弊亦由於此，"永嘉四靈"皆沿其末派也。原本七卷。康熙中，知武功縣事淮安劉云份青夕編選，長洲尤侗定。

周賀詩一卷

唐處士東洛周賀南卿撰。少從浮屠法，遇姚合而返初，易名賀。與賈長江、無可齊名。

戎昱詩一卷

唐虔州刺史荆南戎昱撰。建中時人。高棅《唐詩正聲》：中唐四十八人,昱居第十,名次顧況。有海鹽彭孫遹序。

唐球詩一卷

唐處士唐球撰。一作唐求。隱居蜀山中,爲詩撚藁爲團,納之大瓢中。臥病,投瓢于江,曰:"斯文苟不沉没,得者方知吾苦心爾。"至新渠有識者曰"此唐山人瓢也",接得之二三。有遂寧吕潛序。

沈亞之詩一卷

唐福(州)〔建〕團練副使吳興沈亞之下賢撰。嘗游韓退之門。李賀稱其工爲情語。其後杜牧、李商隱皆有擬沈下賢詩。

儲嗣宗詩一卷

唐大中進士潤州儲嗣宗撰。御史光羲後。劉云(玢)〔份〕序云:"中唐十二家本儲詩失缺,乃割他人詩益之。兹得善本校正。"古鹽宋曹序稱其"聲調堅老,少陵風味"。

曹鄴詩一卷

唐洋州刺史陽朔曹鄴業之撰。有成都費密序。

姚鵠詩一卷

唐會昌進士蜀郡姚鵠居雲撰。

邵謁詩一卷

唐咸通進士翁源邵謁撰。有安定胡賓王序。

韓偓詩一卷

唐中書舍人萬年韓偓致光撰。一作字致堯,自號玉山樵人。韓孤忠勁節,爲唐末完人。其詩亦激昂慷慨,有變風變雅之遺。《唐志》作《翰林集》一卷。

香奩集一卷

韓偓撰。《唐志》:三卷。後人合併。此集吟詠閨情,出於游戲,亦陶靖節《閒情賦》、宋廣平《梅花賦》之類耳。劉克莊《詩話》:"執此以概其他詩,輕相詆訾過矣。"

林寬詩一卷

唐侯官林寬撰。寬出處未詳,集中有《獻同年孔侍郎詩》,則曾舉進士;又有《寄省中知己及陪鄭誠省中寓直詩》,則曾爲諫官,此其可攷者。有乳山八十叟林古度序。自姚合已下十一家並孟貫、伍喬二家,劉云份同刊,總稱《十三唐人詩》。世次前後未能悉合,姑依録之。至孟貫、伍喬皆五代時人,故退録于後。

劉乂詩一卷

唐處士劉乂撰。元和時人。少任俠殺人。晚更折節讀書,聞韓愈接天下士,徒步歸之。作《雪車》《冰柱》二詩,以此知名。

劉商詩一卷

唐比部郎中彭城劉商子夏撰。工畫山水,張彥遠《名畫記》云爲汴州觀察判官。其《胡笳十八拍》甚佳,有唐武元衡序。

劉言史詩一卷

唐司功掾趙州劉言史撰。與孟郊友善,詔授棗強令,不就。

劉得仁詩一卷

唐劉得仁撰。公主之子。長慶中,以詩名。自開成後,昆弟皆顯仕,獨自苦於詩。舉進士(二)〔三〕十年,竟無所成。及卒,詩僧棲白以絶句弔之曰:"忍苦爲詩身到此,冰魂雪魄已難招。直教桂子落墳上,生得一枝冤始銷。"

劉滄詩一卷

唐龍門令魯邑劉滄蘊靈撰。大中八年進士。

劉威詩一卷　　並夢香閣本

唐劉威撰。會昌時人。自劉乂以下七家,合劉兼一家,亦劉云份編刊,總號《八劉唐人詩》。考劉兼入宋,亦五代時人也。退列于後,餘皆依所編録之。

麟角集一卷附録一卷　　知不足齋本

唐水部郎中福清王棨輔之撰。集載律賦四十五首。宋紹興乙卯,八代孫蘋任著作郎于館閣校讐,見郎中省題詩,附録之爲一卷,末附唐鄉貢進士黃璞《王郎中傳》。題"麟角"者,取《顔氏家訓》"學如牛毛,成如麟角"之語,以登科比登山也。

笠澤叢書四卷補遺一卷　碧筠草堂重雕宋木

唐徵拾遺長興陸龜蒙魯望撰。即所自編,以叢脞細碎,故名叢書。多載雜文,饒有別致。

雲臺編三卷補遺一卷　鄭氏刊本

唐尚書都官郎中宜春鄭谷守愚撰。乾寧初,扈從登華山,於雲臺觀編次,即以名集。鄭七歲能文,司空圖奇之,曰"一代騷雅"。《鷓鴣》詩最得名,《雪》詩至傳爲畫圖,其他一花一草,時有姿致。康熙中,裔孫起泓同男定遠校刊。

孟貫詩一卷

五代建安孟貫一之撰。貫以禮義節儉爲當時範,人稱孟夫子。初客江南,後入周。周世宗摘其詩句誦之,自涉疑忌,遂不用。

伍喬詩一卷

南唐考功員外郎廬江伍喬撰。詩調寒苦,每有瘦童羸馬之歎。有五山范國禄序。

劉兼詩一卷　並夢香閣本

五代榮州刺史長安劉兼撰。雲間朱氏得宋本《唐百家詩》,有劉兼,而集中有《長春節》詩,長春爲宋太祖誕節,其人蓋五代時人,而入宋初者也。

右別集類。唐至五代七十五部,共六百八十二卷。

玉函山房藏書簿録卷二十

集編四

别集類三

逍遥集一卷　知不足齋本

宋賜進士滁州參軍大名潘閬撰。晁公武謂其字逍遥,江少虞謂其自號逍遥子。《文獻通考》載《逍遥詩》三卷,《宋志》作《潘閬集》一卷。原本佚,乾隆中四庫館從《永樂大典》録出。潘才氣縱横,其詩落落有奇致。

寇忠愍詩集三卷　重刊宋本

宋開府儀同三司中書令萊國公華州寇準平仲撰。宣和五年,濟南王次翁守道州刊之。凡詩二百四十篇,有王及范雍、辛敦三序,參知政事孫抃《奉旨旌忠之碑》載卷首。忠愍風節動一時,而詩情清婉,如宋廣平之賦梅花也。

和靖詩集四卷　明刊本

宋處士錢塘林逋君復撰。世稱和靖先生,《宋史》入《隱逸傳》。聲華太著,未能忘世。詩亦有意求工,而意境頗清澈。明何養純文叔、諸時寶廷取、諸時登廷(來)〔案〕同校刊。

文恭集五十卷　武英殿聚珍版本

宋樞密副使晉陵胡宿武(子)〔平〕撰。原本佚,四庫館從《永樂大典》録出刊行。文格多駢體,典重高華,方軌燕、許云。

安陽集五十卷　　彰郡刊本

宋司徒太師魏郡王安陽韓琦稚圭撰。趙希弁曰：“公，安陽人，故以名集。集爲公所手定。”明御史同邑張士隆刊於河東書院，萬曆中鄴司理張某再校刻，乾隆中知彰德府同安黃邦寧遠亭重刊。於歐、曾、蘇、梅外，自成一家之文。雖詞華不能過諸人，而足以籠罩諸人。嘗自謂：“琦在政府，歐陽永叔在翰林，天下文章莫大乎是。”是真能見文章之本矣。

文正集二十卷別集四卷補編五卷　　歲寒堂本

宋樞密使參知政事蘇州范仲淹希文撰。本名《丹陽集》，蘇軾爲序。《別集》四卷，綦煥所輯。《補編》五卷，則十九世孫能濬陶山所輯。康熙丁亥二十一世孫廣東巡撫時崇重刊。補入奏牘等，共十冊。范以先憂後樂之胸，行求無愧於心，事求有濟於世，文亦具有儒者氣象。

孫明復小集一卷　　杏雨山堂本

宋國子監直講平陽孫復明復撰。孫居泰山，深於《春秋》。自石介以下皆師事之。慶曆中范文正、富鄭公嘗薦之。《郡齋讀書志》作《睢陽小集》十卷。原本佚，乾隆中，泰安聶鈜劍光得故相國趙國麟拙庵家藏本，手鈔付梓，後附歐陽修所撰墓誌。凡文十九篇，詩三首。其文謹嚴峭潔。

蔡忠惠集四十卷　　閩刊本

宋端明殿學士莆田蔡襄君謨撰。《郡齋讀書志》作十七卷，謂其文章清遒粹美。工書，爲本朝第一。舊有王十朋編三十六卷，此本多四卷。明監察御史侯官陳一元校刊。

蘇學士集十六卷

宋湖州長史開封蘇舜欽 子美 撰。歌行豪放，近體妥帖。歐陽永叔序盛稱其古文。

徂徠集二十卷　錫慶堂本

宋直集賢院奉符石介守道撰。學者稱徂徠先生。高風篤行，志存憂國，故其文極切時弊。

伐檀集二卷　附刊山谷集

宋攝康州贈〔大〕中大夫分寧黃庶亞夫撰。庭堅之父，號青社先生。集凡詩一卷，文一卷，有自序。陳振孫《書錄解題》曰："世所傳'山鬼水怪著荔薜'之詩，集中多此體。山谷詩律蓋有自來也。"

司馬文正公集八十二卷錄二卷

宋同中書門下平章事溫國公夏縣司馬光君實撰。其文昌明博大，經術湛深。一作《傳家集》八十卷。此本明天啓中山西學政提刑按察司副使浙江吳時亮刊，首載誥、敕、行狀，有潘晟、劉餘祐、蔣起龍、林芃〔百〕及時亮五序。

清獻集十卷　並明刊本

宋資政殿大學士西安趙抃閱道撰。清獻在朝，彈劾不避權貴，京師號鐵面御史，以清德服一世。平生蓄雷氏琴一張、鶴與白龜各一，所向與之俱。韓魏公稱爲人中儀表。集凡詩五卷，文五卷。奏議侃侃不撓，持多諧婉。

公是集四卷

宋集賢學士新喻劉敞原父撰。號公是先生。敞談經好與先儒異，然淹貫古義，具有心得，故其文根柢深厚。晁公武謂："其爲文章尤敏贍，好摹做古語句度。在西掖時，嘗食頃揮九制，各得其體。"此亦可見其胸有積理，研古功深矣。

公非集一卷

宋中書舍人新喻劉攽貢父撰。與兄敞齊名，號公非先生。詩文根柢亦與原父相伯仲。

自省集一卷　並水西劉氏梓本

宋端明殿學士知徐州新喻劉奉世仲馮撰。敞子,得父法度。三集皆墨莊裔孫水西劉氏輯刊。

歐陽文忠集一百三十卷目録十二卷附録四卷　重刊宋本

宋觀文殿學士廬陵歐陽修永叔撰。廬陵自定《居士集》五十卷,其餘《別集》《四六集》《奏議集》《內外別集》《從諫集》之類,皆他人掇拾所編。此本吳門重刊宋本。《易童子問》《詩本義》《集古》《歸田》諸録並收入。首有蘇軾舊序。

元豐類稿五十卷附録一卷　明刊讀書巖元本

宋中書舍人南豐曾鞏子固撰。南豐古文與歐、蘇抗衡當代,詩亦雅飭。劉淵材嘗恨曾子固不能詩,特以文較之,見其不逮耳。集多殘缺,明趙師聖我白重校定。

曾文定公全集二十卷序目附録二卷　七業堂本

曾鞏撰。康熙中,知南豐縣事彭毅齋重梓。補《類稿》所缺十餘篇,附録碑誌行狀于後。

宛陵集六十卷　白華書屋本

宋都官員外郎宣城梅堯臣聖俞撰。詩五十九卷,文賦一卷。謝景初所集,歐陽修爲之序。明知(宣城)〔寧國〕府袁旭廷輔校刊宋本,康熙壬午震澤徐七來重訂。梅助廬陵變詩格。其詩外槁而內腴,善於鍊骨。

潞公集四十卷　明解州刊本

宋參知政〔事〕潞國公介休文彥博寬夫撰。凡賦頌二卷,詩五卷,文五卷,奏議劄子二十八卷。詩婉麗多近晚唐,文質實明暢。葉少蘊作序推之。明代重刊於解州,有嘉靖五年呂柟序。

擊壤集二十卷　舊寫本

宋河南邵雍堯夫撰。其詩源於寒山、拾得,在詩家爲外道。宋以來講學自命者多宗之。有治平丙午自序,元祐六年門人邢恕後序。

節孝集三十二卷　　明刊本

宋宣德郎主管西京嵩山中嶽廟山陽徐積仲車撰。從胡安國學,潛心力行,好爲堅苦,不甚合於中道。文亦譎恣肆,不主故常,蘇子瞻譏其詩文怪而放如玉川子。要其根據經訓,非盧全所能及。明劉祐(之)刊嘉禾墨本,康熙中重刊,有司經局洗馬前翰林院修撰山陽(鄧)〔邱〕象隨序。

范忠宣集二十卷奏議二卷遺文一卷附録一卷補編一卷　　歲寒堂本

宋右僕射兼中書侍郎蘇州范純仁堯夫撰。文正公子。凡詩五卷,文十二卷,末三卷爲《國史列傳》及行狀也。《奏議》始治平元年,迄元祐八年,皆舊本。《遺文》載其弟純信、純禮、純粹文二十八篇。《附録》爲諸賢論頌。《補編》載忠宣尺牘一首。附以初制題跋。皆裔孫能溶所輯。

嘉祐集十六卷

宋贈光禄丞眉山蘇洵明允撰。世稱老泉。按:李元春《益聞散録》云:"眉山蘇氏塋有老人泉,子瞻取以自號。故子由《祭子瞻文》云:'老泉之山,歸骨其旁。'世以稱其父明允,蓋誤於梅都官有老泉詩。"余按:梅與明允同時,不應有誤。明允之號老泉,由其塋有老泉山也。子由《祭子瞻文》言老泉之山,稱兄葬地,非稱兄號。子瞻自號亦無明徵,當仍從舊傳也。老泉年二十七始發憤力學,同二子軾、轍以文章擅天下,韓魏公薦於朝。以文筆成於嘉祐中,故以名集。其文儁快豪放,有《戰國策》遺意。

臨川集一百卷　　明撫州刊本

宋中書同平章事荆國公臨川王安石介甫撰。號半山。以新法亂宋,世稱拗相公。文得龍門之峭潔,獨自成一家。明嘉靖中重刊,有提督江廣兩省學政刑部郎臨海王宗沐序。

蘇文忠公全集七十五卷録一卷　明刊本

宋端明殿侍讀學士眉山蘇軾子瞻撰。號東坡。文章經濟爲有宋一代偉人。自元祐朋黨禍興,東坡與溫公名最著,片詞隻字秘無敢傳,梁師誠倡議弛禁詩文,乃衣被天下矣。此爲明陳仁錫校本,分類排纂,易檢尋云。

施注蘇詩四十二卷目録一卷　商丘宋氏刊本

宋司諫吳興施元之德初與徵士吳縣顧禧景(蕃)〔繁〕同注。元之子知餘姚縣施宿武子從而推廣,且爲年譜。康熙中,商丘宋犖牧仲得施本十二卷,屬長洲邵長蘅補注。原注詳博,補注尤極精賅。

東坡禪喜集十四卷　明刊本

明徐長孺輯。取《東坡集》凡詩文有涉禪宗者備録之。有陸樹聲、陳繼儒二序,馮夢禎、凌濛〔初〕、唐文獻三跋。

蘇文忠公寓惠集四卷　重刊璧水園本

明邵武府推官惠州黎遵指是因增定。集取文忠在惠州時所作詩文衺録。初刻十卷,始於明正德中郡守方介卿;嘉靖二十二年廣東左參議諸暨〔翁溥〕重梓,釐爲四卷,改集爲録;萬曆四年廣東按察使馬應夢柳坡、惠州知府李幾嗣重梓,更增度嶺諸詩;崇禎初,遵指又廣搜校訂,禮部侍郎潮州郭之奇菽子又重梓之,微有更改,大要仍黎之舊。

欒城集五十卷録二卷後集二十四卷三集十卷録各一卷　明蜀刊本

宋端明殿學士眉山蘇轍子由撰。世號潁濱,與兄東坡並名。《欒城集》爲元祐以前之作,《後集》爲元祐九年至崇寧四年之作,《三集》爲崇寧五年至政和元年之作,皆潁濱手定。(新安)〔內江〕張潮玉溪藏本,蜀王刻之於蜀中。

山谷集三十二卷別集二十卷外集十四卷　寧州緝香堂本

宋知太平州分寧黃庭堅魯直撰。山谷,其別號也。與秦少游、晁無咎、張文潛皆以文學游蘇氏之門,世號四學士,山谷詩尤奇。自陳師道、潘大臨以下二十五人並祖之吕居仁,作江西宗派,圖述其事。晁《志》止《豫章集》三十卷《外集》十四卷。此增多別卷年譜,則其孫營之所編也。乾隆中,知寧州元和宋調元澹海重刊。《外集》別有明國子監助教知寧州滇中李友梅素文校刊本。

山谷刀筆二十卷　古瓦山房本

明翰林院侍講學士(金華)〔南昌〕張元禎輯。備取山谷尺牘,彙爲此編。乾隆中,山東學政分寧萬承風(重)〔卜東〕校梓。

淮海集四十卷後集六卷長短句三卷　明李氏刊本

宋翰林學士高郵秦觀少游撰。敖陶孫《詩評》謂其詩"如時女步春,終傷婉弱",此自指少時之作。過嶺以後詩高古嚴重,自成一家。吕本中《童訓蒙》以此稱之"知經盤錯,學思益進矣"。明仁和李之藻振之校刊。

青山集三十卷續集五卷　當塗葛氏刊本

宋殿中丞知端州當塗郭祥正功甫撰。祥正阿附王安石,反爲安石所排。其人原有可議,而《宋史》入《文苑傳》,稱其少有詩才。梅堯臣歎爲太白後身,蓋亦元祐間作者也。王士禎《居易錄》記其詩寫本止六卷。此本乃乾隆中當塗葛錞以和與宋鉞西衡、吳立堅確山同校刊,有朱珪石君、阮元芸臺二序。

畫墁集八卷補遺一卷　知不足齋本

宋龍圖閣學士邠州張舜民芸叟撰。晁公武稱其文豪縱有理致,最刻意於詩。晚作樂府百餘篇,自序云:"年踰耳順,方敢言詩,百世之後必有知音者。"其自矜重如此。原本久佚,乾隆中,四庫館從《永樂大典》錄出,爲八卷,《郴行錄》附卷末。歙縣鮑廷博刊,復輯錄《補遺》一卷。

陶山集四卷　武英殿聚珍版本

宋右丞山陰陸佃農師撰。爲王安石客,而論新法不爲詭隨,議論多黜鄭專王,要亦有所根據。詩工七言近體,方回《瀛奎律髓》稱其與胡宿同。原本久佚,四庫館從《永樂大典》録出頒行。

道郷集四十卷　水山漁子家藏本

宋直龍圖閣贈寶文閣直學士晉陵鄒浩志完撰。其子柄、(相)〔栩〕同編。原本二十卷,後人分之。鄒爲程門弟子,而好談禪悅,又兼取王氏新法,學不盡醇。要其大節不愧師門。詩於唐人中白香山、劉賓客爲近。

斜川集六卷附録二卷　武進趙氏亦有生齋本

宋知郾城縣權中山府通判眉山蘇過叔黨撰。東坡季子。嘗作《志隱賦》,東坡見之曰:"吾可安於島夷矣。"《宋史》本傳:"軾卒於常州,過葬軾汝州郟城小峨眉山,遂家潁昌,營湘陰水竹數畝,名小斜川,自號斜川居士。"又云:集二十卷。其《思子臺賦》《颶風賦》早行於世,當時稱爲少坡,蓋以軾爲大坡也。原本佚,乾隆甲戌武進趙氏得此本刻之。

龜山集四十二卷序目一卷　本祠藏板本

宋工部侍郎延平楊時中立撰。程子門人,學者稱龜山先生,開南宋道學之派。

韋齋集十二卷

宋吏部員外郎婺源朱松喬年撰。號韋齋,朱子之父。詩文氣格高逸,自足傳世。婺源守千文傳(守)〔安〕道校刊本,與陳氏《書録解題》卷數合,有至元三年廬陵劉性序。

玉瀾集一卷　並林汲山房藏汲古閣寫本

宋婺源朱槔逢年撰。韋齋弟,朱子之叔父也。嘗夢爲玉瀾之遊,甚異,有詩紀之,因以名集。有梁豁尤袞跋,明任丘酈璠記。

灊山集三卷　知不足齋本

宋中書舍人舒州朱翌新仲撰。《宋志》作四十五卷詩三卷,《文獻通考》作三卷,焦氏《經籍志》作二卷。周必大《平園集》又云:"其子軾等類公遺稿凡四十四卷,彼此互異,今並散佚。"乾隆中,四庫館從《永樂大典》録出,其詩仍爲三卷,歙縣鮑廷博復輯賦一篇,詩餘五首,贊、録各一首,並録各書評語附後。

盧溪集五十卷　溫陵黄氏千頃堂藏東岡劉氏梅溪書屋本

宋直敷文閣主管台州崇道觀安福王庭珪民瞻撰。門人劉江編。詩出少陵,文出昌黎。大要主於雄剛渾大。其《上皇帝書》及《盜賊論》不減陸宣(山)〔公〕奏議。有胡銓、謝諤、楊萬里三序。

茶山集八卷　武英殿聚珍版本

宋浙西提刑贛縣曾幾吉甫撰。原本佚,乾隆中,四庫館從《永樂大典》録出。詩源出山谷,而造語不甚隸事,放翁詩善師其意。

鄭忠肅遺集一卷　開封鄭氏刊本

宋少師武泰軍節度使開封鄭興裔光錫撰。與周益公、朱信國、陸象山講論切磋。集中如《請居重華宮》《論淮西荒政》諸疏極爲剴切,其雜書詳於考據。裔孫起泓校刊。

夾漈遺稿三卷　《函海》本

宋樞密院編修官莆田鄭樵漁仲撰。居夾漈山中,自稱溪西逸民。凡詩五十六首,文七篇。詩蕭散無俗韻,文過矜張,盛於才氣。

鄂州小集五卷　明刊本

宋鄂州太守歙縣羅願存齋撰。願父汝楫助秦檜而殺岳少保,世共斥爲姦黨。願殖學博淹,能自樹立,不以父惡掩其文章也。其集爲劉清之所編,七世孫鐸重刊。有明金華宋濂、新喻趙壎、豫章李宗頤、眉山蘇伯衡、括蒼林公慶、嚴陵馬珹、師山鄭玉子〔美〕凡七序,末附曹宏齋羅公傳。

朱子文集大全類編一百十二卷

宋焕章閣待制侍講新安朱熹晦庵撰。舊有《晦庵集》一百卷,其子在編;《别集》七卷,余師魯編;《續集》五卷,理宗時所編,未詳何人。裔孫朱玉攬合三編,各立門類易今名云。

張忠宣公集四十卷錄一卷　洗墨池本

宋侍講廣漢張栻敬夫撰。朱子論定,刊行於世。康熙丙戌無錫華希閔重刊,道光乙巳知綿竹縣事貴筑陳鍾祥息(凡)〔帆〕復得華本校梓。忠宣爲宋代鉅儒,朱子稱其聞道最早,當於全集中求之。

東萊集四十卷

宋著作郎東萊呂祖謙伯恭撰。其弟祖儉、姪喬年同編。《文集》十五卷,家範、尺牘之類爲《別集》十六卷,程文之類爲《外集》五卷,年譜、遺事爲《附錄》三卷,《拾遺》一卷。其文博辨閎肆,以經術爲根柢,非空談性命之比也。

止齋文集十八卷附錄一卷　章邱求己堂本

宋寶謨閣待制瑞安陳傅良君舉撰。一號止齋。與廣漢張栻、東萊呂祖謙友善。其學以講求實用爲主。故集中亦多經世之文。原書四十九卷,海昌陳士修、同里林尚梓、天目章昱同校刊合定。此本首載本傳及墓誌。

開國遺集一卷　開封鄭氏刊本

宋中奉大夫崑山縣開國男開封鄭準撰。與黃勉齋、魏鶴山、衛清夫友善。詩文散佚,裔孫起泓編次。

王文忠公集五十卷　樂清刊本

宋龍圖閣學士樂清王十朋龜齡撰。一作《梅溪集》。其子聞詩、聞禮同編。汪應辰稱其"文專尚理致,不爲浮虛靡麗之詞"。劉珙稱其詩"渾厚質直,懇惻條暢,如其爲人"。雍正中,知樂清縣事楚南唐傳鉎人岸重梓,邑進士楊森秀校。

象山集三十六卷　金谿槐堂書(屋)〔齋〕本

宋著作丞金谿陸九淵子靜撰。嘗作書院於象山之上,以待講學之士,因以自號。其學以悟爲宗,能確然有得。學非朱子,未可輕議之也。裔孫邦瑞校刊,附華亭徐階少湖《學則》,辨明朱、陸之學,同歸一致。有臨川李紱穆堂評注。

絜齋集二十四卷　　武英殿聚珍版本

宋禮部侍郎寶文閣直學士鄞縣袁燮和叔撰。原本久佚，乾隆中，四庫館從《永樂大典》錄出刊行。燮亦傳陸氏學，其文淳質，析理明切。

石湖詩集三十四卷　　依園刊本

宋資政殿大學士吳郡范成大致能撰。別號石湖居士。其詩沿晚唐，後乃規取蘇黃遺法而變以婉峭，自成一家。凡古今各體一千九百一十六首，手自編定，宋嘉泰間其子莘等校刊，有楊萬里、陸游二序。康熙中，吳縣顧嗣皋漢魚及弟嗣協(遷)〔迁〕客、嗣立俠君同校刊。

誠齋文集四十三卷附錄一卷　　帶經軒本

宋寶謨閣學士吉水楊萬里廷秀撰。號誠齋。淳熙朝，薦士六十人，朱子爲首。韓侂胄嘗以南園屬作記，許以掖垣，曰：“官可棄，記不可作也。”遂隱居杜門。聞侂胄開邊釁，謂必誤國，發憤不食而死，其忠節如此。一官一集，仿南齊王儉之例。其文根柢深厚，包孕宏富，詩沿江西末派而才力健舉。

誠齋詩集十卷　　《續函海》本

楊萬里撰。乾隆中，綿州李調元單刊其詩，首載《宋史》本傳。

渭南文集五十卷劍南詩藁八十五卷逸藁二卷　　虞山詩禮堂藏汲古閣重刊宋本

宋渭南伯山陰陸游務觀撰。一號放翁。周必大以唐李白擬之，人因呼爲小太白。《文集》，放翁自定。《詩集》，嘉定中其幼子通編緝，凡二千五百三十一首。放翁遊蜀十年，樂其風土，故一生所作詩總以“劍南”目之。晚封渭南伯，故以名其文集。詩才壯闊，體多圓熟，文亦具有典則。《逸藁》二卷，毛晉所編也。

頤庵居士集二卷　　知不足齋本

宋處士四明劉應時良佐撰。詩格視放翁少薄，而亦自成家。前有陸游、楊萬里二序，各摘其佳句，用李中《碧雲集》序例也。

水心集二十九卷　明刊本

宋寶文閣學士永嘉葉適正則撰。水心,其自號也。《郡齋讀書志》作二十卷,謂其門人趙汝鐺序。此本明正統中處州推官章貢黎諒元編次。詩文亦永嘉之派,才雄學博,語必己出,在薛季宣、陳傅良之上。

南湖集十卷補遺二卷　知不足齋本

宋右司郎秦川張鎡功甫撰。自號約齋居士。此集成於嘉定庚午,故不見收於晁氏《郡齋讀書志》,而《宋史》、陳氏《書録解題》亦不載。惟明《文淵閣書目》、葉氏《菉竹堂書目》並載五卷,今亦不傳。乾隆中,四庫館從《永樂大典》録出,釐爲詩九卷、詞一卷。歙縣鮑廷博又從志乘採得遺文遺事爲《補遺》二卷,序刊。鎡初附韓侂胄,後與史彌遠計去侂胄,而又欲以計去彌遠。蓋反覆傾危之士,品不足道。而詩詞拔秀,絶近唐音。

龍川文集三十卷　晉江刊本

宋僉判永康陳亮同甫撰。陳振孫曰:"亮少入太學,嘗三上孝廟書,召詣政事堂,宰相無宏度,迄報罷。後以免舉爲癸丑進士第一人,未禄而卒。所上書論本朝治體本末源流,一時諸賢未之及也。才甚高而學駁,其與朱晦翁往返書,所謂'金銀銅鐵混爲一器者'可見矣。"此本晉江史朝富編刊。

龍洲集十卷　《函海》本

宋太和劉過 改 之 撰。文筆豪肆,亦陳同甫之流。嘗伏闕上書請光宗過宮,復以書抵時宰,陳恢復方略,不報,放浪江湖間。

西山文集五十五卷　拱極堂本

宋資政殿學士浦城真德秀希元撰。傳朱子之學,而集中偶有涉於禪宗者,大致不失儒者氣象。明崇禎戊寅,知浦城縣蘭陵丁辛先甲與武陵楊鶚伏庵、潛江劉沆震生、湘源趙清潤茹水同校刊。

文丞相集十四卷附録二卷　五桂堂本

宋右丞相兼樞密使吉水文天祥宋瑞撰。又字履善，號文山。宋亡被執，不屈而死，成仁取義，大節焕然。文章亦卓絶可傳。《農田餘話》稱其不獨忠義冠一時，亦斯文間氣之發諒哉。雍正九年，十四世孫有焕重梓。

魯齋集十二卷　冰香樓本

宋處士金華王柏魯齋撰。初號長嘯。受業於何北山之門。郡守蔡(康)〔杭〕、楊棟、(名)〔台〕守趙景緯相繼聘主麗澤、上蔡兩書院，好爲高論，往往改竄"六經"，未免勇於臆斷。詩則豪邁雄肆，一軌於理。順治甲午，裔孫週及男三聘輯，分守金衢嚴道右參政(絳州)〔古晉〕馮如京秋水梓。

須溪集八卷　明楊氏刊本

宋徵士廬陵劉辰翁會孟撰。少登象山之門，補大學生。景定壬辰廷試對策，賈似道置丙第。以親老請濂溪書院山長，薦居史館，又除太常博士，皆固辭。宋亡，隱居卒。會孟以宋季文體冗濫，力滌陳因，意取標新，能自樹立。此本皆其所記，明進士崑山張寰、南充王朝用汝行鈔録，天啓中楊讖西重梓。

湖山類藁五卷水雲集一卷亡宋舊宮人詩詞附　知不足齋本

宋錢塘汪元量大有撰。劉辰翁批定。汪以供奉琴工甘隨三宮北徙，託跡黃冠以終。其詩哀悽，記臨安破後事迹最詳。李鶴田跋稱爲宋亡之詩史。《亡宋舊宮人詩詞》，歙縣鮑廷博以類附刊於後。

晞髮集六卷

宋長溪謝翱皋羽撰。厲鶚曰："咸淳中，試進士不第。丞相文信公開府延平，署咨議參軍。信公被執，後避地浙東。在浦江，主吳渭家，與方鳳、吳思齊遊。度釣臺南地爲文冢，名會友之所曰汐社，期晚而信，集同好名氏作《許劍録》，取吳季子意也。"皋羽志節特高,詩文亦奇氣兀傲。

西湖百詠二卷　張氏刊本

宋仁和董嗣杲明德撰。自號静傳居士。有咸淳壬申自序。明洪武中餘姚陳贄惟成和韻附。每詩七律一篇,題下分注。張廷枚羅山重編。

百正集三卷　知不足齋本

宋三山連文鳳應山撰。百正,其字也。元至正丙戌,浦江吳渭邀謝翱、方鳳等舉月泉吟社,以春日田園雜(詠)〔興〕命題,徵詩四方,得二千七百三十五卷,入選者二百八十卷,刊版者六十卷。以羅公福爲第一,據題下注,公福即文鳳之寓名也。其詩清切流麗,自抒性靈。原本佚,乾隆中,四庫館從《永樂大典》錄出,歙縣鮑廷博刊。

熊勿軒集六卷　儀封張氏刊本

宋司戶參軍建陽熊禾勿軒撰。集皆説經文字。至元間許衡序云:“生平著述甚富,厄於兵火。”鰲峯嗣孫家藏遺稿,族孫孟秉類次成帙。康熙中,儀封張伯行先甫校訂,有張序。

伯牙琴一卷

宋錢塘鄧牧牧心撰。自號大滌隱人,又號九鎖山人,又號三教外人,世稱文行先生。入元不仕,與周密、謝翱友善。以知音難遇,故集以“伯牙琴”爲名。自作《後序》,稱詩文六十餘篇,南濠都少卿藏本僅有文二十四篇,歙縣鮑廷博綴輯叢殘,得文五篇,詩十三首,復以《洞霄圖志》所載《鄧文行先生傳》附之。其詩文大抵咎宋之君臣歌舞廢政,寓意遥深,絶不顯斥,其靈均之遺韻乎。

清雋集一卷

宋和靖書院山長連江鄭震叔起撰。菊山,其號也。有《倦遊稿》,久佚。此集仇遠選訂,不愧清雋之目。有大德五羊郡陽柴志道序，末附子思肖《菊山家傳》。

所南翁一百二十圖詩集一卷錦錢餘笑一卷

宋太學生應博學鴻詞科連江鄭思肖憶翁撰。所南，其號也。又號一是居士。其詩惟意所云，多如禪偈。而字裏行間，時有清高之致。卷末附記及諸家雜詠。《錦錢餘笑》，詩二十四首，注云："錦錢者，以錦爲錢，雖美而無所用也。"

所南文集一卷　並知不足齋本

鄭思肖撰。卷末題云平江路天心橋劉氏梅溪書院印行，元代本也。鮑廷博重刊。

所南詩選一卷　鄭氏刊本

鄭思肖撰。有自傳。裔孫起泓輯刊。

拙軒集六卷　武英殿聚珍版本

金中都路轉運使玉田王寂元老撰。原本久佚，乾隆中，四庫館從《永樂大典》録出。其詩戞戞生新，文筆亦疎暢。

遺山詩集二十卷　汲古閣本

金員外郎太原元好問裕之撰。其詩興象深遠，風格遒上，金元間談藝者奉爲圭臬。至元戊辰曹輗與楊天翼校刊，有稷亭段成己引。毛晉重梓。

陵川集三十九卷録一卷　高都刊本

元翰林侍讀學士陵川郝經伯常撰。天挺之孫。師事元好問，世祖時使宋，拘留十六年始歸，比節蘇武。其文章學問，具有本原，集堪與其師遺山相抗衡。乾隆中，高都王鏐涵紫編刊。

歸田類藳二十卷　林汲山房本

元吏部尚書同平章事歷城張養浩希孟撰。自號雲莊，故又名《雲莊類藳》。自序謂四十卷，明重刊本止二十七卷。乾隆中，同邑周永年書昌定爲此本，與毛堃載之同刊。奏議諸篇，風采稜稜。詩亦忠厚悱惻，藹然仁義之言。

雲莊樂府一卷　　鈔本

張養浩撰。別刊樂府以行。有成化庚子雲庵道人大梁艾俊序，順治丁酉章邱吏隱主人赤鳳子引。

松雪集十卷外集一卷　　清德堂重刊元花溪沈氏本

元翰林學士承旨宋宗室趙孟頫子昂撰。有剡源戴表元舊序。子昂以王孫仕元，論世者少之。至其才藝文章，固冠絶一時也。

吳文正公集五十卷附錄一卷　　仁讓堂本

元翰林學士中書省左丞崇仁吳澄幼清撰。揭傒斯奉詔撰澄碑文稱，"皇元受命，天降真儒，北有許衡，南有吳澄"，爲世所推重如此。許好講學，其文朴質。吳喜著書，其文風華，固自分道揚鑣也。乾隆丙子，崇仁縣訓導萬瑛校刊。

金淵集六卷　　武英殿聚珍版本

元溧陽教授錢塘仇遠仁近撰。一字仁父，號山村。宋咸淳遺老。詩有盛名，吾丘衍以不可一世推之。此其官溧陽時所作，故名金淵。原本佚，乾隆中，四庫館從《永樂大典》錄出，釐爲六卷。仇嘗自跋其詩云："近世習唐詩者，以不用事爲第一格。少陵無一字無來處，衆人固不識也。若不用事之説，正以文不讀書之過耳。"觀其言可以知其詩矣。

静修先生集十八卷附錄二卷

元集賢殿學士容城劉因夢吉撰。凡《丁亥集》五卷，附《樵庵詞》一卷。《續集》三卷，楊俊民裒錄。《拾遺》七卷，《附錄》二卷，房山賈彝編。文遒勁排奡，詩格高邁，可與許白雲、吳幼清稱鼎足云。

魯齋遺書八卷附錄二卷

元集賢殿大學士贈司徒魏國公河内許衡仲平撰。《元史》本傳："延祐初，詔立書院京兆以祀衡，給田奉祠事，名魯齋書院。魯，衡居魏時所署齋名也。"

霞外詩集十卷　汲古閣本

元道士錢塘馬臻(至)〔志〕道撰。一字虛中。少慕陶貞白之爲人,著道服隱于西湖之濱。大德中,嗣天師張與材至燕京行內醮,名流並集,虛中在焉。未幾,辭歸,手畫桑乾、龍門二圖傳于世。其詩風格高搴,無方士丹汞之氣。

定宇集十六卷外集一卷　休寧陳氏刊本

元處士休寧陳櫟壽翁撰。宋延祐舉人,入元不仕,別號東阜老人,學者稱定宇先生。臨川吳氏稱其有功於朱氏爲多,集中諸文皆質實。《別集》一卷,附錄誌傳之類也。康熙三十三年,裔孫嘉基毅軒校刊弟書匡氏本。

道園學古録五十卷　元刻本

元侍講學士蜀郡虞集伯生撰。文章浩瀚,繼元遺山之後爲元季學者之宗。編分《在朝》《應別》《歸田》《方外》,凡四稿,菁華萃於此矣。有至正六年歐陽玄序。

淵穎集十二卷　存心堂本

元處士浦江吳萊中立撰。門人宋濂編,晉陵莊起元、惲應明重編,十世孫曾校梓。吳與黃溍、柳貫並受學於宋方鳳,學者稱淵穎先生。其文嶄絕雄深,規摹秦漢。詩亦刻意鍛煉,句奇語重。濂從受學,有明一代文章之脈實源於此。

淵穎詩集十二卷　林養堂本

吳萊撰。無錫王邦采貽六、王繩曾(式)〔武〕沂箋注。

柳待制集二十卷附録一卷　浦江刊本

元翰林院待詔浦江柳貫道傳撰。柳經學受於金履祥,史學受於牟應龍,文章則得之方鳳、謝翱、吳思齊、方回、龔開、仇遠、戴表元、胡長孺諸家。故其文根柢深厚,閎肆而精嚴。

青陽集五卷　古燕張氏刊本

元淮南行省參知政事右丞廬州唐兀余闕廷心撰。一字天心。

本氏唐兀,見《元史》余闕本傳。或直稱余忠宣,誤也。廷心守安慶,陳友諒來攻,大小二百餘戰,城陷死難,大節挺然。顧嗣立稱其"留意經術,爲文有氣魄,能達其所欲言"。詩體尚江右,高視鮑、謝、徐、庾以下不論也。

僑吳集一卷

元儒學教授遂昌鄭元祐明德撰。幼時右臂脫骱,左手作楷書,規矩備盡,世稱一絕,自號尚左,善講學。至正庚子謝徽序云:"嘗以文師承于金華。"石塘胡公、剡源戴公原題宋奉訓大夫,仍舊銜也。

平橋藁十八卷　並鄭氏刊本

元崑山鄭文康時乂撰。自號雙松居士。正統戊(戌)〔辰〕進士,解組歸養,絕意仕進。文筆亦具有逸致。此與《僑吳集》,並康熙中裔孫起泓校刊。

聞過齋集四卷　張氏刊本

元閩縣吳海朝宗撰。吳與王翰友善,勸翰死節而撫其孤,其行誼甚高。文亦肖其爲人。舊有洪武中門人靈武王偁編八卷,康熙四十七年儀封張伯行訂爲此本。

右別集類宋金元九十九部,共二千四百九十六卷。

玉函山房藏書簿録卷二十一

集編五

別集類四

明太祖文集二十卷　明刊本

　　明高皇帝御製。南京禮部尚書王弘誨等同校正。

宋文憲公集五十卷　金華府儒學刊本

　　明翰林學士承旨知制詔金華宋濂景濂撰。凡《鑾坡前集》六卷、《後集》五卷、《續集》四卷、《別集》五卷、《芝園前集》五卷、《後集》三卷、《續集》三卷、《朝京藁》三卷,河間守海陵徐嵩續刻八卷,浦江令高淳韓叔陽補刻八卷,共五十卷。景濂前後學於吳萊、柳貫、黄溍,根柢經訓。其文深演,爲有明一代之冠。

誠意伯文集二十卷　藍橋露香園本

　　明御史中丞兼弘文館學士護軍青田劉基伯温撰。封誠意伯。文亞景濂,詩次季迪,足自成家。舊有括蒼刻本,東嘉裔孫崇燦秋槎重編輯,去《覆瓿集》《高情集》《眉黎公集》各目,與族人歲貢生標孤嶼重刊。

陶學士集二十卷　蔣氏三逕藏鉛山刊本

　　明翰林學士江西行省參政姑熟陶安主敬撰。鉛山張祐校刻,附録(右)〔左〕贊善鉛山費宏《陶學士事蹟》一卷。陶博通典故,議定明初禮制。其文皆平實典雅,壽文入集自陶始。

王文忠公集二十五卷附録一卷　重刊温陵本

明翰林院待制義烏王禕子充撰。正統中，鄱陽劉傑三臺編，十世孫用諏重輯。康熙中，知義烏縣事會稽王廷曾培庵校刊，益以《附録》。王與宋濂同游黃溍之門，其文醇樸而宏肆，濂序稱其體凡三變，蓋知之深矣。

清江集十卷　燕翼堂本

明中都國子監助教崇德貝瓊廷琚撰。一名闕，字廷臣。與宋濂爲友，互相推讓。元末隱殳山，明初徵修《元史》。集爲桐鄉金檀星軺所編輯。文極超越，其詩頡頏青丘、眉庵云。

蘇平仲集十六卷　明刊本

明翰林國史院編修金華蘇伯衡平仲撰。宋濂序稱其文"辭精博而不龐澀，敷腴而不苛縟，不求其似古人而未始不似也"。

大全集十八卷　竹素園本

明翰林院國史編修長洲高啓季迪撰。(處)〔自〕號華蓋山樵，又號槎軒，又號醉翁。元末隱居吳松江之青丘山，與楊基、張羽、徐賁往來唱和爲詩友，當時稱高、楊、張、徐爲四傑。景泰中，徐庸輯刊。隴西李志光作傳，稱其工於詩，上窺建安，下逮開元，大曆以後則藐之。

青丘詩集注十八卷青丘遺詩一卷扣舷集一卷鳧藻集五卷　墨華池館本

高啓撰。高自號青丘子。雍正中，桐鄉金檀校刊並注。

眉庵集十二卷

明山西按察使吳縣楊基孟載撰。詩雖沿元代纖濃餘習，而神骨超拔。五言古體，卓然正聲也。廣東僉憲張企翱校，教授鄭鋼刊本重梓。

静居集四卷

明太常寺丞潯陽張羽來儀撰。《明史·文苑傳》稱其文"精潔有法,尤長於詩",今文集不載。詩古體七言雄放,五言清婉,近體亦具有規矩。有廣東布政使盱眙左贊序。

北郭集十卷　並林汲山房藏廣東刊本

明河南左布政使吳縣徐賁幼文撰。其詩法律謹嚴,首尾温麗,於高、楊、張三家之外又別爲一格。有右僉事吳興閔珪朝瑛序,並張企翱校刊。

梁園寓稿九卷　夏縣刊本

明翰林院編修廉州府儒學教授夏縣王翰時舉撰。曾孫繼善編輯。時舉元季隱中條山講學。洪武初,爲周藩相,王素驕貴,且有異志,數正諫,弗聽,佯狂斷指避去。薦徵翰林,後黜爲廉州教授。值夷獠作亂,城陷弗屈,死。立身具有本末,故發有文章亦具有剛勁之氣。詩古體質直,近體优爽。有正德中韓邦奇、吕經二序。

順成文集一卷　明刊本

明處士饒陽王士琛廷實撰。號雲閑散人。有洪武己未自序,天順甲申清源王序。

遜志齋集二十四卷外紀一卷　寧海刊本

明文淵閣文學博士寧海方孝孺希直撰。一字希古。崇禎辛巳趙州盧演文言輯纂,知寧海縣盱眙張紹謙道益訂正。其文縱橫豪放,出入於東坡、龍川之間。議論時有迂拘,而大旨不失爲醇正。

東里文集二十五卷　明刊本

明少師大學士泰和楊士奇東里撰。初名(遇)〔寓〕,以字行。應奉翰林赴試,吏部尚書張統評其卷曰:"明達時務,有用之才,列第一。"歷事四朝,終始如一。明代相業稱三楊,尤以西楊爲首。文章臺閣體制亦自東里始。李夢陽詩有曰:"宣德文體多渾淪,偉哉東里廊廟珍。"蓋亦許之。後流末派,沿爲膚廓通詞,非當日所及料也。有正統五年武英殿大學士永嘉黄淮介庵序。

薛文清公集二十四卷手稿一卷目録一卷　河津刊本

明禮部(右)〔左〕侍郎河津薛瑄德温撰。謚文清。趨步程朱，得道學之正傳。文章雅正，絕無腐語。詩沖澹高秀，有陶韋之遺音。萬曆甲寅八代孫士宏校刊舊本於真定郡署，雍正中裔孫崇僅等重梓。

覺非集十卷　明刊本

明都察院左副都御史(沂水)〔東莞〕羅亨信用實撰。號樂素。孫琪裒輯，共得文四百五十餘首。成化中丘濬序稱，其詩不事鍛鍊，用眼前(事)〔語〕寫心中事，諷詠之可以知其心之洞達，無城(儲)〔府〕町畦也。

去僞齋文集十卷雜集四十卷　繩其居本

明刑部尚書寧陵呂坤叔簡撰。號新吾。方行矩步，純心理學。其立説多切於日用，不爲無物之言。孫慎多校刊。

白沙集九卷附録一卷目一卷　金陵刊本

明翰林院檢討新會陳獻章公甫撰。以理學自命，而時近禪機。其詩自邵子《擊壤集》來，多似僧偈。嘉靖癸未進士成都高簡(節)重校湛甘泉本，林嘉讓刊於金陵。

椒丘文集三十四卷外集一卷　廣昌刊本

明刑部尚書廣昌何喬新廷秀撰。凡策(府)〔略〕三卷，史論五卷，奏議三卷，序記、銘碑、詩賦、書簡、題跋二十三卷。南城羅玘編校，知廣昌縣事婺源金礬訂，康熙中浙江督糧道參政淮安同宗源濬梅莊及裔孫三臺大倫等重梓。附公之傳贊、碑文、奏章，爲《外集》。《明史》本傳稱其博綜典籍，鈔書至三萬餘帙，發爲文章，蓋亦取多而用宏矣。

商文毅公集二十卷　淳安刊本

明吏部尚書文淵閣大學士淳安商輅弘載撰。順治中，七世孫德協孚生校梓。詩文端凝,多用臺閣體制。

王端毅公文集六卷續集二卷　宏道書院本

明吏部尚書三原王恕宗貫撰。王九思序稱其文"剛而弗屈,明而能盡,直而不餒,公而不衍,曲而有味"。正德中陝西巡撫曹珪刊定。

懷麓堂集五十卷　茶陵刊本

明吏部尚書華蓋殿大學士茶陵李東陽賓之撰。號西涯。茶州學正廖方(達)〔遠〕校刊。其學導源唐宋,具有典型。主持文柄數十年,迨北地、信陽別樹旗幟,茶陵之壇坫遂微。至於七子餘波泛濫,或又申理舊學,則亦可以觀世變矣。

楊文懿公集三十卷　敬梅軒原本

明吏部右侍郎鄞縣楊守陳鏡川撰。內分《晉安稿》一卷、《鏡川稿》四卷、《東觀稿》十卷、《桂坊稿》五卷、《金坡稿》九卷、《銓部稿》一卷。程敏政序稱其文"一主於理,不求合於時好"。楊別著有《諸經私鈔》,知其窮理功深已。

桃谿淨稿二十九卷　台州刊本

明禮部右侍郎台州謝鐸方石撰。正德辛巳蘇州顧璘知台州刊而序之云:"其文明健閎博,根柢經傳,以綱維人倫爲宗,以剖白事實爲用。"

未軒文(軒)〔集〕十二卷附録一卷　明刊本

明江西提學僉事莆田黃仲昭未軒撰。門人刑部右侍郎大庾劉節校。未軒以理學名當世,與章懋、莊㫤同以直諫被謫,閉戶獨修地志。康大和序稱其"剛風直節見於諫煙火之章,史法源流見於序閩中諸志",劉玉序稱其"闡諸理者微,徵諸事者核,模寫窮物象之真,吟詠得性情之正",皆非虛贊也。

王氏家藏集四十一卷　建陽刊本

明兵部尚書儀封王廷相子衡撰。建陽知縣李東光重刊。子衡博綜羣籍,尤長於禮制、樂律,其學問大要與宋王伯厚相近。

羅圭峯文集十八卷續集十五卷　建昌重刊本

明南京吏部右侍郎南城羅玘景(明)〔鳴〕撰。文擬昌黎,多以深湛幽渺之思,出之不躓恒蹊。建昌同知內江余載仕重刊,有嘉靖五年江西巡撫武陵高吾陳洪謨原序。

六如居士集七卷外集一卷制藝一卷　果克山房本

明弘治戊午科解元吳縣唐寅伯虎撰。自號六如居士。詩文皆以才勝。原集散佚,長沙族裔仲冕陶山編輯。

祝氏集略三十卷　宛平王氏家藏本

明興寧知縣長洲祝允明希哲撰。一號枝山。與唐寅並以書畫名,詩新妍有六朝遺意,文境亦極蕭灑。嘉靖中,巡撫應天府僉都御史眉山張景賢序刊。

空同集六十六卷目三卷　惜榮堂校梅墅石渠閣本

明戶部郎中慶陽李夢陽獻吉撰。自號空同子,故以名集。有明文體自空同而變,世稱北地之學。其才力富健,足以爭雄一世。不善學之,難免落於窠臼。剽襲之風,亦從此而起也。沂水鄧霄、歙縣潘之恒同校定。

華泉集十四卷　春雨樓本

明南京戶部尚書歷城邊貢廷實撰。邑東北三十里有古華泉,故以名集。華泉為弘治七子之一,詩在李夢陽、何景明、徐禎卿、高叔嗣之間,屹然自樹一幟。舊板散漶,嘉慶中邑人李肇慶餘堂重梓。

沙溪集十五卷　廣東刊本

明太僕寺卿故城孫緒誠甫撰。自稱沙溪逸人。武宗時以劾權臣去官,風節著於當世。集凡文八卷,賦一卷,雜著七卷,詩七卷。文沉著雄健,詩格與李東陽相近而不過於尊尚,可謂無門戶之見矣。

王陽明先生全集十六卷　麗順堂本

明總督兩廣江西湖廣軍務新建伯餘姚王守仁伯安撰。學者稱陽明先生。一卷《年譜》,二卷《傳習録》《諸子手述語録》《大學問》,三卷至五卷《論學書》,六卷至八卷《南贛書》,九卷至十一卷《平濠書》,十二、十三卷《思田書》,十四、十五卷《雜著書》,十六卷詩賦。陽明先生學宗象山,確然心有所得而足以自立。其文博大昌明,詩亦秀逸。雖持論與朱子不同,而要之各行其是。一再傳後,橫肆猖狂,則不善學者之弊,未可追咎姚江也。

鄒東郭文集十二卷　建寧刊本

明南京國子監祭酒安福鄒守益謙之撰。陽明弟子。正德六年,以探花及第。文本師學,而持議近肆。知建寧府同邑劉佃吾南校定,玄孫世祚重刊。

王心齋先生集六卷附傳疏合編一卷別傳類編一卷　恒訓閣藏本

明處士泰州王艮心齋撰。四代孫元鼎校,五代孫衷赤、衷白補遺。心齋爲陽明弟子,遵守師法,極有心得。附録二卷,則雜記公卿交薦及請祀孔廟諸疏及年譜等也。

東田集十五卷　廣東刊本

明(左)〔右〕都御史故城馬中錫天禄撰。賈棠與孫緒《沙溪集》同刊於羊城之齦署。

黃花集七卷　宏道書院藏本

明吏科給事中三原張原士元撰。號玉坡。此正德中以疏時事謫貴州新添驛丞時所作。自序云:"昔居京師,每夢黃菊花,初不喻也,今兹驗於黃華之詩乎。"此命集之意。

渼陂集十六卷續集三卷　思補堂本

明吏部郎中壽州同知鄠縣王九思敬夫撰。樂府與康海同名。崇禎庚辰太原張宗孟刊於鄂署。

對山集十卷　武功刊本

明翰林院修撰經筵侍講武功康海德涵撰。號對山。以南宮第一人通籍,頗著才名。徒以救李夢陽之故,失身逆瑾,時論甚惜之。其集舊本多舛雜。乾隆中，翰林院編修同邑孫景烈西峯校刊，有長白瑪星阿景謙序。

涇野文集三十八卷　富平楊氏刊本

明南京禮部侍郎高陵呂柟仲木撰。得道學之正傳，言論篤實，切於日用，布帛菽粟之類也。道光中富平楊俊重刊。

涇野別集十三卷　惜陰軒本

呂柟撰。焦氏《經籍考》有《別集》十三卷，金氏《文獻樓書目》有《詩集》十二卷。此本爲涇野裔孫念典朂齋所藏，道光中三原李錫齡重刊，有胡纘宗、王九思二序。

東岡小稿六卷　明刊本

明兵部右侍郎高密李昆承裕撰。自號東岡子，故以名集。吳縣顧璘、崇陵方豪校定，並爲評語。黃縉序稱其詩“簡質精深，幽婉而有餘韻”。

大復集三十八卷　修永堂本

明中書舍人陝西提學副使信陽何景明仲默撰。與李夢陽同倡復古之議，而論詩諸札往往不同，彼此短長互見，要其詩文以諧雅擅長。

洹詞十二卷　趙府味經堂本

明南京禮部右侍郎安陽崔銑子鐘撰。一字仲鳧。安陽有洹水，故集名《洹詞》。凡《館集》二卷，《退集》《雍集》各一卷，《休集》八卷。學有實得，其文不課虛叩寞而亦不涉於迂滯，在明中葉足擅儒雅之稱矣。

儼山集四十卷目錄二卷　明刊本

明太常寺卿上海陸深子淵撰。門人黃標校編。儼山早與徐禎卿游，在翰林時多規切時事，左遷馳驅藩臬間，略無感時憤俗之意。觀其《發教巖詩》云：“去留俱有適，吏隱欲中分。”《峽江道中》云：“何似湘江路，常懸魏闕心。”鍾石費寀取之。

孟有涯集十七卷　蘇州刊本

明大理寺卿信陽孟洋望之撰。一字有涯。"屬詞純密，駸駸然望古之閫閾。"徐九皋序云："標格氣骨，碩有矩矱，調逸興遒，罔有流易。"蓋有涯以何仲默姊丈朝夕接談，貫綜罔愆，遂克名家。

苑洛集二十二卷

明兵部尚書朝邑韓邦奇汝節撰。雜文九卷，詩（一）〔二〕卷，詞一卷，奏議五卷，《見聞考隨録》五卷。乾隆十六年邑人成大凌校梓，嘉慶七年謝正原貞侯重刊。苑洛學問淹博，文有根柢，其《見聞考隨録》尤資考證。

五泉集四卷

明山西布政使司左參議朝邑韓邦靖汝慶撰。苑洛之弟，別號五泉（子）。著《朝邑志》，與康海《武功志》並名。詩文亦雅潔。臨潼趙伯一校梓，有康海序，謝正原重刊。

韓安人遺詩一卷　並朝邑謝氏重刊本

明韓邦靖妻安人華陰屈氏撰。康海序云："安人，華陰都憲屈西溪女，詩清婉。"

鳥鼠山人小集十六卷後集二卷擬涯翁擬古樂府二卷擬漢樂府八卷　蘇州刊本

明山東巡撫右副都御史鞏昌胡纘宗世甫撰。一字可泉。門人吳縣馬驥、江陰徐中孚、長洲歸仁等校刊。首四卷名《正德集》，正德間作；五卷至七卷名《嘉靖集》，嘉靖間作；八卷已下統名《鳥鼠集》。《擬涯翁擬古樂府》，太康張光孝評，清渭胡統宗注。《擬漢樂府》，歷城谷繼宗輯，平原鄒頤賢校。

升庵集八十一卷　養拙山房本

明翰林院學士贈光禄寺少卿新都楊慎用修撰。號升庵。詩賦雜文四十卷，外集四十一卷。張士佩編，乾隆中，鎮遠府經歷司周參廣九校刊。升庵彈見洽聞，博通唐以前書，故詩文具有古法。

其他考據雖間有舛誤,要不若胡少室攻許之甚也。

藍侍御集五卷　明刊本

明河南道監察御史即墨藍田玉(山)〔甫〕撰。嘉靖中言大禮,廷杖歸。詩文亦棱棱有風骨。同邑黃嘉善、長洲張獻翼同校定。

瀼溪草堂稿五十八卷　明刊本

明禮部尚書華亭(縣)〔孫〕承恩毅齋撰。門人王世貞、楊巍、李春芳、汪道昆同編次,有陸樹聲序、馮時可後序、男(洪)〔漢〕陽太守克弘跋。憲宗朝文體大變,瀼溪獨不趨附李、何,其撰述温純深厚養可知矣。

諭對録三十四卷敕諭録二卷御製詩賦一卷　孩浦邨莊刊本

明吏部尚書華蓋殿大學士永嘉張孚敬秉用撰。初名璁,作相後改名孚敬。與桂萼主大禮之議,阿諛事君。此録以"皇猷宏遠同天地,帝德聰明麗日星"分十四册,皆紀其秉鈞時恩寵。亦馮道長樂老自序也。陳泓校梓。書無可取,録以存當時事跡爾。

小山類稿二十卷附張襄惠公輯略一卷　蒼梧重刊本

明總督兩廣右副都御史惠安張岳維(崧)〔喬〕撰。號净峯。初以諫南巡廷杖,屢忤權相,直聲震于時。集中奏議多切實用,書牘亦多主踐履。光禄寺少卿晉江何喬遠贊其像曰:"信孚裔夷,威伸苗蠻,德定行鉅,身詘導尊。"紀其實也。

趙文肅公集二十三卷　明刊本

明大學士内江(張)〔趙〕貞吉大洲撰。門人王藩臣、蕭如松梓。

山堂萃稿十六卷續稿四卷　蘇州刊本

明兵部尚書吳縣徐問養齋撰。亦名《養齋集》。同邑王忱校編。長於理致。

甫田詩集八卷　高氏藏本

明翰林院待詔長洲文徵明徵仲撰。初名璧,以字行。更字徵仲,號衡山。善書畫,與沈石田齊名。其詩雅潤,自謂少年從陸放翁入。

谿田集十一卷補遺四卷 履謙堂本,又惜陰軒本

明南京光禄寺卿三原馬理伯循撰。學以主敬窮理爲宗,馮從吾《關學編》稱其得關洛真傳。集爲四川巡撫右副都御史涇陽雒遵校定,道光中同邑李錫齡重刊,又搜佚篇爲《補遺》四卷。

荆川集三十卷 繡谷廣(陵)〔慶〕堂本

明巡撫鳳陽右僉都御史武進唐順之應德撰。號荆川。平昔講求經濟,再出禦倭,無所建立。其文循守古法,卓然大家。秣陵唐國達振吾校刊,有遵巖居士王慎中道思序。

閒居集四卷 書帶草堂本

明太常寺卿章邱李開先伯華撰。號中麓。裔孫其睿校,德州宋弼蒙泉選訂,附錢謙益所作《小傳》。

皇甫少元集二十六卷 池北書庫藏寶訓堂本

明浙江僉事長洲皇甫涍子安撰。初亦染北地餘波,後乃力滌摹擬之習,詩長古體,高邁絕倫。此本爲新城王尚書家舊藏,有漁洋私印。

歸田稿十卷 武林卓氏刊本

明太常寺卿上元許穀仲貽撰。致仕後作,故集名"歸田"。世宗朝大魁天下。文佚,惟存詩稿。萬曆中武林卓明卿澂甫校刊,跋稱其詩"爽籟迅發,宏麗有蘊藉",廖希伯序稱其"襟宇沖粹,遊于德園"云。

嘉孫注:明萬曆十五年(1587)武林卓明卿刻本。

洞麓堂集十卷 京師刊本

明南京禮部尚書永新尹臺崇基撰。號洞山。《明詩綜》亦作《洞山集》。去家里許有奇洞,峯巒卓詭,故號洞山。而以洞麓名堂,且以名集也。護持楊椒山,爲清議所許;攻擊姚江學,亦不隨

時波靡。文〔六卷〕,詩(各)(六)〔四〕卷。鄒元標序稱其闡繹名理,不屑綺語,確論也。

　　嘉孫注:清嘉慶五年(1800)京師刻本。

茅鹿門集三十四卷附録二卷

　　明河南按察司副使大名兵備道歸安茅坤順甫撰。號鹿門。以古文鳴,喜鬭機鋒處,不及荆川之醇謹、震川之渾灝,而亦足以名家。

滄溟集三十卷　平陽刊本

　　明河南按察使濟南李攀龍于鱗撰。別號滄溟。尊北地學,爲明七子之首。其詩魄力盛大,惟古樂府摹擬太似,近於剽襲。文詰聱不易讀,然絶無依傍。萬曆乙亥知平陽府東萊胡來貢順庵重刊。又一本二十八卷,附録一卷,晉陽張宏孺校梓,與胡本篇次不同。有隆慶壬申張佳胤序。

桂洲集十八卷目録二卷　薌谿吳氏本

　　明吏部尚書華蓋殿大學士貴溪夏言公謹撰。號桂洲。居相府,亦頗有爭權之迹,後爲嚴嵩所陷害,時論惜之。詩文宏整,當代臺閣體也。

承啓堂集二十五卷　明刊本

　　明給事中贈太常寺少卿海鹽錢薇懋垣撰。一名《海石先生文集》。門人嚴從簡纂集,有子婿御史許聞造序。海石仕嘉靖時,輔臣貴溪、分宜立門户,通權賄,獨以大節。著《學録》《樂律》諸書;《防倭》《均賦》《孔廟》《屯田》《邊防》《河套》《鹽政》《市船》諸疏,具見經濟;《論慎》《選宫》《僚大臣相攻擊》諸疏尤見風骨。詩律近中唐。

椒山集四卷　三樂齋本

　　明兵部員外郎容城楊繼盛仲芳撰。一號椒山。康熙中,知沅江縣海陵朱永輝芷庵重刊。椒山烈膽忠肝,昭著千古,劾嚴嵩、仇鸞諸疏,争光日月矣。

弇州山人四部稿一百七十卷續稿二百七卷　世經堂本

明刑部尚書太倉王世貞元美撰。一號鳳洲,別號弇州山人。四部者,賦部、詩部、文部、説部也。《續稿》惟賦、詩、文三部。初弇州羽翼滄溟,迭主壇坫,爲明七子之次,後乃獨擅盛名。雖剽襲流弊,深滋口實,而要其才大學富,具牢籠一世之概,至今不能没也。

讀書後八卷　林汲山房藏本

王世貞撰。原書四卷,皆《四部稿》《續稿》所未載,吳江許恭文採兩稿中題跋之文,别爲四卷。乾隆丙子,無錫顧朝泰昇階校刊,有無錫諸洛序及陳繼儒元序。

居來山房[集]三十五卷　明張氏刊本

明兵部尚書銅梁張佳胤肖甫撰。弇州後五子之一。凡書牘八卷,詩二十七卷。萬曆丁亥門人張宗載編校。屠隆序稱其"與瑯琊、歷下諸君子對壘,晉楚治兵中原,卒難主客,馮軾而觀者多走下風"云。陳臥子亦重其詩莊雅,稱爲李、王後勁。

宗子相集十五卷　明刊本

明福建提學副使興化宗臣子相撰。世稱方城先生,亦七子之一。天才婉秀,詩獨趨步青蓮,子相弟揭其遺詩三首於武夷止止庵,人以爲謫仙之流。門人黃中、林朝聘等校刊,有嘉靖三十九年福建巡撫縉雲樊獻科斗山序。

終太山人集十卷　艾氏刊本

明右僉都御史四川巡撫平江艾穆和甫撰。一字熙亭。孫日華輯梓。

雪園集五卷詩餘一卷　舊寫本

明大理寺評事西曹趙任肩[吾]撰。一字元沖,號滄浪老人。六世孫法憲校定。

海嶽山房存稿十五卷附錄一卷　福建郭氏刊本

明國子監生福清郭造卿建初撰。吉水羅文恭門人,自稱玉融山人,尊之者稱海嶽先生。戚元敬總兵福建時引爲知己。子應龍編刊。

大泌山房集一百三十四卷　晉陵刊本

明禮部尚書京山李維楨本寧撰。在翰林與許文穆齊名,負重譽,故碑版文獨多。子營室合《四游集》及《小草三集》而刊之,有王世貞序。

緱山集三十七卷

明翰林院編修太倉王衡辰玉撰。大學士錫爵子。年十四作《和歸去來辭》,以諷張江陵,館閣中爭相傳寫,與弇州抗衡。弇州讀其詩,歎爲才子。男時敏尚璽校刊,有高出、馮時可、陳繼儒、婁堅、唐時升五序。

逍遥園集十卷　个字亭本

明吏部考功司員外郎東明穆文熙(懷)〔敬甫〕撰。劉恕訂原序云:"與盧柟、謝榛相與操觚管、挑文戰,又與張肖甫、王元美、張助甫詩簡道致。"亦七子之徒也。

瑞陽阿集十卷　東皋堂本

明都察院右僉都御史貴州巡撫歙縣江東之長信撰。一號念所。爲御史劾奏王宗載,論張居正危言峻行。集中奏議居其半。

震川文集三十卷　崑山歸氏家塾刊本

明太僕寺丞崑山歸有光熙甫撰。曾孫莊玄(公)〔恭〕編校,錢虞山定刊於家塾。根柢深厚,法度謹嚴,古文之正傳也。初嘗與王弇州鑿枘,及其没也,弇州作像贊深推挹之,蓋亦心折其文矣。

蠛蠓集六卷　黎陽刊本

明國子監生濬縣盧柟次楩撰。自序謂:"蠛蠓者,醯雞也。集何以謂之醯雞,郭璞謂醯雞細質,喜羣飛,亦蛟蚋屬也。"盧文賦爲

王弇州所稱。詩極豪放,真氣坌涌,無刻畫塗澤之習。同邑孟華
平,明長清張其忠伯盡校刊。

白榆集二十卷　明刊本

明刑部主事鄞縣屠隆緯真撰。一字長卿,號赤水,與雲杜李
本寧先後入新都白榆社,所著業質太函,故以名集。有萬曆庚子
江夏丁應泰元父、新都程涓巨源二序。

奚囊蠹餘二十卷　檇李曹氏倦圃本

明兵部侍郎兩廣巡撫錢塘張瀚元洲撰。曹天祐序其文"渾成
而不雜,鬯達而有條"。

古秀齋集十卷

明貢生華亭莫是龍雲卿撰。一字廷韓。皇甫子循、王元美皆
激賞之。上海曹炳曾巢南與顧斗英《小庵羅集》同刊,題爲《雲間
二韓詩集》。

采隱草一卷

明華亭莫秉清紫仙撰。自序謂:"情生於静,静爲作詩之本。"
超然獨得,乃前世詩人所未發。門人吳徵棐稱其如孤梅鐵幹,猗
蘭幽芬,雪澹風高,興俗庭逕,庶得其概矣。

小庵羅集六卷

明布衣上海顧斗英仲韓撰。與莫廷韓齊名,世稱雲間二韓,
其詩如"樹翻先客醉,山欲借煙(齊)〔奇〕""白髮憐人看未滿,青
蚨問我剩還無",新警秀發,似尚在廷韓之上。

拾香草一卷　並城書室本

明上海顧昉之彦初撰。自稱璽道人。曹炳曾刊,附《小庵羅
集》後。其詩單微刻苦,有胥臺、笠澤風味。

定園集三十六卷　劉氏刊本

明兵部左侍郎總督陝〔西〕三邊軍務禹都劉敏寬〔伯〕功(甫)
撰。子輯民、姪宅民、席民同校梓,康熙中曾孫樬重刊。

賜閒堂集四十卷

明禮部尚書文淵閣大學士長洲申時行汝默撰。子用懋、用嘉校刊。

綸扉簡牘十卷　　並明申氏刊本

申時行撰。有萬曆丙申自序,號休休居士。皆當時臺閣體。

丈景園集二十卷　　蘇州儒學校刊德造齋元本

明南京戶部廣東清吏司員外郎江夏劉民悦時可撰。《成均塞曠》爲國子監博士時作,《浦水倉政》督理江北倉場時作,《姑蘇學政録》爲蘇州府教授時作,《元湖册政》督理後湖黃册時作。其日觀社約作《諭録》《憤語》,則語録類也。

蒼雪軒集二十卷　　河津刊本

明太子少詹事河津趙用光哲臣撰。詩蘊蓄平遠,不鬭炫新奇,和雅清縟而至理斯寓。秦曾均序稱其"爲文中之嘉穀精簌"。

來禽館集二十九卷　　臨邑刊本

明太僕寺少卿臨邑邢侗子願撰。築來禽館于古犁丘。詩文書畫擅絶兼品。馮元成序稱其"盛節厚衷,不似屠緯真輩浮薄恣肆"。

姑射山人吟稿二卷　　山西刊本

明汾陽王體復撰。趙熟典校刊。詩極自然,不事刻畫。有萬曆三十六年獲鹿孫化龍序。

靳兩城集二卷　　李氏藏本

明吏部左侍郎兗州靳學顏兩城撰。有王圻、于茗瀛二序,中有《七諷》一篇,甚佳。

自愉堂集十卷

明兵部主事三原來儼然望之撰。公鼐序云:"從豫章鄧文潔公叩性命之學,意若不屑於枝葉幣帨之技者,故其蓄奧密渾涵而無鍥急膚末之習,其出博大沖融而無流僻憔悴之態。"又謂"有韻之文尤其顯摯"云。

元扈山房集十二卷　並惜陰軒本

明三原梁爾升君旭撰。學出獻吉而能不事沿襲，同邑來復作序盛稱之。

林學士集二十二卷　鈔本

明南京禮部尚書閩縣林燫對山撰。凡詩集六卷，文集十六卷。有王穉登序。

徐文長集三十卷録一卷　杭州刊本

明處士山陰徐渭文長撰。武林黃汝亨校刊。首有陶望齡作《徐文長傳》及補遺詩五首。文長詩文戞戞生新，不蹈七子之流習。

玉茗堂集三十四卷尺牘六卷　明刊本

明遂昌知縣臨川湯顯祖義仍撰。號若士。好填詞，妙絶一時，詩力劚王、李之習，文精悍有識力。

玉茗堂集選二十二卷　沈氏刊本

湯顯祖撰。崇禎丙子甄胄沈際飛天羽選評。

少室山房類稿一百二十卷

明舉人蘭谿胡應麟撰。附弇州列名末五子中，所作《類稿》亦規仿《四部稿》爲之。然少室記誦淹博，自有根柢，與諸剽襲不同也。

穀城山館集二十卷

明禮（懷）部尚書東阿于慎行無垢撰。在史館務貫穿經史，通曉掌故，以求有用之學。初擬上書論江陵起復，及江陵卒，極言宜推明主帷蓋之恩，全大臣簪履之誼，舉朝義之。與李滄溟爲鄉人，而不沿歷下之學。其詩典雅和平，饒有清韻。

虎門遺稿一卷　書帶草堂本

明萬曆舉人章邱李衡虎門撰。中麓孫也。詩筆豪邁。宋弼選訂。

胥臺集二十卷　衡藩刊本

明廣西提學僉事吳縣袁裦永之撰。甥長洲張炳忠藎甫校編。文筆刻苦。

歇庵集二十卷　聚奎樓本

明國子祭酒會稽陶望齡周望撰。號石簣。掇巍科，性恬退。再預枚卜，引疾不起。集有《歇庵記》，云：「奉親之暇，退輒憩息，故稱庵曰歇也。」推衍姚江之學，大暢厥旨。萬曆辛亥仲秋蝶花庵正字刊。

孟雲浦集八卷　于氏寶善堂本

明户部主事贈光禄寺卿新安孟化鯉叔龍撰。傳姚江學，學者稱雲浦先生。集多究晰性命，有門人呂維祺序。

曇英集四卷　聞風居本

明梁園釋曇英普秀撰。海鶴老人黃居中選訂。

白蘇齋集二十二卷　明刊本

明右庶子公安袁宗道伯修撰。與弟宏道、中道並有才名，時稱公安三袁。朱彝尊《明詩綜》云：「嘉靖七子之派，徐文長、湯義仍、王伯穀變之而不能。自袁伯修出，服習香山、眉山之結撰。首以白蘇名齋，既導其源，中郎小修，益揚其波，由是公安流（衍）〔派〕盛行。」

袁中郎全集四十卷　黎雲館本

明吏部稽勳司郎中公安袁宏道中郎撰。一號石公，宗道弟也。年十六即結社城南為之長，其論詩力矯王、李之弊。所著有《綺紈》《解脫》《瓶花齋》《瀟碧堂》等集，此則合為一編。詩以申寫性靈為主，而不免出於率易游戲，世謂之公安派。

瀟碧堂集二十卷續集十卷　無涯氏本

袁宏道撰。麻城李長庚西（園）〔卿〕校定。石公深于禪，集中時多方外語。

來陽伯文集二十卷詩二十卷

明□部尚書三原來復陽伯撰。善畫砵竹,詩文皆有奇氣。

叢筌齋文集六卷詩集十二卷　並惜陰軒本

明屯留知縣三原來臨馭仲撰。復之弟。會稽王思任序稱其"所結撰極侈,大力深心,亟反正始。如河源出火腦,江源出泰西雪山。酈道元所未(遇)〔遑〕搜者,馭仲能(探)〔搜〕之"。

夢白先生集三卷

明工部右侍郎高邑趙南星夢白撰。文主理學,與高攀龍相伯仲。遭崔呈秀阿附魏瑠作《天鑒録》,與葉向高諸人並誣以東林,首列其賢,自不可没也。

味蘖齋遺筆一卷　並高邑刊本

趙南星撰。此戍雁門時所作。

馮少墟集二十二卷續集四卷　長安刊本

明副都御史長安馮從吾仲好撰。世稱少墟先生。受業許孚遠,以理學教授關中。與楊起元、孟化鯉、陶望齡輩立講學會,京師建首善書院,爲朱童〔蒙〕所劾。王(沼)〔紹〕徽毁書院,擲先聖像,發憤卒。其文主於明理。有鄒元標、趙〔南〕星、高攀龍三序。

師竹堂集三十七卷

明中庶子汝陽王祖嫡胤昌撰。有李國楨、楊漣二序。

翠雲館集九卷　並明刊本

明吉州趙虞保方虁撰。自號瓠口山人。凡《蛩鳴草》《怡柯齋近詩隨録》《蹋燈詞》《痴生傳》《附暑課騈語》《問月堂四種》《鼎耳軒雜刻》《史論》《尺牘》。有天啓元年自序。

嶽歸堂集十四卷鳴灣文草九卷　吳郡刊本

明天啓七年舉人竟陵譚元春友夏撰。長洲徐汧九一、吳縣張澤草臣評定。譚與鍾惺好選訂古文,一時有重名。究之明代之文章,至二子爲剥極之運矣。

崇雅堂集十五卷　　明高氏刊本

明工部尚書益都鍾羽正叔濂撰。一字龍淵。與鄒元標同以觸逆璫去官，御史陳九疇等十人交章薦之。詩文有磊落英偉之氣。

四素山房集十九卷　　濟南刊本

明禮部尚書東閣大學士長山劉鴻訓默承撰。一字青岳。崇禎中爲相，未久而罷。集取《中庸》"素位"章"素富貴"節意也。

孫白谷詩鈔二卷　　山西刊本

明河南提督雁門孫傳庭伯雅撰。門人馮應京紫乙校，其子世寧梓。詩一意孤行，氣象雄闊，風骨遒上。

宋布衣集三卷　　中州王氏刊本

明新河宋登春應元撰。少歲顱髮即白，自稱海翁。晚居江陵之天鵝池，更號鵝池生。橐書遠遊，挾二童子，呼爲丹砂、白石。至江陵，遍謝故人，斥二童子去，不知所之。吟詠無長篇，或少之。布衣曰："發于情，止乎禮義，惡用長。"詩舊名《鵝池集》，文名《燕石集》，此本合爲一編，首有禮部尚書吳郡徐學謨《鵝池生傳》。

逆旅集三十卷　　惜陰軒本

明右僉都御史巡撫大同軍事三原焦〔源〕溥涵〔一〕撰。李自成陷關中，與從兄源清殉國死，王鐸、李楷並爲作傳贊。集有自序，謂："余昔遊東至於海，南渡江，西望太白，北至無棣。岳有五，登其三，覽唐虞之故墟，披文武之流風。大禹之所經歷，漢唐之所分爭。慨忠貞之遺烈，拾幽逸之餘芬。觸眼興懷，偶爾得句。"此名集之意也。

陶庵全集十五卷

明崇禎癸巳進士嘉定黃淳耀蘊生撰。一號陶庵。精于書義，詩亦堅厚，無懦響。有陸隴其、吳偉業、蘇淵三序。

金忠節公集八卷　嘉魚刊本

明兵部右侍郎巡撫徽寧等處地方嘉魚金聲正希撰。制義久傳於世，古文散佚，道光丁亥知嘉魚縣事濟寧邵勳蓮溪編次。

東洧家乘六卷　明刊本

明汝州王廷垣康侯撰。與章大力交游，有《大力出守柳州詩》。

劉文烈公集十二卷

明翰林院修撰右諭德杞縣劉理順復禮撰。一字湛六。孫菖石梓。文烈殉國，大節卓然。詩文風骨嶙峋，具見氣節。

濟北山翁訓子歌一卷

明廣平府推官涇陽王應選撰。自號濟北山翁。子徵輯録。歌詞悱惻，皆教忠教孝之語。崇禎甲申之變，子徵殉節，其得於庭訓者裕也。

王端節公全集十卷附録三卷　並崇一堂本

明山東按察司僉事監遼海軍務涇陽王徵良甫撰。《甲戌紀事》一卷，《簡而文》一卷，亦名《山居題詠》，《都子歌》一卷，《兵約》三卷，《客問》一卷，《忠統日録》三卷。同邑張炳璿儀昭校刊，後附《王端節公傳誄雜題詠》三卷。

太古堂集四卷　膠州刊本

明太傅膠州高弘圖硜齋撰。孫敬業直夫纂，乾隆辛巳同里法坤厚黃裳校梓，有仁和沈廷芳序。史稱弘圖蘊忠謀國，協心勠力，而扼於權姦，不安於位，殉國死於會稽野寺中。今觀其集，猶凜凜有生氣焉。

徐忠烈〔公〕集四卷

明山東巡撫贈尚書海鹽徐從治肩虞撰。一卷爲《卹葬録》，載行狀、碑表、墓誌及傳。二卷爲《定譁兵略記》，分巡蘇州時、定北平諸衛之警。三卷《圍城日録》，記其爲山東布政時與登撫韶石守萊城事，公爲賊砲中額死。萊人賈毓祥續紀，下載奏書、議書、雜文。第四卷碑記。

仰節堂集十四卷　安邑曹氏刊本

　　明左都御史安邑曹于汴自梁撰。號予真。篤志理學,正色不阿,稜稜有風骨。爲原奇抱誣,勘西黨謝事去官,時論惜之。曹與馮少墟善,學問文章亦相近。有少墟及曹門人劉在庭、辛全、吕崇烈四序,附録王鴻緒《曹予真先生傳》於後。

鴻寶應本十七卷　來青閣藏本

　　明户部尚書上虞倪元璐汝玉撰。會稽唐九經補正。門人沈延嘉序稱其"筆柱墨濤,莫不溥本肇末,以身著道,以道著文。一切疏議箋題風韵月詠,雖極汗瀾卓踔,淵泓澄深,而大指攸歸,則必本六經,而唱忠孝"。案:倪殉崇禎甲申之難,致身報國,大節森然。集名"應本",可謂能行其言矣。

天傭子集六卷　東鄉刊本

　　明舉人東鄉艾南英千子撰。康熙中男斯駿、斯騏同輯,同里王如桂月樹、臨汝黄華陽鎧伯校刊。艾深疾場屋文腐爛,與同郡章世純、羅萬藻名草,蓋取易之隨時云。有朱竹垞、宋牧仲二序。

遜谷集八卷　丹陽刊本

　　明處士洺水胡孟向撰。原名孟男,改名孟向,以字行。康熙中同學賀應旌宣之刊於丹陽署。

西湖遊草一卷　清餘堂本

　　明太僕寺卿鄞縣陳朝輔燮五撰。崇禎中刊。

湘帆堂集二十六卷　青峯齋本

　　明臨川傅占衡平叔撰。堂名取《水經注》"帆隨湘轉"之意。凡雜文十三卷,詩十二卷,詞一卷。文多説經之語,辨正杜詩,注楊慎《丹鉛録》頗精。詩有《香壁齋集》《谿聲集》《南濟草》《西溪吟》四目。乾隆壬戌族裔傅欽俞陞晉重刊。

蓼蟲吟一卷續集一卷　河津刊本

明鎮安知縣河津薛昌胤十洲撰。文清公裔孫。詩筆真樸,有隨遇自得之致。

西北文集四卷　恒訓閣本

明湖廣布政使高平畢振姬亮四撰。號王孫,又號頡雲。崇禎壬午解元,丙戌進士。太原傅山題其文曰西北之文,序云:"西北之者,以東南之人謂之西北之文也。東南之文概主歐、曾,西北之文不歐、曾。"三山去畢居西北六七百里,因自號西北之西北老人,名尤奇闢。

艾陵文鈔十六卷詩集二卷　莘樂草堂本

明處士涇陽雷士俊伯籲撰。本涇陽人,後遷揚州,入郡學,食餼。崇禎甲申之變亂,棄貢不仕。文、論皆有識見。

嘉孫注:"食餼",底本原作"氣餼",不通。據《清處士雷君伯籲墓誌銘》載,雷士俊"初入揚州府學,試高等督學,嘗擢第一,補廩,屢應鄉舉,不中"。

錢仲子初集四卷　明錢氏刊本

明武水錢默仲子撰。錢彥林子,八歲能爲文。此刻其二十以前所作,故稱初集。有鄭瑄、文德翼、李陳玉、夏允彝、陳宏緒及叔菜六序。

姑山遺稿三十卷　有奇堂本

明諸生舉賢良方正宣城沈壽民眉生撰。一號耕巖。臨没書曰:"以此心還天地,以此身還父母,以此道還孔孟。"遂卒。門人私謚曰貞文。施閏章受其學,表章其詩文。集後附吳肅公《沈貞文夫子謚議》、長洲徐枋《沈耕巖先生傳》。

甲秀園集四十一卷　鉛山刊本

明諸生鉛山費元禄無量撰。一號五湖山人。文筆饒有逸致。

居易堂集二十卷　蘇州刊本

明崇禎壬午舉人吳縣徐枋昭法撰。一字俟齋。考文靖公殉節後,隱於上沙。門人潘耒編校,孫徐垕録。首有《凡例》十一則,内有云:"讀書作文,一字一句必心有真見有獨得,然後發之。既不敢附和蹈襲,亦不敢標奇好異。"此可以識其文矣。

裒石室集十五卷　宣城刊本

明宣城梅鼎祚禹金撰。其孫悦學重刊。嘗作字書,長於考據。

虞伯生詩集八卷補遺一卷　汲古閣本

明虞山毛晉子晉撰。博綜羣書,故醖釀深厚而不失古之法度。

壯悔堂集十卷　商丘刊本

明商丘侯方域朝宗撰。以氣節自負,文筆奇偉,肖其爲人。同里賈開宗静子評定,裔孫資燦重刊,有同里徐作恭序。

倪小墅集八卷　餘姚刊本

明南雄知府餘姚倪宗〔正〕本端(甫)撰。七世孫繼宗編次,有毛際可、黄宗羲、毛奇齡三序。

吟紅集三十卷

明山陰女士王端淑玉映撰。一號映然子。詩筆婉秀。

右別集類明一百五十二部,共三千四百二十二卷。

玉函山房藏書簿録卷二十二

集編六

別集類五

花間堂詩鈔一卷　京都刊本

　　國朝慎郡王撰。王勤政之暇,禮賢下士,詩宗唐人,品近河間、東平而過之。

兼濟堂集二十卷　龍江書院刊本

　　國朝大學士柏鄉魏裔介石生撰。一字貞庵。學宗朱子,風節侃侃,與敏果公時稱二魏。集爲公子荔彤編次,有吳偉業序。

寒松堂集十二卷　蔚州刊本

　　國朝刑部尚書蔚州魏象樞環極撰。一字庸齋,號環溪。整朝率大正直不阿,彈劾匪人,如余司仁、劉顯貴、程汝璞諸人是也;薦引正士,如湯文正、陸清獻二公是也。歸田後,家無長物,嘗笑曰:"尚書門第,秀才家風。"可想見其清節。文章華國,具見經濟。有康熙戊子熊賜履序。

佳山堂詩集七卷二集七卷　吳朱士儒刊本

　　國朝大學士益都馮溥孔博撰。一字易齋。力薦魏環〔極〕,爲名臣,在閣不詭隨,不矯激。詩以雅正爲主,不爭長於字句之間。

梅村集四十卷

　　國朝太子詹事崑山吳偉業駿公撰。太倉顧湄伊人、許旭九日原編,黎城靳榮藩介人集覽。詩長於七古,逼近盛唐。

擬山園集六十六卷　孟津刊本

國朝太傅孟津王鐸覺斯撰。前九卷爲騷賦樂府,以下皆古今體詩。

泲亭集三卷　師儉堂本

國朝吏部尚書益都孫廷銓伯度撰。凡文集二卷,詩集一卷。文定精於琴律,故詩歌諧雅,文有古之法度。

賴古堂集二十四卷　懷德堂本

國朝戶部尚書祥符周亮工櫟園撰。長於考據,故以博綜擅長。

橘洲詩集六卷

國朝碣石范士楫箕生撰。順治己亥易州劉崇基子厚、新城王方轂金粟校刊。詩有逸致。

蒿庵集三卷

國朝處士濟陽張爾岐稷若撰。樂安李焕章校刊。張精於易數,文章學問於宋邵子爲近。

雲來館集一卷　並樂安刊本

國朝處士濟陽王琢璞連城撰。

讀史亭集三十六卷　浙江刊本

國朝兵部侍郎貴州巡撫鄧州彭而述禹峯撰。持節撫黔陽,率麾下殺賊過當罷官,栖遲莄水。凡文集二十卷,詩集十六卷。文有骨力,詩雄奇,肖其爲人。

禹峯詩集九卷　湖南刊本

彭而述撰。撫湖南時,門人棘陽袁夐與茅州張芳全校刊。

秀巖集三十一卷衍嚘語一卷　仙井刊本

國朝禮部尚書仙井胡世安菊潭撰。柳寅東序稱其文"氣格堅老,風骨沈鬱。詩則渾雄嚴邃,振頓蒼凉。徵實不縟,蹈靈不纖"云。

安雅堂集二卷　宋氏刊本

國朝浙江按察使萊陽宋琬玉叔撰。號荔裳。文一卷，金之俊序。詩一卷，金壇蔣超序。詩七子遺響，尤近滄溟。

安雅堂未刻稿八卷入蜀集二卷　宋氏重刊本

宋琬撰。荔裳自定詩三十卷，攜之成都，康熙間刻者非原本，其孫永年君仁搜其佚集重刊。《入蜀集》上卷詩，下卷詞也。

快圃詩鈔三卷　郭氏刊本

國朝清苑郭棻快圃撰。門人陶國器太康編校。有宋荔裳觀察四川之作。

學餘堂集七十八卷外集二卷遺集六卷別集五卷　棟亭藏本

國朝翰林院侍講學士宣城施閏章尚白撰。一字屺雲，號愚山，一號媿夢居士，又號蠖齋，晚號矩齋。凡文集二十八卷，詩集五十卷。外集爲《硯林拾遺》《試院冰淵》各一卷。別集爲《蠖齋詩話》二卷、《矩亭雜記》二卷、《漁洋摘句圖》附《施氏家述略》《家風述略續編》一卷。沈歸愚云："南施北宋，故應抗行。"今就兩家論之，宋以雄健磊落勝，施以溫柔敦厚勝，又各自擅場，文具有歐、曾家法。

東渚詩集十六卷　滿聽樓本

國朝宣城梅枝鳳子翔撰。施愚山其侄婿也。王漁洋序謂"得江山之助，田園之趣"。

微泉閣集三十卷　武進刊本

國朝江南道監察御史武進董文驥玉虬撰。一字易農。侄元愷舜民編。文十六卷，詩十四卷。有汪琬序。其《復過井陘口淮陰侯廟詩》"春雨王孫草，靈風古木叢"，漁洋極稱之。

范忠貞公集十卷　范氏刊本

國朝兵部尚書福建總督承德范承謨覲公撰。號螺山。文肅公仲子。康熙中，遭遇逆藩，捐生完節。《畫壁詩》一卷，吳震

〔方〕刻入《説鈴》,此編乃其全集。奏議具見經略。清苑劉可書長馨編次。

尊水園集十二卷　書林劉經邦刊本

國朝徵士德州盧世潅德水撰。號紫房,晚稱南村。門人程正夫編校。李源序稱其詩"清真古淡,潔净精微"。

潛庵遠稿四卷　睢州刊本

國朝工部尚書睢州湯斌孔伯撰。號潛庵。宣化閻梅公評定,同里田蘭芳簣山校。有閻興邦、胡介祉二序。沈歸愚稱其詩"韻語葩流,温温藹藹,洵爲德人之言"。

四幸山人詩集二卷

國朝貢生蘭山褚懋濬虞臣撰。自號方山臥史。詩清老沈著。

寒村集三十一卷　慈谿刊本

國朝高州知府慈谿鄭禹梅寒村撰。《見黄集》二卷,學於黄宗羲故名。《安庸集》二卷,自序謂"年五十有五,從此庸人自安而已"。《五丁集》二卷,丁巳至丙寅,自序云:"生丁丑至是年蓋逢丁矣。"《半生亭新刻》一卷、《半人集》一卷,中風復甦,因自號。《息尚編》二卷,取一息尚存意。《學業偶存》一卷。《見黄稿删訂》四卷。《五丁詩稿》五卷。《玉堂集》《歸省偶録》《還朝詩存》《玉堂後集》各一卷。《寶善堂集》《白雲軒集》各二卷。《南行雜録》一卷。《高川詩集》一卷。詩文多奇倔,不爲當時所喜,黄太沖獨稱賞之。

二曲文集二十六卷　西安刊本

國朝徵士盩厔李顒中孚撰。學者稱二曲先生。以理學名關中,文多講學之篇。康熙甲戌,刑部左侍郎閩縣鄭重山公、陝西學政高爾公嵩佋同校梓。

蕉山詩集十七卷　王光禄家藏本

國朝户部尚書真定梁清標玉立撰。魏文毅序稱其詩"高華矜貴而不佻，淵宏静毓而有本”云。

匏野集二十卷　祝古堂本

國朝清源知縣晉江張汝瑚夏鍾撰。門人胡作梅修予、高聯璧高斗校。多究心性，辨論學術。錢澄之序其文云“主於明道”。

蓮龕集六卷　臨川刊本

國朝翰林院侍講臨川李來泰石臺撰。侄士岑編次。幅首題詞云：“烏巾白祫爲前事，草屨芒緣是後身。無端踏破蓮花瓣，輸卻東瀛九斛塵。”此集名蓮龕之意也。沈歸愚稱之云：“文不肯一語猶人，而詩獨以平正通達行之，能者不拘一格。”

託素齋集七卷仁恕堂筆記一卷　池北書庫藏本

國朝寧夏知府汀州黎士弘媿曾撰。有周亮工序，王阮亭墨跋，皆極稱之。

槐軒集十卷　孫氏刊本

國朝給事中茌平王曰高北山撰。漁洋之兄。吳偉業序其詩“淡蕩清遠，有阮亭之風”。

漁洋詩集二十二卷詩續集十六卷蠶尾集十卷蠶尾續集二卷蠶尾後集二卷南海集二卷雍益集一卷精華録十二卷漁洋文略十四卷　新城王氏刊本

國朝刑部尚書新城王士禛貽上撰。號阮亭，又號漁洋山人。學富望高，詩以摩詰、東川爲宗，而出入牧之、義山，爲一代騷壇圭臬。趙秋谷著《談龍録》以詆諆之，未足以服其心也。

蕭亭詩選六卷　濟南刊本

國朝處士鄒平張實居賓公撰。漁洋内兄也，評選其詩五百餘首。序之謂：“生席華膴，列鼎鳴鐘，其所固有，一旦棄之如屣，甘就隱約，豈時命使然歟？抑有託而逃焉者歟？”樂府、古詩尤有神解。

鈍翁類藁六十二卷續藁五十六卷　　城西草堂本

國朝翰林院編修長洲汪琬苕文撰。號鈍翁。初與王西樵兄弟諸人稱詩都下，風格原近唐音，後以劍南、石湖爲宗。文與魏禮侯、侯方域並以古文擅名。根柢經典，不失爲儒者之文。門人震澤周公贊校刊，末有汪由敦謹堂私印。

堯峯文鈔五十卷　　丘南藏本

汪琬撰。門人侯官林佶手録。以《類藁》《續藁》一百十八卷，門人編次，未敢有所去取，而傳寫失真，删定爲此編。有商丘宋犖及門人惠惕周二序。

姚端恪公集三十卷　　桐城刊本

國朝刑部尚書桐城姚文然 弱 侯 撰。子士塈等及陳式、潘江校訂，有潘江序。文筆昌明博大。

朝天集一卷鴻爪集一卷黃山紀遊詩一卷珂雪詩集一卷

國朝禮部員外郎安丘曹貞吉升六撰。一字實庵。與王漁洋、宋牧仲、施愚山相倡和。《朝天集》爲同知入覲時往返所作。《鴻爪集》往來陵陽所作。李良年序云其詩"發源初盛，折入於眉山、劍南，無摹擬之迹，而動與古合"。宋牧仲極推遊黃山詩，謂此山名作寂寥，向推虞山，今被實庵壓倒矣。

憺餘堂詩集四卷　　並安丘刊本

國朝兵部侍郎貴州巡撫安丘曹申吉澹餘撰。實庵之弟，二曹齊名。吳逆反，陷賊中，庚申蠟書赴闕密陳機宜，爲賊所覺，劫歸遇害。澹餘爲憲石相國外孫，得其法度。

觀稼樓詩一卷楓香集一卷

國朝 候 補 主 事 高 唐 朱 緗 子 青 撰。

嘉孫注：朱緗，號橡村，閩浙總督朱弘祚長子。此書有清道光中刻《濟南朱氏詩文匯編》本。

桐陰書屋詩二卷

國朝 高 唐 朱 崇 勳 撰。

嘉孫注：清道光中刻《濟南朱氏詩文匯編》本。

湖上草堂詩一卷

國朝 朱 崇 道 撰。

嘉孫注：清道光中刻《濟南朱氏詩文滙編》本。

岸舫集十四卷　天茁園本

國朝須江縣儒學教諭山陰宋俊長白撰。有吳綺序。

須鐸餘音一卷　授墨軒元本

宋俊撰。爲須江教諭時作，故稱"須鐸"。

翁山詩八卷　廣東刊本

國朝翰林院庶吉士番禺屈大均翁山撰。王隼蒲選定。王瑛序謂翁山學者之詩。

離六堂集十二卷　懷古樓本

國朝廣州長壽寺釋大汕石濂撰。一字厂翁，又號五嶽行腳石頭陀。自序謂："吾洞山老祖嘗以重離六爻偏正回互爲宗旨，又分正偏五位。五位兼中，猶《易》之有六爻，六爻從五生以一變，而循環爲用。故離六而不離五。"又云："六爲水，離水所以得火，離月所以得日，離心所以得性。"此名集之義。屈大均稱其詩以天勝。

午亭文編五十卷　山西刊本

國朝大學士澤州陳廷敬于端撰。初著《尊聞堂集》八十卷，晚年自訂爲此編，以所居午亭山村爲名。於時古文推鈍翁、漁洋，午亭自序謂"與汪、王不苟雷同"。沈歸愚稱其吐詞上追燕許。有平陽徐昆序。

紫峯集十四卷　金容刊本

國朝處士順義杜越君異撰。鹿忠節高弟，與容城孫奇逢相爲師友。門人楊湛子、管公武等校録,知金容事趙玉峯刊。

谷口山房集三十八卷　涇陽刊本

國朝景陵知縣涇陽李念慈屺瞻撰。一字劬庵。文集六卷,詩集三十二卷。有康熙二十八年玉華楊素蘊序,謂"屺瞻詩行安節和,一倡三歎,有蒼葭白露美人一方旨意"。

青箱堂集四十五卷　宛平王氏刊本

國朝禮部尚書宛平王崇簡敬哉撰。子熙編次。文集十二卷,詩集三十三卷。沖和澹遠,饒有風度。

黃湄詩選十卷　王氏刊本

國朝給事中郤陽王又旦幼華撰。王阮亭選訂,有阮亭及顧景星、汪懋麟、陸嘉淑、姜宸英五序。漁洋謂其詩變而益上,足以傳世行遠。又謂《遊太華羅浮詩》,尤爲警策。

憶雪樓詩集二卷　惠州刊本

國朝川南永寧道寶坻王瑛紫詮撰。一號南區。憶雪樓在惠郡署中,王所營也。官炎方,有懷朔雪、寓屺岵之思焉,其詩曰"歲晚羅浮路,梅花雪裏看。寧知南越煖,卻似朔方寒"謂此。屈大均謂其詩主以少陵,而轉之以蘇、陸。

古歡堂集三十一卷　田氏刊本

國朝户部侍郎德州田雯綸霞撰。在京師購讀書之室,額曰"山薑書屋"。因作《移居》一首,有"牆角殘立山薑花"之句,京師傳誦,謂之田山薑,因自號山薑子。沈歸愚曰:"山薑詩才力既高,收採復富,欲兼唐宋而擅之,山左詩家中另開一徑。"徐乾學謂其詞居然東坡、放翁,又謂能東坡、放翁之所自出。

山薑詩選十八卷

田雯撰。自壬子託庚午藁,按年編次。從《古歡堂〔集〕》中選出。

榕村集四十卷　教忠堂本

國朝大學士安溪李光地厚庵撰。門人臨川李黼校。根柢經訓,粹然儒者之言。

三魚(棠)〔堂〕集十二卷附録一卷外集六卷附録一卷 刊本

國朝四川道監察御史平湖陸隴其稼書撰。《外集》六卷,翁詩歌,餘皆文也,發明義理爲多。

織素堂集二十四卷

國朝處士壽光李焕章象先撰。初名《老樹村集》,周櫟園稱之。

菊味齋集十二卷 並舊鈔本

國朝翰林院編修平瀾張謙宜稚松撰。自序謂:"爲文必須理正,予之奪之不敢自私。下筆期於理通,抑揚反復,行乎不得不然,而非以媚世。何消占地步,先自處於無過之地。何消自標榜,置著作於毁譽之外。如此則善矣。"

張文貞公集十二卷 丹徒刊本

國朝大學士丹徒張玉書素存撰。有儲大文、曹文埴二序。沈歸愚云:"文貞古今文俱以風度勝,詩品亦然,令讀者如飲醇醪,自然心醉。"

庸書二十卷睡居隨録二卷玉山遺響六卷崇祀録一卷 張氏刊本

國朝翰林院學士廬陵張貞生簀山撰。文筆超曠,有牢籠百氏之概。有康熙十八年蒲仁蔣維藩序。

玉磑集四卷 晚讀草堂本

國朝壽光安致遠靜子撰。自號古紀拙石老人。其子簀校刊。自序云:"予紀人也,《春秋》書紀侯大去其國,而《元和志》言崌山有紀侯冢。《宋書》云:焦恭祭冢,得玉磑焉。"此名集之意也。

魏伯子文集十卷魏徵君傳録一卷

國朝寧都魏際瑞善伯撰。原名祥,字東房。魏氏兄弟並工古文,時稱寧都三魏。《魏徵君傳録》,伯子述其父行實也。徵君,名兆鳳,字聖期,號天民。

魏叔子文集二十二卷

國朝寧都魏禧冰叔撰。伯子之弟,與兄並名。

魏季子文集十六卷

國朝寧都魏禮和公撰。伯子之少弟。

梓室文稿六卷

國朝寧都魏世傑興士撰。伯子之子。

耕廡文稿十卷

國朝寧都魏世傚昭士撰。季子之子。

爲谷文集二卷　並易堂藏板本

國朝寧都魏世儼敬士撰。季子之仲子。已上七部或合刻之名《寧都魏氏全集》。

李文襄公集六卷

國朝兵部尚書齊東李之芳鄁園撰。男鍾麟編次。一作《李文襄別録》,皆載督閩時咨檄示諭。

　　嘉孫注:李之芳,字鄁園,武定人。順治四年(1647)進士。文華殿大學士。謚文襄。此書爲清康熙刻《文襄公奏疏》本。應入史部奏議公牘類。

獨漉堂詩八卷　嶺南刊本

國朝順德陳恭尹元孝撰。番禺王隼蒲選刊。氣骨傲岸,時多奇句。

懷葛堂集十卷　梁氏刊本

國朝徵士南豐梁份質人撰。魏叔子門人。其文鉤貫經史,嘅然有濟物之意。

林蕙堂集二十六卷　廣東刊本

國朝湖州知府江都吳綺園次撰。守湖時喜賓客,游燕無虛日,竟以此去官。吳梅村贈詩曰:"官如殘夢短,客比亂山多。"可以想其風趣。吳與陳其年同以四六名,陳追摹開府,吳則含咀樊南,異曲同工,各極其妙。詩詞神姿豔逸。

光啓堂〔文〕集六卷　方氏刊本

國朝翰林院編修龍眠方孝標樓岡撰。子嘉貞等校刊。序、記、論、書、墓表、諸傳、雜文,凡九十一篇。

綵衣集四十六卷序目二卷　讀書堂本

國朝史部侍郎孟縣趙士麟玉峯撰。門人梁永淳等與其子宸蕭輯録。前三卷爲《武林會語》,四卷爲《金閶會語》,撫浙、撫吳時講學之書,餘皆錯綜經史,辭賦瑋麗。

存誠堂詩集二十五卷篤素堂文集十二卷詩集六卷　桐城刊本

國朝大學士桐城張英敦復撰。典雅沖和,爲昇平黼黻;言情賦景,又能抒寫性靈;臺閣山林,體能兼擅。

(澹)〔憺〕園文集三十六卷　冠山堂本

國朝刑部尚書崑山徐乾學原一撰。號健庵,學者稱玉峯先生。宋牧仲序稱其"百家靡不貫穿,其發而爲文,雄贍典則,學大而才足運之"。

白鹿山房詩集十五卷　雪松閣本

國朝桐城方中發有懷撰。錢澄之序稱"與素北二龍倡和詩,孝友之情,纏綿愷惻",又稱其"絶去緣飾,獨任本色"。

有懷堂藁二十八卷　長洲刊本

國朝禮部尚書長洲韓菼元少撰。號慕廬。凡文藁二十二卷。詩分《蹢躅集》一卷,《歸愚集》二卷,《病坊集》一卷,《繫迷集》二卷,並有自序。慕廬大魁天下,古文與制義,皆卓然大家,韻語典雅。沈歸愚稱其《送湯潛庵先生》詩,爲吉甫之贈人,穆如清風。

宜園近草七卷　甯氏刊本

國朝監察御史廣平甯爾講元著撰。以言去官,絶無幾微孤憤。王頊齡序稱其"旨遠而微,其音和而厚"。

毛西河文集二百五十七卷　書留草堂本

國朝翰林院檢討蕭山毛奇齡大可撰。初名甡，學者稱西河先生。其文博辨縱橫，與所作經説相類。

恕谷後集十二卷　蠹吾刊本

國朝蠹吾李塨恕谷撰。受經於顔習齋先生，又從毛西河學，樂其文雄傑奧衍，不名一家。

太白山人槲葉集五卷　鄜縣刊本

國朝諸生鄜縣李栢仲木撰。讀書於邑之太白山，故以爲號。與李中孚、李子德並名，時稱關中三李。蕭震生序："其文多得之山水清音，不作人間絲竹。"

受祺堂詩集三十五卷文集四卷　拜石軒本

國朝翰林院檢討富平李因篤子德撰。一字天生。邃於經學，顧亭林推重之。以布衣召試博學鴻詞授官，以母老辭，不許，表三上乃許，情詞懇惻，比李令伯之《陳情》則又過之。其文經經緯史，務求實用。詩取法漢魏，俯視一切云。

西堂雜組一卷二集八卷三集八卷餘集一卷小影圖贊一卷性理吟二卷論語詩一卷艮齋續薹詩集八卷艮齋倦薹文集十二卷看雲草堂集八卷述祖詩一卷于京集五卷哀絃集一卷百末詞六卷　長洲刊本

國朝翰林院侍讀長洲尤侗展成號悔庵所著。《西堂雜組》傳入禁中，章皇帝稱爲真才子。後入翰林，聖祖稱爲老名士，天下羨其榮遇比於李青蓮云。其詩少作似温、李，歸田後倣白樂天，而軒昂頓挫實從盛唐中出。

嘉孫注：山東師範大學圖書館藏《西堂餘集》十二種五十九卷，其中《年譜圖詩》一卷、《小影圖贊》一卷、《年譜》二卷、《性理吟》二卷、《續論語詩》一卷、《艮齋倦稿詩集》八卷、《文集》十二卷、《艮齋雜説》十卷、《看鑑偶評》五卷、《明史擬稿》六卷、《外國志》六卷、《宫闈小名録》五卷,清康熙刻本,缺《外國志》卷一、二。有"玉函山房藏書"印。

湖海樓集五十卷　宜興陳氏刊本

國朝翰林院檢討宜興陳維崧其年撰。年四十尚爲諸生,時有日者謂之曰:"君過五十必入翰林。"梅杓贈詩有"朝來日者橋邊過,爲許功名似馬周"句,後果然,事見《池北偶談》。其四六之文,根柢六朝,才力富健,足以籠罩諸家。沈歸愚謂"詩品古今體皆擅場,尤在四六之上"。

陳檢討四六二十卷　皖江刊本

陳維崧撰,懷寧程師恭叔才注。有桐城張英序。

曝書亭集二十三卷　三有堂本

國朝翰林院檢討秀水朱彝尊錫鬯撰。號竹垞。生平好古,自經史子集及金石碑版,下至竹木蟲魚諸類,皆有考索纂述。顧亭林以博雅推稱之。此本爲虞山書院山長嘉善孫銀槎竹尹輯注,臨海黃河清潤川校勘。

弱水集八卷　鈔本

國朝徵博學鴻詞蒲城屈復悔翁撰。詩雋永,有奇倔之致,《變竹枝詞》六十三首尤奇。

笛漁小稿十卷　秀水刊本

國朝秀水朱昆田西畯撰。竹垞先生子。有高層雲、張雲章二序。

于清端公政書八卷

國朝兵部尚書直隸總督永寧于成龍北溟撰。平江蔡方炳、西陵諸匡鼎編次。有康熙二十三年門人李中素序。前七卷皆歷官案牘奏疏,末卷爲詩文。

臥象山房詩集七卷白雲村文集四卷　雲歸草堂本

國朝左春坊左庶子諸城李澄中渭清撰。一字雷田,號漁村,又號艮齋老人。康熙己未，應博學鴻詞，與阮亭、山薑鼎峙，士林稱山左三大家。

燕山堂集七卷　餘庵藏本

國朝徵博學鴻詞保定陳僖藹公撰。李嵩陽序稱："書序論記諸篇，篤摯斐亹，有歐、蘇風範。傳志碑銘，則蒼老渾成。以龍門、扶風爲鵠，而思力副之，蓋融秦、漢、唐、宋之町畦，而運以已裁，不倆矩矱者也。"

鏡庵詩選五卷　東海蘇氏刊本

國朝諸城劉翼明子羽撰。同里李澄中極稱賞之。

溉堂集二十六卷詩餘二卷　孫氏刊本

國朝正字三原孫枝蔚豹人撰。康熙己未應博學鴻詞，以年老授官正字歸籍。文集五卷，詩前集九卷，後集六卷，續集六卷。沈歸愚云："溉堂詩辭氣近粗，然自有真意，稱其人品之高。"有蔡懋麟、李天馥、王澤宏、魏禧四序。

栖雲閣集十六卷　畏天堂本

國朝刑部左侍郎淄川高珩葱佩撰。趙秋谷評定。序稱其"棲心空寂，澹於禄位，超然忘名"。

飴山集三十二卷　因園藏板本

國朝左春坊左贊善益都趙執信伸符撰。號秋谷。以譙飲觀劇去官，時年尚未壯也。高才被放，縱情於詩酒。生平服虞山馮氏定遠，稱私淑弟子。而於漁洋王氏，著《談龍録》以貶之。要之，二家各有所長，論者勿左右於其間也。

尊道堂詩鈔八卷別集六卷　黃岡刊本

國朝僉都御史黃岡王材任子重撰。一作《西澗詩鈔》。詩學少陵，内有《集唐詩》二卷、《集杜詩》一卷，工巧如天衣無縫。又有《疊韻集》二卷，妥帖排奡。有陳師晉、陳僖、勞必達三序。

綿津山人詩集十九卷

國朝吏部尚書商丘宋犖牧仲撰。分《古竹圃稿》《嘉禾堂稿》《湖柳草》各一卷,《將母樓稿》二卷,《和松庵稿》《都官草》各一卷,《雙江倡和集》二卷,《回中集》一卷,《聯句集》六卷,《西山倡和詩》《續都官草》《海上雜詩》各一卷,《漫堂草》五卷,《漫堂倡和詩》一卷,《嘯雪集》一卷,《漫堂草》二卷,《廬山詩》一卷,《述鹿軒詩》《滄浪亭詩》各二卷,《紅橋集》一卷。古體主奔放,近體主清新,意在規仿東坡。《池北偶談》記牧仲嘗繪東坡象而已侍立於側,可以知其所尚矣。

西陂類藁五十卷

宋犖撰。晚年自定,惟初刻《綿津山人集》刪棄不録,以皆少作故也。

緯蕭草堂詩三卷　　並商丘刊本

國朝翰林院編修商丘宋至山言撰。牧仲先生子,得其家學。

湖海集十三卷　　介安堂本

國朝國子監博士曲阜孔尚任季重撰。自康熙丙寅至己巳,此其第五刻稿也。詩有遺世獨立之概,考辨詳博,書札韻致。

惇裕堂集六卷　　益都刊本

國朝都察院經歷益都孫寶侗仲愚撰。文定公次子。王漁洋序稱其"文尤邃於六經,如《春秋論》《尚書大序論》《補冬官序》諸篇,皆卓然可觀。其詩爾雅深厚,不窳不佻"。

雙清閣集八卷　　勵氏刊本

國朝大學士静海勵廷儀南湖撰。相業著於當時,文筆具有經濟。

渠亭山人半部藁一卷或語一卷潛州集一卷娱老集二卷　　峽雲籠樹樓本

國朝徵士安丘張貞起元撰。號杞園老人。自題小像云:"遁

跡淳于,自刻益苦。或藉杞園以著書,或藉夏肆以考古。欲知園
叟之生平,庶幾於此而可睹。"漁洋稱其詩勁而不詭,舒而不俗。

梅谿文集六卷　秦氏刊本

國朝布衣懷寧方都秦百二撰。門人范琡等訂,子俔校梓。發
明理學,《孔門出妻辨》以《檀弓》爲誤,最有功於名教。

志壑(棠)〔堂〕集十四卷　莊山藏本

國朝翰林院檢討淄川唐夢賚豹喦撰。一字嵐亭。第九卷爲
《籌餉厄言》,爲河決作。第十一爲《山堂隨筆》,於朱注多所匡
益。卷十三爲雜記,又有《吳越同遊日記》二卷。

蓮洋集二十卷附録一卷

國朝徵博學鴻詞蒲州吳雯天章撰。蓮花洋在普陀山下,《名
山記》曰華嶽山下有蓮洋村,詩名取此。王阮亭《分甘餘話》稱之
云:"余與海内論詩,五十年高才固不乏,然得其髓者,終屬天章
也。"趙秋谷謂:"千頃之波不可清濁,天姿國色,粗服亂頭亦佳。"

繡虎軒集十二卷　太倉刊本

國朝太倉州學正邠州李煜亮采撰。本姓曹,字凝庵。門人郁
禾計登等校梓,有繆彤念齋、彭瓏雲客二序。詩文皆自出機杼。

邵子湘全集三十卷　灌古人士藏本

國朝諸生武進邵長蘅子湘撰。一名衡,號青門山人。凡《青
門簏藁》十六卷附《邵氏家録》二卷、《青門旅藁》六卷、《青門賸
藁》八卷。前三卷爲《井梧集》。古文與侯朝宗、魏叔子稱鼎足,
《簏藁》《旅藁》詩力追唐音,《賸藁》多雜宋人語,蓋晚就宋商丘幕
而變其初體云。

南疑集二十一卷　蘄水刊本

國朝蘄水知縣單縣王奪標赤城撰。此其左遷楚蘄時作。張
鍾勳序云:"案《離騷》'濟沅、湘以南征兮,就重華而陳詞',蓋以
帝舜瘞九疑山在沅湘之南,屈子欲就陳詞。以世莫能察己之

意也。"

續學堂文鈔六卷　梅氏刊本

國朝徵士宣城梅文鼎定九撰。號勿庵。其孫殼成校刊,姪庚作傳。梅精曆學,根據經法,文亦不爲無物之言。

北墅緒言二卷　委羽齋本

國朝江陰知縣錢塘陸次雲雲士撰。漁洋稱其詩極排奡,獨出新意。又稱其文騷則歌、辯之遺,記序則曾、王之緒。

程古雪集二十二卷

國朝中憲大夫歙縣程襄龍驂履撰。凡文集四卷,詩集十七卷。詩分《春妍集》《北遊草》各一卷,《聽秋集》二卷,《長青集》《文几山臺集》《遲鶯集》《麟徵集》各一卷,《清華館集》三卷,《市橋西合集》二卷,《鰜魚集》一卷,《沙鷗集》二卷《續集》一卷。大興朱珪序盛許之。

楓溪遺文一卷　並澂潭山房本

國朝康熙癸巳舉人歙縣程御龍颿溪撰。與《古雪集》同刊。

白茅堂集四十六卷　顧氏刊本

國朝徵士蘄州顧景星黃公撰。一字赤方。文律率衷雅正。喻成龍稱其析理精嚴,樂府尤高唱。

挹奎樓集十二卷　學奮堂本

國朝徽州府推官晉安林雲銘西仲撰。仇滄柱評選。有仇序。

損齋焚餘八卷　月研軒藏芝城元本

林雲銘撰。作於芝城損齋者,官署之別室也。兄雲驤選。

六瑩堂集八卷二集八卷　廣東刊本

國朝翰林院庶吉士南海梁佩蘭芝五撰。號藥亭。王瑛稱其爲才人之詩。

懷清堂集二十卷　浙江刊本

國朝吏部右侍郎仁和湯右曾西厓撰。少以能詩,見賞於漁洋。沈歸愚云："浙中詩派前推竹垞，後推西厓。竹垞學博，每能變化；西厓才大，每能恢張。"潘思（舉）〔榘〕序稱其詩"琅乎璆璜衝牙之音，錯若黼黻纂組之綵"，又謂"引星辰而上決江河，而下靡不極，其性情之和也"。

蕉城集三卷使滇集三卷過江集四卷過江二集四卷過江遺稿一卷
　江都刊本

　　國朝給事中江都史申義叔時撰。一字蕉飲。《蕉城集》在館時作。《使滇集》典試時作。《過江》諸集，視學所作。有張廷敬、宋犖二序。

取此居集二卷　臨清張氏刊本

　　國朝禮部主事萊陽周正方山撰。日照李應鴉稱其文得醇理。

玉照亭詩鈔十卷　黃岡刊本

　　國朝康熙戊辰進士黃岡陳大章雨山撰。子師晉編次。內分《輶軒集》四卷，《敝帚集》五卷，《巢雲集》一卷。有王材任序。沈歸愚稱其詩"矜平躁釋，一歸恬和"。

雪弇文集四卷　濠上存古本

　　國朝貢生洪洞范爾梅梅臣撰。深於理學。

陳恪勤公集三十八卷　道榮堂本

　　國朝河道總督湘潭陳鵬年北溟撰。一字滄洲。內分《耦耕集》五卷，《蒿廬集》三卷，《于山集》二卷，《香山集》二卷，《浮石集》七卷，《水東集》三卷，《淮海集》三卷，《胸山集》二卷，《秣陵集》四卷，《唱月詞》五卷，《武夷集》二卷。自序云，水東，先人壠墓之所在也。武夷，紀遊也。蒿庵，結茅為廬，在舍西草土中，所與視息地也。耦耕，舍之北有耦耕堂焉，沮溺之所與居游也。于山、香山，甲乙間往來游息于兩山為多。浮石，宦游地也。

夢月巖詩集二十卷　呂氏刊本

　　國朝戶部侍郎新安呂履恒元素撰。漁洋評云："高渾超詣，多出於杜，正以不似杜爲佳。”

湛園未定稿十卷　池北書庫藏本

國朝翰林院編修慈谿姜宸英西溟撰。老篤於學，文有深詣。有秦松齡序、王阮亭墨跋。

率真草二卷　平陽刊本

國朝康熙己卯武舉防守歸集把總平陽張廷獻殿颺撰。一號家修。詩任自然，卻無劒拔弩張之態。

豐川文集三十四卷　鄠縣刊本

國朝徵士鄠縣王心敬爾（輯）〔緝〕撰。受學於李二曲先生。集中文字純以理爲主。

海右陳人集二卷　濟南刊本

國朝工部都水司員外郎德州程先貞正夫撰。田山薑序稱其“激楚悲涼，駘蕩沉鬱”。要歸之於和平忠愛，直入少陵之室。

乙未亭詩集四卷　江南刊本

國朝翰林院編修崑山徐昂發大臨撰。韓慕廬序稱其“筋力於漢魏以來，不沾沾於規撫唐人，而亦無意於矯之”。要其志趣自高。

北田詩臆一卷　嘉興刊本

國朝諸生嘉興江浩然萬（泉）〔原〕撰。一字孟亭。鄭方坤序稱其“剪刻生新，謂得長水薪傳”。

逸巢焚餘一卷　方氏刊本

國朝龍眠方仲舒南董撰。

敬業堂詩集七卷

國朝翰林院編修海寧查慎行夏重撰。一字悔餘。凡《漫興集》《餘生集》各二卷，《詣獄集》《生還集》《住劫集》各一卷。所爲詩多得力於蘇，意無弗申，辭無弗達。

查浦詩鈔十二卷　並海寧刊本

國朝翰林院編修海寧查嗣瑮德尹撰。有兄慎行及錢澄之二序。詩多慷慨悲歌。

據梧詩集十五卷又三十四卷　武進管氏刊本

國朝師宗州知州武進管掄青村撰。詩筆超逸。有張大受、張雲章二序。

東村集十卷附録一卷　儀一堂本

國朝太子詹事霑化李呈祥吉津撰。以言事謫戍，後召還。忠君愛國之思發乎性情。自述云：「只有故園三畝，地疏泉好，灌紫梢藤。」天趣灑落可想。

二十四泉草堂詩集十二卷　文登于氏刊本

國朝康熙丙戌進士歷城王莘秋史撰。得明殷棠川別墅，近望水泉。元于欽《齊乘》所謂七十二泉之第二十四也。嘗有「亂泉聲裏誰通屐，黃葉林間自著書」之句，漁洋稱之，時號王黃葉。

蓼谷集四卷　聽泉齋本

王莘撰。皆古文。乾隆中，桂林胡德琳知歷城時刊之。序謂「芝蘭臭味，稱其詩者也」，以爲視邊、李爲兼美。

匠門書屋集三十卷　吳中顧氏刊本

國朝翰林院檢討嘉定張大受日容撰。居吳郡之干將門，干將門又名匠門，故以自號。外孫顧詔禄校梓。宏獎風流甲吳中，駢語韻語皆清新獨出。

尚志館文述九卷補九卷　單縣刊本

國朝禮部主客司郎中單縣盧錫晉子弓撰。號訒齋。文守古之遺矩。

雲川館集十卷　無錫刊本

國朝翰林院庶吉士無錫杜詔紫綸撰。雲川以詩受知于聖祖，會試不第，賜進士，入詞館，士林榮之。以養親歸，不出。晚與道士榮漣、僧天鈞結九龍三逸社，有廬山東林之風。選《唐詩叩彈集》行世，皆中晚名作，故生平得力亦在大曆以後。

香屑集十八卷　遂初園本

國朝翰林院編修華亭黃之雋石牧撰。號唐堂。集唐句爲香籤體,俱組織工巧,如自己出。沈歸愚稱其"自開生面,仍復不失正軌"。

存(研)〔硯〕樓集十二卷二編二卷二集二十卷　宜興刊本

國朝翰林院庶吉士宜興儲大文六雅撰。門人張耀先、瞿源洙編次。石屏張漢蕭序稱其文沉博高古。

王己山先生集十卷別集四卷　敦復堂本

國朝翰林院檢討金壇王步青罕(皆)〔階〕撰。家近己山,學者稱己山先生。儀封張清恪公嘗稱其文能窺道之本道,契聖賢之旨。《別集》則制義諸選之序及雜文也。

懷舫詩集六卷　柏鄉刊本

國朝福建兵備道柏鄉魏荔彤念齋〔庭〕撰。貞庵相國子。相國有《嶼舫詩集》,此集名懷舫,從先志也。

素心堂偶存集九卷　山陰刊本

國朝韶州知府山陰薛載德厚莘撰。分《奚囊艸》《漢上吟》《黔南漫興》《索米吟》《西溪雜詠》《粵遊艸》《後索米吟》《九成餘籟》《湖海吟》,凡九集,集各一卷。

偶存草六卷　黃州刊本

國朝濟寧林舊素園撰。《瓣香漁洋詩》爲康熙壬寅遊幕黃州時刻。五言如"人爭枯草渡,馬怯斷橋霜""笑談因酒劇,形跡以真捐",七言如"別來滿地桃花雨,望斷長江秋水煙",皆佳句也。

二希堂文集十二卷

國朝大學士漳浦蔡世遠 聞 之 撰。汪由敦等編校。究心理學,其文醇正淵雅。

企南軒集一卷

國朝茶陵楊之徐慎齋撰。莆田黃甲叔度評定,子又時編次。

復古詩集十四卷古雪山民詩後八卷　貴池刊本

國朝貴池吳銘道復古撰。《京雒塵集》一卷,《滇海集》六卷,《布颿集》二卷,《萬回集》《槎頭集》《杉青集》《金陀集》《秋樹集》各一卷。崑山王思訓序謂"《滇海集》皆有爲而爲,如東坡所云'鑿鑿乎如五穀,必可以療饑;斷斷乎如藥石,必可以伐病'"者云。又稱《京雒塵集》詩不啻吳鴻、扈稽之神之可以飛而著也。諸七襄題詞云:孟郊、賈島、任華、盧仝、馬異、劉乂,作者七人,九變新傳,澀體吳家。

江聲草堂詩集八卷　杭州刊本

國朝分巡口北兵備道錢塘金志章繪卣撰。自號安遇處士。《敝帚集》《梅東集》《始遊集》《鏡中集》各一卷,《楮樤集》《瞻雲集》共一卷,《谷雲集》一卷,《漁浦歸耕集》二卷。其《(黔)〔鈐〕山行》有"文章不掩孔雀毒"及"讀書不識忠孝字"語,可謂詩之董狐。

四焉齋文集八卷詩集六卷

國朝兵科給事中上海曹一士諤廷撰。號濟寰。其子錫端、菽衣等輯。濟寰爲諸生時,名滿大江南北,既爲黃門,所條封事皆去積弊,培元氣。憶古詩云:"焉得萬里風,吹送來帝鄉。一奏四時理,再奏百族康。"立朝風節,嶽嶽不凡矣。

梯仙閣餘課一卷　並上海曹氏刊本

國朝上海曹一士諤廷繼妻宜人陸鳳池撰。自號秀林山人。

積翠軒詩集一卷

國朝涼州總兵官滿洲高述明東瞻撰。東軒相國之兄。詩筆雄健。有金壇王仁惠序。

固哉草亭詩一卷　並京師刊本

國朝大學士滿洲高斌東軒撰。研窮易理,居己廉静。詩説理而不腐,異於白沙、定山一派。

望溪集十二卷　抗希堂本

國朝禮部侍郎桐城方苞靈皋撰。門人王兆符、程崟輯。望溪
邃於經學，文章淵茂，卓然大家。

睫巢集六卷後集一卷　歙縣洪氏刊本

國朝奉天李鍇鐵君撰。號豸青山人。勛臣之後，當得大官，
乃偕其配隱于盤山。詩古奧峭削，自闢門徑。卷首有《焦子明
傳》，蓋自況也。

指日堂集五卷　文中堂本

國朝翼城李青藜太照撰。一作《東鄉文集》。卷一《河圖衍數
三十六宮辯》《二氏稱名録》，卷二至卷四爲《大荒詞》。才氣縱
横，有涉虛寂。

香樹齋集十八卷

國朝刑部尚書嘉興錢陳羣集齋撰。號柘南。汪由敦序稱其
"興會佳，師法古，性情摯"云。

南湨集五卷　並嘉興刊本

國朝嘉興知府高密宮爾勸九敍撰。自號怡雲山人。錢香樹
序稱其真率古澹。卷首有《讀陶詩》，可以知其嚮往矣。

緝齋集十六卷

國朝大學士漳浦蔡新次明撰。號葛山。首載《經史講義》一
卷，又有《讀史隨筆》《文獻通考隨筆》，並附集内。

道古堂集七十四卷　杭州刊本

國朝翰林院編修仁和杭世駿大宗撰。號堇浦。凡文集四十
八卷，詩集二十六卷。文根柢經術，韻語古秀。

嶺南集八卷　廣東刊本

杭世駿撰。此其掌教粵秀書院時所作。

泛槎吟一卷

國朝武進張有瀾西清撰。有乾隆癸酉長白尹繼善序。

右別集類國朝上一百六十一部，共三千零八十五卷。

玉函山房藏書簿録卷二十三

集編七

別集類六

隱拙齋文鈔六卷　菥香齋本

國朝河南巡撫右僉都御史仁和沈廷芳畹叔撰。一字椒園,號荻林。究心實用,質其有文。

賜書堂稿二卷柊晴堂四六二卷　新建刊本

國朝禮部尚書新建曹秀先冰持撰。自號地山學人。根柢六朝,文筆清腴。

最樂堂集六卷　河東刊本

國朝湖南巡撫上海喬光烈潤齋撰。集刊於分巡河東道時,門人雷繹武貫一校。《鄜延分運議》《河東同川賑災記》,具見碩畫綜理之精。

小倉山房文集二十五卷續餘文集十卷詩集三十七卷續集二十卷尺牘十卷外集八卷時文稿二卷牘外餘言一卷八十壽言六卷續同人集十七卷　隨園刊本

國朝江寧知縣錢塘袁枚子才撰。號簡齋。乾隆元年舉博學鴻詞,四年成進士。五斗非心,娛情山水,得隨園之勝,召集吟侶。其詩文喜真率自然,不事修琢,一時多宗尚之。

小倉選集八卷　《函海》本

　　袁枚撰。李調元選刊。

紅豆村人詩稿十四卷

　　國朝錢塘袁樹薌亭撰。子才弟也。

樓居小草一卷

　　國朝錢塘袁杼撰。子才族弟。

南園詩選二卷

　　國朝諸生江寧何士顒南園撰。子才選訂。

湄君詩集二卷

　　國朝錢塘陸建湄君撰。子才姊子。

筱雲詩集二卷

　　國朝諸生錢塘陸應宿崑圃撰。陸建子。

碧腴齋詩存八卷　並隨園本

　　國朝歷城知縣桂林胡德琳書巢撰。子才姊婿。

歸愚集六十七卷　教忠堂本

　　國朝禮部尚書長洲沈德潛確士撰。《年譜》一卷,《文鈔》二
十卷,《文鈔餘集》七卷,《説詩晬語》二卷,《浙江通省志圖説》一
卷,《黄山遊草》《台山遊草》《南巡詩》《八裘壽詩》《九十壽詩》各
一卷,《歸愚詩鈔》二十卷,《矢音集》四卷,《詩鈔餘集》八卷。文
尚考覈,詩主風調,音節步趨盛唐。

裘文達公集十九卷目一卷奏議二卷　新建刊本

　　國朝工部尚書新建裘曰修叔度撰。號諾皋。乾隆元年舉博
學鴻詞,四年成進士,與袁子才、沈歸愚並名。子行簡校刊,首載
恩綸、行述、墓銘及目,爲一卷。

遊笈集七卷　歙縣刊本

　　國朝歙縣江蘭畹香撰。詩甚清雋,沈歸愚、杭大宗皆稱賞之。

春聲堂集

銅鼓書堂遺藁三十二卷　桂林刊本

國朝湖南巡撫宛平查禮恂叔撰。號儉堂。子淳守桂林,刊其集。杭大宗序稱其"杼軸性靈,原本忠(厚)〔孝〕"。

白苧集二卷　義竹山房本

國朝監察御史上元戴翼子芑泉撰。陳勾山門人。甯楷端文序稱其"詩如(課)〔諫〕果,始嘗而澀,既而(日)〔甘〕,久而味長"。以爲戴雪村之派。

拙存堂集八卷　寫十三經拙老人刊本

國朝國子監學正英山縣教諭金壇蔣衡湘帆撰。手寫唐石十三經共三百本五十函,故自號寫十三經拙老人。一、二卷皆説經義,三卷以下皆雜文。

學古堂集六卷　沈氏刊本

國朝國子監都講平湖沈季友客子撰。《南疑集》三卷,《燕京春詠》附《秋蓬集》三卷。沈歸愚序其詩"古體沉鬱者近少陵,超逸者近太白、東坡,近體清音逸韻,追琢功深,最近大曆十子"。

鹿皋詩集八卷　學詩堂本

國朝金山知縣漳浦王道直夫撰。罷官後僑寓洙淮時所作,一名《江湖閒吟》。沈歸愚序以白樂天、蘇子瞻擬之。

過嶺集二卷　恒訓閣藏本

國朝浯州知州高密李憲喬子喬撰。號少鶴。詩源姚武功,時多傚之,謂之高密派。袁枚題詞曰:"筆所到處石能貫,采欲飛時霞滿江。"

附蓬小草一卷　田氏刊本

國朝宛平田玉香泉撰。有徐方高、袁枚、龍鐸三序。

板橋集六卷　清暉書屋本

國朝濰縣知縣興化鄭燮克柔撰。爲人風流倜儻,工書,善畫竹,與宋米南宮相近。

心齋詩稿一卷　忠敏家塾本

國朝國子監生震澤任兆麟文田撰。詩格淡遠，往往似韋蘇州。

菱溪遺存一卷　陽湖刊本

國朝陽湖蔣麟昌静存撰。有乾隆七年武進劉綸繩庵序。

彊恕堂拾存一卷　山西刊本

國朝平陽王師貞甫撰。號莪園。門人王亶望等校刊。有乾隆十七年莊有恭序。

齊年堂集四卷　嘉定刊本

國朝嘉定王晦補亭撰。儷體最工。有婁水瞢序。

悝齋文鈔二卷　濟南刊本

國朝將樂知縣上元王元啓宋賢撰。子尚繩校。内有《歷朝廟學考》，極精核。

普陽琴餘草四卷　寶善堂本

國朝普寧知縣泰安蕭麟趾撫松撰。此其宰普時作。

遠春試體賦鈔一卷

國朝舉人華亭張興鏞金冶撰。

念堂小草一卷

國朝慶雲崔旭念堂撰。詩詞多寓箴規。

且種樹齋詩鈔一卷

國朝秀水盛復初子亨撰。隱于幕，好談兵，詩有奇氣。自序謂"前人種樹，後人乘凉，吾且種樹"，此命集之意也。

詩筒遺草一卷　劉氏刊本

國朝寶應劉永澄静之撰。嘗爲《離騷經纂》，詩得靈均遺意。

訒庵詩存六卷　歙縣刊本

國朝處士歙縣汪啓淑秀峯撰。一、《綿潭漁唱》，二、《飛鴻堂初稿》，三、《蘭溪櫂歌》，四、《歐江遊草》，五、《邗溝集》，六、《客燕偶存》。

文清公遺集十八卷　榆林刊本

國朝體仁閣大學士諸城劉墉崇如撰。號石庵,謚文清。公孫延榆綏道喜海燕亭輯采,有英旭齋相國序。公文章與相業並足垂日月以不刊。

燕川集五卷　崇義刊本

國朝翰林院庶吉士崇義知縣河内范泰恒無崖撰。燕川者,盤谷間村名。余騰蛟燕庵稱其文氣厚而筆能高舉。

紉芳齋集二卷　南豐刊本

國朝吏部侍郎南豐譚尚忠會文撰。號古愚。門人武寧王子音編次。文筆古雅。

邈雲草一卷續草一卷三編一卷　關中刊本

國朝潼關楊鸞子安撰。初草有奉先王垣及同宗朝觀序,《續草》有無錫顧奎光、南昌陶金諧二序,《三編》有洛南薛寧廷、門人朱紱跋。

慵巖詩稿四卷　山西刊本

國朝靈石梁繪章子雲撰。猗氏郭帶淇峨峏選訂,有黄岡周漢序及郭序。

虛直堂集二十四卷　商丘刊本

國朝商丘劉榛山蔚撰。睢州田蘭芳選訂。詩分《瑤圃詩》《鈴語集》《乙丙詩》《陶斯編》《秋屏草》上下,凡七卷,其十七卷皆雜文也。

思亭近稿一卷　吳氏刊本

國朝海鹽吳修子修撰。

笠翁一家言全集十六卷　芥子園本

國朝蘭溪李漁笠翁撰。其子將舒陶長、婿沈心友因伯全校。《文集》四卷,《詩集》三卷,《餘集》一卷,《小令別集》二卷,

《偶集》二卷,純任機鋒,而頗見才氣。

李河濱集十六卷　謝氏刊本

國朝朝邑李楷叔則撰。李漁參訂,謝佩蘭校刊。

訒庵真稿十三卷　劉氏刊本

國朝思南知府山陽劉謙吉六皆撰。《望古》《閩遊》《燕臺》《姑熟》《西清》《關中》《濠梁》《句吴》《西曹》《祝鳩》《刺黔》,凡十一集,集各爲卷,皆古今體詩。十二、十三卷,雜文。

芝圃文鈔八卷　莊氏刊本

國朝部郎南園莊學和小鶴撰。前七卷皆制藝,八卷有《教子千字文》一篇及諸論辨。

春草軒詩一卷　方氏刊本

國朝諸生歷城謝仟長民撰。門人方昂紉庵編。有大興翁方綱覃溪序。

舊雨草堂集八卷　平原刊本

國朝翰林院庶吉士東昌府學教授平原董元度寄廬撰。號曲江。粹然儒者,以讀書爲事,紀相國曉嵐嘗稱許其詩。有仁和趙佑序。

六堂詩存四卷　懷晉堂本

國朝滏陽通判三原萬經陳常〔氏〕撰。乾隆己丑刊于彭城。有自序及張裕犖、張坦三序。

秋柳園小草一卷　濟南刊本

國朝諸城劉惠東里撰。客遊歷下,與董曲江、李南澗交善,搆亭大明湖干,名曰三友亭,李懷民自梧江作《三友亭圖》並詩寄之。又追慕漁洋之勝,築園曰秋柳,與馬光玉、陳風人詠嘯其間。年七十二猶以筆硯爲樂,手訂詩凡七絶三十九首,皆感興懷人之作。

荷塘詩集十卷　文恭堂本

國朝上元知縣涇陽張五典敍百撰。仁和汪度序稱其"家世孝友,其先人七世同居荷塘"。在垂髫時,素承溫柔敦厚之風,故其爲詩也,本乎天性之自然。

詩禮堂古文五卷　江南刊本

國朝廬州府同知天津王又樸(仁)〔介〕山撰。深於經學,文筆奧衍。

松花庵詩十二卷　吳氏刊本

國朝沅州知府臨洮吳鎮信辰撰。詩筆出入唐宋,學徒衆盛,多師法之。

寓圃詩草六卷　序師軒本

國朝棗强知縣太丘任增損之撰。紀曉嵐稱其和平中正,無纖詭噍殺之音。

在原詩鈔五卷　望雲樓本

國朝蒲州府同知嶧縣孫諤一齋撰。其子思魯、思東校刊,詩刊於蒲,故又名《河中草》。喬于泂序以清真稱之。

春遊紀略二卷

國朝(神)〔浮〕山張體乾確齋撰。有紀曉嵐序。

黃退谷集二十二卷　光裕堂本

國朝翰林院檢討上元黃越際飛撰。凡文集十五卷,詩集七卷。仁和丁灝序稱其“高古而(霽)〔喬〕皇,淵雅而静細,奇正煩簡,變化錯綜,不名一家”。

變雅堂集九卷　黃岡刊本

國朝黃岡杜(璿)〔濬〕于皇撰。一號茶村。其論詩云:“諸妙皆生於活,諸響皆出於老。至極之地曰玄、曰穆,而根柢在於聞道。”卷末有《茶喜》一篇,其喻文乎?

有吾堂集二十一卷　姑熟刊本

國朝國子監教習鄞縣汪思迴京門撰。入理而不障。

館課存稿二卷　閱微草堂本

國朝禮部尚書體仁閣大學士獻縣紀昀曉嵐撰。此皆在詞館時所作詩賦。

我法集四卷　乾元堂本

紀昀撰。此老年課孫樹馨所作試帖，凡百餘篇，取我用我法意也。大旨以八比論詩，主於空靈。原本二卷，閩縣郭斌木軒注釋，分爲四卷。

河間試律矩四卷　合盛堂本

紀昀撰，棲霞林昌彝言評注。合《館課存稿》《我法集》二本之詩精選，評亦深得作者本意。

榆西仙館初藁四十一卷外集四卷

國朝翰林院編修仁和蔣詩秋唫撰。紀曉嵐跋稱其"點化故實，筆有爐錘，而寄託又復深遠，使遇皮、陸兩翁拈毫對壘，未知古今人孰勝負也"。《外集》爲律賦、試帖。

潛研堂文集五十卷　嘉定刊本

國朝太子少詹事嘉定錢大昕曉徵撰。號竹汀。于經文之舛誤，經義之聚訟而難決者，皆能剖析源流。凡文字、音韻、訓詁之精微，地理之沿革，官制之體例，氏族之流派，古人姓字里居，古今石刻篆隸及古《九章算術》，迄今中西曆法，無不瞭如指掌。

夢樓選集四卷

國朝臨安知府丹徒王文治禹卿撰。號夢樓。綿州李調元選。與袁子才、趙雲松同誌景慕云。

甌北選集五卷　並《函海》本

國朝貴西道陽湖趙翼雲松撰。號甌北。乾隆二十六年探花及第，學問淹博，與孫淵如後先競美。綿州李調元選訂。

刻燭集一卷炙硯集一卷　曹氏刊本

國朝侍講學士嘉定曹仁虎來殷撰。號習庵。皆同人聯句詩。

香亭文稿十二卷　吳氏刊本

國朝兵部侍郎遷翰林院編修固始吳玉（倫）〔綸〕蓼園撰。初名琦,字廷(卦)〔韓〕,號香亭。固始吳氏科第蟬聯,皆香亭之教澤也。

嶺南詩集八卷　廣東刊本

國朝廣西知州益都李文藻素伯撰。號南澗。《恩平》《潮陽》《桂林》,凡三集,用王融官爲一集之例也。詩格雄壯,寫南中景物多奇警之句。有錢大昕序。

瓦厄山房館課鈔存一卷　京氏刊本

國朝貴州布政使蕪湖韋謙恒(情占)〔慎斿〕撰。號約軒。此皆試帖。

惜抱軒集八卷　同善堂本

國朝禮部郎中桐城姚鼐姬傳撰。邃於經學,故詩文無空衍之語。

緘石齋詩稿三卷試帖一卷　儲氏刊本

國朝郾陽知府宜興儲秘書玉函撰。有阮葵生吾山序。

學杜集一卷　史氏刊本

國朝華州史襃舒堂撰。詩擬少陵,得其神似。有乾隆戊申自序。

繹賢堂小草一卷　石氏刊本

國朝陽周石攻玉伯可撰。詩有理致。

槃溪詩草四卷　錢氏刊本

國朝長洲錢壇撰。景羨袁簡齋,自稱隨園身後弟子。詩任自然。

勉行堂集三十一卷　西安重刊本

國朝翰林院編修歙縣程晉芳魚門撰。初名廷(鑕)〔璜〕,號蕺園。詩集二十五卷,首卷爲進御詩。其古今體詩:一《籬東集》,二《春帆集》,三《索米集》,四《刻楮集》,五《白門春雨集》,六《桂宧集》,七、八《小金臺集》上下,九《拜書亭藁》,十、十一《拜書亭後藁》上下,十二《涉江前集》,十三《涉江後集》,十四《日下初集》,十五《日下二集》,十六《寄藤集》,十七《得酒集》,十八《照檻

集》，十九《曰艾集》，二十《旡旹集》，二十一《南船小草》，二十二
《吳楚之間集》，二十三《楚豫之間集》，二十四《南曹暇集》。《文
集》六卷：論、攷、辨、説、序、記、書、跋、傳、銘、哀辭也。袁枚爲作
墓誌云："君獨惓惓好儒，罄其資購書五萬卷，招致方聞綴學之士
與共討論。"文謂"君學無所不窺，經史子集、天星地志、蟲魚考據
俱宣究，而尤長于詩。古文醇潔，有歐、曾遺意"云。

經稼堂集六卷　　徐氏刊本

國朝建昌道上海徐長發象泉撰。一字玉産。有擬古、擬唐諸
作，以王、孟、儲、韋爲主。

山木居士外集四卷　　南昌刊本

國朝夏縣知縣江西新城魯仕驥九皋撰。一字絜非，一字潔
騑，山木乃其居名也。一卷議、説、簡、策問、策對、紀事、書題、雜
文，二卷書簡，三卷序、記，四卷碑文、墓表、誌銘、家傳、行狀，凡十
九篇，手所自定。山木吏治，晉人至今稱道。文究實用。門人陳
希祖作誌銘之曰"湛深經術，模楷人倫"，洵無愧也。

念初堂詩集四卷　　湖南刊本

國朝湖南鹽法道武威張翽鳳颺撰。《秦靷草》《漏餘草》《楚
帆草》《雪舫草》各一卷。有吳鎮、秦瀛、俞大猷三序，胡文銓跋。

藏密詩鈔一卷

國朝建水傅爲詝巖溪撰。有乾隆辛巳自序。

芝庭先生集十八卷附錄一卷　　長洲彭氏刊本

國朝兵部尚書長洲彭（起）〔啓〕豐翰文撰。舉于鄉之歲，芝
生庭中，故號芝庭。王鳴盛西（園）〔莊〕評其詩以爲中聲所止，魯
仕驥稱其碑版之作軼有明一代，而與虞伯生埒。

正誼堂集三十二卷　　蜀刊本

國朝乾隆甲午舉人安康董詔馭臣撰。號樸周。凡文集二十
二卷、詩集十卷。門人謝玉珩編次。王相國鼎序稱其理學之粹。

有正味齋詩集十六卷外集五卷　錢塘吳氏刊本

國朝國子監祭酒錢塘吳錫麟夢徵撰。號穀人。詩集十六卷：一《寶石山樓始存稿》，二《嚴江集》，三《翕羽齋集》，四《解褐集》，五、六《翰苑集》上下，七《暫假集》，八《泥爪集》，九《白沙江集》，十、十一《重夢集》上下，十二《歸帆集》，十三《韓江集》，十四《槐市集》，十五《吳船集》，十六《東皐草堂集》，皆古今體。外集五卷：《木天清課》三卷，上卷律賦及試帖；《七十二候詩》一卷；《倣唐人詠史試帖》一卷。詩以雄渾高邁勝，與紀曉嵐分道揚鑣，名重中外。高麗使至，出金餅購其集，廠肆爲一空。此本爲穀人所自定，有法式善序。

韞山堂集二十四卷

國朝監察御史武進管世銘緘若撰。余與先生猶子學涑善，嘗述先生語曰：“文有裏層，方不使人一覽而盡。”又謂：“天上有文曲星，不聞有文直星，可知文之理貴曲也。”集當以此意求之。有周景益、莊圻二序。

祇可軒删餘稿二卷

國朝武進管學洛午思撰。緘若先生子，得其家學。有成格序。

居業堂集二十卷　並武進管氏刊本

國朝大興王源崑繩撰。管繩萊編，有洪嘉植序。

葆淳閣集二十六卷　韓城刊本

國朝大學士韓城王杰偉人撰。臺閣文章，清華典重。

石亭集十六卷

國朝贈中憲大夫綿州李化楠石亭撰。子調元校刊。詩有秀雅澹遠之致。

童山集六十二卷

國朝直隸通永河道綿州李調元羹堂撰。號雨村。凡詩集四十二卷、文集二十卷。著書甚多,交遊極富,高麗人亦重其名。生平大略與袁簡齋相似,文筆亦近之。

童山選集二十卷　並《函海》本

李調元撰。翰林院編修張懷溁選定。

芳茂山人詩錄十卷

國朝山東督糧道陽湖孫星衍淵如撰。一字季述。分《澄清堂稿》二卷、《續稿》一卷,《濟上停雲集》《租船詠史詩》各一卷,《冶城絜養集》二卷,《冶城遺集》《補遺》各一卷。淵如先生以乾隆五十二年榜眼通籍,藏書以三樓貯之,故有"孫三樓"之號。博學好古,無物不刊,詩筆極典雅。

長離閣集一卷　並平津館本

陽湖孫星衍妻淑人常州王采薇玉瑛撰。博雅工文,與淵如先生相師友。

卷施閣文甲集十卷鮚軒詩集八卷　陽湖刊本

國朝翰林院編修陽湖洪亮吉稚存撰。號北江,晚號更生。文集首《意言》二十篇爲一卷,《釋歲》《釋舟》各一卷,《貴州水道攷》三卷,餘皆書牘、序傳,總以考據爲主。詩集:《機聲鐙影集》一,《采石敬亭集》二,《黃山白嶽集》三,《長淮清潁集》四,《桐廬林屋集》五,《鍾阜蜀岡集》六,《茅峯攝山集》七,《天台雁蕩集》八,總名《鮚軒詩集》。後附年譜,門人旌德呂培(莘)〔等〕撰。

船山詩草二十卷　張氏刊本

國朝翰林院檢討遂寧張問陶樂祖撰。一字仲冶,號船山。文端玄孫。與孫淵如、洪稚存友善,齊名當時。有乾隆壬子靈泉寺僧道嶸序,集鍾嶸《詩品》爲之。

蒼雪山房詩集二卷　江南刊本

國朝諸生吳縣張琦映山撰。遊幕江左,詩有奇氣。有洪稚存序。

廣輿吟藁六卷　傳經堂本

國朝和陽知府長洲宋思仁(内)〔汝〕和撰。案:直省州郡,府綴七律一首,省該七古一首,共詩二百五十首。

梅屋詩鈔四卷　張氏刊本

國朝鎮番知縣婁縣張若采谷漪撰。號子白。詩句秀逸。

桑弢甫集二十卷五嶽集二十卷閩嶠集二卷洞庭集二卷　修汲堂本

國朝翰林院庶吉士錢塘桑調元弢甫撰。《五嶽集》分《華嶽集》三卷、《恒山集》七卷、《嵩山集》二卷、《衡山集》五卷、《泰山集》三卷。《閩嶠》《洞庭》二集則主閩道山書院時作也。詩主博奧,七言長律甚佳。

香草齋詩鈔六卷　並修汲堂本

國朝四會知縣永福黃任莘田撰。桑弢甫序稱其詩“彷彿元道州舂陵之作”。

秋江集六卷　十研軒本

黃任撰。乾隆甲戌罷四會任,家居所作。

拗堂詩集八卷　蘭陔堂本

國朝仁和景星杓亭北撰。桑弢甫編。序云“葺屋城之東皋,花木叢竹環蔽之,不見廬舍,屏妻子,獨居三十年,名曰拗堂。自爲之記,謂世事多失直,吾拗之”云云。

抑庵詩選十卷

國朝寶應知縣宛平張增子晉撰,閬山傅澤洪(樸)〔穉〕君選,興古楊復元貞一訂。

嘉孫注:“寶應”,原書作“八寶”,據史實改。

三圖詩三卷　並淮安刊本

國朝淮安曹祝荔亭撰。倩康濤石舟作三圖:《鹿車圖》一,《觀碑圖》二,《老漁圖》三,各圖悉載諸名士題詠,末有同里張鍾啳

《石泉紫髯參軍圖記》。

九畹集四卷續集二卷于邁草二卷經餘集六卷　三原刊本

國朝什邡知縣三原劉紹攽繼貢撰。劉深於經學,故詞條、質幹相副而行。

洛間山人詩鈔十卷　鈔本

國朝翰林院庶吉士商州薛寧廷補山撰。分《柿葉集》、《虱間集》、《初遊集》、《涉江集》、《亦雛集》、《芥舟集》、《返幣集》上下、《御板輿集》、《望楚集》。詩骨清腴。

雲起閣集十六卷　三原刊本

國朝沙陽知縣三原來鑑宜公撰。閩人陳肇曾序其詩“有清芬澹遠之氣,各體兼備,樂府尤長”。

芳茵園詩集二卷　寧遠堂本

國朝諸生咸寧祁琳景純撰。學使吾山胡藻序其詩“渾厚之中復饒清新”。

玉堂清課一卷　京都刊本

國朝翰林院編修山陰張麟錫海門撰。皆館課所作排律。會稽胡浚竹巖注。

西澗草堂集八卷

國朝户部主事昌樂閻循觀西澗撰。文筆清超,一洗塵障。

澹園詩草二卷　退思堂本

國朝安徽按察使蒲城張士範仲模撰。沈業序稱其“風神渾噩”。

戒亭詩草四卷　内省齋本

國朝三原劉仁源深撰。一名廷揚,九畹先生子也。得其家學。五言如“桃花山店火,柳絮石橋煙”“入門泉乍響,過夏日猶長”;七言如“戎馬間關行路遠,杜鵑憔悴寄愁深”“攜酒每尋殘雪寺,思家獨上夕陽樓”。吳松崖取之。

菱江集三卷

國朝諸生祥符王慶瀾安之撰。其師劉可大序其詩"清脆生雋,爽若哀梨"。

敬恕堂詩鈔 三 卷　休寧刊本

國朝休寧查景璠冠璵撰。有吳啓瀛序。

文甲集二卷乙集二卷　陽湖刊本

國朝陽湖董祐〔誠〕方立撰。詳於古今制度,博洽精當。

陸密庵文集二十卷録餘二卷　思過堂本

國朝刑部主事山陽陸求可咸一撰。文有內心,不爲浮響。

四雛吟草四卷　黃氏刊本

國朝武功知縣瀘溪黃鍇文石撰。一、《鴻雪吟》,二、《秦關吟》,三、《于役吟》,四、《鶴田吟》,並有自序。子潤曾等刊。"四雛",取白香山詩"請君添一酌,聽我(歌)〔吟〕四雛"語也。

(結綺)〔鮚埼〕亭集四十卷　借樹山房本

國朝翰林院庶吉士鄞縣全祖望紹衣撰。集三十八卷,首有餘姚史夢蛟竹房所撰《世譜》《年譜》各一卷,門人董秉純編次。其學根柢經史,長於考據,多心得語,戴東原之流亞也。

説餅庵詩集一卷　聽雨堂本

國朝嘉慶舉人歷城朱曾傳式魯撰。同里尹廷蘭序刊。才氣盛大,出入昌谷、義山之間。

秋水亭詩草四卷　濟南刊本

國朝諸生新城王祖昌子文撰。漁洋族裔,詩筆頗肖。有劉大紳序。

王餘人稿三卷　默檢齋本

國朝新城王祖熙餘人撰。弟祖點學曾編次,亦漁洋族裔。

春雨草堂膡藁四卷　高氏刊本

國朝鐵嶺高垛琴泉撰。有萊陽初彭齡頤園序。

退軒詩録十二卷

國朝 黟 縣 知縣歷城鍾廷瑛退軒撰。家邑之中宮,漢終軍故里也。歸田後,山居,不入城市。詩情澹遠,肖其爲人。

雕菰樓集二十四卷

國朝舉人江都焦循里堂撰。阮福校刊於廣東節署。文主考據,詩筆幽雅。

蜜梅花館集二卷　並嶺南節署刊本

國朝江都焦廷琥虎玉撰。阮福校刊。有阮元芸臺序。

(詔)〔詒〕穀堂遺稿一卷　章邱刊本

國朝潞安知府章邱馬汝舟春帆撰。子紹援編刊。

代躬耕軒詩鈔二卷

國朝桐城馬鼎梅東園撰。有自序。

東壁集八十八卷　太谷刊本

國朝大名崔述東壁撰。門人石屏陳履(利)〔和〕校刊。

行行草一卷

國朝南豐譚光祜子受撰。有陳希曾序。

雪黍草一卷

國朝萊州王炳昆慰生撰。

席門集十六卷　城固刊本

國朝商州學正城固陳海霖玉珊撰。才大學富,古今體詩凡千餘首,具有真力。有郭麐序、高彥槐題詞,後附墓誌、誄詞。

靈芬館集四十二卷　吳江刊本

國朝諸生吳江郭麐祥伯撰。初集詩四卷,二集詩十卷,三集詩四卷,四集詩十二卷,雜著二卷續四卷,《江行日記》一卷,《樗園銷夏録》三卷,《爨餘集》二卷。有錢塘屠倬、古雲孫均二序。

宦遊吟一卷

國朝潞城劉塏敬人撰。風格似青蓮,其古風十五首,步供奉韻。第二首云："吾觀太白詩,清輝如明月。乍從海上來,忽向雲邊没。"評隴李詩恰如其人,可知其步趨之深已。

傅巖集四卷 桐城刊本

國朝覺羅教習桐城張聰咸阮林撰。太傅文端公五世孫。詩刊除浮豔,欲步少陵。

笑破口集一卷 西安刊本

國朝國子監生滿洲阿林保褚霞瞻甫撰。駐防陝西滿城,好積書。其詩不以富麗爲工,期於自明其意。

從戎草二卷花甲初周草一卷 商州刊本

國朝商州直隸知州嘉善陳祁紅圃撰。一號菊如老人。《從戎草》嘉慶元年從恒將軍瑞、永都統保收剿楚北所作,善寫邊景。其《花甲初周草》則六十時所作也。

豐湖漫草一卷 惠州刊本

國朝翰林院庶吉士嘉應宋湘芷灣撰。僑寓惠州西湖時所作。自序云："湖故有二,曰豐、曰鰐,東坡以後統名西湖,今稱豐湖,紀寓也。"詩筆秀逸。

确山集四卷 惜陰軒本

國朝扶風知縣臨海宋世犖确山撰。門人三原李錫齡刊。駢體甚工。

貴耳集一卷

國朝諸城倪在中夢雪撰。倪盲于目,自題瞽者,倪在稿中具眼,諸公删定。有范坰序。

海峯集十三卷

國朝貢生桐城劉大櫆才父撰。文七卷,詩六卷。

石鼓硯齋集六十二卷

國朝户部尚書新安曹文埴近薇撰。《文鈔》二十卷,《直廬集》八卷,《詩鈔》三十二卷,《試帖》二卷。文筆清貴。

森圃存稿八卷

國朝潁上孫世封襲公撰。有長白多松序。詩多警句。

杏本堂稿五卷

國朝甬上陳之綱旭峯撰。《詩古文》二卷,《制義》一卷,《補編》一卷。有法式善序。

陶莪江集七卷

國朝贈光禄大夫安化陶必銓士升撰。子澍編。莪江博學,工詩文,教子成第,數奇不遇,以諸生老。詩宗杜韓,《遊石硼溪》有句云:"白雲巘下路,黃葉樹間聲。"法時帆賞之曰:"'黃葉'五字畫所不到,倘遇漁洋必呼爲陶黃葉矣。"

印心石屋訪鈔四卷　並江南刊本

國朝兵部尚書兩江總督安化陶澍雲汀撰。幼隨父莪江先生讀書石門潭上,在印心石之北岸。在詞垣時,彚其少作,自辛酉至己巳,凡詩四卷,從其朔而名之。

雪樵詩集四卷續集四卷

國朝贈中憲大夫諸生福山鹿林松雪樵撰。子潼商兵備道澤長編刊。詩出李少鶴,工於五律,劉大紳稱賞之。

喜聞過齋集十二卷　厚遠堂本

國朝山東按察使昆陽李文耕復齋撰。首二卷爲《憤悱初稿》《續稿》,三卷爲《課孫偶記》《續紀》,八卷爲《孝子傳》,九卷爲《善〔善〕録》,十卷爲《見聞筆記》,餘皆詩文。先生之學躬行實踐,處有守,出有爲,歸里年七十,尤復嚴立課程,精研道德性命之學。王贈芳霞九序以稼書楊園擬之。

柯村遺稿八卷　恒訓閣本

國朝施秉知縣沂州丘元武慎清撰。

日鋤齋詩集八卷缶音一卷洵嵩一卷　陝西刊本

國朝紫陽知縣宛平張琛問齋撰。一字問西。舊刻曰《春暉堂集》，凡十二卷，後刪定爲此本，故以日鋤名齋。《缶音》多詠古之作。《洵嫭》攝洵陽時採邑之節婦、孝子十九人，先立小傳，後附以詩。序謂"邑之嫭嫭，足以光洵也"。

湘浦賦鈔二卷詩鈔一卷安蔬草堂試帖二卷　　濟南刊本

國朝吳江知縣歷城李廷芳湘浦撰。詩出漁洋，以風韻勝，紀曉嵐相國稱賞之。

二竹齋集八卷　　陝西刊本

國朝南河總督膚施張井芥航撰。本膚施人，家于中部，自河督乞歸，寓青門，不名一錢。集有《同研山通守食榆錢粥詩》，淡泊之懷，悠然可想。

雲村遺稿四卷　　濟南刊本

國朝德州謝九錫雲村撰。袁玉堂序盛稱之。

華不注山房詩集一卷

國朝高唐州學正歷城尹廷蘭畹階撰。以鯁直忤大吏，意乞病歸，教授生徒，門下多知名士。詩得唐人遺意，如"野船受人少，高樹得蟬多""旅雁幾時到，秋蟬空自聽"，俱堪諷誦。

真研齋詩集一卷

國朝師宗知縣歷城翟凝鱗江撰。畹階先生門人。詩格亦與師相近，"室小藏書富，山深客到稀""客立依高樹，鴻飛没遠天"，皆名句也。

范墅遺詩一卷　　並咸寧官署刻本

國朝諸生歷城周奕巑范墅撰。負不羈之才，年未三十而没。同里李肇慶餘堂與周樂《二南》，與《華不注山房詩》《真研齋詩》同刊，稱"歷下三君"云。

新齊音風淪集二卷　　緣督草堂本

國朝處士長洲范峒伯野撰。號品泉。僑寓濟南，與歷下諸詩人結鷗社於大明湖，詩皆詠濟南名勝。有翟凝序。

餐中之塾文集一卷　歷城刊本

國朝寧陽教諭歷城朱曾喆鈍甫撰。文期有用,議論時事爲多。

海右集八卷　孤翠山房本

國朝國子監生丹徒徐子威野泉撰。僑寓濟南,與范坰爲鷗社友。詩格蒼老。有法式善序。

觀穫堂文集四卷　陝西刊本

國朝晉安知縣新建胡國濱碧園撰。文筆清老。子元瑛知藍田時校刊。

竹石居詩鈔二卷

國朝婁縣顧柱竹坡撰。有秀水汪大經序。

茗柯文五卷　箋易注元室本

國朝翰林院編修武進張惠言皋文撰。篤於經訓,根柢漢學,故其文氣骨深厚。

存吾春閣詩存一卷　山西刊本

國朝臨海樊序基石蘭撰。純任自然,不事雕繪。

寄嶽雲齋試帖四卷

國朝翰林院編修衡山聶銑敏蓉峯撰。按韻編次,詩不及有正味齋之雄厚,而清利可喜。

少嵒賦草四卷　有美堂本

國朝銅陵夏思沺涵波撰,青陽姜兆蘭仲馨釋。律賦近體,頗饒新致。

嶺南集七卷　廣西刊本

國朝山東巡撫景東羅含章月川撰。先從舅氏家姓程,後復本姓。文詞真摯。有桂林朱栢序。

館課存稿一卷　四照樓本

國朝山東學政上林張鵬展南崧撰。皆在詞館所作試帖,督學山左時刊。

豔雪堂詩集四卷　山西刊本

國朝陽城張晉雋三撰。有嘉慶壬申湘潭周系英序。

學海堂集十六卷二集一卷　啓秀山房本

國朝大學士儀徵阮元伯元撰。積書滿家,尤深漢學,敭歷中外,作述未輟,精醇在劉向、荀勗之上。

佩韋軒詩存二卷

國朝南豐鄒荃松雲撰。

少海遺稿四卷　鈔本

國朝文登呂潤芬晉夫撰。

風樹悲吟一卷　陝西刊本

國朝湖南提督銅仁楊芳誠村撰。自序謂"六十六歲道出高平,臥病旅店,偶讀薛文清公《次韻許魯齋先生思親詩》,不禁掩卷流涕,遂援筆亦次韻成十章"云。

三聽樓詩鈔一卷

國朝恩平女士鄭珊瑤軒撰。有宛平錢學彬序。

什一偶存二卷

國朝吳興女士徐葉昭撰。詞筆深約。

古(干)〔幹〕亭集八卷嶺外雜言一卷

國朝廣東鹽場大使鄞縣黃桐孫檉木撰。號支山。文集二卷,詩集六卷。《嶺外雜言》詠歌粵中風土。同邑陳僅餘山序稱其"步趨遷、固,出入韓、蘇"云。

菁山詩鈔一卷　並四明今是樓本

國朝鄞縣黃式祐爾卣撰。檉木先生子。詩得家學,附刊《古(干)〔幹〕亭集》後。

雪磯叢稿三卷

國朝零陵樂雷發聲遠撰。有楊季鸞序。

綠(雪)〔雲〕堂集二卷　歷下刊本

國朝諸生歷城謝焜問山撰。詩豪邁有真朴之氣,肖其爲人,晚年詩尤進,惜散佚,多未刻。記其五十自壽云:"酒爲知己長排悶,花當美人亦解愁。"風流倜儻,可想其興致也。

嘉孫注:《(宣統)山東通志》記謝焜有《綠雲堂稿》四卷。《山東文獻集成》據中共山東省委黨校圖書館藏清嘉慶二十五年(1820)刻本影印,作二卷。

養素堂集五十五卷　二酉堂本

國朝玉屏知縣前翰林院庶吉士武威張澍介侯撰。文集三十五卷,詩集二十卷。介侯博極羣書,文尚考據,才氣甚高。

無夢想齋詩草六卷　陝西刊本

國朝嘉慶戊辰舉人成都尉方山琴南撰。凡《簸溟草》二卷,《新豐草》二卷,《山水因緣》《棄餘草》各一卷。有扶風知縣大興洪信直夫序。

柳波亭試體詩二卷　河南刊本

國朝修武知縣淄川馮繼照麗南撰。學力深厚,試帖特一班之見也。

漢南拙草一卷存愛集二卷　漢中刊本

國朝陝西巡撫楊名颺(賓)〔崇〕峯撰。楊由漢中府經歷司洊升漢中守,此其去漢中時所刊也。

聊以自娛集一卷　濟南刊本

國朝諸生長山馬桐芳子琴撰。詩格取法甚高。有招遠楊鍾泰序。

若仙集唐二卷　濰縣刊本

國朝貢生濰縣韓步鰲嶠六撰。爲人任俠,有奇氣。此編皆集唐人句爲之,天然湊泊,無斧鑿積痕。

檉花館詩十二卷　西安刊本

國朝吏部主事螯屋路德潤生撰。性恬退,引疾歸里,主講關中書院及宏道書院,門下科第連翩,皆知名士,子慎莊以詞林官侍御史。其詩端莊雜流利,剛健含婀娜,關輔人士多宗之。

觀所養齋詩薰四卷

國朝白水知縣太倉徐元潤秋士撰。詩有深造,氣骨清遒。

蘭園詩草六卷　並陝西刊本

國朝雒南知縣桐城許麗京綺漢撰。稿中如《歲暮得家書》云:"可憐遊子淚,又灑老親書。"《戊子元旦》云:"子職循陔愧,臣心飲水存。"可想見其本原之厚。其他篇多慷慨磊落,才氣太盛也。

構餘軒試帖偶存二卷　京都刊本

國朝刑部河南司郎中會稽馬光瀾厚庵撰。

彩虹山房試帖四卷　盧氏家藏本

國朝舉人昆明謝瓊石瞿撰。南鄭盧和節若校梓。劉大紳寄庵以超邁精拔稱之。

西漚試帖四卷　崇文堂本

國朝塾江李惺攝之撰。詠史諸作尤佳。有臨桂周貽徽序。

秋巖詩集三卷　齊東刊本

國朝齊東李□□妻齊河女士郝簉秋巖撰。敬亭先生女,得其家學,詩音節和平。

嘉孫注:齊東李□□,當爲"齊東張醒堂"。

掃落葉齋詩薰四卷　濟南刊本

國朝齊東知縣嘉定時銘子佩撰。號香雪。官齊東,有治績,不名一錢,至今邑人尸祝之。李兆洛爲作傳,稱其詩"寬裕肉好,無焦殺音,處困頓不改其度,尤樂道節義事,沈摯悱惻,仁容義概,宛轉呈露"云云。子曰淳清甫校刊。余辛巳房薦受知於先生,(常)〔嘗〕從謝問山處得其抄本,刊於洛川。今從清甫世兄處得其刊本,視余所得爲多。先生尚有《文集》二卷,《外集》一卷,《隨筆》二卷,《六壬録要》十卷,《筆算籌算圖》一卷,《唐宋詩選》十卷,藏於家。

留春山房集古詩鈔二卷詩鈔二卷去思編一卷　濟南刊本

國朝汶上知縣升知州遵義龔璁玉亭撰。詩入義山之室,《集古》,如自己出。《去思編》,宰武城去任時作。余辛卯鄉試,以先生房薦倖中魁選,北上時謁師於武城,未入境,無人不道先生治績者。後先生以母憂去官,邑人士攀轅臥轍,泣聲載路云。

家居自述一卷　陝西刊本

國朝陝西分巡鳳邠等處地方鹽法道涇(西)〔縣〕查廷華實庵撰。

逢源亭詩一卷

國朝張秀撰。

遜懷堂詩集二卷

國朝舉人寶山袁翼穀廉撰。新樂府尤上。

兩漢循吏詩一卷　京都刊本

國朝武英殿大學士吳縣潘世恩芝軒撰。精理名言,當與蔣心餘先生《官箴》共寶。

蘭君詩草一卷

國朝上元范薌撰。根柢蘇玉局,其《擬德星堂雪詩》得其神似。

小薌詩草一卷　並滇中刊本

國朝雲南經歷司上元范承恩覲楓撰。幼有奇才,一試不售,遂以貲郎起家。其《題昭君怨》云:"漢家懷遠議和親,莫怨琵琶入虜塵。不嫁單于終老死,祇今間殿一宮人。"可以見其志已。集又有《十老詩》,甚佳。

苕川間詠一卷　京都刊本

國朝宛平范仕義保山撰。

柿園詩稿二卷春雨樓稿一卷海樵詩鈔二卷菊嵒詩鈔二卷　濟南

刊本

國朝處士章邱李滄瀛東溟撰。初名鄰,字杜亭。年五十始學詩,甚工,人比於唐高適,長於七律。

二南詩鈔二卷續鈔二卷文集二卷制義二卷試律擬二卷　枕湖書屋本

國朝候選教諭歷城周樂二南撰。號漫翁。少負異才,屢試不售,後乃遊秦,主講少華書院,歸里後主講景賢書院。詩出姚武功,而秀逸過之,足自名家,文與壯悔堂相近。

秋橋詩選四卷　思竹齋本

國朝諸生歷城王德容體涵撰。詩有真趣。《生日戲吟》云:"任家無長物,冀老有閒時。"《秋興》云:"牆根扁豆嫩,籬底韭花鮮。"《偶成》云:"貧先知米價,病久解醫方。"皆佳句也。

紉香草堂詩三卷試帖一卷夏小正詩一卷　玉田刊本

國朝分巡通州運河道章邱李廷榮星垣撰。一字戟門,號莩村。詩刊於知玉田時,戊子春李東溟夢天榜有星垣名,是科果掄魁,次年聯捷。其詩秀豔在骨,殆天授之才也。

高唐齊音二卷　濟南刊本

國朝貢生章邱吳連周鞠農撰。皆詠章邱古蹟遺事,題句於前,附注於後。

棗花軒吟稿二卷

國朝洋縣知縣滿洲達綸經圃撰。

試帖草二卷　並洋縣刊本

國朝洋縣典史天津支應昌撰。

召棠幽籟一卷　三水刊本

國朝三水知縣江山汪日丙澹園撰。此其罷三水時,與邑人士贈別之作。

清澗鴻爪一卷　　清澗刊本

　　國朝署清澗知縣安肅張因培圖南撰。此其攝清澗時所作。有周樂序。

雲山入望樓試帖二卷　　陝西刊本

　　國朝寧羌知州浦城孫玉麒花嶼撰。有寶山沈學淵序。

十杉亭詩集五卷續編二卷

　　國朝道光甲午舉人當湖吳楷山客撰。一字杉客。皆試帖,題饒別致,詩亦刻意生新。

薇雲小舍詩稿二卷續二卷　　並三多堂本

　　國朝當湖吳之俊小杉撰。楷子,詩有父風。

插花窗集八卷補遺一卷　　崇文堂本

　　國朝湘陰楊昌光秋笛撰。凡詩集六卷、賦集二卷,律體饒有古致。有閩縣郭鄭炯臨坡序。

臥轍吟一卷　　陝西刊本

　　國朝鳳翔知府崞縣武訪疇芝田撰。宰清澗時,自賦《廉吏行》及諸和作,並邑人士送別之詩,彙爲一篇。

焚餘草一卷

　　國朝道光壬辰舉人歷城鄭雲龍萍史撰。萍史樸實好學,公車一上,卒於旅邸,同人搜得遺詩刊之。

侍雲集一卷　　並濟南刊本

　　國朝肥城知縣威遠鄒光越鴻放撰。號不階。自序云:"瞻望白雲,謂吾親在其下,此遊子行役,無可如何也。"越乞養,因公事留滯僑寓,故名侍雲也。

蕉牕囈語二卷正夢吟一卷囈語拾遺一卷蕉牕文鈔一卷大夢紀年一卷　　汲古堂本

　　國朝西鄉知縣樂陵汪荆川松樵撰。詩文皆有豪氣,不可羈勒。

紅蕉館詩鈔一卷續鈔一卷

國朝諸生米畹枚人撰。有同里尹濟源竹農序。

紉香草堂詩鈔七卷

國朝贈文林郎宣城李學孝南皋撰。孫文瀚校刊。凡《試竽集》《對影集》《蕉欣草》《燼存稿》《花笑吟》《卷藏草》《側身草》各一卷。其《卷藏》集自序謂:“昔人云,胸中無三萬卷書,眼中無天下奇山水,縱文亦兒女語,作詩亦然。”此可以想見其胸次已。

味塵軒詩集十四卷　並小羅浮本

國朝岐山知縣候陞知州宣城李文瀚雲生撰。凡《我誤集》二卷,《他山集》二卷,《筆耒集》三卷,《西笑集》四卷,《聽鳳集》三卷。雲生才氣盛大,詩出入唐宋,各體兼備,其樂府尤足擅場。

無我相齋詩選四卷　濟南刊本

國朝國子監生歷城何鄰泉岱麓撰。詩皆近體。同里周樂序稱其“清超秀逸,往往有遠韻”。

古伴柳亭初藁四卷　京都文奎齋刊本

國朝長武知縣陽城田秫藝陶撰。一字漱六。清谿蔡賡飏序稱其“鬱勃之氣,磊落之才,高出流輩,不屑屑於干時”,座師王廣蔭夔堂序稱其“文詞多見性語”。

藤華館試帖十卷文興書院課士詩一卷　宜君刊本

國朝宜君知縣山陰陳模式甫撰。以尊甫十峯先生有《藤阿吟藁》之刻,故題曰《藤華館試帖》。文興,則宜君書院之名也。盩厔路德序稱其“如游譙春園,繁花競開,萬蝶齊舞”。其才情富豔,出入於義山、飛卿之間。

吟紅館試帖一卷

國朝澄城知縣閬中金玉麟伯符撰。號石船。詩有激宕疎爽之氣,詠古諸作則又自抒史論。有山陰陳模序。

登樓集一卷　並澄城刊本

　　國朝候選縣丞吳江沈錫藩仲衡撰。初名鈴，號次卿。詩凡一百七十七首，嗣響唐音。有閩中金玉麟序。

綠筠書屋詩稿八卷　商州刊本

　　國朝長安知縣署商州知州磁州張籛雨香撰。探源六朝，而兼有唐溫、李，宋蘇、陸之勝。自序云：「綠筠書屋，兒時讀書處也。」首有諸家題跋一卷。

贈雲山館遺詩三卷　安素堂本

　　國朝壽光縣儒學訓導章邱孟傳璿在星撰。在星富甲一鄉，而無紈袴習氣，喜聚書，工於吟詠。其詩秀逸，會於風雅。

元圃詩鈔一卷　涇陽刊本

　　國朝道光壬辰舉人歷城陳超元圃撰。受詩法於李仲恂，每試時輒與師相頡頏。才大學富，衆方以玉堂相期，乃甫掇乙科，遽爲地下修文。謝問山哀其遺詩，予在涇陽任時梓之。

竹牕遺稿四卷　竹石居本

　　國朝隴州吏目太湖周國華小霞孺人宛平女士張芝仙和蘭撰。語多從至性流出，《思親》《哭女》諸作，集中佳唱也。

　　右別集類國朝下二百一十六部，共二千零七卷。

玉函山房藏書簿録卷二十四

集編八

總集類

昭明文選六十卷　汲古閣本

梁昭明太子蕭統德施編，唐崇賢館直學士江都李善注。昭明於貴池築文選樓，宏蒐七代篇章，成《文選》三十卷，文章之淵藪也。李注分爲六十卷，敷析淵洽，引徵浩博，唐以前古書多藉以存不傳之秘。《資暇集》稱《文選》有初注，有覆注，有三注、四注，其絶筆之本皆釋音訓義，注甚多。此當是絶筆之注也。

六臣注文選六十卷　宋本

不知編輯者名氏。舊有吕延濟、劉良、張銑、吕向、李周翰五臣注，兹本合李善注爲六。陳氏《書録解題》已稱"六臣注"，則宋人所合也。五臣注遜於善，而詮釋文句亦可取焉。

嘉孫注：此爲宋建刻本，今不知流落何許。

昭明文選評六十卷　海録軒本

國朝翰林院侍讀學士長洲何焯瞻義門評點，同邑葉樹藩星衛參訂。仍李注本，評語用套板硃印於上方。

文選集評六十卷　有懷堂本

國朝金壇于衡晴川撰。據何義門評爲本，復取諸家評論，薈萃精覈，標識簡端。

文選課虛四卷　道古堂本

國朝杭世駿撰。有《道古堂集》,已著録。此編取《文選》中虛字詮釋,取一心之獨運,俾操觚有因物造端之妙用。

玉臺新詠十卷　錢塘心遠樓本

陳徐陵編。明吳興茅元(楨)〔禎〕重校。徐有集,已著録。此編録梁以前,多取緣情之作,而不失溫柔敦厚之遺,非後世香奩體之比也。

嘉孫注:明萬曆刻本,一函六册,白棉紙,鈐有"玉函山房藏書"朱文方印,是書刊本較多,然此刻本却極少見,中國書店2000年秋季書刊資料拍賣會拍品,書品完好。

篋中集一卷

唐道州刺史瀼州元結次山編。所録沈千運、王季友、于逖、孟雲卿、張彪、趙微明及其弟融七人之詩,凡二十四首。選詩雖少,要皆淳古淡泊之音,生趣獨造,皆與次山相近。

河嶽英靈集一卷

唐殷璠編。所録常建等二十四人詩,凡二百三十四首,每人下各有品題。

國秀集一卷

唐芮挺章編。原序稱作者九十人,今只存作者八十五人,則本有脱佚,所選詩皆精美。

御覽詩一卷

唐左僕射華原令狐楚慤士編,一名《唐歌詩》,一名《選進集》,一名《元和御覽》。憲宗時奉敕選定,皆取音節諧婉之作,近體爲多。

中興間氣集一卷

唐高仲武編。起至德初,迄大曆末,凡作者二十六人,詩一百四十首,今佚鄭當一人詩八首,體例與《河嶽英靈集》略同。論劉長卿謂："十首以後,語意略同。"漁洋《論詩絕句》云："不解雌黃高仲武,長城何(故)〔意〕貶文房?"各有所見也。

極玄集一卷

唐姚合編。有詩集,已著錄。此編凡作者二十一人,詩一百首。姚詩喜刻畫,而所選乃多高逸之作,自命爲詩家射鵰手,或晚年所選訂乎。

又玄集一卷

唐 韋 莊 編。

搜玉小集一卷　並新城王氏刊本

不著編輯者名氏。鄭樵《通志·藝文略》載之,蓋出唐人手筆,凡詩六十二首,毛晉重校刊。以上九種漁洋合《才調集》《文粹》同校訂,名《唐詩十選》云。

才調集十卷　垂雲堂珍藏宋本

蜀監察御史韋穀編。虞山七十老人簡緣馮武校。詩凡一千首,多取晚唐,以濃麗秀發爲宗。

古文苑二十一卷　惜陰軒本

不著編輯者名氏。陳氏《書錄解題》稱唐人舊本,宋孫洙巨源得於佛寺經龕。淳熙中,潁川韓元吉編爲九卷。紹定中,知吳縣事武林章樵升道注釋,釐爲二十一卷。此編皆史傳所不載,《昭明文選》所未取,《百官箴》全書完具,存古之功尤鉅。有江師心、盛如杞二序及章自序。

唐文粹一百卷

宋姚鉉撰。本《文苑英華》而附益之,文賦取古體,不錄駢偶之作,去取頗精嚴。

聲畫集八卷　楝亭本

宋谷橋孫紹遠稽仲編。取唐、宋人凡爲畫而作者編成一集,分二十六門。名"聲畫"者,取有聲畫無聲詩之意也。宋代諸作,今多未見，其集足資考證。

漢魏詩乘二十卷　安懷堂藏元白堂原本

明梅鼎祚編。有集，已著録。此編前十卷爲漢詩，附仙詩。後十卷爲魏詩，附吳代及無名氏詩。評隲論世，故以乘名。

周文歸二十卷

明鍾惺編。

古文歸十五卷唐詩歸三十六卷

明鍾惺、譚元春同編。

西漢文二十卷東漢文二十卷　並明刊本

明禮部員外郎太倉張采受先編。

釣臺集四卷　桐廬刊本

明桐廬知縣建安楊束編。番禺曾振宣校。凡古來詠嚴子陵釣臺者，彙爲此集。

古今文統十六卷　吳門張氏本

明陳仁錫編。吳縣張以忠純臣論定。始左氏迄明，分十六部，有大可賞印。

宋文鑑一百五十卷

宋著作郎東萊呂祖謙伯恭編。分六十一類，關於學術治法者爲多。當時頗轢於衆口，詔崔敦詩删定，然今所傳仍東萊元書也。

分門纂類唐宋時賢千家詩選二十二卷　棟亭本

宋學士莆田劉克莊潛夫編。號後村。所選冗濫，不能純美。

文章正宗二十四卷序目一卷　明古原鍾氏刊本

宋真德秀編。有集，已著録。此編分辭命、議論、敘事、詩賦四類，大抵以言理爲主。

妙絶古今二卷　大雅堂本

宋 安 仁湯漢伯紀編。號東澗。淳祐壬寅自序云："自《春秋傳》迄歐、蘇氏，拔其尤者，得七十九首，蓋千載之英華萃矣。"趙汸題後稱其"示勸示誡,篇篇具有深義"。

剪綃集二卷

宋菏澤李龏和父編。選集唐人佳句,諸體皆備。

衆妙集一卷

宋宗室永嘉趙師秀紫芝編。自沈佺期至王貞白,凡七十六家,共詩二百二十八首,皆近體,五言居十之九,所取多風調流麗之作。蓋趙於四靈中稍爲宏整,故門徑亦微異也。

月泉吟社詩一卷

宋義烏令浦江吳渭清翁編。號潛齋。入元不仕,立月泉吟社,以至正丙戌三月分題,丁亥上元收卷,凡得二千七百三十五卷,延方鳳、謝翺、吳思齊評其甲乙,選中者二百八十人。此本惟錄前六十卷,其題爲《春日田園雜興》。其姓字,如三山連文鳳題羅公福,多隱語云。

中州集十卷　　並汲古閣本

金元好問編。有集,已著錄。此編金代人詩。姓名下各列小傳,往往旁及佚事,寓以詩存史之意。詩多格力遒健之作。

唐詩鼓吹十卷　　懷德堂本

金元好問編。門人元中書左丞安肅郝天挺繼先注,明青陽廖文炳光甫補注。所錄皆唐人七律,凡九十六家,大抵以高華、沈著爲宗。趙孟頫序云:"鼓吹者何,軍器也。選唐詩而以是名之者,何譬之於樂,其猶鼓吹乎?"郝注明簡,廖解不及也。

谷音二卷

元翰林待制清江杜本伯原編。學者稱清碧先生。自遼東王(繪)〔澮〕至羅浮狂(士)〔客〕,凡三十家,共詩一百首,各繫小傳,多宋、金末年節義之士,故其詩雄渾沖澹、豐格遒上云。

河汾諸老詩集八卷　　並汲古閣本

元大同路儒學教授汾州房祺編。自號橫汾隱者。所錄凡麻

革、張宇、陳賡、陳(飅)〔庚〕、房皞、段成己、段克己、曹之謙八人
詩,得古律二百一首,皆金之遺老,從元遺山游者也。有弘治戊子
車璽序。

瀛奎律髓四十九卷　閲微草堂本

元紫陽方回虛谷編。合唐、宋兩代詩,分爲四十九類,皆近
體,故名"律髓"。兼取十八學士登瀛洲五星聚奎之義,故名"瀛
奎"也。論詩排西崑而主江西,每取粗獷之作,説亦涉於纖仄。乾
隆中河間紀昀批定,多所駁斥。

元文類七十卷　修德堂本

元監察御史真定蘇天爵伯修編。書成於元統二年,凡分四十
三類,録元初迄延祐之文。工於鑑別,去取精當,可與姚氏《唐文
粹》、吕氏《宋文鑑》稱鼎足焉。

新安文獻志一百卷　新安刊本

明禮部右侍郎休寧程敏政克勤編。凡南北朝以後文章事蹟有
關於新安者,皆分類輯録。前六十卷詩文,後四十卷先達行實也。

全蜀藝文志六十四卷　成都刊本

明楊慎編。江陵朱雲煥遐(唐)〔塘〕、温江張鵬翼培南校定。
有嘉靖辛丑升庵自序。蒐羅頗富,多所考證。

風雅遺編十卷

楊慎編。自康衢《擊壤歌》起,迄于周、秦,凡斷章逸句在三篇
之外而散見于古籍者,悉掇拾之。

古今風謡一卷

楊慎編。取史書所載風謡類而録之。

古今諺一卷

楊慎編。皆輯録古今諺語。

俗言一卷　並《函海》本

楊慎編。

李詩選十卷杜詩選六卷空同詩選四卷　稽古堂藏隆昌張氏元本

楊慎與永昌張含愈光同編選。愈光爲空同弟子,故尊其師與李、杜同。

漢魏詩選五卷　天佚草堂本

明兵部職方主事平湖馬維銘新甫編。自號屬提生。從《昭明文選》詩分出,一作《天佚草堂選詩》。

文苑春秋四卷　廣平刊本

明崔銑編。有《洹詞》,已著錄。此編自漢迄明,有關政治之文皆錄之。

唐詩品彙九十卷凡例目錄二卷　涇陽張氏刊本

明翰林院典籍長樂高棅廷禮編。因楊士弘《唐音》而廣之,以五七古、五七絕、五律、五言排律、七律爲次,分正始、正宗、大家、名家、羽翼、接武、正變、餘響、傍流,凡九格。蓋元末詩格纖仄,高與林鴻標舉唐音,以救其弊,論列頗確當。

詩紀一百五十六卷　明吳氏刊本

明光祿卿臨朐馮惟訥汝言編。號少洲。原本前集十卷,正集一百三十卷,外集四卷,別集十二卷。吳琯校刊。此本通爲一集,次第亦有所行移易,所錄詩上起古初,下迄陳、隋,遺文佚句皆登載之,六朝韻語之淵藪也。有公鼐、甄敬、張四維、畢懋康、王世貞五序,趙秉忠題辭,黃承元及其孫珣跋識。

詩紀匡謬一卷　知不足齋本

明上黨馮舒(汝言)〔己蒼〕撰。糾馮惟訥《詩紀》之謬,凡一百二十條。

詩所五十六卷目一卷　金陵徐智刊本

明國子監祭酒吳興臧懋循晉叔編。以馮氏《詩紀》尚多罣漏,復爲此以補其缺遺。名"所"者,取雅頌各得其所之義也。

秦漢文鈔六卷　明刊本

臧懋循編。

唐詩選七卷　古灣劉氏校本

明李攀龍編。有集,已著録。此編所選有取通首者,有取一聯一句者,必標其選取之意,頗爲簡要。鍾惺增以評注。

唐宋八家文鈔一百六十四卷

明茅坤編。有集,已著録。茅以古文自命,而好摹擬唐宋之文,故選八家而評論之。按:八家定自朱右,而右書不傳,則當探始於茅選已。

古論玄箸八卷　邢臺國士書院本

明巡按直隸監察御史汝南傅振商君雨編。裒前人論爲一書,大抵取高妙之作。

三家宮詞三卷

明毛晉編。三家者,唐王建、蜀花蕊夫人費氏、宋王珪。宮詞各百首。

二家宮詞二卷　並緑君亭本

毛晉編。凡宋徽宗皇帝宮詞三百首、寧宗楊皇后宮詞五十首,二家詞出,後人捃拾,不及前三家之專刻有據,然採輯殆無有遺矣。

漢魏別解十六卷　香谷山房本

明崇禎進士錢塘黄澍仲霖及檇李葉紹泰來甫同編。抽漢魏六朝人文評選,大抵爲舉業而設。

姚江逸詩十五卷　懷謝堂本

國朝黄宗羲編。鄢景從静嶽彙刻,倪繼宗重訂。自六朝迄明,取虞炎至箕仙一百十人,皆姚江名流所作詩。

唐賢三昧集三卷

國朝王士禛編。以王、孟爲正聲,主於神韻,與嚴滄浪妙悟同指。

二家詩選二卷

王士禎編。取徐禎卿、高叔嗣二家詩選定,徐録《迪功集》所刻,不取少作,高惟五言,善舉所長也。

唐人萬首絶句選七卷　並新城王氏本

王士禎編。宋洪邁《唐人萬首絶句》凡九十一卷,詩多蕪雜。此本删取八百九十五首,斟酌最爲詳慎,蓋歸田暇日所編也。

國朝麗體金膏八卷　《龍威秘書》本

國朝石門馬俊良嵰山編。皆駢體之文。

唐宋八家類選十四卷　宜興刊本

國朝宜興儲欣同人編。大旨本茅鹿門,而文以類分,體例不同。

唐詩貫珠六十卷　素心堂本

國朝吳縣胡以梅燦亭編。部居類彙,標榜抉摘,上而採其旨,中而衡其品,繼而攻其詞。

本朝名家傳文四十卷　湧輪居本

國朝錢塘王延年介眉及弟騰蛟編。凡四十人,人各一卷。

宋金元詩永二十卷補遺二卷　千古堂本

國朝吳綺編。有集,已著録。此編所録詩皆雋永,不愧命名。蒲吾崔蓮生訂。

唐詩類苑選三十四卷　西蒨堂本

國朝滄州戴明〔説〕道默選。歙縣吳綺園次、新安汪爛施北、文安紀文元子湘同訂。因明萬曆間茸城張王屋《唐詩類苑》芟其蔓蕪,録其名貴,因部綴事,因事綴題。

可儀堂古文選十四卷　（會）〔令〕德堂本

國朝翰林院檢討桐川俞長城寧世編。一册:《左傳》《公羊》《穀梁傳》,分八卷。二册:《國語》《吳越春秋》《越絶書》《戰國策》,分六卷。

可儀堂一百二十名家制義四十卷

俞長城編。自宋嘉祐王安石、蘇軾至康熙朝韓菼、金居敬,皆録其制義之精卓者。

今詩篋衍集十二卷　保元堂本

國朝陳維崧編。有集,已著録。此編輯近時名流二十餘家,家詩三百餘紙,有王漁洋、宋牧仲二序。金匱華(徐)〔綺〕天和校。

漢詩評十卷　萬卷樓本

國朝李因篤編。有集,已著録。此編能曲得前人之心,顧亭林盛許之。

遺民詩十二卷

國朝江都卓爾堪子任編。子任自號寶香山人,靖難忠臣諱敬之後,壯歲南征閩逆,爲右軍前鋒,文武並嫺,遠近爭高其行。此編輯勝國之遺民詩,亦闡幽之至意也。

元詩選卷首一卷初集六十八卷二集二十六卷三集十六卷

國朝長洲顧嗣立俠君編。凡三集,每集百家,各以十干爲紀。然癸集皆有録無書,意以無專家者入癸集,而搜刻未竣也。中多辨訂,足資考證。

古文雅正十四卷　長洲刊本

國朝漳浦蔡世遠編。自漢至元,得二百三十餘首,取有關學術治道者,與真西山《文章正宗》同義。

南宋雜事詩七卷

國朝沈嘉轍、吳焯、陳芝光、符曾、趙昱、厲鶚、趙執信同撰。各七絶一百首,雜詠南宋軼事,而自引諸書注之。詩極典雅,注亦詳賅。

宋十五家詩選十六卷　師簡堂本

國朝教諭海昌陳紆言揚編。十五家者,梅聖俞堯臣、歐陽文忠修、曾南豐鞏、王臨川安石、蘇東坡軾、蘇潁濱轍、黃山谷庭堅、范石湖成大、陸放翁游、楊誠齋萬里、王梅溪十朋、〔朱文公熹〕、高菊磵翥、方秋厓岳、文文山天祥,各一卷,放翁上下卷。

才子必讀書十六卷　敦化堂本

　　國朝吳縣金人瑞聖歎編。

評注才子古文十二卷大家十六卷歷朝名文九卷　光裕堂梓鐵立居元本

　　金人瑞編,梅溪王之績懋(公)〔功〕評注。

古文觀止十二卷　光霽堂元本

　　國朝山陰吳乘權楚材與從子大職調侯同編。有其從伯吳興祚留村序。

古文集解八卷　藏真書屋校刊

　　國朝江寧程潤德念伊編並爲評注。程廷贊又衡增訂。

清詩大雅二集七十九卷　静遠堂本

　　國朝儀徵汪觀瞻候編。自劍水趙宏恩芸書以下凡七十九人,各一卷。

明四家文鈔八卷

　　不著編選者名氏。四家者,何景明、王守仁、李攀龍、王世貞也。

唐詩三百首一卷　金陵寶寧堂本

　　原題蘅塘退士編。所選約而精。

唐詩小識十卷　長洲刊本

　　國朝長洲沈虹渭梁編並注。其婿蔣乾焆健行參訂。有沈自序。

袁氏三姊合稿三卷

　　國朝袁枚編。《(盈)〔楹〕書閣遺集》一卷,錢塘汪孟翊楷亭妻袁秋卿撰。《素文女子遺稿》一卷,袁機撰。《繡餘吟稿》一卷,袁棠撰。皆子才女弟。

隨園女弟子詩六卷　並隨園本

　　袁枚選錄門下女弟子所爲詩,合爲一編。有歙縣汪穀心農序。

山左詩鈔六十卷　雅雨堂本

國朝兩淮鹽運使德州盧見曾抱孫編選。自宋琬以下六百二十餘家，凡詩五千九百有奇，又附見詩一百十九首。搜載甚廣，去取極精。

高密詩存二卷　單氏刊本

國朝高密單作哲編。所錄自宋以來，凡高密人詩備載之。

應試唐詩類釋十九卷　聞武堂本

國朝濮州臧岳括齋編並注。分十二門，以唐人試帖分類相從，詳爲解釋。

古詩合解四卷唐詩合解十二卷　崇順堂本

國朝長洲王堯衢翼雲編。論詩法甚詳，其自序《唐詩解》云："願讀詩者，曠觀天地雲物之變幻，靜聽山水之清音，以豁其胸襟，自出其才識膽力，尚論古人，自有悠然會心處。"是殆又神明乎？矩矱矣。

近光集八卷　邃經書塾本

國朝左中允長洲（王）〔汪〕士鋐文升、元和吳鼎科庭寶同編。排律分類並注。

應制體排律自得編四卷　學耕堂本

國朝吳縣陳九松立道編。取唐詩，分初、盛、中、晚，段落層次，批解明晰。

董氏詩萃二十卷　吳興董氏刊本

國朝吳興董熿編輯。其先世及族人詩集，自宋迄乾隆十年，凡五十四家。

最豁解四卷　致盛堂本

國朝蓬萊王澤洼巨川編。取唐人、今人試帖，各以韻編次，並爲評注，大約以八比論詩。

國朝詩品二十二卷　隸華書屋本

國朝天(台)〔長〕陳以剛燭門與弟以樅季思、以明厚卿同編。前二十卷皆名流、鉅公,後二卷爲閨秀、方外。

韓山書院詩集二卷　潮州刊本

國朝潮州知府龍〔爲〕霖雍正壬子捐俸修韓山書院,遵原道堂舊址增葺學舍,郡人詠歌其事。潮陽知縣龍城龔松林封五序刊。

玉堂集六卷　永魁齋本

不著編選者名氏。選皆試律詩也。

同聲集十二卷　會稽刊本

國朝會稽胡俊竹巖編。亦試律詩,此及《玉堂集》皆舊時學塾所宗尚,今浸微矣。

古詩源十四卷　西山堂本

國朝沈德潛編。有集,已著錄。此編溯陳、隋而上,極乎黃、軒,凡《三百篇》、楚騷而外,自郊廟樂章,訖童謠里諺,無不備采。自序謂"猶觀海者,由逆河上之,溯崑崙之源"云。

唐詩別裁二十卷

沈德潛編。自序云:"先審宗指,繼論體裁,繼論音節,繼論神韻,而一歸於中正和平。"

明詩別裁十二卷

沈德潛編。自序云:"凡一千一十餘篇,皆深造渾厚,和平淵雅,合於言志永言之旨;而雷同沿襲,浮豔淫靡,凡無當於美刺者屏焉。"

國朝詩別裁三十二卷　並宏德堂梓本

沈德潛編。乾隆二十六年高宗純皇帝御製序,以所選錢謙益諸人詩列前茅及書慎郡王名爲失體,因命内廷翰林爲之精校去留,俾重鋟版以行。

庚辰集五卷

國朝紀昀編。有《我法集》等詩,已著錄。此編選康熙庚辰科至乾隆庚辰科館閣詩併試卷行卷,因名之曰《庚辰集》。初爲評點,後與及門李文藻、吳鍾僑、張天植、孟生惠等注釋。有自序及凡例。

唐人試律説一卷　並河間紀氏刊本

紀昀編。體例略仿《瀛奎律髓》,詩無前後,隨説隨録,欲初學知所别擇,故持論頗刻覈云。

續古文苑二十卷　平津館本

國朝孫星衍編。續章樵所注《唐人古文苑》,而作自序謂“皆選家所不載,别載所未傳,足以備正史之舊聞,爲經學之輔翼”。

唐詩韶音六卷

國朝沈廷芳編。有集,已著録。此編以乾隆二十二年上諭會試二場表文改用五言八韻唐律一首,乃從《全唐詩》内擇録箋注進呈。

歷朝名媛詩詞十二卷　紅樹樓本

國朝吳縣陸昶梅垞編。詩十卷,自漢唐山夫人至元阮碧雲二百二家六百三十一首。詞二卷,自隋侯夫人至元湘妃廟女四十三家六十七首。

嘉孫注:清乾隆三十八年(1773)紅樹樓刻本。

江右古文選四十卷　屏山堂本

國朝宜黄應麟囿呈編。皆江右名家,宋、元文十二卷,明文十八卷,近代文十卷,共五百六十四篇。

今體詩鈔十八卷　惜抱軒本

國朝姚鼐編。有集,已著録。分五言、七言,各九卷,詩選具有超識。

詩法度針十卷　天德堂本

國朝豐城徐文弼勷右編。上集雜論詩法,中、下集選古人詩,附評其下。

切問齋文鈔三十卷　陸氏刊本

國朝湖南巡撫吳江陸燿朗夫編。選古名家文,分學術、風俗、教家、服官、選舉、財賦、荒政、保甲、兵制、刑制、河防,凡十一類。皆求實用。有自序及桐鄉馮浩序。

九家試律詩鈔十一卷　乾元堂本

國朝華亭縣儒學教諭長洲王芑孫惕甫編。一卷、二卷錢塘吳錫麒聖徵《有正味齋詩》,三卷長樂梁上國九山《芝音閣詩》,四卷蒙古法式善時帆《存素堂詩》,五卷、六卷芑孫自撰《芳草堂詩》,七卷南豐雷維霈筠軒《知不足齋詩》,八卷靈石何元烺硯農《方雪齋詩》,九卷江陰王蘇儕嶠桑《寄生齋詩》,十卷大庾李如筠介夫《蛾術齋詩》,十一卷靈石何道生蘭士《雙藤書屋詩》。此惕甫乾隆癸丑爲咸安宮教習時,會吳毅人諸家作詩課,與蘭士、硯農錄存者,本九卷,以年齒敘次,如皋冒銘斯盟選鈔並注,分爲十一卷。有凡例及林家桂序、芑孫原序。

注續九家詩一卷　映雪齋本

國朝鎮洋李錫瓚秬香編。補前選所遺。

館閣十家詩七卷　桂月樓本

國朝武進毛履謙益齋編,吳涵一純夫注釋。取前九家詩,益以秀水汪如洋潤民《葆沖書屋集》一家,而以天、地、人、物分類編次,體例不同。

詁經精舍文集十四卷　瑯環仙館本

國朝阮元編。於西湖之陽立詁經精舍,祠祀漢儒許叔重、鄭康成,廩給諸生于上舍,延王(少)〔司〕寇昶、孫觀察星衍爲之主講,以經史疑義問答課士,此其所取之文也。有許宗彥、孫星衍二序。

雲樣集八卷　坊本

國朝桐鄉高陳謨編。試帖分韻。

花樣集十二卷　務本堂本

國朝楊昌光編。有集,已著録。此編體例與《雲樣集》同。

介眉集詠二卷　衣德堂本

國朝華州耆賓張季舒八十壽,静寧州學正馬魯希曾爲徵詩,男好忠勒爲一編。

古詩録十二卷　宛鄰書屋本

國朝張琦編。有集,已著録。此編所録奇偉之作居多。

全五代詩一百卷

國朝李調元編。從《全唐詩》所附取録,搜補凡五代詩,存佚無不列入。

粤風四卷

李調元編。皆録廣中人詩。

蜀雅十卷　並《函海》本

李調元編。皆録蜀人詩。

貝德頌十六卷

國朝内閣中書舍人天池衛如玉編。

蘭山課藝詩賦約編六卷

國朝吳鎮編。此其主講蘭山書院時所訂。古律賦一、古詩唐制詩二、唐詩上三、唐詩下四、李詩五、杜詩六。

風騷補編三卷　並蘭州刊本

國朝甘州兵備道昆明周樽眉編。補《約編》所未備。唐詩一、楚詞二、古詩三也。

瀛海探驪集八卷　坊本

國朝海鹽朱埏之編,餘姚毛寅初、會稽馮泉、崞縣田枏同注。試帖分類。有嘉慶甲戌劉環之序。

三未集十二卷　金閶敦化堂本

國朝湘陰蔣瓌維揚編。取館閣試帖,起嘉慶己未經辛未迄道光癸未,得詩五百五十首,按韻編次,詳爲注釋,蓋仿《庚辰集》而爲之也。

春雲詩鈔六卷　寶仁堂本

國朝海鹽張襄綸梅坪原輯,同邑張維城紅樵編次,繆有本立庵牋注。試帖四卷,五、七律二卷。有仁山朱拭之序。

試帖錦機六卷　文成堂本

國朝鎮洋蔣賓韻樵編,崑山孫啓懋吟秋、方導江小湘、方會澧蘭畬同注。選館閣試帖。有道光六年錢寶琛伯瑜序。

奪錦海樓試帖四卷　連山堂本

國朝潘世恩編。有《兩漢循吏詩》,已著錄。此編分韻排次,上層載詩韻,最便觀覽。

續選試律匯海六卷　臥雲書屋本

國朝太常寺卿宜黃黃爵滋樹齋編,龍巖章廷談錫庵、宜黃黃秩林子幹等注釋。前集、後集各三卷,皆選近代館閣諸詩,評騭甚當,注亦詳賅。

寒燈課讀圖詩一卷　濟南刊本

國朝諸生濟陽高積階麟臺編。圖爲邑侯開州李若棻淇簹母何太孺人作,教子讀書,有畫荻風,一時人士詠歌之。高爲李門人,彙爲一帙校刊。

郝氏四子詩集七卷　齊東刊本

國朝諸生齊東李玉清香谷編。郝氏四子者,乾隆進士齊河郝允哲(敬)〔鏡〕亭及其子棻、筌與女藟也。棻字竹林,嘉慶中副貢生;筌字君實,號餐霞,邑增生;藟字秋巖,別有刊藁。

西河古文錄八卷西河詩錄八卷　西河書院本

國朝李元春編。取其鄉達人王垔、韓邦奇至李衛,凡二十四家詩文彙刊。朝邑,古西河地,有子夏遺蹟,故名。

心儀集七卷

國朝謝焜編。有集，已著錄。此編皆輯錄心所向往者之詩。有道光壬辰梅成棟序。

停雪集二卷　並濟南刊本

謝焜編。皆錄友人作。

嘉孫注：二書原不分卷，清道光間濟南合刻本。

南藤雅韻集一卷　登州刊本

國朝分巡登萊青等處兵備道大興王鎮中峯編。道署廳事南有古藤數株，周圍二十餘丈，數百年物也。陳觀察文駿竹崖於廳事假寐，恍有古衣冠人自花間出，寤而知花有神，乃立祠於百可亭北。道光戊戌中峯蒞任爲記，一時官紳多題詠，裒爲一帙。

右總集類一百三十七部，共二千八百五十七卷。

玉函山房藏書簿録卷二十五

集編九

詩文評類

文心雕龍十卷　明(余)〔張〕遂辰校本

梁東宮通事舍人東莞劉勰彥和撰。上篇二十有五,論體裁之別。下篇二十有四,論工拙之出,合《序志》一篇,亦二十五。自序謂其爲文四十九篇,蓋取大衍之數也。史載勰爲文長于佛理,後爲定林寺僧,改名慧地。其論文章利病,窮理微妙,卻不涉叩寂課虚之學,宜沈約歎其深得文理也。

詩品三卷　汲古閣本,又明長洲顧氏本,又武林徐仁毓校本

梁西中郎〔將〕晉安王記室長社鍾嶸仲偉撰。取漢魏至梁能詩者一百三十,分爲三品,每品各冠以小序,每人各繫以論斷,妙解文理,不減劉勰,漁洋嘗病其次第高下多所違失。案:史載嶸嘗求譽于沈約,約拒之。及約卒,嶸品古今詩爲評,言其優劣,云:"觀休文(之文)衆製,五言最優。齊永明中,相王愛文,王元長等皆宗附約。于時,謝朓未遒,江淹才盡,范雲名級又微,故稱獨步。故當辭密于范,意淺于江。"蓋追宿憾,以此報約也。然則以意武斷者,應必不少,特諸集殘佚,無從驗評隲之確否也。

本事詩一卷　汲古閣本,又仁和王氏本,又《龍威秘書》本

唐孟棨撰。取歷代緣情之作,詳其事蹟,分爲七類,六朝事凡

二條,餘皆唐事。

二十四詩品一卷 《龍威秘書》本,又仁和王氏本

唐中書舍人虞鄉司空圖表聖撰。隱中條山王官谷,自號知非子、耐辱居士。二十四品各以二字標題,四言韻語,寫其意境,妙契精微,能得味外之味。

風騷旨格一卷 汲古閣本

唐江陵龍興寺僧正得生齊己撰。姓胡氏,益陽人,自號衡嶽沙門。論格旨不盡爲僧語。有自序。

主客圖一卷 《函海》本

唐江南張爲撰。以白居易爲廣大教主,楊乘以下分入室、升堂、及門三等。張,唐末人,字爵、事跡皆無考,要瓣香白傅者也。

六一詩話一卷

宋歐陽修撰。以論文爲主,而兼記本事。眾家詩話皆源於此。

續詩話一卷

宋司馬光撰。據自序謂,續《六一詩(品)〔話〕》也,其論多中理解。有毛晉跋。

中山詩品一卷 並汲古閣本

宋劉攽撰。有集,已著録。劉氏兄弟均以博洽擅名。此編所收稍雜,而言有根據,足資考證,議論亦可采。

後山詩話一卷 汲古閣本,又五峯閣本

宋彭城陳師道無己撰。陸游《老學庵筆記》疑其依託,而魏衍集記又有其名。以書所稱教(塘)〔坊〕雷大使事在陳後,放翁疑其偽,不爲無見,然持論多中肯之語,實深於此道者。意陳本有詩話,後人或增益之歟?

臨漢隱居詩話一卷 知不足齋本,又《龍威秘書》本

宋魏泰撰。有《東軒筆録》,已著録子編。泰晚年卜居漢上,

故題"臨漢隱居"。泰爲曾布之婦弟,其學薄元祐而重熙寧,此書亦不免門户之見,然大旨主於優柔感諷,持論近正之處,自不可没也。卷末有洪武九年映雪老人題識。

彦周詩話一卷　汲古閣本,又五峯閣本

宋襄邑許顗彦周撰。論詩多取蘇、黄,品第諸家亦有識,惟好參神怪之説,未免有乖體式。

紫微詩話一卷

宋吕本中撰。有《紫微雜記》,已著録子編。學出豫章而不主一格,頗無門户之見。編中亦偶涉經義,兼及雜事、雜文,而要以論詩爲主。

石林詩話一卷　並汲古閣本

宋葉夢得撰。有《避暑録話》,已著録子編。夢得爲蔡京門客,又與章惇爲姻,黨私之見往往與魏泰等,而其學識要在魏泰上,故其論詩多可觀之語。

藏海詩話一卷　知不足齋本,又《函海》本

宋吴可撰。此書明以來諸家不著録,亦不稱撰人姓名,惟《永樂大典》載宋吴可《藏海居士集》與書名合,定爲吴氏所作。原本久佚,乾隆中,四庫館從《永樂大典》録出,歙縣鮑廷博、綿州李調元均有刊本。論詩多涉禪機,而及見元祐舊人授受,終有根本,故持論時有深解也。

歲寒堂詩話二卷　武英殿聚珍版本

宋左宣教郎主管台州崇道觀正平張戒撰。錢曾《讀書敏求記》作趙戒,以《宋·趙鼎傳》及李心傳《建炎以來繫年要録》載張戒事考之,知誤也。是編通論古今詩,由宋蘇、黄上溯漢魏風騷,分爲五等,大抵尊李、杜,而推陶、阮。始明言志之義,終之以無邪之旨,大有神於名教。原書久佚,《説郛》及《學海類編》載此寥寥數頁,乾隆中,四庫館從《永樂大典》録出,成完帙焉。

碧溪詩話十卷　知不足齋本

宋進士邵武黄徹常明撰。陳氏《書録解題》云莆田人,而《八閩志》則云邵武人,舉紹興十五年進士,殆家本莆田而占籍於邵武,兹據《八閩志》題焉。編中持論多本少陵,不尚風華,惟存風教。首有陳俊卿序及自序,末有知蘄州軍〔州〕事黄永存及其孫沅州學教授燾、澧陽聶棠三跋。

全唐詩話六卷　汲古閣本

宋尤袤撰。有《遂初堂書目》,已著録子編。此採録唐人詩評,兼及本事。有紹興辛未自序。

環溪詩話一卷　《續函海》本

宋撫州吳氏撰。環溪者,撫州布衣吳沆德遠之號也。此編皆論德遠詩,又稱先環溪,蓋其子孫之詞。又有慶元庚申月湖何異敬序。《文通先生行實》一篇,亦其子孫所録也,故據題撫州吳氏。環溪詩主少陵而出入於太白、昌黎、山谷三家,故其論謂多用實字則健,有空衍率易之病者,當以此藥之。

竹坡詩話一卷　汲古閣本

宋宣城周紫芝少隱撰。紫芝以詩媚秦檜父子,人品卑污,而詩則頗工,論詩多主考證,品評亦可采,未可以人廢也。

苕溪漁隱叢話前集六十卷後集四十卷

宋餘杭胡仔元任撰。苕溪,餘杭勝地,胡家居,故以漁隱自號。此編名"叢話",實皆論詩之語,大指繼阮閱《詩話總龜》而作。自序稱,閱所載者皆不録,則能補苴缺遺。北宋以前詩話可以互考,且《總龜》多雜小説,分門亦太冗碎。此則力矯其偏,蓋覺後來居上矣。

古學鉤玄十一卷　此觀堂藏本

(陳)〔宋〕觀文殿學士臨海陳騤叔進撰。元高麗傳校訂。一集文則,二集句法附典實,三集章法,四集摘段附刻黄石公素書。

蓋舉之以爲文式,名"鉤玄"者,取昌黎文"纂言者必鉤其玄"語也,論文大率準經以立制。有隆興十六年翠微書舍自序。

二老堂詩話一卷　汲古閣本

宋周必大撰。有《玉堂雜記》,已著録子編。蓋公學問淹博,故此書多至考據,甚爲精核。

誠齋詩話一卷

宋楊萬里撰。有集,已著録。此編題詩話而多論文之語,大旨尚理。

滄浪詩話一卷　汲古閣本

宋邵武嚴羽儀卿撰。其論詩不涉理路,不落言詮,如鏡花水月,以禪爲喻,大旨主於妙悟。

詩人玉屑二十卷　古松堂重刊宋本

宋魏慶之醇甫撰。號菊莊。採古來詩話及近世評語,大致似《苕溪漁隱叢話》,於南宋人語爲詳。蓋取寶囊玉屑之義,欲詩人知詩病而以法藥之。有玉林黃(易)〔昇〕叔暘序。

娛書堂詩話一卷　鈔本

宋涿郡趙與虤威伯撰。詩源出江西而兼涉江湖宗派,稍涉蕪雜,然多載軼事遺文,亦多名雋語,可資觀覽也。

江西詩派小序一卷

宋劉克莊撰。有《唐宋時賢千家詩選》,已著録。此本吕紫微《江西宗派》而作,去取互有同異。

對牀夜語五卷　並知不足齋〔本〕

宋太學生錢塘范晞文景文撰。號藥莊,又號孤山人。嘗與高菊磵、姜白石諸人遊,咸淳丙寅同葉李、蕭規等上書,詆賈似道,似道以泥金飾齋扁事罪之,分竄瓊州。其人蓋陳東、歐陽澈之流也。此皆論詩語,自漢魏至宋,皆有品評,力排四靈晚唐流弊,具有持識,馮去非序稱其事覈而理勝。

滹南詩話三卷 知不足齋本，又《龍威秘書》本

金延州刺史藁州王若虛從之撰。多駁斥山谷、蕭閒詩，自成一家之説。

吴禮部詩話一卷 知不足齋本

元禮部郎蘭谿吴師道正傳撰。維揚馬氏藏本云有下卷，佚。

金石例十卷

元翰林學士濟南潘昂霄景梁撰。鄱陽楊本編校，廬陵王思明重校。前五卷詳述碑誌制度源流，六卷至八卷舉昌黎撰碑以爲程式，九卷雜論文體，十卷附録史院，《凡例》於法最密。

墓銘舉例四卷 並鈔雅雨堂校本

明長洲王行止仲撰。以潘例止標昌黎一家，乃取李翺已下十四家合韓文標爲一十三例，補其缺遺，較得變通云。

歸田詩話三卷 知不足齋本，又《龍威秘書》本

明周府右長史錢塘瞿佑宗吉撰。永樂初嘗以詩禍謫戍保安，洪熙乙〔酉〕〔巳〕赦還，歸田之號以此。焦氏《經籍志》《明史·志》《千頃堂書目》皆作《啽堂詩話》，《百川書志》《浙江通志》又作《存齋歸田詩話》，此編所題據自序也。有錢塘木訥、莆田柯潛、安成胡道三序，朱文藻跋，皆稱許之。

懷麓堂詩話一卷 知不足齋本

明李東陽撰。有集，已著録。論詩以法度音調爲主，而極論剽竊摹擬之非，北地起正蹈此病，故矯其失者多宗之。有遼陽王鐸序。

升庵詩話十二卷詩話補遺六卷 《函海》本

明楊慎撰。蒐採博洽，辯正詳核，作於謫戍永昌時。邊地書少，記憶雖有小舛，而根柢終深也。

南谿詩話三卷 石渠家藏書

明王恕撰。有《玩易意見》等書，已各著録。此編分前集、後

集、續集各一卷，獨抒己見，大要主乎理。

南濠詩話一卷 知不足齋本

明太僕寺少卿吳縣都穆元敬撰。是刻前明有二本：其一黃桓刻於和州，凡七十二則；其一文衡山刻於吳郡，僅四十二則。乾隆中，歙縣鮑廷博校兩本刊之，首載黃文兩序，後有無錫邵寶詩及鮑跋尾。說詩類多雅致。

談藝録一卷

明大理寺副吳縣徐禎卿昌穀撰。徐與高叔嗣在明七子中自爲別調，故其論詩能出窠臼之外。

詩家直説一卷 並鈔本

明處士臨清謝榛茂秦撰。自號四溟山人。茂秦能詩，抗行七子，而説詩多迂滯不逮。其所作《詩話》四卷，此爲刪本。

嘉孫注：《詩話》四卷，底本原作"《明史》四卷"，不通。

香(芋)〔宇〕詩談一卷 鈔本

明徽州府儒學訓導錢塘田藝蘅子藝撰。論詩多雜，所收佳句可誦。

詩學圓機活法大全二十四卷 鬱岡齋本

明王世貞撰。有《四部稿》等，已各著録。此編爲初學示以捷徑，而剿説雷同之弊由之，吉水李衡仲岳盛許之，亦門户之見也。

藝圃擷餘一卷

明太常寺少卿太倉王世懋敬美撰。世貞之弟。雜論詩格，大旨宗其兄説，而於滄溟稍示裁抑，欲以挽摹擬之流弊，亦可謂不苟同矣。

冰川詩式十卷 明隆慶刊本

明真定梁橋濟甫撰。弟相編。首載《詩原》一篇，《總目》一篇，論詩雖主於法式，而意旨超逸，不局於尺寸。有朱睦㮮、梅鼎祚、朱之蕃、余思明、吳光允、顧憲成、管橘、金勱八序，猶子夢龍題辭。

江西詩社宗派圖録一卷　知不足齋本

明吏部郎南州張泰來扶長撰。此録宗呂紫微《詩社宗派圖》而作,不以姓字之先後定詩之優劣,足匡呂氏之失。然詳録二十五人,而李錞、江端本、楊符三人小傳未備,稽古者有遺憾焉。首有商丘宋犖序,後有自序,末有南湖花隱及勿藥二跋。

蜀中詩話一卷　鈔本

明禮部尚書侯官曹學佺能始撰。彙説蜀中人詩兼及佚事。

金石要例一卷　鈔雅雨堂本

國朝餘姚黄宗羲太沖撰。亦補潘昂霄《金石例》之缺,凡爲例三十有六,後附論文九則。德州盧見曾合潘書及王行《墓銘舉例》同刊,號“金石三例”云。

西河詩話八卷　書留草堂本

國朝毛奇齡撰。有集,已著録。説詩詞並以博綜辨論爲主。

漁洋詩話一卷　《檀几叢書》本

國朝王士禎撰。有集,已著録。此編康熙乙酉應吳陳琰之請而作,其所標舉不離乎神韻之説,宏奬風流,足信今而傳後矣。

五代詩話八卷　盍簪堂本

王士禎撰。王如玉善香校。鷗亭原跋云趙溪庵得漁洋艸本。

蠖齋詩話二卷　楝亭本

國朝施閏章撰。有集,已著録。嘗謂漁洋詩華嚴樓閣,彈指即見,而己詩如瓴甓木石,從平地築起。此編所録亦皆取深穩一派也。

聲調譜一卷

國朝趙執信撰。有集,已著録。趙嘗以古詩不拘平仄,拗律亦不拘平仄,而别有一定之平仄,因求其法於漁洋,漁洋密不肯語,乃以古詩、唐詩互考而得之,因著此編。言法律最爲精密。

談龍録一卷

趙執信撰。漁洋論詩,謂當如雲中之龍,時露一鱗一爪,趙因作此書以排之,大旨以切當不可移易爲主,足救新城末派之深弊。

漫堂詩話一卷　商丘刊本

國朝宋犖撰。有集,已著録。論詩貫綜唐賢而歸宗於東坡,以戛戛生新爲主。

虛字説一卷　惜陰軒本

國朝三原袁仁林振千撰。門人王德修凝齋校訂。凡書中虛字逐一條晰,務各省其情理,後有總論一篇。

國朝名家詩鈔小傳四卷

國朝閩縣鄭方坤荔鄉撰。

蓮坡詩話三卷　並《龍威秘書》本

國朝康熙舉人宛平查爲仁心穀撰。有杭世駿序及自序。

詩談一卷　竹㙐精舍原本

國朝張謙宜撰。有集,已著録。主於理正,不阿時俗之好,亦不爲過高之談。

八代詩揆五卷補遺一卷　小瀛山閣本

國朝翰林院檢討平湖陸奎勳(裝)〔聚〕侯撰。一字坡星。陸於五經皆有述作,而論詩獨取風流明麗,蓋肆力於《文選》之學深已。

説詩晬語一卷　聽松閣本

國朝沈德潛撰。大旨取風調音節,規法唐賢,不離理而貴有理趣。

榕城詩話三卷　知不足齋本

國朝杭世駿撰。雍正壬子科分校閩闈,闈中多榕樹,故閩城取號,此其在閩時所作,故名榕城也。説詩主理法,兼及事實。有全祖望、汪沆二序及自序,朱文藻跋。

讀書作文譜十二卷　光裕堂本

國朝唐彪撰。有《父師善誘法》,已著録小學類。此教人讀書作文之法,亦具循循雅意,第以論文居多,故以類著之。

文法一揆四卷　龍巖刊本

國朝通永河道龍巖魏茂林笛生撰。自《擒援案擊》至《顧捲抱結》,凡七十二目,一字爲一法。

隨園詩話十六卷補遺十卷　隨園刊本

國朝袁枚撰。有集,已著録。此編所載或不免於筆墨應酬,間亦及於瑣事戲語,而大旨主於自然,真摯性情語爲多。

荷塘詩話十卷

國朝張五典撰。有集,已著録。此其官攸縣時作,採綴名句,多取天性之自然。

茗香詩論一卷　知不足齋本

國朝國子監助教仁和宋大樽左彝撰。論詩探源於古,極有深致。

雨村賦話十卷

國朝李調元撰。有集,已著録。取古今賦家警語及採録事實,論賦有專書始見於此。

詩話二卷雨村詩話十六卷雨村續詩話二卷補遺四卷

李調元撰。大略仿《隨園詩話》爲之,中多言己與朝鮮人贈答。

制義科瑣記四卷

李調元撰。專言制義事。

清脾録四卷　並《函海》本

國朝朝鮮國人李德懋懋官撰。柳得恭惠風校訂。取唐釋貫休詩“乾坤有清氣,散入詩人脾。千人萬人中,一人兩人知”語以名其編,論詩爲多。

文談一卷

國朝張秉直撰。有《論語緒言》《四書集疏附正》,已各著録。

因説四子書,遂推及制義作此編,理法甚精。

詩論正宗二卷　式穀堂本

國朝常熟王廷銓昆(衛)〔衡〕撰。有乾隆己卯仁和成城序。

詩賦杓一卷　桐本堂本

國朝洪洞韓錬經百撰。自號春塘山人。爲試律設,頗得其要。自序云:"杓者,指之則見,非詩賦之高論也。"

金石例補二卷

國朝郭麐撰。有集,已著録。此皆録潘昂霄、王行、黄宗羲三書之遺,故稱"例補"。

靈芬館詩話十二卷續詩話六卷　並靈芬館本

郭麐撰。多採清超秀麗之句。

舉業卮言一卷

國朝潼關武叔卿撰。

四書文法摘要一卷　並青照堂本

國朝李元春撰。此與武氏書皆爲科舉設。

蠡莊詩話十卷　濟南刊本

國朝東阿知縣桃源袁潔玉堂撰。能詩,工繪事,著名山右,爲人倜儻不羈,嘗以袁子才自擬,所作《詩話》亦規仿隨園爲之。

出戍詩話一卷習静軒偶記一卷　保定刊本

袁潔撰。以事謫戍口外,後赦還,《出戍詩話》記其往返時與人贈答及所見聞也。習静軒在保定節署,戍還,詣那制軍,寓此軒,隨筆劄記,故以名編,亦皆記詩語。

右詩文評類七十八部,共四百四十六卷。

補遺:未收書一部

呂新吾集

明呂坤撰。明萬曆間刻清康熙間續刻彙印本。三十二册四函。存二十四種五十五卷。

四禮疑五卷

喪禮餘言一卷

四禮翼八卷

小兒語三卷

演小兒語一卷

宗約歌一卷

好人歌一卷

交泰韻一卷

閨戒一卷

黃帝陰符經一卷

反挽歌一卷

大明嘉儀大夫刑部左侍郎新吾呂君墓志銘一卷

河工書一卷

省心記一卷

天日記一卷

修城一卷

展城或問一卷

疹科一卷

呂新吾先生云偽齋文集十卷

呂新吾先生實政録七卷

無如四卷

新吾奏疏二卷

憂危一卷

訓世格言一卷　　清呂慎多輯

此本子目較《中國叢書綜録》多《閨戒》一卷、《無如》四卷、《新吾奏疏》二卷、《憂危》一卷、《訓世格言》一卷，少《呻吟語》六卷、《呂新吾先生閨範圖說》四卷、《救命書》一卷。鈐"觀古堂""葉德輝焕彬甫藏閱書""玉函山房藏書"諸印。

　　嘉孫注：見《中國人民大學圖書館古籍善本書目》

臺灣大學圖書館藏本馬國翰批語輯録

　　1. 本文采編自臺灣大學古典文獻研究所邱麗玟所撰碩士學位論文《馬國翰及其〈玉函山房藏書簿録〉研究》,特此鳴謝。

　　2. 馬國翰批語隸於所批書名之下,書名後括注所在刻本之卷次、葉數及整理本頁碼。

　　1. 子夏易傳殘本二卷(卷2/3,P8)

　　【眉批】案諸家所論,此書之僞託係十一卷本,至此二卷殘本,並無可疑之處,何得張冠李戴,殊失詳考。

　　2. 讀易大旨五卷(卷2/32,P25)

　　【眉批】李對係夏峯先生所從學《易》,非孫氏門人。

　　3. 周易述補四卷(卷2/41,P29)

　　"江藩"前、後墨丁分別旁補爲"甘泉""鄭堂"。

　　4. 燕寢考三卷(卷4/38,P86)

　　"胡培翬"後墨丁旁補爲"竹村"。

　　5. 五經異義疏證三卷(卷6/1,P120)

　　"陳壽祺"前、後墨丁分別旁補爲"侯官""恭甫"。

　　6. 鑑止水齋集二卷(卷6/12,P127)

　　"許宗彥"前、後墨丁分別旁補爲"德清""周生"。

7. 秋槎雜記一卷(卷6/13,P127)

"徇"字旁補爲"國朝國子監典簿劉履恂"。

8. 佩觿三卷(卷7/14,P153)

"三卷"後墨丁旁補爲"《續知不足齋叢書》本"。

9. 六書本義十二卷(卷7/15,P153)

貼蓋"國子監典簿餘姚"諸字,改爲"明瓊山縣教諭趙古則撝謙撰"。

10. 宜齋野乘一卷(卷13/18,P326)

貼蓋"明長洲顧氏本"諸字,改爲"明長洲顧氏本,又《續知不足齋叢書》本"。

貼蓋"宋江陰吳材撰。自號芙蓉城人",改爲"吳枋方木撰。自號芙蓉城人。原書本十"。

11. 示兒編二十三卷(卷13/18,P326)

"二十三卷"後墨丁旁補爲"知不足齋本"。

"孫奕"前、後墨丁分別旁補爲"廬陵""季昭"。

12. 鼠璞一卷(卷13/22,P328)

增補"桃原""仲培"諸字,删去"大旨主於"四字,改爲"宋桃原戴塡仲培撰。考訂訓詁,辨正名物"。

13. 新齊諧十卷(卷14/51,P372)

【正文旁批】國朝袁枚撰。枚有《隨園史論》,已著録。

14. 熙朝新語二卷(卷14/51,P373)

【眉批】此書徐錫所著,非李元春也。今本作余金者,蓋避文字之禍,不欲以真姓名標題也。

"李元春"旁批"大錯了"三字。

15. 五行大義五卷(卷16/2,P399)

貼蓋"鈔本"二字,改爲"五行大義五卷,知不足齋本,又鈔本"。

16. 梅村集四十卷(卷22/2,P544)

於"崑山"二字旁,畫一墨綫,眉批爲"太倉"。

17. 賴古堂集二十四卷(卷22/2,P545)

於"户部尚書"四字旁,畫一墨綫,眉批爲"亮工官侍郎非尚書"。

18. 蕉山詩集十七卷(22/7,P547)

"王光禄家藏本"下補批"崇禎?年進士,入本朝授……官翰林院庶吉士。福王……降附闖賊李自成,列入從賊……"(字跡多有模糊)

【版心浮簽】河北、山西、河南……河南巡撫入……崇禎?年進士,由三原知縣……翰林院編修。逆闖陷京師……從賊,逆闖敗……福王授原官……(字跡多有模糊)

19. 蓮龕集六卷(卷22/8,P548)

貼蓋"蓮花瓣,輪卻東瀛九"諸字,然首批字跡漫漶不清,無法辨識。

20. 山蘁詩選十八卷(卷22/14,P551)

"自壬子託庚午藁"之"託"字旁批"迄"字。

21. 榕村集四十卷(卷22/14,P551)

"臨川李黼"之"黼"旁批"紱"。

22. 曝書亭集二十三卷(卷22/21,P556)

【眉批】曝書亭全集共八十卷,此乃孫竹尹所注竹垞翁詩集也,何得遽作全集登録。

23. 二希堂文集十二卷(卷22/36,P564)

"蔡世遠"後墨丁旁補爲"聞之"。

24. 小倉山房文集二十五卷續餘文集十卷詩集三十七卷續集二十卷尺牘十卷外集八卷時文稿二卷牘外餘言一卷八十壽言六卷續同人集十七卷(卷23/1,P567)

"續餘文集十卷"刪"餘文"二字。

25. 樓居小草一卷（卷23/2，P568）

"子才族弟"之"族弟"二字旁畫一墨綫，眉批"妹"字。

26. 碧腴齋詩存八卷（卷23/2，P568）

"子才姊婿"之"姊婿"二字旁畫一墨綫，眉批"妹"字。

27. 韌庵詩存六卷（卷23/7，P570）

"四、《歐江遊草》"之"歐"改爲"甌"字。

28. 潛研堂文集五十卷（卷23/13，P574）

刪"太子""事"字，補"詹事府"三字，改爲"國朝詹事府少詹嘉定錢大昕曉徵撰"。

29. 夢樓選集四卷/甌北選集五卷（卷23/13，P574）

【眉批】四家選集係雨村之婿張玉溪所編，現存《函海》，何得謂雨村所選，謬甚。

30. 有正味齋詩集十六卷外集五卷（卷23/17，P577）

"吳錫麒夢徵"之"夢"改爲"聖"字。

31. 緑雪堂集二卷（卷23/36，P588）

"花當美人亦解愁"之"美"改爲"佳"字。

32. 檉花館詩十二卷（卷23/37，P589）

"路德潤生"之"潤"改爲"閏"字。

後　記

　　此書的整理工作,至 2000 年我退休時,已完成初稿,後因身體不佳,擱置下來。2006 年,我們一家移居上海,初稿就一直封存於濟南舊宅。

　　2014 年,齊魯書社來電話告知希望出版此書,我這纔回故居將初稿及相關資料運來滬上,準備細加工。在這期間,杜澤遜君特爲我影印了山東大學圖書館藏本;後發現山大本原缺卷三之十五至十六葉、卷十三之十七至三十八葉,澤遜君又從臺灣大學圖書館藏本録出寄滬,此書方成完璧。澤遜君之功,不可没也。

　　這次重訂發現了不少問題,我作了一些修改,祇因年老體弱,精力減退,又患了嚴重的關節炎,不能站立、行走,查閲資料已不可能,留下不少問題没能解決。後來,與武良成君商量,請他全權負責處理,書後所附《書名索引》也煩良成君編製。初稿全部用簡體字鈔寫,排印時要全部轉換成繁體字,也是一項煩瑣細微的腦力勞動,整書清樣的校對工作則由齊魯書社編輯人員完成,工作量之繁重,是可想而知的。

　　此書是在杜君的大力協助及齊魯書社的辛勤付出之下,纔得以順利出版的,讓我在這裏表示對他們的尊敬及感激之情。

　　　　　　　　2019 年 2 月 19 日沙嘉孫記於申城寓齋

書名索引

1. 本索引條目爲《玉函山房藏書簿録》中所列書名。原書名有誤者,以改後書名爲準。

2. 本索引采用四角號碼檢字法編排。

3. 原書名中冠有"欽定""欽修""御批""御定""御纂""御選""御製""重刊""重校""重訂"等字樣者,以括號標識,不作索引字頭。

4. 原題書名下有若干附屬部分者,如續集、外集、後集、别集、附録等,不再另立條目。

44　芍藥譜一卷/453

4433₁　蕉

22　蕉山詩集十七卷/544

26　蕉牕文鈔一卷/589

　　蕉牕囈語二卷/589

　　蕉牕問答一卷條注附/380

蘸

43　蘸城集三卷/558

燕

17　燕翼篇一卷/283

22　燕川集五卷/568

　　燕山堂集七卷/554

30　燕寢考三卷/85

77　燕几圖一卷/445

　　燕閒録一卷/365

　　燕丹子三卷/341

4433₆　煮

44　煮茶泉品一卷/449

4433₈　恭

37　恭迎大駕記一卷/191

4439₄　蘇

00　蘇文忠公寓惠集四卷/504

　　蘇文忠公全集七十五卷録

　　一卷/504

10　蘇平仲集十六卷/518

11　蘇頲集二卷/489

34　蘇沈良方十卷目録一卷/409

50　蘇東坡先生年譜一卷/225

72　蘇氏演義二卷/318

77　蘇學士集十六卷/500

4440₀　艾

00　艾言一卷/283

17　艾子雜説一卷/353

　　艾子後語一卷/367

74　艾陵文鈔十六卷詩集二卷/

　　539

4440₆　草

16　草聖彙辨三卷/437

90　草堂説詩一卷/61

　　草堂説禮一卷/80

　　草堂説史八卷/260

　　草堂説書一卷/50

　　草堂説春秋一卷/105

　　草堂説易一卷/30

4440₇　孝

21　孝經正義三卷/108

　　孝經刊誤一卷/108

　　孝經集傳一卷/109

　　(御纂)孝經集注一卷/2

　　(御定)孝經衍義一百卷/3

　　孝經釋文一卷/108

　　孝經句解一卷/109

　　孝經定本一卷/109

　　孝經大義一卷/109